新修版

한국구비문학의 이해

강등학 강진옥 김기형 김헌선 박경신
신동흔 유영대 전경욱 천혜숙

월인

머리말

구비문학(口碑文學)이 국문학의 한 분야로서 정립된 지 벌써 30~40년, 구비문학 연구 및 교육은 그간 많은 발전을 이루어 왔다. 대학마다 구비문학 강좌가 개설되고 학술답사가 보편화된 이래로 수많은 전공자가 배출되어 새로운 자료를 발굴하고 다양한 연구성과를 쏟아내고 있다.

그럼에도 불구하고, 구비문학 연구가 정체 상태에 있다거나 구비문학은 철 지난 연구대상이라고 하는 식의 이야기를 자주 듣게 된다. 이는 오해에서 비롯된 것이지만, 돌이켜보면 구비문학 연구자들의, 특히 젊은 연구자들의 책임이 적지 않다고 생각된다. 『구비문학개설』(일조각, 1971)이 나온 지 30년이 되도록 그 뒤를 이을 변변한 개설서 하나 만들어내지 못했으니 말이다.

이제 『구비문학개설』을 통해 구비문학의 세계에 입문하여 학자의 길로 들어선 연구자들이 힘을 모아서 새로운 구비문학 개설서를 제출한다. 한국 구비문학에 대한 현단계의 인식을 집약하고 구비문학 교육의 새 장을 열기 위한 공동의 저술이다. 이 책이 국문학이나 민속학을 공부하는 학생 및 구비문학에 관심이 있는 모든 사람들을 구비문학의 생동하는 세계로 인도하는 새롭고도 편안한 길이 되어주었으면 하는 바람이다.

이 책을 서술함에 있어 저자들은 다음과 같은 몇 가지 사항에 특별히 유의하였다.

첫째, 새로운 자료 및 연구성과를 적극 반영하였다. 『한국구비문학대계』와 『한국민요대전』 같은 근간의 조사성과를 적극 수용함으로써 구비문학의 진면목을 볼 수 있게 하였다. 또한 근래에 부각된 학설이나 쟁점을 반영하여 구비문학에 대한 이해를 일신하고자 하였다.

둘째, 이론과 자료의 조화를 지향하였다. 구비문학 이해를 위한 기본 이론을 제시하되 그것을 일방적으로 설명하기보다는 좋은 자료 예를 풍부하게 보임으로써 읽는 이들이 자연스럽게 구비문학의 특징을 체득할 수 있도록 하였다.

셋째, 공시적 이해와 함께 통시적 이해의 관점을 보완하였다. 개설서에 걸맞게 구비문학의 제 양상에 대한 공시적 이해에 주안점을 두되, 구비문학 각 양식의 역사적 전개를 일목요연하게 정리해 보임으로써, 구비문학에 대한 이해를 입체화하고자 하였다.

넷째, 구비문학의 현재적 양상에 주목하였다. 각 장마다 전통 구비문학 양식의 현대적 변용 양상을 기술하였으며, 책 말미에 따로 현대 구비문학에 대한 논의의 장을 마련하였다. 이는 구비문학이 '살아있는 문학'이라고 하는 관점을 반영한 것이다.

이 책은 '분담 서술'의 수준을 넘어서는 공동의 작업 과정을 통하여 씌어졌다. 원고 집필에 앞서 저자 전원이 모여서 책의 성격 및 서술 방향, 체재 등에 관한 의견을 조율하였으며, 원고를 집필하는 과정에서도 틈틈이 만나서 원고를 돌려보면서 기탄 없이 수정과 보완의 의견을 제시하였다. 원고가 일단락된 다음에는 교정용 책을 제본하여 또 한번의 수정 작업을 거쳤다. 온라인상의 소통 외에 저자들이 직접 모여서 토론을 펼친 횟수가 여덟 차례에 이른다.

이와 같은 공동의 토론 과정에서 나온 여러 가지 의견들을 반영하여 다방면의 수정과 보완이 이루어졌지만, 공동 저자의 의견이 항상 합치됐던 것은 아니다. 원고 내용에 대하여 크고작은 이견들이 있었다. 이 경우 원고를 최종적으로 정리하는 책임은 각 분야 집필자들이 맡음으로써, 책임 있는 서술이 되도록 하였음을 밝힌다.

분야별 책임 집필자는 다음과 같다.

제1장 구비문학의 이해 : 김헌선
제2장 설화의 이해 : 천혜숙(총설 · 신화), 강진옥(총설 · 전설), 신동흔(민담)
제3장 민요의 이해 : 강등학
제4장 무가의 이해 : 박경신, 김헌선(서정 · 서사무가)
제5장 판소리의 이해 : 유영대
제6장 민속극의 이해 : 전경욱, 박경신(무극)
제7장 속담 · 수수께끼의 이해 : 김기형
제8장 현대의 삶과 구비문학 : 신동흔

쉽지 않은 작업을 거쳐 책을 제출하는 현 시점에서 과연 이 책이 구비문학의 연구 및 교육에 얼마나 유용한 안내자 역할을 할 수 있을지 걱정이 앞선다. 앞으로 이 책의 부족한 부분을 수정 보완해 나갈 것임을 약속한다.

끝으로 장기간에 걸친 복잡한 작업의 과정을 애정을 가지고 지켜보면서 도움을 아끼지 않으신 도서출판 월인의 박성복 사장님과 편집부 여러분께 감사 드린다.

2000. 8. 저자 일동

개정판 서문

구비문학을 전공하는 아홉 명의 연구자가 한데 모여 쉽지 않은 공동작업 끝에 『한국구비문학의 이해』 초판을 펴낸 지 어언 2년이 되었다. 책이 발간된 후로 분에 넘치는 성원과 격려를 받았으니, 문화관광부 추천 도서로 선정되기도 하였고 개론서로는 유일하게 한국고전문학회의 서평 대상에 오르기도 하였다. 많은 학교에서 이 책을 교재로 삼아 구비문학 강의를 진행하고 있다고 하니, 보람과 함께 커다란 책임감을 느낀다.

2년 전에 이 책 초판을 내면서 머리말에서 책의 부족한 부분을 수정 보완해 나가겠다고 한 바 있다. 이제 약속대로 『한국구비문학의 이해』 개정판을 낸다. 책을 교재로 삼아 강의를 진행하는 과정에서 발견된 문제점과 아쉬운 점을 보완한 작업의 결과물이다. 책의 전체 체재는 그대로 두되 자료와 내용, 참고문헌, 문장 등을 손이 닿는 데까지 두루 수정하였다. 그 차이가 선뜻 눈에 띄지 않을지 모르지만, 담은 정성만큼은 작은 것이 아님을 이야기하고 싶다.

학술 도서의 개정판을 출판하는 것은 그리 흔한 일이 아니다. 품은 많이 들고 수지에 도움이 되지 않는, 출판사로서는 당연히 꺼릴 만한 일이다. 하지만 도서출판 월인은 개정판 발간에 적극 나서서 글쓴이들을 독려하였으니, 그것은 오로지 좋은 책을 내겠다는 충심에 따른 것이었다. 박성복 사장님을 비롯한 여러분께 깊은 감사의 말씀을 드린다.

2002. 8. 저자 일동

차례

제1장 구비문학의 갈래와 성격

제2장 설화의 이해

■ 전설의 세계

■ 민담의 세계

제3장 민요의 이해

제4장 무가의 이해

제5장 판소리의 이해

第6장 민속극의 이해

제7장 속담 · 수수께끼의 이해

■ 속담의 세계

■ 수수께끼의 세계

제8장 현대의 삶과 구비문학

제 1 장
구비문학의 갈래와 성격

1. 말, 말문학, 말문학의 특징

구비문학은 말로 된 문학을 지칭한다. 말은 글과 더불어서 언어의 중요한 수단이 된다. 그런데 말이 생기고 나서 글이 생겼으므로 말이 글에 견주어서 인간의 의사소통에 기본이 됨은 물론이다. 말은 사람살이 과정에서 저절로 습득되지만, 말을 통해서 사람사이에 의사소통을 하고, 말을 가지고 사람살이에 필요한 정보를 전달한다. 말은 공시적 기능과 통시적 기능을 수행한다.

말은 사람의 소리 가운데 하나이다. 사람은 말을 하면서 말을 전달수단으로 삼는다. 사람소리 가운데 쓸모 있는 것이 있고, 쓸모 없는 것이 있다. 쓸모 없는 소리는 웃음소리, 울음소리, 재채기소리 등이다. 쓸모 있는 소리는 말이 되는데, 말이 되기 위해서는 언어학에서 말하는 분절이 필요하다. 1차적 분절과 2차적 분절을 모두 충족시켜야만, 우리가 예사로이 하고 듣는 말이 된다. 그런데 이러한 말은 사람이 말을 연구하면서 내린 것이며, 말의 단위별로 음운, 어휘, 문법 등을 더 상정한다. 언어학의 규칙을 모르고서도 제대로 된 말을 하는 것을 보면, 말은 무의식적으로 습득되고 무자각적으로 구사하는 사실을 알 수 있다.

구비문학이 말로 된 문학이라고 하는 것은 말로 된 모든 것을 문학이라고 하지 않음을 뜻한다. 말의 기본요소를 갖추고 있더라도 여기에다 의식적이고 자각적인 의지가 부가된 말을 문학이라고 말할 수 있다. 예사롭게 쓰던 말이 아니라 긴장시켜 쓰는 말이 되기 위해서는 공동적으로 공감하고 전달하며 수용되는 말이어야 한다는 것을 전제한다. 아무렇게나 하는 말이 말문학이 되지 않는다. 예컨대 '말을 할 줄 아는 사람은 할 말이 없고, 할 말이 있는 사람은 말을 할 줄 모른다.'는 속언이 이를 잘 말하고 있다. 적어도 말문학이 되기 위해서 누구나 다 정서적으로 공감하고 공동 전승의 체험을 가질 수 있는 말이어야 한다. 그래서 공동으로 아는 것을 개인이 사용해서 일정한 효용과 가치를 알 수 있을 때에 진정한 말문학의 요건이 갖추어진다.

말문학의 갈래로는 대체로 이야기, 노래, 굿노래, 판소리, 탈춤, 수수께끼, 옛말 등이 있다. 이야기는 한가한 곳에서 이야기를 주고 받을 수 있는 것이다. 이야기하는 사람과 이야기 듣는 사람이 한 자리에서 주고 받기 때문에 이야기판을 짜나가게 된다. 이야기판에서는 화자와 청자가 간혹 분간되지 않고, 서로의 구실을 바꿀 수 있다. 이야기는 이야기판을 전제로 하며, 혼자 이야기하고 이야기를 혼자 들을 수 없다는 점에서 이야기판이 절대적으로 요청된다.

이야기에는 주인공이 처한 상황에 따라서 갈래수가 다시 갈라진다. 신이 주인공이거나 신성한 인물이 신이한 업적을 완성할 때에 그것은 예사 이야기와는 다르게 신화라고 명명한다. 이와는 다르게 범속한 인물은 아니고 역사적으로 실존하거나 특정한 증거물과 관련되는 비범한 인물과 증거물에 관련된 이야기가 있으니 그것을 전설이라고 한다. 범속한 인물이 특별한 상황 속에서 비범한 일을 겪어서 달라지게 되는 이야기를 민담이라고 한다.

이야기는 반드시 공동적으로 체험하고 전승하는 틀이 있고, 공동의 체험과 사실을 자신의 구체적 상황에 맞게끔 개인화 하는 자유로움이 있다. 이러한 사실을 흔히 공동작과 개인작이라고 하는데, 공동작은 유형 type으로 존재하고, 개인작은 각편 version으로 존재한다. 이러한 용어는 본래 이야기를 다루는 데서 시작된 것이지만 다른 여타의 말문학 갈래에 두루 적용해서 확장적으로 쓸 수 있는 용어이다.

노래는 혼자하기도 하고, 여럿이 함께 하기도 해서 집단적인 성격이 우세하다. 노래는 혼자하는 경우를 독창으로 한다고 말하며, 사설을 나누어서 각기 부르나 합쳐서 부르게 되면 그것을 교환창이라고 말하며, 한 사람이 사설을 대고 여러 사람이 후렴을 반복해서 부르게 되는 것을 선후창이라고 말한다. 독창, 교환창, 선후창으로 부르는 노래는 시가의 형식과도 일정한 관련이 있으며, 노래의 사설을 결정짓기도 한다.

독창으로 하는 노래는 대체로 혼자서 감내해야 하는 괴로운 사연을 늘어놓기 일쑤이고, 이와는 다르게 길고 지루한 일을 달래기 위해서 부르기가 예사이다. 남성요와 여성요로 갈라볼 수 있는데, 어사용과 같은 것은 혼자서 부르는 남성독창요이고, 밭매는 소리, 흥글소리, 삼삼는 소리 등은 장편으로 이루어지는 긴노래이다. 이 노래는 혼자서 밭매거나 삼삼을 때에 요긴한 몫을 한다. 독창의 가창방식을 택하는 노래는 시가사에서 그와 동일한 형식의 시가와 관련되었으리라 추정된다.

교환창으로 하는 노래는 논농사와 일정하게 관련된다. 간혹 가다가 교환창으로 하는 의식요도 있어서 전적으로 교환창과 관련되는 것은 아니다. 교환창에서 주목되는 사실은 소리 사설을 바꾸어서 부르기 때문에 바꾸어 부른 사설 자체가 하나로 합쳐서 의미단위를 완성한다는 점이다. 노랫말이 아귀가 맞고, 짜임새가 갖추어진다는 점에서 앞의 두 가지 가창 방식과 다르다. 교환창으로 하는 민요는 시가사 가운데 시조와 같은 정제된 형식과 깊은 관련이 있을 것으로 추정된다.

노래는 이야기와 형식적으로 다르나, 말문학의 전통과 관계되기 때문에 유형과 각편의 관계를 갖는다. 그런데 이야기보다 상대적으로 지역적 특성이 드러나는 지역유형 oico type이 우세하다. 예컨대 모찌는 소리라고 하면, 이 소리가 존재하는 지역마다 독자적인 유형을 갖추고 있으며, 어느

유형이 변이를 일으키는 유형도 존재한다. 이야기도 비슷한 방식을 택하고 있으나 변이의 폭이 이야기 줄거리 때문에 상대적으로 제한되어 있음에 견주어서 노래는 지역유형이 선명하게 나타나는 것이 특징이라고 하겠다. 말문학의 양대 산맥인 이야기와 노래는 이러한 각도에서 차이가 있는 셈이다.

굿노래는 노래와 다르게 전문적인 사제자 집단이 부르기 때문에 노래와 구분된다. 굿노래는 굿판에서 부르는 노래를 총칭한다. 굿판에서 불려지는 굿노래는 신을 맞이할 때에 부르는 신맞이 노래, 신의 내력을 풀어내는 본풀이, 신을 즐겁게 하자는 굿노래, 신의 뜻을 전하는 공수, 죽은 조상의 의사를 주고 받는 말미 등으로 세분할 수 있다. 특히 신과 더불어서 굿놀이 노래 등은 말문학에서 중요하게 취급하는 것이다. 굿노래 전체가 말문학의 본령을 차지하지 않으며, 이 가운데서 맞이노래, 본풀이 노래, 굿놀이 노래 등이 비중을 갖는다.

맞이노래는 신을 맞이할 때에 부르는 굿노래이다. 신을 청배하거나 강림하기를 기원할 때에 부른다. 맞이노래에서 신의 강림뿐만 아니라 화합을 꾀하는 서정적 무가가 불리기도 한다. 맞이노래의 전통은 상대가요인 영신군가 〈구지가〉에서부터 전통을 찾을 수 있으며, 맞이노래의 풍부한 전통은 제주도에서 발견된다. 맞이노래의 대표적인 사례로 〈초공맞이〉 〈불도맞이〉 등을 꼽을 수 있다. 굿노래 가운데 맞이노래의 전통은 오래되었다.

본풀이노래는 신의 내력을 굿판에서 푸는 것이다. 신의 내력을 푸는 것을 본풀이라고 하는데, 본풀이는 무당이 혼자 앉아서 풀거나 일어서서 푼다. 장대한 내용으로 된 신의 일생을 풀기 때문에 흔히 이러한 형태를 장편구전서사시 또는 장편무속서사시라고 지칭하기도 한다. 본풀이 형태가 살아 있으며 굿판에서 불려지는 사례는 전세계적으로 드문 현상이다. 동북아시아 일대에서 아이누의 〈유카르〉, 오키나와의 〈오모이마츠카네〉, 만주족의 〈天宮大戰〉 등과 견주어 볼 수 있는 적절한 사례가 곧 우리나라의 본풀이 노래이다.

굿놀이노래는 신과 인간 사이에 벌어지는 모의적 연희 행위이다. 단순한 재담에서부터 극적 갈등을 재현하는 연극에까지 다양한 양상을 보여준다. 굿놀이노래에 출현하는 신은 고위의 신격도 있으나, 이와는 다르게 일상적 범속성을 지닌 잡귀잡신이 우월하게 있어서 청중들이 자기발견의 기쁨과 슬픔을 함께 갖는 갈래이다. 굿놀이노래는 노래로 하기도 하고 재담으로도 하기도 해서 다양한 편차를 보여준다.

판소리는 굿노래처럼 전문적인 광대 집단에 의해서 전승되는 갈래이다. 판소리 광대는 독자적인 수련을 거쳐서 일정하게 소리를 터득하는 득음의 경지를 개척해야 판소리 소리꾼으로 자처하게 된다. 판소리는 일찍이 예술적 상승을 꾀한 갈래이나, 애초에는 지역적 한정성을 가졌던 갈래가 점차로 지역성을 벗어나서 전국적으로 인기를 가진 갈래이다.

판소리는 말문학 갈래 가운데서 사회적 갈등을 핍진하게 묘사하고 있는 갈래이다. 판소리가 사회적 갈등을 담을 수 있었던 이유는 두 가지이다. 하나는 전국적으로 확장되고 민중, 시민, 사대부 등에 의해서 공감받는 소재를 택했어야 하기 때문이다. 지역적으로 한정된 소재를 택했다고 하더라도 거기에 담는 내용은 인간들이 보편적으로 공감하는 일들과 사실성에 근거한 핍진성을 담아야 했음은 물론이다.

다른 하나는 판소리의 출현시기가 말문학의 예술적 상승이 이루어진 시기였기 때문이기도 하다. 판소리는 중세에서 근대에로의 이행기에 나타난 시대적 산물이다. 다자간의 욕구가 분출하던 시기에 다원적 가치와 언어가 충돌하면서 사회의 다자간 판도를 심층적으로 반영하게 된다. 그렇게 되다보니 판소리에 사회적 갈등과 해결의 전망이 싹트게 된 것이다.

판소리와 함께 출현한 탈춤 역시 같은 운명을 가지고 있었다. 탈춤은 판소리와 다르게 저마다의 지역적 한정성에 입각해서 출발했으나, 결과적으로 동일한 소재와 유형을 가지고 사회의식을 담는데 성공한 갈래이다. 탈춤은 해서지역에 한정되는 말이지만, 다른 한편에서 보면 산대놀이와 야유 및 오광대를 대표할 수 있는 용어이자 갈래이다.

탈춤은 지역유형이 전국적으로 확인되는 것이다. 판소리는 지역유형이 전국적으로 확장되었다고 한다면, 탈춤은 지역유형마다 동일한 조건 속에서 싹터서 omnibus식 구성을 동일하게 보여주고 있다. 전국적 분포 가운데, 해서탈춤, 중부산대놀이, 영남오광대와 야유 등이 나타나는 것은 지역유형의 동일 유형적 면모를 보여주는 증거가 된다. 탈춤은 지역적 기반에 입각한 갈래임이 이로써 명백해진다.

이에 견주어서 수수께끼와 옛말은 현실적 문맥은 지역적 한정성을 갖지만, 속담과 수수께끼는 전국적인 보편성을 갖는 갈래이다. 이러한 사실은 수수께끼와 속담이 인간의 슬기와 규범에서 비롯되었으며, 말의 응결체임을 분명히 하는 것임이 드러난다. 인간사에 발생한 여러 가지 대소사를 비교적 풍부하게 반영하면서 체험을 응집했으므로 이러한 수수께끼와 옛말의 보편성이 확인된다고 할 수 있다.

2. 기본전제 : 구비전승, 언어예술, 예술적 특징

구비문학과 예술의 관련성을 다루기 위해서 개념적 전제가 요구된다. 구비문학은 무엇이고, 예술은 무엇이라고 규정해야 하는가가 일차적으로 걸리는 문제이다. 구비문학은 구비문학, 구전문학과 겹치는 개념이면서 쓰기에 따라서 차별적 면모를 지닌다. 구비문학 또는 구전문학은 문학의 하위영역으로 언어의 존재양상으로 다루는 것이라면, 구비문학은 민속의 일환으로 언어전승, 행위전승, 물질전승 가운데 언어전승을 주안점으로 다루게 되는데서 파생된 개념이다. 따라서 언어전승 가운데 구비문학을 규정해 다루기 때문에 구비문학은 구비문학 또는 구전문학과 차이가 난다.

예술 역시 그렇게 간단한 문제가 아니다. 예술은 문학, 음악, 미술, 춤 따위를 포괄하는 것으로 문화의 하위영역이 된다. 문화는 예술, 주술, 과학 따위를 포괄하는 상위의 개념이 된다. 예술은 문화의 하위범주로 시간에

술, 공간예술, 시간예술과 공간예술의 복합예술 등으로 차별화 시켜 다룰 수 있으나, 이 가운데 구비문학은 어디에 소속시켜 다루는 것이 올바른가 판별하기 쉽지 않다.

또한 구비문학의 예술적 성격을 논하는 것이 바람직한가 아니면 구비문학과 예술의 상관관계를 논하는 것이 시급한 일인가 그 점도 간단치가 않다. 구비문학의 예술적 성격이 무엇인가 논의하는 것은 쉽사리 할 수 있는 일 같아도 구비문학의 갈래가 다양해서 일률적으로 논의하기 어려운 형편이다. 구비문학과 예술의 상관관계를 규명하는 작업 역시 쉬운 일은 더구나 아니다. 그러므로 구비문학이 어떠한 예술적 성격을 가졌는가 근본적인 문제를 따져서 구비문학과 예술을 검토해야 마땅하리라 생각한다.

구비문학의 핵심은 구비전승에 있다. 구비전승은 그 수단이 언어로 된다. 따라서 행위나 동작으로 이루어지는 행위전승과 근본적 차이가 있으며, 물질을 개조하고 창작해서 전승하는 물질전승과도 일정한 차이가 있다. 그러나 엄격한 차원에서 본다면 전승의 실상에 있어서 전승의 실상에 있어서 구비전승, 행위전승, 물질전승이 상대적으로 구분될 따름이지 경계면을 넘나들면서 겹쳐 있기가 예사이다. 예컨대 나전칠기를 들어서 이 점을 살피면 위의 양상을 쉽사리 알 수 있다. 나전칠기는 물질전승의 주된 요소이다. 작업과정에서 수반되는 언어전승과 행위전승은 묵과할 수 없다. 따라서 구비문학의 핵심이 구비전승이라 해도 다른 요소와 겹치기 마련이다.

그렇다면 구비전승으로 된 언어는 모두 구비문학이 되는가? 이 문제는 역시 그렇게 간단하지 않다. 이러한 물음은 이렇게 바꾸어도 말이 된다. 언어로 전승되는 것은 모두 예술적 성격을 가지는가 하는 판단시 서야 한다. 언어는 여러 국면이 있으니 기본적 언어, 담화, 구비전승 텍스트 등으로 갈라 말할 수 있다. 말로 된 것, 말이 발화과정을 거쳐 전달된 것, 말로 전승되어서 짜임새 따위를 갖춘 것 등은 언어 전승에서 발생할 수 있는 제국면이다. 결국 언어, 담화, 텍스트 등은 언어의 구비전승이 이룩해내는 국면이고, 그것이 구비전승을 거쳐서 언어예술적 성격을 갖는 것은 별개의 문제이다.

언어로 전승되는 구비전승이 모두 예술적 성격을 지니는가 하는 것은 언어예술의 핵심적 질문이 된다. 구비전승 가운데 언어예술이라고 말할 수 있는 것과 없는 것에 대해서 분간이 필요하다. 구비전승 가운데 속신과 욕설이 있다. 속신은 명백히 구비전승의 결과이지 개인 창작은 아니다. 예컨대 '귀가 간지러울 경우에, 누가 내 이야기를 하나 보다', '임신을 했을 때에 토끼 고기를 먹으면 눈이 빨간 아이를 낳는다고 해서 토끼 고기를 안 먹는다'라고 하는 것은 속신이 구비전승으로 되는 명백한 증거이다. 이것은 예술이고, 과연 언어예술이라고 말할 수 있는가 하는 문제가 생겨난다. 욕설 역시 구비전승의 적절한 예이다. '씹새끼', '뚱단지같은 자식', '호랑이가 물어갈 년' 따위는 구비전승의 요건을 갖추고 있으나 언어예술이라고 볼 수 있는가 쉽사리 판단이 서지 않는다.

대체의학으로 주목받고 있는 민간요법 역시 구비전승이 우세한 분야 가운데 하나이다. 민간요법 역시 전승되는 것이므로 이러한 민간요법의 구비전승을 언어예술로 보아야 하는가 의문이 생긴다. 속신은 언어주술적 속성이 강한 것이라면, 민간요법의 구비전승은 언어로 구현하는 과학적 속성이 강하다고 할 수 있다. 따라서 언어로 전승되는 것이 모두 언어예술이 아니며, 구비전승 속에도 하위로 구분되어야 할 갈래가 적지 않게 존재한다는 사실이 밝혀졌다.

구비문학은 언어예술로 접근해야 소기의 성과를 거둘 수 있다. 구비문학과 구비문학이 아닌 것의 근거는 언어로 예술성을 성취하는가 하지 못하는가에 있다고 할 수 있다. 따라서 구비문학의 언어예술적 성격에 대한 기본적 논의를 통해서 전제를 다루어 볼 수 있을 것이다. 구비문학이 언어예술이라고 한다면, 그것은 어떠한 특징이 있는가? 그러한 특징은 구비문학의 갈래에 전반적으로 적용될 수 있으며, 갈래가 언어예술적으로 차별화되는 것이 무엇인가? 하는 등의 문제를 본격적으로 검토해야 할 것으로 보인다.

언어예술적 측면에서 본 구비문학의 갈래는 무엇인가? 구비문학의 주된 갈래에 대한 분류가 있어야 언어예술과 어떠한 관련이 있는가 검증할 수 있겠다. 구비문학에서 근간이 되는 것은 말, 이야기, 노래, 놀이라 할 수 있다.[1] 이 네 가지 갈래는 언어예술을 다루기 위해서 유익하며 분석적 범주라기보다는 일상적 문맥 속에서 구체성을 가지고 쓰이는 토착갈래이므로 유용한 논의라고 생각한다.

말은 두 가지가 있다. 구비전승의 준거가 말에 있으므로 예사롭게 쓰는 일상적 문맥의 말이 있다. 구비문학을 구분하는 가장 중요한 골간이 곧 말이기 때문에 이러한 말은 구비문학의 다른 갈래에 지속적이고도 항구적으로 근거를 제공하는 요소로 된다. 종래 연구에서 이러한 말에 대한 천착이 부족했으므로 반복적으로 이 말을 강조해서 하며 이에 대한 자세한 논거는 뒤에서 예시하기로 한다.

말에 근거해서 구비문학의 갈래는 다음과 같이 구체적으로 갈라 말할 수 있다.

말 : 기본요건
이야기 : 기본요건 + 꾸며낸 사건
노래 : 기본요건 + 음악적 율동
놀이 : 기본요건 + 맞서서 하는 행동

말이 기본요건으로 되어 있다는 사실은 말에 기초한 말 이상의 뜻을 갖도록 한다. 대단히 모호하게 들리는 표현을 썼으나 '말에 기초한 말 이상의 뜻'은 구체적 사례로부터 시작해야 마땅한 의의를 갖는다. '구신은 본을 풀민 신나락 만나락ᄒᆞ곡, 생인은 본을 풀민 벡년 원수진다.'라는 제주도 옛말

1) 조동일, 「구비문학의 특징과 갈래」, 『구비문학의 세계』, 새문사, 1980, 24~26면. 이하 이러한 틀에 따라서 예술적 속성을 논의하기로 하겠다. 토착적인 갈래 구분에 입각해서 학문적으로 재규정해서 쓰기에 유리하기 때문이다.

이 있다.[2] 말에 기초한다고 하는 것은 제주도 말에 근거한다는 뜻이다. 사투리에 기초하는 것이 구비전승의 핵심이며 특정한 시공간의 제약과 친밀성에 의존한다는 말이다. 구비전승은 말에 의해서 보편성의 진리나 미적 이상을 표현하지만, 순전히 지역적 특수성에 기초한다. 그것이 사투리가 가지는 특징이며, 말의 지역적 제약성과 고유성을 뜻하게 된다.

또한 말은 겉뜻과 속뜻을 갖기 때문에 말 이상의 뜻을 갖는 언어예술이 된다. 위의 옛말은 일상적 발화의 맥락에서 쓰이지만 그 뜻은 곡진하다. 제주도 심방이 본을 풀게 되면 귀신은 기뻐서 신나게 감응한다. 그러나 사람 사이의 관계에서 사람의 내력을 논하게 되면 그 사람의 좋은 면도 말할 수 있으나, 자못 그 사람의 허물이나 흠을 말하게 되므로 자칫하면 백년원수가 될 수 있다. 말이 표리관계를 형성하면서 진리를 표방하는 것이다. 이것은 교훈적 진리이고, 교훈적 진리는 일상의 체험과 삶의 진실을 이해하는 기초적 수단이 된다.

말에 의해서 이루어지는 예술은 순연한 언어예술이다. 순연한 언어예술이기 때문에 말이 지니고 있는 소박한 비유나 대조법 따위가 구사된다. 은유적 표현이 예사롭게 놀이로 전개되는 수수께끼 같은 것은 물미(物味)를 터 가는 아이들에게 적절하게 적용되는 말의 놀이이자 잔치를 구현하기 십상이다. 그런데 이러한 언어예술의 소종래는 다분히 신화적 특색이 있으며 그것에 기초한 사고의 전개라는 사실도 잊지 말일이다. 은유적 사고의 특색이 신화에서 비롯되기 때문이다.

이야기는 말이라는 기본요건이 전제되어 있으면서도 말이 짜임새를 갖추어서 서두, 중간, 결말을 갖춘 것이다. 이야기의 짜임새는 이야기의 질서이지만, 이야기의 질서는 이야기 구연자에 의해서 조작이 가능하다. 경우에 따라서 이야기의 순서는 이야기꾼의 구연에 따라서 입체적인 면을 가질 수 있으므로 단면적으로 파악될 수 없다. 이야기의 순서가 달라지는 것

2) 고재환 외, 『제주도속담사전』, 제주도, 1999, 45면.

은 이 때문이다.

이야기는 사실의 전달이기도 하지만 사실 이상의 숨은 뜻을 갖춘다. 숨은 뜻은 이야기를 하고 듣는 사이에 저절로 발견된다. 이야기는 허구적인 것이면서도 일상생활에서 체험된 경험을 풍부하게 집약하고 반영시켜서 흥미로운 이야기 꺼리로 비약시킨다. 그래서 예사 이야기를 넘어서는 이야기의 진실을 발견하게 한다. 이야기를 하고 듣는 사이에 일상을 떠난 즐거움을 체험하고 삶의 진실에 대한 보편적 심미성과 인식을 터득하게 된다. 자신에게 주어진 삶을 경험적으로든 심미적으로든 대비하고 반성하며 새로운 삶을 살도록 결단과 가르침의 실천을 촉구한다.

이야기는 심미적 체험이지만 이야기의 속성이 순서대로 되는 것과 뒤바뀌어서 진행될 수 있다는 점에서 시간예술과 공간예술의 속성을 동시에 갖는다. 이야기의 통합적 짜임새에 의해서 서두, 중간, 결말을 갖추고 있게 되므로 시간예술이다. 이야기의 구연 순서가 바뀌어지면서 서두, 중간, 결말이 역전되기도 하므로 공간예술이 된다. 그러나 시간예술이 공간예술보다 우세하고, 뛰어난 이야기 솜씨를 갖추지 않았다면 좀체로 공간예술을 이야기꾼은 구현하기 어렵다. 간혹 뛰어난 이야기꾼 가운데 이야기를 공간적으로 구성하지만 일상을 벗어난 용례가 흔하지 않다.

이야기 짜임새에 의해서 시간예술과 공간예술이 구현되기도 하지만 이야기 자체가 이러한 특성을 갖는다. 이점은 기왕의 연구에서 밝혀진 바 있다. Vladimir Propp에서 출발하여 Alan Dundes를 거쳐서 다양화된 순차적 구조주의 syntagmatic structuralism가 이야기의 순서에 의한 시간예술의 비밀을 규명한 것이고, Claude Lévi-Strauss에서 출발하여 Claude Bremand을 거쳐서 Gilbert Durand에 재검된 병렬적 구조주의 paradigmatic strucruralism는 이야기의 순서에 관계없이 공간적으로 또는 계합적으로 존재하는 이야기의 공간예술적 면모를 해명했다. 이야기 순서의 짜임새나 이야기의 이면에 도사리고 있는 공간적 구조를 규명한 것은 이야기 자체가 가지고 있는 시간예술적 특징과 공간예술적 특징을 밝힌 셈이다. 구조주의를 예술적 속성으로 이해하면 이러한 성과가 가장 바람직하게 수렴된다.

노래는 말이라는 기본요건이 전제되어 있으면서 말이 음악적 율동에 의해서 긴장미를 갖게 하는 예술이다. 말이 겉뜻과 속뜻에 의해서 비유적으로 구성되고 더 나아가서 음악적 율동에 의해서 긴장되기 때문에 정서적 일체감과 함께 노래하는 사람 모두 일체가 되는 격앙감이 있게 된다. 혼자 하는 노래는 혼자 해서 신명나고, 여럿이 하는 노래는 함께 해서 신난다고 할 수 있다. 그리고 노래에 따라서는 음악적 율동 자체를 천변만화 하게끔 극적으로 짜는 갈래도 있다. 개인의 의지와 집단의 신명이 가장 소박하게 구현되는 예술이다.

노래처럼 흥겹고 사람다운 본질을 발견하게 하는 언어예술도 없다. 노래가 그야말로 '노래 삼긴 사람 시름도 하도 할샤' 해서 나오는 것인지 아니면 일터의 현장에서 노동의 고용과 집약적 일체감을 갖게 하기 위해서 불려지는 것인지 선후를 판단하기 어렵지만, 노래만큼 단순한 삶을 격앙시키고 격정적으로 고양시키는 것은 없으리라 생각한다. 노래의 도가니에 들어서면 슬픔이든 기쁨이든 강렬한 삶의 체험이 되므로 소리의 신명은 일상의 삶을 예술적으로 신비롭게 비약시키는 특징이 있다.

노래는 명백히 시간예술이고 다른 한편에서 소리예술이라 할 수 있다. 노래는 시간적으로 또는 선조적으로 구성되는 예술인 셈이다. 혼자 부르기도 하고, 혼자 서두를 내고 여럿이 따라 부르기도 하고, 서로 짝이 되어서 부르기도 하고, 서로 번갈아 부르며 엇바뀌기도 하면서 다양한 입체미를 구성하지만 서양의 교향곡이나 합창곡처럼 다성악적 선율구조를 고정적으로 구성하지 않는다. 즉 계산된 연출에 의한 음악적 복합성을 자아내지 않는다는 말이다. 물론 우리의 경우에도 번갈아서 엇바꾸어 부르는 노래 가운데 대선율 내지 다성악적 선율을 연출하기도 하지만, 그것이 제도적으로 항구적인 구속력을 갖는 것은 아니다. 그래서 오히려 시간예술의 속성이 노래에 강하게 드러난다.

다른 한편에서 노래는 소리예술이다. 소리예술이라고 하는 것은 자연적

소리에서부터 출발하여 소리로써 그림을 그려내는 음화적 속성이 강하기 때문에 노래를 달리 소리예술로 파악할 수 있겠다. 노래 가운데 소리예술적 특징이 농후하게 드러나는 것은 판소리이다. 판소리는 소리의 이면을 그린다거나 소리를 다루친다거나 소리를 각구먹질로 한다든가 하는 관용적 범례를 구현하는 것 자체가 소리예술의 절정임을 반증한다.

노래는 음악적 율동을 수반하기 때문에 행위예술적 면모도 일부 갖추고 있다. 혼자서 하는 일보다 여럿이 하는 일이나 놀이 및 굿에서 행위예술적 면모는 한껏 드러난다고 할 수 있다. 일노래 가운데서도 논매는 소리의 행위예술적 측면은 거듭 탐구의 대상이 될 수도 있다. 논바닥에 들어서면서 긴소리를 내고, 작업이 진행되면서 중간소리로 발전하고 빠른 소리를 하다가 마침내 쌈싸는 소리를 하면서 논바닥에서 나온다. 소리 자체가 작업의 양상을 지시하기도 하고 일의 과정에 맞추어 창조적으로 짜이기도 한다. 궁극적 도달점은 행위를 집약적으로 일치시키는 것이다. 따라서 노래의 행위예술적 속성은 부가적인 측면이 있으나 경우에 따라서는 면밀하게 맞물리는 측면이 있기도 하다.

놀이는 말이라는 언어예술적 측면을 행동적으로 꾸며서 극대화한 갈래이다. 여럿이 함께 놀이에 동참하고 맞서서 행동하여 삶을 화합적으로 바라보기도 하고 삶의 갈등을 첨예하게 예각화시켜 해결하기도 한다. 삶에 대한 조화와 갈등의 양축을 집약적으로 사건 아래 꾸며서 보여주면서 때로는 골계스러운 재담으로 전개하기도 하고, 달리는 일체감을 자아내는 음악적 율동과 함께 노래로 전개하기도 하고, 행위 자체로 맞서서 전개하기도 하고, 춤을 통해서 보여주기도 한다. 놀이는 단순하지 않고 여러 가지가 복합되어 있음이 쉽사리 간파된다.

놀이는 여럿이 하는 것을 놀이꾼만 놀게 하지 않는다. 놀이판의 바깥에서 구경꾼이 있어서 더욱 긴요하다. 놀이꾼과 구경꾼이 멀리 떨어져 있는 것이 아니가. 놀이꾼과 구경꾼이 아주 가깝고 춤으로 대동놀이를 함께 해서 강렬한 신명풀이의 체험을 갖도록 한다. 또한 겉으로의 체험이 긴장된 비판정신을 갖도록 해서 삶을 약동시킬 수 있는 계기가 되도록 한다. 놀이가 노래보다 강렬한 체험이 되는 것은 이 때문이다.

놀이는 여러 가지 예술적 요소가 복합되어 있으나, 그 가운데서도 공간예술과 행위예술의 속성이 부각되는 갈래이다. 놀이가 공간예술이 된다고 하는 것은 공간적으로 제시되고 행위적으로 꾸며지기 때문이기도 하지만, 놀이판 위에서 집약적인 사건을 재현하기 때문이다. 탈춤의 경우에 쉽사리 극에 몰입하는 것은 공간예술의 속성 때문이며, 쉽사리 극에서 해방되는 것 역시 이 때문이다. 시간예술은 자초지종을 알아야 되지만 공간예술은 그렇지 않다고 할 수 있다.

놀이는 공간예술이 뿐만 아니라, 행위예술이다. 행위예술의 결정적 증거는 갈등의 제시는 재담으로 하고, 조화의 모색은 춤을 통해 하는 것에서 찾을 수 있다. 갈등과 조화의 수단이 엇섞이기도 하지만, 종국에 가서는 둘의 수단 자체가 준별되는 것이 예사이다. 조화의 수단으로 제시되는 춤은 행위전승이며 구체적 실현 수단이 된다. 놀이에 행위예술적 속성이 강조되는 것은 이 때문이다.

이렇게 본다면 말, 이야기, 노래, 놀이는 점층법적으로 단순한 예술에서 복잡한 예술로 고양되고 있음이 확인된다. 기본적 요소는 언어예술이지만, 언어예술에다 부가적 속성이 첨가되면서 언어예술의 다면적 총체성을 각 갈래가 구현하고 있다고 볼 수 있다. 위에서 논의한 사실은 말, 이야기, 노래, 놀이 등이 언어예술의 속성을 공통점으로 하면서도 점차 차별화되는 양상을 차이점으로 하고 있음이 드러난다. 그것을 정리하면 다음과 같다고 할 수 있다.

말 : 언어예술
이야기 : 언어예술 / 시간예술 / 공간예술
노래 : 언어예술 / 시간예술 / 소리예술 / 행위예술
놀이 : 언어예술 / 공간예술 / 행위예술

이 네 가지 구비문학의 갈래는 두 가지 요소에 의해서 위의 것과 아래의 것이 지니는 예술적 속성이 갈라진다. 위쪽의 갈래는 개인적 발화에 가깝고 현실의 체험을 위주로 하는 예술이라면, 아래쪽의 갈래는 집단적 체험을 중시하고 현실의 경험과 예술적 표현을 고도화하는 특징이 있다. 위쪽의 갈래는 현실적 맥락을 벗어나서 별다른 의미를 갖지 못하는 반면에 아래쪽의 갈래는 기본적으로 현실의 반성적 인식을 촉구하는 것이면서도 전문적인 담당층에 의해서 세련된 형식미를 창출할 수 있는 가능성을 암시한다.

구비문학은 언어예술이면서도 생산자와 소비자가 자족적인 맥락 속에서 향유되므로 상업성을 지니지 않는다. 그러나 정도와 질에 있어서 상대적 차별성을 감출 수 없다. 말은 생산자와 소비자가 뒤바뀔 수 있으며 특별한 능력을 요구하지 않는다. 간혹 적절한 본보기를 갖춘 생산자가 있으나, 그것이 본질은 아니다. 이야기는 생산자가 특별한 능력이 있어서 전문적으로 나서는 이야기꾼도 있지만, 그밖에는 생산자와 소비자가 뒤바뀌면서 역동적인 이야기판을 구성하기도 한다. 전문적 이야기꾼인 생산자가 공급자 수준의 의미를 가지게 되면, 그것은 상품화된다고 할 수 있으며, 특정한 시대에 전기수(傳奇叟)가 마련되기도 한 바 있다.

노래에서는 생산자와 소비자가 자족적인 관계를 맺지만, 특별한 능력이 있어서 공급자임을 자처해서 '두목잽이' 노릇을 하는 선소리꾼이 있기도 하다. 그리고 예사노래가 아닌 무가나 판소리에 있어서는 특별한 능력을 지닌 무당과 광대가 생산자와 공급자를 겸해서 소비자를 겨냥한 상품을 판매할 수도 있다. 그렇다고 해서 생산자와 소비자가 있을 뿐이지 공급자가 분리되지 않는다는 점에서 근대적인 예술로 이행한 것은 아니다. 무당과 광대 역시 공급 방식에 있어서 차이가 있는데, 무당은 제의에 종속되지만 광대는 자율적 속성을 가진다. 생산자와 소비자가 거리가 벌어진 것이 말과 이야기의 양상과 차이나는 점이다.

놀이에서는 생산자와 소비자가 자족적인 경우도 있으나, 생산자와 소비자가 차별화 되고 이 사이에 공급자가 삽입됨으로써 상품예술로 발전할 가능성이 예고된 바 있다. 무당굿놀이는 자족적인 예술인데 비해서 탈춤 특히 도시탈춤은 상품적 예술로 일부 이행하기도 했다. 구체적으로 봉산탈춤이나 수영야류 따위는 공급자로 자처한 일부 담당자가 나타났다. 그래서 생산자가 소비자를 대상으로 하는 상업예술적 속성을 가지기에 이르렀으나, 본질적인 변화가 생긴 것은 아니다.

구비문학이 언어예술이지만, 언어예술의 속성을 다변화해서 각 갈래들이 어떠한 특징을 가졌는가 위에서 검토한 바 있다. 이러한 가설에 입각해서 각 갈래에 관한 밀도있는 논의가 필요하리라 예상된다. 갈래의 공통점이 무엇인가 논의했다. 언어예술에 근거하여 부차적 예술의 특징을 토착갈래의 구분법과 분석방법에 의해서 규명해 보았다.

3. 언어예술 사례분석 : 지역유형과 광포유형

언어예술은 철저하게 말에 기초한다는 사실이 규명되었다. 말은 누구나 다 쓰지만 공간적 분포와 사회적 위계에 따라서 각기 달라진다. 공간적 분포에 따른 말의 차별성을 강조하는 것이 곧 사투리이다. 사투리는 곧 방언이라고 일컫는데, 방언은 언어예술의 핵심적 요소가 된다. 사회적 위계에 따른 계층방언이 있는데, 계층방언인 은어나 변이 언어예술에 심대한 영향을 끼쳤는가 알기 어렵다. 언어예술의 핵심적 요소가 되는 말이라 함은 사투리이다.

사투리는 왜 쓰는가? 그것은 문화지리학의 핵심이 되리라고 생각한다. 사투리는 자연적 현상이면서 동시에 문화적 현상이기도 하다는 점을 잊지 말일이다. 사투리는 사람만이 쓰는 것이 아니라 자연에서도 사용된다. 사투리 사용은 지역적 고립성과 함께 개체의 친밀성을 도모하는 수단이 된다.

새도 사투리로 지저귄다. 구체적으로 휘파람새가 그에 적절한 사례가 된다. 휘파람새는 개체 군집의 밀도가 높고 낮은가에 따라서 울음의 양상이 달라진다. 경기도의 휘파람새는 α파만 사용해서 주파수의 음역이 높게 우는 사실이 드러나지만, 제주도의 휘파람새는 α파와 β파를 동시에 섞어서 쓰면서 주파수의 음역이 낮은 것을 사용하는 사실이 드러났다. 그렇게 해서 새의 지역적 사투리가 성립한다. 그것은 개체의 친밀도를 성립하기 위한 방법이니 개체의 밀도가 낮은 경우에는 널리 알려야 하기 때문에 단조로운 소리로 높이 우는 것이다. 이에 반해서 개체의 밀도가 높은 경우에는 다양한 울음소리로 상대를 유인하기 때문이다.

새만 그런 것이 아니라, 사람이 사투리를 사용하는 것도 같은 이유에서 찾을 수 있다. 따라서 사투리에 근거한 언어예술을 창출하는 것이 지극히 당연하다고 할 수 있다. 사투리에 의한 언어예술은 여러 가지에서 찾을 수 있으나, 구체적인 사례를 들어서 이점을 논의하고자 한다.

경상북도 예천에 전해지는 통명농요 가운데 〈모심는소리〉 하나를 구체적으로 들어 보도록 한다.

아부레이수나
  아부레이수나 이도수나
오늘날 이 논배미에 누구누구 모여씻는고
일등농군님이 다 모여씻네 이에
아부레이수나
  아부레이수나 이도수나
한톨종자 싹이 나서 만곱쟁이 열매 맺는
신기로운 이 농사는 하늘 땅에 조화로네
아부레이수나
  아부레이수나 이도수나
모야모야 노랑모야 니 언지 커서 열매가 맺힐레
이달 크고 새달 커서 칠팔월에 열매나 맺지
아부레이수나

아부레이수나 이도수나[3)]

이 소리는 세 가지 각도에서 아름다움을 지니고 있으며, 아름다움 자체를 분석할 수 있다. 첫째, 사설의 측면이다. 사설은 경상북도 말씨에 기초하고 있으면서도 생활현장에서 우러나온 체험을 집약화해서 신비로운 언어의 비약을 꾀하고 있다. 작은 한 톨의 씨앗이 자라서 모가 되고, 그 모가 벼가 되어 이삭을 맺고, 그 이삭에서 쌀을 채취하는 과정을 농부의 노력과 적절하게 대응시켰다. 진정한 삶의 경험에서 우러나오는 진리를 기술하고 있는 셈이다. 그러한 체험이 경상도 말씨로 나타나기 때문에 이 소리의 맛이 드러난다.

그런데 경상북도 말버슴새 또는 말씨는 소리의 질서를 결정짓는다. 그것을 음악적 용어로는 토리 내지 토홀이라고 하는데, 경상도 특유의 소리로 질러내야 하는 특징이 있다. 그것이 곧 '도-미-솔-미-도'의 구성적 요소의 선법을 따르며, 이러한 선율이 경우에 따라서 '미-도-라-미' 등의 변형을 창출하기도 한다. 이러한 요소의 공통점은 메나리토리라는 특유의 문법에 의존하여 이 때문에 친밀도를 강조하는 것이다. 말씨가 곧 토리를 결정짓는다. 음악적 표현법과 사투리가 일치하는 것이다.

이뿐만 아니라 소리의 짜임새 역시 주목된다. 메기고 받는 소리의 틀을 가지고 있으면서도 전반적으로 멕이는 소리는 불규칙한 리듬으로 사설을 늘어놓지만, 받는 소리는 느리고 유장한 소리로 된 것이 특징이다. 멕이고 받는 소리가 적절하게 조화를 이루면서 가창방식의 아름다움을 자아낸다. 멕이는 소리는 판소리의 도섭이나 씻김굿의 조달처럼 되어 있어서 특별한 형식으로 되어 있다.

경상북도 예천 지방에 전하는 모심는 소리는 저 혼자만 특별한 현상을 이룩한 것이 아니다. 이 소리는 오히려 일종의 oico type으로 지역유형이라

---

3) 『경북민요대전』, 문화방송, 1995, 506면.

고 할 수 있다. 그래서 지역유형의 독자성을 이룩하고 있는데, 경상북도 서북부지역인 경상북도 예천군, 영주시, 봉화군 일대에 전승된다. 영주시와 봉화군에 전승되는 〈모심는소리〉를 옮겨본다.

〈영주 모심는소리〉

이이래이 어리송아 아도 어리요
상주함창 공갈못에 연밥따는 저 큰아가 어러리요
　이이래이 어리송아 아도 어리요
연밥 줄밥을 내 따주마 이 내 품안에 잠들어라 어러리요
　잉래이 어리송아 아도 어리요
중아 중아 상제 중아 묵화 동냥 하로 간다 어러리요
　이이래이 어리송아 아도 어리요[4]

〈봉화 모심는소리〉

이 래이 우에이쑤나 아도오 이리오
바다겉은 이 모판이 장기판이 되얏구나
　이 이래이 우에이쑤나 아도오 이리오
장기판이사 좋다마는 뚤 이가 없어서 못 뚜겄네
　이 이래이 우에이쑤나 아도오 이리오[5]

예천, 영주, 봉화 등지에 전하는 〈모심는소리〉는 완전히 말씨, 토리, 가창방식에 있어서 온전히 일치하는 구체적 변이유형임이 확인된다. 전국적인 판도를 보아도 특정한 이 지역에서만 발견되는 독자적 지역유형임이 확인된다. 지역유형의 독자성은 여러 가지 차원에서 분포에서 특색으로 드러나지만, 모두 언어적 기초요소가 같기 때문에 지역유형의 예술을 창조한다. 그렇지만 말씨, 토리, 가창방식에 의한 〈모심는소리〉는 인접하고 있는

4) 같은 책, 448~119면.
5) 같은 책, 228~229면.

다른 지역에서 결과적으로 유사하나 저마다의 독자적 유형을 창출한다.

충청북도 중원군과 청원군에 전승되는 〈모심는소리〉를 살펴보면, 예천 등지의 지역유형과 아주 흡사한 점을 발견하게 된다.

〈중원 모심는소리〉

아라리요 아라리요 아리랑 얼싸 아라송아
　아라리야 아라리요 아리랑 어헐싸 아라송아
이 못자리에 모를 씻어 저 논배미다 옮겨 심을 제
　아라리야 아라리요 아리랑 어헐싸 아라송아
이 논배미다 모를 심어 장잎이 훨훨 나서 영화를 보세
　아라리야 아라리요 아리랑 어헐싸 아라송아
높은 들에는 밭을 지고 깊은 들에는 논을 져서
　아라리야 아라리요 아라랑 어헐싸 아라송아
오곡잡곡에 농사를 지을 제 해마다 연연이 풍년만 오거라
　아라리야 아라리요 아리랑 어헐싸 아라송아[6)]

〈청원 모심는소리〉

요기 꽂고 저기를 꽂고 삼배출 자리로 꼽아나 주게
　아라리야 어러리야 아리랑 아리송 어러리야
반달같이 짓을 달아 왼달같이만 매워를 주게
　아라리야 어러리야 아리랑 아리송 어러리야
장잎 훨훨 영화라더냐 열매가 달려야 영화로다
　아라리야 어러리야 아리랑 아리송 어러리야
상주함창 공갈못에 연밥 따는데 저 큰아가
　아라리야 어러리야 아리랑 아리송 어러리야
연밥줄밥 내 따나주께 이내 요품 안에 잠들어라
　아라리야 어러리야 아리랑 아리송 어러리야[7)]

---

6) 『충북민요대전』, 문화방송, 1995, 221~222면.
7) 같은 책, 275면.

후렴이 질게 이어지는데, 후렴에 '아라송'이라는 말이 있다. 이러한 소리는 일견 앞서 본 '아부래이수나'라고 하는 지역유형과 상통하면서 다른 변이유형과 대비된다. '아라송'이라는 유형 역시 놀랍게도 경상북도 예천군과 영주시 일대에 분포하고 있다. 경상북도 북서부의 지역유형이 곧 두 가지인 셈이다. 하나는 '아부래이수나'이고, 다른 하나는 '아라송'이 있는 것이다. 이 두 가지 가운데 '아라송'은 경상북도의 경계면을 넘어서서 충청북도 일대에까지 두루 분포하고 있다.

이러한 추정이 타당하다고 했을 때에 우리는 두 가지 지역유형의 관계에 대한 비교 검토를 할 필요가 있다. 두 지역유형은 가창방식, 사설, 소리에 있어서 모두 공통점을 지니고 있다. 그렇다면 어느 한 가지가 원형이 되고, 다른 한 가지가 변이형이 되었으리라 추정된다. 그런데 어느 한 가지는 넓게 분포하고, 다른 한 가지는 좁게 분포한다. '아라송'이 경계면을 넘나들고, '아부래이수나'는 경계면에 멈추어 있다.

이러한 지역유형의 생성 저변에는 강원도의 광포유형인 〈아라리〉, 경상도의 대표적 유형인 〈정자소리〉, 경기도 북동부지역의 〈하나소리〉가 밀고 당기는 과정에서 생성되었을 가능성이 있다. 〈아라리〉 소리는 사설만 지속되다가 가끔 '아리랑'이라는 후렴구가 등장한다. 〈정자소리〉는 안짝과 밧짝이 교환창방식으로 맞물리는 소리이다. 〈하나소리〉는 전형적인 선후창방식으로 되어 있다. 앞서 논의한 '아라송'과 '아부래이수나'는 가창 방식에서는 선후창의방식을 계승했으므로 〈하나소리〉의 전례를 따른 셈이다. 사설을 가끔 불규칙하게 선소리꾼이 멕이는 것은 강원도의 〈아라리〉에 근거했음이 분명하다. 경상도의 〈정자소리〉에서 사설을 가져다가 '아부래이수나'나 '아라송'에 응용한 것이 곧 지역유형을 창출한 셈이다.

그렇다면 지역유형은 말씨, 토리, 가창방식 등에 의해서 성립되나, 이러한 지역유형은 고립적으로 존재하는 것이 아니라는 사실을 깨달을 수 있다. 인접하고 있는 다른 유형 특히 우세한 광포유형에 의해서 지속적으로 간섭되면서 상호 영향을 주고서 성립한다는 사실을 발견하게 된다. 따라서 지역유형과 광포유형은 끊임없이 상호작용을 하면서 언어예술적 가치를 창출한다는 사실이 드러난다.

광포유형과 지역유형은 노래에서만 발견되는 것은 아니다. 이야기에서도 이러한 속성이 발견되므로 이점을 검증할 필요가 있다. 〈손없는 색시〉는 전국적으로 13편의 자료가 발견되는 광포유형이다.[8] 〈손없는 색시〉 설화는 평안북도, 전라북도, 경기도, 경상북도, 대구시, 경상남도, 전라남도, 제주도 등지에서 설화의 편수가 적지만 골고루 채록된 점이 이 설화가 광포유형임을 확인하게 한다. 그런데 제주도 각편은 독자적인 제주도의 지역유형을 성립시킨다.

제주도에 전승되는 〈배나무 배조주딸〉이라는 작품은 다음과 같이 정리된다.

(1) 배나무 마을에 사는 배조주는 어린 딸을 두고 어멍이 죽자, 다슴어멍을 데리고 온다.
(2) 다슴어멍은 매일 딸에게 방아를 찧게 하자, 그때마다 흰쥐가 나타나서 흰 구슬을 물어다 준다.
(3) 다슴어멍은 그 사실을 알고 방아를 자신이 찧는다고 하자, 흰쥐가 개똥을 물어다가 준다.
(4) 다슴어멍은 이에 화가 나서 끓는 물로 껍질을 벗겨서 딸의 잠자리에 넣어둔다.
(5) 다슴어멍은 딸의 이불을 개는 척하다가 핏덩이를 발견하고 처녀가 애를 지웠다고 소리쳐서 소문을 낸다.
(6) 아방은 화가 나서 딸을 내쫓자, 딸은 억울하다고 하면서 스스로 팔을 끊는다.
(7) 끊어진 팔은 대나무에 묶어서 집 처마에 매다니 흰비둘기와 흑비둘기가 날아와서 '배나무 배조주 딸 불쌍하다'며 팔을 물고 간다.

8) 김혜정, 「〈손없는 색시〉 설화의 유형체계」, 경기대 석사학위논문, 2001.
이하 이에 대한 기술은 이 연구에 의한다. 그러나 최근에 필자가 4편을 더 발견했으며, 이 결과는 곧 출간될 예정이다.

(8) 소를 몰고 가던 배조주 딸은 어느 부잣집 앞의 나무 위에 올라가 앉는다.
(9) 개가 짖자 그 집 어멍이 세 아들을 차례로 내보내 확인케 하지만 족은 아들만 배조주 딸을 발견한다.
(10) 족은 아들은 배조주 딸을 몰래 자기 방에 데려가 병풍 뒤에 숨기고 함께 밥먹고 세수한다.
(11) 종놈은 족은 아들이 밥도 남기지 않고 세수물이 더럽고 수건도 더 젖는 것을 이상하게 여겨서 주인에게 말한다.
(12) 어멍에게 불려간 족은 아들은 사실대로 말하고 처녀에게 장가가겠다고 한다.
(13) 어멍은 배조주 딸의 미모가 천하일색인 것을 알고 마음에 들어서 며느리감으로 알고 사흘 안에 도포를 만들라는 시험을 낸다.
(14) 이 사실에 족은 아들은 걱정하나, 배조주 딸은 팔 하나 없는 몸으로 도포를 만들어서 메누리로 인정된다.
(15) 메누리가 임신을 하고 아들은 글공부와 활공부 삼년하러 떠난다.
(16) 메누리가 아이를 낳아서 하인에게 편지를 써서 보내준다.
(17) 하인이 가다가 물이 먹고 싶어서 근처 물에 가니 다슴어멍이 빨래를 하고 있다.
(18) 다슴어멍은 하인에게 편지를 보여 달래서 다슴 딸의 편지인 것을 알고 편지를 내쫓아버리라는 것으로 바꿔친다.
(19) 편지를 본 시어머니는 손지가 아깝지만 내좇는다.
(20) 배조주 딸은 아이를 업고 길을 가다가 지쳐서 길에 앉아 잠이 들었다.
(21) 꿈에 생모가 나타나서 못에다가 손, 발, 아이 얼굴을 차례대로 씻기면 아이가 물에 빠질 때에 안으면 팔이 돋아난다고 가르쳐 준다.
(22) 어멍 말대로 하니 팔이 돋아나서 다시 길을 가다가 날이 어두워서 길가에 잠이 들었다.
(23) 꿈에 생모가 나타나 조금만 더 가면 큰 기와집이 있다고 해서 깨어보니 이미 자신은 하인이 많은 기와집 속에 있었다.
(24) 이 집에 살면서 아방이나 찾겠다고 석달 열흘 잔치를 한다.
(25) 석달 열흘 되는 날에 아방과 다슴어멍이 잔치집에 찾아오자, 방으로 가게 해서 아방에게는 상을 잘 차리고 다슴어멍에게는 뱀, 쥐, 거미 등을 잡아서 방에 넣었다.
(26) 집에 돌아온 족은 아들은 아내가 없어서 두 형과 함께 아내를 찾아나선다.

(27) 아내가 사는 마을에 와서 바깥에 노는 아들을 발견하고 사실을 확인하고 자신이 아버지임을 밝히게 된다.
(28) 배조주 딸고 남편은 재회하고 편안하게 잘 산다.[9)]

이 설화는 전형적인 계모담이되 의붓딸이 손을 잘리는 고통을 겪다가 마침내 남편을 만나고 손이 재생되었다고 하는 것을 핵심적 내용으로 하고 있다. 그런데 이러한 내용이 전국적으로 변형되고 있으며, 제주도에서는 특히 변이가 심각해서 이 설화는 제주도의 독자적 유형인 지역유형의 면모가 드러난다고 할 수 있겠다.

제주도의 〈손없는 색시〉 설화가 지역유형으로 발전하는데 있어서 제주도의 본풀이는 절대적인 기능을 했다. 그것을 정리하면 이렇다. 제주도에 전승 tradition되는 각편은 제주도 사람들에 의해서 전달 transmission되고, 제주도 사람들에게 수용 troduction되기 때문에 독자적인 지역유형을 생성시킬 수밖에 없다고 생각한다. 그렇게 하는 요소 가운데 거의 절대적인 기능을 하는 것이 곧 본풀이이다.

〈배나무 배조주뚤〉은 세 가지 본풀이에 의해서 간섭된 결과이다. 〈초공본풀이〉, 〈토산알당본풀이〉, 〈삼공본풀이〉가 그것이다. 즉은 아들이 서울에 과거를 보러 가는 행각은 〈초공본풀이〉에서 세 아들인 잿부기 삼형제가 과거 보러 가는 것과 유사하다. 그리고 의붓딸이 축출되는 것은 노가단풍 즈지맹아기씨가 임정국 집에서 쫓겨나는 화소와 일치한다. 그리고 배조주딸이 다슴어멍에 의해서 정절을 의심받게 되자, 자신의 정절을 입증하기 위해서 자신의 팔을 자른다. 이러한 화소는 〈토산알당본풀이〉에서 여신이 자신의 정절을 증명하기 위해서 손을 자르는 행위와 일치한다. 아울러서 배조주딸이 시집에서 쫓겨 나와 자신의 부친을 찾기 위해서 석달 열흘 잔치를 벌이는 것은 가믄장아기가 부모를 찾기 위해서 맹인잔치를 석달 열흘 동안 잔치를 벌이는 것과 일치한다.

---

9) 현용준, 『제주도민담』, 제주문화, 1996.

제주도의 〈손없는 색시〉 설화는 본풀이의 간섭에 의해서 독자적으로 변형된 제주도의 지역유형이 된다. 전국적으로 존재하는 공포유형을 수용하면서 그러한 줄거리를 본풀이라는 밑그림에 맞게끔 변형시켜서 독자적인 각편을 구성한 것이 제주도의 〈손없는 색시〉 지역유형이 된 셈이다. 제주도의 전승, 전달, 수용 등에서 벗어날 수 없으므로 독자적 변형이 이루어졌다.

계모담의 광범위한 이야기가 변형되는 원리도 발견되었다. 종래의 연구사에서 순차적 구조분석과 병렬적 구조분석만이 유일한 접근 방법이 되었으나, 이와는 다르게 유형적 변형을 발현하는 원리가 있어서 겉 이야기, 가운데 이야기, 속 이야기 등의 짜임새를 구현하는 비밀이 새삼스럽게 증명되었다.[10] 겉 이야기는 설화의 대분류가 가능한 일군의 군집을 형성하는 근거가 된다. 가운데 이야기는 〈손없는 색시〉 설화의 핵심을 지시하는 근거가 된다. 속 이야기는 각편 자체의 변이유형을 해명하는 근거로 된다.

(가) 외화 : 계모에 의한 축출과 응징
(나) 중화 : 색시의 손 절단과 손 재생
(다) 내화 : 색시와 총각의 만남

〈손없는 색시〉 설화는 (가)(나)(다)가 합쳐야 한 편의 이야기가 되고, (가)(나)(다)의 어떠한 요소가 바뀌는가에 따라서 변이가 생긴다. (가)는 계모담을 모두 소속시킬 수 있는 여러 가지 이야기가 모두 여기에 일단 수렴된다. 〈콩쥐팥쥐〉, 〈장화홍련〉, 〈손없는 색시〉, 〈칠성풀이〉, 〈우목낭상(寓目囊箱)〉, 〈정에정도령〉, 〈버들도령〉 따위가 온갖 계모담이 (가)의 외화를 갖는다.

(나)는 (가)에 수렴된 여러 가지 이야기를 차별화 하는 요소이다. 계모가 전처 딸을 모략해서 손을 자르게 되고, 전처 딸은 우여곡절 끝에 손을

10) 김헌선, 「설화연구방법의 다양성과 통일성-〈손없는 색시〉 설화를 중심으로」, 2001. 11.6(미간행), 30면.

재생한다는 것이 가운데 이야기가 된다. 그런데 이 점이 전처 딸을 자신의 딸과 비교해서 경쟁시키는 것, 전처의 자매를 죽이는 것, 전처 아들 7형제의 간을 먹겠다는 것, 전처의 아들 눈을 뺀 것, 전처의 딸이 만나는 배우자를 해치는 것 등에서 차별화 되는 요소이다. (나)는 독자적인 설화유형을 형성시키는 요소로 된다.

(다)는 쫓겨난 색시가 남성 배우자를 어떻게 만나게 되는가에 다라서 변이가 생기는 요소이다. 속 이야기는 남녀이합의 요소이지만 각편 자체를 구현케 하고 변이가 가능한 요소라 할 수 있다. 색시와 총각이 다른 설화유형의 전례를 가져와서 만나도록 구성되어 있어서 과거공부, 숯구이총각, 버들도령 등 불명확한 사례 등으로 나타난다. 과거공부형은 글공부하다가 만난다는 설화의 제반요소를 가져온 것이고, 숯구이총각형은 쫓겨난 딸이 숯굽는 총각을 만나서 가연을 이루는 요소를 가져온 것이고, 버들도령형은 계모에 의해서 구하기 어려운 채소를 요구해서 깊은 산 속에서 버들도령이 도와서 가연을 이루는 요소를 가져온 것이다. 이것은 〈손없는 색시〉 설화의 미세한 변이를 결정짓는 세부적 이야기가 된다.

(가)(나)(다)로 설화를 보아야 하는 것은 (나)의 설화유형이 구성되는 법칙을 해명할 수 있다는 데서 유용한 원리이다. (가)는 모집단의 설화를 묶어서 총괄적으로 대분류할 수 있는 근거이고, (나)는 (가) 가운데 차별화 되는 근거이고 독자성을 갖게 한다. (다)는 (가)(나)의 결합에 의해서 선택된 것을 구현하는 각편 차원의 변형원리를 해명하는 근거이다. (가) 이상의 상위에 특정한 설화를 묶을 수 있는 이야기도 가능하고, 경우에 따라서 (가)와 (나)의 사이 또는 (나)와 (다)의 사이, (다) 이하의 이야기 층위를 설정할 수도 있다.

설화 자체가 여러 겹으로 되어 있다는 사실은 설화 생성과 변천, 유형과 각편 등의 상호관계를 이해하는 틀이 된다. (가)(나)(다)는 분석 범주인가 설화의 실상인가 참으로 궁금한 문제이다. (가)(나)(다)가 분석의 범주라면 이러한 분석틀은 얼마나 유용한가 증명해야 할 것이다. 만약에 (가)(나)

(다)가 설화의 실상이라면 (가)(나)(다)는 설화 생성이나 기억 및 전승의 비밀을 해명할 수 있는 요소이다. (가)는 서두와 결말로써 마음씨 나쁜 여성이 문제가 되지, 마음씨 나쁜 남성인 계부가 없다고 하는 설화의 성격을 결정짓는다. (나)는 중간의 서두와 결말로써 착한 여성은 고난에도 불구하고 반드시 도움을 받아 행운을 누린다는 낙관적 저력을 보여주는 설화의 성격을 갖는다. (다)는 구연자 자신의 기억력에 착종이 생겨서 어떠한 만남을 택해도 이 세상에 반드시 남녀의 짝이 형성된다는 운명론에 입각하고 있다.

(가)는 일반적인 계모에 관한 편견이 낳은 요소이다. 계부이야기가 없다고 하는 것은 어떻게 설명해야 되는가? 동물의 세계에서는 암컷이 직접 낳은 것과 아무나 낳은 것에 관계없이 모두 양육하는데 유난히 계모설화가 많은 것은 사람, 그 가운데서도 중세적 윤리에 얽매여 있는 사람들의 창작품임이 드러난다. (나)는 딸의 처지에서 모진 고문과 시련을 딛고서 자신의 의지와 믿음이 복낙된 삶을 낳는다고 하는 낙성에 근거한 것이다. 불구자가 자신의 불구를 딛고 일어서는 인간승리를 보장하는 요소이다. (다)는 여성 혼자만이 모든 삶을 살 수 없으며 여성의 고난은 남성과의 온전한 합일에 의해서만 극복도리 수 있다는 남녀관을 피력한다.

(가)(나)(다)는 설화의 분포, 기억의 신비 등을 입체적으로 분석할 수 있는 설화연구의 긴요한 방법으로 된다. 설화의 생성과 변형의 원리가 구현된 셈이다. 유형 창출의 요소는 (가)(나)(다)의 결합에 의해서 이루어진다. 설화 창조의 아름다움이 있다면, 지역유형과 외화, 중화, 내화의 결합방식이 실현되는 양상에 있다.

언어예술에서만 지역유형과 광포유형이 있을 따름이지 다른 예술에서 이러한 요소를 일반화할 수 있는가 의문이며 장차 연구해야 할 중요한 연구과제이다. 적어도 전승, 전달, 수용 등을 생명으로 하는 구비전승, 행위전승, 물질전승에서는 지역유형과 광포유형이 존재한다고 확신한다. 지역유형이 비교의 범위에 따라서 확장될 수 있다고 생각하며, 그렇게 하는데 구비전승의 보편성과 특수성은 거듭 심도있게 논의해야 할 문제이다.

언어예술에서 지역유형이 전국적인 광포유형으로 확장, 발전한 사례 두 가지를 재점검해야 마땅하다. 판소리와 탈춤이 그것이다. 판소리는 다층적 언어층위를 가진 언어예술인데, 전라도 지방의 지역유형이 전국적인 광포유형으로 수직 상승한 적적한 본보기가 된다. 판소리의 역사로 본다면 일정한 지역유형의 요소는 있었으나, 판소리의 흡수력으로 인해 지역유형적 요소를 희석시키고 마침내는 거대한 다각도의 면을 형성시켰다. 판소리의 중고제, 동편제, 서편제 등은 지역유형의 적절한 사례이다. 판소리는 지역유형의 광포유형으로 수직 상승한 본보기이다.

탈춤은 소박한 지역유형이 존재하기도 하고, 좀더 일정한 지역에서 발전된 광포유형으로 존재하기도 한다. 판소리에 견주어서 지역유형의 확대형을 이룩했으나, 전국적 광포유형의 갈래로 발전시켰다고 보기 어렵다. 해서지방의 탈춤, 중부지방의 산대놀이, 영남지방의 야류와 오광대, 서낭굿계통의 하회별신굿탈놀이와 강릉관노가면희 등이 지역유형의 분포를 말해주고 옴니버스식 과장 구성은 단순히 지역유형에 머무르지 않고 확대된 지역유형을 결성시킨다고 볼 수 있다.

판소리는 다층위적 언어예술이라고 했다. 상층의 유식한 언어와 하층의 저속한 언어, 그리고 소종래가 다양한 여러 가지 소리 언어가 도입됨으로써 계층적 확대와 공간적 확장을 꾀했다. 그리고 광대와 좌주의 관계가 성립되어 생산자와 소비자의 구조 속에 공급자를 도입해서 판소리 예술 발전의 촉매제를 제공했으므로 전국적 광포유형으로 발전되었다. 이에 반해서 탈춤의 경우도 언어적 담당층에 기초하고 있으나, 철저하게 지역적 사투리를 배제하지 못하고 정서적 친밀도 역시 탈피하지 못했다. 생산자와 소비자의 틈새에 향리 또는 아전이 개입했으나 지역경제에 이바지할 수 있었다. 탈춤은 집단예술이고 현실 맥락을 떠날 수 없었던 데 비해서 판소리는 개인예술이고 현실 맥락에 관계없이 독자적으로 성립되었다는데 원인이 있다. 탈춤은 지역과 집단에 의해서 한정된 성격을 갖지만, 판소리는 그렇게 되지 못했으며, 개인의 가창력에 의해 세련되고 가다듬어진 예술 갈래였음이 확연히 드러난다.

4. 구비문학과 기록문학의 언어예술적 비교

사투리로 된 구비문학은 가능해도 사투리로 된 기록문학은 가능한가 묻지 않을 수 없다. 예전 문학과 오늘날 문학을 비교해서 본다면 이 점이 흥미롭게 논의될 수 있을 것이다. 예전 문학 가운데 국문 글쓰기가 본격화된 갈래로 시조, 가사, 소설 등을 꼽을 수 있다. 이 세 가지 갈래는 전국적인 표준화 작업이 이룩되었다고 할 수 있다. 경상도에서 작성된 시조, 가사, 소설 등에 방언에 의한 사투리문학은 틈입할 수 없었다. 마찬가지로 전라도에서 작성된 시조, 가사, 소설 등에도 사투리문학은 있을 수 없다. 그것은 사투리로 된 지방문학이 존재할 수 없었다는 뜻이 된다.

그것은 두 가지 이유 때문이다. 하나는 국문 글쓰기 자체가 한문 글쓰기가 병행되었을 가능성을 배제하기 어렵다. 양반사대부들이 독자가 여성인 경우에 반드시 국문 글쓰기를 했으므로 어느 정도 표준화 작업이 규범적으로 이루어졌다고 할 수 있다. 따라서 식자층에 의해서 글쓰기가 이루어졌으므로 사투리 글쓰기가 불가능했다.

다른 하나는 시조, 가사, 소설 등에서 자발적인 표준화하는 작업이 이루어졌으므로 지방의 사투리 표기 문학이 불가능했다고 볼 수 있다. 경우에 따라서 소설에서 일부 방언이 쓰이기는 했어도 전면적인 국문 글쓰기는 표준화 작업으로 직행한 것이라고 보아도 틀리지 않는다.

전국적으로 본다면 시조, 가사, 소설 등이 발견되는 지역과 그러한 갈래의 작품이 아예 발견되지 않는 지역으로 양분되어 있다. 이 문제는 광범위한 어문생활사적 연구가 집적되어야 해명이 가능하겠으나, 과연 함경도지역에서 시조, 가사, 소설이 지어지고 향유되었는가 궁금하고, 제주도에서 시조, 가사, 소설 등이 같은 양상을 보였는지 궁금한 연구거리이다. 앞으로 이 문제는 작업이 지속적으로 이루어져야 해명될 수 있다.

오늘날 문학에서 사투리 글쓰기가 본격화되어야 하겠는데, 그러한 사례가 흔하지 않아 걱정이다. 대표적으로 두 편의 시집이 있어서 사투리 글쓰기의 범례가 된다. 정숙 시인의 《처용무》와 김광협 시인의 《돌하루방 어디 감수광》 등이 그것이다.[11] 두 작품은 사투리 문학으로서 긴요한 의의를 갖는다.

정숙의 《처용무》는 전형적인 경상북도 방언으로 시를 썼다. 치밀한 내면 심리 묘사가 탁월하고 여성적 글쓰기의 정점을 보여주었다. 우리가 급하거나 절실한 일이 있으면 반드시 사투리를 쓰고, 더 나아가서 동향 사람이나 식구를 만나면 사투리를 쓰게 된다. 《처용무》는 바로 그러한 정황을 시로 읊은 것이다.

김광협의 《돌하루방 어디 감수광》은 제주도 사투리로 쓴 시집이다. 두루 아는 바와 같이 제주도 말이 과연 우리말과 같은 것인지 의문이 아닐 수 없다. 이러한 표현이 적절한 것인지 모르겠으나 제주도 언어는 소수민족언어에 가깝다고 보아야 옳을지도 모른다. '어멍 아방 어떵 살아졈수광/ 오널이 정월 멩질이우다./ 식께, 멩질 돌아 오밍 어멍생각, 아방생각'이라는 것이 온전히 이해될 수 있는가 의문이다. 자신들의 언어로 된 문학은 이제 어떻게 평가해야 하는가?

말이 글보다 앞서는 것은 진리이다. 우리가 문학을 논하는데, 완전한 언문일치를 이룩했으며, 달리 구어와 문어를 일치시켰다고 하는 것은 한편에서 맞고, 한편에서는 틀렸다. 틀렸다고 하는 것은 실제 쓰는 사투리 구어를 문어로 정착시키지 못했다는 점에서 근거를 찾을 수 있겠다.

사투리 말로 된 구비문학은 갈래와 언어 자체에서 지역적 다양성의 극치를 보여주는 사례라 할 수 있겠다. 민족국가의 건설을 지상과제로 설정

11) 정숙, 『처용무』, 시와시학사, 1998.
김광협, 『돌하루방 어디 감수광』, 태광문화사, 1984.

한 근대문학에서는 표준어에 의한 기록문학이 절대적인 예술적 가치의 전범이 되었다. 그런데 이제 그것의 잘못된 점이 무엇인가 명백하게 확인되었다. 획일화된 표준어 교육이 다원적 지방어의 가능성을 말살했으며 전통적인 구비문학을 훼손시키는 데 적극적 기여를 했다고 판단된다.

이제는 세계화와 지방화가 지상과제가 되면서 한편에서 획일화된 교통어에 맞서야 하고, 민족어인 표준어 체계를 재검토해야 할 절실한 시점에 이르렀다. 사투리를 근간으로 해야 언어적 다원성을 인지할 수 있는 수단을 갖게 되며, 지역적 정체성을 도모하게 된다. 사투리 구비문학을 적극 계승해야 하며, 그러한 전통이 사투리 창작문학으로 이어져야 임무가 완수된다. 구비문학에서 보여준 다원적 가치 지향의 보편적 대등함이 이 시대에 되살아나야만 사투리 글쓰기는 완성될 수 있으리라 기대된다.

그러나 사투리 사용과 글쓰기가 언어예술적 수단이 되지 그것이 절대적 가치 기준으로 오용되어서는 곤란하다고 생각한다. 문제는 언어예술의 성격을 갖출 수 있도록 하는 미립이 구현되어야 바람직하다고 생각한다. 구비문학에서 확인된 겉뜻과 속뜻의 긴장미에 의한 삶의 절실한 고양이 사투리 창작문학에서도 구현되어야 바람직한 결과가 나타난다. 사투리 창작문학만이 도달점이 되어서는 안 된다.

오히려 사투리에 의한 구비문학의 전통을 계승하면서도 사투리 창작문학을 고양시키고, 다른 한편에서 이 시대에 필요한 사투리 구비문학을 재현해야 마땅하다. 전파매체나 사이버매체의 간접화된 수단도 사투리 구비문학에 기여할 수 있겠으나, 현장에서 물류의 수단을 동원하지 않고 직접적으로 체험하는 것이 요긴하다고 했다.

재화는 시대마다 역사적 조건에 의해서 달라져 왔다. 노동, 상품, 정보, 시간 등이 재화의 대상이었다. 노동이 재화인 시절이 가고, 상품이 재화인 시절 역시 가고, 정보가 재화인 시절이 되었으며, 앞으로는 누구나 누리는 시간이 재화가 될 것이다. 그러나 미지의 재화가 있으니 곧 자신의 환경과 조건 속에서 누리고 있는 언어가 된다. 언어만큼 인간의 전생애에 걸쳐서 지속적인 재화 노릇을 하는 것도 없다. 우리의 뇌리에 생래적으로 타고나 습득하는 언어는 긴요한 재화이다. 하나의 완벽한 사투리를 알고, 그것에 기초해서 다른 언어를 단계적으로 습득하는 것도 인류문화 전승에 기여하는 일이다.

하나의 교통어인 영어를 공용화 하자는 시도는 천부당 만부당한 일이다. 아버지와 어머니로부터 사투리를 배우지 않고, 엉뚱한 말을 익혀 쓰자는 것은 지방화의 원칙에서 어긋나는 일이다. 구비문학이 언어예술인 점은 지방화의 긴요한 수단이 될 수도 있다는 것이다. 사투리를 쓰지 않는 것은 아버지와 어머니의 유산을 거르는 결과가 된다.

▪ 참고문헌

고재환, 『제주도속담사전』, 제주도청, 1999.
김광협, 『돌하루방 어디 감수광』, 태광문화사, 1989.
김헌선, 「설화연구방법의 다양성과 통일성」, 이회문화사, 2002.
김혜정, 「손없는 색시설화의 유형체계」, 경기대 석사학위논문, 2001.
정숙, 『처용무』, 시와 시학사, 1998.
조동일, 『구비문학의 세계』, 새문사, 1980.
『한국민요대전-경북편』, 문화방송, 1995.
『한국민요대전-충청남도편』, 문화방송, 1996.
『한국민요대전-강원도편』, 문화방송, 1996.
현용준, 『제주도민담』, 제주문화, 1996.

제 2 장
설화의 이해

■ 총설

1. 설화란 무엇인가

설화는 문자 그대로 이야기를 뜻하며, 이야기판에서 생성, 전달, 전승되는 언어예술이다. 전통사회에서 이야기판은 사랑방, 마실방, 정자나무 그늘을 비롯한 생활 속의 모든 쉼터에서 벌어질 수 있었다. 뿐만 아니라 일하다가 잠시 쉬는 틈이면 논두렁이나 밭고랑에서도 이야기판은 가능했다. 한가한 시간이면 사람들은 이러한 공간에 모였고, 누군가 심심파적 삼아 말머리를 꺼내면 좌중에 모인 사람들이 서로 주거니 받거니 하면서 흥건하니 이야기판이 벌어지곤 했다. 이럴 경우, 입심이 좋은 사람이 판을 좌지우지하게 마련이다.

이야기판은 어른들의 세계에만 열려있는 것이 아니었다. 전통사회 아이들은 대청마루나 안방에서 할머니의 무릎을 베고 누워 옛날 이야기를 청해 듣다가 잠이 드는 것이 예사였으며, 이런저런 형태로 귀동냥한 이야기들이 그들의 놀이터에서 재연되기도 했다.

이야기판은 생활의 일부이기도 했기에, 그곳에서 구연되는 이야기는 인간을 둘러싸고 있는 우주와 세계, 인간의 삶에 관련된 모든 것들을 대상으로 이루어질 수 있었다. 이야기의 종류 또한 허구적인 이야기는 물론, 역사적인 성격을 띠는 인물 또는 사건에 대한 이야기, 개개인이 살아오면서 경험했던 바 갖가지 삶의 내력이나 견문 등 다양했다. 그러나 이야기판에서 구연되는 그 모든 이야기가 설화로 간주되는 것은 아니다. 예컨대, 실제로 일어났던 사건이나 사물에 대한 객관적 설명, 경험담 등은 설화의 영역에 포함되지 않는다.

이같은 설화의 장르적 특징에 대한 관습적 인식은 구비문학의 전승현장에서 흔히 들을 수 있는 바, '이야기는 거짓말'이라는 말에서도 드러난다. 이는 설화의 허구적 성격을 잘 지적하고 있다. 그러나 설화는 일정한 구조를 가진 꾸며낸 이야기라는 점에서 단순한 거짓말과는 구별된다. 이같은 성격은 설화가 판소리, 서사무가, 소설 등과 같은 서사갈래에 속하는 것임을 보여주는 것이다. 이야기를 꾸며내는 것은 상상력을 예술적으로 표현하는 행위이다. 꾸며진 사건 그 자체는 단조로운 일상을 떠나 상상을 펼치는 즐거움을 주지만, 이야기 속에 숨은 뜻은 이야기에 참여하는 화자나 청자 모두를 일상으로 되돌아오게 한다. 이같은 역설적인 현상을 동시에 맛보게 하는 '이야기하기'는 일상생활과 현실을 보다 적극적이고 강렬하게 인식시키는 문화적 행위인 것이다.

다음으로 지적할 수 있는 설화의 특징은 구전된다는 것이다. 설화는 민요, 무가, 판소리, 속담, 수수께끼 등 구비문학의 여타 장르와 마찬가지로 구전된다. 구전되기 때문에 전승과정에서 개변(改變)이 불가피하게 발생하는데, 그 요인은 망각이나 화자의 개성에 따른 의도적인 첨삭(添削)에 의한 것으로 알려져 있다. 설화의 구조가 단순하면서도 잘 짜여져 있는 것은 구전이라는 존재방식과 관계가 있다. 설화의 전승은 사설의 대목 대목을 외어야 부를 수 있는 민요와는 달리, 이야기의 구조만 파악하면 가능하기에 쉬운 편이다. 물론 전설처럼 진실성을 중시하는 장르는 인명이나 지명 등 고유명사의 암기를 필요로 하지만, 이는 이야기의 존립근거가 되는 구조에 비하면 부수적 요소에 지나지 않는다. 설화의 구조는 전승현장에서 구연되는 이야기를 듣는 동안 자연스럽게 이해, 파악되는 것이다.

세 번째 특징으로는 산문성을 들 수 있다. 구전되는 서사문학에는 설화 외에 서사민요, 서사무가, 판소리 등이 있다. 그런데 설화를 제외한 다른 구비서사문학들은 모두 노래로 불려진다는 공통성을 가지기 때문에 규칙적인 율격을 갖는다. 따라서 이들을 구비서사시라고 부르기도 한다. 이에 비해 설화의 구연은 보통의 말로써 이루어지기 때문에 산문성이 강조되는 것이다. 그러나 설화의 구연에도 이야기 내용을 생동감 있게 표현하려는 화자의 의도가 의식적이든 무의식적이든 간에 작용하게 되어 일상 대화와는 구별되는 문학예술로서의 독자성을 드러내고 있다.

넷째, 연행의 개방성을 들 수 있다. 설화의 구연은 일정한 연행조건이 마련되었을 때 구연되는 민요와 무가, 민속극 등과는 달리 제한이 없다. 기능을 중심으로 전승되는 민요는 노동, 의식, 놀이 등의 상황 아래서 불려지고 무가는 굿의 현장에서, 민속극은 놀이판이 마련되었을 때 연행된다. 그러나 설화의 구연은 한 명 이상의 화자와 청자만 있으면 성립된다. 이야기를 하고 들을 분위기만 형성되면 언제든지 이야기판은 벌어질 수 있는 것이다. 이처럼 구연기회가 쉽게 형성될 수 있는 개방성 때문에 설화는 구비문학 장르 중에서 일반사람들에게 가장 친숙한 장르로 존재하고 있다. 화자와 청자의 상호관련 아래서 구연이 이루어지므로, 설화구연에서 청자의 반응은 구연되는 각편에 일정한 영향을 주는 요소로 작용하고 있다.

다섯째, 설화의 구연에는 전문적인 수련이 요구되지 않으므로 화자의 자격에 제한이 없다는 점이다. 이야기를 들은 적이 있는 사람이면 파악된 구조를 바탕으로 누구나 화자가 될 수 있다. 화자의 자격 제한이 없으므로 설화는 구비문학 장르 중에서 가장 광범위한 계층의 향유층을 확보할 수 있었고, 그로 인해 어느 장르보다도 문헌에 정착될 수 있는 기회를 많이 가질 수 있었다. 설화의 문헌정착이 빈번했던 또 다른 이유는, 설화가 갖는 구조의 견고성 때문이다. 민요는 한문으로 번역할 경우 그 율격적 특징이나 언어적 묘미가 살아나기 어려웠던 데 비해, 설화는 한문으로 기록한다 해도 줄거리 보존은 가능했기 때문에 보다 문헌정착이 용이했던 것이다. 이처럼 전승되어오던 구전설화가 일정한 시기에 기록되어 문헌에 정착된 것을 문헌설화라고 한다. 기록문학의 시대가 열린 후에도 민족적 자기정체성이 문제되는 역사적 혼란기에는 민족문화에 대한 재인식이 요청되면서 구전설화의 문헌정착도 적극적으로 이루어졌다. 고려후기에 편찬된 『삼국유사』는 그 대표적인 사례로 꼽을 수 있다. 설화의 문헌정착은 삼국시대 이래 간간히 이루어지기는 했지만, 본격적인 문헌설화 시대는 중세사회가 해체됨에 따라 다각적인 방법으로 근대적 모색을 시도하던 조선후기에 이루어졌다. 조선후기는 야담집이라 불리는 문헌설화의 시대라고도 할 수 있을 만큼 수많은 문헌설화집이 간행되었다. 『계서야담』, 『청구야담』, 『동야휘집』 등으로 대표되는 문헌설화는 이 시대의 역사적 소산물이다. 문헌설화는 구전설화가 문헌에 정착됨으로써 전승이라는 구비문학의 본질적 요소를 상실한 것이 사실이지만, 설화의 역사적인 존재양상을 보여주는 자료이므로 그 설화문학적 가치나 의의는 결코 경시할 수 없다.

여섯째, 설화의 보편성을 들 수 있다. 설화는 인류가 문자를 갖기 훨씬 이전부터 형성된 이래 세계 도처에서 끊임없이 만들어져 민중 속에서 유전되어 왔으며 오늘날에도 설화의 발생은 계속되고 있다.[1] 설화의 전승범위는 지리적 국경은 물론 언어적 국경까지도 초월한다. 지리적으로 멀리 떨어져 있는 종족과 언어, 문화적 기반이 전혀 다른 문화권에서 유사한 설화유형이나 화소가 발견되는 일은 흔히 볼 수 있다.

이상과 같은 특징으로 인해 설화는 다양한 계층의 사람들이 손쉽게 접근할 수 있는 보편적 장르로서 자리할 수 있었기 때문에 구비문학의 여타 장르 중에서 자료 면에서도 가장 풍부하고 다양한 양상을 보여줄 수 있었을 뿐 아니라, 학문적 연구대상으로서도 가장 먼저 정립되고 가장 널리 연

1) 조희웅, 『설화학강요』, 새문사, 1989, 9~10면.

구되는 분야일 수 있었다. 한편 설화는 문헌에 정착되면서 기록문학적 특성이 가미됨에 따라 소설로 이행되어 가는 양상을 보여주기도 했다.

문자가 사용되기 이전부터 인간은 설화와 함께 존재해왔다. 삶의 체험에서 얻어진 다양한 인식내용을 일정한 구조 속에 형상화한 설화는 향유하는 이들의 삶의 양식과 내용적 실체를 구현하는 매체이기도 하다. 무문자(無文字) 사회에서 설화가 오락적 측면과 집단성원으로서 알아야 할 지식체계를 전수하는 교육적인 기능을 아울러 지녔던 것이나, 오늘날 연구자들이 설화를 통해서 정신세계의 깊숙한 층위를 구명할 수 있는 것도 설화가 갖는 문화적 의의에 대한 인식의 일단을 보여 주고 있다.

2. 설화의 범주와 갈래

한국사람이면 거의 누구나 '옛날 옛적에, 갓날 갓적에'로 시작하는 옛날이야기를 들으면서 자랐다. 설화는 그 옛날이야기들을 가리키는 학술적 명명이다. 따라서 전승현장에서는 설화라는 말을 쓰지 않는다. 그냥 이야기이거나 옛날이야기일 뿐이다.

현대 사회에서는 옛날이야기보다 사실적 경험담 같은 것이 더 활발하게 구연되는 경향이 있다. 사실적 경험담을 설화의 범주에 포함시킬 것인가의 문제는 다소 논란의 여지가 있지만, 설화가 애초 인간의 경험을 서사(敍事)로 표현한 것이라는 관점에서 보면, 사실적 경험을 이야기했기 때문에 설화가 아니라고 말할 수는 없다. 조선조 문헌설화 가운데는 그 당시의 사회적 공간에서 직·간접으로 경험된 사실을 담고 있는 것이 적지 않다. 문학을 '상상력'의 소산이라고 보는 시각은 내용보다는 오히려 형식을 전제하고 있다. 문학은 무엇이든 담을 수 있다. 곧 무엇을 담았는가보다 어떻게 담았는가가, 문학을 문학 아닌 것과 구분하는 관건이 된다. 그런 관점에서 보면, 경험담은 사실적 경험을 '담(譚)', 곧 이야기의 형식으로 드러냈다는 데 의미가 있다. 더욱이 문학의 기능이 사회적 현실과 일정한 관련 속에 있는 것이라면, 경험담은 오늘날의 사회적 현실에서 부각된 설화의 범주로서 마땅히 고려될 만하다.

설화는 구연 과정에서 일정한 형태를 지니려는 성향이 강하다. 말하자면, 이야기거리의 성격, 이야기거리에 대한 화자의 생각과 태도, 이야기의 기능 등이 일정한 장르의식을 구성하면서 그 형태를 결정하는 것이다. 실제 일어난 사건에 대한 이야기를 할 때, 그 사건을 신이(神異)로 인식하는가 경이(驚異)로 인식하는가, 또는 사실로 인식하는가 허구로 인식하는가에 따라 구술의 형태가 달라진다. 또한 이야기하는 의도가 신앙적 믿음을 전하려 함인가, 사실적 믿음을 전하려 함인가에 따라서도 달라질 수 있다. 허구적 상상을 강하게 담은 이야기들은 놀이처럼 가볍고 재미있다.

설화가 지향하는 형태는 대체로 신화, 전설, 민담의 세 갈래가 있다. 이 세 갈래들은 주인공의 성격과 행위, 시간과 공간, 전승자의 태도, 전승범위, 증거물 등에서 뚜렷이 구분되는 특징을 보인다. 신화는 신적인 존재인 주인공이 이룬 창조적 행위를 담은 이야기인 데 비해, 전설은 다소 특별한 상황에 처한 인간에게 실제로 일어난 예기치 않은 사건을 전하는 이야기이고, 민담은 일상적인 인간의 허구적인 운명극복담이다. 그리고 아득한 태초 또는 신성시되는 시공간을 무대로 하는 신화, 구체적으로 제한된 시간과 장소를 배경으로 하는 전설에 비해서 민담은 뚜렷한 시간과 장소가 없다. '옛날 옛적 어느 곳'이 민담의 시공간이다. 또한 민족, 씨족, 지역 공동체로 그 전승의 범위가 한정되는 신화·전설과 달리, 민담은 지역적인 구속도 존재하지 않는다. 그런가 하면 다른 갈래에 비해 전설은 구체적인 증거물을 갖는 특징이 있다. 일어난 사실을 규명하고 전달하려는 것이 전설 구술의 의도이기 때문에 전설에서 증거물의 제시는 중요한 것이다.[2)]

2) 장덕순 외, 『구비문학개설』, 일조각, 1971, 17~20면.

신화·전설·민담의 삼분법은 자아와 세계의 대결양상이라든지, 세계인식의 원리를 준거로 하여 이론적으로 체계화되기도 하였지만, 다른 한편으로 설화의 하위장르를 이렇게 구분하는 입장에 대해서 논란도 많다. 현지의 장르의식을 고려한 토착적 장르론이 필요하다는 전제에서, 현지에서는 장르에 대한 의식이 없고 모두 '옛날이야기'로 통한다는 일분법이 제기되기도 했다.[3] 그러나 현지에서도 그 이름은 분명치 않으나마 진담과 허담, 또는 믿을 만한 이야기와 우스개 이야기(거짓말 이야기) 등의 갈래가 분명히 인지된다. 또한 당신(堂神)의 좌정(坐定)유래담이나 금기담 같은 이야기를 들려주는 화자의 태도는 일반적인 전설의 그것과는 분명히 다르다. 따라서 삼분법을 넘어설 만한 원리나 체계는 더 면밀한 조사와 성찰을 기다려야 할 것으로 보인다.

이 책의 설화론은 삼분법의 체계를 따른 것이다. 다만 이 세 장르는 분석을 위한 틀로서 타당한 것이며, 실제 이야기항목에서는 흔히 한 장르 이상이 혼재되어 있거나 상호전이되는 양상을 고려할 필요가 있다. 예를 들면 『삼국유사』 기이편의 '무왕'설화는 백제 무왕이 용의 아들로 태어나는 신화적 모티프를 가졌지만 신화적 능력과 질서가 아니라 빈부귀천이 문제되고 있는 점에서, 신화-민담-전설의 복합적 성격을 지니게 되었다.[4] 그리고 한 마을을 수호하는 당신의 좌정담은 당신이 좌정하게 된 유래를 설명하는 전설이지만, 그 신을 숭앙하는 마을 구성원들에게는 신화로 자리하고 있다. 따라서 하나의 설화항목을 하나의 갈래로 무리하게 규정하는 일은 설화의 현상을 역동적으로 이해하는 데 바람직하지 않다.

3) 이경우의 「설화의 분류」(『한국문학사의 쟁점』, 집문당, 1986)에서 설화 분류에 관한 견해들이 비판적으로 검토되었다.

4) 조동일, 『한국소설의 이론』, 지식산업사, 1977, 171~172면.

3. 이야기 · 이야기판 · 이야기꾼

이야기는 일차적으로는 화자와 청자간에 이루어지는 의사교환행위이다. 그리고 통공시적으로 확장되고 전승되는 특징이 있다. 이 사실은 설화가 인간의 삶에서 어떤 의미를 갖는 것인가의 문제를 이해하는 데 중요한 실마리가 된다. 이야기를 통한 삶의 재현은 그 자체로 삶에 대한 인식을 담고 있는 것이지만, 그 이야기가 사람들 사이에서 서로 교환되면서 의미화되는 현상은 이야기의 사회적 기능과 관련된 것이기 때문이다. 일련의 이야기들은 이야기되는 과정에서 공감을 확장하면서 일정한 사회적 힘으로 작용하기도 한다. 이를테면 조선조에 풍부하게 전승된 효열(孝烈)전설은 그 주제를 사회에 유포시키는 담론으로서 기능했던 측면이 있었다.

이야기판은 이야기를 통한 의사교환이 이루어지는 현장이다. 화자와 청자 및 이야기항목으로 구성되는 이야기판은 화자와 청자의 관계에 따라서, 또는 구연항목의 선택에 따라서 다양한 의미가 생산되고 교호될 수 있는 공간이다. 이 곳에서는 누구나 화자이면서 동시에 청중이 될 수 있다. 청중은 화자의 이야기를 들으면서 여러 가지로 반응할 수 있고, 그것이 화자의 이야기 내용에 영향을 주기도 한다. 린다 데그(Linda Dégh)는 전설 전승자의 태도를 믿음-무관심-회의-불신-부정의 다섯 형태로 나누어 설명한 바 있다.[5] 사실에 대한 증거물과 믿음을 기반으로 하는 전설 장르에 대해서 이렇듯 반응이 다양할진대, 다른 설화 장르들은 훨씬 더 다양한 수용이 이루어졌음을 짐작할 수 있을 것이다.

마을공동체의 이야기판은 마을구성원의 여가문화의 공간이자 여론형성의 장이다. 공동체의 구성원들은 이야기의 교호를 통해서 일상적 삶의 고통을 잊기도 하고, 욕구를 간접적으로 해소하기도 하며, 희망적 세계관을 펼치기도 한다. 이야기판에서 쟁점이 된 화제들과 관련해서는 마을 내의

---

5) Linda Dégh, *Folktales and Society*, trans., E. M. Schosskerger, Indiana University Press, 1982, pp.45~46.

소집단들을 중심으로 담론들이 형성될 수도 있다. 또한 마을 단위로 전승되는 전설들은 그 나름대로 마을의 정체성을 형성하고 지켜가는 기능을 해 왔다. 그러는 가운데서 공동체 구성원간의 연대와 결속도 다질 수 있었을 것이다.

그러나 최근에는 이야기판이 잘 형성되지 않으며, 더러 모일 일이 있더라도 이야기의 교호는 잘 이루어지지 않는다. 농어촌의 마을회관에서는 TV 시청이나 화투놀이가 이야기를 통한 나눔의 문화를 대체한 지 오래다. 이러한 이야기문화의 변모는 전통적으로 이야기판이 벌어지던 농한기의 겨울밤이 더 이상 존재하지 않게 된 생업 및 생활의 변화와도 무관하지 않다. 그리고 이미 우리는 문자나 전파, 또는 사이버 문화의 시대를 살고 있지 않는가.

변화는 그 뿐이 아니다. 20여 년전만 하더라도 대체로 마을마다 옛날이야기를 잘하는 분이 여럿 계셨는데, 요즘은 이주하거나 작고했다는 대답을 듣기 일쑤이다. 요컨대 이야기의 기능과 전승이 약화되고 있는 것이다.

그렇다 하더라도 이야기가 사라진 것은 아니다. 옛날이야기의 전승이 약화되었을 뿐, 구술로 된 이야기문화 자체가 사라진 것은 아니다. 동화책의 보급이 원활해졌어도 동화의 구연이 소용되듯이 사람들끼리 무릎을 맞대고 육성으로 이야기를 나누려는 욕구는 여전히 존재한다. 옛날이야기만을 가치있는 것으로 간주하는 민속주의의 관점에서 조금 비켜나 보면 도처에서 이야기가 지속되고 있음을 확인할 수 있다. 도시의 공원에서, 학교에서, 또는 그 밖의 모임 공간에서, 소규모 집단들은 그들 나름의 이야기들을 주고 받는다. 요즘 사람들이 주로 나누는 이야기는 경험담이 압도적이다. 옛날이야기 대신에 주로 일상과 현실에서 이야기의 소재를 찾는 것이다. 짤막한 재담 시리즈나 귀신이야기들도 요즈음 사람들의 흥미있는 이야깃거리이다. TV나 책에서 본 것이 다시 이야기판의 화제가 되기도 한다.

TV 속에서도 이야기판이 벌어진다. 몇 년전 특이하고 재미있는 경험담을 모집하여 재구성한 〈이야기속으로〉라는 프로가 공전의 히트를 기록했던 것도 그러하고, 요즈음도 한 유명한 코메디언이 진행하는 〈토크 박스〉에서는 출연자들이 각자의 재미있는 경험담을 구연하면서 이야기실력을 겨루고 있다. 구술 형태의 이야기가 전파매체의 시대에 나름대로 적응한 양태들이라 할 수 있겠다.

이른 바 '입담이 좋은' 사람들은 이야기판의 꽃이다. 이야기는 누구나 할 수 있는 것이지만, 특별히 유능한 화자들이 있다. 마을 인근에서는 그렇게 알려진 사람들을 이야기꾼이라 일컬었다. 마을이나 고을 단위의 이야기꾼을 넘어선 전문 이야기꾼의 존재도 있었다. '전기수(傳奇叟)'의 존재나 특이한 재담꾼의 이름이 조선조 후기의 문헌에 전하는 것을 보면, 과거에도 이야기를 전문으로 하는 사람들이 많았던 모양이다. 최근까지도 대구의 달성공원, 서울의 탑골공원 등에는 이야기를 팔았던 이야기꾼의 흔적이 남아 있었다. 그들은 마을 단위로 알려진 이야기꾼을 넘어서는 존재들로서, 이리저리 부유하면서 이야기 흥행으로 호구지계를 삼았던 사람들이다.

이제 그 전통도 거의 사라졌다. 다른 구연예술에 비해서 이야기의 구연이 비교적 단조로운 탓에, 흥행화되는 데 한계가 없지 않았을 것이다. 그러나 전문 이야기꾼의 구연이 화예(話藝)의 일종으로 면면히 이어지고 있는 일본이나, 교육 또는 예술의 현장에서 여전히 중요하게 자리잡고 있는 서양 여러 나라들과 비교해 볼 때, 한국에서 전문 이야기꾼이 사라지게 된 연유가 무엇인지 다시 생각해 보게 된다. 최근에 와서는 한국에서도 어린이를 위한 교육적 필요에서 동화구연사의 양성이 증가하고 있고 코메디언들이 하는 이야기극장 같은 것도 생겨나고 있는 등으로, 전문 이야기꾼의 편모나마 되살아나고 있는 현상은 다행스러운 일이라 하겠다.

■ 신화의 세계

1. 신화란 무엇인가

신화는 이야기로 된 언술인 점에서 전설이나 민담처럼 설화문학의 하위 갈래에 속한다. 그런 한편으로 신화는 연극·제의·그림 및 종교적 조형물과 같은 형태로도 존재한다. 담고 있는 내용 또한 복잡하고 다차원적인 것이어서, 문학 뿐 아니라 민속학·인류학·종교학·역사학·사회학·심리학 등의 다양한 학문 분야에서 관심의 대상이 되어 왔다. 그래서 신화는 때로 역사적 사건이나 사회구조의 반영물로 이해되기도 하고, 제의 또는 종교의 상관물로서 해석되었는가 하면, 인간의 잠재의식이나 꿈의 투사로 읽히기도 했다. 그 가운데서 신화를 문학적 형상으로 다루는 문학의 관점은 특히 이야기 신화의 언어와 구조가 담고 있는 우주론과 세계관, 또는 사고와 상상력을 주목한다.

그러나 신화란 하나의 관점에서 전적으로 해명될 수 있는 것이 아니다. 흔히 신화를 어렵다고 말하는 것도 이러한 신화의 다의성 또는 다차원성과 무관하지 않을 것이다. 신화의 주인공은 때로 반인반수의 형상을 하고, 이상한 탄생을 하며, 보통 사람의 수명을 훌쩍 뛰어넘기도 한다. 고조선의 시조 단군은 곰의 아들로서 1,908세를 살았으며, 고구려의 주몽은 알로 태어났다. 그밖에도 변신자재하는 하늘의 아들 해모수, 이물(異物)과 교혼하여 태어난 시조들이 있다. 신화의 이야기들은 이렇듯 사실과 일상을 초월해 있어서, 우리에게는 아주 비상하고 어려운 무엇인가로 다가온다.

이제 신화가 담고 있는 내용의 몇 가지 특징을 중심으로 신화가 무엇인가를 이해해 보기로 하자. 신화는 우선 신성에 관한 이야기라는 점에서 다른 이야기들과 구분된다. 신성은 일상적 현실과 합리를 넘어서는 것이다. 이때 신성이란 신성시되는 대상과 행위 및 사건을 모두 포함한다. 신화의 주인공인 신은 초월적이고 비가시적인 세계에 속한 존재로서 인간이 상상할 수 있는 한, 가장 근원적이고 궁극적인 신성상징이다. 신화의 주인공이 자주 역사적 인물과 겹치더라도 그는 반드시 어떠어떠한 연유로 신성시되는 과정을 거친 존재이다. 역사적 존재인 단군은 천강한 환웅의 아들로 태어나서 왕업을 이룩하고 죽어 산신이 되었다. 이것을 보면 신계나 신의 존재 여부가 아니라 신성에 대한 인간의 형상화와 믿음이 문제되는 영역이 신화인 것을 알 수가 있다.

신화는 또한 상징의 언어를 취하는 특징이 있다. 주인공이 알로 태어났다든가, 이물과 교혼을 했다는 등의 신화적 표현은 분명 일상의 언어가 아니다. 일상적 현실과 합리를 넘어서는 신성의 세계를 드러내는 데는 어쩌면 상징이 필연적이다. 『삼국유사』 기이편(紀異篇)에서 일연이 '제왕이 일어날 때는 보통 사람과 다른 점이 있게 마련'이라고 했듯이, 한국의 건국신화들은 다양한 상징적 표현으로써 그 시조들이 모두 보통 사람과 다른 탄생을 했음을 드러내고 있다. 결국 상징의 언어는 신성의 그러한 '다름'을 말하기 위한 것이다.

또한 신화는 항상 무엇인가의 시원 또는 근원에 대해서 이야기한다. 신화가 말하는 시원은 주로 우주 · 자연 · 인간 · 문화의 비롯됨에 관한 것이다. 신화에서 신성시되고 신격화되는 존재와 행위가 무엇보다도 그러한 것들의 창조적 시원과 관련되어 있다는 뜻이다. 신화에는 인간을 둘러싼 세계, 인간 자신, 또는 인간이 누리고 있는 문화가 어떻게 해서 비롯되었는가 하는 궁극적인 물음과 그에 대한 해답의 추구가 담겨 있다. 신화가 신성한 이유는 그것이 근본에 관한 이야기이기 때문이다. 그래서 신화는 '본풀이'이다. 곧 신화는 신성한 시작의 역사이자, 새로운 질서의 시작을 푸는 이야기인 것이다. 일연이 『삼국유사』의 앞부분에 기이편(紀異篇)을 두고 신화적 신이지사(神異之事)로써 한국사의 장을 열었던 것도 그러한 연유이다.

신화가 던지는 이러한 근본적인 물음들, 곧 어떻게 천지가 열리고 산과 강이 생겨났는가, 나라와 마을은 누가 이룩했는가, 농사법과 곡물 · 고기잡이 · 요리 · 혼인 등은 누구에게서 비롯되었는가와 같은 물음들은 세계의 신화들에 공통된다. 물론 그 물음에 대한 해답은 문화권에 따라 차이를 보이지만, 해답을 추구해가는 구조에서 세계의 신화들은 놀라운 유사성을 보여준다. 구조인류학자인 레비스트로스(C. Lévi-Strauss)는 이러한 신화의 보편성이 인간의 '이원대립적인' 정신구조에서 기인된 것으로 보았다. 실제로 세계의 많은 신화에서 양과 음, 하늘과 땅, 자연과 문화, 남성과 여성, 육식과 초식 등과 같은 이원적 대립 구조가 나타나고 있는 것을 볼 때, 이러한 구조적 보편성이야말로 신화의 본질, 나아가서 인간정신의 본질을 설명하는 데 유용한 논리가 될 수 있을 것도 같다.

이렇게 신성 · 상징 · 시원의 세 국면에서 다른 이야기 갈래들과 뚜렷이 구분되는 것이 신화이다. 그래서 신화는 일단 신성한 창조적 시원에 대한 상징적 언술이라 규정해 볼 수 있다. 더 구체적으로 말하면 신 · 신인 · 영웅에 의해 이루어지는 위대한 창조적 행위를 서사적 줄거리로 엮되, 그것을 상징의 언어로 들려주는 것이 신화인 것이다.

서사가 아니라 설명의 방식을 취하는 신화도 없지 않다. 그러나 서사가 압도적인 비중인 점으로 미루어서 설명신화는 흔히 서사신화의 파편이거나 변모로 이해되기도 한다. 그리고 신화가 말하는 창조적 시원이란 것도 반드시 태초나 상고의 시대에 국한되는 것이 아니다. 태초의 우주론이 원초적으로 신화인 것은 분명하지만, 신성한 시작의 역사는 역사시대에도 끊임없이 반복되기 때문이다. 그런 의미에서 우주론적 창조신화는 원형신화(proto-myth)가 되는 셈이다. 그리고 이 원형신화는 세계의 기원과 문화의 기원에 관한 신화들을 거쳐, 신성한 가치가 결정되고 성문화되는 것과 관련된 모든 신화적 이야기에서 구조적으로 반복되어 왔다.

이러한 사실에서 우리는 신화의 원형성에 대한 이해의 실마리를 얻을 수도 있다. 신화의 구조적 원형은 신화 뿐만 아니라 서사문학 일반, 나아가서 문화 전반에 걸쳐서 되풀이되어 나타난다. 신화가 이렇게 반복된다는 것은 그것이 인간 행위의 실제적 모델이 됨과 동시에 인식의 기초로서 지속적인 힘을 지녀왔다는 뜻이다. 신화의 서사구조가 인간의 일생의례의 구조와 상응하는 것도 신화의 이러한 특징과 관련된다. 이렇게 신화는 문학의 원형일 뿐만 아니라 문화의 핵심적 모델이 되어왔다.

신화적 원형의 반복은 나아가서 신화의 시간성과 기능에 대해서도 이해의 단서를 열어준다. 태초의 창조적 행위가 신년제의에서 매년 되풀이되는 것은 그 신화적 창조의 시공간이 재연되는 것을 의미한다. 따라서 그 제의에 참여하는 사람들은 그 태초의 창조행위에 참여함으로써 신화적 창조가 갖는 진실된 의미를 체득하게 된다. 제의를 통해 '신화를 사는' 경험을 하게 되는 것이다. 오늘날 개천절이 한국 국민 모두에게 '단군신화를 사는' 경험을 주는 것은 아니겠지만, 그 날을 기념일로 정한 배경은 그러한 신화적 의미와 무관하지 않다. 그런 의미에서 신화의 시간은 순환적이고 가역적(可逆的)인 것으로서, 연대기적이고 불가역적인 역사의 시간과는 구분되는 것이다.

오늘에 이르러 신화가 갖는 의미가 아무래도 위축되는 것은 근대 이후의 역사의식, 합리주의, 과학정신과 같은 것들이 신성의 존재를 의심하고 신화의 가치를 폄하한 때문이다. 종교간의 충돌이 타종교의 신화를 배격하는 현상도 강해졌다. 그렇다 하더라도 신화에 대한 추구 자체가 사라진 것은 아니다. 그러한 탈신화화의 시각 한편으로, 신화란 일상적인 삶이 줄 수 있는 어떤 것보다도 가치있는 실재요, 진실한 언술이라는 인식도 공존해 왔다.

신화의 힘은 신계나 신성의 존재 여부보다는 그러한 세계 및 존재에 대한 인간의 관여, 곧 믿음에서 생겨난다. 〈동명왕편〉을 쓴 이규보가 그 서두에서 '세상사람들이 거듭하는 동명의 이야기를 처음에는 황당하고 기괴하다고 생각했지만 『구삼국사』의 〈동명왕 본기〉를 거듭 읽으면서 그것이 환(幻)이 아니고 성(聖)이며 귀(鬼)가 아니고 신(神)임을 알게 되었다'고 말한 것도 바로 그러한 신성에 대한 믿음과 깨달음의 맥락이다.

이러한 신성에의 관여는 개인의 삶에서도 중요한 의미를 지니는 것이지만, 개인을 넘어선 공동체에서 더욱 빛을 발하기 마련이다. 신화는 그것에 대한 믿음을 공유하는 공동체의 사회와 문화에서 중요한 힘으로 살아 있다. 다시 말하면 하나의 마을 공동체, 씨족집단, 종교공동체, 민족 또는 국가의 신화는 그 공동체 구성원들에게 살아있는 힘으로 작용함으로써, 그 공동체를 결속하고 유지하는 기능을 하는 것이다. 그래서 한국인에게 단군신화가 갖는 의미는 그리이스 로마신화의 그것과는 아주 다르다. 부여계 및 백제의 신화군에서 볼 수 있듯이 종족집단이 이주하면서 신화가 이주하는 사례라든지, 고조선의 것이었던 단군신화가 고려조 국난의 시기를 거치면서 민족신화로 결집되는 사례들은 신화의 이러한 공동체적 성격과 기능을 잘 설명해 준다. 당(堂)신화도 당신(堂神)의 신앙을 공유하는 마을 사람들에게는 신화로 살아있는 것이지만 마을 밖의 사람들에게는 전설에 불과한 것이 된다. 종교에 따라서도 개인이나 집단이 추구하는 신화는 얼마든지 달라질 수 있다.

따라서 신화 현상을 이해하는 일은 결국 인간을 이해하는 일과 다르지 않다. 신화란 신성에 대한 인간의 관여양상인 동시에 인간집단이 만들어 온 문화이기 때문이다. 다시 말하면 초월적인 세계, 곧 신계와의 끊임없는 교섭을 통해 인간 자신의 정체를 확인하고, 나아가서 공동체의 가치를 강화하고자 한 오랜 추구를 담고 있는 것이 신화인 까닭이다.

2. 신화의 범주와 분류

1) 신화의 범주

신화에 대한 관심은 처음에는 주로 문헌에 실린 국조신화를 중심으로 한 것이었다가 점차 무속신화로 확장되었다. 그러나 구비신화나 여타의 민간신화들에 대한 관심은 아직도 약한 편이다. 이것은 초기의 신화연구가 지녔던 역사학적 편향 때문이기도 하지만, 신화연구자들이 신화의 개념을 지나치게 제한한 탓도 없지 않다.

모든 사람들이 절대적으로 신성하다고 믿는 이야기가 과연 존재할 수 있을까. 문중의 시조 이야기는 문중 내에서는 신화이지만 타문중에서는 전설일 뿐이다. 신성 및 그 신성에 대한 믿음은 그 이야기를 공유하는 집단의 사회적 합의로 결정될 수 있는 것이지 문명종교의 준거를 일방적으로 적용할 것이 아니다. 더욱이 민간의 구비신화들은 그 신성에 대한 합의가 늘 충족된 조건 속에서 존재하는 것이 아니어서 신화의 범주를 설정하는 데는 어려움이 따른다.

또한 형식·내용·기능·맥락의 요건들을 동시에 충족시키는 신화도 실제로 존재하기 어렵다. 과거에는 신화였다가 시대가 바뀌면서 그 기능을 상실하기도 하고, 전설의 주인공들이 지역의 사회적 요구에 따라 새로운 신화로 거듭나기도 한다. 따라서 한국신화의 자산에 대한 충실한 이해를 위해서는 시대와 문화에 따라 복잡하게 혼재하고 있는 신화적 전승들에 다소 유연하게 접근할 필요가 있다. 더구나 현대인에게 신화가 갖는 의미는 '신에 관한 이야기'에서 머물지 않고 인간의 존재양식이자 문화의 형성 원리로까지 확장되고 있다.[6] 그런 만큼 신화전승의 흐름을 폭넓고 온전하게 이해하려면, 신화모티프 및 '잠재적으로 신화인 것'까지도 신화론의 텍스트로 함께 다루어야 할 것이다.

그러한 포괄적 시각으로 신화가 전승되는 사정을 살피면 한국신화의 자산이 결코 가난한 것이 아니다. 크게는 우선 문헌에 정착한 일군의 신화들이 있다. 『삼국사기』, 『삼국유사』, 『제왕운기』, 『동국이상국집』, 『고려사』, 『세종실록지리지』, 『(신증)동국여지승람』, 『규원사화』, 『환단고기』 등의 사료를 비롯하여, 여러 성씨의 족보 및 지방의 지지류(地誌類)들에 실린 신화들이

6) 김열규, 「서사체로서의 한국 상고대신화」, 『한국서사문학사의 연구』 2, 중앙문화사, 1995, 346면.

그것이다. 『삼국유사』의 신화 자료는 그 가운데서 가장 오래된 것이고 내용도 풍부한 편이다. 이 문헌들에 실린 신화들은 주로 건국신화와 성씨시조신화가 주류를 이루며, 여산신(女山神)의 신화 같은 것도 더러는 행간을 차지한다. 이 신화들은 원래 구전되어 오던 것이 일정한 역사 찬술의 동기에 의해 문헌에 정착된 것이거나, 아니면 앞 시대의 문헌에서 옮겨진 것이 대부분이다. 지금은 일실(逸失)된 사료에서 옮겨진 것도 있다.

다음으로는 무속적인 제의의 현장에서 구송되는 구비신화들이 있다. 1920년대 이후부터 선학들이 무가의 채록을 거듭하면서 열두거리굿을 비롯한 여러 지역의 서사무가들이 무속신의 신화로서 그 구체적인 모습을 드러냈다. 이 서사무가들은 제의의 현장에서 구송되어 온 살아있는 신화로서, 사회와 문화의 오랜 적층을 갈무리하고 있는 소중한 자료들이다. 창세와 인간기원에 관한 신화도 무속신화의 한 부분을 차지하고 있어서 그 오랜 연원을 드러내고 있다. 그 밖에도 마을공동체를 중심으로 전승되는 마을 수호신의 신화 및 당제의 기원신화들이 아직도 풍부하게 구전되고 있고, 종교운동 또는 민중운동과 관련하여 사회개혁을 기대하고 추구하는 맥락에서 제세주(濟世主)의 신화들이 지속적으로 형성되어 온 것도 구비신화의 한 중요한 국면으로 신화의 범주에 포함시켜 볼 만하다.

2) 신화의 분류

신화는 담고 있는 기원(起源)의 내용, 문화권, 기능, 전승방식, 전승범위 등에 따라 여러 가지 분류가 이루어졌다. 분류란 연구 대상의 세계를 잘 이해하기 위한 통로와 같은 것이므로 그 대상을 바라보는 관점과 주제에 따라 얼마든지 다른 분류가 가능하다. 영웅신화, 건국신화, 문헌신화, 농경신화, 창세신화 등은 모두 위에서 말한 여러 가지 기준에 의해 분류된 범주들을 일컫는 용어들이다. 그 밖에 8개의 구조유형을 준거로 해서 설화자료를 통분류한 조동일의 설화유형분류집도 신화의 분류를 포괄하고 있다.[7]

신화는 그것을 공유하는 집단의 것인 만큼, 이 글에서는 전승집단의 범위를 기준으로 하는 분류방식을 택하려고 한다. 전승집단에 의한 분류는 이미 『구비문학개설』에서 이루어진 바 있으나,[8] 신화의 실상을 고려하여 용어라든지 빠진 부분을 조금 수정・보완하였다.

(가) 건국신화

국가적인 범위에서 신성시되는 국가 창건의 시조 및 관련신격에 관한 신화들로서, 고조선・부여・고구려・신라・가야국 시조에 관한 전승이 남아 전한다. 이들은 모두 고문헌에 정착되면서 전승이 고착된 것이기는 하지만 가장 오래고 가장 중요한 한국신화자료로 다루어져 왔다. 국가신화 또는 민족신화로도 통칭할 수 있겠으나, 건국주에 관한 자료의 비중이 압도적이어서 보통 건국신화 또는 건국시조신화(국조신화)로 불린다.

(나) 성씨시조신화

씨족의 범위에서 신성시되는 성씨시조에 관한 신화이다. 건국시조와 씨족조를 겸하고 있는 박혁거세를 비롯하여 김씨(김알지), 석씨(석탈해), 허씨(허황옥) 등의 왕가씨족조에 관한 신화들이 『삼국유사』에 실려 있으며, 그 외에도 가문의 족보나 비문 등의 기록으로 남아 전하는 성씨시조신화 일군이 있다. 구전자료도 풍부하나 그 가운데는 가문 밖에서 이야기되면서 신성관념이 약화되어 전설화된 성씨시조담도 많다.

(다) 마을신화

마을의 범위에서 신성시되는 신화로서 우선은 마을의 당신 또는 개촌시

---

7) 조동일 외 4인, 『한국구비문학대계 : 한국설화유형분류집』, 한국정신문화연구원, 1989. 이 분류체계에서 신화는 주로 '이기고 지기'유형에 속하게 된다.

8) 장덕순 외 3인의 『구비문학개설』(일조각, 1971, 33면)에서는 건국신화・시조신화・부락신화・기타신화로 나누었다.

조에 관한 신화를 들 수 있다. 마을에 따라서는 당신과 개촌시조가 겹치기도 한다. 당신화는 당신의 좌정유래담과 영험담으로 구성되며, 전자가 망각되는 경우가 많은 데 비해 후자인 영험담은 당제의 지속과 더불어서 지속적으로 형성된다. 원혼(冤魂) 당신이 많이 나타나는 편이지만, 그 정체가 불분명한 경우도 많다. 당신화는 주로 구전되는 것인데, 근래 와서는 마을 유지에 의해 더러 기록되기도 했다.

당신화 외에도 마을 주변의 자연물에 대한 신화적 창조를 전하는 이야기들이 있다. 이를테면 마을의 어느 산과 강을 만든 마고할미 이야기나, 아득한 과거에 있었던 홍수로 온 마을이 물에 잠겼던 기억을 담고 있는 산에 관한 이야기들은 마을의 자연물 유래 전설인 한편으로 그 마을의 우주와 세계관을 담고 있는 신화적 언술이기도 하다.

(라) 종교신화

특정종교의 범주에서 신성시되는 신화들이다. 대표적인 경우가 무속신앙의 범위에서 구전되고 믿어지는 무속신에 관한 신화들로서 창세신의 신화, 생산(출산)을 관장하는 제석신(당금애기)의 신화, 죽음을 천도하는 바리데기 신화, 가옥의 축조와 유지를 관장하는 성조신의 신화 등이 있다. 그 밖에도 불교 및 기독교 신화의 한국적 변이형이나, 증산교를 비롯한 신흥종교에서 신성시되는 영험담류에도 관심을 가져볼 만하다.

(마) 기타 민간신화들

무속적 제의의 제차에는 들지 않고 민간에서 일반적으로 섬겨지는 영등신, 여산신, 업신에 관한 신화적 언술들, 또는 사회 변혁의 시기에 형성되고 회자된 제세주에 관한 신화적 언술들이 있다. 이들은 믿음의 범위나 정도가 일정치 않은 상태로나마 민간에서 일정한 힘을 가지고 전승된 것들이다.

3. 고대 건국신화의 세계

1) 고대사회와 신화

초기 국가가 성립되는 고대사회는 역사적으로는 청동기시대로서 신석기 시대의 원시사회와는 여러 가지 면에서 뚜렷한 변화를 보이게 된다. 부족 간의 이동이 활발하게 이루어지면서 몇 개의 부족이 통합하여 연맹체 국가를 형성하기도 하고, 그 과정에서 유발된 유이민(流移民)의 이주와 정복을 통해 국가체제가 새롭게 재편되기도 했다. 그러한 과정에서 왕을 중심으로 한 권력체계가 확립되었고 국가적 질서가 중요한 가치로 부각되었다. 한국의 건국신화는 이러한 시기에 국가적 질서의 수립을 위한 강력한 구심으로서 형성된 것이라 할 수 있다. 왕이 곧 국가였던 시대, 왕통의 신성을 확립하기 위한 신화였던 만큼 정치적 성격도 강한 편이었다.

(가) 고조선의 신화

기원전 1천년경까지 소급되는 고조선 단군의 신화는 『삼국유사』를 비롯하여, 『제왕운기』, 『응제시주(應製詩註)』, 『세종실록지리지』, 『신증동국여지승람』, 『동국통감』, 『규원사화(揆園史話)』 등에 전하고 있다. 그 가운데 제일 이른 기록인 『삼국유사』는 중국 『위서(魏書)』의 내용을 옮긴 것이라고 하면서 다음과 같은 내용을 전해주고 있다.

> (3-1) 옛날 천제인 환인의 서자(庶子) 환웅이 인세에 뜻을 두었는데, 천제가 삼위태백을 내려다 보니 '홍익인간(弘益人間)'할 만한 지라, 천부인(天符印) 세 개를 주고 내려가 다스리게 했다. 환웅이 무리 삼천과 풍백·운사·우사를 거느리고 태백산 신단수 아래로 내려와 신시(神市)를 열고 곡식·수명·질병·형벌·선악 등을 주관하면서 인간사 360여 가지를 다스렸다. 이가 환웅천왕이다.
>
> 이때 한 굴에 살던 곰과 호랑이가 사람이 되기를 원하자, 환웅은 쑥과 마

늘을 먹으며 백일 동안 햇빛을 보지 못하게 했다. 곰은 삼칠 일 동안 금기를 지켜 여자(웅녀)가 되었으나, 호랑이는 금기를 어겨 사람의 몸을 얻지 못했다.

웅녀는 혼인할 사람이 없어 단수 밑에서 아기 배기를 축원하였다. 환웅이 짐짓 사람으로 변하여 웅녀와 혼인하였더니, 웅녀가 잉태하여 단군을 낳았다.

단군은 요임금 즉위 50년인 경인년에 평양성에 도읍을 정하고 고조선을 건국했다. 도읍을 백악산 아사달로 옮겨 1,500년 동안 다스리고 1908세에 아사달 산신이 되었다. (『삼국유사』 기이 제1, 고조선 왕검조선)

위의 이야기를 의미있는 서사단락으로 정리해 보면 다음과 같다.

a) 천자인 환웅이 인세하강하다.
b) 곰이 통과의례를 거쳐 여자의 몸을 얻다.
c) 환웅과 웅녀가 혼인하여 단군을 낳다.
d) 단군이 고조선을 건국하고 다스리다.
e) 단군이 아사달 산신이 되다.

위의 서사단락들을 보면, 천상적 존재의 하강과 지상적 존재의 변신이 신성혼인을 예비하고 있는 것, 그 천부지모(天父地母)의 신성혼인을 통해 태어난 신인(神人) 단군이 고조선을 건국하는 것, 그리고 그 신인이 죽어 산신이 되는 것이 신화의 구조적 핵심을 이루고 있다. 천부지모의 신성혼인은 다른 신화에서도 흔히 볼 수 있는 것으로 한국신화의 구조적 전형이라 할 만하다. 말하자면 건국시조의 신성을, 하늘과 땅에 연원을 둔 것으로 인식하고 형상화한 것이다.

그밖에도 이 신화는 문학, 종교, 역사와 관련된 여러 요소들을 복잡한 층위로 담아내고 있다. 혼인 뿐만 아니라 혼인 전 삼칠 일 동안의 금기, 신단수 아래에서 수태를 비는 모습 등은 신화가 인간생활의 모델이자 모범이라는 사실을 확인케 하는 부분들이다. 지금도 민간에서는 당목(堂木) 앞에서 기자치성을 하고, 혼인과 출산을 앞두고 여러 가지 금기를 지키고 있지 않는가. 아울러 '삼칠일', '백일', '삼백육십 여 가지'에서 보이는 수개념이 현재의 삶과 민속에서 갖는 의미를 생각해 보라. 그리고 '태백산신의 단수'라든지[9] '신시'는 그것 그대로 오늘날 마을공동체의 당목, 신성공간으로 인식되는 마을우주와 조금도 다르지 않다. 뿐만 아니라 신화의 다른 요소들, 곧 환웅・곰・호랑이의 상징이라든지, 풍백・운사・우사의 존재, 또는 천부인의 실체에 대해서도 여러 가지로 문화적이고 역사적인 해석이 가능하다.

조선조를 거쳐 근세에 이르기까지 단군에 관한 기록이 여러 문헌들에 보이는 데다, 단군을 모신 사당이 도처에 존재했던 점으로 미루어 볼 때,[10] 〈단군신화〉는 여러 시대에 걸쳐서 강한 전승력을 확보해 온 것임을 알 수 있다. 그 전승의 갈래 또한 다양하여서 『제왕운기』와 『세종실록지리지』의 자료에는 곰이 금기를 지키고 여자가 되는 단락이나 웅녀가 단수 아래서 수태를 축원하는 단락이 없는 대신에, 약을 먹고 사람이 된 환웅의 손녀가 단수신과 혼인하여 단군을 낳은 것으로 나타난다. 그리고 『신증동국여지승람』에는 환웅의 부분이 약화되어 있을 뿐 아니라 특히 호랑이와 관련된 부분이 빠져 있다.[11] 전승자료에 따라서 이렇게 내용이 달라진 배경과 함께, 특히 '천부지모'가 아니라 '천모지부'의 구조로 나타나고 있는 연유에

---

9) 조동일은 '태백산 신단수'로 읽기보다 '태백산신'을 섬기는 '단수' 즉 당나무로 보는 편이 더 자연스럽다고 했다(『한국문학통사』 1, 지식산업사, 1994, 78면).

10) 한 예로 『신증동국여지승람』(권51)의 평양부 사묘(祠廟)조에 다음과 같이 '단군사(檀君祠)'에 대한 기록이 전한다.

"단군사 : …(중략)… 사도의 시에 '단군이 언제 비롯했던고, 말들으니 요(堯)때에 비롯했다고. 지금부터 4천 년 전이나 유묘(遺廟)가 산마루에 있네' 하였다. 동명왕사 : 기자사 곁에 있다. 두 사가 같은 집에 있는데 단군이 서편 채에 있고 동명이 동편 채에 있으며 모두 남향이다. 해마다 봄・가을에 향축을 내리며 중사(中祀)로 제사지낸다. 본조 세종 11년에 처음 설치했다."

11) 이지영의 『한국 건국신화의 실상과 이해』(월인, 2000)에서 문헌에 전하는 건국신화의 이본들에 대한 검토를 상세하게 했다.

대해서도 의문을 가져볼 만하다.

(나) 부여계와 고구려의 신화

고조선 다음으로 역사에 등장한 부여는 북부여·동부여·졸본부여의 예에서 보듯이 한반도 북방의 여러 곳에 존재했던 큰 나라였다. 고구려와 백제도 그러한 부여를 계승한 나라로서 국사상에 모습을 드러냈다. 그런데도 부여의 신화는 『삼국유사』 기이편에 소략한 형태로 정착되었을 뿐이다. 그에 비해서 고구려의 신화는 『삼국유사』 뿐만 아니라 『삼국사기』에까지 걸쳐서 대체로 풍부한 내용이 전하고 있다. 이러한 현상은 동부여가 3대 대소에 이르러 고구려에 복속되면서 부여라는 나라가 사라진 배경과 무관하지 않을 것이다. 다만 중국 사서의 동이(東夷)에 대한 기록들이 부여의 자취를 담고 있어서 그 신화의 다른 흔적이나마 읽을 수 있다.

문헌에 전하는 부여계 신화 몇 편을 들어보면 다음과 같다.

> (3-2) 천제 해모수가 흘승골성(訖升骨城)으로 오룡거를 타고 하강하였다. 도읍을 세워 왕이라 일컫고 국호를 북부여라 했다. 스스로 이름을 해모수라고 했다. 아들을 낳아 이름을 부루라 하고 해(解)로 성(姓)을 삼았다. 왕은 뒤에 상제의 명으로 도읍을 동부여로 옮겼다. 동명제가 북부여를 계승하여 졸본부여를 세우니 이가 곧 고구려의 시조이다. (『삼국유사』 기이편, 북부여)

> (3-3) 북부여 대신 아란불의 꿈에 천제가 내려와 말했다. "장차 내 자손을 시켜서 이 곳에 나라를 세울 터이니 너는 다른 곳으로 피해가도록 하라(이것은 동명왕이 장차 일어날 조짐을 말함이다). 동해가에 가섭원(迦葉原)이란 곳이 있는데 땅이 기름지니 왕도를 세울 만할 것이다." 이에 아란불은 왕을 권하여 그 곳으로 도읍을 옮기고 국호를 동부여라 했다.
>
> 부루는 늙도록 자식이 없었다. 어느 날 산천에서 제사를 지내어 후사를 구했는데, 이때 타고 가던 말이 곤연(鯤淵)의 큰 돌을 보고 눈물을 흘렸다. 왕이 이상히 여겨 사람을 시켜 그 돌을 들추어 보니 개구리 모양을 한 어린아이가 있었다. 왕이 하늘이 준 후사로 여기고 그 아이를 거두어 기르면

> 서 이름을 금와라고 했다. 차츰 자라나 태자로 삼았고 부루가 죽자 금와가 위를 이어 왕이 되었다. 다음의 위를 태자 대소에게 전했다.
>
> 지황 3년 임오에 이르러서 고구려왕 무휼이 쳐서 대소를 죽이니 나라가 없어졌다. (『삼국유사』 기이편, 동부여)

> (3-4) (『魏略』의 옛 기록에) 옛날 북방에 고리국(高離國)이란 나라가 있었는데 그 왕의 시비가 임신을 하였다. 왕이 죽이려고 하자 시비는 '계란과 같은 기운이 하늘로부터 와서 잉태하게 된 것'이라 하였다. 후에 시비가 낳은 아들을 왕이 돼지우리에 버리자 돼지가 입김을 불어주어 죽지 않았고, 마굿간에 옮겨놓았으나 말이 입김을 불어주어 죽지 않았다. 왕이 하늘의 자식인가 여겨 그 어미에게 기르도록 주었다. 이름을 동명이라 하고 말먹이는 일을 시켰다.
>
> 동명이 활을 잘 쏘자 왕은 나라를 빼앗길까 두려워 죽이려고 했다. 이에 동명이 도망가다가 남쪽의 시엄수에 이르러 활로 물을 치자 고기와 자라가 떠서 다리를 만들어 주었다. 동명이 건넌 후 고기와 자라가 곧 흩어져버려 병사들이 쫓지 못했다. 동명이 도읍을 세우고 부여땅의 왕이 되었다. (『삼국지』 위서(魏書) 동이전, 부여)

『삼국지』 위서에 전하는 (3-4)자료는 '주몽'이라는 이름이 보이지 않는 것, 신화적 주인공의 역사적 실체가 '부여왕'으로 나타난 것 외에는 다음에 보이는 고구려신화의 내용과 아주 유사하다. 고구려 신화의, 알로 태어난 주몽과 달리 '계란과 같은 기운을 하늘로부터 받아서 태어난' 점도 다르다 하겠으나 상징의 국면에서 보면 동질적인 것이다.

> (3-5) (『국사』 고려본기에 말하기를) 시조 동명성제는 성은 고씨요 이름은 주몽이다. 북부여의 왕 해부루가 이미 동부여로 피해 가고 부루가 죽자 금와가 왕위를 이었다. 이때 금와가 태백산 남쪽 우발수에서 여자 하나를 만나 들으니, "나는 하백(河伯)의 딸로서 이름을 유화라고 합니다. 여러 동생들과 물밖으로 나와 노는데 남자 하나가 천제의 아들 해모수라고 하면서 나를 웅신산(熊神山) 아래 압록강가의 집 속으로 유인하여 사통하고 가더니 돌아오지 않았습니다. 부모는 내가 중매도 없이 혼인한 것을 꾸짖어 이

곳으로 귀양보냈습니다"고 했다.

금와가 이상히 여겨 그녀를 가두어 두었더니 햇빛이 방 속으로 비치어 그녀가 몸을 피해도 다시 쫓아와 비치었다. 이로 인해 잉태하여 알 하나를 낳았는데 크기가 닷 되들이 만했다. 왕이 그것을 개와 돼지에게 주었으나 모두 먹지 않았고, 길에 내다버렸으나 소와 말이 피해 가고, 들에 내다 버리니 새와 짐승들이 덮어주었다. 왕이 쪼개보려고 했으나 쪼갤 수 없어 그 어머니에게 돌려주었다. 어미가 이 알을 천으로 싸서 따뜻한 곳에 두었더니 한 아이가 껍질을 깨고 나왔는데 골격과 외모가 영특하고 기이했다. 나이 일곱에 기골이 범인과 달랐고, 스스로 활과 화살을 만들어 쏘는데 백발백중이었다. 나라 풍속에 활 잘 쏘는 사람을 주몽(朱蒙)이라 했으므로 그 아이를 주몽이라 이름했다.

금와에게는 일곱 아들이 있었는데 재주가 주몽을 따르지 못했다. 장자 대소가 왕에게 "주몽은 사람의 자식이 아닙니다. 만약 일찍 없애지 않는다면 후환이 있을까 두렵습니다"라고 간했으나, 왕은 그 말을 듣지 않고 주몽에게 말 먹이는 일을 시켰다. 주몽은 좋은 말을 알아보아 적게 먹여 여위게 하고 둔한 말은 잘 먹여 살찌게 했다. 이에 왕은 살찐 말은 자기가 타고 여윈 말은 주몽에게 주었다.

왕의 아들들과 신화들이 장차 주몽을 죽일 계획을 하니, 주몽의 어머니가 기미를 알고, "지금 나라 안 사람들이 너를 해치려고 하니 네 재주와 지략으로 어디를 간들 무엇을 못하겠느냐. 빨리 이 곳을 떠나라"고 했다. 이에 주몽은 오이(烏伊) 등 세 사람을 벗으로 삼아 엄수(淹水)에 이르러 물을 보고 말했다. "나는 천제의 아들이요 하백의 외손이다. 오늘 도망해 가는데 뒤쫓는 자들이 거의 이르렀으니 어찌하면 좋겠느냐?" 말을 마치니 물고기와 자라가 다리를 만들어 주어 건널 수 있었다. 모두 건너자 이내 다리를 풀어버려 뒤쫓던 기병은 건너지 못했다. 이에 주몽은 졸본주에 이르러 도읍을 정했다. 미처 궁실을 세울 겨를이 없어서 비류수(沸流水) 위에 띠집을 짓고 살면서 국호를 고구려라 했다. 고(高)로 성씨를 삼았다(본성은 해(解)였다. 그러나 지금 천제의 아들이 햇빛을 받아 낳았다 하여 스스로 고로 성씨를 삼은 것이다). 이때의 나이 12세로서 한나라 효원제 건소 2년 갑신에 즉위하여 왕이라 일컬었다. 고구려가 제일 융성하던 때는 21만 508호나 되었다. (『삼국유사』 기이편, 고구려)

그렇다면 부여신화와 고구려신화의 관계는 어떠한 것인가. 동명신화와 주몽신화는 같은 것인가 다른 것인가. 중국측의 일부 기록은 부여의 건국 시조가 동명이라고 하는데 고구려신화에서도 주몽을 동명성제라고 하고 있는 탓에 동명신화와 주몽신화의 동이성에 관한 논란이 거듭되었다. 이렇게 부여의 신화가 몇 가지 변이형으로 나타나는 것이나 고구려의 주몽신화가 부여계 신화군과 내용면에서 일정한 연계를 보이고 있는 것은 부여족이 멀리 시베리아나 몽고로부터 한반도로 동점하는 과정에서 여러 차례 나라를 세우면서 이주해 온 자취를 반영하는 것이 아닌가 짐작된다. 그러는 과정에서 이주민과 선주민이 연합하고 그들의 신화 또한 뒤섞이면서 투쟁과 정복을 통한 건국의 신성한 역사로 거듭난 것이다.

따라서 양자는 모두 부여 계통의 신화로 보는 것이 온당할 것이다. 고구려 시조인 주몽이 동명성제로 일컬어지고 고구려의 제천행사가 '동맹'의 이름을 가진 것으로 미루어 고구려를 포함한 부여계 신화들이 모두 동명이라는 이름과 관련을 가진 것은 분명하다. 부여를 계승한 백제도 그 시조묘에 동명을 모셨다. 그에 비해서 주몽이란 이름은 『삼국유사』 및 〈광개토왕비문〉 등의 고구려신화에만 나타난다. 따라서 주몽이 고구려의 시조를 가리키는 이름인 데 비해, 동명은 누대로 부여계 나라들의 시조를 가리키는 범칭이었을 가능성이 크다. 고구려의 주몽을 동명성제로 추존한 것은 고구려가 부여의 계통인 데다, 주몽을 북부여를 정통으로 계승한 존재로 높이고자 하였기 때문이다.

고구려는 시조의 이름과 국가적 의례의 명칭을 '동명' 또는 '동맹'으로 하였을 뿐만 아니라, 건국시조의 부모를 북부여의 시조인 천제 해모수와 하백신의 딸인 유화로 설정한 신화를 통해서 시조 주몽의 신성과 국가적 위엄을 드높이고자 했다. 이때 해모수-유화의 혼인은 〈단군신화〉에서 보았던 환웅-웅녀의 혼인에 비견되는 '천부지모'의 신성혼인 구조와 동일한 것이다.[12] 그러는 바람에 (3-5)의 고구려신화에서는 해모수-유화의 신성혼인이 있은 다음에 주몽이 탄생하는 계기로서 유화의 일광감응이 한번 더

마련된 어색함이 있게 되었다.

이런 국면들은 고구려신화가 주몽집단의 정복과 투쟁의 역사를 신성화한 데서 연유한다. 주몽이 고기와 자라가 만들어준 다리로 강을 건너 이주하는 것이라든지, 비류국 송양왕과의 나라 다툼도 그러한 역사적 배경을 드러내는 것이다.

> (3-6) 비류국 송양이 나와 사냥하다가 왕의 용모가 비상함을 보았다. 송양은 왕을 이끌어 함께 앉아서 "바다 한쪽에 치우쳐 일찍이 군자를 만나보지 못하였는데, 오늘 우연히 만났으니 얼마나 다행한 일인가. 그대는 어떠한 사람이며 어느 곳에서 왔는가?"고 물었다. 이에 왕은 "과인은 천제의 손(孫)이요 서국의 왕이오. 감히 묻노니 군왕은 누구의 뒤를 계승했습니까?" 하였다. 송양은 "나는 선인(仙人)의 후예인데, 여러 대에 걸쳐 왕노릇을 하고 있소. 지금 땅이 너무 작아서 나누어 두 왕이 될 수 없고, 그대는 나라를 만든 지가 얼마 되지 않았으니 나의 부속국이 되는 것이 좋을 것이다" 하였다. 왕이 다시 말하기를 "과인은 하늘의 뒤를 이었지만 지금 그대는 신의 자손도 아니면서 억지로 왕이라 칭하고 있소. 만일 내게 복종하지 않으면 하늘이 반드시 죽일 것이오" 하였다. 송양은 왕이 여러 번 천제의 손자로 자칭하는 것을 듣고 마음에 의심을 품어 그 재주를 시험하고자 하여, '왕과 활쏘기를 원하노라' 하였다. 사슴의 그림을 1백 보 안에 놓고 쏘니, 그 화살이 들어가지도 않았는데 사슴의 배꼽이 손을 거꾸로 놓은 것 같았다. 왕이 사람을 시켜 옥가락지를 가져다가 1백 보 밖에 달아매고 쏘았는데, 기왓장 부서지듯 깨지니 송양이 크게 놀랐다. (『동국이상국집』 권제3, 〈동명왕편〉)

그래서 고구려 신화는 영웅서사시적 면모를 더욱 강하게 띠게 된다. 신화에서 시조 주몽은 천부지모의 고귀한 혈통을 지닌 한편으로, 난생으로 태어났기 때문에 버려진다. 또한 범인과 다른 신성을 타고 났으므로 성장과정에서도 여러 가지 시련과 위기를 겪지만, 초자연적인 도움을 받기도

12) 유화는 수신의 딸이지만, 이규보의 〈동명왕편〉에서는 떠나는 아들에게 오곡종자를 싸주는 곡모신적(穀母神的) 존재로도 나타나고 있어 지모신적 성격을 읽을 수 있다.

하고 자신의 비범한 능력과 투쟁으로 극복하면서 왕업을 성취한다. 그의 일생은 다음에 보이는 '영웅의 일생' 구조에 상응하는 것이었다. 세계 영웅신화의 한 전형이라 할 수 있는 '영웅의 일생' 구조는 중세 이후 한국의 서사문학사에서 지속적으로 나타난다.[13)]

a) 고귀한 혈통을 지닌 인물이다.
b) 비정상적으로 잉태되거나 출생했다.
c) 범인과는 다른 탁월한 능력을 지녔다.
d) 어려서 기아(棄兒)가 되어 죽을 고비에 이르렀다.
e) 구출·양육자를 만나 죽을 고비에서 벗어났다.
f) 자라서 다시 위험에 부닥쳤다.
g) 위기를 투쟁으로 극복해서 승리자가 되었다.

주몽의 아들인 유리의 일대기도 영웅서사시의 면모를 지니는 것으로 이른바 해모수-주몽-유리의 3대기 신화체계에 포함될 수 있다. 주몽이 동부여에 있을 때 혼인한 예씨가 낳은 아들이 유리이다. 그는 북부여로 떠난 아버지를 찾아가서 친자확인을 받은 후 왕위를 승계하게 된다. 영웅의 시련과 모험의 과정에 동반되는 '아버지 찾기'[尋父]는 테세우스를 비롯한 세계 영웅신화에서도 흔히 볼 수 있는 것이다. 우연한 계기로 아버지의 부재를 깨닫게 된 영웅들은 그제서야 어머니를 향해서 '내 아버지가 누구인가'고 묻는다.[14)]

(3-7) 유리는 어려서부터 기이한 절개가 있었다. …어려서 참새잡이로

13) 조동일의 『한국소설의 이론』(지식산업사, 1977, 245~261면)에서 주몽신화에서 〈홍길동전〉에 이르기까지 확인되는 '영웅의 일생' 구조를 정리하였다. 두 가지 외에도 탈해신화, 작제건신화, 궁예신화, 괴내깃도, 바리공주를 '영웅의 일생'으로 이루어진 대표적인 작품으로 들고 분석하였다.
14) 조셉 캠벨·빌 모이아스, 『신화의 힘』, 이윤기 옮김, 고려원, 1992, 237~311면('영웅의 모험'부분) 참조.

> 일을 삼았다. 그는 한 부인이 물동이를 이고 가는 것을 보아 쏘아서 뚫었다. 그 여자가 화를 내며 욕하기를, "아비도 없는 자식이 내 물동이를 쏘아 깨뜨렸다"고 하였다. 유리가 크게 부끄러워 하여 진흙 탄환을 쏘아서 그 물동이 구멍을 막아 이전과 같이 만들었다. 집에 돌아와서 어머니께 묻기를 "제 아버지가 누구입니까?"하였다. (『동국이상국집』 권제3, 〈동명왕편〉)

죽기를 결심하고 아버지의 존재를 묻는 유리에게 어머니 예씨는 아버지 주몽이 남쪽 땅에서 나라를 세운 사실과 함께, 그가 남기고 간 '일곱 고개 일곱 골짜기 돌 위의 소나무(七嶺七谷石上之松)' 아래에 감춰 둔 물건에 관한 수수께끼를 전해 준다. 유리는 그 수수께끼의 해답으로 얻은 칼조각을 가지고 아버지를 찾아가서 고구려의 태자가 된다. 신화상에서 아버지의 부재-부자확인-부계승계의 맥락으로 드러나는 이 '아버지 찾기' 모티프는 흔히 부계출자(父系出自) 문화의 정착을 반영하는 것으로 이해되어 왔다.

부여 또는 고구려계의 유이민, 특히 비류와 온조 집단이 세웠다는 나라 백제에서도 앞에서 보인 것과 유사한 신화의 맥락이 지속되었을 것으로 짐작된다. 『삼국유사』에 백제신화가 따로 전하지 않는 것도 어쩌면 그 내용이 대동소이했기 때문일 것이다. 건국 당시에 이미 동명왕묘를 세웠고 성씨도 '부여'로 했던 것을 보면 백제도 부여계의 시조 동명을 건국시조로 섬겼음을 알 수 있다. 다만 비류와 온조가 주몽의 아들이라고도 하고 아니라고도 하는 설이 혼재해 있어서,[15] 백제 건국신화가 더 근원의 부여계 신화를 계승한 것인지 아니면 고구려신화를 계승한 것인지는 알기 어렵다.

『삼국지』 위서 동이전 자료에 의하면 부여계의 유이민이 주도권을 잡기 전의 백제는 70여 개의 소국으로 구성되어 있었으며, 그 가운데 진국, 마한

15) 『삼국유사』 기이 제2(남부여 · 전백제 · 북부여)는 『삼국사』 본기를 인용하여 '비류와 온조는 졸본부여로 온 주몽이 그 곳의 왕녀와 혼인하여 낳은 아들'로 기술하고 있는가 하면, 『삼국사기』(권제23) '백제본기'는, 본문에서는 주몽의 아들로 기술하면서 '우대'의 아들이란 설도 있음을 보주로 첨기하고 있다.

등과 같은 중심국가가 있어 주변국가들을 통할했다고 한다. 따라서 부여계의 유이민과 신화의 이주가 이루어지기 전에 선주했던 집단의 신화도 있었을 것인데, 백제 무왕의 전승이나 견훤 전승이 그러한 선주 토착집단의 신화적 잔영이었을 개연성이 논의된 바 있다.

> (3-8) 백제 제 30대 무왕의 이름은 장(璋)이다. 그의 어머니가 과부가 되어 서울 남쪽 못가에 집을 짓고 살았는데 못 속의 용과 관계하여 장을 낳았다. 어릴 때 이름은 서동으로서 재주와 도량이 커서 헤아리기 어려웠다. 항상 마를 캐다가 파는 것으로 생업을 삼았으므로 사람들이 서동이라고 불렀다. 진라 진평왕의 셋째 공주 선화가 뛰어나게 아름답다는 말을 듣고는 머리를 깎고 서울로 가서 마를 아이들에게 먹이니 이내 아이들이 그를 따르게 되었다. (후략) (『삼국유사』 기이 제2, 무왕)

신이한 탄생을 한 서동은 지략을 써서 신라 진평왕의 딸인 선화공주와 혼인을 하게 된다. 그리고 불사를 창건하였고 백제의 무왕이 되었다. 이 이야기가 『삼국유사』에 실리게 된 배경이나 백제 무왕의 역사적 실체에 대해서는 논란이 많지만, 용속과 교혼한 여자에게서 태어난 신화적 존재를 형상화한 점에서 부여계 및 신라 등의 건국신화와는 뚜렷이 구분된다. 그리고 용이 지렁이로 바뀌기는 했지만 같은 구조가 이른바 야래자 설화인 견훤 이야기에서도 보인다든지, 백제의 망국이 조룡(釣龍)의 상징으로 나타나는 점까지 헤아리면 용신(수신)이 중심이 되는 백제신화의 다른 행방을 추적해 볼 수 있을 것도 같다.[16)]

(다) 신라와 가야의 신화들

신라의 신화는 육촌장의 신화에서부터 비롯된다. 『삼국유사』의 혁거세 기사 서두에는 육촌의 촌장들이 모두 하늘로부터 하강한 존재임을 말하는

16) 서대석의 『한국신화의 연구』(집문당, 2001), '백제신화'부분(189~219면)에서 그 문제를 상세하게 다루었다.

신화가 간략하게 실려 있다. 신라의 건국신화는 그 육촌이 연맹체 국가인 신라를 이루는 단계에서 형성되었던 것으로 보인다.

(3-9) 전한(前漢) 지절(地節) 원년 임자(壬子) 삼월 초하룻날에 육부의 조상들은 저마다 자제들을 거느리고 알천의 언덕에 모였다. 의논하여 말하기를 "우리들은 위로 임금이 없어 백성을 다스리지 못하니 백성들이 모두 방자하여 저 하고 싶은 대로 하고 있다. 어찌 덕이 있는 사람을 찾아서 임금으로 삼아 나라를 세우고 도읍을 정하지 않겠는가?" 하였다. 이에 그들은 높은 곳에 올라 남쪽을 바라보니 양산 아래 나정(蘿井)이라는 우물가에 번개빛처럼 이상한 기운이 하늘로부터 땅에 비치고 있었다. 그리고 백마가 꿇고 절하는 형상을 하고 있었다. 그 곳을 찾아가 보니 자주빛 알(혹은 푸르고 큰 알이라고 한다.) 한 개가 있었다. 말은 사람을 보자 길게 울더니 하늘로 올라갔다.

그 알을 깨고서 사내아이를 얻었는데 모양이 단정하고 아름다웠다. 모두 놀라고 이상히 여겨 동천(東泉)에서 목욕을 시키니 몸에서 광채가 나고 조수가 따라서 춤을 추었다. 이윽고 천지가 진동하고 해와 달이 청명해졌다. 이에 그 아이를 혁거세(赫居世)왕이라 했다.

이때 사람들이 다투어 치하하기를, "이제 하늘의 아들이 내려왔으니 마땅히 덕이 있는 왕후를 찾아 배필을 삼아야 합니다" 했다. 이 날 사량리의 알영정(閼英井)가에 계룡(鷄龍)이 나타나 왼쪽 갈비에서 여자 아이를 낳았다. (혹은 계룡이 나타나 죽었는데, 그 배를 갈라서 여자아이를 얻었다고 한다.) 그 아이는 얼굴과 모습이 매우 아름다웠으나 입이 닭의 부리와 같았다. 이에 월성 북쪽에 있는 냇물에서 목욕을 시켰더니 그 부리가 빠졌다. 그래서 그 내를 발천(撥川)이라 하였다.

궁실을 남산 서쪽에 세우고 이들 두 성스러운 아이를 모셔다 길렀다. 남자아이는 알에서 태어났는데, 그 알의 모양이 표주박과 같아서 성씨를 박(朴)으로 삼았다. 또 여자아이는 태어났던 우물 이름으로 이름을 삼았다. 두 성인이 열 세 살이 된 오봉(五鳳) 원년 갑자(甲子)에 남자가 왕이 되어 그 여자를 왕후로 삼았다. 나라 이름을 서라벌(徐羅伐), 또는 서벌(徐伐)이라고 하고, 혹은 사라(斯羅), 사로(斯盧)라고도 했다. 처음에 왕후가 계정(鷄井)에서 탄생하였으므로 나라 이름을 계림국(鷄林國)이라고도 하였는데, 이것은 계룡이 상서로움을 나타냈기 때문이다. 일설에는 탈해왕 때 김알지를 얻었는데, 닭이 숲 속에서 울었다 해서 나라 이름을 계림이라고 고쳤다고도 한다. 후세에 와서야 신라(新羅)라는 나라 이름을 정하였다.

나라를 다스린지 61년만에 왕은 하늘로 올라갔다. 그 뒤 7일만에 유체가 땅에 떨어졌다. 왕후 역시 왕을 따라 세상을 떠났다. 나라 사람들이 합쳐 장사 지내려 하였으나 큰 뱀이 쫓아다니며 방해하므로, 다섯 몸뚱이(오체)를 각각 나누어 장사 지내 오릉(五陵)을 만들었다. 그 능을 사릉(蛇陵)이라고도 하는데, 담엄사 북쪽 능이 바로 이것이다. 태자 남해왕이 왕위를 계승하였다. (『삼국유사』 기이 제1, 신라시조 혁거세왕)

하늘에서 내려온 기운이나, 혁거세의 봉납 후 하늘로 올라가는 백마에서 보듯이 박혁거세의 연원도 하늘과 닿아 있다. 이는 육촌장이 하늘에서 내려온 것이나 단군이 천손인 것과 다르지 않다. 다만 혁거세는 천부지모의 혼인을 통하지 않고, 천계를 암시하는 서기라든지 백마의 상징과 함께 하늘에서 내려온 알을 통해서 지상에 출현하는 점이 다를 뿐이다. 같은 날 알영정 우물가에서 계룡의 갈비뼈를 통해 태어난 알영이 혁거세왕의 왕비가 되었는데, 이 계룡을 신라의 산신인 서술성모의 현현이라고 하여 지신계임을 암시하고 있다. '왕의 순행을 종행하여 백성에게 농상(農桑)을 권려함으로써 토지의 생산을 마음껏 하도록 했다'는 기록으로 보더라도[17] 알영은 분명 지모신적 존재이다. 따라서 혁거세 신화 역시 천부지모형의 구조적 패턴에 속한다.

다만 신화적 주체가 천부지모의 신성혼인을 통해 태어나는 것이 아니라 스스로 신성혼인을 치르는 점에서 북방의 천부지모형 신화들과 다르다. 가락국의 신화도 신라의 그것과 비슷한데, 이러한 차이는 국가가 형성된 배경에서 연유된 것이 아닌가 짐작된다.[18] 혁거세 신화에서 육부의 조상들이 모여서 왕의 추대를 결정하는 상황이라든지, 같은 날 육부에 속하는 두

---

17) 『삼국사기』 권제1, 신라본기1, 시조혁거세거서간 17년.

18) 서대석, 「고대 건국신화와 현대 구비전승」, 『혼믜 최정여박사송수기념 민속어문논총』(계명대출판부, 1983), 198~199면.

집단에서 출현한 혁거세와 알영의 신성혼인이 이루어지는 상황은 육부의 연맹체적 통합을 반영하는 것처럼 보인다. 그런 점에서 보면 신성혼 형태의 차이는 이주·투쟁·정복을 통하여 이룩한 나라와, 여러 집단의 연맹 내지 결속을 통해 이룩한 나라의 건국신화들이 보이는 변이태로 이해하는 것이 자연스럽다. 그래서인지 혁거세와 알영의 우열관계도 명확하지 않다.[19] 혁거세신화에서 두 존재는 같은 날 출현하여 왕과 왕비가 될 성아(聖兒)로서 동등하게 받들어진다.

선도산(서술산) 성모가 혁거세와 알영의 어머니라는 신화적 설명이 『삼국유사』의 다른 행간에 보이고 있는 것도[20] 이 맥락에서 떠올려 볼 만하다. 혁거세 기사의 보주에서도 혁거세의 탄생을 서술성모와 연관시키는 언술이 보이고 있다. 어쩌면 신라의 건국신화는 두 갈래의 전승이 공존하고 있었을 지도 모른다. 여러 유이민의 정착과 결속으로 이루어졌던 당시의 신라에는 천강형 계열의 신화와 성모형 계열의 신화가 상대적이고 역동적인 관계로 공존하고 있었을 가능성이 크다. 여러 모로 비슷한 사정을 보여주는 가락국의 신화와 비교해 보자.

> (3-10) 천지개벽한 후 아직 나라의 이름이 없고 또한 왕과 신하의 칭호도 없었다. …후한의 세조 광무제 건무 18년 임인 3월 계욕(禊浴)의 날에 그들이 살고 있는 북쪽 구지봉에서 무엇을 부르는 이상한 소리가 났다. 거의 2,3 백명의 무리가 모여 있었는데, 사람의 말소리 같기는 하지만 그 모습은 보이지 않고 소리만 났다. "여기에 누가 있느냐?" 구간들이 대답하였다. "우리들이 있습니다." 그러자 또 말하였다. "내가 있는 곳이 어디냐?" "구지입니다." 또 말하기를, "하늘이 나에게 명하기를 '이 곳에 나라를 세우고 임금이 되라'하였다. 그러기 위해 여기에 내려온 것이니 너희들은 모름지기 산꼭대기의 흙을 파면서 '거북아 거북아 머리를 내어라. 만일 내놓지 않으면 구워먹겠다'고 노래를 부르고 춤을 추어라. 그러면 곧 대왕을 맞이

19) 조동일, 『한국문학통사』 1, 92면.
20) 『삼국유사』 감통제7, 선도성모수희불사(仙桃聖母隨喜佛事).

> 하여 기뻐 뛰놀게 될 것이다."
>
> 구간들은 그 말을 따라 모두 기뻐하면서 노래하고 춤을 추었다. 얼마 안 있어 하늘을 보니, 다만 자줏빛 줄이 하늘에서 내려와 땅에 닿아 있었고 그 줄 끝 아래로는 붉은 보자기에 쌓인 금합이 있었다. 그 상자를 열어보니 거기에는 해와 같이 둥근 황금알 여섯 개가 있었다. 사람들은 모두 놀라고 기뻐하여 함께 수없이 절하였다. …
>
> 그 후 열 두 시간이 지난 다음날 아침에 다시 모여 그 상자를 열었더니 알 여섯 개가 모두 어린 아이가 되어 있었는데 그 용모가 모두 훤칠했다. 여러 사람들이 하례하면서 지극히 공경했다. …그가 그 달 보름에 왕위에 올랐다. 처음 세상에 나타났다 하여 이름을 수로(首露)라 하고, 혹은 수릉이라 하였다. 또 나라 이름을 대가락(大駕洛), 또는 가야국(伽倻國)이라고 했으니 곧 여섯 가야 중의 하나이다. 나머지 다섯도 5가야의 왕이 되었다. … (『삼국유사』 기이 제2, 가락국기)

수로 역시 하늘에서 내려온 알을 통해 세상에 출현하는 과정이 박혁거세와 유사하다. 하늘로부터 드리워진 자주빛 줄은 그가 천신계임을 암시하고 있다. 임금이 된 수로는 탈해의 도전을 변신술 경쟁으로 물리치고, 아유타국의 공주 허황옥을 왕후로 맞이했다. 박혁거세처럼 수로도 자신이 직접 신성혼인을 치르고 있다.

> (3-11) 구간 등이 배필맞이를 권하자 왕은 천명을 기다리겠다고 한다. … 왕은 바닷가로 신하를 보내 허황옥을 맞이하게 한 뒤, 자신이 직접 마중하여 혼인하였다. … 왕후는 부모의 꿈에 상제가 나타나 자기를 수로에게 보내게 했다고 하였다. (『삼국유사』 기이 제2, 가락국기)

한편으로 수로가 정견모주라는 가야산신에게서 태어났다고 하는 다른 갈래의 전승이 있다.

> (3-12) 본래 대가야국이 있던 곳이다. 시조 이진아시왕(혹은 내진주지라고도 한다.)으로부터 도설지왕까지 대략 16대왕 520년까지 존속하였다. 최

> 치원의 석(釋) 리정(利貞)의 전기를 살펴보면, "가야산신 정견모주(正見母主)는 천신 이비가(夷毗訶)에 감응한 바 되어, 대가야의 왕 뇌질주일과 금관국의 왕 뇌질청예를 낳았다. 뇌질주일은 이진아시왕의 별칭이고 청예는 수로왕의 별칭이다" 하였으나 가락국의 고기(古記)에 나오는 여섯 알의 전설과 더불어 모두 허황한 것이어서 믿을 수 없다. (『신증동국여지승람』 제29권 고령현 건치연혁)

『신증동국여지승람』의 이 부분을 기록한 사람은 최치원의 〈석리정전〉뿐 아니라 『삼국유사』 〈가락국기〉의 내용까지 허황하여 믿을 바가 못되는 것으로 치부해 버렸다. 그러나 그것은 합리적 유교정신에 입각한 당시 편술자의 신화관이었을 것이고, 최치원의 책이 전하는 내용은 그것대로 가야국 당시 수로왕 신화의 다른 변이를 포착한 것이었을 개연성이 크다. 가야의 건국신화도 신라의 그것처럼 천강형과 성모형이라는 두 갈래의 전승이 공존하였을 것으로 짐작된다.

이상에서 살펴 보았듯이, 신라와 가야의 건국시조신화는 천강과 난생의 모티프를 지닌 점, 천부지모의 구조적 패턴을 지닌 점에서 북방의 신화 계열과 크게 다르지 않다. 그러한 사실은 신라와 가야의 형성을 주도한 것이 북방의 유이민 집단이었던 역사적 배경과도 관련이 있다. 그러면서도 북방계 신화와 달리 남녀신의 우열이 드러나지 않고, 여산신에 의한 시조 탄생신화가 공존하고 있는 양상은 신라와 가야가 세력이 대등한 집단들로 이루어진 연맹체 국가였던 사정을 반영하고 있다.

다른 한편으로 박·석·김의 세 성이 번갈아가며 왕통을 이었던 신라에서는 건국시조인 박혁거세 외에도 석씨와 김씨의 시조신화가 왕가 시조신화의 성격을 겸하면서 전승되었다. 『삼국유사』 기이편에 수록된 석탈해와 김알지의 신화가 그것이다. 석탈해는 바다를 건너 신라로 들어와 왕실의 부마가 된 후, 노례왕을 이어 신라의 4대왕으로 즉위하게 된다. 알로 태어났다는 이유로 기아의 시련을 겪기도 하고, 숯을 묻는 계략을 써서 신라 토착세력인 호공의 집터를 빼앗는 탈해의 신화는 비범·시련·모험 등의 신화적 모티프와 함께 신화적 영웅의 일대기 구조를 그대로 보여주고 있다. 김알지의 신화는 알지가 나무에 걸려있는 황금궤에서 출현하게 된 것을 소략하게 전하는 데서 그치고 있지만, 그 궤가 자주빛 구름으로 하늘과 연결되어 있다거나 '박혁거세의 고사와 같아서 아이 이름을 알지라고 했다'는 설명들이 천강계열의 신화임을 암시한다.

이렇게 신라와 가야의 신화는 북방의 신화들처럼 신화적 주인공의 연원이 천신뿐만 아니라, 산신(지신), 수신(용신)계와 닿아 있다. 상징도 다양한 편이다. 특히 서술산 성모와 계룡과 알영이 혁거세신화에서 동일항으로 묶이는 것을 보면, 산신·지신·용신은(때로는 여신까지도) 상징적으로 연계되어 있었음을 알 수 있다. 그러나 천신과 지신, 곧 남신과 여신의 신성은 그 어느 쪽이 우월하다고 간단히 말할 수 없다. 건국시조는 남신격이지만 그 건국시조를 여산신이 낳았다고 하는 성모형 신화가 건국시조신화의 한 중요한 변이태로 전승을 계속해 왔기 때문이다.

2) 고대 건국신화의 구조와 세계관

한국 고대의 신화는 초기 국가 성립기에 형성된 건국신화의 비중이 큰 편이다. 건국신화는 나라를 세운 시조의 연원을 밝히고 왕업의 신성을 드높임으로써 국가 질서의 신성한 권위를 확립하려는 배경에서 형성된 것이다. 그래서 건국신화에 등장하는 대부분의 시조는 하늘을 부계로 하고 땅을 모계로 하는 신성한 연원을 가졌다. 때로는 모계가 수신계로도 나타나지만 대개는 상통하는 것이다. 천상적 존재가 하강하여 지상적 존재와 신성혼인을 하고 건국시조를 낳는 경우와, 천상적 존재와 지상적 존재가 직접 신성혼인을 하고 건국시조가 되는 경우를 구분하기도 하지만, 양자 모두 하늘과 땅의 신성한 연원이 혼인을 통해 결합되는 구조로 이루어진 점에서 '천부지모'의 구조적 패턴에 속한다고 할 수 있다. 이렇게 2대조 신화와 1대조 신화로 나타나는 차이는 국가형성의 역사적 배경이 다른 데서 연유한 것일 뿐, 대단한 세계관적 차이를 드러내는 것은 아니다.

천부(天父)와 천강(天降)의 요소에서 보이는 하늘에 대한 신성관념은 고대 여러 나라에서 국중대회의 규모로 행해졌던 제천의례의 천신관념과도 연결된다. 〈단군신화〉에서 말하는 '홍익인간'의 이념이나, 〈혁거세신화〉의 '광명이세(光明理世)' 사상도 이것과 무관하지 않을 것이다. 그리고 고구려 시조 '동명' 및 제천행사인 '동맹', 신라시조 '혁거세'라는 이름들도 밝음의 상징을 통해서 태양이나 하늘에 대한 신성관념을 드러내고 있는 점은 마찬가지이다.

그에 비해서 신화의 지상적 존재는 그 상징이나 현현이 대체로 다양한 편이다. 〈단군신화〉의 웅녀는 '곰'의 변신으로, 〈혁거세신화〉의 알영은 계룡(鷄龍)의 현신으로, 〈수로왕신화〉의 허황옥은 바다를 건너 도래한 존재로 나타나는 등, 지상적 존재는 동물계, 산신 및 용신(수신)계, 인간계에 걸쳐 있다. 지상의 다양한 존재들이 신성시되었음을 말해 주는 사례들이다. 탐라국의 건국신화에서 보듯이 지상적 존재간에도 신성혼인이 이루어졌다. 탐라국의 건국시조이자 고(高)·양(梁)·부(夫) 삼성의 시조들은 지중(地中)에서 용출하며, 그 짝들은 모두 바다를 건너 도래한 존재들이다.

그러나 한국신화의 산신을 반드시 지상적 존재라고 볼 수는 없다. 건국신화의 산 또는 산신은 원초적이고 복합적인 상징으로 나타난다. 산은 지상에 있지만, 높은 산은 하늘에 닿을 만한 곳이어서 때로 하늘과 동일시될 수 있기 때문이다. 그래서 건국시조들은 죽어서 승천하기도 하지만 단군이나 탈해처럼 산신이 되기도 한다. 여산신이 건국시조들을 출산하는 내용의 신화가 건국신화의 다른 갈래로서 여전히 전승력을 잃지 않았던 것도 산신에 대한 그러한 총체적 신성관념이 지속되었던 덕분이다. 이 여산신들은 남녀신성이 분화되기 이전의 총체신(the Great Being)적 위용으로 다가온다. 그래서 시조 출생의 맥락에서는 남편의 존재가 부재하거나 미미하다.

산에 대한 숭배 및 신성관념은 신라 육촌장을 비롯한 환웅 등의 천상적 존재가 대부분 산정으로 하강하는 데서도 읽을 수 있다. 가야의 시조를 맞이할 때 구간의 장들이 모인 곳도 구지봉이라는 산정이었다. 그리고 환웅은 태백산정으로 하강하여 그 곳에다 '신시(神市)'를 세웠다. 그런가하면 단군을 비롯한 몇몇 시조들은 죽어서 산신으로 좌정한다. 곧 산은 하늘과 땅의 중개항이며, 그래서 때로는 하늘, 때로는 땅과 동일한 상징이 된다.

산이 그러하듯이 대립적 이계의 결합에는 중개적 존재가 있기 마련이다. 〈단군신화〉의 '단수' 역시 하늘과 땅을 중개하는 상징이다. 환웅이 타고 내려왔다는 이 단수는 지금도 남아있는 마을공동체의 당목 또는 신목의 상징과 다르지 않다. 『삼국지』 위서 동이전의 마한 기사에 전하는 '소도(蘇塗)'의 '신간(神竿)'도 동일한 신앙 상징물이다.

하늘과 땅, 바다와 산에 대한 신성관념 자체도 중요하지만, 이 대립적인 신계들이 서로 결합하는 신성혼인의 구조와 상징이야말로 신화적 상상력의 핵심이라 할 만하다. '천지개벽'이라는 위대한 사건을 통해서 '창세'라는 우주적 질서가 비롯되었듯이, 신인의 탄생으로 비롯되는 새로운 질서(cosmos)에는 천지의 결합이라는 신화적 혼돈(chaos)이 전제되어 있다. 대립적 이계(異界)간의 이러한 결합구조는 천신계와 지신(수신)계, 자연과 문화, 동물과 인간계의 결합구조로서 여러 편의 신화적 서사에서 구조적으로 반복되는데, 이것은 신화를 믿고 공유하는 인간의 세계관이 건국신화의 서사구조를 통해 드러난 것이다.

고대의 건국신화가 보여주는 또 다른 구조적 특징은 일부 신화가 '영웅의 일생'이라는 일정한 유형구조를 반복하고 있는 점이다. '영웅의 일생'은 세계의 신화 및 영웅서사시에서 보편적으로 확인되는 구조로서, 고귀한 신성을 지닌 신화적 주체가 비정상적인 출생을 하여 시련을 겪지만 원조자를 만나 그 고난을 극복하고 종국에는 영웅적 성취를 이루는 내용을 담고 있다. 이주와 정복의 과정에서 나라를 복속하거나 양도받게 되는 고대 건국주의 위대한 성취는 이러한 유형구조를 통해서 신화적 의미를 얻게 되는데, 그 대표적인 사례를 주몽과 탈해의 신화에서 볼 수 있다.

한편 고대의 건국신화들은 신화적 주체의 '출생-입사-혼인-즉위(건국)-죽음'의 과정을 담고 있어서 인간적 일생의례의 모형이라고도 할 만하다.[21] 그 의례의 구체적인 내용은 신화 집단의 문화적 차이에 따라 다양하지만, 일생의례의 구조는 보편적이다. 이 사실을 통해서도 인간의 삶에서 신화가 하나의 모델이자 전범의 기능을 하는 것임을 다시 확인하게 된다.

건국신화의 주체가 더러 이주하거나 도래한 존재로 나타나는 점도 고대 한국인의 세계관을 반영하는 것이다. 고대신화에서 실제로 이주하거나 도래한 존재는 주몽과 탈해, 선도산 성모와 허황옥 정도이다. 주몽은 동부여에서 졸본부여로 이주했고, 선도산 성모는 중국에서 왔다고 하며, 탈해와 허황옥은 바다를 건너 표착했다. 바다에서 도래한 탈해와 허황옥은 각각 용성국과 아유타국에서 왔다고 하는데, 그 두 나라의 역사적 실체는 분명하지 않다. 그 역사적 연원이 분명치 않은 점이 오히려 이들의 신화적 신이를 강화하기도 한다.

그러나 신화상의 이주와 도래는 사실적 언술 이상의 의미로 확장될 수 있다. 해모수처럼 오룡거를 타고 천상과 지상을 오간 존재도 있지만, 환웅은 하늘로부터 지상으로 이주하여 나라를 세우고 정착했다. 그 자손인 건국시조들도 신화적 관념으로는 하늘에서 도래한 존재들이다. 그들이 죽어서 승천하는 것은, 곧 그들이 온 곳으로 되돌아감을 뜻한다. 그렇게 보면 신화적 언술상의 '천강'이나 '표착'은 곧 이계(異界)로부터의 이주나 도래의 의미를 지닌 것이다. 결국 이 도래의 관념은 이계(異界)에 대한 신성시와 닿아 있는 것이라 볼 수 있다.

한편 역사학에서는 신화에서 말하는 그 이계가 실제로 어디인가를 묻고, 신화적 '천강'과 '표착'을 어떻게든 역사적 사건으로 입증하려고 노력한다. 그래서 역사학은 천제자 및 천제손의 하강을 천신족의 동점(東漸), 곧 천신을 숭배하는 집단의 이주로 해석한다. 뿐만 아니라, 천강한 존재로 형상

---

21) 김열규, 『한국신화와 무속연구』, 일조각, 1977, 39~40면.

화된 신라 육촌장의 신화도 결국은 북방계 유이민의 남하를 그렇게 표현한 것이라 보았다.

그러나 두 방향의 이해 가운데서 어느 하나만을 강요할 수 없다. 그것이 역사적 사실로 밝혀진다고 하더라도 다른 한편으로 신화적 언술 자체가 담고 있는 세계관을 읽는 일도 그것 못지 않게 중요하기 때문이다. 하늘, 땅, 바다로 대표되던 이계가 선도산 성모에서 보듯이 점차 중국으로 바뀌기도 하지만, 어떻든 도래와 이주를 거쳐서 건국의 주체가 된 존재들이 온 곳이 신성한 이계라고 하는 관념이 한국의 건국신화를 받치고 있는 것은 분명하다.

4. 신화의 후대적 전개양상

1) 중세국가들의 신화만들기와 민족신화의 정착

중세는 고대와 달리 언어와 사상면에서 중세적인 보편 규범이 확립된 시대였다. 그러나 그 보편 규범이란 것이 동양의 중세를 주도했던 중국의 것이었던 만큼, 그 나라에 대한 사모와 지향이 어느 때보다 강했던 시대가 중세였다. 그러다가도 국가적 위난이 닥칠 때면 그러한 중국중심주의에 대한 반성과 함께 민족국가로서의 긍지를 회복하려는 움직임이 일어나기도 했다. 그래서 이 시대에는 『삼국사기』와 같이 유교적 합리주의 정신에 바탕을 둔 역사 기술이 이루어진 한편으로, 『삼국유사』로 대표되는 주체적 민족사의 기술이 지속적으로 모색되었다.

고대의 신화가 왕권의 정통성과 국가적 권위를 세우는 데 핵심적 구실을 한 데 비해서 신화의 그러한 구실을 서서히 역사와 제도 및 종교에 물려주게 되었던 시대가 또한 중세이다. 이 시대에도 새로운 국가가 세워지면 그 국가적 권위를 확보하기 위한 신화만들기가 여전히 활발하게 이루어지기는 했다. 그러나 이런 신화들은 신화적 원형으로부터 자연스럽게 형성된 것이 아니라 인위적으로 모방한 것이 많아서 그 구실이 제한될 수밖에 없었다.

아울러 중세적 질서가 흔들릴 때면 신화적 원형의 전통이 되살아나거나 재현되기도 했다. 그러나 문자 기술이 보편화되고 외래에서 유입된 문명종교를 국시로 삼았던 이 시대에는 신화가 되살아나더라도 신화적 언술로서의 요건을 온전히 갖추기 어려웠고 아무래도 역사나 전설과 같은 형태의 구속을 받지 않을 수 없었다. 그런 불완전한 형태로나마 중세의 신화는 국가 체제에서 만들어진 신화가 있는가 하면, 그것에 대립하여 형성된 신화들도 공존하고 있어서 그 역동적인 구실을 서로 대비해서 이해할 만하다.

(가) 중세국가체제가 만든 신화들

고려의 건국을 전후하여 후삼국이 흥기하고 패망하는 과정에서 고대의 건국신화를 모방한 신화만들기가 활발하게 이루어졌다. 이 국가들은 혼란한 시기에 세력을 확장하기 위한 전쟁을 일삼고 있었던 만큼, 추대된 왕을 중심으로 새로운 건국신화를 만들어서 통치체제를 확립할 필요가 있었다. 그래서 후백제의 견훤, 태봉의 궁예, 고려의 왕건을 중심으로 한 신화적 전승들이 그 모습을 드러냈다.

『삼국유사』에는 『고기』 등을 인용한 다음의 이야기가 견훤의 신화적 전승으로 전해지고 있다.

> (4-1) 『삼국사』 본전(本傳)에 보면 이러하다. 견훤은 상주 가은현 사람으로 함통 8년 정해에 났다. 본디 성은 이씨였는데 뒤에 견(甄)으로 성씨를 고쳤다. 아버지 아자개는 농사지어 생활했는데 광계 연간에 사불성(지금의 상주)에 웅거하여 스스로 장군이라 했다. 아들이 넷이 있어 모두 세상에 이름이 알려졌는데 그 중 견훤은 남보다 뛰어나고 지략이 많았다. (중략)
> 또 『고기』에 이렇게 말했다. 옛날에 부자 한 사람이 있어 모양이 몹시 단

> 정했다. 딸이 아버지께 말하기를 "밤마다 자줏빛 옷을 입은 남자가 와서 관계하고 갑니다" 하자, 아버지는 "너는 긴 실을 바늘에 꿰어 그 남자의 옷에 꽂아두어라" 하여 그 말대로 시행했다. 날이 밝아 그 실이 간 곳을 찾아보니 북쪽 담 밑에 있는 큰 지렁이 허리에 꽂혀 있었다. 이로부터 태기가 있어 사내아이를 낳았는데 나이 15세가 되자 스스로 견훤이라 일컬었다. 경복 원년 임자에 이르러 왕이라 일컫고 완산군에 도읍을 정했다. (중략)
>
> 처음 견훤이 나서 포대기에 싸였을 때, 아버지는 들에서 밭을 갈고 어머니는 아버지에게 밥을 가져다 주려고 아이를 수풀 아래 놓아 두었더니 범이 와서 젖을 먹이니 마을 사람들은 이 말을 듣고 이상하게 여겼다. 아이가 장성하자 몸과 모양이 기이했으며 뜻이 커서 남에게 얽매이지 않고 비범했다. (후략) (『삼국유사』 기이 제2, 후백제 견훤)

'야래자(夜來者)'형으로 일컬어지는 견훤의 출생담은 백제 신화의 한 전통을 잇는 것이다. 어머니가 못 속의 용과 교접하여 낳았다는 백제 무왕의 이야기와도 상통한다. 이러한 이야기 유형은 민간에서 구전되어 온 성씨시조신화에서도 흔히 볼 수 있는 것이어서 한국신화의 한 계통이라 할 만하다. 신이한 출생담과 함께, 견훤이 어렸을 때 호랑이가 젖을 먹여 주었다는 이야기, 장성해서도 기이하고 비범했다는 이야기, 후백제 건국의 사실 등은 건국영웅의 신화를 구성할 만한 요건들이다. 그러나 기사의 후반부는 신라 및 고려와 싸운 이야기, 비극적인 가족사 등이 지리하게 덧붙어 있어서 신화·전설·역사를 넘나드는 산만한 구성이 되고 말았다. 견훤의 이야기는 후백제가 건재하던 당시에는 인구에 회자되었으리라 짐작되지만, 패망의 역사로 인해 더 이상 건국신화로서의 체계와 기능을 유지하기 어려웠을 것이 당연하다. 이미 고대 신화의 상상력을 그대로 받아들이기에는 시대적 여건이 크게 달라진 시대이기도 했다.[22] 『유사』의 기사는 다만 당시의 신화적 전승의 편린을 전해 줄 뿐이다.

궁예의 이야기는 고귀한 혈통, 비범한 능력, 기아, 시련과 극복, 건국의

---

22) 조동일, 『한국문학통사』 1권, 지식산업사, 1994(제3판), 289면.

모티프를 고루 갖춘 건국 영웅의 신화라 할 만하다.[23] 그러나 고대 신화에서 보이던 영웅의 일생을 그대로 모방하였을 뿐이다. 특히 자신을 미륵불이라고 하고 두 아들을 보살이라 하면서 신통력을 강조하는 대목은 자신을 신화적 주인공으로 부각하기 위한 의도와 함께 미륵불 출현에 대한 민중적 기대를 이용한 신화적 조작이 드러나는 부분이다. 그런 점에서 시대착오적으로 조작된 유사신화의 한계를 잘 보여 주는 사례이다.

그에 비해서 『고려사』 서두에 전하는 고려왕조의 신화는 왕건 선조들의 신화적 내력을 담은 이야기로서 6대조부터 왕건의 아버지까지를 신화적 주인공으로 하고 있다. 6대조인 호경은 산신의 남편이 되어 함께 신정을 베풀었고, 5대조인 강충은 집터를 잘 잡아서 삼한을 통합할 인물을 낳을 기틀을 마련했으며, 4대조인 보육은 당천자를 사위로 삼았으며, 3대조인 진의(모계)는 당숙종과 혼인하여 작제건을 낳았고, 2대조인 작제건은 용녀를 아내로 맞이했으며, 그 맏아들인 용건은 꿈에 본 미인을 아내로 맞아 왕건을 낳은 것으로 구성되어 있다. 여산신 또는 용녀와의 신성혼인이라든지, 선류몽(旋流夢)과 같은 신화적 원형 상징을 적절하게 되살렸다. 그리고 궁예나 견훤의 신화처럼 시조를 신이한 존재로 형상화하지 않고 오히려 그 혈통의 신성성을 드러내는 데 집중함으로써, 고대신화를 무리하게 재구성하지 않고 역사시대에 적합한 신화적 질서를 모색했다.

조선이 건국된 후에 그 건국의 시조들을 찬양하는 신화를 재현한 것이 〈용비어천가〉이다. 세종이 정인지 등으로 하여금 짓게 한 이 노래는 이성계의 4대조부터 태종까지를 신화적 주인공으로 만들어서 조선왕조의 창건이 역사적 필연이었음을 합리화한 것이다. 우리말 노래와 한시 부분 외에도 역사적인 사실 또는 설화로 이루어진 주해 부분이 있다. 노래의 이름이 말해주듯이, 태조와 태종 및 그들의 4대조들을 '해동육룡'으로 비유하고, 그들이 왕업을 이룬 것을 용이 하늘을 날아오른 것에 견주었다. 그리고 여

---

23) 『삼국사기』 권50, 열전 제10, 궁예.

섯 용의 왕업을 중국 창업주들의 경우와 대응시켜서 신성한 연원이 드러나게끔 했다. 태조의 할아버지인 도조가 백룡의 부탁으로 두 용의 싸움에서 흑룡을 죽이는 것이라든지, 태조가 꿈에 금척(金尺)을 받은 것 등은 신화적 전승의 흐름을 되살린 것이라고는 하겠지만, 중국의 고사나 사료가 번다하고 태조 이성계와 태종을 중심으로 한 조선조 창업과 관련된 여러 사건에 대한 역사적 해석이 위주가 되고 있어 건국신화 또는 영웅서사시로서의 신화적 상상력이 크게 위축되었다.

중세국가들의 신화만들기는 태봉국의 궁예처럼 고대신화의 질서를 모방하거나 무리하게 확장함으로써 조작된 신화의 주인공이 된 경우가 있는가 하면, 왕건의 신화처럼 고대신화의 전통을 적절하게 받아들이면서 역사의 논리와도 조화롭게 공존할 수 있는 길을 모색한 경우도 있다. 그러나 어느 경우든 이제는 신화적 원형상징의 전통이 자연스럽게 신화를 구축하던 시대가 지나갔음을 말해 준다. 왕건이나 이성계가 신성혼인이 아니라 신성왕권의 징표를 얻음으로써 '범인과는 다른' 존재인 건국시조가 될 수 있었다는 설정 또한 역사시대에 어울리는 표현이다. 신성혼인의 상징은 그들의 몇 대 선조에게 나타날 뿐이다. 그리고 왕건이 신성왕권의 상징인 신라왕의 옥대를 현실에서 구하는 데 비해, 이성계는 그 상징물인 금척(金尺)을 꿈 속에서 얻고 있는 것도, 점차 경험적이고 합리적인 표현을 추구해 간 까닭이다.

(나) 민족신화의 정착

그런 한편으로 중세는 신화적 전통에 대한 재인식이 지속적으로 이루어진 시대이기도 했다. 한국사상 처음으로 단일 민족국가를 형성한 고려는 중세적 보편주의의 규범 속에서 국가의 기틀을 잡아나갔다. 국가적 사업으로 이루어진 『삼국사기』의 찬술이야말로 바로 그러한 중세적 질서의 확립을 대변하는 것이었다. 그러나 몽고의 침입과 지배를 겪으면서 고려는 중국중심주의 및 중세적 보편문화에 대항적인 의미의 민족의식에 눈뜨지 않을 수 없게 된다. 특히 원의 통치로부터 벗어나기 위한 정신적 모색으로서 고대의 건국신화가 새롭게 조명되기 시작한다.

이규보는 〈동명왕편〉이라는 서사시로 고구려의 건국신화를 재현하였는데, 그가 이 시의 서두에서 밝히고 있는 생각이야말로 신화의 본질에 닿아 있는 것이며, 아울러 민족신화에 대한 소중한 통찰이라고 할 수 있다.

> (4-2) 세상에서 동명왕의 신이한 일에 대하여 말을 많이 한다. 비록 어리석은 남녀들까지도 역시 그 일을 능히 이야기한다. 내가 일찍이 이를 듣고 웃으며 말하기를, "선사 공자께서는 괴력난신을 말씀하지 않았는데 동명왕의 사적은 실로 황당하고 기괴한 일이어서 우리들이 말할 바가 아니다"고 하였다. (중략) 지난 계축년 4월 『구삼국사』를 얻어 〈동명왕본기〉를 보니, 그 신이한 사적이 세상에서 이야기하는 것보다 더하였다. 그러나 처음에는 이를 믿지 못하고 귀신 이야기(鬼)거나 환상적인 이야기(幻)로만 생각하였다. 그러다가 세 번 거듭하여 그 뜻을 탐독하고 음미하여 점점 그 근원에 이르러 보니, 환(幻)이 아니고 성(聖)이요, 귀(鬼)가 아니고 신(神)의 이야기였다. (중략)
>
> 동명왕의 일은 변화가 신이한 일로써 여러 사람의 눈을 현혹한 것이 아니고 실로 나라를 처음 일으킨 자취이니 이것을 기술하지 않으면 후인들이 장차 무엇을 보고 알 것인가. 이에 시를 지어 기록하여 우리나라가 본래 성인의 나라임을 천하에 알리고자 한다. (『동국이상국집』 권제3, 〈동명왕편〉)

그러한 생각에서 이규보는 해모수의 일과 함께 주몽의 출생-시련-투쟁-성취의 영웅적 일생 및 유리의 행적까지를 포함하는 삼대기 신화의 내용을 상세하고 일관되게 〈동명왕편〉에 담았던 것이다. 그래서 고구려 건국신화로는 가장 방대한 분량이 되었고, 다른 문헌들에는 생략된 『구삼국사』의 원본 내용이 많이 담기게 되었다.

유사한 성찰을 일연의 『삼국유사』에서도 읽을 수 있다. 일연은 신이지사(神異之事)를 기이(紀異)편으로 묶어서 『삼국유사』의 책머리에 싣는 뜻을 다음과 같이 밝히고 있다.

(4-3) 제왕이 장차 일어날 때는 부명(符命)과 도록(圖籙)을 받아 반드시 남과 다른 점이 있게 마련이다. 그런 뒤라야 능히 큰 변화의 기회를 타서 제왕의 지위를 얻어 큰 일을 이룰 수 있다. … 이렇게 볼 때 삼국의 시조가 모두 신비스러운 데서 나왔다고 하는 것이 어찌 괴이할 것이 있겠는가. 이 기이편을 책머리에 싣는 것은 실로 그 뜻이 여기에 있다. (『삼국유사』 기이 제1, 고조선)

일연은 이 글에서 중국 역대시조의 신이한 탄생을 열거하고 삼국의 시조들 또한 그들과 마찬가지로 신성한 존재임을 강조함으로써, 고려를 중화와 대등한 위치에 두고자 했다. 그리고 그 기이편의 첫머리를 고조선의 신화로 시작하면서 신성한 역사의 장을 열었던 것이다. 일연은 또한 『삼국유사』 왕력편에서 동명왕을 단군의 아들이라 하였고, 기이편의 '고구려'기사에서도 부루와 주몽을 단군의 아들이자 이모(異母)형제라고 설명함으로써, 부여와 고구려가 고조선을 계승한 나라임을 분명히 했다.

이승휴의 『제왕운기』 또한 그러한 흐름을 이어 단군의 사적을 민족사의 서두로 삼으면서 유구한 역사에 대한 민족적 긍지를 드러냈다. 『삼국유사』와 『제왕운기』를 통해서 단군은 고조선의 시조가 아닌 한민족의 시조로 우뚝 서게 되었다. 역사학계에서 그 찬술시기와 가치에 대해 논쟁을 거듭하고 있는 『규원사화』와 『환단고기』도 그 역사적 진위와는 별도로 단군신화가 민족신화로서 제고되어 온 의식사적 흐름을 계승하고 있는 문헌들인 점에서는 주목해 볼 만하다. 근대 이후의 대종교운동과 『삼일신고(三一神誥)』까지 감안하면 민족사의 위기에서 그 정체성의 회복이 요구될 때면 지속적으로 되살아나곤 했던, 그야말로 민족신화의 정점에 있었던 것이 단군신화였음을 알 수 있다.

2) 성씨시조신화의 지속과 가문신화의 전개

신라 건국시조인 박혁거세 신화는 박씨의 시조신화를 겸한다. 하늘에서 내려왔다는 신라 육촌의 장들도 각각 이·정·손·최·배·설씨 성의 시조이다. 신라의 왕업에 참여한 석씨와 김씨의 시조신화도 전하고 있다. 석탈해에 비해 김알지의 신화가 소략하게 남은 것은 13대 미추왕을 기다려서야 김씨가 왕이 될 수 있었던 때문이다. 아유타국에서 가야국의 왕비로 시집 온 허황옥은 수로왕과의 사이에서 낳은 아들들 가운데 한 아들에게 허씨성을 물려주고 김해 허씨의 시조가 되었다. 탐라국의 건국시조 또한 고(高)·양(梁)·부(夫) 삼성의 시조들이다.

고대의 성씨시조들은 하늘에서 내려오거나 바다를 건너오기도 하고 지중에서도 용출하는 등으로 다양한 소종래(所從來)를 보였지만, 점차 사성(賜姓)이 늘어나는 중세에 이르면 천강하는 성씨시조는 드물어지고 바다 또는 중국에서 도래하거나 이물교혼을 통해 출현하는 유형이 늘어난다. 성씨시조의 천강이 드물게 된 것은 전제군주의 시대에 일반 성씨의 시조가 왕가의 신성과 대등한 신화적 위상에 놓일 수 없었기 때문이다.

성씨시조신화는 해당 가문의 족보에 오르기도 하고 구전되기도 한다. 조선조 후기 족보나 세보의 간행이 일반화되면서 성씨시조신화들은 그 서두를 장식했다. 요즘도 문중에서는 족보 앞머리에다 가문의 시조신화를 싣고 묘소 및 기념이 될 만한 사진도 첨부하여 그 가문의 신화적 연원을 드러낸다. 다음은 족보에 전하는 성씨시조신화의 예들이다.

> (4-4) 이원(李瑗)은 중국 농서(隴西)인으로 당 헌종 원화 2년(신라 애장왕 7년) 정해 8월에 동쪽으로 와서 송악산 아래에서 살았는데 삼형제가 있었다. 신라 경문황 3년 갑신에 외란이 일어나자 이 삼형제가 함께 출정하여 평란의 공을 세웠다. 경문왕은 이들 세 사람을 '안국지신'(安國之臣)이라고 하여 안(安)씨를 사성하고 인하여 이름을 바꾸어 주고 군으로 봉하였다. … 이로써 안씨성이 이 땅에 있게 되었다. (『안씨동원보(安氏同源譜)』)

> (4-5) 전남 나주군 남평면에 큰 못이 있고 못가에 천 길이나 되는 바위가 솟아 있었다. 왕이 그 바위 아래서 놀고 있었는데 암산이 갑자기 오운이

감싸이며 아기 울음 소리가 은은히 들려 왔다. 이상히 여긴 왕이 바위 위에 올라가 보니 석함이 있었다. 그 속에 피부가 백설같고 용모가 아름다운 갓난 아기가 있었다. 왕이 데려 와 길렀더니 다섯 살에 글을 통달하고 무략이 뛰어나 사물의 이치에 총명하므로 성을 문(文), 이름을 다성(多省)이라 하였다. 이이가 남평(南平) 문씨의 시조가 되었다. (『남평문씨족보』)

위의 예에서 보듯이 사성이나 양육의 주체가 왕으로 나타나는 것은 왕조정치시대 왕과 가문의 존재방식을 반영하는 것이다. 성씨시조신화에서 천강의 모티프가 숨어버린 것과 마찬가지이다. 가문의 창달은 왕의 질서에 대한 복속으로 가능했던 시대였기 때문이다.

그에 비해서 구전되는 성씨시조신화는 왕이 나오는 경우가 드물고, 내용의 변이도 다양한 편이다. 같은 성씨시조담이라도 문헌자료인가, 구전자료인가에 따라서 다르고, 또한 문중 안에서 하는 이야기인가, 밖에서 하는 이야기인가에 따라 차이를 보인다. 『창녕조씨족보』에 전하는 창녕조(曹)씨 시조신화는 시조모가 치병을 위해 창녕 화왕산의 못에서 목욕 재계하던 중 못 속으로 사라졌다가 돌아온 후에 잉태한 것이라 하는 데 비해서, 구전의 시조신화는 못가에서 조개와 같은 이물에 감응하여 잉태를 하고 낳은 것이라 이야기하고 있다. 야래자로 대표되는 이물교혼의 모티프는 구전 성씨시조신화나 그 외의 뛰어난 인물에 관한 출생담의 대종을 이룬다 할 만큼 풍부하다. 용속 외에도 자라, 잉어, 조개, 오이, 버드나무 등으로 이물의 종류도 다양하게 나타난다.

(4-5) 충청도 충주 땅에 사는 한 여인이 시집 온 지 10년이 되어도 혈육이 없었다. 이 여인이 냇가에서 빨래를 하는데 잉어가 오더니 여인의 허리를 치고 달아났다. 그 일로 여인이 잉태를 하여 아들을 낳았는데 그가 충주 어씨의 시조이다.

'남매혼을 통해 태어나는 시조'신화들처럼 시조의 출생이 근친상간 금기와 관련된 경우에는 가문의 안팎에서 아주 상이한 언술을 하기도 한다. 떠내려온 석함, 바구니에서 출현한 성씨시조들도 많다.

다양하게 전승되는 성씨시조신화를 들여다 보면 '천강'의 신화소가 숨어버린 것을 제외하고는 신화적 전통의 요소들이 그대로 간직되고 있음을 알 수 있다. 특히 많이 나타나는 경우가 용속이나 물고기 등의 이물(異物)과 관계한 처녀에게서 태어난 시조, 물에 떠내려온 석함, 나무 또는 돌 위의 석함 속에서 출현한 시조 등이다. 이들은 야래자형으로 대표되는 견훤신화를 비롯하여, 금와·알지·탈해 등의 신화들과도 닮은 모습을 하고 있어서 신화적 상징의 오랜 힘을 실감하게 된다.

성씨시조가 아니더라도 가문 내에서 특별한 계기로 신화화되는 존재들이 있다. 신라의 미추왕이 그 좋은 예이다. 김씨로서 처음 왕위에 오른 미추왕은 김씨 가문을 중흥한 시조라 할 만한 존재이다. 『삼국유사』의 기이편에는 미추왕이 죽은 후에 대나무잎으로 된 군사를 동원하여 적병을 물리치고 나라의 잘못을 바로잡는 이적을 보여주었다고 전하고 있다. 그 밖에도 김유신이나 무열왕 김춘추의 신이지사라든지, 유신의 누이로서 김춘추와 혼인한 보희의 선류몽 이야기 같은 것들은 김씨 가문 내에서는 신화적 의미와 기능을 지니고 전승되었을 터이다. 이런 가문신화들은 가문 밖에서 보면 전설에 지나지 않는 것이지만, 친족집단의 분화와 함께 자기 가문의 직계 선조를 드높이기 위한 목적으로 족보나 문집 등에 정착하면서 가문의 정신적 구심으로 살아있게 되었고, 이런 배경에서 성씨시조신화를 포함한 가문신화가 그 모습을 드러내게 되었다.[24]

24) 조동일, 『한국문학통사』 1, 202~203면.

3) 무속신화의 지속과 변모25)

무속신화는 무속의례에서 무당이 노래로 부르는 무신(巫神)의 일생담이다. 장르상으로 서사무가 또는 구비서사시에 해당하는 이 무속신의 신화는 굿의 현장에서는 '본풀이'·'풀이'·'거리' 등으로 불린다. 이를테면 제석신의 신화는 지역에 따라 제석풀이·제석본풀이·제석거리·세존굿·초공본풀이·당금애기와 같은 다양한 이름으로 불린다.

'풀이'와 '본풀이'는 '신의 본(本)을 푼다'는 신화의 의미와 기능에 잘 들어맞는 명명이다. 무당이 어느 신의 본을 푸는 행위, 곧 무속신화를 구송하는 행위를 하는 것은 일차적으로는 무신의 근본과 정체를 분명히 하여 그 굿판에 불러내기[請神] 위한 것이다.

〈제석본풀이〉(4-7)가 재수굿과 별신굿의 중요한 제차에서 불리는 것은 제석신이 출산과 생산에 대한 권능을 가졌기 때문이다. 혼인과 출산이 이 신화의 구조적 근간을 이루고 있는 것은 당연하다. 이것은 망자의 영혼을 천도하는 오구굿에서 핵심적 기능을 하는 〈바리데기〉신화(4-8)가 '이계(저승)여행과 귀환'을 그 구조적 근간으로 하고 있는 것과 마찬가지이다. 신화 주체인 당금애기의 '출산'과 바리데기의 '이계여행'이야말로 이 두 존재가 각각 삼신(생산신)과 영혼천도신으로 좌정할 수 있는 근거가 된다.

> (4-7) 옛날 아버지는 천하공사, 어머니는 지하공사, 아홉 오라버니는 마을공사, 글공사를 떠나고 당금애기만 혼자 집에 남았다. 세준님('서가여래 세준님')이 당금애기 집에 시주를 갔다. 꽉 잠긴 열두 대문을 도술로 열고 들어서서 시주를 청하였다. 당금애기가 주는 시주를 갖은 핑계로 늦추어서 결국 그 집에서 자게 된다. 밤중에 당금애기는 삼태성의 꿈을 꾸었는데, 세준님이 세 아들을 얻을 꿈이란 해몽을 해 주었다.

---

25) 무속신화에 관해서는 '제4장 무가의 이해' 부분에서 별도로 다룰 것이므로 여기서는 그 신화적 성격과 변모, 건국신화와의 관계를 중심으로 언급한다.

세준님이 떠난 후 당금애기는 잉태의 기미를 보인다. 공사 떠나신 부모와 오라버니가 아홉달 만에 돌아와서 잉태의 사실을 알고 당금애기를 죽이려고 하나, 도사의 자식이라 죽지 않았다. 결국 버려져서 마을 뒷산의 돌함에서 출산을 하고 세 아들을 얻었다. 어머니가 다시 데리고 집으로 들어왔다.
세 아들의 재주가 뛰어났다. 십여 세 되어 아비없는 자식이라 놀림을 받자 어머니에게 아버지가 누구냐고 물었다. 모자가 행장을 차려 아버지를 찾아갔다. 청나라땅 제석궁의 세준님을 찾아가서 친자확인의 시험을 거쳐 세 아들은 이름과 신직을 부여받았다. 세준님은 아들의 간청을 듣고 당금애기에게도 삼신('세준할마씨')의 신직을 부여했다.[26)]

(4-8) 옛날 불라국 오귀대왕과 왕비 길대부인이 혼인하여 딸 여섯을 내리 낳았다. 아들을 낳기 위해 스님에게 시주를 하고 서왕모의 딸이 품에 드는 꿈을 꾸고 일곱 째 아이를 잉태하였다. 그러나 일곱 째도 또 딸이었다. 오구대왕은 아기를 버리라고 했다. 길대부인은 아기를 '바리데기'라 이름짓고 깊은 산중의 바위 위에 버리고 돌아온다. 바리데기는 청학, 백학의 보호를 받고 산신령의 도움으로 자라났다.
오귀대왕이 득병하여 백약이 무효인데 문복(問卜)하니 서천서역국 약물을 먹으면 낫는다고 했다. 길대부인은 여섯 딸들에게 약물 길어올 것을 당부하나 모두 핑계를 대고 거절한다. 바리데기가 산신령의 현몽으로 부모를 찾아나선 중에, 마침 바리데기를 찾아가던 길대부인과 모녀상봉을 한다. 함께 궁중으로 돌아와 약수를 구해 올 것을 부탁한다.
바리데기는 남장을 하고 서천서역국으로 떠난다. 바리데기는 수미산 팔공사를 거쳐 송나라 열녀부인비각도 지나면서 스님과 노인들에게 서천서역국 가는 길을 물었다. 천태산 마고할미를 만나 검은 빨래 희게 씻어주고 길을 안내받고, 다시 논 가는 노인과 염주밭 매는 스님의 안내를 받아 마침내 서천서역국의 약수를 지키는 동두산 동두천 동수자를 만나게 되었다. 천상에서 득죄하여 하강한 동수자에게 여자임이 드러난 바리데기는 동수자의 요구대로 혼인을 하여 삼형제를 낳고 또 요구하는 노동을 해 준 후에 비로소 사람 살리는 다부사리꽃과 약수를 얻었다. 동수자는 승천하고 바리데기는 삼형제를 데리고 오는 길에 관음보살의 도움으로 약물을 빼앗으려

26) 최정여 · 서대석 편의 『동해안무가』(형설출판사, 1982, 72~84면)의 〈제석본풀이〉 구송자료를 요약한 것이다.

> 는 무리들을 물리친다.
>
> 불라국에서는 오귀대왕이 돌아가서 상여가 떠나갈 때, 바리데기가 당도하여 가져온 꽃과 약수로 부친을 회생시키고 삼형제와 부모를 만나게 한다. 회생한 오귀대왕은 바리데기에게 북두칠성 중 첫째 별이 되어 오구문을 책임져서 중생들을 극락으로 천도하도록 하고, 손주 삼형제는 삼태성을, 여섯 딸과 사위들은 조무생이별을 마련한다.[27)]

위에 든 〈제석본풀이〉와 〈바리데기〉는 우리의 삶에서 가장 기본적인 '태어남'과 '죽음'을 관장하는 신격의 신화이다. 무속의 신화들은 창세, 삶, 죽음, 혼인, 가옥처럼 사람이면 일반적으로 문제되는 주제가 많은 편이다. 그리고 이 범주의 신화들은 지역마다 그 전승의 상황이나 명칭, 내용이 조금씩 다르나마, 대체로 전국적으로 광포하는 경우가 많다.

그런 한편으로 특정한 마을의 수호신에 관련된 당신본풀이, 조상신에 관한 조상신본풀이도 있었던 것으로 보이는데, 지금은 제주도에만 그 편린이 남아 있는 정도이다. 두 범주는 당제와 조상제례가 유식화되면서, 제의의 컨텍스트를 떠나서 구전되거나 문헌에 정착하는 형태로 변모하였다. 이야기의 형태로 전승되는 당신화와 성씨시조신화가 그것이다.

창세, 삶, 죽음 등을 다룬 무속신화들은 그 내용의 원초성으로 미루어 고대 건국신화들을 더 소급할 가능성이 있지만, 그 형성의 시기를 가늠할 만한 기록은 남아있지 않다. 다만 제의에서 구송되어 온 신화로서 오랜 적층을 거듭해 온 것이라는 추론이 가능할 뿐이다.

그런데 건국신화와 무속신화 가운데는 그 신화적 요소 및 구조가 아주 유사한 모습을 하고 있는 것이 있다. 제주도 무가 〈천지왕본풀이〉에 나타나는 천지왕과 바지왕의 신성혼인, 또는 〈제석본풀이〉의 당금애기의 혼인은 많은 건국신화들이 보여주고 있는 '천부지모'의 신성혼인과 동일한 구조적 패턴에 속한다. 또한 동부여의 유리가 고구려왕이 된 아버지 주몽을

---

27) 서대석, 『한국신화의 연구』(271~287면)에서 동해안 지역 전승본의 공통단락을 요약한 것을 참고하였다.

찾아가서 왕위를 잇듯이, 제석신의 세 아들도 아버지를 찾아서 친자확인을 한 후 삼제석신이 되어 신직을 승계한다. 다음 인용은 제석신이 찾아 온 세 아들에게 친자확인의 시험을 하는 장면이다.

> (4-9) 상좌중이 거동보아라/ 석가여래 세준님이요/ 저기오는 삼동자는 걸음거리도 세준님 닮았네/ 삼동자가 아버지 찾아 그게까지 당도하니/ 석가여래 거동봐라/ 어데오시는 삼동잔가/ 예 아버지를 찾아왔십니다/ 너거 아버지 찾일랴며는/ 징게멩게 외배뜰에/ 낱낱이 흩은 곡석/ 손을 주여로 손톱을 까여/ 메를 지어 불전에 올리시면 /너 아버질 찾을게다/ 첫째동자 메를 지여 불전에 바치시니/ 그만하면 재주좋다/ 느그 아버질 찾일랴면/ 삼십리 강에다가/ 종이버선을 해 신고/ 삼십리 강으로 건너왔다 건너갔다 해야/ 종이가 처지지 안해야 아버지를 찾는다/ 삼동자 종이신을 해 신고/ 삼천리강을 건너갔다가 건너왔다가 댕겨두/ 종이가 처지지 아니하는구나/ 그러니 삼동자야 느그 아버질 찾일랴면/ 우리조선을 배판시절에/ 해가 둘이라 매우 뜨시어 불사니/ 하나를 꺾구 하나를 매련(마련)하구/ 달이 둘이라 달이 석자시치니/ 이 달을 하나를 꺾구 하나를 매련하구 / 말머리 뿔이 생겨 부량[不良]하기 작이 없이니/ 말머레는 뿔이 없도록 매련하시고/ 소머레 뿔이 생기도록 매련하시고… (후략)[28]

이러한 유사성들로 미루어 보면, 건국신화는 당시 제천행사라 일컬어지는 국가적 규모의 제의에서 불리는 시조신본풀이였을 가능성이 크다. 어쩌면 왕조본풀이를 포함하는 무속신화 일군이 나라굿의 현장에서 구송되었을 것이다. 일부 건국신화의 기사나 그와 관련된 자료들이 비쳐주는 제의의 맥락을 참고하더라도 양자는 그 뿌리가 같은 것이라 짐작된다. 고구려 건국시조가 '동명'성제로 추존된 것과 고구려의 제천의례명이 '동맹'으로, 양자가 같은 이름을 취하고 있는 것에서도 알 수 있다. 그러다가 왕조본풀이 무가는 건국의 신성한 역사로서 사서에 오르게 되었고, 다른 서사무가들은 굿판에서 일반신의 신화로서 그 지속적인 기능을 유지하게 되는 것

---

28) 최정여 · 서대석, 『동해안 무가』, 82면.

으로, 양자는 그 전승의 맥락이 달라지게 된 것이다.[29]

고려와 조선조에 들어와서는 무속에 관한 생각이 다양하게 표출되고 있지만, 서사무가의 변화를 읽을 만한 구체적인 자료는 보기 힘들다. 고려 후기까지 전해진 무가의 흔적들이 『시용향악보』에 다소 남아있기는 해도, 거기에서도 서사무가 또는 이야기신화의 면모는 거의 드러나지 않는다.

오랫동안 무속신앙의 현장에서 구송되어 온 서사무가들은 1910년대부터 연구자들에 의해 채록되기 시작하였다. 손진태와 아끼바 다카시 등이 채록한 서사무가 자료들은 현장의 구송을 완벽하게 담을 수 없었던 조사상의 한계를 지니고 있지만, 당시의 무가 현황을 보여주기에 충분하고도 소중한 자료들이다. 오늘날 채록된 자료들을 그 당시의 것과 비교해 보면 무속의 현장에서 진행되어 온 신화의 지속과 변모가 드러난다. 우선 두드러진 변화는 이야기신화로서의 성격이 약화되었다는 점이다. 곧 신화 주인공의 내력에 대한 서사가 약화되거나 생략되는 경우가 많다. 신화 주인공의 근본에 관한 서사부분을 생략함으로써, 그가 신격으로 좌정하게 된 신화적 근거를 스스로 무화시키는 셈이다. 이를테면 〈제석본풀이〉무가는 별신굿에서 불리는 생산신의 신화인데, 요즘 행해지는 제석굿 현장에서는 생산신 당금애기의 출산과 관련된 단락들이 모두 생략되고 '중타령'으로 시작해서 축원만으로 끝나는 경우가 자주 있다. 무속신앙의 약화, 또는 제의 규모의 축소에서 기인되었을 것으로 보이는 이러한 변모는 제의에서 신화가 담당하는 기능에 대해서 재고해 보지 않을 수 없게 한다.

오랜 전승의 과정에서 무속신화의 내용 자체도 변화를 피할 수 없었다. 〈세경본풀이〉는 제주도에서 전승되는 농경신의 신화인데, 많은 부분이 주인공 자청비와 문도령의 혼인의 성취에 할애되고 있어서 애정서사시의 성격이 오히려 강한 것처럼 보인다. 하늘옥황인 시부로부터 오곡종자를 받아 세경땅으로 내려온 자청비가 농사의 기틀을 마련하는 과정에서 비로소 농

---

29) 서대석, 「고대 건국신화와 현대 구비전승」(『혼미 최정여박사송수기념 민속어문논총』, 계명대출판부, 1982)에서 이 문제를 다양한 사례로써 다루었다.

경신으로의 좌정이 이루어지지만, 그 좌정의 연유가 서사적 논리로 전개되지 않은 채 신화 끝단락에 소략하게 붙어있는 양상을 하고 있다. 오히려 농경신의 신적 정체성과는 거리가 있는 혼인 갈등의 드라마가 〈세경본풀이〉무가에서 더 많은 비중으로 나타나는 사실은 이 서사무가가 문학적으로 창작되는 단계에서 이루어진 것임을 추정하게 해 주는 부분이다.

그렇다고 하더라도 무속신화의 변이가 흥미 위주로 아무렇게나 이루어지는 것은 아니다. 〈세경본풀이〉만 하더라도 여성 청중이 많은 굿판의 현장과 여성적 삶의 현실에서 소재가 선택되고 주제가 확장된 것이다. 그밖에도 〈바리데기〉를 포함한 여성신의 무속신화들이 그 신적 정체성을 드러내는 본풀이성이 약화되고, 오히려 여성적 삶의 현실과 관련된 고난이나 기대를 드러내는 데 더 많은 비중을 할애하게 된 것은 아주 의미있는 변모라고 할 수 있다.

동수자에 의해 바리데기에게 주어지는 과제들-아들 낳아주기와 '나무 삼년, 불 삼년, 물 삼년'의 노동-은 그 자체로 여성 수난의 일생을 상징적으로 압축한 것이라 할 수 있다. 특히 부모나 남편의 박대, 출산 및 양육의 장애, 끊이지 않는 노동의 고통 등에 대한 묘사가 다른 어떤 전통적 서사 양식보다 핍진한 점에서, 무속신화들이 당대의 현실에 대해 갖는 관계라든지 기능적 국면 같은 것을 읽을 수 있다. 신화가 이야기하는 여성신의 일생, 곧 계속되는 수난과 그 수난의 극복으로 마무리되는 일생은 결국 많은 여성들이 감내해야 했던 대표적 삶이다. 내용이 변모된 가운데서도 신화적 주인공의 행위가 갖는 전범성 내지는 대표성이 이렇게 유지되고 있는 것은 놀라운 일이다.[30]

4) 마을의 신화들

무속의 신들이 대체로 전국적인 범위에서 섬겨진 한편으로, 마을 단위

---

30) 천혜숙, 「신화로 본 여계신성의 양상과 변모」, 『비교민속학』 17집, 1999, 70~71면.

로 섬겨지는 신격과 신화도 존재한다. 한국의 농어촌 마을들은 생업을 중심으로 발달해 온 사회적 단위로서, 혈연 또는 지연을 중심으로 어느 정도 공동체적 동질성을 유지해 왔다. 자연스럽게 마을공동체는 그들 나름의 신을 범주화하고 그 신에 대한 신앙을 공유하게 되었을 것이다. 또한 마을 사람들은 자신이 살고 있는 마을 주변의 자연에 대한 해석, 살아 온 역사에 대한 기억도 공유하기 마련이다.

마을공동체 단위의 신화가 범주화될 수 있는 근거는 많은 마을들이 그 마을의 자연과 역사와 문화의 시원에 관한 전승을 지속해 온 데 있다. 마을마다 시원적 이야기를 온전하게 갈무리하고 있는 것은 아니지만, 일반적으로 마을 자연물의 시원, 개촌(開村)의 신성한 역사, 마을 수호신의 신화 및 신앙과 관련된 이야기들이 그 마을의 신화적 정체성을 형성하고 강화하는 기능을 했다. 그런 점에서 마을 단위의 신성한 시원과 관련된 이야기들을 범주화할 만하다. 그 신성한 시원에 관한 이야기들이 전승되고 있거나, 더욱이 신앙의 맥락에서 믿어지고 있다면, 적어도 마을 범위에서는 신성에 대한 사회적 합의가 이루어졌음을 전제하는 것이므로 일단 마을신화로 묶어볼 수 있다. 국가 단위의 건국신화가 있고 가문 단위의 가문신화가 있듯이 마을 단위의 마을신화가 있는 것이다.

마을신화의 예로서는 우선 마을을 둘러싼 자연물의 창조적 역사를 담당한 마고할미 이야기를 들 수 있다. 마고할미는 그 신성에 대한 인식이 상당히 퇴락한 존재임에도 불구하고 창조적 원천이 되는 총체신적 위용을 여전히 지니고 있다. 깊은 강수면에 넓적다리가 닿을 정도의 큰 키에다가, 마주보는 두 산에 가랭이를 걸칠 정도로 거구인 그는 산·돌·흙을 지고 다니면서 던지거나 흘리거나 해서 산과 봉우리를 만들었다. 그가 방뇨한 것이 강이 되는가 하면, 치마로 산의 돌을 쳐내서 넓은 들을 만들어 주었고, 마을의 성과 탑을 쌓기도 했다. 전국적으로 광포하는 이 마고할미 이야기는, 붙어있던 하늘과 땅을 떼고 섬 주변으로 물길을 튼 후에 땅을 만들었다는 제주도 '설문대할망'의 창세 행위와 동일한 의미선상에 있다.[31)]

그런가 하면 용신이 만들어 준 농경지의 기원을 전하는 다음의 이야기도 그 의미가 평범한 전설에 머무르지 않는다.

(4-10) 청주한씨 시조가 대머리 마을에 터를 잡고 들을 개척했다. 들 가운데 있는 큰 못에서 가끔 용과 이무기가 장난을 했다. 한씨의 꿈에 용이 나타나 '득천하려고 하니 이무기를 잡아달라'고 했다. 다음날 둘이 싸우는 것을 본 한씨가 이무기를 활로 쏘아죽였다. 한씨의 꿈에 용이 나타나 '득천시에 장마가 나서 숲이 모두 들이 될 것이니 마을사람이 같이 경작하여 먹고 살라'고 했다. 큰 비가 오고 뇌성벽력을 치며 용이 득천하더니 그 꼬리로 숲을 쳐서 들을 만들어주었다. 그래서 이름이 용개(龍開)들이다. 시조가 뜬 들이라고 해서 왜정때까지 한씨네가 많이 가지고 있었다.[32)]

용신이 한씨에게 농경을 위한 들을 만들어 주었다. '용개들'이란 명명에서도 용이 개척한 들이라는 의미가 담겨있다. 그리고 '대머리' 마을의 개촌시조이자 청주한씨 가문의 시조어른인 한씨는 이 마을에 들어와 샘을 파고 들을 개척한 존재이다. 게다가 그는 들을 개척하는 과정에서 용신의 도움으로 용개들을 얻어 마을사람들의 농사의 기반을 만들어 주었다. 따라서 이 이야기는 마을 농경지의 기원과 관련된 문화기원신화인 동시에, 개촌 및 풍농이라는 위대한 마을사의 장을 연 문화영웅의 신화로서 의미를 지니게 된다.

마을신화의 다른 사례로서, 마을을 수호하는 당신(堂神)의 좌정유래와 그 영험을 전하는 이야기들을 들 수 있다.

(4-11) 강릉 동쪽의 안인진이라는 어촌에 해랑당이 있다. 옛날 이 마을의 어부에게 과년한 딸이 하나 있었는데, 어느 날 바닷가에서 만난 한 청년을 사모하여 청혼하고자 했더니 이미 청년은 출어를 위해 떠나버렸다. 그 청년을 볼 수 없게 된 처녀가 병들어 죽고 말았다.

31) 천혜숙, 「마을우주와 신화적 세계관」, 『구비문학연구』 8집, 1999, 50~52면.
32) 『한국구비문학대계』 3-2, 청원군 남일면 설화 2.

처녀가 죽은 후 이 마을에는 고기도 잡히지 않고 갖가지 재앙이 잇달았다. 어느 날 마을 사람의 꿈에 나타나 말하기를 '시집도 못가고 죽어 원혼이 되었으니 마을 높은 곳에다 나를 위하여 사당을 짓고 남자의 신(腎)을 걸어주면 고기가 많이 잡힐 것'이라고 했다. 촌민이 처녀가 말한 대로 사당을 짓고 나무로 신(腎)을 만들어 걸었더니 과연 고기가 많이 잡혔다. 그래서 그 후로도 많이 만들어 걸었다고 한다.[33]

위의 이야기는 이름없는 처녀의 원혼(冤魂)을 당신으로 섬기게 된 유래를 담고 있는 것이지만, 역사적 인물이 당신이 되는 경우도 많다. 역사적 인물이 당신이 된 경우로는 김유신장군, 최영장군, 공민왕, 단종, 금성대군, 임경업처럼 국가적으로 유명한 인물도 있고, 자인의 한장군이나 영산의 문호장과 같이 그 지역 일대에서 유명했던 인물도 있다. 역사적 인물의 경우도 억울한 죽음에 대한 신원(伸冤)을 배경으로 한 신격화가 압도적이다. 억울한 죽음을 당했던 임경업은 '종이에다 부적을 써서 바다에 띄웠는데 부하들이 주워보니 다 조기였다'는 신화적 사건을 계기로 서해 마을들의 조기잡이신이 되었다. 그리고 금성대군은 억울한 죽음을 신원(伸冤)하기 위해 연고가 있었던 영주시 순흥면 두렛골 사람의 꿈에 현몽을 하고 그 곳의 당신으로 모셔졌다.

(4-12) 죽동에 살고 있던 권씨 부인이 낮잠을 자는데 금성대군의 원혼이 현몽하기를, "나는 금성대군인데, 네가 밭에 왔다 갔다 하면서 보는 돌 가운데 흰 줄이 있는 돌이 나이다. 나를 아무 데 안장시켜다오. 없는 동네이니 정월달 고사는 치우고 정월 보름날 청소만 시켜다오"라고 했다. 권씨 부인이 현몽 내용이 이상하여 남편에게 말하자, 남편은 동네회의에 부쳤다. 동네회의에서는 "우리가 금성대군을 받들어 보자. 우리 동네가 부흥이 될 것이 아닌가"고 찬동하였다. 그래서 현몽한 위치로 가 보니 과연 금성대군의 피가 묻은 커다란 돌이 있었다. 그때부터 죽동에서는 금성대군을 모셨다.[34]

---

33) 최상수, 『한국민간전설집』, 통문관, 1958, 435~436면.

위의 예들에서 보았듯이 당신의 신의(神意)는 주로 현몽과 해코지를 통해 나타난다. 그러한 신의가 누군가에 의해 포착되면 대개는 동회가 열리게 되고, 여기서 그 사람이 겪은 비상한 경험이 갖는 의미가 탐색되는 것이 보통이다. 그것은 다름아닌 신성에 대한 사회적 합의의 과정이라 할 수 있다. 마을의 당신으로 많이 나타나는 원혼신은 선험적 신성이 아니므로 신성이 되는 과정에서 공동체 구성원의 사회적 합의는 어쩌면 필수적인 과정일 것이다.

5) 민중신화 또는 오늘의 신화

(가) 민중신화의 근대적 의미

서동이나 견훤의 경우에서 보듯이 중세에도 미천한 처지에서 왕 또는 영웅이 되고 그에 어울리는 신화적 형상을 얻은 경우가 없지 않았다. 이는 왕조정치 하에서도 민중영웅에 대한 희구가 지속되어 왔음을 보여 주는 사례들이 되겠다. 그러나 민중영웅의 모습은 아무래도 근대이행기에 이르러서야 구체화되어 나타난다. 오랫동안 민중영웅들은 신화적 영웅이 보여준 '영웅의 일생' 구조를 반복하거나, '신이한 출생' 또는 '기아'와 같은 신화적 요소와 상징을 취하면서 민중의 신화를 지향해 왔다. 대부분의 민중영웅담은 왕권의 질서에 패배하거나 복속되는 데 그쳤지만, 때로는 새로운 체제나 질서에 대한 추구를 담아내면서 민중신화로서 그 사회적 의미를 획득하기도 했다. 근대 이행기에 응집되어 나타난 민중신화는 왕권 중심의 중세적 질서에 대해 상반되고 대척되는 신화이다. 그래서 지배층의 신화가 아닌 피지배층의 신화이며, 사회변혁을 추구하는 반체제적인 신화이다.

중세 초기에도 궁예처럼 자신을 미륵으로 자처한 예가 있었지만, 특히 조선조 후기 민란이 빈발하는 사회적 분위기에서 진인(眞人) 출현설이 크

---

34) 금성대군의 당은 영주시 단산면 죽동(두렛골 성황당)에 있다. 이기태의 「사회계층에 따른 역사적 인물의 신격화 과정과 제의전통의 창출」(『비교민속학』 15집, 1998) 참조.

게 성행하였다. 이들이야말로 민중이 희구하는 새로운 치자(治者), 곧 제세주(濟世主)의 상징이었다. 조선조 후기 민란이 일어날 때면 진인이 나타났다는 소문이 떠돌았고 민란 주동자들은 이 말로 민심을 선동하고 규합하였다. 홍경래란의 난군들이 정씨 진인을 내세운 사실들을 〈관서평란록(關西平亂錄)〉의 기록은 전하고 있다. 진인이야기는 '비정상적인 출생'이나 '기아'와 같은 요소를 영웅신화와 공유하고 있기는 하지만, 먼 곳으로 잠적하였다가 언젠가 군사를 거느리고 돌아와 세상을 구하리란 기대로 끝나는 점이 영웅신화와 다르다.[35] 진인이 곧 군사를 거느리고 진격해 올 것이라는 선동이 민란이 완전히 진압될 때까지 실현되지 않았음에도 불구하고 계속되는 민란에서 같은 선동이 통할 수 있었던 것은, 그러한 진인의 출현을 기다리는 민중적 기대가 그만큼 팽배해 있었던 때문이다. 그런 의미에서 진인출현설은 민란 주동자의 조작이기 이전에 이미 민중들 사이에서 자연스럽게 이루어지고 또 오래도록 추구되어 온 잠재된 신화였다.

흔히 전설의 범주에 포함시키는 아기장수 이야기가 갖는 의미도 그러한 신화적 지향과 상통한다. 아기장수는 건국시조 못지않은 비범성과 신이를 지녔지만, 미천한 집안의 자손이어서 신화적 성취를 차단 당하고 비극적으로 죽는 존재이다. 그러나 각편 하나로는 비극적인 죽음으로 끝나는 아기장수가 역사 속에서 홍경래, 김덕령, 최제우와 같은 반체제적인 인물들과 결착되어 계속해서 되살아나고 있는 양상을 보면, 이 전설의 의미도 제세주에 대한 민중적 기대를 담아낸 잠재적 신화로서 읽는 것이 더 적절하다. 국조 또는 왕족의 신화에 상대되는 민중의 신화인 데서 그 사회역사적 의미가 빛나게 드러나는 이 이야기는, 조선조 후기에 연속된 민란의 배후에서 진인출현설과 결합하면서 사회신화적 담론의 기능을 역동적으로 수행했다. 다음의 예화는 민간의 제세주에 대한 기대가 아기장수와 진인이야기

35) 조동일, 「진인출현설의 구비문학적 이해」(『한국설화와 민중의식』, 정음사, 1985)에서 진인출현설의, 이야기로서의 특징, 형성과정, 사회적 기능에 대해서 논의하고 있다.

의 요소들을 취하면서 어떻게 형상화되었는가를 흥미롭게 보여주는 사례이다.

> (4-13) 내산면 천보리 신씨네서 한 아이가 열 달을 넘기고 옆구리로 태어났다. 어느 노인이 그 아이의 비상함을 알고 아이를 숨겼다. 장수가 났다고 인근에 소문이 자자했다. 해방이 된 후 그 아이가 나타날 것이란 이야기가 떠돌았다. 그 곳의 농바위에 아이가 입을 갑옷과 투구가 들었다고 하며 말처럼 생긴 바위는 장차 그가 탈 말이라고 했다. 그 바위에 누군가 손을 대면 천둥이 쳤다고 한다. 아랫마을에 집채만한 바위가 있는데, 해방 후 그것이 뒤집혀져 있자 그 아이가 그렇게 했다는 말이 떠돌았다.[36]

새로운 제세주를 희구하는 민중의 신화는 권력과 계급, 빈부귀천의 사회적 주제에 관한 개혁적 메시지로써 중세의 왕권신화를 극복하고 근대적인 신화의 세계를 열어보인 의의가 있다. 근대국가의 성립기에 이루어진 혁명과 같은 역사적 사건을 많은 나라에서 국가적으로 기념하고 있는 것도 그것과 무관하지 않다. 이른바 프랑스의 시민혁명은 역사적인 사실이지만, 그 기념일이 프랑스 국민에게 갖는 의미는 근대신화에 값하는 것이다. 한국의 동학(東學)도 만민평등의 기치 아래 민중의 힘이 결집되었던 점에서 이미 근대신화를 지향한 것이었다. 다만 미완의 혁명이었던 만큼, 활약한 인물이나 사건의 신화화가 유보된 대신에 그 정신이 종교운동으로 지속되었을 뿐이다.

(나) 오늘의 신화 현상들

그러면 우리가 살고 있는 오늘의 시대에도 과연 신화가 있을까. 두 차례의 세계대전, 민주주의와 공산주의의 대립, 자본주의 경제, 전파매체 또는 사이버문화 등이 머리를 장식하는 당대사회에는 과연 어떤 신화가 존재하고 있는가. 히틀러에서 극단을 보인 국가신화의 거대한 조작이 패전으로

36) 『한국구비문학대계』 4-5, 부여군 홍산면 20, 내산면 천보리의 아기장수.

인해 무색해진 이후로, 오늘의 사회에서는 조작된 신화 또는 유사적(類似的)인 신화가 보다 다양한 양상으로 전개되고 있는 것처럼 보인다. 이제 대중스타라든지, 기록을 깬 야구왕, 백만장자, 외계인, X-파일 이야기 같은 것이 전통적 신화의 자리를 대신한다. '신성에 대한 언술'로서의 순수신화는 찾기 어렵다. 신(신성)과 관계맺기를 통하여 진정한 '살아있음'의 경험을 하는 것을 신화적 경험이라고 한다면, 현대인들은 과연 그런 경험을 하고 있는 것인가. 신이 죽었다거나 신화는 더 이상 존재하지 않는다는 선언은 오히려 오늘에 와서 대체적인 신이 그만큼 다양해졌고, 유사신화가 판을 친다는 뜻으로 받아들일 수도 있을 것같다. 그런 관점에서 현대사회의 신화적 현상들을 짚어보기로 하자.

융과 롤랑 바르트는 미지의 장소에서 온 미지의 물체인 비행접시와 관련된 불가사의를 현대신화의 한 양태로 주목하였다. 비행접시는 물리적 실체성 여부와 상관없이 분방한 추측과 거짓이야기를 낳고 인간의 무의식이 그것에 신화적 바탕을 제공한다는 것이 융의 시각인 한편, 롤랑 바르트는 비행접시가 결국은 하나의 '꿈꾸어진 지구'에 불과한 것이며 프티 부르조아의 동일성의 신화에 토대를 둔 것으로 보았다.[37] 롤랑 바르트가 '오늘의 신화론'에서 주목하고 경계하는 것은 바로 동일성의 논리와 유사신화(pseudo-myth) 양상이다. 미지의 장소인 화성에 지구를 순수하게 투영하듯이, 프티 부르조아로 대표되는 현대인들은 모든 것을 동일시하고 양식화한다는 것이다. 그래서 그는 모든 것이 플라스틱으로 재생산되는 현상이야말로 현대인들의 유사신화 현상을 대변하는 것이라고 보았다.

정치신화도 오늘날의 특징적인 신화현상이라 할 만하다. 자발적으로 성장한 것이 아니고 일부가 특정한 목적을 위해서 의도적으로 만든 신화가 오늘날에 와서는 여기저기서 빈발하고 있다. 특정 정치사상을 이즘화하는 것, 예컨대 민족주의의 지나친 신봉이라든지, 국가와 국기에 대한 이데올

37) 융/에릭슨, 『현대의 신화/아이덴티티』, 이부영・조대경 역, 삼성출판사, 1997, 39면. 롤랑 바르트, 『현대의 신화』, 1999, 53~56면.

로기화, 또는 특정종교의 이교도 박해 같은 것도 일종의 정치신화 현상이다. 우상화될 경우 그것은 바로 대체된 신이 된다. 그것 뿐인가. '물신(物神)'에 대한 숭배, '과학'만능주의, 대중스타의 우상화도 현대사회의 신화현상이자 대체된 신격들이다.

외계인과 UFO, 또는 미스터리 서클의 존재를 통해 이계에 대한 관심을 확장하는 것도 일종의 신화적 추구라 할 수 있다. 우주탐사계획과 수행에 수반되는 복잡한 정치적 음영에도 불구하고, 온 지구인이 달 탐험과 우주탐사에 보내는 열광적인 지지는 분명히 전통적인 신화의 이계관념과 닿아 있는 측면이 없지 않다.

이상에서 살펴 본 현대신화 현상들은 전통적인 신화가 지녀 왔던 의미 및 기능의 맥락과는 분명 많이 다른 것이다. 다양한 가치가 공존하고 급변하는 현대사회에서는, 일정한 종교를 믿는 신도집단을 제외하고는 많은 사람들이 공감하고 공유할 수 있는 신화란 실제로 존재하기 어렵다. 물론 개인의 차원에서는 혼인, 명상, 여행 같은 것이 신화적 경험과 방불한 어떤 것을 가져다 줄 수도 있다. 특히 명상체험이나 수행과 같이 내면여행을 통한 거듭나기라면 더욱 그러하다. 그러나 한 공동체 성원에게 진실하고 영원한 가치로 각인될 수 있는 신화가 존재할 수 있을까. 자칫하면 인간의 신화적 심성을 이용한 신화적 상징 조작이 개입되기 쉽고, 진실한 신화의 실체란 도무지 드러날 수 없는 시대를 우리는 살고 있는 것이다.

어쩌면 '신이 죽었다'거나, '신화가 없다'라는 선언 그 자체가 바로 '오늘의 신화'라는 말이 가능할지도 모른다. 그 선언이 한편으로는 진정한 신화에 대한 추구를 담고 있기 때문이다. 그렇다면 진정한 신화의 창출은 어떻게 가능할까? 진정한 하나되기 또는 순수한 하나되기를 통하여 충만된 생명을, 또는 살아있음의 환희를 경험할 수 있다면, 그것은 분명히 신화적 경험에 값하는 것이다. 최근에 강하게 부각되는 생태학적 담론들, 자연친화적 삶을 추구하는 작은 공동체 운동, 『오래된 미래』에 대한 전망과[38] 같은 것들이 이 물음에 대한 해답이 될 수 있을까?

2002년 월드컵 축구제전의 경험도 현대신화의 문제를 제고해 볼 수 있는 유용한 사례가 될 것이다. 오랫동안 우리를 구속해 왔던 민족주의·국가주의·국기사랑의 이데올로기로부터 비로소 자유롭게, 한민족·대한민국·태극기와 하나되는 경험을 할 수 있었던 축제의 장이었기 때문이다. 8강, 4강, '히딩크', '붉은 악마'와 더불어 '신화'라는 말이 무수하게 환기되었지만, 아마도 그 자발적이고 순수한 하나되기의 경험이야말로 살아있는 신화라고 할 수 있을 것이다.

5. 한국신화의 사유·상징·기능

상고대의 건국신화는 천신과 지신, 또는 천신과 수신의 결합을 통해서 건국의 시조가 태어났다고 말하고 있다. 천제 환인의 아들인 환웅은 인세에 뜻을 두고 지상에 내려와서는 사람의 몸을 얻은 곰과 혼인하여 고조선의 시조 단군을 낳았고, 천제자 해모수는 수신의 딸인 유화와 혼인하여 고구려의 시조 주몽을 낳았다. 신성에 관한 서술이 신화에 따라 차이가 있기는 해도, 건국시조의 부모 양계가 신성한 존재임은 의심의 여지가 없다. 여기서 태어난 건국시조는 부모의 신성을 물려받은 신인이므로 역시 신성한 존재일 수밖에 없다. 지중에서 용출하거나 이계의 존재로서 바다를 건너온 시조 또한 다르지 않다.

이른 시대의 신화가 보여주는 이러한 선험적 신성관념은 현존하는 무속신화와 당신화 같은 데서는 많이 약화되긴 했지만, 여전히 신화적 사유의 가장 중심된 부분으로 자리하고 있다. 말하자면 신성과 인간의 결속을 통

---

38) 헬레나 노르베리-호지, 『오래된 미래 : 라다크로부터 배운다』, 김종철·김태언 옮김, 녹색평론사, 1996. 히말라야 고원에 자리잡은 라다크라는 한 유서깊은 공동체의 자연친화적 삶과 문화에 대한 보고로서, 오늘날 인류사회 전체가 직면한 사회적·생태적 위기의 극복을 위한 메시지를 담고 있는 책이다.

해 인간의 근원적 정체성을 확인하는 것이 신화인 셈이다. 따라서 본풀이로서 신화는 신의 근본을 푸는 것인 동시에 인간의 근본을 푸는 것이기도 하다. 그런 점에서 신화는 신의 입장에서는 신성현시이고 인간에게는 신성체험이 되는 이야기라 할 수 있다.

신계의 설정이야 문화권마다 다르다 해도, 일단 모든 신화는 신과 인간의 관계맺기를 말하는 이야기라는 공통분모로 묶일 수 있다. 한국신화 역시 선험적 신성에서 인간의 근원을 찾는다는 점, 그리고 그 신성이 천신, 지신, 수신, 동물계에 이르기까지 다양하게 나타난다는 점에서 그러한 신화적 사유의 보편성이 확인된다.

한편으로 많은 한국의 신화가 역사적 인물의 신격화를 말하고 있는 사실을 주목할 만하다. 단군, 주몽, 혁거세, 탈해, 알지, 수로에서 보듯이, 역사적 시간 속으로 들어온 건국시조들은 왕업을 성취한 후에 죽어서 산신이 되거나 시조신격으로 숭앙을 받게 된다. 그런가 하면 전국의 많은 마을들이 원통하게 죽은 인물들을 신격화하여 마을의 당신으로 모시게 된 과정을 당신화에 담아 전한다. 인간이 신격으로 좌정하는 계기는 선험적 신성, 건국과 같은 위대한 업적, 농사・출산 등과 같은 모범적 행위, 신원(伸寃) 등으로 다양하게 나타난다. 역사적 인물의 신격화 양상은 한국의 신화가 주로 태초의 신화적 시간보다 역사적 시간에 더 많이 관계하고 있는 점과 상응하는 것이며, 결국 한국신화가 지닌 인간중심적 사고 및 현실적 경향과도 관련되는 것이다.

신화가 신성현시 또는 신성체험과 관련된 이야기라는 점에서 신화의 언어는 필연적으로 상징일 수밖에 없다. 신화의 상징은 의미다발적이고 복합적인 상징언어로서의 특징을 가장 잘 보여주는 예이다. 신화의 상징은 보편적이기도 하지만 문화권에 구속되는 측면도 강하다.

세계신화 뿐만 아니라 한국신화에서도 큰 비중으로 나타나는 '천부지모'의 상징은 하늘과 땅을 각각 남자와 여자, 또는 아버지와 어머니로 유추한 것이다. 하늘신은 남성의 이미지로, 땅신은 여성의 이미지로 가시화된다.

이때 남녀성의 이미지와 속성을 드러낼 만한 여러 가지 상징물이 생겨날 수 있다. 예를 들면 굴과 우물 같은 것은 여성의 이미지를 드러낼 만한 상징물이다. 그리고 지모신은 여성의 출산력과 땅의 생산력이 동일한 의미항으로 묶이면서 출산과 생산의 신적 권능으로 가시화된 존재이다.

한국신화에서 시조가 들어 있었던 금궤 또는 떠내려 온 석함 상징의 비밀도 신계와 인간계의 관계맺기라는 신화적 사유의 본질을 이해하면 저절로 풀릴 수 있다. 신계에서 인간계로의 이동은 다른 세계로의 전이(轉移)를 의미하는 것이어서 일종의 의례가 요청되는 지점이다. 그 공간적 통과의례를 반영하는 것이 바로 이 궤와 함인 것이다. '난생'의 상징도 경우에 따라서는 같은 해석이 가능할 것으로 보인다.

신화에서 많이 나타나는 신수(神樹)나 산정의 상징도 신계와 인간계의 중개라는 의미를 갖는 것이다. 환웅은 태백산 단수를 타고 하강하였고 단수신이 되어 그 곳에 머물면서 신정을 폈다. 이때 신이 타고 내려오는 높은 산정의 나무를 상상해 보면, 땅과 하늘을 연결해 주는 신화 그림이 떠오를 것이다.

한편으로 환웅이 단수를 타고 내려와 단수신이 되는 것을 보면 단수와 태백산이 단순히 중개자적 의미에 그치는 것이 아니다. 단수는 환웅이 좌정한 신체(神體)이며 신시의 중심인 점에서 세계의 중심이라는 상징적 의미로 확장된다. 이른바 우주목(宇宙木)의 상징이다. 산에 대해서도 같은 추론이 가능하다.

그밖에도 한국신화에는 많은 신성동물들이 등장한다. 단군신화의 곰과 호랑이 외에도, 말·닭·용·뱀·지렁이·새 등의 신수(神獸)들이 여러 편의 신화에 겹쳐서 나타나고 있다. 이 가운데서 일부 동물들은 토템의 상징으로 읽히기도 하지만, 그 문화적인 배경을 구체적으로 확인할 수 없어 단언하기 어렵다. 그러나 한국신화에 코끼리가 등장하지 않는 것을 보면, 이 신성동물의 목록이 한국의 지리생태적 환경이나 문화적 배경과 관계가 깊은 것은 확실하다. 산이 많고 삼면이 바다로 둘러싸인 한국에서, 호랑이가 산신으로 숭앙되고 도처에 용신신앙이 자리잡게 된 것은 우연한 일이 아닐 것이다.

대체로 신화에 등장하는 동물들이 중의성이나 양가성을 지닌 점도 흥미롭다. 예를 들면, 닭은 밤과 아침의 경계에서 울고, 새나 뱀 등은 두 세계를 오갈 수 있는 존재이다. 그 가운데서도 상상적 신수(神獸)인 용이야말로 바다와 하늘과 땅을 넘나드는 점에서 가장 빼어난 양가적 존재이다. 그런 만큼 그 상징적 의미가 다양하고 신앙 대상으로서의 위력도 강한 편이다. 그래서 용은 여러 편의 신화에 그 모습을 드러내고 있을 뿐 아니라, 한국의 풍수론에서는 산과 동일시되는 핵심적 상징으로 자리잡고 있다.

신화는 개인 뿐만 아니라 사회와 문화에서도 중요한 기능을 한다. 가장 중요한 것은 공동체를 통합하는 기능이다. 한국의 건국신화는 왕권의 정통성을 확립하여 국가의 권위를 바로잡으려는 정치적 의도와 관련되어 있었다. 그리고 성씨시조신화를 통해 그 가문의 사람들은 스스로 누구의 후손이라는 사실에 긍지를 가지게 되며, 그러한 의식이 가문을 결속하는 힘이 되었다. 마을의 신화들은 마을공간을 신성한 우주로 인식하게 해서 공동체를 묶어주는 구실을 할 뿐만 아니라, 제의를 강화하고 그 제의와 더불어 공동체적 삶의 가치를 구현하는 기능을 했다.

신화적 주인공의 일생은 인간 행위와 삶의 모델이 되기도 한다. 신화는 이때 개인의 행위를 적절하게 조정하고 규정하는 문화적 형식이자 모범으로서 기능하게 된다. 때로는 논리적 모순, 경험과 준거간의 모순, 인간의 근본적인 딜렘마를 조정하는 역할도 한다. 할머니들이 '하늘에서 떨어졌나 땅에서 솟아났나'라며 귀한 손자를 어르는 일상적 표현에도 천부지모 상징의 그림자가 어리어 있다. 또 '산에서 인물이 난다'고 하는 아주 일반화된 인식도 박혁거세와 알영을 낳은 선도산 성모의 신화와 무관한 것이 아닐 것이다. 이렇듯 신화는 우리의 일상과 관념 속에 오래 그리고 깊숙이 자리잡아 온 문화의 정수와도 같은 것이다.

■ 전설의 세계

1. 전설이란 무엇인가

전설은 신화나 민담처럼 민간에 전해져 내려오는 설화의 한 갈래이다. 신화가 신 또는 신성에 관한 이야기, 민담이 흥미를 추구하는 이야기라면, 전설은 증거물을 근거로 진실성을 드러내고자 하는 이야기이다. 전설에는 실제사건과 관련된 것도 있으나 믿기 힘든 기이한 내용을 담고 있는 경우가 많아서 진실성에 대한 의심이 제기되곤 하는데, 증거물은 이들이 실제 있었던 일인 것처럼 뒷받침해주는 장치로 작용한다. 예컨대, 〈쌀 나오는 구멍〉의 경우, 바위 또는 나무 틈에서 쌀이 나왔다는 사실은 믿기 어렵지만, 욕심 많은 사람이 그 구멍을 쑤신 후로는 물만 나오게 되었다는 결말이 증거물의 상태와 결부되기 때문에 실제로 있었던 일처럼 여겨지는 것이다. 이런 사정은 〈아기장수〉 전설에서도 마찬가지이다. 겨드랑이에 날개가 달린 아기의 출생이나 용마가 출현했다는 사실을 실제의 일이라고 보기는 어렵지만, 특정지명이 용마가 출현하고 죽었다는 장소와 일치되기 때문에 사실인양 인식되는 것이다.

인물이든 사물이든 증거물을 통해 이야기의 내용이 사실이라는 것을 강조한다는 점에서 전설은 역사와 넘나들기도 한다. 『삼국사기』, 『삼국유사』 등 고대의 역사기록이 전설자료에 크게 힘입고 있다는 사실은 전설이 지닌 이같은 역사구술적 기능을 말해주는 것이다. 그러나 전설은 근본적으로 허구적 서사이므로 사실 그 자체를 객관적으로 보여주는 역사와는 일정한 거리를 가질 수밖에 없다. 전설의 내용은 실제와 근접한 것에서부터 기이한 일에 이르기까지 다양한 양상을 보여주기 때문에 그 역사성의 편폭 또한 넓게 마련이다. 예컨대, 마을의 지명과 관련된 전설이거나 사찰의 창건과 관련된 이야기는 증거물의 성격상 일정한 역사성을 갖는다. 마찬가지로 효자 또는 열녀전설도 실재했던 인물의 행적을 바탕으로 이루어진 것이므로 구체적인 역사적 근거를 갖는다고 할 수 있다. 반면에 〈아기장수〉 전설은 전국적으로 분포되어 있지만 그같은 내용이 실제로 일어났던 사건인 것은 아니다. 그러나 이 전설은 지배체제에 대한 민중의 항거가 계속 억압되어온 결과 민중자신이 자학적인 두려움까지 가지게 된, 역사의식의 깊은 층위를 나타내 준다는 점에서 중요시되는 것이다.[39]

이처럼 전설의 역사성은 어느 경우에나 사실로서의 역사와 일치될 수는 없다. 비록 실제의 사건에서 비롯된 경우일지라도, 전설에는 사실과는 일정한 거리를 갖는 허구적 요소가 포함되어 있기 마련이다. 예를 들면, 효행담에서 흔히 발견되는 내용의 하나가 정성으로 제철이 아닌 음식물을 구해 부모님의 병환을 낫게 한 이야기인데, 여기에서 겨울철에는 구할 수 없는 딸기나 죽순이 눈 속에서 피어나 열매를 맺는 것은 지극한 효심을 극적으로 드러내는 효과적인 표현법이다. 이밖에도 전설에는 고승이 꽂아둔 지팡이가 거목으로 자라났다든지, 전투하던 중에 달이 넘어가려 하자 달을 끌어와 전투를 계속했다든지(〈인월(引月)의 지명유래〉), 사람이 호랑이로 변했다든지(〈효자호랑이〉 전설) 등등 현실적으로 믿기 어려운 기이한 요소를 얼마든지 찾아볼 수 있다. 이처럼 사실과 일정한 거리를 보여주는 전설적 허구는 문학적 상상력의 소산이자 전설을 전승하는 사람들의 세계에 대한 인식을 담고 있는 부분이 된다.

전설의 증거물은 이야기하는 사람이나 듣는 사람에게 이야기 내용이 실제로 일어난 사실에 기반한 것처럼 보이게 하는 장치이다. 이는 전설을 전승하는 사람들에게 자신이 알고 있는 이야기 내용이 나름의 근거를 가진 사실이라는 인식을 갖게 하며, 이같은 기이한 내용을 사실차원에서 문제삼게 한다. 사람들은 그 기이하고 놀라운 내용을 통하여 상식이나 통념을 넘어서는 새로운 차원의 삶의 가능성을 모색하고 있는 것이다. 그러나 증거

39) 조동일, 『구비문학의 세계』, 새문사, 1980, 35~36면.

물이 모든 사람들에게 전설의 내용이 사실이라는 것을 믿게 해줄 수는 없다. 여기에서 전설 내용의 진실성에 대한 의문이 제기되고 사실성 여부를 둘러싼 논란이 야기되는 것이다.

전설은 대개 특정 지역을 중심으로 하여 전승된다. 증거물을 인지하는 범위에 따라 좁게는 한 마을, 넓게는 한 군 정도가 일반적인 전설의 전승 범위이다. 전설은 지역 공동체적 유산으로서의 성격을 지니는 이야기로서, 그 전승이 집단적으로 이루어진다. 생활 속에서 자연스럽게 숙지되었기 때문에 마을사람이라면 누구나 전설에 관심을 나타내면서 구연에 나서곤 한다. 전설 구연과정에는 그 내용을 두고 전승자들 사이에 논란이 벌어지는 경우가 많다.

아래 예문은 나옹대사 이야기를 하는 이야기판에서 전설의 내용을 둘러싸고 제보자와 청중 사이에서 벌어지고 있는 적극적인 참여와 논쟁의 한 모습을 보여 주고 있다.

> 이기웅 : 난 공부 관계는 모르고, 아까 말한 가산 카는 데 거서 났는데 (중략) 먼 죄를 졌든지, 가다가 어린애를 낳았는데 그 가다가 관에서 오라 카니까 안갈 수 없단 말이제. 그래 어린애를 숲에다 나뒀대여. 숲에 여 놓으이 어린애가 있고 죽-(급히) 갔다 오지. 오다보이 참 어린애가 죽었는동 살았는동 갔다가 인제 거게, 참 요새 말로 경찰서나 지서나 가가주 볼일을 다 보고 그래 와노이, 오다보이 그 밑에 아는 남았으이, 여기 아 났고 하이, 그래 그 말인즉 까치들이 모여가 주고 그래 인제 머 나래(날개)를 고아가주고 아를 그래 보드래. 그래 갔다 키웠다. 그지(그러지). 그 머시(머시기)가 나옹대사라고, 나옹이지. 그러이 거 요새 가면 그래 갈 때 머 커가주 갈 때 이 낡이 아직 살아 있그덜라 산 줄 아아카고, 그이 창수동 새전마 카는데, 그 낡이 그 아직 살았는동 죽었는동 모르지. [이기백 : 낡이 살았다 카지.] 살아요? [이기백 : 내 가본지가 저작년인데 갔다왔지] 그런 설이 있지.
>
> 이기백 : 그 그 양반 가실 때에 그 인제 여내(역시) 사모빗장(지팡이라는 뜻으로 사용됨)이라카데. [자신 없다는 듯이] 괴죽장이라 카제, 거가. 거 죽장이라 카데. 그 낡을 지팽이 했든 낡을 갖다가 꼽아 놓으이, "이 낡이 죽그덜라 그 죽은 텍을 대고 살그던 날 산 줄 알아라 카고" 그래 간 게 있

다는데, 그 글타 카그던. 내 그 곁에(곁에) 그 나무 곁에 가봤다 카이. 가보이 타부룩하게 이른 마카 〔손으로 가르키며〕 이래 늘어졌다. 늦어가주 이래 있는데, 밑에 이짜(이쪽에) 그 동북짝을 간(벋은) 그 나무가지 하나만 말랐지 딴 건 마른 거 없어. 아주 싱싱하든데. 〔청중:몇 백 년…〕 〔웃으면서〕 몇 백 년… 〔조사자 : 그럼 나옹대사 아직 살았겠네요?〕 살았는동 죽었는동 머 그거 증거를 없으니… 〔청중:천재지 나옹대사가〕

그 양반이 인제 그래 놓고, 그래 놓고 가가주고 공부를 인제 뭐, 공부를 저머고 태백산이라 카다 먼 산이라 카도, 저가 해가주고 공부 마치고 나이 하이튼 머 세상이 그 머 이른데 앉았더라도 세상일을 머 환하게, 여기 똑 땅기놓고 보는거매로(처럼), 똑 명경(明鏡) 겉이 이렇게 알았는데, 이 저 일월산을 보니 거는(거기는) 인제 제자를 하나 있지 싶어. 그 일월산을 찾아 갔어. 찾아가이께네, 동자 아이가 타불타불 오디

"사명당 선생님 오십니까?"

청중1 : 아이지, 아이지.

이기백 : 그 글 때 우리 듣기는 그렇다 카이.

청중2 : 으 사명당하고 나옹하고 다른 데.

청중1, 2 : (큰소리로) 다르다카이.

이기백 : 그럼 그 전이지. 〔청중 1, 2가 아니라며 성난 소리로 정정을 요구함〕

청중2 : 사명당은 저 안동 예안…

[이기백 : 여내(역시) 저 꼽아논 게 사명당 꼽아…]

청중1 : 아이래. 사명당은, 그거는 불도당이, 사명당은 요전에 임란 때고, 나옹대사는…

청중2 : 나옹은 그전이지. 〔서로 옳다 그르다 하느라고 이야기가 중단되자 조사자가 그대로 계속하라고 요청〕

그래가 나오다가 그 인제 드가이 동자 아가 와 그칸다. 그카이 〔자신없다는 듯이 고개를 기웃거리다〕 '어예가주고 날 이름을 아느냐고 참 히얀한 일이다'싶어. (이하 생략) (〈나옹대사 탄생〉, 『한국구비문학대계』 7-6, 414~415면)

인물전설의 경우에는 이같은 논쟁이 이야기하는 집단 사이에서 전개되기도 한다. 이야기하는 집단의 계층적 성격은 특정 인물의 행적에 대한 이

해와 평가에도 영향을 주어, 계층에 따라 이야기 대상 인물의 선택이나 이야기하는 방식에서 일정한 차이를 보여 주고 있음이 주목된다.[40]

이같이 증거물의 해석을 둘러싸고 각기 진실임을 주장하는 논쟁적 양상은 신화나 민담과 구별되는 전설 연행현장에서 볼 수 있는 특징적인 현상이다.

2. 전설의 문체와 구조

1) 전설의 문체

전설은 민중들의 생활 속에서 형성되고 전승되어온 것이기 때문에, 전설에서 구사되는 어휘와 문체도 자연스럽고 소박한 일상의 생활언어가 중심을 이루고 있다. 그러나 이야기 종류에 따라서는 쉽게 이해하기 어려운 문체가 나타나기도 한다. 예를 들면, 풍수에 관한 전설, 과거에 관한 전설, 역사적 인물이나 사건에 관한 전설 등은 유식한 한문문구나 풍부한 역사적 지식을 포함하는 경우가 있다.

(2-1)

파자(破字) 점쟁이헌테 가서… 물을 문(問)자를 딱 집으니까 물을 문자에 대해 가지고서 파자헌 사람이 머이라고 허는 고는, "좌군우군(左君右君)허니 군왕지상(君王之相)이라." 그랬단 말이여. 문문(門)자를 이렇게 써가지고 여그다가 입 구(口)자를 헷는디 요짝으로도 이렇게 보면 임금 군(君)자가 되고, 이짝으로도 임금 군자가 양쪽으로 군자가 되는디, 다른 사람이 그

40) 예컨대, 영해지역 항일 의병장이었던 신돌석 이야기에서 상층집단이 그의 대단한 용맹의 강조와 의로운 일을 했다는 대의명분을 내세웠다면, 하층집단에서는 미천하고 이름없는 백성이면서도 나라를 위해 싸우다가 비참한 패배를 했다는데 의미를 부여했으며, 중간집단에서는 여러 가지 입장을 보여 주고 있었다. 조동일, 『인물전설의 의미와 기능』, 영남대출판부, 1979, 421~429면.

자리서 도로 집은개, “문전헌구(門前軒口)하니 걸인지상(乞人之相)이라”고, 문전에다 입을 달았으니 걸인지생이라고 그랬다고. 그날 당시에 다른 사람이 바로 물은개, 그러니께 그것은 누가 시킨고하니 그 이성계 그 양반이 ‘나에 대해서는 이랬는디 다른 사람이 치면 다른 사람한테도 그렇게 해석을 헌가 보자.’ 허고, 참 옷을 좋게 외모를 얼핏 보기에는 그럴 듯헌 사람을 좋은 옷을 입혜서 딱 갖다가 보이니, 참, “문전헝구허니, 문앞에 입을 달았으니 걸인지생이라” 안 그레. (〈파자점쟁이와 이성계〉, 유영대, 「역사와 설화인식」, 94~95면)

(2-2)

그래 울진에는 십전구좌(十遷九葬)라 해가지고 지삽(地師)니다. 격암(南師古의 號)이 지삽(地師)니다. 그 그 집, 울진에는 전부 격암 씨다 내삐린데 모두 전가들이, 주가들이 이미 써가주 대명산입니다. 그런데 구천십장(九遷十葬)했입니다. 그래서 자기가 미를 써다가 열번만에 자기 어른 미를 그 구천십장인데, 처음 씰 데는 머를 보고 썼는고 하면 구룡쟁준(九龍爭珠)줄 알고 썼어요. 아홉 용이 구슬 하나 놓고 다툰다. 구룡쟁준줄 알고 썼는데, 냉중에 그저 안개가 걷히고 보이까 고만 잘못 썼어. 그래 고사괘벽(枯蛇掛壁)이라. 고사괘벽이란 것은 죽은 뱀이가 낭게 갖다 달아놓거라. 그래가주 고마 그 미 쓰고 오다 고만 댕댕이줄에 걸레가주 죽어뿌다. 객사(客死)했뿌랬어. 그런 분인데. 그래서 그 분은 그 좋은 문서는 다 내삐리뿌랬어. 기가 차게 아는데. 격암, 울진에는 그 어른 전설 내놓을 거 독보한 존재인데. (〈남사고 일화〉, 『인물전설의 의미와 기능』, 118면)

전설의 문체로서 가장 빈번하게 사용되는 것은 설명적 진술방식이다. 그것은 증거물에 대한 정보의 전달이라는 기능을 수행하는데 적합하다.

(2-3)

신륵이라는 건 왜 또 신륵이라고 하는고 하니 여기 마을에 여흥민씨가 나왔다는 굴이 전설이 있어. 굴이 있어 그래 굴이 있는데 여흥민씨 전설 굴이 있는데 거기서 용마가 나가주구서는 거기서 붙들어 가지구서 굴레를 씌웠다. 이 가죽으로 이렇게 그래서 구레 륵자(勒)라고 가죽혁 변에 힘력하는 신륵사가 그래 그 이름이 붙어서 신륵사지. (『한국구비문학대계』 1-2, 27면)

(2-4)
진안에 가면 마이산이라는 산이 있다. 이 산은 말의 귀처럼 두 귀가 삐죽하게 하늘 높이 솟아올라 있어서 먼 디서도 잘 뵌다. 이 산은 바우로만 된 산이라 빛깔은 꺼멓게 보인다. 마이산은 속금산이라고도 헌다. 땅 속에서 솟아 올라왔다고 히서 속금산이라고 헌다는 말도 있다. 속금산은 산이 둘인디 큰 산을 숫속금산이라고 허고 작은 산을 암속금산이라고 헌다. 그렇게 이 두 산은 내우간인 심이다… (『임석재전집 7, 한국구전설화 : 전라북도편』 1, 21면)

설명적 문체와 함께 자주 사용되는 또 다른 형태로는 논증적 진술방식을 들 수 있다. 그것은 전설 내용의 사실성 여부와 관련한 진술에서 흔히 나타난다. 다음의 예문은 전설의 내용을 실재한 것으로 보는 화자의 주장이 구체적인 근거제시와 개념정의, 다양한 의문문 구사 등의 방법을 통해 효과적으로 드러난 경우이다.

(2-5)
영변 연산면에 가면 칠불동이란 게 있어요. 칠불동, 부처가 일곱이 지나간 자리라고 칠불동이 있어요. 그것이 그 살수 싸움 때 나온 그건데. 거 수양대군 그 막대한 그 군인이 그것이 평양을 점령하기 위해서 거 살수까지 왔던 거 사실 아닙니까? 근데 거 그때, 그 청천강물이 가장 말따고 그랬지. 여하튼 말습니다. 오 메타 밖에도 자갈돌이 다 보이고 고기새끼도 다 보이니까. 그만치 거 진짜 청천강이에요. 글짜 그대로. 근데 이제 그 도하(渡河)를 해야 될 텐데 수심을 모른다 그거예요. 그러니까 의심을 할 거 아닙니까? 이거 첨 넘었으니까, 이게 뭐 그냥 간첩들은 아니지만은 수심을 모르니까. 그래 거 있는데 중 일곱이서 강을 건너가는데, 그 수양대군들 그 대군이죠. 그, 이 뭐 옷도 벗지않고 그 썩 건너간다 그거야, "야 이기이 뭐 우리가 생각한 거보다 얕구나." 해가 지고 그 사람들도 공격명령을 내렸던 모양이야, 아마. 그러니까 거 위에서 아마 물을 막았던지 어쨌든지 한꺼번에 물이 쏟아지면서 그 살수싸움에서 백만대군을 잡았는데. 이러니까 거 건너갈 그, 보급품은 건너가지 않고 그 군인만 우선, 그니까 이거 전초병만 건너갔는데 위에서 홍수가 쏟아져 내려오니 보급론 끊겼지. 보급로 끊긴 군인은 맥을 못추지 않아요? 그건 벌써 정위부댄 다 건너 가가지고 보급이 없어서 맥 못추고, 뒤에치는 그까짓거 보급도 아무것도 아니라 그거야. 힘도 없는 보급 어디 쓰겠어요? 그거 살수 싸움에서 이제 거 이 백만대군을 막았더라 이거야. 그 영변 거 청천면 하류에 속해요. 칠불동이 있어요. 거기에. 그래서 거 칠불동이라 그런대요. 거 부처 일굽이 건너갔다고 해가지고, 그러니까 이제 그 중이 건너갔다 하지만은 그 이저 부처로서 간줄 하는 거지요. 그니까 그 칠불동이라는 데가 있어요. 연산면에. (〈영변 칠불동과 되무덤〉, 『한국구비문학대계』 2-7, 167~168면)

이처럼 전설의 문체는 증거물을 통해 전설의 내용을 전달하고, 화자 자신이 사실로 알고 있는 전설의 내용이 청자에게도 받아들여지도록 설득하기 위한 설명적 서사와 논증적 서사가 중심을 이루고 있다.

2) 전설의 구조

전설은 증거물에 대한 설명이라는 최소요건을 갖추면 성립되기 때문에, 실제로 전설로 분류되는 각편의 편폭은 문학적 형상화가 이루어지지 못한 단순설명에서부터 긴밀한 짜임새를 갖춘 허구적 서사에 이르기까지 다양한 양상을 보인다. 단순설명의 경우는 말할 것도 없고, 허구적 서사일지라도 증거물과의 관련을 의식해야 한다는 전설의 특성은 전설의 내용에도 제약으로 작용하여 허구적 서사의 무제한적 확장을 견제하는 경향이 있다. 이런 점에서 전설의 길이는 상상력의 자유가 무제한적으로 허용되는 민담에 비해서 길지 않은 편이다.

지명유래담 형식으로 전승되는 광포전설 중에는 유기적 짜임새를 갖춘 전설유형이 많다. 〈장자못〉 전설을 중심으로 전설의 구조를 살펴보기로 하자.

1. 어느 곳에 인색한 장자가 살고 있다.(도입부)

2. 장자는 시주를 권유하는 도승을 박대하고 두엄을 주었다.(장자의 학승)
3. 며느리가 도승에게 사과하고 시주했다.(며느리의 시주)
4. 도승이 며느리에게 자기를 따라오되 절대 뒤돌아보지 말라고 했다.(도승의 금기부과)
3' 며느리는 금기를 위반하고 화석이 되었다.(며느리 금기위반과 그 결과)
2' 장자의 집은 못이 되었다.(장자의 징벌, 함몰)
1' 지금도 장자못이 있다.(증시부)

서두와 결말에는 전설의 역사성과 사실성을 드러내는 구체적 시공간과 증거물이 제시되고 있다. 이같은 서두와 결말은 지명유래담 형태를 취하는 전설유형에서 일반적으로 나타나는 형태이다. 〈아기장수〉 전설은 대체로 용마가 나왔다는 바위나 못, 산 등과 관련되어 있으며, 〈오뉘힘내기〉 전설은 마을주변의 산성, 〈쌀 나오는 구멍〉은 사찰 주변의 바위나 나무, 〈달래고개〉 전설은 고개·강·산 등의 증거물과 관련된 증시부를 제시하고 있다.

서사단락으로 볼 때 도승의 제안과 금기부과를 중심으로 전후반부는 대응 구조를 갖는다. 즉 도입부와 증시부는 증거물의 존재를 시간적 선후관계로 설명한다. 장자의 학승은 도승에 의한 집터의 함몰로, 며느리의 선행은 금기위반으로 인한 화석으로 귀결된다. 전설에서 흔히 부과되는 금기와 그것에 대한 위반은 비극적 결말을 이끄는 계기로 작용함으로써 전설적 세계관을 뚜렷하게 보여 주고 있다. 일상적 윤리관으로 볼 때 선량한 며느리가 돌이 된다는 사실은 악한 장자가 징벌을 받은 것과 달리 쉽게 납득되지 않는 점이 있다. 그러나 전설의 구조에는 이같은 현상이 뚜렷하게 나타나고 있어 주목된다.

겨드랑이에 날개를 가진 아기장수는 구원자적 영웅의 면모를 지니고 태어났지만 부모에게 살해된다. 그의 부모는 장수가 나면 역적이 된다는 통념에 걸려 아들을 죽이고 마는 것이다. 갓 태어난 어린아이를 죽인 사람이 부모라는 점, 아기장수가 죽자마자 용마가 나타나 울며 돌아다니다가 죽었다는 사실도 경악을 자아내게 한다. 〈오뉘힘내기〉의 누이 역시 아들을 선호하는 어머니의 부당한 방해로 인해 패배한다. 〈효자호랑이〉는 아내가 도술책을 태움으로써 인간화에 실패하고 만다. 〈말무덤〉 전설에서 장수들은 그들의 성급한 판단 때문에 하늘이 낸 명마를 죽이는 불행을 겪는다. 이처럼 전설의 문학적 구조는 초자연적 세계와 현실세계의 상충에서 기인했거나, 비범한 인물이 맞이하는 예상치 못한 세계의 횡포로 인해 비극적 좌절을 경험한다는 공통구조를 보여 주고 있다.

전설의 문학적 구조는 증거물로 뒷받침되는 사실적 근거와 실제로 일어난 것으로 믿기 어려운 허구적 내용이라는 상반된 현상이 하나의 이야기 안에 공존하고 있는 기묘한 긴장관계를 보여준다. 사실과 전설적 허구 사이에 놓여있는 그 거리는 특정문제를 해석하는 전설 향유자들의 세계관이 집약된 상상의 공간이다. 그곳에서 그들은 특정한 역사적 사건이나 인물을 그들 나름의 시선으로 해석해냄으로써 역사의식을 드러내기도 하고, 전설적 인물들이 추구하는 가치와 이상이 어떻게 현실과 부딪히면서 좌절을 경험하는가를 펼쳐 보이기도 한다. 따라서 전설을 이야기하는 것은 전설 향유자들이 일상적 통념을 뒤집고 낯선 눈으로 세상을 바라보면서 또 하나의 의미공간을 형성하는 일이다.

허구적 내용을 실제로 받아들인다는 사실이 주는 기묘한 공존은 전설의 문학적 특질이자 미학적 기반으로 작용한다. 전설은 증거물이라는 현실적 근거와 관련되지 않을 수 없기 때문에, 이야기를 전개해 가는 과정에서 상상의 나래를 폈을지라도 결국에는 현실공간으로 되돌아올 수밖에 없다. 이 같은 상상과 현실의 충돌지점에서 전설의 비극성이 생성되는 것이다. 상상의 공간과 현실세계 사이의 간극은 비극적 인식을 환기시킨다. 그것은 마치 이상과 현실 사이에 놓인 거리와 같다. 환상세계의 무한성은 현실의 고정성과 대비되면서 존재의 한계성을 극명하게 자각하게 하는 이율배반적 속성을 갖는다. 이같은 간극 속에서 전설 장르의 미적 특징인 비극성이 불가피하게 나타날 수밖에 없는 것이다.

3. 전설의 역사적 전개

전설로 통칭되는 것의 범주에는 자연물, 인공물, 인물, 풍속, 신앙을 비롯한 인간사회 제반현상에 얽혀있는 내력들이 망라되고 있다. 따라서 막대한 양을 자랑하는 전설자료들은 증거물에 대한 단순설명에서부터 복잡하게 구성된 문학적 형상물에 이르기까지 다양한 양상을 보여 주고 있다. 전설의 전승은 엄청나게 오랜 시간을 배경으로 이루어져 왔기 때문에 개개 전설유형의 형성 및 변화의 과정을 구체적으로 밝혀내는 일은 불가능해 보인다. 그러나 상당수의 전설이 역사적 문헌을 통해 전해지고 있으며 역사적 쟁점을 함축하고 있는 경우도 제법 발견되어 전설의 역사구술적 기능이 확인되고 있다.

1) 삼국시대의 전설

삼국초기, 전설사의 첫 단계에서 주목해야 할 현상은 신화적 세계관의 전설적 전환 방향일 것이다. 현전하는 문헌자료에는 신화적 서사원리와 전설적 역사성을 공유하는 자료들이 상당수 발견된다. 탈해전승이나, 일월신화라 할 수 있는 〈연오랑세오녀〉는 지명유래담과 결부되면서 문헌에 정착된 경우들이며, 산신이면서 혁거세와 알영을 낳았다는 〈선도산 성모〉는 중국 제실의 딸이자 佛事에 즐겨 동참하는 존재로 설명되어 그 위상이 역사적 현실 안에서 재정립되는 양상을 보여준다. 이밖에도 『삼국유사』 기이편에는 다양한 형태의 신화적 전설이 포함되어 있다.

삼국초기부터 출현한 전설은 다양한 유형으로 분화된다. 세계의 횡포로 좌절하는 인물 이야기는 해명태자와 호동왕자(『삼국사기』 고구려 본기)에게서 발견된다. 부왕의 오해를 사 죽음을 권유받자 어떠한 해명도 시도하지 않고 죽음을 선택한 이들 인물은 전설 주인공의 원형적 모습을 잘 보여주고 있다. 불교관계 설화의 초기형태는 불교가 토착화하는 과정에서 빚어진 재래신앙과의 갈등이 주조를 이루는 문화사적 양상을 함축하고 있다. 〈어산불영〉(『삼국유사』 권3 탑상)처럼 기존 신격의 신성성을 빌려와 불교의 우위를 강조하려는 의도를 보여주거나 사찰주변에서 전해지는 불승과 용신의 갈등을 다룬 이야기도 재래신앙과 불교신앙의 관계양상을 반영하는 자료들로 이해할 수 있다. 토착신앙과의 갈등을 극복하고 독자적 위상을 확립한 불교는 종교적 영험담 및 수행담과 함께 깊숙이 자리잡기 시작했다. 『삼국유사』는 이같은 상황을 자세하게 전해주고 있다.

삼국통일기에는 명장, 충신, 효자, 열녀 등 다양한 인물전설이 나타난다. 통일의 주역인 김유신에 관한 전설은 민간영웅의 면모를 보여주는 다양한 전설유형 속에 자리한다. 죽음을 무릅쓰고 간언(諫言)하다 죽어서도 길가에 묻혀 왕의 사냥 중단을 만류했던 김후직이나 왕의 동생을 귀국시킨 뒤 왜국에서 죽임을 당한 박제상 등의 충신전설과 함께, 여성인물의 의지와 결단 또한 주목할 만하다. 망부석이 된 박제상 부인, 설씨녀, 도미처 등은 열녀전설의 성격을 지니며, 아버지의 희언대로 온달과 결혼한 평강공주, 꿈을 사서 운명을 개척한 문희 등도 눈에 뜨인다. 효행담에는 어머니를 봉양하려고 자식을 묻으려 했던 손순, 부자집 종살이를 하면서 눈먼 어머니를 봉양하려 했던 지은 외에도, 살을 베어 병든 부모께 드렸던 향덕 · 성각에 관한 이야기가 주목되는데, 이들의 행위는 후대의 효자와 열녀담에서 하나의 모형을 이루면서 되풀이 나타나고 있다.

2) 고려시대의 전설

고려 전기에는 『구삼국사』, 『삼국사기』를 통해 전설이 역사서술의 자료로 적극 활용되었으며, 『삼국유사』를 통해 앞시대의 자료가 상당수 문헌에 정착되었다. 이들 문헌편찬은 전설자료가 대대적으로 문헌에 정착하는 계기가 되었는데, 이를 통해 전설의 역사구술기능을 재확인할 수가 있다. 문학적 수식이 풍부한 『수이전』은 역사인물과 관련한 기이한 경험을 다루고 있어 전설적 성격을 보여 주고 있으며, 고려후기에 출현한 시화집에는 인물전설에 해당되는 자료가 제법 나타나고 있다.

고려전기의 인물전설은 『고려사』에서 찾아볼 수 있다. 최응, 균여의 출생과 성장부분은 신화적 전통을 계승하고 있고, 강감찬 출생담은 도가적 면모를 강하게 보여 주고 있다. 『고려사』 「세계(世系)」를 비롯, 고려전기에 출현한 전설에는 풍수술의 수용과 정착을 알려주는 내용들이 뚜렷하여 이후 막대한 양으로 전해지는 풍수설화의 연원을 이룬다. 민간전설의 양상은 먼저 보은담에서 찾아볼 수 있다. 자라를 구해준 박세통의 후손이 3대 정승을 했다는 내용과 구해준 사슴이 잡아준 터에 묘를 쓰고 비범한 인물을 낳았다는 서신일 이야기는 당대적 특징을 드러내는 유형으로 보여 흥미가 있다.

풍수사상이 민족적 현실과 대외관계를 문제삼는, 역사적 의미를 획득하게 되는 계기는 절혈전설에서 볼 수 있다. 절혈전설의 원형은 〈동유기〉, 『세종실록지리지』, 『동국여지승람』 등에 조금씩 변모된 형태로 전해지는 〈호종단 전승〉에서 찾을 수 있는데, 이는 외세에 유린 당하는 민족적 현실을 탁월하게 형상화한 전설적 민족현실 인식의 구체적인 사례라 생각된다. 절혈이 갖는 민족적 의미는 풍수사상에 대한 민간의 광범위한 신봉에 힘입었기 때문에 더욱 설득력을 가질 수 있었다. 이 유형은 임란을 거치면서 이여송의 절혈행위로 말해지다가, 일제강점 이후에는 일본인에 의해 혈이 끊어진 것으로 변이되기도 한다.

고려후기가 되면서, 시화 및 잡록을 수록한 문헌들이 잇달아 편찬됨에 따라 지명 및 인물전설과 함께 단편적인 인물일화도 나타나기 시작한다. 『파한집』과 『보한집』에서는 천관사, 청학동, 최치원 전설과 강감찬 출생담, 오수 개무덤, 인귀교혼을 다룬 이인보 전설 등을 각각 찾아볼 수 있다. 또한 신유학의 수용으로 인한 사상적 변화의 조짐이 드러나고 있음도 주목된다. 영해지방을 중심으로 전승되는 팔령신(八鈴神)을 물리친 우탁의 활약은 신유학과 재래신앙과의 갈등을 시사하며, 효와 열관념이 부각됨에 따라 열녀들의 행동도 전대에 비해 비장함이 강조되고 있다. 이상을 통해서 고려시대의 전설은 전대의 그것에 비해 역사 현실적 맥락에 밀착된 문제의식이 부각되고 있음을 지적할 수 있다.

3) 조선시대의 전설

조선전기에는 각 지역의 제반상황을 파악할 수 있는 『세종실록지리지』, 『동국여지승람』 등 지리서가 간행됨에 따라 전설자료들도 광범위하게 조사 정리되면서 대폭적인 문헌정착의 기회를 갖게 되었다.

조선의 개국을 둘러싼 일련의 상황은 야사잡기류에도 언급되고 있지만 현전하는 구전설화에서는 보다 다양한 양상을 보여준다. 조선의 개국과 고려의 멸망은 맞물려 있는 사건이다. 이성계의 조선창업은 고려를 지지하는 사람들에게 막대한 저항을 야기시켰고, 이들의 저항은 전설로 전해지면서 창업의 정당성에 대한 논란이 민간층에까지 깊숙이 자리잡게 하는데 일조를 했을 것으로 보인다. 선죽교, 두문동, 성계탕(成桂湯)의 유래 등은 고려유민들의 반감을 잘 드러내고 있다. 그러나 조선의 개국에 얽힌 숨은 사건들은 개국을 역사적 필연으로 해석하는 또 다른 관점에 의해 전승되는데, 왜구와의 격전과 승리에 관한 지명유래, 석왕사 유래 등을 통해서 폭넓게 형상화되고 있다.

이 시대 새롭게 보이는 전설들은 여말선초의 정치적 전환을 둘러싼 것으로서, 역사적 현실과 밀착된 역사인물이나 지명유래, 신유학적 영향을 반영하는 사대부 일화와 효자 및 열녀전설 등이 주조를 이루면서 전설의 사실지향적 성향이 강화되고 있다.

조선후기에 많이 간행된 각 지역의 읍지에는 전대부터 전승되어온 다양한 지명전설과 인물전설이 실려있다. 이들 자료는 전설의 역사적 전개과정을 살펴볼 수 있을 뿐 아니라, 하층민들의 삶의 단면과 역사인식의 일단을 보여 주고 있다. 지명이나 자연물에 관한 전설은 당시에 전승되던 자료들의 상당부분이 정리된 것으로 보이는데, 〈장자못〉, 〈학승절혈(虐僧

絶穴)〉, 〈주천(酒泉)〉, 〈아기장수〉, 〈금척〉, 〈쌀 나오는 구멍〉, 〈떠내려오는 산(浮來山)〉 등 현전하고 있는 전설유형이 거의 망라되어 있다. 인물편에는 효자와 열녀가 단연 우세하고, 동물보은담도 많이 수록되어 있다.

조선후기 전설의 주된 양상은 임란의 체험과 그 후유증에 대응하는 자료가 대거 출현하는 것과, 가치관의 변화상을 뚜렷하게 반영하는 새로운 인물유형이 등장한다는 점이다. 전자의 주된 전개방향은 손상된 민족적 자부심을 회복하기 위한 방안의 모색으로 요약된다. 우선 겸암이나 남사고 같은 이인이 일본첩자를 크게 혼내주었지만 나라운수 때문에 전쟁은 막을 수 없었다는 경우가 있다. 다른 하나는 왜적의 침입에 맞서 싸우는 경우인데, 권율, 신립, 강홍립, 곽재우 등의 장수는 물론 논개, 계월향 등 기생들의 활약이 부각되며, 사명당의 도술발휘는 정신적 승리라는 방식으로 일본에 대한 문화적 우월감을 과시하고 있다. 이들 이야기에는 당대의 민중적 역사인식과 문제의식이 다양한 형태로 반영되고 있다.

임진왜란은 전국 각지에 전란의 흔적을 반영하는 무수한 지명전설과 왜적의 성적 침탈에 항거하는 수많은 열녀전설을 낳았다. 그러나 이후 효열관계 전설은 이념적 가치에 대한 맹목적 추종과 경화된 윤리관에 대한 반발이라는 논쟁적 양상으로 전개되면서 중세 해체기 사회의 다양한 문제의식을 흥미롭게 반영하고 있다.

조선후기의 변화하는 사회적 상황은 몇몇 새로운 인물형의 출현을 가져왔다. 첫째, 문제해결자로 활약하는 여성인물형의 등장인데, 임란을 예견하고 대처방도를 강구했던 곽재우 부인이나 남편감을 선택하고 지혜롭게 내조하여 운명을 개척했던 정충신, 이기축의 처 등이 있다. 둘째, 고정된 규범이나 가치관에 대해 파격과 일탈을 일삼는 건달형 인물형의 출현은 중세사회의 해체를 의미하는 과도기적 양상을 대변하고 있다. 셋째, 합리적인 경제행위로 부를 축적하는 인물형이 문헌설화 속에 다양한 형태로 나타나고 있다. 넷째, 신이한 능력을 소지한 명의, 명풍수 등 이인형 인물의 형상화는 인간적 삶의 여건을 개선하고자 하는 보편적 관심을 드러내고 있다. 다섯째, 박문수, 숙종, 고창녕 등 백성들의 삶의 고난을 해결해주는 인물형의 등장이다. 이들은 때때로 하층민의 도움으로 곤경을 벗어나기도 해 민중적 자기우위를 표현하는 인물설정방식으로 자리하고 있다.

이 시대 전설은 기록문학과의 폭넓은 교섭양상을 보여 주고 있다. 악부시는 역사적 사건이나 인물, 풍속에 관한 전설을 소재로 창작되었고, 야담집 편찬은 전설의 문헌정착을 가속화시켰으며 소설의 형성에도 영향을 주었다. 전설의 기록문학화는 애국계몽기의 실기문학을 거쳐 현대의 소설, 희곡, 시 장르까지로 확산됨으로써 민족문학의 전통 계승에 일익을 담당하고 있다.

4) 근대 이후의 전설

전승자료의 조사채록 및 연구가 본격화되고 『한국구비문학대계』가 간행됨에 따라 전국규모의 자료집이 나타났다. 이 시대 자료는 동학농민혁명, 일제강점 및 6.25 전쟁 등 역사적 사건과 관련된 내용들이 지명 및 인물전설 형태로, 근현대의 정치 사회상과 관련된 이면사들이 풍문의 형태로 전해진다.

정치적 혼란과 외세의 개입이란 역사적 현실은 인물전설을 통해 새롭게 부각된다. 최제우 전설은 득도하여 세상을 구하려다 수난을 겪는 민간영웅의 일생을 바탕으로 하고 있다. 이 시대 역사인식의 또 다른 측면은 민중적 역사의식의 저류를 형성하던 〈아기장수 전설〉이 동학의 선두에서 활약했다는 아기장수 홍의장군, 의병장 신돌석 등과 결부되면서 민중영웅전설로 재현되고 있음이 주목된다. '백산'을 비롯한 격전의 현장에는 동학항쟁을 증언하는 지명전설들이 당시의 상황을 생생하게 재연하고 있으며, 3.1운동이나 6.25 전쟁의 체험도 많은 지명유래담을 낳았다.

최근세의 역사적 격동기를 거쳐오면서 특별한 삶의 노정을 거쳐온 개인들의 체험구술도 주목된다. 일제강점기의 징용, 정신대, 공출 등을 비롯하여 해방이후 좌우익 대결의 여파인 4.3 사태, 6.25 체험과 5.18 등 근대사의 제국면이 개인의 체험적 진술을 통해 점차 드러남으로써 역사의 이면적 진실을 드러내는 구술역사적 기능을 수행하고 있다.

권력에 의한 억압과 통제가 강화되는 시기 또는 정치사회적 혼란기에는 실체를 알고자 하는 욕망과 잘못되고 있는 현상에 대한 시비정신이 다양한 형태의 풍문을 낳기도 한다. 대부분의 풍문은 당대의 구체적인 현상들과 관련되기 때문에 당대적 의미로 한정되나, 특별히 보편적 의미기능을 갖는 각편의 경우 지속적으로 전승되면서 유형으로 정립된다. 조선시대 정쟁을 둘러싼 다양한 막후사들의 기록인 이른바 야사 중에는 현재까지 독자적 유형으로 전승되는 경우가 그렇게 많지 않다. 최근까지 성행하던, 하나의 통치체제가 막이 내리면 무성해지던 정치적 비화와 권력형 비리를 싸고 번져가던 풍문들도 이같은 관점에서 이해할 수 있다. 이들의 의미는 대개 해당시대의 현실적 여건에 한정되지만, 특별히 당대성을 뛰어넘는 보편적 의미구조를 확보한 각편은 전승유형으로서의 자격을 갖춘 전설로 자리할 수 있는 것이다.

이상을 통해 전설은 역사 그 자체는 아니지만 전대전승의 기반 위에 향유층이 속해 있는 사회 역사 문화적 상황에 탄력적으로 대응해나감으로써 당대의 역사적 현실을 보다 압축된 형태로 보여 주고 있는 장르라는 사실을 확인할 수 있다.

4. 전설의 분류

전설의 문헌정착이 이른 시기부터 이루어졌고 지금까지 채록된 구비전설의 양도 막대할 뿐 아니라 그 종류 또한 다양하므로, 전설을 분류하는 일은 단순하지 않다. 『구비문학개설』에서는 전설의 분류방법을 (1) 전승장소, (2) 발생목적, (3) 설화대상으로 나누어 설명하고 있는데[41] 그 구체적인 내용을 제시하면 다음과 같다.

(1) 전설은 대체로 그 전승장소에 따라서 지역적 전설과 이주적 전설, 즉 광포(廣布)전설로 나누어지기도 한다. 지역적 전설은 특정 지역에서만 발견되는 고유한 전설로서, 그 지역의 지형적 특징, 명칭의 유래, 관습의 기원 등을 이야기하는 것이다.

이에 대해 비슷한 내용의 전설이 각 지역의 지형지물과 결부되어 여러 지역에서 발견될 때 이를 광포전설이라고 한다. 우리나라의 대표적인 광포전설에는 〈장자못〉 〈아기장수〉 〈오뉘 힘내기〉 〈말무덤〉 〈의구총〉 〈떠내려온 산〉 〈쌀 나오는 구멍〉 〈빈대절터〉 등이 있다. 이들 광포전설은 대체로 뚜렷한 서사구조와 문학적 형상성을 갖추고 있어 일찍부터 주목된 바 있다.

비슷한 전설의 분포가 이주에 의한 것인가 독립적 발생에 의한 것인가 하는 것을 결정하기란 곤란하기 때문에, 이같은 양분법으로 전설을 분류하는 데는 난점이 있을 것으로 예상되지만, 증거물과의 밀접한 관련 아래 전승되는 전설의 분포양상을 보여준다는 점에서 일정한 유용성을 인정할 수 있겠다.

(2) 전설은 발생목적에 따라서, 설명적 전설, 역사적 전설, 신앙적 전설로 나누어지기도 한다. 설명적 전설은 자연이나 사물이 어떻게 생성되었는가를 설명할 목적으로 만들어낸 것이다. 지리상의 특징, 자연현상, 특수한 습관, 어느 지역의 동식물의 특수한 형상, 산이나 바위의 생김새 등을 소박한 지식으로 설명한다. 지형 또는 지명과 관련된 전설이나 대부분의 유래담이 여기에 포함될 수 있다. 역사적 전설은 어떤 역사적 사실로부터 성립하고 성장한 것으로 상당수의 전설이 포괄될 수 있는데, 지방적, 국가적 영웅전설과 야담, 야사, 패사 등이 여기에 해당된다. 특정지역을 중심으로 활발하게 전승되고 있는 상당수의 인물전설은 여기에 포함될 수 있다. 신앙

41) 장덕순 외, 『구비문학개설』, 일조각, 1971, 41~42면 참조.

적 전설은 민간신앙에 기초한 것으로, 정도령의 재래설, 금기를 알려주는 전설들이 여기에 속한다.

(3) 설화대상에 따른 분류는 많이 시도되었는데, 『구비문학개설』에서 제시하고 있는 분류시안을 큰 항목만 제시하면 다음과 같다.

Ⅰ. 사물명칭(연기)
100 자연물 1. 里洞 2. 산악 3. 암석 4. 동혈(굴) 5. 江川 6. 泉井
7. 津浦 8. 潭沼 9. 도서 10. 평야
200 인공물 (1) 유적 1. 가옥 2. 정문 3. 비석 4. 사원 5. 석탑 6. 석상
7. 성지 8. 역원 9. 교량 10. 총묘
(2) 유물 1. 의복 2. 음식 3. 기구
300 인간 1. 씨족 2. 개인
Ⅱ. 신앙행위
500 인물
600 동물 1. 가축 2. 조류 3. 야생동물 4. 이상적 동물 5. 어류
700 식물
800 사물

위의 분류는 사물명칭과 신앙행위를 축으로 삼고 있어 구체적인 사물과 연관되어 있지 않거나 신앙행위와 무관한 역사적 인물전설은 포함하기 어렵다. 예컨대 천민이면서도 뛰어난 학식을 갖추고 있었던 서고청 전설이나, 뛰어난 의술로 사람들을 구한 명의전설 등은 위의 분류에 포함될 수 없다는 문제를 갖는다.

(4) 전설은 증거물과 관련된 이야기라는 점에서 증거물의 성격에 따라 사물전설, 인물전설, 풍속·신앙전설로도 분류할 수 있다. 전설은 어떤 사람이 자기 주위의 무엇과 부딪힌 이야기인데, 사람이 강조된 것이 인물전설이고 주위의 무엇이 강조된 것은 사물전설이 되는 셈이다.[42] 사물전

42) 조동일(1980), 34~35면.

설은 바위나 산, 강 등의 자연물 및 사찰이나 비석 같은 인공축조물 등에 관한 전설 등으로 크게 나눌 수 있는데, 여기에는 해당지역의 지명·지형·마을생성에 관련되는 지역전설과 전국적으로 널리 분포된 광포전설이 있다.

인물전설은 역사적으로 존재했던 인물에 관한 전설인데 이인, 영웅, 장수, 명인, 고승, 효자, 열녀전설 등으로 나눌 수 있다. 널리 이야기되는 인물전설을 대략 살펴보면 풍수(도선, 박상의, 성지 등), 명의(유이태, 이경하, 진국태 등), 명복(곽박, 이순풍 등), 도술적 이인(강감찬, 정북창, 허미수, 이토정, 황희, 서화담 등), 군왕(이성계), 장수(김유신, 이순신, 김덕령, 신돌석 등), 명관(이항복, 고창녕 등), 명유(이율곡, 이퇴계 등), 고승(원효, 의상, 나옹, 진묵, 경흥, 혜공, 혜숙 등), 효자(손순, 지은, 향덕 등), 열녀(도미처, 설씨녀 등) 등이다.

특정한 풍속의 유래나 신앙에 대한 전설은 풍속·신앙전설이라 할 수 있다. 풍속유래 전설에는 고시래의 유래, 한식 유래, 바늘을 저고리 앞섶에 꽂는 이유 등이 해당되며, 신앙전설에는 종교적인 수행담류나 영험담류가 포함된다.

이상에서 언급한 바와 같이 전설은 우리 생활주변의 자연물, 인공물, 인물 등에 얽힌 다양한 내력을 이야기하는 갈래이므로 매우 다양한 존재양상을 보여 주고 있다. 따라서 일관된 기준에 따른 유형분류를 통해 구체적 면모를 밝히기가 어렵기 때문에 여기에서는 논의의 편이를 위해 크게 유사한 성격끼리 묶어 다음과 같이 범주화하여 다루기로 하겠다. (1) 특정지역을 중심으로 전승되는 유래담을 다루는 '지명·지형·마을형성 유래 전설' (2) 전국적인 분포를 보이는 대표적인 '광포전설' (3) 특이한 행적을 보여주는 인물들을 다루는 '이인·고승 전설' (4) 전통적으로 중시되어온 윤리적 가치를 실천하는 '효자·열녀 전설' (5) 한국문화의 기저를 이룬다고 하는 원한과 해원을 다룬 '원혼전설' 등 다섯 가지 범주가 그것이다.

5. 전설의 유형별 검토

1) 지명 · 지형 · 마을형성 유래 전설

다양한 형태로 전승되고 있는 전설자료의 존재양상은 그것을 향유했던 전승자들의 생활공간에 대한 인식태도를 함축하고 있다. 전설 속에 그려지는 주변의 사물이나 자연현상은 세계와 자연에 대한 전승자들의 해석을 통해 새롭게 의미화되어 있기 때문이다.

우리나라의 지형적 특성상 전국의 어느 마을이나 산 또는 강을 비롯한 자연물로 둘러싸이지 않은 곳이 없고, 마을 주변의 산이나 강, 바위, 특정한 지형 등과 관련된 이야기들이 존재하지 않는 곳이 없다. 지명전설이 포괄하고 있는 내용은 이같은 주변 산천이나 자연물, 또는 인공물의 유래 설명은 물론, 나아가 마을 역사로서의 성격을 지니는 마을이름 및 마을의 형성유래, 마을과 연고가 있는 역사적 인물에 대한 이야기에 이르기까지 매우 다양하다.

지역의 특정한 증거물과 연결된 지명 및 지형에 대한 전설은 지역적 성격을 강하게 보여주지만, 유형에 따라서는, 각각의 해당지역에 존재하는 특정한 증거물과 연관시켜 형성 유래를 설명하고 있어 지명유래담 형성방식을 말해주고 있다. 이같은 특징은 마을주변의 산, 강, 고개 등의 자연물과 관련된 전설자료에서 많이 보이는데, 이들은 증거물과 연관되면서 마을과 관련한 역사의 일부를 설명하는 기능을 갖는다.

지명의 유래는 지형적 특성에서 비롯된 경우도 있고, 특정한 사건과 관련되어 이루어지는 경우도 있다. 가장 많이 발견되는 사례는 마을주변에 존재하고 있는 산 이름, 특정한 기운을 나타내는 지형이나 사물에 얽힌 이야기 등인데, 몇 개의 사례를 통해 그 양상을 살펴보기로 하자.

(2-1)

ㅇ천지개벽 때 방아산은 방아(방앗고)만큼 남아서 방아산이라 했고, 달음산은 달만큼 남아서 달음산이라 했다. (〈방어산과 달음산의 유래〉, 『한국구비문학대계』 8-3, 308면)

ㅇ홍수가 나가지고 물바다가 되었는데 산에다가 말뚝을 박아서 고리를 달아가지고 배를 뜨게 했다고 해서 고리봉이라고 한다. (〈고리봉〉, 『한국구비문학대계』 5-1, 107면)

ㅇ홍수가 졌을 때 배를 그곳에 댔다고 하여 배나리가 되었다. (〈배나리의 유래〉, 『한국구비문학대계』 7-6, 119~120면)

위에서 제시된 바와 같이 방아산, 달음산, 고리산, 배나리 등으로 전해지는 마을 주변의 산 이름의 유래는 유사한 방식으로 설명된다. 극히 단순한 설명적 서사로 이루어진 산 이름 유래는 대체로 천지개벽 때에 있었다고 하는 대홍수와 관련되어 있어 전세계적인 분포를 보이는 대홍수 모티프의 흔적을 찾아볼 수 있다.

특별한 기운을 발휘하는 지형과 관련한 이야기도 다양한 형태로 존재하고 있다. 다음에 예시되는 각편은 특정한 형상을 갖는 지형과 그 작용에 대한 전승민들의 믿음을 반영하는 사례 중의 하나인데, 풍수지리학적 관점에서 해석된 마을주변의 지형에 대한 이같은 전설형은 전국 대부분의 지역에서 쉽게 찾아볼 수 있다.

(2-2)

노동 동쪽으로 가면 명봉이라고 하는 마을이 있는데 봉이 날으는 형국이라고 해서 그런 지명이 붙여진 것 같다. 그 앞에는 마산이 있고, 옆으로 봉이 날으는 그런 산이 있다. 그 봉이 날으는 곳에다 묘를 쓰면 '장차 하늘을 날 수 있는 인재가 날 것이다.' 라는 전설이 있는데, 마침 그 자손 중에 현재 공군 장군이 났다. 그래서 그 옛적 말도 헛된 말이 아니고 풍수학설도 전혀 무시할 수 있는 것은 아니라고 말들 하고 있다. (〈매바위산의 묘자리 음덕〉, 『한국구비문학대계』 6-12, 794면)

이 밖에도 마을주변의 지형과 관련된 전설 중에는 특정지형이 마을사람들의 운세나 기풍 등에 영향을 끼친다는 믿어지는 다양한 내용이 전승되고 있다. 이들 이야기형은 풍수설과 관련되면서 더욱 다채로워진 것으로 보인다.

지명유래는 간혹 특정한 역사적 사건이나 행위에서 비롯되기도 한다.

> (2-3)
> 개성의 경덕궁 가까이 부주고개와 갓걸재가 있다. 이성계가 고려조를 뒤엎고 이씨 조선을 건국하자 고려 유신들은 아무도 벼슬자리에 나가지 않았다. 이성계가 경덕궁에서 과거를 보인다고 했으나 사람들은 부주고개에서 등을 돌려 경덕궁 쪽으로 가지 않았다 하여, 그 고개를 새 조정에 나가지 않는다는 뜻으로 부조(不朝)고개로 불렀는데 말이 변해서 부주고개가 되었다. 그리고 갓걸재는 썼던 갓을 걸고 경덕궁을 뒤로 하고 갔다고 해서 이런 이름이 붙게 됐다고 한다. (〈부주고개와 갓걸재〉, 『임석재전집 5, 한국구전설화 : 경기도편』, 30면)

> (2-4)
> 옛날 어떤 원이 고문리에 사는 재인의 아내가 절색인 것을 보고 탐내어 제 사람을 만들어보겠다고 궁리했다. 폭포 있는 데에서 주연을 베풀어 풍악을 잽히고 노래와 춤을 추게 하여 즐기던 중 그 재인에게 폭포 위에 줄을 매놓고 타라고 했다. 재인이 명령에 따라서 줄을 타고 있을 때 원은 줄을 끊어서 폭포수 떨어지는 못에 빠져죽게 했다. 그리고 원은 재인의 동네를 가서 그의 아내에게 같이 살자면서 억지로 끌어안았다. 재인의 아내는 원이 자꾸 덤벼들자 그의 코를 물어뜯어 떼어버렸다. 그 후 이 폭포는 재인폭포로, 그 동네는 코문니로 불리게 됐는데 한자로 쓰다보니 고문리가 되었다. (〈재인폭포와 고문리〉, 『임석재전집 5, 한국구전설화 : 경기도편』, 32~33면)

(2-3)은 역성혁명을 통해 세워진 조선조 창업이라는 역사적 사건과 관련한 개성사람들의 반이성계 정서가 바탕이 되어 이루어진 지명유래이며, (2-4)는 관권의 남용에 항거하는 백성의 저항을 기저로 형성된 지명유래담

이다. 이러한 유래담은 전설 향유층의 역사 및 사회의식을 잘 드러내는 경우들이다.

마을 주변 지형유래담에서 흔히 볼 수 있는 또 다른 예는 지형이 형성된 유래를 설명하는 경우이다. 설문대할망이나 마고할미 등 거인이 만들었다는 지형이나 이동하다가 멈춘 산 또는 섬에 관한 이야기가 여기에 해당된다. 이러한 이야기에는 우주창조와 관련된 창조적 역사(役事)의 흔적이 전설적 형태로 계승되고 있는 것으로 보인다.

(2-5)

ㅇ제주도에는 많은 오름(小火山)들이 여기저기 흩어져 있는데, 이 오름들은 할머니가 치맛자락에다 흙을 담아 나를 때에, 치마의 터진 구멍으로 흙이 조금씩 새어 흘러서 된 것이라 한다.

ㅇ구좌면의 다랑쉬는 산봉우리가 움푹하게 패어져 있는데, 이것은 할머니가 흙을 집어놓고 보니 너무 많아 보여서 주먹으로 봉우리를 탁 쳐 버렸더니 움푹 패어진 것이라 한다.

ㅇ제주 성산리 앞바다에 있는 소섬(牛島)은 따로 떨어진 섬이 아니었다. 옛날 설명두할망이 한쪽 발은 성산면 오조리의 식산봉에 디디고, 다른 쪽 발은 성산면 일출봉에다 디디고 앉아 오줌을 쌌다. 그 오줌 줄기의 힘이 어떻게 세었던지 육지가 패어지며 오줌이 장강수가 되어 흘러나갔고, 육지 한 조각이 동강이 나서 섬이 되었다. 이 섬이 바로 소섬이다. (〈선문대할망〉, 『제주도전설』, 27~30면)

(2-6)

ㅇ산이 걸어 들어오는 것을 보고 어떤 여자가 '산이 걸어 들어온다' 하니 산이 멈추어버렸다. (〈걸어 들어온 산〉, 『한국구비문학대계』 7-6, 190면)

ㅇ가조도의 한 아낙네가 첫 아이를 낳은 뒤 아침밥을 끓여놓고 나서 큰 섬이 하나 둥둥 떠 들어오는 것을 보았다. 여자가 부지깽이로 부엌문을 세 번 두드리면서 서서 이름을 짓기를 "범벅섬아, 범벅섬아, 딴 데 가지 마고 게 앉아라. 그 동네 앞에 앉아라"하니까 동네를 딱 안고 앉았다. 그 섬 이름 범벅섬은 그 여자가 지었다. (〈범벅섬 전설〉, 『한국구비문학대계』 8-2,

37면)

산이나 섬이 이동을 멈추는 것은 대개 그것을 목격한 여성의 지적에 의한 것이다. 지형의 형성이 여성거인의 작업에 의한 것으로 설명하는 (2-5)와 지형의 좌정이 여성인물의 목격과 지적에 의해서 이루어진다는 (2-6)은 공통적으로 창조적 역사에 관련되는 여성의 역할에 대한 암시를 보여 주고 있어서 흥미롭다.

마을형성 유래는 마을에 처음 들어와 마을을 이룬 입촌시조의 행적이나 마을이 형성되게 된 내력을 설명하는 이야기로서 마을의 역사라 할 수 있다. 다음의 이야기는 청주한씨가 용개들에 처음 터를 잡고 들을 개척하여 마을을 이룬 전설의 앞부분에 해당되는 것이다.

(2-7)
청주한씨 시조가 이 대머리를 터를 잡으신 것은 아마 신라말이 될 꺼요. 고려 전이니께. 이 양반이 인저 청주 남쪽 약 10리 되는 여기에 들도 널리 보이구 그라니께 여기 터를 잡어 가지구서 손수 방정(方井)이라는 시암(샘)을 파가지구 그 물을 잡수셨어요. 지금도 그 시암물이 전해 내려오고, 또 들을 개척하는데 그 들 이름이 '용개들'입니다. (하략) (〈용개들의 전설〉, 『한국구비문학대계』 3-2, 657면)

생략된 부분은 용개들을 얻게 된 내력의 설명에 해당되는데, 용의 부탁으로 승천을 방해하는 이무기를 퇴치해주었더니 그 보답으로 득천(得天)하던 용이 들판을 만들어주었다고 한다. 용의 보답으로 농토가 형성된 이야기는 경주지방의 〈유금이들〉 전설에서도 찾아볼 수 있다.

이상에서 살펴본 바, 마을 주변의 지명이나 지형, 마을형성과 관련된 이들 이야기들은 해당 지역의 사람들이 그들의 일상적 생활공간을 나름의 역사, 사회, 우주적 시각으로 해석해낸 성과들이다. 이들 전설은 비록 소박하지만 해당 마을에 사는 사람들 모두에게 열려있는 공동의 역사이자 지식체계이다. 생활공간을 공유하는 지연공동체 의식은 그 기저에 생활적이고 정서적인 일체감 뿐 아니라 공동의 지식체계를 공유하기 때문에 형성되는 공동의 인식체계로 하여 공고한 유대를 형성할 수 있었던 것이다.

2) 광포전설

(1) 〈장자못〉 전설

이 유형은 전국적으로 가장 많은 지역에 분포된 대표적인 광포전설로서, 마을주변에 존재하는 특정한 못, 바위와 결부된 유래담 형식으로 전승되고 있다.

> 용소는 장연읍에서 몽금포 가는 길옆에 있는데 옛날에 수천석 하는 장자 영감의 집터가 있던 자리이다. 그 영감은 아주 깍쟁이라서 모두 '돼지'라 불렀다. 어느 여름철에 인근 불타산에 사는 도승이, 그 영감이 아주 나쁘다는 소문을 듣고 그 집을 찾아가 목탁을 치면서 시주를 달라고 했다. 영감이 '쌀 한 톨이라도 줄 수 없으니 가라'고 소리 질러도 도승은 독경(讀經)만 하고 있으니까 성이 나서 두엄더미에서 쇠똥을 퍼 바랑에다 넣었다. 중이 얼굴색도 변하지 않고 '나무아미타불'만 부르다가 나오는 것을 본 장자의 며느리는 쌀을 한 바가지 퍼서 바랑에다 넣어주었다. 중이 며느리에게 '당신 집에 큰 재앙이 내릴 테니까, 집으로 가 귀중한 것 몇 가지만 가지고 빨리 불타산으로 도망하라'고 했다. 며느리가 급히 아이를 들쳐업고 명주 도토마리를 끊어서 이고 개를 불러 불타산을 향해서 달렸다. 얼마쯤 가는데 명랑하던 하늘이 갑자기 흐리면서 뇌성벽력을 했다. 앞서 도승이 '가다가 무슨 소리가 나도 절대 뒤 돌아보면 안 된다.'고 주의를 주었지만, 갑자기 뇌성벽력과 벼락치는 소리가 나므로 깜짝 놀라 뒤를 돌아보았더니 그 자리에서 화석(化石)이 되고 말았다. 불타산 아래서 조금 내려오면, 며느리가 화석 된 바위가 있는데 사람이 머리에 무엇을 인 것 같은 모양과 개 모양을 하고 있다. 그때 벼락이 쳐 장자 첨지네 집이 전부 없어지면서 몇 백 길이 되는지 모르는 큰 못이 됐다. (〈용소와 며느리 바위〉, 『한국구비문학대

계』 1-1, 259~262면)

서사의 단락은 1. 구체적인 지명 제시 2. 장자의 인색함과 虐僧 3. 며느리의 시주 4. 도승의 제의 5. 며느리의 금기위반 6. 화석과 장자못 생성 7. 장자못에 대한 정보로 이루어져 있다. 1과 7단락은 구체적인 시공간 소개 및 증거물의 현존을 알리는 전설적 장치로서 지명유래담에서는 중요시되는 부분이다.

서사구조의 축은 장자와 도승, 며느리라는 인물의 관계양상에 두어져 있다. 도승과 장자는 각각 선과 악, 이상과 현실, 절대선과 탐욕이라는 상반된 축에 존재한다. 며느리는 장자와 생활공간을 함께 하는 지상적 존재이면서 장자의 탐욕을 지양하고 또 다른 가치를 추구하려는 존재이다. 시주는 며느리의 위상을 장자의 집안에서부터 도승의 세계에로 이동하게 하지만, 그녀는 부과된 금기를 인간적인 속성 때문에 위배하고 만다. 이야기의 세계에서 금기는 반드시 금기위반이라는 요소와 짝을 이루면서 서사의 내용을 전환국면으로 몰아 넣는데, 전설에서의 금기와 위반은 돌이킬 수 없는 결과로 귀결된다는 공통성을 갖는다.

장자의 패망은 악행의 과보로서 당연시될 수 있는데 비해, 며느리의 화석은 청중들에게 경악을 경험하게 한다. 두 결과의 공존은 〈장자못〉 전설이 뜻하는 바가 악행의 징벌이라는 의미망 속에 안주할 수 없게 하는 근거가 된다. 따라서 이 유형의 초점은 며느리의 화석에 놓여져야 할 것으로 보인다. 〈장자못〉 전설은 일차적으로 장자의 악행에 대한 징악의 의미로, 며느리의 화석을 통해서 절대적 이상세계와 인간적 욕망 사이에서 갈등하는 인간의 존재론적 성찰을 담고 있다.[43]

(2) 〈아기장수 전설〉

〈아기장수 전설〉도 전국적인 분포를 보이는 우리나라의 대표적인 광포

43) 강진옥, 「장자못 전설 연구」, 『아세아학보』 13집, 아세아학술연구회, 1981.

전설이다. 이 유형은 아기장수의 비극적 좌절의 원인과 결과를 둘러싸고 다양한 변이형을 낳아 더욱 주목되고 있다.

> 옛날에 저기 서울 워커힐 옆 아차산 최고봉우리가 용마봉입니다. 옛날에 거기서 용마가 나왔다고 해요. 이조시대 그 이전 이야기지요. 여기 한강 광나루는 원래 백제 고구려 경계였지요. 백제성이 있을 때인가. 옛날에는 장사가 났다고 하면 다 잡아죽이던 시절인데, 장사가 났다니까 여기 어디서 산 사람이겠지요. 여기 산밑에 살던 어른이 한번은 아이를 나서 보니까설랑은 사내아이인데, 인제 첫국밥을 해서 먹여놓고 잠깐 나갔다가 오니까, 아이가 갓난애가 온데 간데가 없더란 말입니다. '아이가 어디갔을까 참 이상하다'하고 어머니가 혼자 두런두런하고 방을 둘러보니까는 방안 선반에 어린애가 올라가서, 무슨 수로 올라갔는지 올라가서 놀고 있더란 말입니다. 참 이상하지요. 보니까는 겨드랑이에 날개가 달렸더래요. 그래서 남편을 불러서, "애가 날아서 선반에 올라갔으니 이거 어쩐다지요?" 그러니 남편이랑 하는 소리가, "이 애는 우리 집이 망할 징조요, 역적이 나면 죽을 것이니." 그리고 부부가 의논을 한 끝에 죽이자고 결판을 보고, 그 어린 것을 볏섬이라나 멧돌로다가 찍어눌러서 죽였다는 겁니다. 이렇게 부모가 장사를 찍어 죽이고 나니, 아 용마봉에서 용마가 나와 갖고 날라갔다는 그런 이야기가 있었다고 그럽니다. 애석한 일이지요. (〈서울 용마봉 이야기〉, 최래옥, 『한국 구비전설의 연구』 자료편, 290~291면)

기본형의 서사단락은 1. 비범한 아기의 출생, 2. 부모에 의한 살해, 3. 용마의 죽음으로 이루어져 있으며, 대개 용마 출현 또는 죽음과 관련된 지명의 유래담 형식으로 귀결된다. 갓 태어난 아이가 보여주는 행동들은 그가 예사롭지 않은 인물임을 암시하고, 그것은 공간적 제약을 극복할 수 있는 초자연적 능력의 근원인 겨드랑이의 날개 또는 비늘로 표상된다. 갓 태어난 아이를 살해하는 부모의 모습은 나약하고 왜소한 하층민의 패배의식을 압축적으로 보여 주고 있다. 역적이 나면 삼족을 멸한다는 통념은 하층의 인재를 용납하지 못하는 문제적 사회구조를 반영하며, 아기장수와 용마의 좌절은 이같은 역사적 현실 속에서 체득한 민중적 역사의식의 소산으로 이해할 수 있다. 용마의 출현과 죽음은 아이의 출현동기가 예사롭지 않은 것임을 말해준다. 그의 출생은 초자연적인 세계의 뜻에 의한 것이며, 용마는 장수와 함께 세상을 구하려고 아이의 성장을 기다렸음이 드러나고 있다. 아이의 죽음에 반응하는 용마의 행위는 〈아기장수 전설〉이 개인과 사회와 초자연적 세계를 연결하는 하나의 의미망 속에 존재하고 있음을 분명히 보여 주고 있다.

> 한 부부가 아이를 났는디 아이가 봉사라. 언젠가도 모르겠어요. 그래 아이를 나면 뭘해요. 아이가 봉사인데 그 날이 6월인가. 그런데 모를 심는데 말을 타고 한 놈이 오는데, 활을 들고 가다 보니 아이가 봉사인데 모를 심는 것을 보는데, 벼 폭을 잘 가지고 심는지라. 그를 보고 놀라니 아이가, "이 정도보다 더 어려운 것도 할 수 있다"고 하니, 그러면 "나의 말의 발자국 수를 아느냐?"고 하니 정확히 알아 마추어서 사냥군이 졌지요. 사냥군이 생각하기를 "이놈이 나의 부아를 돋구는구나"하고, 이놈을 죽일 거라고 하며, 그래 장에 가서 콩 세 되를 볶는데 하나라도 튀어나가면 안되고 먹지도 말라 하고 하니 "당신은 어떻게 해도 나를 해칠 것이요"하고 콩을 볶는데, 콩 하나가 튀어나가서 콩이 화살을 맞추어서 떨어지고 맞추어 떨어지고 맞추어 떨어지고 하는데 그만 그 사냥꾼이 화가 나서 화살을 쏘아서, 화살에 맞아 죽었지 않아요. 사냥꾼이 생각하기를 이제 죽었노라고 생각하고 그냥 갔는데, 그 아들이 죽으면서 억새풀 세폭시를 남기라 하고, 바위를 자르면 잘라지니까 그 속에 묻어달라고 하여 그대로 바위에 묻었데요. 10년이 흘렀어요. 그 사냥꾼이 생각해 보니까 하늘의 별을 보니까 그 아이가 아직 안 죽었다 이거야.
>
> 그래 그 아이가 살던 곳에 와서 아이가 어찌 되었느냐고 하면서 그 아이 어머니한테 족치는 거야. 그래 안 가르쳐 줄게 아니오? 그래 칼로 위협을 하니께 그만 어머니가 자기가 무서워서, 아이가 죽을 때의 유언을 말해 주니 아무리 짜르려고 해도 안 되던 것을 풀로 자르니까, 부하를 거느리고 그 아이가 눈을 뜨고 있더래요. 그 아이가 다리가 떨어지면 밖을 나와서 천하를 지배할 건데 그만 어미가 가르쳐 주어서 그만 성공을 못했던 거요. 그의 남편이 아무런 원한이 없이 죽였으니 당신도 아들 신세를 망쳤으니 괘심하다 하고 찍어 죽였대요. (〈둥구리전설〉, 『한국구비전설의 연구』, 291~292면)

재생형은 1. 비범한 아기의 출생 2. 추적자로부터의 은신(재생준비) 3. 어머니의 금기위반 4. 아기의 죽음으로 구성된다. 기본형에 비해 아이를 추적하는 적대세력이 구체적으로 드러나 있고, 아이의 죽음과 재생과정이 설정되며, 재생의례의 좌절계기가 어머니의 비밀누설로 설명되어 있는 점이 주목된다. 재생의례가 이루어지는 바위의 공간상징은 탯줄을 가른 억새풀로만 열린다는 사실에서 확인되는데, 이같은 제의적 요소는 기본형의 날개, 용마 등의 화소와 함께 이 유형전설의 신화적 연원을 강하게 암시하고 있다.

아기장수의 비극적 좌절이 함축하고 있는 문제의식은 구비전승을 통해 민간의식의 저류로 흐르다가 김덕령, 신돌석 등의 역사적 인물과 결부되면서 그 뚜렷한 양상을 보였으며, 조선후기 사회 제반적 모순 속에서 현실적 삶의 대안을 모색하던 민중운동세력의 진인출현설과 연결되어 사회변화의 대안적 담론으로 부상하기도 했다.

이 전설은 우리나라 전설 중에서 가장 많이 주목받아 왔으며, 김동리의 〈황토기〉, 김승옥의 〈역사〉 등의 소설은 물론, 최인훈의 희곡 〈옛날 옛적에 훠어이〉 등으로 거듭 나면서 새롭게 해석되고 있다.

(3) **〈오뉘힘내기 전설〉**

〈오뉘힘내기 전설〉은 대체로 해당 지역의 산성과 결부되어 전승되는 광포전설의 하나로 알려져 있다. 서사단락은 1. 오누이의 갈등(兩雄不立) 2. 오누이의 힘내기 3. 어머니의 부당한 개입 4. 누이의 패배와 그 결과로 정리할 수 있다. 누이의 부당한 패배를 납득할 수 없는 전승집단의 의식은 누이의 죽음, 패배해도 죽지 않음, 사정을 알게 된 아들이 죽자 어머니도 따라 죽는 등의 결말의 변이를 통해서 드러난다. 힘내기 방법은 남녀가 함께 성 쌓기, 여자는 성 · 남자는 서울 다녀오기, 여자는 모시 갈아 도복 짓기 · 남자는 억새풀 엮어 무등산 두르기 등등으로 다양하게 변이되고 있다. 힘내기는 탈해와 수로, 미륵과 석가의 대결에서 나타나는 신화적 모티프의 계승이며, 수로왕의 입장에서 서술되는 문헌신화와는 달리 전설에서는 패자인 누이를 중심으로 전승된다. 패자 중심의 시선은 전승집단의 현세적 질서에 대한 부정적 인식을 드러낸다.[44)]

> 여기 저 여기서 이 벌(들판) 근너(건너) 저기 가면은 망해라는 디가 있어. 거기가 거기 지금 몽핵(몽학)이가 살았거든. 성지(城址)가 있지. (조사자 : 성지요?) 잉, 성터가 그건 왜 쌓느냐, 몽핵이가 인자 몽핵이만 잘 난 것이 아니라 몽핵이 누이동생이 그렇게 잘난 미인이었던 몬양여. 몽핵이 뉘(누이)동생도. 그런디 몽핵이 누이동생은 이몽핵이보덤 더 잘 났어. 앞일을 더 잘 봐. 그래 몽핵이 관상을 보고서, "오라버니, 거 엉뚱한 생각을 마시요. 당신은 왕 될 기상이 아닙니다."(조사자 : 누가요?) 그 누이동생이 몽핵이 보고 말했다. "거 무슨 소리냐고. 니까지께 뭘 안다고 요망한 말을 허느냐?"고 나무래고, 그러니게, "그러면은 오라버니, 나허고 한번 내기 한번 해 보자."고 말이여. 그래, "그래 해보자." 그래서 몽핵이는 에, 나막신을 신고서 서울 갔다 오기로 허고, 그 뉘동생, 몽핵이 뉘 동생, 그 여자는 식전에 성을 쌓아. 그래서, "내가 식전에 성을 다 쌓지 못하고 오라버니가 성을 다녀오시면은 내가 죽고 말이여, 오라버니가 나헌티, 내 성쌓기 전에 못들어 오시면 오라버니가 죽고 아주 내기를 합시다." 그런 내기를 했네그려. 그래 식전에 이 여자는 도술법으로다가 앞치마에다 독 질어날러서 성을 쌓는디, 도술법으로 허니께 그저 펄펄 날러서 경각간에 다 쌓아. 완축 단계에 이루르고, 몽핵이 자당이, 몽핵이 어머니였다, 가만이 보니까 딸과 아들 남매 중에 하나는 인제는 죽어 났어. 지들중이 하나는. 그런디 기왕지사면 딸이 죽고 아들이 살었으면 좋것다 이거여. 소망이. 아 그런디 성이 거의거의 싸지는디 아들은, 몽핵이는 들오지질 않어. 그래 답답하게 쳐다보다가 동이에다가 팥죽을 팔팔 끓이는 놈을 한동이 퍼다 놓으면서, "야야, 아무개야." 자기 딸을 불른거여. "너는 성 벌써 다 쌓았다. 거의 다 쌓았으니 너의 오래비는 언제 올지 몰라. 식전내 성 쌓는다고 욕봤서. 어렵겄어. 시장허고. 너 팥죽 좀 먹고서 해라." 몽핵이 누이동생이 그 소리를, 그 소리를 가만히 들어보니, 자기 어머님 심정을 가히 짐작할 수가 있어. 자기와 오라버니 둘중에 하나는 죽게 생겼으니까, '자기보고 죽으라'는 이체(이치)여. "예, 지가 먹겠습니다." 뜨건 팥죽을, 빨리 그 도술법으로 빨리 마실 수도

44) 천혜숙, 「전설의 신화적 성격에 관한 연구」, 계명대 박사학위논문, 1988, 98면.

> 있어. 그 도술법으로 그런데 불어가며 천천히 먹고 있는데, 몽핵이가 서울 갔다 와서 들어 온 거여. 들어와 보니 성은 거짐 쌓으나 인저 문을 더러 만 들어거든. "자, 나는 갔다 오고 너는 미처 성을 더러 쌓으니 너 죽어야 헐 것 아니냐?" "암 그렇고 말고요. 그럼 죽이시요. 나 앞으로 험난한 꼴 보고 싶지도 않습니다." 그래서 죽었다는 거지. 여기 저 은산 밖이 거기가면 몽 핵이 성터자리가 그때 싼 성터 자리가 있네. (〈이몽학 오뉘의 힘내기전설〉, 『한국 구비전설의 연구』, 312~313면)

이 유형은 견훤, 김덕령, 이몽학, 정여립 등의 역사적 인물과 결부되어 나타나면서 힘내기와 누이의 죽음이라는 문제를 해석하는 시각에서의 변이를 보여 주고 있다. 그것은 누이가 힘 자랑하는 동생을 경계하고 그가 위기에 빠졌을 때 구하는 경우와, 동생을 경계하고자 힘내기를 하다가 누이 스스로 죽음을 선택하는 경우로 나타난다. 이들 변이형은 누이의 힘이나 재주가 남동생에 비해 압도적으로 우월한 것으로 설정되고 있다는 점, 누이의 죽음이 스스로 선택한 것이라는 점에서 주목된다.

양웅불립으로 생사를 건 힘내기에서 부당하게 죽은 누이에 대한 항변과, 남동생을 깨우친 후 자발적으로 죽음을 선택하는 누나의 희생 사이에는 아들과 딸로 대변되는 남녀의 사회적 역할에 대한 사회문화적 관점의 변화상이 뚜렷하게 놓여있다고 하겠다.

(4) 〈달래고개 전설〉

〈달래고개 전설〉은 한국설화로서는 드물게 근친상간 모티프를 가지고 있는 광포전설의 하나이다.

> 여기 충주라는 지방엔 달래강이라고 있는데, 달래강은 어떻게 해서 달래강인가 하믄 옛날에 이제 아들 하나, 딸 하나 오뉘를 두고 살다가서, 부모 두 분이 다 돌아가시니까 두 오뉘가 살며 농사를 져 먹으며 사는데, 원 이짝에 있었는지 저짝에 있었는지 그거는 모르는데, 달래강을 건너가 농사를 짓다 보니까 소낙비가 오니까 달래강 물이 많아졌어. 과년한 오빠하구 과

> 년한 동생하고 둘이 밭을 매, 농사를 짓다가 그래 되니까 옷을 벗구서 강을 건너오다 보니까, 그만 참 (이야기를 망설이며, 조사자의 눈치를 보면서) 저어 마음에 그러니까 남자가 여자를 벗은 걸 보니까 그 자지가 일어서니까, 그만, "야 이놈 너 일어설 때 일어설 일이지, 이런데 일어서는 법이 어디 있느냐?" 하고 낫을 가지고 일하러 갔다가 낫으로 제 부자질 뚝 자르고, 그만 그 자리에서 쓰러져 죽었어. 그러니까 그 동생이 하는 말이, "날 보고 달래나 보지, 달래나 보지." 하고 자꾸 울고 앉았어. 그래서 통곡을 하다 그 동생도 그만 오빠가 죽은 데서 그만 죽었대. 그래 달래나 보지 달래나 보지 그랬다 해서 그래 달래강이라 이름을 지었어. (〈달래강 유래〉, 『한국구비문학대계』 3-1, 96면)

남매간의 근친상간은 원래 대홍수와 관련된 남매혼신화에 근원을 두고 있다고 생각된다. 이는 대홍수로 인류가 절멸되자 유일한 생존자였던 남매가 혼인함으로써 인류가 번성하게 되었다는 내용으로서 '우곡 나씨 유래'라는 성씨시조 출생담으로 변이되기도 한다. 신화적 모티프의 전설적 변이를 보여주는 이 유형에서는 누이동생에게 욕정을 느낀 오라비가 죄의식에 못이겨 성기를 찧어 자살하는 비극적 결말을 갖는다. 신화적 관념이 약화됨에 따라 남매혼에 담긴 신화적 의미는 세속적인 윤리관의 검열 아래서 근친상간이라는 윤리적 금기로 변모되는 것이다.

욕망과 윤리의 갈등으로 빚어진 오라비의 자살과, 그 죽음 앞에서 발해지는 누이의 절규는 윤리보다 선행하는 생명에 대한 긍정을 담고 있다. 그것은 인간의 본능과 실존문제에 대한 인간적 물음이 집약되는 부분이다.[45]

3) 이인 · 고승 전설

(1) 이인전설

이인은 예사사람이 갖지 못하는, 드러나지 않은 사물의 이면이나 길흉

45) 천혜숙(1988), 40면.

화복 등 인간의 미래와 우주의 운행원리를 꿰뚫어 보고 감지하는 능력을 지닌 존재이다. 통념에 걸리지 않는 그들의 사고는 현상적 차원 너머에 존재하는 우주와 세계의 본질을 파악할 수 있을 만큼 열려 있다. 이인들은 이같은 능력을 인간적 삶의 여건을 개선하는데 발휘하는 문화영웅들이라고 할 수 있다. 사람들이 꿈꾸는 인간적 행복은 대체로 건강과 부귀를 누리면서 오래 사는 것이다. 여기에는 박상의, 도선, 성지 등 명풍수와 유이태, 진국태, 허준, 이경하 등의 명의, 그리고 강감찬, 이지함, 황희, 허미수, 정북창, 이서구 등 인간의 운명과 우주의 운행 전반까지를 파악할 수 있는 도술적 이인에 이르기까지 다양한 인물형이 포함된다.

전설에서는 이들이 비범성을 획득하게 된 사연을 출생담 또는 수학기에 있었다는 신이한 사건과 결부시켜 이야기하기도 한다. 특이한 출생담을 보여주는 인물로는 이물교혼담의 전통을 이어 여우의 아들로 태어났다는 강감찬을 꼽을 수 있다. 강감찬의 일화로서 잘 알려져 있는 것을 정리하면 다음과 같다.

> ㅇ태어났을 때 인물이 너무 좋으므로 스스로 마마신을 불러 세 번이나 천연두를 앓고 박색이 되었다.
>
> ㅇ어렸을 때 신랑으로 둔갑한 여우의 본색을 밝혀 아버지 친구댁의 화를 면하게 해주었다.
>
> ㅇ한성판윤으로 있을 때, 삼각산 호랑이왕을 불러 호랑이떼를 이끌고 나라 밖으로 나가게 하여 호환을 없앴다.
>
> ㅇ벼락이 자주 내려 사람을 괴롭히므로 벼락을 꺾어서 하나만 남겨 두었다. 잠을 방해하는 개구리 울음소리를 멈추게 했고 길을 막는 칡넝쿨이 얽히지 못하게 했다.

그는 초자연계, 자연계를 망라하여 인간적 삶의 여건을 개선하는 방향으로 질서를 재편한 문화영웅적 면모를 보여 주고 있다. 이같은 이적 발휘를 가능하게 하는 비범성의 근원은 이물교혼을 통한 신이한 출생에서 찾아볼 수 있겠다.

두 번째로 소년시절에 신이한 여우구슬을 얻었기 때문에 비범성을 얻었다는 경우이다.

> 월계 진좌수가 의원(醫員)되기 전 서당에 다닐 때였다. 서당 가는 길에 예쁜 처자가 나와 함께 노는데 구슬을 그의 입에 넣어주었다가 자기 입안으로 삼키기를 반복했다. 서당 선생이 이르기를, 그 구슬이 입에 들어왔을 때 삼킨 뒤 먼저 하늘을 보고 땅을 보고 사람을 보라고 했다. 그는 구슬을 삼킨 후 하늘과 땅을 보기 전에 사람을 먼저 봤기 때문에 천지(天地)일은 모르고 사람의 일은 알아 명의가 되었다고 한다. (〈월계진좌수〉, 『한국구비문학대계』 9-2, 614~615면)

스승이 이른 것처럼 구슬을 삼키고 하늘을 보고 땅을 본 후 사람을 보았으면 천문과 지리, 인간사에 두루 통달하게 되는데, 이들 인물은 땅이나 사람을 먼저 보았기 때문에 지리박사, 또는 의원이 되었다고 한다. 이것은 직능적 이인, 특히 명의나 명풍의 일화에 나타나고 있으며, 율곡같은 학자의 수학기 일화로 연결되는 경우도 있다. 이같은 사건을 통해 신이한 능력을 획득하게 되었다는 삽화는 이들 인물에 대한 민간의 숭앙감이 얼마나 대단했는가를 대변해주는 것이다.

직능별 이인형 인물의 적극적 형상화는 삶에서의 행복을 추구하려는 희구에서 비롯된다. 가장 널리 이야기되는 유형은 도선, 박상의, 성지, 남사고 등 명풍수의 신이한 능력과 그들이 잡아준 명당의 위력에 대한 내용들이다. 이들 인물은 투시하듯 땅 속을 들여다볼 수 있는 혜안을 획득한 존재들이다. 땅의 기운과 인간 미래사와의 관련성을 손바닥 들여다보듯 예시했던 그들의 행적은 풍수신앙에 기대어 죽은 자의 안식과 산 자의 행복을 함께 추구하고자 하는 사람들의 꿈과 기대를 보여 주고 있다. 그러나 명풍수일지라도 자기 이익만을 추구할 경우 명당을 제대로 찾지 못한다는 남사고의 일화나, 도선 같은 명풍수가 잡아준 명당이라도 망자가 악인이라면 발복할 수 없다는 결말은 전설 향유층의 의식 속에 자리하고 있는 윤리적 가치관의 일단을 뚜렷하게 보여 주고 있다.

건강을 통해 일상적 삶의 여건을 개선하고자 하는 또 다른 관심은 유의태, 허준, 이경하, 진국태 등의 명의담을 통해서 드러나고 있다.

> 월계 진좌수는 이름이 진국태(秦國泰)이다. 농부들이 김을 매다가 그가 가는 것을 보고 한 사람이 죽은 체하고 시험해보자고 했다. 진좌수가 진맥하니 환자가 죽어 있으므로, 잠시 말은 하게 할 수 있다면서 침을 내어 찌르니 깨어나서 자기가 죽은 이유를 물었다. 아픈 체 눕다가 간이 떨어져서 죽었으므로 침으로 간을 붙여서 잠시 깨어난 것이었다. 침을 빼니까 곧 죽었다. 또 여름철에 나무 아래서 장기를 두는데 어떤 급한 환자의 가족이 오자 진좌수가 팽나무 잎을 훑어 주면서 달여 먹이라고 했는데 먹고 살았다. 또 어느 부인네가 새벽녘에 난산으로 고생하는데 문풍지를 살라서 먹이라 하여 그대로 했더니 아이를 낳았다. 저물 무렵 마침 심부름하는 아이만 있는데 난산으로 걱정하는 사람이 오므로 아침에 본대로 문풍지를 살라 먹이라 했더니 아이를 못 낳아서 죽어버렸다. 아침 새벽에는 문을 열므로 문풍지를 먹으면 산도가 열려 아이를 낳을 수 있었으나, 저녁에는 문을 닫으므로 문풍지를 먹이면 산도도 닫혀 아이를 낳을 수 없기 때문이다. (〈월계 진좌수(月溪秦座首)〉, 『한국구비문학대계』 9-2, 730~733면)

명의들이 내린 처방에는 환자가 놓여있는 상황전반이 총체적으로 반영되고 있으며, 그같은 상황인식을 바탕으로 그들이 처방한 약은 값 비싼 약재 대신 생활주변에 널려 있는 일상적 사물들이다. 가난한 백성들에게도 의술의 혜택을 받게 함으로써 병고로부터 해방시켜준 이들 명의야말로 민중들이 그려낸 진정한 의인들이다.

이 밖에 자신의 수명을 단축하면서도 단명한 친지의 목숨을 이어준 북창 정렴이나 토정 이지함의 연명(延命) 행적이나, 도술을 부릴 줄 알면서도 가난한 생활을 즐기면서 우주 내 모든 생명체와의 공생적 존재방식을 보여준 이인들의 일화는 그들이 지향한 정신세계의 일면을 함축적으로 보여 주고 있다.

(2) 고승 전설

불교 수용 이후 나타난 고승에 관한 다양한 이야기들은 불교적 진리인식을 다각적으로 드러내는 불교문학으로 자리하고 있다. 고승의 행적을 말하는 불교설화는 재래사상과의 논쟁을 전개하거나 효율적인 포교를 위해서는 물론, 설명으로는 전달할 수 없는 깨달음의 어떤 경지를 실감나게 표현하는 방법으로서도 필수적인 것이었다.[46]

『삼국유사』의 〈보양이목〉(권4 의해)이나 〈원광서학〉은 불교와 재래신앙과의 관계에서 재래신앙에 대한 불교의 우위를 우호적인 형태로 그려놓고 있다. 고승이 발휘하는 신이한 능력은 묵호자가 신라왕녀의 병을 낫게 하는 등 전교 초기단계부터 나타났지만, 도술을 발휘하는 밀본·혜통·명랑(권5 신주)에게서 뚜렷하게 확인된다. 이들의 술법은 인간에게 해를 끼치는 사악한 기운을 제압하고 삶의 조건을 향상시키는 방향으로 사용되고 있어, 후일의 도가적 이인담과 접맥되고 있다.

〈의상과 선묘룡〉은 고승의 위대성이 선묘의 능동적 행위를 통해 부각되는 설화이다. 존재 그 자체만으로 주변사람을 감동시키고 변화시켜 고승이 추구하는 가치에 적극적으로 동참케 하는 설정방식은 고승과 불교적 진리의 존재양상을 말해주는 것으로 보인다.

> 의상이 당나라에 있을 때 선묘라는 아리따운 소녀가 그를 사모했으나 의상은 아무 반응이 없었다. 의상이 당을 떠나는 날 늦게야 소문을 들은 선묘는 선물을 상자에 담아 바닷가로 갔으나 배는 이미 멀리 떠난 뒤였다. 옷상자가 날아서 배에 실릴 수 있게 해달라고 선묘가 기원하니 그렇게 되었다. 선묘가 다시 용이 되어 배를 부축하겠다고 기원하면서 몸을 바다에 던지자 커다란 용이 되어 배가 무사히 신라에 도착하도록 했다. 따라온 용은 의상이 부석사를 창건할 때 도술을 발휘하여 도왔다.

삼국유사 〈낙산이대성관음(洛山二大聖觀音)〉(권3 탑상)에서 서술된, 관

46) 조동일, 『한국문학통사』 1, 지식산업사, 1994, 208~209면.

음을 친견하려고 떠난 의상이나 원효가 겪은 일들은 흥미적 측면에서 뿐만 아니라 각 인물의 개성과 사상적 성향까지 함축한 뛰어난 문학적 형상물이다. 그러나 주목되는 또 다른 경우는 혜공과 혜숙으로 대변되는 민중적 성향을 보여주는 고승의 행적이다. 이들은 일체의 격식을 깨뜨리는 파격적인 행동양식을 통해 현상적 조건에 얽매이지 않고 초탈 그 자체를 삶으로 구현한 깨달음의 경지를 보여 주고 있다.

> 중 혜숙(惠宿)은 호세화랑(好世花郞)을 따르다가 그가 물러나자 적선촌에서 같이 살았다. 당시의 국선 구참공(瞿旵公)이 사냥을 하는데 혜숙도 따라가 사냥터에서 앞을 다투어 달렸으며, 고기도 함께 먹었다. 혜숙이 더 맛있는 고기를 드리겠다며 자기의 넙적다리를 베어 소반에 놓아 바치자 구참공이 놀라는 것을 보고 '그가 어진 사람인줄 알고 따랐는데 지금 보니 살육에 몰두하여 남을 해쳐서 자기를 살찌울 뿐이다'며 옷을 털고 가 버렸다. 구참공이 무안하여 그가 먹은 데를 자세히 보니 소반에 고기가 그대로 있으므로 이상히 여겨 조정에 들어가 아뢰었다. 진평왕이 사람을 보내어 부르러 갔더니 혜숙은 여자의 침상에 누워 자는 체하므로, 사자가 비루하게 여겨 되돌아오는데 길에서 법사를 만났다. 어디서 오는 길이냐고 물으니 '성안 시주집의 칠일재에 갔다가 법석을 파하고 돌아온다' 하므로 사람을 보내어 알아보았더니 사실이었다. 얼마 후 혜숙이 갑자기 죽으니 마을사람들이 이현(耳峴) 동쪽에 장사 지냈다. 고개 서쪽에서 오던 사람이 길에서 혜숙을 만났으므로 어디로 가는지를 물었더니 "이곳은 오래동안 살았으므로 다른 지방으로 가보려고 한다"했다. 서로 인사를 하며 작별하였는데 반리 남짓 와서 구름을 타고 가버렸다. 그 사람은 장사 치르던 사람들이 아직 헤어지지 않은 것을 보고 그 사유를 말하고 무덤을 헤치고 보니 짚신 한짝이 있을 뿐이었다. (〈이혜동진(二惠同塵)〉, 『삼국유사』 권제4 의해)

이 밖에도 진정사 신효거사 등 세간적 존재양식에서 출세간적 양식으로 나아가는 출가수행담, 종살이를 하면서도 일념으로 수행정진하다 승천한 욱면비, 가난한 하층민 광덕과 엄장의 수행 득도와 그들을 도운 광덕의 아내 이야기들이 여기에 포함될 수 있다. 이들의 이야기는 수행을 통해 깨달음을 얻고자 하는 종교적 실천이 전 계층에 걸쳐 확산되고 있었던 당시의 사정을 보여 주고 있다.

4) 효자 · 열녀전설

(1) 효자전설

먼저 『삼국유사』에서부터 다양한 형태로 나타났던 효행전설은 그들의 연고지를 중심으로 활발하게 전승되고 있다. 몸을 팔아 부자집 종살이를 하면서 눈먼 어머니를 봉양했던 지은이나, 살을 베어 병든 부모께 드렸던 향덕 · 성각의 행위는 후대 효자 및 열녀들의 행동양상의 한 유형으로 되풀이 되어 나타난다.

효행담은 효를 백행의 근본으로 여겨 숭상하던 유가적 윤리관 속에서 더욱 풍부하고 다양해졌다. 『삼국유사』에 실려있는 '손순매아'는 어머니를 봉양하려고 자식을 묻으려 했던 손순이 돌종을 얻음으로써 효와 물질적 풍요, 종교적 구원을 함께 이룬 이야기이다.

> 손순은 모량리 사람으로 아버지가 죽은 후 처와 함께 남의 집에 품을 팔아 곡식을 얻어 늙은 어머니를 봉양하였는데, 그에게는 어린 아이가 있어 매양 어머니가 먹는 것을 빼앗아 먹었다. 손순이 난처하게 여겨 처에게 '자식은 또 얻을 수 있지만 어머니는 두 번 구할 수 없으므로 아이를 묻어 어머니 배를 부르시게 하자.'며 곧 아이를 업고 취산의 북쪽 들판으로 가서 땅을 팠더니 이상한 돌종이 나왔다. 부부가 놀랍고 괴이하여 나무 위에 걸고 쳐보았더니 그 소리가 은은하여 들을 만하였다. 처가 '이것은 아이의 복일 듯하니 묻지 말자' 하니 남편도 그렇게 여겨 아이를 업고 종을 가지고 집으로 돌아왔다. 종을 들보에 달아놓고 매일 쳤더니 소리가 대궐까지 들렸다. 흥덕왕이 이 소리를 듣고 사정을 알아보게 하니, 사자가 자세한 사실을 알아와서 왕에게 아뢨다. 왕이 감탄하며 집 한 채를 주고 해마다 벼 50석을 주어 지극한 효도를 숭상하게 하였다. 손순은 옛날 집을 절로 만들어 이름을 홍효사라 하고 돌종을 여기 안치하였다. 진성왕 시대에 백제의 고약한

> 도적이 이 마을에 들어와 종은 없어지고 절만 남았다. 종을 얻은 곳 지명이 완호평이었는데 지금은 와전되어 지량평으로 부른다. (〈손순매아〉, 『삼국유사』 권5 효선)

손순이 얻은 돌종과 그것의 작용결과는 지극한 효심으로 초자연적 이적을 이루었던 수많은 효행담 전통과 통하는 부분이다. 효행은 철저한 자기희생에서 비롯된다. 병든 부모가 원하는 음식을 구하기 위해 엄동설한에 산과 들을 헤매고 다니던 효자들은 눈 속에서 죽순이나 딸기 등을 얻는다. 호랑이가 부모의 약이 될 음식이 있는 곳에 태워 주기도 하고, 시묘살이하는 동안 여막을 지켜주기도 한다. 이처럼 지극한 효심은 우주의 운행질서에도 영향을 미쳐 기후를 변화시키고, 맹수나 동물은 물론 초자연적인 존재까지 감동시켜 기적을 일으키게도 한다.

〈효자호랑이〉 전설은 효행설화의 하나이면서 행복한 결말로 귀결되는 기존 효행담과는 달리 비극적 결말구조를 갖고 있다는 점에서 주목된다. 이같은 결말구조는 백행의 근본으로 절대시되던 효관념이 다른 관점으로 해석되고 있음을 의미한다.

> 어머니가 병이 들었는디 가서 물어봉게, 의원한티 물었는가? 가서 물어봉게 황개(누렁이) 천 마리를 먹어야 낫는다고 허더랴. 황개 천 마리를 멕일라면, 그 재산도 없고, 황개 천 마리면 그려도 그 돈이 경장히 많은 돈이 아니냐고. 그런디 그 많은 것을 구헐 수 없으닝게, 산신제 100일 산신제를 지냈어. 산신이 나왔는디, "너 뭔 소원이냐?" "예. 저는 저 어머니의 병을 고치는디 황개 천 마리를 혀드려야 헌다는디 내 재산으로 헐 수는 없고, 산신님께 지금 빌어올렸습니다. 호랭이가 되고 사람이 되게만 해주십시오. 그러면은 호랭이가 되어서 가서 개를 잡으면 가서 얼매고 잡을 수 있겠습니다. 그렇게 허겠습니다." 그려서 호랭이가 되고 사람이 되게 해주는디, 책을 줬어. [채록자 : 뭔 책을?] 아하, 그 책을 읽으면은 호랭이가 되어갖고, 나가. 호랭이가 되어갖고 와서, 개를 잡아갖고 와서, 그 책을 읽으면은 사람이 되야. 그짓을 혔어. 그려가지고 불과 몇 마리 안 남고 거의 참 낫게 되어있는디, 그 마누라가 그것을 쳐다봉게, 아 책을 갖다 놓고 뭐라고 뭐라

고 한게, 호랑이가 되어갖고 나간단 말여. 아 사람이 될 적으나, 그 책을 불질렀으면 헐틴디, "아고, 저 호랑이가 되어 못쓰겠다고." 사람도 안된 놈을 갖다가 불을 질러 버렸네. 불질러 버렸네. 그러니 와서 책을 읽어야 사람이 되는디, 사람이 될 수가 있냐 말여. 그려가지고 호랭이 되어가지고, 이 사람이 인자 분이 낭개, 잔딩이를 물어 죽여버렸어. 죽여버리고 난게, 인자 더 이상 즈 어머니도 못 고치고, 저는 호랑이 되어서 버리고, 즈 어머니 병도 못 고치고 즈 마누라도 죽이고, 호랭이가 엉엉 울고 동네서 그냥 돌아다니다가 죽었댜. 그려서 사람이 효심은 좋으나, 쉽게 말혀서 남에게 못할 노릇을 혔어. 그려서 그 사람이 잘못 되얐다는 이야기여. (〈황개 천 마리로 어머니 병 낫긴 효자〉, 『이강석구연설화집』, 408~409면)

왜 이야기는 아들의 헌신적인 효행을 부정하는 비극적 결말로 귀결되는 것일까? 효 관념은 사람으로 하여금 동물과는 구별되는 인간다움을 실현할 수 있는 가치였기 때문에 중시되었다. 그런데 효자호랑이는 효를 위해서 천일 동안이나 동물로 변신하여 남의 개를 훔쳐왔다. 일시적이나마 인간이기를 포기하고 동물의 상태를 선택했던 것이다. 둔갑책을 태운 아내의 행위는 이같은 비정상적인 사태를 바라보는 인간적 시선의 표현이다. 그가 인간으로 되돌아오지 못하고 호랑이로 죽었다는 사실은 인간성보다 이념적 가치를 우위에 두는 가치전도적 현상에 대한 비판이 담겨있다. 결국 효자호랑이의 실패는 인간다움을 드높이기 위해 설정된 가치덕목이 인간을 경시하면서 맹목화되어 가는 현상에 대한 민중적 반론을 보여주는 것이다.[47)]

(2) 열녀전설

열녀전설은 『삼국사기』 열전의 〈설씨녀〉, 〈도미처〉 등에서 그 형태를 보였으며, 신유학이 정착되어가던 고려후기 이후 다양화되고 있다. 조선조 유교적 여성윤리관이 강화됨에 따라 열관념이 여성들의 생활 속에 자리잡

---

47) 강진옥, 「효자호랑이 설화에 나타난 효관념」, 『민속연구』 1, 안동대민속학연구소, 1991, 13~18면.

아가면서 열녀전설 또한 풍부하게 나타났다.

『삼국사기』 열전에 실려있는 열녀들의 행동양상은 신의를 중시하면서도 자연스러운 인간적 정감을 드러내고 있어 감동을 준다. 신의에 바탕한 설씨녀의 결단은 가실이 떠나면서 맡기고 간 말을 기르는 동안 자연스럽게 감정의 변화를 경험하게 된다. 가실에 대한 기다림은 단순한 의무가 아니라 사랑하는 사람에 대한 그리움의 표현인 것이다. 개루왕의 권력 앞에서도 굴하지 않던 도미처의 매서운 의지도 남편에 대한 사랑과 신의에 기반하고 있다. 그러나 신유학 정착 이후 다양한 문헌 속에 그 흔적을 남기고 있는 열녀전설은 이념적 성향이 보다 강화되어 있다는 점에서 삼국 열녀전설과는 비교된다. 이들 열녀전설의 구성방식은 대체로 인물들이 그 열절(烈節)을 시험받는 극단적인 상황에 바로 노출되며, 대부분 죽음으로 귀결된다는 특징을 갖는다. 여성들은 죽음을 통해서 열녀로서의 자격이 입증되었던 셈이다.[48]

열녀전설은 외적의 침입에 의한 전란이나 국가적 혼란기에 특히 많이 나타나고 있다. 고려후기에 나타났던 신유학자들에 의해 기술된 본격적인 열녀전은 주로 고려말 왜구의 잦은 침입과 몽고란을 배경으로 이루어진 것들이며, 신유학적 이념을 기반으로 세워진 조선은 국초부터 열의식의 정착을 위해 꾸준히 시행했던 각종 포상정책의 결과 열관념이 광범위하게 자리잡아감에 따라 다양한 형태의 열녀이야기가 양산되었고, 조선후기에는 전 계층에 걸쳐 수많은 열녀들이 배출되었다.

(2-1)

용동 길가에 정각이 하나 있다. 처녀가 목화를 따고 있는데 왜놈들이 올라가면서 유방을 한 번 만지자 처녀가 바로 집으로 달려가서 부엌칼로 유방을 잘라버리고 죽었다. 임금이 친히 사액을 내린 것이 그 열효각(烈孝閣)

48) 강진옥, 「열녀전승의 역사적 전개를 통해 본 여성적 대응양상과 그 의미」, 『여성학논집』 12, 이화여자대학교 한국여성연구원, 1995, 69~74면.

이다. (〈칠곡면 용동 열부각〉, 『한국구비문학대계』 8-10, 59면)

(2-2)

파평윤씨는 경주김씨 가문으로 출가해온 사람이다. 임진왜란 8년 동안 피란을 갔다가 평란이 되어 돌아온 후 남편이 병을 얻어 죽었다. 당시 윤씨는 30살이었는데 혼자 살아서 무엇하겠느냐면서 남편을 따라 죽을 작정으로 다섯살 먹은 아들을 종에게 위탁한 후 남편의 시신을 보듬고 통곡하다가 기진하여 죽었다. 돌아간 그날 천지구별이 어려울 만큼 비가 오자 마을사람들이 하늘도 알아주는 열녀라고 감탄했으며, 나라에 열녀로 천거하여 정려각이 세워졌다. (〈파평윤씨 정려각〉, 『한국구비문학대계』 6-10, 504~506면)

(2-1)은 극단적으로 경직된 정절관념을 보여주는데, 완절무결한 신체적 정결성을 고집하는 열관념은 인간의 존엄성을 신체의 일부로 치환시키는 가치전도적 양상으로 나타나기도 한다. (2-2)는 남편이 죽자 따라 죽는 종사형(從死型) 열녀이야기다. 죽음의 동기가 부부간의 애정과 신의로 설명되는 경우도 있지만 열이념에 따라 죽는 경우도 그 못지않게 보인다.

열녀로 입증되는 과정이 갖는 비인간적 측면은 장난 삼아 열절을 시험해보는 남편들과 죽음으로 열절을 증명하는 아내들의 대비를 보여주는 다음의 각편에서 확인할 수 있다.

(2-3)

한 남자가 함께 공부하던 친구 여섯 명에게 자기 집안(현풍곽씨 집안)에는 열녀가 많이 난다는데 그게 사실인지 각자 집에 가서 시험해보자고 하였다. 각자 자기 집 담을 넘어 부인과 동침하고 왔다. 다음날 친구들의 부인 모두가 자결했다는 부고가 날아왔는데 이 일을 주동한 남자의 아내는 자결하였다는 소식이 없었다. 화가 난 남자가 아내를 찾아가니 아내가 남편에게 누가 두루마기의 앞자락을 끊었는가를 물었다. 남편이 답변하지 못하였다. 간밤에 그녀가 두루마기 앞자락을 끊어놓았던 것이다. (〈남편과 자고도 죽은 헛 열녀〉, 『한국구비문학대계』 7-17, 323~325면)

열관념이 극단적으로 강화되자 조선후기의 열녀관계 이야기에는 경직된 열관념과 열녀 양산에 대항하는 반론적 담론들이 제기되고 있음이 주목된다. 〈가짜열녀〉는 며느리의 통간사실을 알고 살해한 뒤 열녀로 추증받는 어느 가문의 이야기로서, 열녀가 양산되는 비정상적인 상황에 대한 비판적 담론을 담고 있다.

이와 함께 주목할 만한 이야기형으로서 구비설화에만 존재하는, 남편을 위해 훼절하는 여인들의 이야기를 들 수 있다. 여기에는 남편의 유복자로 대를 잇게 하기 위한 방편으로 개가하거나, 난치병을 앓는 본남편을 구완하기 위한 경제적 원조 때문에 개가하는 경우 등 다양한 유형이 전승되고 있다.[49] 통칭 '이부열녀(二夫烈女)'로도 불리는 이들 여성인물들의 행동방식에는 본남편을 위하려는 맹목적인 의식이 드러나고 있어 비판적 측면이 없진 않다. 그러나 이 유형 설화의 주인공이 대부분 경제적 곤란을 겪는 가난한 하층민으로 설정되어 있다는 점을 고려할 때, 이같은 인물형의 설정은 상층인물들이 중시하는 규범적인 열관념보다 인간생명에 대한 관심을 우선시하는 설화전승자들의 민중적 시선을 반영하는 것으로 보여 흥미롭다.

5) 원혼전설

원혼전설은 전국 각지에서 전승되는 대표적인 전설유형의 하나이다. 지역에 따라 각기 다른 인물 또는 사당 등의 증거물과 결부되면서 다양한 이야기 형태를 보여주지만, 다음과 같이 정리할 수 있다. 가장 널리 알려져 있는 아랑전설은 정절을 지키려다 죽임을 당한 여자의 원혼이 고을원에게 나타나 범인을 징벌케 함으로써 억울함을 풀게 된다는 구성을 갖는다. 이를 '정절형'이라 부를 수 있다. 두 번째는 월천, 남명, 신립 등의 역사인물과 관련되는 경우로서, 구애를 거부당한 여인의 원혼이 상대인물을 굴복시

49) 이인경, 「구비 '열설화'연구」(서울대대학원 박사학위논문, 2000)에는 이와 관련된 다양한 유화들이 논의되고 있다.

키고 자기존재를 확인받는다는 내용으로 구성되어 있다. 이를 '욕구형'이라 부를 수 있는데, 여기서 원혼은 윤리와 본능의 문제를 대립적으로 형상화하는 장치가 되는 셈이다. 세 번째는 억울하게 죽은 여성이 현몽 등의 방법을 통해 마을 사람들의 제향을 받고 당신(堂神)으로 좌정하는 경우로서 '좌정형'이라 부를 수 있겠다. 여기서는 제의를 통해서 원혼의 신원과 마을공동체의 풍요가 함께 이루어지는 것으로 나타난다.

다음 예문은 원혼전설 중 가장 심각한 문제의식을 담고 있는 욕구형에 해당되는 각편인데, 상대남성의 거부 이유가 신분차별에 기인하고 있어 함축하는 바가 심상치 않다.

> 조월천이 열아홉 살 때 오성대감(월천은 원래 퇴계의 제자이다)집에 글을 배우러 다녔다. 집 앞을 오고가는 월천의 모습을 본 이방의 딸 월이가 연정을 품었다. 인연 맺기를 원하는 내용의 편지를 길목에 놓아두고 살펴보던 월이는 월천이 편지를 찢어 물 속에 던져버리자 낙심하여 병이 들었다. 죽을 지경에 이르게 된 딸을 보고 이방은 대감을 찾아가서 사정을 말하고, 딸이 월천과 상종하도록 도와달라고 간청했다. 대감이 이튿날 공부하러 온 월천에게 월이를 한번 찾아가 줄 것을 당부했지만, 월천은 양반이 상민과 언어를 서로 통할 수 없다며 거부했다. 스승이 사람을 살려야한다며 재삼 부탁하니 마지못해 응락했다. 이방의 집에서는 손님 맞을 채비를 하고 그를 기다렸지만, 월천은 저녁 무렵에 살짝 그 집에 가 처녀가 누워있는 방문 앞에서 한밤중이 되도록 서 있다가 새벽녘에야 방안에 들어가서 머리맡에 앉았다. 처녀는 월천이 명주수건을 여러 번 감은 손으로 얼굴을 한번 쓰다듬고 말자, 자기가 상것이라서 손닿기를 꺼려한다고 절망하여 죽었다. 스승이 보니 죽은 처녀가 상사(구렁이)가 되어 월천의 뒤를 따라오고 있으므로 호령하여 물러나게 했다. 스승은 상사를 붓뚜껑에 넣어 월천에게 주면서 형제들에게도 절대 보이지 말라고 했다. 월천의 동생이 그것을 빼앗아 열었더니 뱀이 나와 집안의 사람들을 해쳤다. 안동향사에 모셔져 있는 월천의 영정은 항시 뱀이 감고 있었다고 한다. (〈조월천과 상사뱀〉, 『한국구비문학대계』 7-11, 740~749면)

여기서 처녀의 원혼은 거부된 자신의 욕구와 행위가 정당했음을 인정받기 위해 출현한 것으로 이해된다. 월천이 거부한 것은 처녀의 사랑은 물론, 인간적 존엄성까지 포함된다. 그는 인간의 가치를 신분이라는 기준으로 재단하여 처녀를 모독했으며, 그것은 그녀에게 존재 자체에 대한 거부로 인식되었기 때문이다. 이 경우 원귀 출현은 자연스러운 인간조건을 간과한 경직된 유가적 윤리관에 대한 반론적 성격을 갖는다. 원귀라는 비현실적 존재의 설정은 이들 인물이 처해 있는 현실여건의 극한상태를 절실하게 보여주는 상징인 것이다.

그런데 이 유형에서는 원혼이 상대남성을 찾아가서 자신을 드러내고 상대의 굴복 또는 인정을 끌어내는 것에 비해, 아랑형의 원혼은 고을원을 찾아가 억울함을 주장하고 그를 통해 징치하는 방법을 취하고 있어 주목된다. 이같은 현상은 두 유형의 인물형이 추구하는 방향의 차이에서 비롯되고 있다. 아랑형의 인물은 공적가치였던 정절을 지키다 죽었기 때문에 공적 통로를 통해서 정당성을 주장할 수 있었지만, 욕구형의 인물은 당시의 여성윤리규범과 배치되는 인간적 욕구를 추구하다 죽었으므로 개인적 해결방식을 찾을 수밖에 없는 것이다.[50)]

전설이 대체로 비극적인 좌절로 끝나는데 비해 원혼형의 인물들은 원귀라는 비정상적인 방법을 동원해서라도 자신들이 주장하는 바를 적극적으로 드러내고, 끝내 상대의 굴복이나 인정을 받아냄으로써 자기의 정당성을 입증하고 있다. 존재근거를 인정받으려는 이들의 요구는 집요하다 못해 처절해 보일 정도이다. 그것은 원혼전설이 추구하는 바가 규범과 제도로서도 억압할 수 없는 자연스러운 인간적 본능에 대한 정당한 평가에 두어져 있기 때문이다. 그것은 궁극적으로 인간성의 긍정이란 명제로 귀결된다. 이같은 가치를 추구하는 원혼전설이 한국 전설유형 중 가장 적극적인 문제해결 의지를 보여 주고 있다는 사실은 우리 전설 향유층이 지향하는 세계

---

50) 강진옥, 「원혼형 전설 연구」, 『구비문학』 5, 한국정신문화연구원 어문연구실, 1981, 77~78면.

관의 방향을 압축적으로 보여 주고 있다.

6. 전설의 인간관 및 세계관

전설장르의 특징으로 지적되고 있는 '전설적 경이'는 전설에서 문제삼는 초자연적 세계와 인간세계의 관계양상을 주목한 것이다. 신화에서 구현되는 세계의 질서가 천상과 인간세계, 자연물에 이르기까지 동질적 인식을 보여 주고 있다면, 전설의 세계에서 드러나는 바 초자연적 세계와 인간적 지향 사이에는 갈등이 잠재되어 있는 것으로 보인다.

먼저 전설자료에 나타나는 초자연적 질서의 개입과 인간적 속성 간의 갈등양상이 어떻게 나타나고 있는가를 살펴보자. 〈장자못〉 전설에는 도승으로 대변되는 초자연적 존재가 등장하여 장자로 대변되는 세속적 욕망의 세계를 징치한다. 그리고 며느리는 도승이 제시한 금기를 인간적 속성 때문에 위반하고 만다.[51] 〈아기장수〉 전설에서도 아기장수와 용마를 인간세상에 파송한 초자연적인 세계의 의지가 개입하고 있지만, 그것은 현상적인 안주를 원하는 부모, 또는 마을사람으로 대변되는 인간세계에 의해서 부정된다. 〈효자호랑이〉 전설에서 효자는 도승 또는 산신령의 도움으로 호랑이로 변할 수 있는 도술책을 얻지만, 99(또는 999)일째 되는 날 변신현장을 목격한 아내가 책을 태워버렸기 때문에 사람으로 돌아오지 못한다. 〈말무덤〉 전설에서 장수는 조급한 성격 때문에 하늘에서 내린 명마를 스스로 죽이는 실수를 저지른다.

이처럼 전설에서 초자연적 세계는 숭앙의 대상이자 극복의 대상이기도 한 양가적 가치로 인식되고 있다. 이 두 관념 사이의 갈등에서 전설의 비극성이 발생하는 것이다. 전설의 비극성은 인간적 속성에서 비롯된 불완전성에

51) 전설의 인간 및 세계관에 서술된 내용은 강진옥, 「한국전설에 나타난 전승집단의 의식구조 연구」(이화여대 석사학위논문, 1980)를 기반으로 이루어졌다.

기인하는 것으로 설명된다. 인물에게 부과되는 금기와 그것에 대한 위반은 절대적 가치로 존재하는 초자연적 질서와 그것을 실행할 수 없는 인간적 불완전성 사이의 대립을 함축하는 것이다. 전설에서 인물들의 실패는 자신의 한계, 주변인물의 실수 또는 의도적 방해에 의한 것으로 설정된다.

〈장자못〉의 며느리가 범한 금기위반이 인간의 보편적 속성이 자연스럽게 드러난 인간적 한계를 직시하는 것이라면, 아기장수의 죽음은 하층의 인재를 용납하지 못하는 지배층의 닫혀 있는 사고체계의 한계를 지적하고 있다. 〈오뉘힘내기〉에서 힘센 딸을 죽음으로 내모는 어머니의 술책도 아들을 선호하는 사회적 통념의 소산으로 비판되고 있으며, 〈효자호랑이〉의 인간화 실패는 둔갑책을 불태운 아내의 실수 때문이다. 이처럼 전설에서 그려지는 문제상황은 인간이라면 누구나 경험하는 보편적 문제에서부터 사회적 통념이나 체제에 따른 갈등에 이르기까지 다양한 양상을 보인다. 실패의 이유가 어디에 있든 간에, 전설의 인물들이 경험하는 좌절이라는 결과는 전설장르 특유의 인간과 세계에 대한 인식의 일단을 보여 주고 있다.

신화적 동질성이 신화적 질서의 실현을 통해 획득되었던 것에 비해, 전설의 비극성은 초자연적 질서에 대한 위반에서 비롯되고 있음은 이미 지적한 바와 같다. 초자연적인 질서를 거역하는 인간적 욕구와 인간적 속성을 문제삼고 있다는 점에서, 전설은 '인간을 이야기하는' 장르라 말할 수 있을 것이다. 〈장자못 전설〉은 이같은 전설의 인간관을 잘 보여 주고 있는 대표적인 유형이다. 장자의 세계를 떠나 도승의 질서를 향해 가는 며느리는 '절대 뒤돌아보지 말라'는 도승의 금기를 위반한다. 며느리의 금기위반은 등뒤에서 들려오는 큰 소리에 놀랐거나 호기심, 또는 자신의 생활터전에 대한 미련 등 지극히 인간적인 동기에서 행해졌지만, 그로 인해 화석이 되고 말았다. 장자에 대한 징벌이 그가 평소 행한 악행의 결과였던 것에 비해, 선량한 며느리가 화석이 된 것은 도승이 부과한 절대명령을 위반한 결과이다. 금기위반이 인간적 감정에 충실했기 때문에 이루어졌으므로, 결국 도승에 의한 며느리의 화석은 그가 지닌 인간적 속성에 대한 응징인 셈이다.

며느리는 장자의 세계에서부터 도승의 세계로 이행해가면서도 자신이 속해 있던 장자의 집터를 돌아보다가 돌이 되었다. 며느리의 화석은 절대적인 질서로 존재하는 도승의 세계와 세속적 욕망에 근거하는 장자의 세계로 표상되는, 이상과 현실 사이에서 갈등하는 인간의 존재론적 위상을 대변하는 것처럼 보인다. 그것은 초자연적인 질서를 거부하고 인간적 현실을 보다 중시하는 전설적 세계관, 전설적 인간관을 형상적으로 보여 주고 있다.

민담의 행복한 결말과는 달리 전설의 인물들이 맞이하는 좌절은 철저한 현실인식의 소산이라 이해된다. 전설의 서술자는 인간세계를 구성하는 제반 상황을 객관적이고 냉철한 시선으로 바라보고 있다. 그곳에는 막연한 기대나 근거 없는 낙관이 존재하지 않는다. 사건들은 모두 유일회성(唯一回性)이 강조되며, 인물들의 실수나 한계는 어김없이 실패로 귀결된다.

역적이 되어 집안을 망하게 할까봐 염려하여 아들을 죽이는 〈아기장수〉 전설의 부모는 비겁하고 왜소한 민중의 자화상이다. 그들은 일상적 안일을 잃는 것이 두려워서 자신들을 구원하려고 세상에 온 민중적 영웅을 스스로 제거해버리는 것이다. 〈쌀 나오는 구멍〉에는 사소한 욕심 때문에 소중한 것을 망쳐버리는 어리석은 우리들의 모습이, 〈말무덤〉에서는 경솔한 판단으로 용마를 죽이는 명장의 실수가 그려지고 있다.

인간적 본능과 윤리 사이에서 갈등하다 자살하는 〈달래고개〉의 오라비와 그의 죽음 앞에서 발해지는 누이의 절규는 인간의 존재론적 조건에 대한 자문을, 〈술 나오는 샘〉은 절대적인 질서로 자리한 신분제도에 저항하는 개인을 통해 극복할 수 없을 만큼 완강한 사회제도에 대한 절망감을 표현하고 있다. 맹목적인 효행으로 가족전체가 비극적 결말을 맞는 〈효자호랑이〉의 모습은 맹목화된 윤리관념에 의한 비인간화 양상을 충격적으로 보여주며, 〈원혼 전설〉은 경직된 윤리관을 비판하고 인간중심적 윤리를 제창하고 있다. 이들 전설형에서 보여주는 비판적 시선은 중세적 규범체계 아래서 경시되던 인간존재에 대한 심각한 문제 제기적 성격을 갖는다.

인간존재와 인간적 삶의 가치에 대한 인식은 인물전설에서 더욱 분명하게 제시된다. 대표적인 사례는 모든 사람이 꿈꾸는 행복한 삶을 위해 인간조건을 개선시키려 노력했던 이인들의 모습에서 찾아볼 수 있다. 신기(神技)에 가까운 능력을 보임으로써, 빈부귀천에 상관없이 질병에 시달리는 모든 사람들에게 건강과 생명을 갖게 해주었던 명의는 물론, 노력하는 자에게 부와 명예를 얻을 수 있는 명당을 제공함으로써 가난의 질곡에서부터 해방시켜 주었던 명풍수, 자기 생명을 줄여가면서도 단명한 친지의 명을 늘여준 도술적 이인들의 활약상은 전설 향유자들이 꿈꾸는 이상적인 삶의 편린을 잘 보여 주고 있다.

전설에서 중요시하는 또 다른 덕목은 이웃과 나누며 살아가는 공생적 가치관이다. 장자가 패망한 것은 인색하고 이기적인 삶의 태도 때문이었다. 풍수 및 명당 관계 전설들은 현실적 행복 추구에 근거하고 있으나, 명당 획득과 명당 상실에 관련된 전설형에는 분배와 관련된 사회정의의 문제가 제기되고 있다. 손님이 들끓어서 불편해진 부자 집의 며느리 또는 주인이 원했던 바 손님이 오지 않게 하는 방법으로 제시된 것이 집 주변에 자리하는 명당의 혈을 끊는 것이었고, 그 결과 집이 망하면서 손님도 오지 않았다는 사실은 가진 자의 미덕이 나누고 베푸는 데 있음을 보여준다. 더불어 사는 삶은 전설이 추구하는 사회윤리학이다. 이같은 가치관은 묘 자리 관계 전설들에서 집중적으로 나타나고 있다. 명당을 획득하거나 발복하게 되는 조건에는 묘를 쓰고자 하는 인물의 자질이나 동기가 매우 중요시된다. 명풍수가 잡은 명당일지라도 악인은 차지할 수 없다는 유형이나, 명풍수 일지라도 사사로운 이익을 추구하면 제대로 된 명당을 잡지 못한다는 유형 등이 그 예에 해당된다. 도술적 이인으로 유명한 남사고가 사욕(私慾)을 추구하여 여러 차례 명당을 구하였으나 끝내 실패하고 말았던 일화는 유명하다.

이처럼 전설에서 문제삼는 인간적 현실은 본능과 규범과의 갈등을 기저로 하여 소유와 분배, 욕망과 윤리, 지배와 피지배 등등의 다양한 국면으로 재현되고 있다. 전승자 집단의 의식은 삶의 근거인 생활현장에서 성립된 것이므로, 그들의 모든 관심이 인간적 가치를 자각하고 인간성을 중시하는 인간 중심적 윤리관의 추구에 두어져 있음은 당연하다.

여기에 대해 사회적 갈등을 보여주는 전설유형들이 대체로 좌절의 현실을 인정하고 수용하는데 비해, 원혼 전설 인물들의 적극적인 문제해결 의지는 시사하는 바 크다. 원혼들의 소망은 자신들이 살았던 이 세상에서 그 존재근거의 정당성을 확인 받고자 하는 것인데, 이는 현세적 공간에서 인간으로서의 조건을 충족하면서 행복하게 살기를 원하는 전설 향유자들의 꿈과 가치를 보여 주고 있다.[52] 이같은 양상은 우리 전설 향유층이 지향하는 바 인간중심적 가치에 기반한 현세지향적 세계관의 일단을 잘 보여주는 것이다. 이처럼 전설은 다양한 상황 아래서 반응하는 여러 인물형을 통해 인간사회의 제 문제를 직시하게 함으로써 인간과 세계에 대한 근원적인 물음을 멈추지 않으면서, 역사적 현실 안에 존재하는 우리들에게 실존적 자각을 일깨워주는 자기성찰의 문학으로서의 역할을 담당하고 있다.

■ 민담의 세계

1. 민담이란 무엇인가

민담(民譚)은 무엇인가 하는 물음에 간단히 답하기는 어렵다. 연구자에 따라 개념의 내포와 외연이 달라지곤 한다. 민간전승의 설화(說話) 일반을 통틀어서 민담으로 일컫는가 하면, 동화적·환상적 옛날이야기만을 가리켜 민담이라 부르기도 한다. 이는 민담이란 용어의 어의와 상관이 있다.

52) 강진옥(1981), 82면.

민담은 'folktale'의 대응어로서, 말 그대로 풀면 '백성의 이야기', 또는 '민간 전승의 이야기'라는 뜻이 된다. 이에 대하여 민담을 'fairy tale'이나 'Märchen'에 대응하는 것으로 볼 경우 (요정이 등장하는 류의) 환상적 이야기로 개념 범주가 바뀌는 것이다.

우리 학계에서 널리 통용되고 있는 민담의 개념은 설화 전반을 칭하는 것도 아니고 환상적 옛날얘기만을 칭하는 것도 아닌, 그 중간쯤의 것이다. 그것은 신화(神話)·전설(傳說)과 더불어 설화의 하위갈래로 받아들여지고 있다.

설화의 한 갈래로서의 민담은 '흥미 위주로 전승되는 옛날이야기' 정도로 규정될 수 있다. 전설이 '사실(事實)' 차원에서 말해진다면, 민담은 말 그대로 '이야기'로서 말해진다. 사실 여부에 구애받지 않고 상상력을 마음껏 동원하여 흥미진진하게 스토리를 엮어나가는 이야기가 민담이다. 전설에서 보이는 바와 같은 사실 여부를 둘러싼 논란은 민담에서는 문제되지 않는다.

설화의 전승자들은 스스로 전설과 민담의 차이를 인식하고 있다. 그들은 흔히 민담이란 말 대신 '고담(古談)'이나 '이전얘기', '사랑방얘기' 같은 말을 쓰는데, 다음과 같은 식으로 전설과의 차이를 설명하곤 한다.

> 게 전설이라구 하며는 우쨌든 전해져 내려오는 얘기지마는 그러나 어느 정도 근거가 있다고 봐야 되구. 고담이라구 하능 건 그러한 것을 얘기하는 사람을 인저 고담한다구 그라는데, 고담하는 가운데는 전연 무근(無根)한 것두, 허무맹랑하구 아주 무근한 것두 '옛날이 그랬단다' 그러면 그걸루 통하거든. (…) 그렇게 해서 얘기가 돼야 그, 청중이라면 이상하지만, 방안에 있는 사람이 재미있게 듣기 위해서 그 가미해가며, 그때그때 얘기하는 사람이 승격에 따라서… 자기가 들은 바대루만 전해 내려오는 것이 인제 전설이구, 또 자기가 가미(加味)해서 인저 재미있게 웃기구 즐거웁게 하기 위해서 쪼끔 보태구 우짜구 그라면 야담에 속하는 기구. 그렇게 봐야지, 우리 이저 농촌에서는.[53]

화자는 민담을 고담(또는 야담)이라 지칭하고 있는데, 전설과는 뚜렷이 구별하여 그 특징을 해명하고 있다. 전설이 들은 대로 전승하는, 웬만큼 근거가 있는 이야기인 데 비하여 민담은 근거에 구애받지 않고 맛을 내어 재미있게 엮은 이야기라는 것이 그 핵심이다. 전설과 민담의 차이에 대한 하나의 전범적인 설명이라 할 만하다.

그림(Grimm) 형제의 다음과 같은 발언은 전설과 민담의 차이를 함축적으로 설명하고 있다.

> 민담은 시적(詩的)이요, 전설은 역사적이다. 민담은 그 본질로 보아 그 자신이 독립해 존재할 수 있지만 전설은 색채가 빈약하고 무엇인가 이미 알려져 있는 것, 의식되어 있는 것, 하나의 물건이나 역사를 통하여 확실한 이름을 갖고 있는 것과 결부되는 특수성이 있다.

'시적인 이야기'라고 하는 한 마디 말에 민담의 본질이 응축돼 있다. 상상의 이야기로서의 민담은 시(詩)에 비견할 만한 풍부한 색채를 지니고 있다. 그것은 실제 사실과의 연관 없이 그 자체로서 독립적·자족적 세계를 형성한다.

이와 같은 전설과의 기본적인 차이를 염두에 두면서, 민담의 주요 특성을 짚어 보면 다음과 같다.

먼저 존재 양태의 측면에서 민담은 '집단의 이야기'로서의 특징을 지니는 전설과 달리 '개인적 이야기'의 특징을 지닌다. 말하자면, '소유권'이 개인에게 있는 이야기가 민담이다. 그 이야기들은 대개 이전부터 전해 내려온 것이지만,[54] 그 중 어느 것을 선택하여 어떻게 엮어나가는가는 화자의 자유다. 각각의 화자는 자신이 좋아하는 취향의 이야기를 골라서 자기 식으로 내용과 표현을 엮어 나간다. 그러면 다른 사람들은 '관객'의 입장에서

---

53) 1991.7.16. 공주군 계룡면 경천리 이봉구(65)의 전언. 신동흔 채록.

54) 여기서 '대개' 그렇다고 한 것은 민담 가운데는 화자가 직접 창작하여 구연하는 것도 있기 때문이다.

그 작품을 '감상'하는 것이다. 이야기내용에 이상이 있다고 생각되면 청자가 바로 개입하여 수정을 하는 전설의 구연상황과는 아주 다른 양상이다.

다음, 민담의 구연에 있어서는 전설에서와 달리 '표현'의 측면이 중시된다. 민담의 화자는 줄거리를 매끄럽게 엮고 작중상황을 그럴듯하게 표현함으로써, 곧 이야기의 '맛'을 살림으로써 듣는 이의 흥미와 공감을 불러일으켜야 한다. 그렇게 해야만 민담의 존재의미가 제대로 살아난다. 그 이야기 표현능력은 사람에 따라 차이가 있거니와, 민담의 구연은 이야기를 잘하는 유능한 화자에 의해 주도되기 마련이다.[55] 특별히 구연능력이 뛰어난 화자를 '이야기꾼'이라고 부르거니와, 이야기꾼이 있어야 이야기꽃이 만발할 수 있다.

전설에 기이하고 충격적인 이야기가 많은 데 비하여, 민담 가운데는 사적이고 일상적인 이야기가 많다. 생활주변에서 흔히 볼 수 있는 평범한 인물이 주인공으로 등장하곤 한다(좀 모자란 사람인 경우도 많다). 민담은 그러한 주인공이 뜻밖에 겪게 되는 우여곡절을 재미있고도 편안하게 엮어나간다. '옛날에 어떤' 나무꾼이 우연히 사슴을 구해준다든가, 어떤 바보가 장가를 가게 된다든가, 어떤 허름한 시골집에 어사 박문수가 찾아온다든가 하는 식으로 이야기가 시작되어서 흥미진진한 사연이 펼쳐지는 것이다. 그 사연은 '수(壽)·부(富)·귀(貴)·색(色)' 등 인간의 일상적이고 보편적인 욕망에 얽힌 것들이 대부분이다.

민담은 꿈의 이야기, 상상의 이야기로서의 특징을 지닌다. 일상적 욕망을 포용하면서도, 그 서사적 형상에 있어 일상을 벗어난 꿈같은 모험의 세계를 펼쳐 보이곤 한다. 허구적 상상의 나래가 제한 없이 펼쳐진다. 비현실적인 환상이나 상식을 뛰어넘는 과장도 문제가 되지 않는다. 사슴이 말을 하고, 선녀가 무지개를 타고 내려오며, 우렁이 변하여 색시가 된다. 코

55) 내용을 아는 사람이면 누구나 구연에 나서는 전설과는 달리, 민담의 경우에는 이야기를 잘할 자신이 없는 사람들은 웬만하면 구연에 나서지 않는다. 이야기를 '잘' 해야 하는 것이 민담이기 때문이다.

가 석 자나 늘어나고, 거짓말 시합을 통하여 사위가 정해지며, 어린아이의 호통에 어사가 쩔쩔맨다. 구김 없이 즐거운 상상의 세계다.

민담이 펼쳐 보이는 상상의 세계는 본질적으로 낙관적이다. 그 세계에서 가능하지 않은 일은 거의 없다. 꿈꾸었던 모든 일이 실현이 된다. 가난하게 살던 나무꾼이 하늘나라에 올라가 선녀와 행복한 삶을 이루고, 무작정 나선 여행길에서 바보가 보화와 아내를 함께 얻으며, 머슴이 거짓말을 교묘히 꾸며내 부잣집 사위가 된다. 주인공이 세계의 장벽에 부딪혀 좌절하곤 하는 전설과는 아주 다른 양상이다. "민담은 인간행위에 대한 구김살 없는 신뢰를 나타내고, 어떠한 고난이나 어떠한 적대적인 자와도 싸워 이길 수 있다는 낙관론을 펴고 있다"[56]고 할 만한 특징이다.

그러나 민담을 단지 상상에 불과한 비현실적인 이야기로 치부한다든가 또는 그 세계관을 소박한 낙관론으로 단순화하는 식의 관점은 온당하다고 할 수 없다. 민담이 펼쳐 보이는 꿈같은 상상의 바탕에는, 낙관적 승리의 바깥에는 '현실'-대개는 힘들고 슬픈-이 놓여 있다. 민담의 즐겁고도 뿌듯한 상상의 세계가 갖는 의미를 바로 보기 위해서는, 그 이면을 이루고 있는 현실적 삶과의 상관관계를 주시할 필요가 있다. 민담이란 현실을 벗어나 꿈을 펼치는 이야기인 한편으로 꿈을 통하여 현실을 드러내는 이야기이기도 한 것이다. 다시 말하면, 민담은 '삶'과 '꿈'이 줄다리기를 하는 문학이다.

이야기판에 존재하는 수많은 종류의 담화 가운데 '꽃'에 해당하는 것이 설화라면, 꽃 중에서도 꽃에 해당하는 것이 민담이다. 이런 저런 신변잡담으로 시작한 이야기판은 대개 구수한 민담으로 귀결되는 것이 보통이다. 이처럼 나날의 이야기판에서 주역을 담당해야 하는 만큼, 민담은 신화나 전설과 비교할 수 없을 정도의 수많은 종류의 이야기를 갖추고 있다. 사람들은 그 수많은 민담을 통하여 갖가지로 꿈을 꾸고 웃음을 나누면서 삶의

56) 장덕순 외, 『구비문학개설』, 일조각, 1971, 71면.

애환(哀歡)을 달래 왔다. 민담은 가히 우리 민간문학의 보고(寶庫)라 할 수 있다.

2. 민담의 역사적 전개 개관

민담이 언제 어떻게 시작됐는지를 알기는 어렵다. 먼 옛날에 존재했을 민담의 흔적을 확인시켜 주는 자료가 희소하다. 민담이 본격적으로 기록화된 것은 신화나 전설보다도 훨씬 뒤의 일이다.[57]

기록으로 전하는 자료가 영성한 상황에서 멀리 상고시대 민담의 존재양상을 해명하기는 아주 어렵다. 삼국, 신라는 물론 고려시대까지도 문헌에서 민담의 뚜렷한 흔적을 확인하기가 쉽지 않다. 『삼국사기(三國史記)』나 『삼국유사(三國遺事)』 등에 민담의 요소를 갖춘 설화, 또는 후대 민담과 관련이 있는 설화가 실려 있지만, 딱히 민담이라고 규정할 만한 것을 들기는 쉽지 않다. 아직 민담의 시대가 펼쳐지기 이전 상황을 반영한 것이라고 할 만한 양상이다. 그러나 그것은 역사서를 표방한 저술에 민담이 포용되기 어려웠던 사정의 반영일 가능성도 크다.

『삼국사기』나 『삼국유사』에 실린 삼국·신라 설화 가운데 민담과 관련이 있는 것으로 〈호동〉, 〈온달〉, 〈서동〉, 〈경문왕〉, 〈박제상〉, 〈도미의 처〉, 〈구토설화〉 〈거타지〉, 〈조신〉, 〈김현감호〉 등을 들 수 있다. 이 이야기들은 그 자체로 보면 전설로서의 성격이 강한 것이지만, 뒷날 민담의 형태로 민간에서 널리 전승되어 일부는 현재에까지 이르고 있다. 바보 온달 이야기(온달)나 당나귀 귀 이야기(경문대왕), '내복에 산다' 유형의 이야기(서동), 토끼와 자라 이야기(구토설화) 등이 그것이다. 그 가운데도 〈구토설

57) 문헌에서 그 흔적을 찾기가 쉽지 않은 것과 관련하여, 민담은 신화나 전설에 비해 후대적인 갈래라고 하는 견해가 힘을 얻고 있다. 설화의 역사는 신화 시대를 거쳐, 전설과 민담의 시대로 전개돼 왔다는 설명이다.

화⟩는, 역사적 기록 속에 우언(寓言)의 형태로 끼어든 것이지만, 그 자체 민담의 면모를 가장 잘 보여주는 것이어서 주목된다. 이를 통해 우리는 당대 민담의 실체를 단면적으로 확인할 수 있다.

고려시대 민담의 실상을 밝히는 것은 삼국·신라에 비하여 오히려 더 어려운 면이 있다. 당대 민간설화의 기록화가 활발히 이루어지지 않은 때문이다. 고려후기에 패설집이 속출했지만 그 속에서 민담의 흔적을 찾기가 쉽지 않으며, 『고려사』 역시 『삼국유사』만큼의 설화를 전하지 않고 있다. 그러나 우리는 『수이전(殊異傳)』의 ⟨수삽석남(首挿石南)⟩이나 ⟨선녀홍대(仙女紅帶)⟩, 『고려사』 고려세계(高麗世系)의 ⟨작제건⟩ 등을 통하여 이 시기 민담이 전대보다 약화되었던 것이 아님을 짐작할 수 있다. 오늘날 전해지는 민담 가운데는 중국이나 몽고 등지에서 전래된 것이 적지 않다고 하거니와, ⟨남매혼(대전쟁)⟩, ⟨견묘쟁주(犬猫爭珠)⟩, ⟨지하국대적퇴치⟩ 등은 몽고와 깊은 관련이 있다고 한다.[58] 이들이 고려시대에 들어온 것이라고 할 경우, 이 시대에 민담이 민족간 교류가 가능할 정도로 널리 유포되었다는 얘기가 된다. 한편, 이 시기에 민담이 저변에서 편폭을 확장했음은, 앞에서 든 삼국·신라 설화의 민담화가 대체로 이 시기를 거치며 성취되었으리라는 추정을 통해서도 입론 가능하다. 여러 사정을 통해 볼 때, 증거가 표면에 뚜렷이 드러나 있지는 않지만, 이 시기에 민담이 이미 민간생활의 중요한 일부로 자리잡고 있었으리라고 판단된다.

조선조에 들어서면서 민담은 본격적으로 문헌에 그 모습을 나타내기 시작한다. 패설집의 성격이 변모하여 생활 주변의 소화(笑話)를 대폭 수용하게 되었으니, 성현의 『용재총화(慵齋叢話)』가 그 대표적인 사례가 된다. 조선 전기에는 또한 소화 내지 육담(肉談)을 한데 모은 '골계전' 류 저술이 속출하였는바, 서거정의 『태평한화골계전(太平閑話滑稽傳)』을 필두로 강희맹의 『촌담해이(村談解頤)』, 송세림의 『어면순(禦眠楯)』 등이 뒤를 이었

---

58) 손진태, 『한국민족설화의 연구』, 을유문화사, 1947, 86~133면.

다. 이러한 저술에 실린 수많은 소화·육담들은, 일화에 해당하는 것도 일부 있지만, 대개 민담으로서의 성격을 뚜렷이 나타내고 있다. 대다수가 흥미 중심으로 짜여진 허구적인 이야기들이다.

그러나 이러한 이야기들이 민간에서 전승되던 민담을 그대로 반영한 것이라고 보기는 어렵다. 고려조부터 내려온 시화(詩話)의 전통이 그랬던 것처럼, 이들 대부분은 양반 사대부들 사이에서 떠돌던 이야깃거리들을 문헌에 정착시킨 것이다. 대다수 이야기가 양반 사대부의 생활 주변에서 소재를 취하고 있다는 사실이 이를 잘 보여준다.

그렇지만 그 가운데는 민간에서 구전되던 이야기를 수용한 것으로 보이는 이야기들도 꽤 실려 있다. 예컨대, 『용재총화』에 실린 상좌가 스님 골려먹는 이야기 시리즈나 장님 골탕먹이기 시리즈 등에는 민간적 체취가 짙게 스며들어 있다. 『촌담해이』의 〈치노호첩(痴奴護妾)〉이나 〈삼녀검아(三女檢啞)〉, 『어면순』의 〈조명아한(鳥鳴兒寒)〉이나 〈과녀약치한(寡女藥痴漢)〉 등등 육담류 이야기 가운데도 민간설화의 정착으로 여겨지는 것들이 꽤 포함돼 있다. 책 표제에 '촌담(村談)'을 내걸고 있는 『촌담해이』의 편자의 다음과 같은 언급은 이들 이야기와 민간설화의 연관을 확인시켜 준다.

> 『촌담해이』는 무위자(無爲者)가 스스로 지은 것이다. 거사(居士)가 한가히 지낼 적에 시골 노인들과 극담(劇談)을 주고받으면서 그 말을 선택하여 턱을 열리게 할 만한 것을 책에 기록했다. (『촌담해이』 서문)

어떻든 우리는 이와 같은 이야기 자료들을 통하여, 이 시기에 사대부 사회와 민간사회를 막론하고 민담이 활발하게 생명력을 발휘하고 있었음을 확인할 수 있다. 비록 사대부에 의해 기록으로 남은 것은 '소화'에 치우쳐 있지만,[59] 앞뒤의 시기와 연관시켜 볼 때 민간에서 소화 이외에도 다양한

59) 사대부에 의해 소화, 특히 육담이 정착된 것은 이 이야기들이 사회적 처지 및 세계관을 넘어서는 공통적 흥미요소를 갖추고 있기 때문이라고 할 수 있다. 특히 성(性)

종류의 민담이 폭넓게 창조·향유되고 있었으리라고 추정하기에 큰 무리가 없다.

소화집 내지 육담집 편찬의 전통은 조선후기에도 계속 이어지면서 이야기 문화의 한 축을 이루었다. 『어면순』의 뒤를 이은 육담집 『속어면순』과 순수소화집의 체재를 완성시켰다고 하는 홍만종의 『명엽지해(蓂葉志諧)』[60]를 비롯하여, 『파수록(罷睡錄)』, 『어수신화(御睡新話)』, 『진담록(陳談錄)』, 『성수패설(醒睡稗說)』, 『기문(奇聞)』, 『교수잡사(攪睡襍史)』 등 여러 종의 소화·육담집이 편찬되었다. 그 자료의 대다수는 민담의 성격을 지닌 것들이고 전에 없던 새로운 이야기들이 많이 포함돼 있으니, 그만큼 민담의 편폭이 넓어진 셈이다.

조선후기 민담의 새로운 양상은 이에 그치지 않는다. 질적으로 더욱 중요한 커다란 변화가 이 시기에 이루어졌다. 시정을 중심으로 하여 민간의 이야기문화가 크게 발흥하였다는 사실이 주목된다. 그 파장은 기록문학에까지 미쳐 야담집의 편찬으로 이어졌으며, 판소리나 소설에도 영향을 미치는 양상을 보였다.

조선후기 이야기문화 발흥의 주역은 '이야기꾼'이라 할 수 있다. 사람이 많이 모이는 장텃거리나 객줏집, 양반가 사랑방 등을 본거지로 삼아 활동하는 수많은 이야기꾼들에 의하여 새로운 레파토리들이 개발되고, 이야기의 문학성 내지 예능적 성격이 크게 확장되었다. 그 이야기꾼들에 대한 정보를 우리는 일부 문헌자료를 통하여 엿볼 수 있으니, 오물음(청구야담), 김중진(이향견문록), 김옹(추재집), 민옹(민옹전)과 윤영(옥갑야화) 등이 그들이다.[61] 이들 이야기꾼에 대하여 문헌은 다음과 같은 기록을 남기고 있다.

에 관한 관심에 상하가 없다는 사실이 그러한 소통을 가능하게 한 것으로 판단된다.

60) 황인덕, 『기록소화사론』, 태학사, 1999, 177~189면 참조.

61) 이들 이야기꾼에 대한 정보는 임형택, 「18·9세기 '이야기꾼'과 소설의 발달」, 『한국학논집』 제2집, 계명대, 1975 참조.

> '이야기주머니'(說囊) 김옹은 이야기를 아주 잘 하여 듣는 사람들은 누구 없이 포복절도하였다. 그가 바야흐로 이야기의 실마리를 잡아 살을 붙이고 양념을 치며 착착 자유자재로 끌고 가는 재간은 참으로 귀신이 돕는 듯하였다. (『추재집』 권7, 〈說囊〉)

> 익살과 이야기를 잘하여 인정물태를 묘사함에 당해서 곡진하고 섬세하기 이를 데 없었다. (『이향견문록』 권3, 〈金中眞〉)

> 그는 나에게 허생의 이야기와 염시도(廉時道), 배시황(裵是晃), 완흥군부인(完興君夫人) 등에 대한 이야기를 늘어놓되, 잇달아 몇 만언(萬言)으로써 며칠 밤을 결쳐 끊이지 않았다. 그 이야기가 거짓스럽고 기이하고 괴상하고 휼황하기 짝이 없어서, 모두 들음직하였다. (위와 같음)

현재 이들의 이야기를 직접 경험할 길은 없으나, 소개한 내용을 볼 때 이들이 뛰어난 이야기 능력으로 듣는 이들을 사로잡았음을 알 수 있다. 즉 흥성이 가미된 뛰어난 재담 표현의 능력(김옹), 탁월한 묘사능력(김중진), 풍부하고 다양한 이야기 문서(윤영) 등이 확인된다. 윤영이 들려주었다는 허생 이야기나 염시도 이야기[62]를 통해 볼 때 동시대적 삶의 문제가 정면으로 다루어졌다는 것도 짐작할 수 있다.

문헌에서 확인되는 이 인물들이 당시 활동했던 이야기꾼의 전부가 아님은 물론이다. 양반가 사랑 외에 주로 서민들이 모이는 장터거리 등에서 활동한 이야기꾼들이 있었을 것이다. 시골마을에서 설화를 조사하다 보면 수십년 전만 해도 장터에서 이야기 시합이 벌어지곤 했었다는 얘기를 흔히 듣게 되거니와, 그 이야기꾼의 흔적은 미약하나마 아직까지 남아있다. 수많은 노인들이 모이는, 마치 장터처럼 북적거리는 도시의 공원에서 과거 장터거리 이야기꾼의 후예를 볼 수 있다. 대구 달성공원의 심종구나 서울 탑골공원의 봉원호와 김한유 등의 이야기꾼이 그들이다.[63] 이들을 통해

62) 허생 이야기는 연암의 〈허생전〉 이외에 조선후기의 여러 야담집에 실려 있으며, 염시도(또는 염희도) 이야기 또한 주요 야담집에 수록돼 있다.

우리는 과거 흥성했던 이야기문화의 단면을 볼 수 있다. 이들은 특화된 레파토리 및 보통사람과는 질적으로 다른 특출한 이야기 구연능력으로써 운집한 청중을 사로잡고 있다.

이처럼 시정에서, 또는 양반가 사랑방에서 활약한 수많은 이야기꾼들에 의해 민담은 질적 변화를 이루게 된다. 이야기꾼들은 경쟁적으로 새로운 이야기 종목을 개발하는 한편, 이야기의 내용 및 표현을 갈고 다듬음으로써 예능적 가치를 선양하였다. 이때 그 구연 종목의 핵심을 이룬 것이 바로 민담이었다. 그러나 이들이 구연한 민담은 단순히 '우스운 옛날이야기'에 그치지 않고, 사람들의 현실적 삶의 양상을 생동감 있게 담아내는 방향성을 띠기도 하였으니, 그렇게 발전한 것이 바로 야담(野談)이다. 야담은 허구적 흥미에 치우치지 않고 현실적 요소를 함께 살림으로써 허구와 현실 사이의 긴장을 형성하고 있는바, 가히 민담의 새로운 경지라 할 수 있다.[64] 이러한 이야기들은 양반 사대부들의 관심 대상이 되어서 두루 문헌에 정착되었으니, 『어우야담(於于野談)』, 『동패락송(東稗洛誦)』, 『학산한언(鶴山閑言)』, 『차산필담(此山筆談)』, 『기문총화(奇聞叢話)』, 『계서야담(溪西野談)』, 『청구야담(靑邱野談)』, 『동야휘집(東野彙輯)』 등에 수많은 자료가 실려 있다. 조선후기 번창했던 이야기문화의 산 증거들이다.

문헌에 남은 것은 적지만, 조선후기 당시 민간의 이야기판에는 야담으로 표상되는 현실적 성격의 이야기 이외에 다양한 종류의 환상적인 이야

63) 달성공원의 이야기꾼 심종구에 대해서는 천혜숙이, 탑골공원 이야기꾼 봉원호와 김한유 등에 대해서는 신동흔이 그 특징을 조사 보고하였다. 천혜숙, 「이야기꾼의 이야기연행에 관한 고찰」, 『계명어문학』 1, 1984 및 신동흔, 「이야기꾼의 작가적 특성에 대한 연구-탑골공원 이야기꾼의 사례를 중심으로」, 『구비문학연구』 제6집, 한국구비문학회, 1998 ; 신동흔, 「탑골공원 이야기꾼 김한유(금자탑)의 이야기세계」, 『구비문학연구』 제7집, 1998 참조.

64) 야담의 갈래적 성격에 대해서는 다양한 견해가 맞서고 있다. 전설의 변형태로 보는 시각이 있는가 하면 한문단편소설로 보는 시각 또한 만만치 않다. 이 글에서 그것을 민담의 변이형(내지 발전형)으로 보는 것은 새로운 문제제기에 해당하는 것으로, 아직 객관적으로 검증된 것은 아님을 밝혀둔다.

기와 희극적인 이야기가 함께 번성했던 것으로 판단된다. 현대에까지 구전되어 채록되고 있는 민담의 유산들이 그 증거가 된다. 우리가 현재 접할 수 있는 그 수많은 구전 민담들은 대부분이 이 시기를 거치며 창조 내지 재창조된 이야기들이라고 보아 틀림이 없다. 이렇게 볼 때, 민담의 전 역사를 통틀어서 이 시기를 '전성기'라고 칭할 수 있지 않을까 한다.

이렇게 크게 발흥했던 민담의 기세는, 근·현대를 거쳐오면서 크게 퇴색하고 말았다. 사회와 문화의 전반적인 격변 속에서, 전통적인 민담은 설 자리를 잃어 왔다. 향촌사회를 중심으로 하여 그 명맥이 근근히 이어왔지만, 세대교체와 함께 삶의 현장에서 자취를 감추어가고 있다.

물론 현대에 들어 민담이 사라졌다고는 할 수 없다. 우스개를 위시한 많은 이야기들이 민담의 자리에서 명멸하고 있다. 첨단 매체와도 긴밀한 연관을 맺고 있는 '현대 민담'의 허와 실에 대해서는 뒤에서 절을 달리하여 살펴보기로 한다.

3. 민담의 분류

문헌설화를 제쳐놓고 구비 전승돼온 것으로만 한정하더라도, 민담의 종류는 여러가지로 나누어진다. 소재와 주제가 다양하며, 형상화의 방식 또한 단순치 않다. 그리하여 그 이야기들을 적절히 분류하는 것이 만만치 않은 과제가 된다.

민담분류의 전통적 방식은 서구의 설화연구자 아르네(A. Aarne)와 톰슨(S. Thompson)의 분류법이다. 아르네-톰슨은 『민담유형집(*The Types of the Folktale*)』을 내면서 민담의 종류를 ① 동물담(Animal tales), ② 본격담(Ordinary folk-tales), ③ 소화 및 일화(Jokes and Anecdotes), ④ 형식담(Formula tales) ⑤ 미분류담(Unclassified tales) 등 다섯 항목으로 나누고 다시 하위 항목을 설정하였거니와,[65] 이 방법은 우리 학계에도 큰 영향을 미쳐 여러 학자들이 이를 준용하여 분류를 시도하였다. 예컨대, 『구비문학개설』에서는 민담의 종류를 다음과 같이 나누고 있다.66)

동물담 : 동물유래담 · 본격동물담 · 동물우화
본격담 : 현실담 · 공상담
소화 : 과장담 · 모방담 · 치우담 · 사기담 · 경쟁담67)

그러나 이러한 분류법은 다분히 편의적인 것으로서, 체계의 논리성에 문제가 없지 않다. 민담 가운데 동물과 인간이 함께 등장하는 경우가 많은 점이나, 동물이 등장하는 소화가 적지 않은 점 등등과 관련하여 분류의 경계가 모호하다. 하위 항목을 설정함에 있어 기준이 달라지고 있다는 점도 문제가 된다. 전체적으로 서로 성격이 통하는 동질적인 이야기들이 자연스럽게 한데 모였다고 하기 힘들어, 분류의 유효성에 의문이 생긴다.

기존의 발상을 획기적으로 바꾼 설화분류법으로 조동일이 주도한 『한국구비문학대계』 설화분류안이 있다. 이 분류안에서는 설화의 종류를 크게 '주체가 특이한 설화'와 '상황이 특이한 설화'로 나누어 각각 4개씩 8개의 항목을 설정하고 있는데, 그 명칭이 다음과 같다.

1. 이기고 지기, 2. 알고 모르기, 3. 속이고 속기, 4. 바르고 그르기
5. 움직이고 멈추기, 6. 오고 가기, 7. 잘되고 못되기, 8. 잇고 자르기

이러한 8개의 큰 항목을 다시 내용에 따라 다음과 같은 방식으로 분류해 나가는 것이 특징이다.

65) S. Thompson, *The Types of the Folktale*, Helsinki : Suomalaines Tiedeaktemia Academia Scientiarum Fennica, 1961.
66) 장덕순 외, 『구비문학개설』, 일조각, 1971, 55~57면.
67) 『구비문학개설』의 필자이기도 한 조희웅은 뒤에 설화 전반을 포괄할 수 있도록 분류법을 다듬어, 동(식)물담, 신이담, 일반담, 소화, 형식담의 5분법 체계를 제시하기도 하였다. 조희웅, 『한국설화의 유형적 연구』, 한국연구원, 1983, 15면.

1. 이기고 지기 – 이길 만하기 – 11. 이길 만해서 이기기
12. 이길 만한데 지기
질 만하기 – 13. 질 만한데 이기기
14. 질 만해서 지기

이 분류 체계는 오랜 연구 끝에 나온 것이고, 수많은 구비설화 자료에 실제로 적용된 것으로서 논리성과 함께 유용성을 갖추고 있다. 그렇지만 이는 전설과 민담을 포함한 설화 일반을 염두에 두고 설정된 체계로서, 민담의 유형을 일목요연하게 드러내 보이기에는 부적합한 면이 있다. 서로 성격이 유사한 설화유형들이 '인물'이냐 '상황'이냐의 구별에 따라 멀리 갈라져야 한다는 점, 한 설화유형 내에서 스토리의 변이가 심하게 나타날 경우(예컨대 승리와 패배가 각편에 따라 엇갈리는 경우) 이를 감당하기가 만만치 않다는 점도 이 체계의 난점이다.

민담 자료를 전체적으로 새로 분류하려고 의도하지 않는 한, 현 시점에서 새로운 분류법 체계를 세밀히 안출하는 것은 큰 의미가 없을 것이다. 여기서는 그러한 작업을 시도하지 않는다. 다만 자료에 나타나는 서로 다른 형상화의 방식에 주목하여 몇 가지 큰 범주를 설정해 봄으로써 민담의 다양한 문학적 성격을 가늠하는 데 일조하고자 한다.

앞서 민담의 기본 특징으로서, 그것이 '허구적 상상의 문학'임을 밝힌 바 있다. 이와 관련하여 민담의 종류는 그 상상이 어떻게 발휘되는가에 따라 나누어 볼 수 있다. 비현실적 시공을 넘나들면서 '환상(幻想)'을 펼쳐나가는 민담이 있는가 하면, 현실을 우스꽝스럽게 변형 내지 전도하는, '희극적 상상'을 특징으로 하는 민담이 있다. 그리고 이와 달리 비현실적 상상을 제어하면서 현실에 상응하여 작중상황을 엮어나가는 '사실적 상상'의 민담이 있다. 그 것을 각기 ① 환상적 민담(幻想的 民譚), ② 희극적 민담(喜劇的 民譚), ③ 사실적 민담(寫實的 民譚)이라 할 수 있겠다.

그 특징을 좀더 자세히 살펴보면 다음과 같다.

'환상적 민담'은 말 그대로 환상이 개입하여 현실과 비현실이 한데 어우

러지는 이야기다. 선녀나 산신령, 도깨비 같은 초월적 존재가 등장하거나, 지하국이나 저승세계 같은 초월계를 여행하거나, 구렁이와 여우 등 동물이 사람으로 변신하거나(혹은 사람이 동물로 변신하거나), 호랑이와 토끼 같은 동물이 사람처럼 말을 하거나 하는 식으로 일상적 경험의 틀을 벗어난 신비한 환상이 펼쳐지는 이야기들이다. 흔히 '정통 민담'으로 지칭돼 온, 동화(童話) 류의 이야기가 대부분 여기 해당한다. 다음과 같은 이야기들을 들 수 있다.

> 나무꾼과 선녀 / 우렁 각시 / 해와 달이 된 오누이 / 구복여행(求福旅行) / 구렁덩덩신선비(뱀신랑) / 나무도령 / 여우누이 / 가짜 주인이 된 쥐 / 주먹만한 아이 / 반쪽이 / 거인 장길손 / 콩쥐팥쥐 / 도깨비 방망이 / 도깨비 감투 / 금도끼 은도끼 / 바리데기 / 당금애기 / 사마장자와 우마장자 / 개와 고양이의 구슬 찾기(견묘쟁주) / 호랑이와 곶감 / 두더지 혼인 / 호랑이와 토끼 / 호랑이와 토끼와 수달 / 두꺼비의 꾀 / 토끼와 자라 / ……

위에서 보듯이 동화적인 이야기들이 주로 이 범주에 포함된다. 이 외에 〈바리데기〉나 〈당금애기〉 등 무속신화(巫俗神話)에 해당하는 자료도 설화로 구연할 경우 환상적 민담이 된다. 〈호랑이와 토끼〉, 〈토끼와 자라〉 등은 우화(寓話)에 해당하는 것으로서 여타 이야기들과는 성격이 좀 다른데, 그 또한 '환상적 상상'을 매개로 삼고 있다는 점에서 이 범주에 포괄할 수 있겠다. 환상적 민담은 남성보다 여성 화자에 의해 많이 구연되는 것이 특징이거니와, 이는 여성들이 아이들에게 이야기를 들려줄 기회가 많은 것과 관련이 있다고 여겨진다.

희극적 민담은 인간존재 및 그들의 삶을 희극적으로 변형하여 웃음을 자아내는 이야기다. 일반적으로 소화(笑話)라 지칭돼 온 이야기들이 곧 희극적 민담이다. 사람들이 살아가다 보면 수많은 우스운 사람을 만나고 우스꽝스런 상황에 부딪히게 되거니와, 이를 적절히 포착하고 상상을 보태어 맛을 내면 곧 희극적인 이야기가 된다. 다음과 같은 이야기들이 여기 해당한다.

> 바보 사위 / 방귀쟁이 며느리 / 떡보와 사신 / 건망증 심한 사람 / 새끼 서발 / 거짓말로 장가가기 / 할머니의 호랑이 잡기(팥죽할멈과 호랑이) / 부부의 떡 싸움 / 장님 남편과 벙어리 아내 / 사돈과의 동침 / 열두 바퀴째 돈다 / 과부와 머슴 / 주인딸에게 장가간 머슴 / 내 병 다 나았다 / 소박맞은 세 딸 / 음흉한 소금장수 / 스님 골린 상좌 / 꾀쟁이 하인 / 정승 골린 사람(꾀많은 평양감사) / 봉이 김선달 / 오성과 한음의 장난 / 이의 울음 / 꼬부랑 할머니 / 끝없는 이야기 / 꽁지 따기 / ……

전체적으로 어리석은 사람 또는 어리석은 행동을 소재로 한 이야기가 많은 가운데, 또 한편에 유별난 꾀로 남을 교묘하게 골려먹는 인물들에 관한 이야기가 한몫을 차지하고 있다. 그리고 육담에 해당하는 이야기들이 또한 희극적 민담의 영역에서 중요한 자리를 차지한다. 어희(語戲)를 포함한 형식담(形式譚)은 좀 성격이 특수한 면이 있지만, 웃음을 목적으로 하는 놀이적 이야기라는 점에서 희극적 민담의 범주에 포함시킬 수 있을 것이다.

희극적 민담의 범주와 관련하여 짚고 넘어갈 사항이 두 가지 있다. 첫째, 희극적 민담에는 짤막하고 단순한 이야기들만 있는 것이 아니라는 점이다. 〈꾀쟁이 하인〉이나 〈정승 골린 사람〉, 〈봉이 김선달 이야기〉와 같이 길고 진진한 이야기들이 한몫을 차지하고 있다. 희극적 민담의 문학성을 낮추어 보는 시선은 정당하지 않다. 둘째, 역사적 인물이 등장하는 설화들도 여기 포함될 수 있다는 점이다. 오성과 한음의 장난에 얽힌 이야기나 봉이 김선달 이야기는 특정 인물을 등장시키고 있지만, 이들을 전설이라고 하기는 어렵다. 이들은 역사적 인물로서보다는 가상적·상징적인 캐릭터로서 흥미와 웃음을 유발하고 있다. 이 이야기들은 민담, 특히 희극적 민담으로 보는 것이 실상에 맞는 판단이다.

다음, 사실적 민담은 이야기내용이 사실적·현실적으로 엮어지는 민담이다. 흥미 중심의 이야기이면서도, 환상적·희극적 요소에 기대지 않고 현실적 가능성의 테두리 안에서 스토리와 작중상황이 엮어지는 것이 곧 사실적 민담이다. 환상적·희극적 민담에 속하지 않는 수많은 이야기들이 두루 여기 해당하거니와, 사실적 민담은 그 폭이 넓고 이야기 종류가 많다. 인간만사에 관계되는 수많은 이야기들이 전해지고 있다. 다음과 같은 것들이다.

천냥짜리 점 / 복많은 백정딸 / 내복에 산다 / 농삼과 이시미 / 호환 운세 벗어난 아이(삼정승 딸과의 결연) / 돈 천냥의 구원 / 세 번의 죽을 고비(정수경전 유형) / 임금과 사주 같은 사람 / 추노(推奴) 길의 구사일생 / 원수가 된 친구(옥단춘전 유형) / 금시발복 명당 / 사자생손지지(死者生孫之地) / 아전 누른 원님 / 선생 장가보내기 / 시골사람 서울사람 / 하룻밤에 만리장성 / 아내는 남 / 아버지의 유언 / 가장 말 따르는 집안 / 친딸보다 나은 양아들 / 상가승무노인탄, / 시어머니 길들인 며느리 / 출세한 막내사위 / 급제한 백정 아들 / 어사 박문수의 암행에 얽힌 수많은 이야기들 / 숙종대왕 미행(微行)에 얽힌 이야기 / ……

사실적 민담은 특히 조선후기에 들어 크게 발흥한 것으로 보이는바, 야담집에 많은 이야기들이 수용돼 있다. 현전 구비설화 자료에 있어서도 사실적 민담이 차지하는 비중은 막대하다. 그럼에도 그간 이 이야기들은 민담으로서의 성격이 제대로 인식되지 못한 채 전설과 민담 사이에서 제자리를 못 잡았던 적이 많았다. 특히 박문수나 숙종대왕에 얽힌 많은 설화에 대해서는 그간 그것을 '인물전설(人物傳說)'로 보는 시각이 우세했었는데, 오성과 한음이나 김선달 이야기와 마찬가지로 이들을 민담에 포괄하는 것이 온당하리라고 여겨진다.[68] 그것은 사실(事實)로서 전해지는 이야기라

68) 오성대감(이항복)이나 박문수에 대한 이야기를 전설이 아닌 민담(고담)의 범주에 포괄하는 관점에 대해서는 신동흔, 「역사인물담의 현실대응방식 연구」, 서울대 박사학위논문, 1993의 제3장 참조.

기보다는 '그럴듯하게' 꾸며진 흥미로운 이야기로서 제 역할을 다하고 있는 것이다. 이들이 여타 민담과 함께 이야기꾼의 주요 구연종목으로 포함되고 있는 것은 우연이 아니다.

사실적 민담은 민담의 허구적 지향성에 '사실성(事實性)'의 구심력이 함께 작용함으로써 긴장감을 자아내곤 한다. 그것은 성인(成人)들의 이야기판에서, 특히 가벼운 오락을 넘어선 진지한 문학적 소통의 장에서 아주 중요한 존재였다. 이 사실적 민담의 유산에 대한 재인식은 민담의 세계를, 설화의 세계를 바르게 이해하기 위한 하나의 관건이라고 할 것이다.

이상 민담의 종류를 크게 셋으로 나누어 보았는데, 실제로 그 경계가 뚜렷이 나누어지는 것은 아니다. 경계선 어름에 놓이는 설화유형들이 적지 않으며, 같은 이야기라고 하더라도 각편(version)에 따라 지향점이 갈릴 수 있다. 위의 범주 구분이 실제 민담 자료의 다양한 가능성을 기계적으로 재단하는 형태로 적용된다면 그것은 이 글의 본뜻에 어긋나는 일이다. 여기서의 유형범주 구분은 단지 민담의 다양한 문학적 존재방식을 효과적으로 드러내 보이는 데 그 의도가 있음을 밝혀둔다.

4. 민담의 구조와 표현방식

1) 민담의 구조

민담은 일차적으로 흥미를 위해 존재한다는 점을 앞서 말한 바 있다. 이는 민담이 흥미를 자아낼 수 있도록 형상화돼야 한다는 것을 뜻한다. 서사구조가 그러해야 하며 문체와 표현이 또한 그러해야 한다.

구전되는 수많은 민담의 발생 원천은 크게 두 가지로 집약할 수 있다. 하나는 사람들의 '경험'이고 또 하나는 '꿈'이다. 환상적 민담이 주로 꿈을 바탕으로 삼아 구성된 것이라면, 희극적 민담과 사실적 민담은 현실적 경험에 원천을 두고 있는 것이 많다. 그 꿈과 경험은 애초에는 산만하고 사적(私的)인 경향이 짙어서 사람들이 두루 공유할 수 있는 보편적 흥미와 교훈을 지니기 어렵다. 그 보편성(普遍性)은 바로 이야기 전승과정에서 획득되는 것이라 할 수 있다. 사람들의 입을 거치면서 보다 쉽게 마음에 각인될 수 있는, 누구에게나 재미와 메시지를 전할 수 있는 이야기로의 구조화가 성취되는 것이다. 우리가 접하는 민담은 그와 같은 구조화 과정을 거쳐 살아남은 것들이라 할 수 있다.[69)]

민담의 구조는 순차적 구조와 대립적(병립적) 구조, 두 차원의 복합으로 이루어진다. 순차적 구조란 프로프(V. Propp)에 의해 개척되고 던데스(A. Dundes) 등에 의해 계승된 개념으로, 이야기 진행 순서에 따른 서사요소[70)] 간의 유기적 짜임-예컨대, '결핍-결핍의 해소', '금기-위반-결과' 등-을 말하는 것이다. 그리고 대립적 구조란 서사적 순서와 상관없이 이야기의 바탕에 깔려있는 '생(生)/사(死)', '선(善)/악(惡)', '천(天)/지(地)', '남(男)/녀(女)', '귀(貴)/천(賤)', '화(禍)/복(福)' 등의 대립요소가 형성하는 상관관계를 일컫다. 결국, 민담의 구조란 그 바탕에 놓인 대립적 구조가 서사적 전개와 어떻게 맞물리는가를 분석함으로써 드러나게 된다고 할 수 있다.

이야기 예를 통해 민담의 구조와 의미를 분석해 보이면 다음과 같다.

(1) 예전에 세 자매가 짝 없이 처녀로 살고 있었다.
(2) 그 이웃집에 사는 할머니가 구렁이 아들을 낳았다.
(3) 위의 두 딸이 징그럽다고 피했으나 셋째 딸은 신선비라며 칭찬하였다.

---

69) 이러한 구조화는 전설에서도 이루어지는 것이지만, 특히 민담에서 관건이 된다. 전설의 경우 '실제 있었던 일'이라는 요소와의 긴장을 통해 문학적 의미가 성립되는 데 비하여, 민담은 그 자체의 서사적 완결성에 입각하여 재미와 의미를 성취해야 하기 때문이다.

70) 이를 프로프는 기능(function)이라고 했고 던데스는 단락소(motifeme)라고 했다. V. Propp, *Morphology of the Folklore*, 2nd ed., American Folklore Society, 1968 및 A. Dundes, *The Morphology of North American Indian Folktales*, F F Communication No. 195, SuoMalainen Tiedeakatemia Academia Scientiarum Fennica, 1980 참조.

(4) 막내딸은 구렁이에게 시집을 갔다.
(5) 구렁이가 목욕을 하고는 훌륭한 신랑으로 변신하였다.
(6) 신선비가 아내에게 뱀 허물을 잘 간직하라고 하였다.
(7) 동생을 시기한 언니들이 몰래 뱀 허물을 태웠다.
(8) 신선비가 집을 떠나 돌아오지 않았다.
(9) 아내가 길을 떠나 신선비 사는 집에서 묵으면서 노래로 사정을 호소하였다.
(10) 신선비가 아내를 받아들여, 함께 행복하게 살았다.

유명한 〈구렁덩덩신선비〉(뱀신랑) 이야기의 짜임새를 정리한 것이다. 그중 셋째 딸에 초점을 맞출 때, 이 설화의 순차구조는 어렵지 않게 파악된다. 짝 없이 사는 '결핍'의 상황(1)으로부터 해결의 실마리를 찾아서(2–3) 결혼에 성공하여 '결핍의 해소'가 이루어지는 것(4–5)이 하나의 흐름(시퀀스; sequence)[71]을 이룬다. 이어서 금기(6)를 위반(7)한 결과로 시련에 처했다가(8), 그 결과로부터의 도피(9)를 시도하여 결핍의 완전한 해소(10)에 이르는 흐름을 통해 서사구조가 완결된다. 곧 다음과 같이 요약할 수 있다.

시퀀스 1 : 결핍-해결의 시도-결핍의 해소(임시)
시퀀스 2 : 금기-위반-위반의 결과-해결의 시도-해결과 결핍의 해소(완전)

이와 같이 이 설화는 한 평범한 여성이 시련을 거치면서 훌륭한 배필과의 행복한 삶을 성취하는 과정을 보여주고 있다. 좋은 배필과 행복한 삶에 대한 소박한 꿈이 담긴 설화라 할 수 있겠다.

한편, 이 설화의 바탕에는 몇 가지 대립요소가 맞물려서 병립적 구조를 형성하고 있다. 신선비와 세 딸이 '남/녀' 및 '성(聖)/속(俗)'의 대립관계를 이루며, 막내딸과 두 언니도 '선/악'(또는 유능/무능)으로서의 대립관계를

71) 서로 긴밀하게 결합되는 화소(motif) 또는 단락의 연쇄를 시퀀스(sequence)라 이른다.

맺고 있다. 거기에 신선비가 그 자체 '표면(징그러움)/이면(훌륭함)'의 양면성을 지니고 있다는 점이 변수로 작용하고 있다. 이러한 여러 요소가 서사적 흐름과 맞물리는 가운데 이 설화는 또 다른 차원의 의미를 드러낸다. 막내딸이 두 언니와 달리 표면의 모습 대신 이면의 본성을 선택하는 데서, 감춰진 미덕의 가치를 중시하는 세계관이 표출된다. 막내딸과 두 언니의 다툼을 통해서는 선과 악의 대립 갈등으로서의 인간의 삶이 문제시되며, 신선비가 금기를 내리고 또한 일방적으로 길을 떠나는 데서 세속에 대한 신성의 우위, 또는 여성에 대한 남성의 우위가 문제시된다. 그 각각의 대립과 맞물려 '행(幸)/불행(不幸)'이 엇갈리는 것이 이 설화의 구조적 특성이다. 행복에 대한 소박한 꿈을 성취하기 위해서는 이러한 갖가지 요소를 감당해 나가야 한다는 인식이 그 속에 담겨 있다.

이처럼 민담의 구조 속에는 '흥미'와 함께 '의미'가 내재돼 있다. 민담을 훌륭히 구연하기 위해서는 이러한 순차적·대립적 구조를 적절히 포착해 드러내어 효과적으로 각인시키는 능력이 필요하다. 유능한 설화 구연자는 의식 무의식중에 이와 같은 역할을 수행하고 있다고 할 수 있다.

2) 민담의 표현방식과 문체

이야기의 짜임새를 잘 갈고 다듬는 것으로 훌륭한 민담 구연의 요건이 충족되는 것은 아니다. 그 못지 않게 '표현'의 측면이 중요하다. 작중상황이 묘미 있게 형상화되어 실감나게 전달돼야만 민담 본래의 역할을 다할 수 있다. 실제로 훌륭한 민담 화자로서의 이야기꾼은 표현능력을 가다듬는 데 심혈을 기울이는 것이 상례다. 그를 통해 '작품'으로서의 이야기의 맛이 살아나기 때문이다.

다음 두 대목을 비교해 보자.

> 그래서 야중이 인저 박문수가 먹구선 애기했어, 하루 저녁 자고선.

"애기 들으니께 내 당숙이 된다고 했다면서?"

그러니까, 아 그렁께 이 백정이 마루 밑이가 꿇어앉아서,

"아 저 죽을 줄 몰랐으니께 살려 달라"고 사과를 하네.

예전에 잘못 하면 저 같이 사는 저 마누라도 땅에 가서 엎드려 사과하능겨, 양반한티는.

"하 저 죽을 줄 모르고 했으니 살려 달라"구.

아 뜰 모퉁이에 가서 엎드려서 그라닝게

"아 이게 무슨 짓이냐"구. "아이구 그럴 [……] 어여 오라"구.

박문수가 인저 끌어올렸어.

"여보 그 당신이 그러능 게 아니라"구. "나도 애기를 듣구 인제 참 우떤가 와봤더니 사실 그대루다 당신이 애길 했더라"구. "내가 듣구서 우떤 분인가고 내 방문해 왔다." 그러니께

"아 그러시냐"구 말여.

그래서 거기서 한 몇 달을 묵었어. (〈백정과 박문수〉, 1987.8.28. 탑골공원, 박준기(81) 구연)72)

박문수가 들으니 이런 담대헌 놈이 없습니다. 자기가 명관 어산디 어사조카님이라고 그러는디 이늠이 당돌허기가 한량없어요. 그래서 어사가

'하 요놈 보통놈이 아니다. 요놈이 날보고 어째 조카라고 허는가 내력을 알아야겠다.'

들어갔어요. 들어가니까, 이놈이 미리서 어사 오면 대접헐라구요, [……] 올러가게 차담상을 아주 훌륭하게 만들어 놨어요. 거멍 암소갈비 대여섯개 해놓고는. [청중:웃음] 아 이늠이, 들어갔는디 착석을 시키더니 차담상이 나옵니다. 그래 걸게 대접을 해. 그래서 인자 안 먹을려고 시앙(사양)을 하니께.

"어사 조카님, 잡숫구 애기합시다." [청중:웃음]

그래서 먹고나 본다고 그놈이 권자 바람에 쪼끔 궁금도 허니께 요길 허고 나서,

"대관절 너는 뭣허는 놈이냐?" 인제 어사가 물읍니다.

"내가 이 고을 도살하는 백정놈입니다. 내가 도살 직업을 가지고 돈을 수백냥을 벌어서 내가 요부허게 잘 사는데, 근동 양반들이 심심허면 나를 잡어다 쌀가마니나 내놓고 돈십냥이나 내노라고 해서 불응하면 잡아다가 볼

72) 이하에 인용되는 탑골공원 민담은 1987~1999년 사이에 신동흔이 채록한 것이다.

기를 치고, 그래서 내가 내놓고. 매는 매대로 맞고 돈은 돈대로 재산은 뺏깁니다. 그래서 어사님이 내 조카 노릇 한 번만 해주면 내가 이걸 모면허겄어서 그래서 내 어사님보고, 당돌히 어사님보고 조카라고 했으니 살려주쇼." 그래 빕니다. [청중:웃음] (〈백정과 박문수〉, 1987.9.8. 탑골공원, 조일운(80) 구연)

위 이야기는 둘 다 탑골공원에서 채록한 〈백정과 박문수〉의 각편들이다. 인용한 부분은 박문수가 자기 친척 행세를 하고 있는 백정을 찾아가 신분을 밝히고 조처를 하는 대목인데, 두 각편은 비슷한 내용을 제시하면서도 문학적 성취에 있어 큰 차이가 있다. 앞의 이야기에서 둘의 만남이 싱겁게 끝나 별 재미나 의미를 전하지 못하는 데 비하여, 뒤의 이야기에서는 작중상황에 활기와 생동감이 넘쳐흐르는 가운데 신분차별에 대한 항변이라는 의미가 잘 구현되고 있다. 인물과 사건을 훌륭히 '표현'해낸 결과다.[73] 앞 이야기의 화자와 달리 뒷 이야기의 화자가 훌륭한 이야기꾼으로 대접받는 것은 당연한 일이다.

민담을 흥미진진하게 살아나도록 하는 표현의 방식에는 여러 가지가 있다. 표정이나 동작과 같은 문학외적 요소를 차치하고서도, 인물과 상황에 대한 치밀한 묘사, 인물 대사의 극적 재현, 청중을 끌어들이는 묻고답하기식의 구연, 묘미 있는 비유적 표현과 다채로운 공식적·관습적 표현, 상식의 허를 찌르는 허풍과 과장, 시공을 넘나드는 너스레 등등 여러 요소를 들 수 있다. 뛰어난 이야기꾼은 이러한 여러 표현기법을 적절히 활용함으로써 이야기의 맛을 살린다.

장인장모는 에 저 심봉사 뺑덕어머니 데리구서 밥 읃으러 댕기드끼 여기저 씻지두 못허구 새카먼 연탄재같이 해가지굴라므니 밥을 읃어먹으러 댕겨 지금. (1997.10.9. 탑골공원, 노재의(77) 구연)

---

73) 이에 대한 더 자세한 내용은 신동흔, 「역사인물담의 현실대응방식 연구」, 서울대 박사학위논문, 163~164면 참조.

> 옥수겉은 쌀밥에 불콩을 드문드문 받어가아 영자투구겉이, 한 그륵 담제, 크으 원산바닥(바다) 팔뚝서리 겉은 조기 온 바리(마리) 알 밴 창(채) 꿉어 주제, 명절 되이끼네 선품 불불이 들오제 (대구 달성공원, 심종구 구연)[74]

> 을마 있다가 보니께 아 그늠이 저기 오는데, 이렇게 보니께 아 밤에 뻴거딩 이루 떠갇, 나간 녀석이 오는 데 보니께 좋은 도포이다 올뜨기 망건에 통녕갓 이다 해 썼는데 [청중:웃음] 햇볕이 났는데 이 갓양테가 옻칠을 해서루 그 햇볕에 뻔쩍 뻔쩍 뻔쩍하구 오거든. (1987.9.8. 탑골공원, 봉원호(71) 구연)

> 이늠을 갖다가 미역에다가 쇠괴기를 느서 하얀 쌀밥을 해가지구 두 모자가 앉어서 이늠을 먹으니께, 만날 조당수만 먹던 사람네가 하얀 쌀밥에다 미역국에다 쇠괴기국을 끓여가지구 먹으니께 섯바닥이 장구 열채 돌리듯 하고 목젖이 여기오너라 하구 배꼽이 해해 웃도록 앉어 먹었수그랴. [청중:웃음] (1993.2.18. 탑골공원, 봉원호(77) 구연)

> 그래서 제가 여기서만 이렇게 떠드는 게 아니고 저는 전국엘 다 댕깁니다. 노인대학, 복지회관 부녀회관 경로당, 여름이면 해수욕장 공원, 파고다공원 여기가 본거지에요. 파고다공원 남산공원 우이동 정릉 효창공원 사직공원 인천의 만국공원, 대전의 보문산공원 대구 달성공원, 제주도 서귀포 흑산도 울릉도 거제도 연포 대천 만리포, 음성 증평 괴산 충주 청주 예·덕산 홍·광천, 소사 부평 동인천 주안 월미도, 의정부로 강원도 속초까지 이거 지가 댕기면서 후라이치는 무대에요. (1998.3.28. 탑골공원, 김한유(87) 구연)

이상은 이야기꾼이 구연한 민담에서 비유적 표현 내지 공식적·관습적 표현의 묘미를 살린 대목을 몇 개 뽑은 것이다. 대상의 특징을 포착하는 재미있는 비유와 줄줄이 이어져 나가는 관습적·장식적 표현이 이야기의 맛을 한껏 살려내고 있다. 이러한 표현이 나올 때에 청중은 유쾌한 웃음을 터뜨리면서 이야기 속에 흠뻑 빠져들게 된다.

다음은 허를 찌르는 허풍과 과장, 너스레를 통해 이야기의 맛을 살린 대

74) 천혜숙, 앞의 논문(1984), 104면.

목들이다.

"아이고 이것이 왠일이요, 죽은 줄 알았디만 살아오니 왠 말이요, 하늘에서 떨어졌나, 땅에서 솟아났나." (…) 울너메 담너메 물 이러 갔던 여자도 울고, 오는 여자도 울고 가는 여자도 울고, 마당아 좋늠 마당 씨다가 울고, 청 밑에 강아지도 울고 마판에 망아지도 울고, 오는 사람 가는 사람 얼매나 울어났던지 마아 눈물바다가 돼가주고 낙동강 기리이(기러기)가 시바리(세마리) 날라 왔더란다. 이 이건 거짓말이다. (대구 달성공원, 심종구 구연)[75]

이 여자가 어떤 여자냐? 사흘 전에 아들을 낳는데 아들이 어머니 하문에 나오다 죽었어요. 게 어린앤 갖다 묻었는데 그 아이 어머니 젖이 오만원짜리 수박만헌 놈의 것, [청중:웃음] 젖탱이가 뽀얀 놈이 대추같은 젖꼭지 두 개가 달렸어. (중략) 젖을 이렇게 이렇게 이렇게 만져가지고서 꾹 눌르니께 중부서에 소방대 뽐뿌는 저리가라여. [청중:웃음] 찍 나가는디 [청중:웃음] (1998.4.14. 탑골공원, 김한유 구연)

네리쳤는디, 박장수의 모가지가 뚝 떨어지야 허는디, 안 떨어졌어. 무에가 떨어졌느냐? 머리 위에 상투가 있는디, 은동곳 박은 상투만 짤러졌어요. 상투가 뚝 떨어지니께 머리가 확 내려왔는디, 그게 요전에 젊은애들 허던 히피 대가리, [청중:웃음] 그게 그때버텀 유행이유. [청중:웃음] (1998.3. 17. 탑골공원, 김한유 구연)

증말 그 말루 세번을 하구서두 장가가 가지구서 아들 딸 낳고.
엊그저께 그 재인(장인) 영감은 죽은 델 내가 알어. 죽고 그 사위는 그 외손자를 여섯잉가 일곱잉가 났더라고. 가서 다 보니까. [청중:웃음] (1991.2.21. 논산군 두마면 엄사리 김병학(62) 구연)

상식을 뛰어넘는 엉뚱한 과장과 허풍, 과거와 현재를 넘나들면서 청중의 혼을 빼놓는 너스레가 빛을 발하고 있다. 주로 '희극적 민담'에서 많이

---

75) 이 자료는 천혜숙, 앞의 논문(1984), 104면에서 인용한 것임.

활용되는 이러한 기법이 이야기의 맛을 흠뻑 살리고 있음은 물론이다. 그것은 상식을 넘어선 차원에서 펼쳐지는 '상상의 즐거움'을 마음껏 발휘하면서 사람들로 하여금 유쾌한 웃음 속에서 하나가 되도록 하고 있다. 민담의 기본 기능 가운데 하나다.

청중의 예상을 깨뜨리고 비어나 속어를 거침없이 사용하는 것 또한 흥미를 불러일으키는 기법 중의 하나다.

> "할머니? 나 나무 함번만 해 가께요. 나 낼부텀은 안오께요." (중략)
> "[괴퍅스런 목소리로] 너 이놈의 새끼, [청중:여자가?] 홍, 노인네가. 야 이 요놈의 새끼, 안 온다구 허더니 또 왔어 요놈우 새끼. [청중:웃음] 야 이 죽일 놈의 새끼 후랴들눔 같은 눔."
> 해가머 쫓아오거덩? [청중:인제 막 가다를 내능구먼.] 홍. 가다를 막 내서.
> "[좀더 실감있게 흉내내서] 이 후랴덜눔의 새끼가. 이놈의 새끼가…, 어제도 안 안다구 해서는 내가 양보해줬더니, 오늘 또 와? 요놈으 새끼." [청중:웃음] (부여군 홍산면 이인순(여. 53) 구연. 『한국구비문학대계』 4-5, 784면)

> 이놈은 가서 확 뜯어제낀게 이놈으 벌이 나와갖고 막 냅다 이마박을 딜이 쏘고 눈퉁이를 막 쏘는디, 한두 마리가 아니라 수십 마리 나와갖고는 대감 이마박을 눈깔을 막 딜이 쏘는가. 주둥팽이를 막 쏘고, 코빼기를 쏙, [일동:웃음] 그냥 식구대로 막 쏘는디, 그냥 막 정신이 없지. 그냥 따가와갖고 헐수 없어서 걍 아 그냥 메누리가 시애비 배지를 치고 자빠지고 걍. [일동:웃음] 시애비란 놈은 걍 걍 메누리 저 사탱이다 그냥 대그박 처박고 걍 죽겄다고 그러고. (정읍군 태인면 서보익(76) 구연. 『한국구비문학대계』 5-6, 187면)

> 아 그러니께 이늠이 그 가운데 옆에서 뻘거딩이가 네 활개를 쭉 피구서 죽은 척 하구 눈을 딱 감구 있지. 일개 순래꾼 하나가 이렇게 츠음에 와 여 딜여다보더니,
> "에 우떤 놈이 밥순갈 놨구나." 그랴. [청중:웃음]
> 아 그라더니 그 둘째뇜이 와 떡 딜여다보더니
> "아이 워떤 눔이 부랄 자지 좆두 굉징히 큰 뇜이 뒤졌느니라" 하구 지나가. [청중:웃음]
> 그러더니 마지막에 있는 세쨋눔이 떡 와 딜여다보더니, 요걸 탁 치더니,
> "옳다. 우리 아버지 약을 하나 구했구나". 그라거든. [청중:아이구]

그라면서 하는 말이 뭬라구 하는고 하니,

"우리 아버지가 무슨 병이 들어가지구 팔년을 고상을 해서 좋다는 약을 죄 해다 멕여두 안 낫는데, 이 객사한 눔에 부랄 자지를 벼다 쌂아 멕이면 우리 아버지 병이 났는다"는겨. [청중:웃음]

아 이뇜이 가만히 눈 깜구 들으니께 지와집이서 떠난 건 아무것두 아니구 아 큰 놈을 또 하나 만냈어. [청중:계속 웃음] (1987.9.8. 탑골공원, 봉원호 구연)

이와 같은 비어나 속어의 사용은 단지 흥미 유발에만 기여하는 것이 아니다. 화자가 스스로 가식을 훌쩍 벗어던짐으로써 화자와 청자 사이의 '마음의 벽'을, 더 나아가 '사회적 금기'를 매우 효과적으로 깨뜨리고 있는 것이다.

그렇지만 민담에서의 '표현'의 본령은 뭐니뭐니해도 '묘사적 재현'에 있다고 할 수 있다. 인물이나 배경, 상황의 핵심을 포착하여 묘사함으로써, 또한 인물의 대사를 실감있게 재현해냄으로써 이야기의 맛이 진진하게 살아나게 된다. 환상적 민담과 희극적 민담, 사실적 민담에 두루 적용되는 특징이다. 민담의 구연에 있어 묘사력은, 구성력과 더불어, 이야기의 성패를 판가름하는 기본적 요소라 할 수 있다.

앞에서 〈백정과 박문수〉에 대한 두 화자의 묘사력을 비교하였었거니와, 이야기꾼이 선보이는 장면묘사의 진수를 두어 개만 더 보기로 한다.

"아이고 선생님. 죽어도 우리 아버님만, 내가 죽어도 내 목숨이 끊어지더라도 우리 시아버니만 살려주십시요." (중략)

"음. 참 니 말이 참 기특허고 고맙다. 그러니 내가 살려주마. 니가 고마워서 내가 너를 살려 느그 아버지를, 느그 시아버지를 내가 살려준다. 살려주나 절반밖에는 내가 못 살려주겠다" 말이여.

"아이고 선생님! 마마장자님! 그러기라도 좋게, 그만치만 해주셔도 내가 내 마음이 좋아집니다."

"그러면 내가 허라고 허는 것을 다 허겄느냐? 못 허겄냐?"

"앗 사마장자님! 마마장자님! 선생님이 죽으라고 허면 죽고 살으라고 허면 살랍니다. 말씀 허십시요."

"음 그래. 그러면 내 애기를 잘 들어 봐라. 떡쌀 일곱 섬을 담구겄냐?"

"예, 허겠습니다." 이렇게 대답을 해.

"그러면 술, 쌀을 일곱섬을 허겄냐?"
"예. 허겠어유."
"다 허겄냐?"
"다 할랍니다. 우리집이 있는 곡식이 다 썩읍니다. 그런디 어쩐들 마마장자님이 시기는 대로 못해요? 곡간에 첩첩 묵은 수백년 묵은 곡식이 쌀이 썩어요. 나락도 썩고, 보리도 썩고. 보리는 하나 까닥도 안허고 그대로 썩은 놈도 있고 새놈도 있고 그런디, 어쩐들 안해드리겠습니까?"
"그려. 느그가 그런 양심을 갖고, 너는 남의 출가외인이지만 느그 사마장자, 느그 시애비 놈은 목도 잘라서 죽이야 혀. 괘씸한 놈이다. 그러니 내가 너를 봐서 꼭 하나 갈쳐준다."
"참 선생님! 감사합니다. 마마장자님, 마마장자님, 감사헙니다." (장성군 황룡면 유정숙(여. 54) 구연. 『한국구비문학대계』 6-8, 550~551면)

그래 이걸 어트게 좀 말을 물어볼까 아주 궁리를 헤여, 이느무 여자가. 아 그라는 도중에 담배를 썩 내서 태우는데 보니께 아 그 사람은 기생년하구 똑같은 담배를 내서 태운다 이거여. [청중:웃음] 아 그라구선 아까 그 사람네는 그런 슴찌(?)를 태우는데. 그래 저 남자가 홀애비만 같으면 좋기는 좋겄는데, 이걸 워트게 말을 좀 붙여 볼라구 연구를 하는 도중에 이 건달 녀석이 담배를 뜩- 태우고 나더니,
'저느무 여자가 워디 살며 워디 여 와 섰나?'
지두 궁금증이 나, 이놈두 또. [청중:웃음] 아 이늠이 먼저 말을 붙였네.
"아 부인, 워디 살며, 워디 가시다가 이 정자나무 밑에 와 섰우?" 그랴.
아 그 소릴 하는디 우티기 반가운지 물러, 이 여자가. [청중:웃음] 그래 이 여자가 하는 소리가 그짓말을 하능겨.
"나는 살기는 서울 열두다방골 살지마는 내 친가가 서울(시골의 잘못임) 아무 이러저러한 덴데, 시방 친가에를 가다가 날두 하두 덥구 이래서 이 그늘이 두터운 정자나무 밑에 와 나는 섰오. 그런데 나는 그런 사람이지만, 양반은 워디 사는데 워디 가시다 여 와 섰오?"
여자가 또 물어. 그라니께 [청중:남자 신분 먼저 알라구] 아 이늠두 또 그짓말을 하네.
"나는, 저기 저 사람네는 시방 인저서 모를 심는데, 우리 논은 아주 대한 물갈이여. 하늘에서 비가 안 져두 그냥 대한 물갈이라 물꼬에 물이 철철철 넘어가는데, 우리 모는 일찍 심어가지구서 시방 이만한데, 베가 시커멓다"

구.

"그런데 내가 일꾼을 둘을 두구 농사를 지유. 아 그란데 모 다 심었지, 소를 큰 거 두 바리 멕이구 그라는데, 아 나는 집이(집에) 있으나마나라구. 아 일꾼 둘이 물꼬 보구 소 거두구 하는데 내가 있을 필요가 읎는데…" 서울은 수없이 댕기구 친구두 많은 놈이 부러 그랴. "서울이라는 데는 얘기만 듣구 내 서울 구경차로 나섰오." [청중:웃음] 그라거든.

아 그러니께 이 기생년이 그런 줄만 알구서,

"아 그러시면, 그럼 시방 내우분이 양친해 계슈?"

그라니께 이놈이 하는 소리가,

"우리 마누라 죽은 지가 삼년채유. 그래서 내 시방 홀애비루 있우."이라거든.

아 그러는데 이게 워트게 반가운지 몰러. [청중:웃음]

"아 그러면 아까 나 얘기한 게 그짓말입니다." 여자가 하는 소리가, "내가 이 나이 이쩍 돼두 정한 냄편 없구 앞에 크는 자식이 하나두 없우. 그래서 내가 나스기는 여 시굴에 친가두 읎구, 아까 그 내가 얘기항 게 그짓말인데, 당신과 같은 남자를 하나 골르러 나슨 사람유. 그런데 당신두 홀애비나두 과분데 좌우간 하늘에서 지시를 했는지 우리가 연분이 있어 그런지 이 정자나무 밑에서 홀애비 과부찌리 만냈이니, 당신 머리가 새카만데 그 껌은 머리가 하얗게 배꽂이 피두룩 나허구 같이 평생을 같이 살면 워떻겄우?" 여자가 이려.

그러니께 아 이 이선달놈이 또 애길 하네.

"나두 아까 얘기한 게 발간 그짓말유. [청중:웃음] 당신이 나하구 산다구 하니께 내 실제적 얘기유. 당신이 나하구 산다면 오늘 저녁에 밥 두 상거리가 있어야, 두 상 사서 당신 한 상 먹구 나 한 상 먹구, 그 살기루 작정이면 방은 워디 남우 동 서포(?)래두 하나 읃어 산다구 하지만…" 옛날에 솥도 안 나올 때, 탕반 나왔지, 저 탕반솥, "그게 탕반 하나 사야지, 숟갈 두 개 사야지, 사발 두 개 사야지, 대접 두 개 사야지, 뭐 종발 두 개 접시 두 개 사야지, 이건 고사해 놓구 오늘 저녁 밥 두 상 거리두 읎구, 나 시방 가진 것이 뭐냐면 부랄 두 개허구 좆뱀이 읎다"능겨. [청중:웃음] 허허허. (1987. 9.8. 탑골공원, 봉원호 구연)

구비설화란 문자로 옮겨놓으면 본래의 맛이 대폭 감퇴되기 마련이다.

위의 대목들 또한 예외가 아닌 듯하다. 그러나 실제 구연 현장에 있어 실감 있는 묘사가 이어져 나가는 민담이 발휘하는 힘은 대단하다. 청중들이 눈과 귀를 모은 채 한 마디 한 마디에 집중하는 가운데, 때로는 고개를 끄덕이고 때로는 웃음과 감탄의 말로 화답한다. 이야기가 나타내 보이는 그 흡인력은, 다른 어떤 연희와 비교해도 떨어지지 않는다고 할 수 있다. 사람들이 부대끼는 생활의 현장에서 민담이 발휘하는 이와 같은 문학적 · 예능적 힘에 대한 올바른 인식이 필요하다.

5. 민담에 담긴 민중의 삶과 꿈

앞서 민담의 개념을 설명하면서 언급한 대로, 민담의 1차적 존재의미는 흥미에 있다고 할 수 있다. 그렇지만 민담이 단지 시간 때우기 식의 흥미를 위해 존재하는 것이 아님은 물론이다. 그 이면에는 사람들의 삶과 꿈이 새겨져 있다.

민담의 작중세계는 사람들의 삶을 반영한 것이면서도 그와는 일정하게 절연돼 있기도 하다. 민담은 '상상'의 이야기이며, '남'의 이야기이고, '옛날(과거형의)' 이야기이다. 그것은 여러 측면에서 전승자들의 직접적 삶, 곧 현실적 이해관계로부터 벗어나 있다. 객관적인 대상적 존재로서 존재하는 것이 민담의 작중세계다. 그리하여 사람들은 자유롭고 편안하게, 사심(私心) 없이 그 세계를 음미한다. 민담 속의 삶은 허구임으로 해서 더욱 진실할 수 있다.

앞서 민담의 범주를 크게 셋으로 나눈 바 있는데, 각각의 범주에 따라서 삶과 꿈을 채색하는 방식에 일정한 차이가 있다. 그러나 그 차이는 유형(type)과 각편(version) 차원에서도 발견된다. 엄밀히 말하면, 모든 이야기들이 고유의 특성을 지니고 있다고 할 수 있다. 그 드넓고도 미묘한 세계를 온전히 드러내는 것은 쉽게 감당할 만한 일이 아니다. 여기서는 각 범주에 속하는 몇몇 이야기 예들을 통하여 그 단면을 살피는 데 만족하기로 한다. 민담 전승의 기본 주체로서의 일반 민중(民衆)의 삶과 꿈에 논의의 초점을 맞출 것이다.

1) 환상적 민담

환상의 세계를 펼쳐나간 여러 민담 가운데도 가장 유명한 것은 아마도 〈나무꾼과 선녀〉일 것이다. 이는 금강산에 얽힌 전설로도 전해지는 것인데, 일반적으로 민담의 형태로서 전승돼 왔다. 이 설화는 각편에 따라 스토리의 변화가 큰 것이 특징인데, 다음 내용을 하나의 정형으로 들 수 있다.

> 옛날에 가난한 나무꾼이 아내를 얻지 못하고 외롭게 살고 있었다. 그러던 어느 날 나무꾼은 산에서 사냥꾼에게 쫓기는 노루를 숨겨주고 그 보답으로 아내를 얻는 방법을 알아냈다. 그는 사슴이 알려준 대로 연못에 목욕하러 내려온 선녀의 옷을 숨겨서, 선녀를 아내로 맞이했다. 아이를 낳고 잘 살던 나무꾼은 노루의 당부를 어기고 아내의 간청에 못 이겨 선녀옷을 꺼내주고 말았다. 그러자 선녀는 아이를 안고 하늘로 올라가 버렸다.
>
> 아내를 잃은 나무꾼이 울고 있을 때 다시 노루가 나타나 나무꾼에게 하늘로 올라가는 방법을 알려주었다. 하늘나라 두레박을 타고(또는 박넝쿨을 타고) 천상으로 올라간 나무꾼은 하늘에서 살 수 있는 자격을 얻기 위하여 시험을 치르게 되었다. 처가 식구와의 숨바꼭질 시합, 지상에 쏜 화살 찾아오기 등 어려운 시험이었다. 그러나 나무꾼은 아내의 도움으로(또한 전에 은혜를 베푼 적이 있는 쥐의 도움으로) 시험을 무난히 통과하여 처자식과 함께 하늘나라에서 행복하게 살았다.[76)]

---

76) 이 설화의 주요한 변이형을 보면, 먼저 선녀가 떠나는 것으로 끝나는 각편들과, 천상시험의 화소 없이 나무꾼이 하늘나라에 올라가 잘 살았다는 각편들이 있으며, 하늘나라에 올랐던 나무꾼이 혈육(어머니)을 만나러 지상에 내려왔다가 하늘로 오르지 못한 채 죽어서 수탉이 되었다는 자료들이 꽤 있다.

이 설화는 선하고 가난한 지상적 존재로서의 나무꾼과 고귀하고 성스러운 천상적 존재로서의 선녀의 관계를 축으로 하여, '결핍-해결의 시도-해결-금기의 위반-결과(이별)-해결의 시도-해결(또는 실패)'의 순차적 전개를 긴밀하고 긴장감 있게 엮어내고 있다.[77] 그 흥미진진한 상상의 여행 속에, 사람들의 삶과 꿈이 모습을 드러낸다.

이 설화는 지극히 평범하고 일상적인 상황에서 출발한다. 가난한 가운데 짝이 없이 외롭게 살아가고 있는 나무꾼은 아주 평범한 일상적 인간의 모습을 하고 있다. 그러던 그가 노루와 맞닥뜨리는 것을 계기로 '꿈같은' 일이 벌어지기 시작한다. 하늘나라에서 내려온 꽃같은 선녀와의 만남과 결혼-그야말로 '꿈같은 꿈'이다. 훌륭한 배필에 대한, 행복한 삶에 대한 소박하고도 절실한 민중적 소망의 반영이다. 평소의 꿈이 상상 속에서 실현되고 있는 상황이다. 하늘나라에서의 행복한 삶의 성취는 그 꿈의 완결편이다.

그러나 그 꿈은 일방적으로 제 길을 가고 있는 것이 아니다. 그것은 바탕에 가로놓인 현실과 팽팽한 긴장관계를 이루고 있다. 금기에 이은 선녀의 귀환은, 그리고 이어지는 고된 시험은 그 행복의 성취가 얼마나 아득한가를, '현실'을 환기한다. 그 현실은, 상당수 각편에 있어, '꿈'을 압도하여 비극적 결말을 낳기도 한다. 선녀 같은 배필과의 꿈같은 삶-그것이 어찌 가당키나 한 일이랴, 하는 우울한 인식이다.

> 올라가버리니까 다시는 못 만나고 그랬는데 이 나무꾼은 밤낮 이렇게 [고개를 들고] 하늘만 쳐다보다가 이제 죽게 죽을 병이 들었이유. 그러는데 그냥 죽어 버렸어유. 그런는데 그냥 죽어 버렸어유. 인자 그 병을 앓다가. 그랬는데 지금 닭 여기 돌아댕기잖어? 닭들이 그 저기를 비롯해서 나온 말인가 모르지만, 하늘만 쳐다보다가 죽었다는 그 형우(모습)에 따라서 닭이 저기 높은 데서, 어디 울 적에나 평지에서 땅바닥에서 울 적에도 하늘만 쳐다

77) 이 설화의 서사구조는 앞에서 살핀 〈구렁덩덩신선비〉와 매우 유사하다. 〈우렁각시〉 민담 또한 이와 흡사한 구조를 갖추고 있는바, 여기서 우리는 민담구조가 지니는 보편성의 한 단면을 볼 수 있다.

> 보고 운다는 이치가 여기에 있다는 거래유. (『한국구비문학대계』 3-2, 258면)

그러나, 그것이 실제 현실임에도 불구하고, 많은 자료들이 민담의 일반적 서사 문법대로 행복한 결말로 이야기를 맺고 있다. 주인공은 현실의 질곡 내지 간섭을 헤쳐내고 꿈을 한껏 실현해낸다.

> 그 성덜은 솔개미가 돼 가지구서 가서루 뺏었는디, 이 끝이 선녀가 독수리가 돼 가지구 가 자기 성해를, [청중:웃음] 성이 가지구 가는 걸 뺏어 왔단 말여.
>
> 그러니께 그걸 인저 옥황상제 앞이다 바쳤단 말여.
>
> 아! 참! 인간사위 참! 재주 용하다구[웃음] 말여. [청중:웃음] 그 뭐 큰 사위들은 다 젖혀놓고 이눔만 그냥 아주 뭐 칙사 대우허더랴. (『한국구비문학대계』 4-2, 228면)

하늘나라에 올라가서 당당히 하늘의 사위들을 제치고 '칙사'로 대우받는 주인공－현실에 좌절하지 않고, 상황과 부딪쳐서 꿈을 이루어나가는 적극적이고 낙관적인 삶의 형상이다. 그것은 일차적으로 이야기 주인공인 나무꾼의 것이지만, 또한 그 형상을 만든 민중의 것이기도 하다. 사람들은, 그것이 얼마나 멀고 어려운 것인가를 익히 알면서도, 좋은 날에 대한, 행복한 삶에 대한 꿈을 놓지 않고 있는 것이다. '꿈'의 모습을 빌린 삶에의 '의지'이자 '신념'이다. 환상 속의 진실이다.

힘든 삶 속에서 키워온 행복에 대한, 좋은 날에 대한 꿈과 그것을 향한 의지－이는 단지 〈나무꾼과 선녀〉만의 주제가 아니다. 앞서 살핀 〈구렁덩덩신선비〉가 그러했고, 유명한 〈우렁각시〉 이야기 또한 이와 아주 흡사한 주제를 표출하고 있다. 〈구복여행〉이나 〈도깨비 방망이〉, 〈흥부와 놀부〉 등에서도 행복을 향한 소박하면서도 절실한 갈망과 만날 수 있다. 그것은 동화적 성격을 지니는 환상적 민담에서 하나의 기본 주제를 형성하고 있다고 할 수 있다.

구체적인 해석은 생략하기로 하고, 〈구복여행〉 이야기의 줄거리를 옮겨 본다.

> 옛날에 아버지와 세 아들이 짚신을 삼으며 가난하게 살고 있었다. 하루는 막내아들이 하늘에 올라 옥황상제에게 원정을 올리고 복을 빌겠다며 쇠지팡이를 짚고 길을 나섰다. 길을 가다가 한 부잣집에 머물게 됐는데, 젊은 여주인이 사연을 듣고는 가는 길에 왜 자기는 남편만 얻으면 자꾸 과부가 되는지 원정을 드려 달라고 하였다. 그가 또 길을 가서 바닷가에 이르자 이번에는 이무기가 나타나서 사연을 듣고는 왜 자기가 용이 되지 못하는지 알아다 달라고 하였다. 막내아들은 이무기가 뿜은 안개 속 무지개 다리를 타고 옥황상제를 만났다. 그가 자신과 과부, 이무기의 사연을 물으니 옥황상제는, 그는 원래 복이 그러하고, 이무기는 여의주를 하나 아닌 둘 가져서 등천을 못하는 것이며, 과부는 여의주 있는 남편을 얻으면 잘 산다고 하였다. 그가 다시 지상으로 내려와 이무기에게 사연을 말하니, 이무기가 여의주를 하나 주고서 등천하였다. 다시 그가 과부 집에 가서 사연을 말하자, 여자가 그에게 함께 살자고 하였다. 그래서 그는 아내를 얻어 잘 살게 되었다. (한국구비문학회 편, 『한국구비문학선집』, 53~54면)

환상적 성격을 지니는 민담 가운데 동물 우화(寓話)가 삶을 드러내는 방식은 이들과는 다소 차이가 있다. 그것은 흔히 환상을 문학적 '장치'로 삼아서 현실적 삶의 단면을 드러내곤 한다. 약자와 강자의 갈등을 우의적으로 현시하는 다음 이야기가 한 예다.

> 퇴깽이가 나가서 놀고 있는디 호랭이가 와서 잡어묵을라카이 퇴깨이는 "나겉이 거 쬐매한 거 잡어묵어 봤자 배도 안 부르겠지요. 내가 배 부르게 주겠구마." "머로 배 부르게 하겠노?" "저어기 대밧(대밭) 보이소. 저 대밧에 새가 마이 있지 안십이께? 저 새로 잡어묵게 해주지롱." 그라이 호랭이는 크카라 캤입이더. 퇴깽이는 호랭이로 대밧 옆으로 딧고 가서 "여기서 눈 딱 감고 입을 짝 크기 벌리고 가마이 앉어 있이이소. 내가 대밧으 새로

다 몰아서 호랭이 아제비 입으로 드가게 하겠구마. 새가 날어올 직예 눈을 절대로 뜨지 마이소. 눈을 뜨문 새가 놀래서 다 도망간다이. 무신 일이 있어도 눈 뜨지 마이소."

호랭이는 대밭 옆이서 퇴깽이가 시킨 대로 눈을 딱 감고 입을 짝 크기 벌리고 있었입이더. 퇴깽이는 대밧에 불을 질렀입이더. 대나무가 티이라고 훌훌 소리가 났입이더. 퇴깽이는 훠이훠이 함서 새로 모는 소리로 했입이더. 대나무가 타이라고 재가 날라서 호랭이 얼굴에 다었입이더. 호랭이는 새가 와서 닫이라고 그러는 줄 알고 더욱 눈을 딱 감었입이더. 그런디 대밧으 불은 호랭이한티꺼지 타와서 호랭이는 불에 타서 죽어삐렀입이더. 퇴깽이는 이러구로 해서 지를 잡어묵을라 카는 호랭이를 직이삐렀입이더. (『임석재전집』 10, 88면, 〈호랑이와 토끼〉)

배고픈 호랑이가 먹이를 찾고 있는데 산 위에서 "할애비가 돈을 삼백 냥 빌려갔는데 너 하나로 되느냐?" 하는 호령 소리가 났다. 수달이 위기를 모면하려고 짐짓 꾸민 말이었다. 겁을 먹은 호랑이가 피신하는데, 토끼가 그 얘기를 듣고는 그 동물은 호랑이 밥이라며 함께 가자고 했다. 의심 많은 호랑이는 토끼와 꼬리를 한데 묶고 산 위로 올랐다. 그 모습을 본 수달이 "토끼야, 네가 돈 삼백냥을 가져가더니 호랑이 하나 꼬리에 매달고 와서 되느냐" 하고 호령했다. 토끼한테 속았다고 생각한 호랑이가 뒤돌아서 뛰니 토끼 꼬리가 똑 잘라지고 말았다. 그래서 토끼 꼬리는 짧고, 호랑이 꼬리는 얼룩얼룩하게 길어졌다고 한다. (『구비문학대계』 4-1, 95~97면, 〈꼬리 짤린 호랑이〉)

위의 두 이야기는 호랑이와 토끼, 수달이 사람처럼 말을 하고 행동하는 등 환상적 상상을 통해 가능한 세계를 그려내고 있다. 그러나 그것은 환상 그 자체라기보다 인간의 삶의 양상에 대한 우의적 대응물로서의 성격을 짙게 지니고 있다. 호랑이는 약자를 잡아먹는 강자를, 수달 및 앞의 토끼는 강자에 맞서는 약자를 표상하고 있다. 지배 권력자와 일반 민중의 사회적 갈등을 암시하고 있다는 해석도 가능하다.

이 우의적인 이야기들 속에도 민담 창조자로서의 민중의 꿈과 소망, 신념과 의지가 스며들어 있다. 강한 자의 횡포 속에서 신음하고 있는 현실

속에서, 거기 체념하지 않고 횡포를 당당히 물리쳐서 약자가 주인이 되는 삶을 이룩하고자 하는 소망과 의지가 그것이다. 강자의 허위적 본질을 꿰뚫어보는 지혜와 기세에 주눅들지 않고 과감히 맞서는 몸짓을 통해 그러한 돌파가 가능하다는 것이 위 이야기의 논리다.

일견 유치하고 황당한 이야기이거나 그냥 헛웃음을 짓게 하는 이야기처럼 보일 수 있지만, 아니 실제로 그런 이야기일 수 있지만, 그 이면에는 이처럼 무시 못할 현실의식이 깔려 있다. 그것은 이야기를 하고 듣는 과정에서, 사람들이 의식하지 못하는 가운데라도, 작은 파문을 일으키고서 그 마음속에 들어앉게 되어있다.

2) 희극적 민담

민담 가운데도 희극적인 민담은 두드러지게 흥미에 초점을 맞추는 이야기다. 재미와 웃음이 일차적이고도 기본적인 존재의미를 이룬다. 예컨대 다음과 같은 이야기는 거의 전적으로 '웃음'에 봉사하고 있다.

> 넷날에 한 사람이 가싯집에 가넌데 가싯집이 있는 동네 이름을 몰라서 색시과 무슨 동네냐고 물었다. 넘통골이라구 대주느꺼니 이 사람은 "넘통골 넘통골" 하멘서 갔다. 가다가 독체기가 있어서 그 돌체기를 건너뛰다가 그 말을 닞제먹었다.
>
> 그래서 이걸 얻어 보갔다구 돌체기 물을 푸구 있었다. 그때 보찜장시가 지나가다가 보구 "당신 뭘 하구 있음메" 하구 물었다. 이 사람은 대답두 않구 물을 푸구 있으느꺼니 보찜당시는 이 사람은 아매두 무슨 보물을 힗어서 얻나 보다 하구 돌채기에 둘와서 물을 푸멘 힗은 것을 찾아봤다. 해가 다 넘어가두 얻는 거이 없으느꺼니 보찜당시는 증이 나서 "이 대구리가 넘통(염통) 같은 놈 물 얻갔다구 이러네?" 하멘 욕했다. 그러느꺼니 이 사람은 "옳다 얻었다 염통골 염통골" 하멘 갔다. (『임석재전집』 1, 207면, 〈바보 신랑〉)

> 이전에 한 사램이 자부로 밨는디 이 미니라가 시집온 후로는 얼굴색이 노

> 래가고 있어요. 그래 씨아부지가 "니 얼굴이 노래가고 있냐. 너 무신 아푼 디가 있나?" 카고 물었어요. "아푼 디는 업이요." "그럼 우찌서 얼굴이 그러노? 무신 곡절이 있제?" "아이구 아부임이요. 다른 것이 아입니더. 친정에 있일 적에는 맘대로 방구로 꾸었는디 시집와서는 방구로 맘대로 몬 꾸어서 방구가 속에 차서 그럼이더." "그래 사램이 잠시 살고 말 것도 아이고 오래 살어야 할긴디 그래 방구로 안 꾸고 그래 누래가이고 살겠나. 방구 꾸어야지, 꾸고 살어야지. 맘대로 꾸어라." "아부임 그라문 문짝을 깍 잡고 있이시요."
> 그래 미니리가 방구로 탕 꾸이 씨아부지는 문짝을 쥔채 어디론가 날라가 삐랐이요. 미니리 방구가 어찌나 씨던지 씨아부지가 고만 날라가 삐랐지요. 그런디 어디 장판(시장바닥)에 가이께네 웬 영갬이 문짝을 쥐고 돌아댕기고 있어요. 그 영갬이 누구겠능기요. (『임석재전집』 10, 331~332면, 〈며느리의 방귀〉)

치우담 내지 과장담의 성격을 지니고 있는 소화들이다. 민간에는 이런 부류의 이야기들이 많이 전승돼 왔으니, 〈바보 사위〉(바보신랑) 이야기만 하더라도 그 종류가 수십 가지에 이를 정도다.

이 이야기들은 말 그대로 웃기 위한 것이다. 해학이며, 골계다. 굳이 그 속에서 메시지를 찾자면 '인간의 어리석음에 대한 풍자', '억눌린 욕망의 무게', 이런 것들을 갖다 붙일 수도 있겠지만, 그리 어울리는 일은 아니다. 이런 이야기는 그 희극적 상황을 떠올리면서 한바탕 유쾌하게 웃으면 그것으로 충분하다.

그런데 그 웃음이 아무것도 아닌가 하면 그렇지 않다. 웃음은 그 자체로 삶의 방식이다. 담고 있는 뜻과 상관없이, 유쾌한 웃음은 그 자체로써 삶의 활력소 역할을 한다. 마음속의 찌꺼기들을 털어내면서 사람들을 하나로 엮어준다. 특히 가난과 노동에 지친 민중에게 있어 그러한 웃음이 갖는 의미는 각별하다. 공동체를 확인시키는 가운데 힘든 삶을 보듬어주고 기력을 충전하는 막중한 소임을 수행하고 있는 것이다.

이러한 역할을 하는 희극적 이야기 가운데 중요한 한 부류가 육담(肉談) 또는 음담(淫談)이다. 성(性)을 소재로 삼는 희극적인 이야기로서의 육담은 그 종류가 매우 많다. 그것은 '사랑방이야기'의 빼놓을 수 없는 주인공 역할을 해왔다. 한 예를 들어본다.

> 옛날에 한 늙은 내외가 두 아들과 며느리를 두었는데 모두 효자 효부였다. 그런데 할멈이 병이 나서 아무리 약을 써도 안 낫는 것이었다. 이때 강원도에 용한 의원이 있어 약을 지어주면서 '좃모가지'(조[粟]이삭)를 넣고 달이라고 하였다. 식구들이 이를 남자의 양물로 잘못 알아들어 사단이 일어났다. 큰아들이 자기 물건을 자르겠다고 나서자, 큰 며느리가 제사 모실 자식을 낳아야 한다며 펄쩍 뛰었다. 작은아들이 물건을 자르겠다고 나서자, 작은며느리가 이제 신혼인데 그것 없인 못 산다며 말렸다. 이에 화가 난 영감이 자기것을 베어서 달이겠다고 하자 늙은 마누라가 병석에서 벌떡 일어나면서, "아 내 병 다 나았다"고 했다고 한다. (『임석재전집』 8, 392~394면, 〈내 병 다 나았다〉)

감춰진 것을 드러내는 일은 재미있는 일이다. 육담은 사람들이 금기시하는 '성'을 노출함으로써 웃음을 선사한다. 허위와 가식을 벗겨내는, 그 가운데 서로를 하나로 묶어주는 한 바탕 유쾌한 웃음이다. 민간에서 전승돼온 육담의 웃음은 건강하고 진솔하다.[78)]

그런데 구전 육담의 웃음 속에는 때로 삶의 아픔이 담겨 있기도 하다. 특히 단칸방에서 부모의 동침을 둘러싸고 벌어지는 사단은 우스꽝스러운 한편으로 슬프기도 하다. 예컨대 다음과 같은 모습이다.

> 어뜬 놈이 이, 새끼(아이)들이 대여섯 되고 단방이고 영 복잡해. 글먼 아까도 늘 따먼 나먼, 딸애기 나먼 딸애기 그리 안했소. 근디 행여나 아들이나 하나 날까 허고 난 것이 자매가 너덧 낳는디, 행여 아들 하나 날까 허고 늘 방은 단방이고. 그래 두 내외 인자 어떻게 해서 아들이나 한나 나먼 허

78) 신동흔, 「문헌육담과 구전육담에 나타난 성의식」, 『한국육담의 세계관』, 국학자료원, 1997 참조. 이 논문은 양반들 사이에서 전승된 육담과 구전 육담의 정서 및 세계관을 비교 고찰한 것이다.

> 고 잔디 새끼들이 요렇게 전부 드러누웠은께 어디 잘 때가 있어야제. 두 내우(내외) 그런께 자념에두 내우 약속을 했어.
>
> "자네는 삐약삐약 허고 쩌리 돌고 나는 꼭꼭꼭 허고 요리 돌세."
>
> 그래갖고 인자 저녁에 인자 삐약삐약 허고 쩌리 돌고 꼭꼭꼭 허고 요리 돌다가, 그래도 즈그 엄니는 인자 새끼들 항상 키와 봐싸서 조심을 허고 돈디 지 애비가 어떻게 그냥 참 볿아부렀든 모양이여. 그런께 큰 새끼는 볿아도 그냥 전디고(참고) 아뭇도(아무 말도) 안해. 아, 그런디 쩌 끄터리 가서 작은 새끼를 어치게 볿아부렀든가 '앵' 허고 운단 말이여. 쩌 밑에 큰 놈이,
>
> "시끄럽다, 그만둬라. 나도 지금 잠도 안 오고 죽겠다. 시방 열두 바꾸차 돈다. 가만 나둬라. 열두 바꾸차 돈다."
>
> 그럴 때 부모가 얼마나 애가 터질 거이여. (『한국구비문학대계』 6-12, 308~309면, 〈삐약삐약 꼬꼬〉)

어찌 '애가 터질' 일이 아니겠는가. 생각할수록 우습고 또 서글픈 모습이다. 웃음과 눈물을 한데 얽어내는 우리 민중의 미학은 이렇게 육담 속에서도 구현되고 있다.

희극적 민담은 웃음을 기본적인 존재의미로 삼는 것이지만, 그 웃음이 다 같은 것은 아니다. 순수한 해학적 웃음이 있는가 하면 이처럼 한숨 섞인 웃음도 있다. 그런가 하면 희극적 민담 가운데는 사회적 의미가 짙게 투여된 풍자적 웃음을 표출하는 것도 적지 않다. 그 중 유명한 〈꾀쟁이 하인〉을 보기로 하자.

> 옛날에 어느 시골 양반집에 하인이 살고 있었다. 하루는 상전이 그 하인을 데리고 서울로 길을 떠나게 되었다. 상전은 하인한테 서울은 산 사람 코 베가는 곳이라며 겁을 주었다. 그 길에서 하인은 꾀를 써서 거듭 상전을 골려먹는다. 코를 빠뜨린 척 시늉을 해서 음식을 뺏어먹으며, 서울에 도착해서는 상전의 말을 팔아먹고서 누가 코를 베갈까봐 얼굴을 감싸고 있던 중에 도둑맞았다고 둘러댄다. 화가 난 상전은 하인의 등에다가 그가 도착하는 대로 죽여 버리라는 글을 쓴 후 하인을 본가로 돌려보냈다. 그는 돌

아오는 길에도 꾀를 써서 아낙네의 떡보리를 빼앗고 꿀장수의 꿀을 떼먹는다. 그리고 그 꿀떡을 한 스님에게 나눠주고서 등에 있는 편지글을 '집에 도착하는 대로 딸과 결혼시키라'는 내용으로 고쳐놓는다. 마침내 하인이 집에 도착하자 주인집에서 편지글을 보고는 할수없이 하인과 딸을 결혼시킨다. 집에 도착하여 뜻밖의 상황을 접한 상전은 노발대발하여 하인을 물에 던져 죽이려 한다. 그러나 하인은 다시 꾀를 써서 다른 사람과 바꿔치기 하여 사지(死地)에서 벗어난다. 주인집을 찾아간 하인은 물속의 용궁에서 귀한 대접을 받고 왔다며 함께 가자고 꼬인다. 꼬임에 넘어간 주인집 식구가 차례로 물에 뛰어들어 죽고 만다. 하인은 끝으로 물에 뛰어들려는 주인딸을 만류해서 함께 잘 살았다고 한다.[79)]

스토리가 단순치 않은, 길고 진진하게 이어지는 민담이다. 그 내용 가운데는 현실성 없는 황당한 요소가 많다. 말을 팔아먹고 눙치는 일이나 편지글을 바꿔 주인딸과 결혼하는 일, 주인집 식구가 물에 뛰어드는 일 등등 '말도 안 되는 것' 투성이다. 그러나 그것은 이야기의 전승과 의미구현에 아무 문제가 되지도 않는다. 이 이야기는 본래 '허구'가 전제된, '웃고 즐기기 위한' 이야기이기 때문이다. 한바탕의 푸짐한 '거짓말'이다.[80)]

그러나 이 이야기의 웃음 이면에는 현실의 갈등과 거기 얽힌 의미가 만만치않게 깔려 있다. 이야기 속의 상전과 하인은 사회적 강자와 약자로서 대립관계를 맺고 있다. 그러나 그 능력 면에서 상전은 어리석고 하인은 지혜로워서 관계가 역전된다. 상전은 자신의 지위와 식자(識字)로써 하인을 누르려 하지만, 그럴수록 오히려 곤경에 처할 뿐이다. 어리석은 자가 지배자의 자리에서 우스꽝스럽게 설치는 모순된 상황, 그에 대한 풍자가 이야기 속에 담겨 있다. 그것은, 비록 허구적 상상 속에서이지만, 현실사회 속

79) 이 설화는 전국적으로 전승돼온 것으로, 그 주인공 이름이 '막동이', '애뜩이', '방학중', '김복선', '진평구' 등으로 다양하게 나타난다. 물론 그냥 '하인'이나 '종'으로 돼 있는 자료들도 있다. 위 내용은 그 대체적인 내용을 종합하여 옮긴 것이다.

80) 민담의 전승자들은 허풍이 개입된 이러한 희극적인 이야기를 흔히 '거짓말'이라고 칭하곤 한다.

의 상하관계를, 나아가 현실적 질서 전반을 뒤집어버리는 '전복(顚覆)'의 사유로 나아가고 있다.[81] 웃음 속에 담긴 신랄한 풍자와 통쾌한 전복-희극적 민담이 구현하는 하나의 문학적 진경이다.

3) 사실적 민담

사실적 민담에서 삶과 꿈을 형상화하는 방식은 환상적 민담이나 희극적 민담과는 일정한 차이가 있다. 허구적 상상이 마음껏 발휘되지 않고 현실에 의해 제어된다. 현실과의 상동성(相同性)이라는 지향이 구심력으로 작용하면서 이야기내용에 현실성을 부여한다. 그 작중상황은 '있었던 일'이 아니지만, '흔히 있을 만한 일'도 아니지만, '언제 어디선가 있었을 법한 일'로서 다가오도록 되어 있다. 사실적 이야기에서의 상상력은 환상적 · 희극적 민담에 비해 덜 발랄한 대신 상대적으로 더 진지하다고 할 수 있다.

사실적 민담 가운데 가정사에서 소재를 취하여 일상적 삶의 단면을 실제의 일처럼 그려낸 것을 먼저 보기로 한다.

> 옛날에 서로 재산이 엇비슷하게 살던 친구가 있었다. 그런데 한 친구는 해마다 재산이 늘고 점점 잘 살게 되는데, 또 한 친구는 자꾸 재산이 줄고 집안이 어려워져만 갔다. 하루는 집안이 잘 안 되는 사람이 친구를 찾아가서 집안이 잘 되는 연고를 물었다. 그러자 그 사람이 자기네 집 사는 모양을 보라고 하더니, 아들을 불러서 송아지를 지붕에 끌어올리라고 하였다. 그 말을 들은 아들은 사다리를 놓고서 송아지를 끌어올리려고 애를 썼다. 다시 그 사람이 아내를 불러서 춤을 춰보라고 하니 아내가 손님 앞에서 춤을 추는 것이었다. 그 모습을 보고서 감탄한 친구는 집에 와서 아들과 아내에게 같은 일을 시켜 보았다. 그러자 아들과 아내는 가장을 정신 나간 사람 취급하면서 무시해 버리는 것이었다. 그 사람은 비로소 왜 자기 집이

81) 하인의 반항적 태도가 상전에 대한 것으로 머물지 않고 시골 아낙네나 장사치 등에까지 미치고 있는 데서 이러한 의미를 도출해 볼 수 있다.

> 안 되는지를 깨달았다고 한다. (〈가장 말 따르는 집안〉(여러 각편을 종합함))

어디에서 실제로 이런 일이 있었다고 짚어 말할 수 없는, 막연히 옛날이야기로 전해오는 민담이다. 그러나 그 내용을 보면 '있을 법한 일'로서의 성격을 지니고 있다. 상식을 뛰어넘는 비현실적 요소 같은 것이 개입돼 있지 않다. 특별히 신기하지는 않지만 그럴듯한 이야기라고 할 수 있다. 사실적 민담으로서의 특징이다.

이 두 친구의 대비를 통하여 이야기는 가정의 행복과 번영에 관한 흥미로운 메시지를 전하고 있다. 가족 구성원이 가장의 뜻을 어김이 없이 잘 따를 때 집안이 흥한다는 것이 그것이다. 보는 시각에 따라서는 봉건적·가부장적 관념의 투영으로 해석할 수도 있는 내용이다. 물론 가족들이 서로 상대방을 믿고 그 의사를 존중해야 한다는 의식의 반영으로 해석해 볼 수도 있다. 어쨌건 이 설화는 흥미롭게 설정된 상황을 매개로 삼아, 현실적 삶의 과정에서 이끌어낸 모종의 깨달음을 전하고 있다. 그것은 사람들로 하여금 자신의 삶을 진지하게 돌아보도록 하는 힘을 발휘하고 있다. 가상의 현실을 통한 실제 현실의 돌아보기라 할 수 있겠다.

사실적 민담의 소재가 이와 같이 평범하고 일상적인 데 그치는 것은 아니다. 선뜻 믿기 힘든 기이한 일들을 소재로 삼은 다채로운 이야기들이 포진하고 있다. 인간의 운명과 그것의 극복에 얽힌 이야기들이 그 좋은 예다. 이야기를 두 개 뽑아서 줄거리를 옮겨본다.

> 예전에 구학이라는 삼대독자가 있어 재주가 비상하였다. 하루는 시주를 받아가던 도사가 구학을 보고는 단명할 것이라며 안타까워했다. 그 부친이 아들을 살려낼 방도를 물으니, 도사는 서울에 사는 대감 딸을 만나야 가능하다고 하였다. 그 말을 들은 소년은 대감 딸을 만나기로 작정하고 집을 떠나 유랑길에 올랐다. 소년은 대감집 근처 팥죽장사 집에 유숙하였다가, 그 모녀의 도움을 받아서 대감 딸이 거처하는 초당에 들어갔다. 구학이 자

신의 운명을 이야기하면서 살려 달라고 간청하자 대감 딸이 그를 살려내기로 하였다. 그날 밤 귀신이 소년을 잡으러 왔다가 대감 딸 때문에 쫓겨나고 말았다. 다음날 대감 딸이 구학에게 과거시험 문제를 알려주니, 구학은 장원급제하여 대감의 사위로 발탁되었다. 대감 딸과 혼인한 구학은 장수하며 잘 살았다고 한다. (『구비문학대계』 5-1, 81~89면, 〈단명한 소년이 정승 딸을 만나 출세하다〉)

옛날에 선비 하나가 과거를 보러 길을 나섰다가 아이들한테 봉변을 당하고 있는 판수를 구해주었다. 그러자 그 판수는 보답으로 선비의 운수를 점쳐주었다. 나온 점괘는 '과거에 급제하긴 하는데 죽을 고비가 세번 있다'는 것이었다. 판수는 첫째와 둘째 고비는 선비의 마음에 달렸다고 하면서 세번째 죽을 고비를 만나거든 내놓으라며 쌈지를 하나 주었다.

선비가 다시 길을 가다가 주인을 정해 유숙하게 됐는데, 젊은 안주인이 대접을 잘하고는 밤에 잠자리로 와서 동침하자고 유혹하였다. 선비는 점친 일을 생각하고 여자를 꾸짖어 내쫓았다. 칼을 들고 숨어서 아내와 선비를 노리고 있던 바깥주인이 그 모습을 보고 감복하였다.

서울에 도착한 선비가 다시 주인을 정한 다음 바람을 쏘이러 나왔다가 그만 보쌈을 당하여 낯선 곳으로 끌려갔다. 영의정 딸의 상부살을 풀기 위한 희생물로 걸려든 것이었다. 자신과 하룻밤을 지낸 영의정 딸에게서 금덩이 두 개를 얻은 선비는 날이 새자 자루에 든 채 종들에게 이끌려 물가로 끌려갔다. 죽음을 앞둔 선비가 자기한테는 필요없다며 금덩이를 종들에게 주자, 금을 받은 종들이 주인 몰래 선비를 풀어주었다.

그렇게 살아난 선비는 과거에 당당히 장원급제하였다. 그러자 영의정과 좌의정이 서로 그를 사위로 삼으려고 하여 다툼이 났다. 결국 선비는 나이가 한 살 많은 좌의정 딸과 혼인하게 되었다. 그런데 첫날밤에 선비가 뒷간을 다녀오는 사이에 누가 신부를 찔러 죽인 일이 벌어졌다. 신부와 정분이 났던 종의 소행이었다. 살인범으로 몰려서 죽음을 눈앞에 두게 된 선비는 판수로부터 받은 쌈지를 올렸다. 그 속에는 누런 종이에 백(百)자 세 개가 씌어 있었는데, 아무도 그 뜻을 풀지 못하였다. 때마침 영의정 딸이 그 말을 듣고 범인이 '황백삼'임을 밝혀내 진범을 잡을 수 있었다. 죽을 고비에서 벗어난 선비는 영의정 딸과 결혼하여 행복하게 살았다고 한다. (1987.9. 8. 탑골공원, 봉원호 구연 〈세번의 죽을 고비〉)

인간에게 주어진 운명과 그것의 극복에 얽힌 이야기들이다. 그 사연이 쉽게 믿기지 않는 신기한 것이면서도 현실적 가능성의 테두리를 벗어나지 않고 그 어름에 걸쳐있다. 그리하여 흥미와 함께 실감을 전하고 있다. 사실적 민담으로서의 특징이다.82)

이 두 이야기는 운명에 대한 민담 전승자의 사고를 잘 보여준다. 사람은 제각기 운명을 가지고 태어난다고 하는 인식이 공통적 전제로 깔려있다. 이른바 운명론적인 사고다. 그러나 그것은 인간은 운명을 벗어날 수 없다고 하는 결정론적인 사고와는 다른 양상을 보이고 있다. 이야기의 주인공은 가만히 앉아 운명을 기다리지 않고 계속 움직이며 싸운다.83) 그리하여 마침내 어두운 운명으로부터 벗어나 행복을 성취한다. 운명은 극복될 수 있다고 하는, 그리고 운명의 극복을 통해 행복한 삶을 실현할 수 있다고 하는 논리다. 이들 설화에서 '죽을 운명'이라고 하는 화소는 그로부터 벗어날 수 있다는 것을 이야기하기 위해 도입된 것이라고 보아야 마땅하다.84)

끝으로 변하는 시대상황 속에서의 사회적 삶의 양상을 리얼하게 그려낸 민담을 하나만 보기로 한다. 앞 절에서도 거론한 바 있는 〈백정과 박문수〉 이야기다.

> 진주에 백정이 하나 살았는데, 국고를 축낸 이방에게 돈 천냥을 주어 목숨을 구해주었다. 그러자 이방이 보답으로 백정을 좌수로 삼아 주었다. 양반들이 나서서 그 일을 비난하자, 백정은 멀리 충청도 옥천으로 이사를 해서 양반 좌수 행세를 했다. 자칭 박문수의 당숙이라고 하였다. 박문수가 암행중에 그 말을 듣고 백정 집에 찾아가니 백정이 백배 사죄하였다. 박문수

---

82) 사실적 민담 가운데는 이처럼 '환상' 또는 '거짓말'로 넘어갈 듯한 경계에 놓인 것이 많다. 그 아슬아슬함이 이야기의 맛을 높이는 것이다.

83) 장덕순 외, 『구비문학개설』, 일조각, 1971, 72면.

84) 이러한 해석은 여타의 많은 운명설화 및 풍수설화에 적용될 수 있다. 명당에 묘를 쓰면 집안이 흥할 수 있다는 풍수설화의 논리는 얼핏 결정론처럼 보이지만, 실은 명당이라는 요소가 개인의 운명 내지 처지를 바꾸어내는 매개체로 활용되고 있음을 주목할 필요가 있다.

> 는 그를 놉기로 하고 고을 원과 함께 그를 찾아와 당숙 대접을 하였다. 완전히 양반으로 인정된 백정은 박문수 집에 돈바리를 보내 보답하였다. 그걸 본 동생이 박문수를 힐난하자 박문수가 사연을 말해주었다. 그러자 동생은 백정 목을 빼놓겠다며 길을 떠났다. 그러자 백정은 그 사람을 정신병자 취급하면서 방에 가두고 굶기기 시작하였다. 결국 박문수 동생은 버티다 못해 항복하고 백정을 당숙으로 인정하고 말았다. 백정은 비로소 그를 풀어주고 돈을 주어 돌려보냈다. 그 사람은 집에 돌아온 후 형님 앞에서 혀를 내둘렀다고 한다. (『한국구비문학대계』 7-6, 225~233면, 〈박문수와 돈 많은 백정〉)

이 이야기에서 우선 주목할 것은 '부유한 백정'의 존재다. 재산도 많고 당당한 인격을 갖춘 백정의 형상은 조선후기의 변하는 시대상을 반영하고 있다. 신분과 경제력의 일치가 깨지면서 몰락한 양반과 함께 부유한 상민이 생겨났던 상황이 거기 투영돼 있다. 백정이 자신의 귀속신분에 머무르지 않고 적극적으로 신분상승을 시도하는 것 또한 신분변동이 활발히 일어났던 시대상황의 반영이라고 할 수 있다.

이 설화의 전승자들은 신분상승을 시도하는 백정의 시도를 옹호 내지는 정당화하고 있다. 박문수가 백정을 양반으로 인정해 주는 것은 그러한 움직임이 정당하다는 것을, 또는 필연적이라는 것을 인정하는 행위로 해석된다. 그에 비하여 박문수의 동생은 그러한 변화를 인정하지 않는 보수적 양반의 모습을 대변하고 있다. 그가 백정과의 대결에서 형편없이 허물어지는 과정을 통하여, 민중의 사회적 부상이라고 하는 의미가 극적으로 구현된다.

> 욕을 짜들어 하다가. 그 머 듣는 척도 아한다. 듣는 척도 아하고 가만 내삐리나두네. 나두고. 물도 한 모금 안 주고 한 이틀 가다났이이 죽을 지경이라. 그제는,
>
> "아이구 아재요, 날 살리주소." [청중:웃음]
>
> "아이구 아재요, 날 살리주소" 칸다.
>
> (중략)

그래 인제 형한테 갔그덩.

"가보이 어떻드노?"

"그 말대로 안 갔이면 날 뻔했니더. 잘 안대디더."

[일동 크게 웃음] [청중:박문수도 그 사람의 지혜를 알았다. 그만 하이.] 아, 알았지러.

그 말이 어디서 생겼든지. 이 말이 어디서 풍겼든지. [청중:사람은 천연하게 해야지.] 암 천연하게 해야지. 사람은 인끔을(인격은) 괄시 못한다. 국량만 크면 댄다고. [청중:그거야 언간하다.] (위의 자료, 232~233면)

'지혜가 있고 국량이 크면 된다'고 하는 화자와 청중의 비평 속에, 앞서 말한 의미가 응축돼 있다.

이 예에서 볼 수 있듯이, 민담은 시대와 상관없이 보편적인 인간사만을 다루는 이야기 범주가 아니다. 민담의 세계는 시대현실을 전형적이고도 생동감 있게 반영해낼 수 있는 방향으로 열려 있다. 조선 후기에 민담이 시대적 삶과 밀착하여 '야담'으로서 크게 발흥한 것은 우연한 일이 아니다.

이상 민담에 해당하는 이야기들을 이것저것 뽑아서 그 속에 담긴 삶과 꿈을, 민중의 세계관을 가늠해 보았다. 앞서도 언급했지만, 넓고도 다양한 민담의 세계에 대하여 이와 같은 부분적인 논의를 가지고 포괄적 결론을 내린다는 것은 무리가 있다. 이야기 하나하나, 자료 하나하나에 대한 세심한 관심이 필요하다.

그러나 한 가지 확실한 것은 민담이 기본적으로 삶을 더욱 의미 있게 엮어나가기 위한 몸짓으로서의 의의를 지닌다는 사실이다. 민담을 이야기하고 듣는 것은 지금의 '나' 또는 '우리'의 삶을 돌아보면서 더 나은 삶을 꿈꾸는 행위이다. 힘든 삶 속에서도 희망을 잃지 않고 좋은 날을 향하여 힘껏 나아가고자 했던 의지가 그 속에 담겨 있다. 삶과 꿈이 알알이 새겨져 있는 이러한 이야기들을 말하고 듣는 순간, 사람들은 살아 있다. 민담은 우리 선인들의 '살아 있었음'의 '살아 있는' 증거다.

6. 민담의 현재적 양상

앞에서 민담의 역사를 개관하면서 언급했듯이 현대에 들어와 민담의 전통은 크게 퇴색하였다. 젊은이들의 나날의 삶에 있어 전통적 민담은 자취를 감추었다고 해도 과언이 아니다.

그렇지만 현대인의 삶에서 민담이 사라진 것인가 하면 그렇지는 않다. 전통적 민담에 대신하는 새로운 형태의 이야기들이 생겨나서 과거 민담이 차지했던 자리를 대신하고 있다. 그 대표적인 것으로 '유머'라고 불리는 우스개 이야기들을 들 수 있다.

현대의 우스개 이야기는 그 수효가 매우 많다. 자생적으로 생겨난 것부터 외국에서 들어온 것까지 수천 수만 개의 이야기들이 유행을 따라 명멸하고 있다. 그 이야기들은 입에서 입으로 전해지기도 하지만, 전자 · 정보매체를 통해서 대량으로 유통되기도 한다. 특히 그것은 PC통신이나 인터넷 등 사이버 매체를 매개로 하여 다양하게 생산, 유통, 소비(향유)된다. 사이버 세계의 각종 게시판에는 매일마다 수십, 수백 편의 새로운 이야기들이 올라오고 있다.

PC통신 유머란에 올라오는 자료들을 통해 그 양상을 가늠해보면, 현대의 우스개 이야기는 그 종류가 크게 두 가지로 대별된다. 하나는 짤막한 소화들이다. 흔히 '시리즈'의 형태를 취하는, 기발하고 황당한 상황의 설정을 통해 웃음을 유발하는 이야기들이다. 또 하나는 신변잡기류의 긴 이야기들이다. 생활주변에서 겪거나 본 일을 표현기교를 곁들여 재미있게 풀어나간 것들이다. 이 외에 두 부류에 포함시키기 힘든 풍자성의 글과 패러디, 허구적 창작 등도 있지만, 숫자가 얼마 되지 않는다.

두 가지 부류의 이야기 가운데 신변잡기류 이야기는 기본적으로 경험에 바탕을 둔 사적(私的)인 이야기로서, '경험담'의 성격을 지니고 있다. 그런 의미에서 그것은, 흥미 중심의 재미있는 이야기이기는 하지만, 민담이라고 하기는 어렵다. 이에 비하여 짤막한 소화 류의 이야기들은 이야기 성격상

'민담'의 범주에 포괄할 수 있다. 개인 창작에 가까운 신변잡기류와 달리 이들 소화류 이야기들은 세간에서 입에서 입으로 떠도는 것으로서 구비문학적 속성을 뚜렷이 지니고 있다.[85]

그 이야기들을 전체적으로 살펴볼 때 무엇보다 두드러지게 발견되는 특징은 말장난이 두드러지다는 사실이다. 이야기의 대다수가 언어유희적 성격을 지니고 있다. 다음과 같은 식이다.

▶어디가시나요?
택시 기사가 있었다.
그 택시 기사는 친절하기로 유명해서 상도 많이
밖았다. 어느날 택시기사가 할머니가 서계시는 걸보고
어디가시나요? 하자 할머니가 화를 내시며 하는말
나 경상도 가시나다 와! 하며 화를 내시는게 아닌가?……
와~~~웃긴다. 푸하하하…
-_-;… – 98.11.4. DS3FCC –[86]

▶사오정 시리즈
사오정이 커피숍에 갔다.
〈사오정이 커피숍 주인〉
그런데 전화가 왔다. 그래서 사오정이 받자 "거기 삐삐하신 분좀 바꿔주세요."
그러자 사오정이 "여기 빼빼하신분" 이라고 대답을했다.

---

85) 현대의 우스개 이야기를 '민담'으로 볼 수 있는가 하는 데 대해서는 이견이 있을 수 있다. '옛날이야기'가 아니라는 점이 문제될 수 있다. 하지만 우스개 이야기는 '흥미 중심의 이야기'이면서 '과거형으로 대상화된 이야기'라는 점에서 그 문학적 속성이 '민담', 특히 '희극적 민담'과 긴밀히 통하는 것이라 할 수 있다. 현대의 우스개가 '말장난'에 불과하다는 지적도 가능하겠는데, 이와 관련해서는 전통적 소화 가운데도 형식담 내지 언어유희담이 있었음을 환기할 필요가 있다.

86) 이하의 자료는 천리안 유머방에서 옮긴 것이다. 올라온 날짜와 함께 올린 사람의 ID를 밝힌다. 글 가운데는 오자가 포함돼 있는데, 원문 그대로 싣는다.

그래서 전화를 한 사람은 할수없이 "그럼, 호출하신분좀 바꿔주세요." 하고 대답을 하자 사오정이 "여기 홀쭉하신분"이라고 대답했다.
썰렁... - 98.11.3. KB984430 -

▶형편없는 이야기
동생과 형이 싸웠다.
그런데 어머니, 아버지는 동생편만 들었다. - 98.11.5. KOOSY -

첫째 것은 동음이의어의 오해가 만들어낸 우스운 상황을 전하는 이야기이며, 둘째 것은 말귀를 잘못 알아들은 데 따른 황당한 상황을 담고 있다. 셋째 이야기는 스토리가 배제된 완전한 말장난이다.

세간에는 이런 종류의 이야기가 수두룩하게 널려 있다. 한때는 동음이의어를 축으로 한 이야기가 '덩달이 시리즈'로 널리 유행하다가, 근간에는 '말귀 잘못 알아듣기'를 소재로 한 '사오정 시리즈'가 크게 성행했다. 그 사이사이에 '형편없는 이야기' 류의 '썰렁한' 말장난이 한 자리를 차지해 왔다('목없는 이야기', '잼있는 이야기', '우낀 이야기' 등등).

이런 이야기들이 사람들에게 전해주는 재미가 없지 않다. 예상치 못한 교묘하고 기발한 발상에서 오는 웃음이 있다. 한 예로 위의 '어디 가시나요'는 오해에 따른 상황이 매우 재미있어서 유쾌한 웃음을 일으킨다. 그렇지만 언어유희를 특징으로 하는 이야기가 유쾌하고 여운이 남는 웃음을 전해주는 예는 그리 흔하지 않다. 예컨대 위에 인용한 둘째, 셋째 이야기가 전해주는 것은 유쾌한 웃음이라기보다는 너털웃음이나 쓴웃음 쪽이다. 다음 이야기는 또 어떠한가?

▶사오정과 삼장법사(최신버전)
어느날, 사오정이 위기에 처하게 됐습니다.
이를 지나가던 삼장법사의 도움으로 그 위기를 모면했습니다.
사오정이 너무 고마워서 은혜를 갚으려고 하자 삼장법사 왈 ,

"저기 산에 ??절에 공양미 삼백석을 기증을 하게."
그다음날 아침. 사오정은 삼장법사의 말대로 했고...
삼장법사가 그 절을 방문하게 되었다..
그러나... 아니...? 이럴수가?
절 앞마당에는 고양이 삼백마리가 가득히 있었던 것이었던 것이다.
혹시나. 역시나. 사오정은 대단해!..... - 98.11.4. DDONG103 -

물론 현대의 이야기 가운데 이런 말장난 류의 우스개만 있는 것은 아니다. 잘 짜여진 '스토리'를 갖추고 있는, 스토리를 통하여 재미나 감동을 전해주는 이야기를 간간히 만나볼 수 있다. 민담의 본령에 보다 근접해 있는 이야기들이다.

그 중 재미와 함께 감동의 요소를 내재한 이야기를 하나 본다.

▶귀여운 유머..아빠 함께 놀아주세요~

"아빤 한시간에 얼마나 벌어요?" 하고 아들이 약간 겁먹고 경애하는 눈빛으로 일터에서 항상 늦게 돌아오는 아빠를 보며 물었다. 약간 놀랍기도 하였으나 아빠는 아들을 바라보며 대답했다.

"이 녀석아 네 엄마조차도 그건 몰라! 아빠를 괴롭히지 말아라, 피곤하구나.."

"하지만, 아빠. 그냥 말해줄수 있잖아요.. 아빠가 한시간에 얼마를 버는지..?"

아들의 질문 공세에 아빠는 단념했는지, "한시간에 20달라다!"하고 퉁명스레 애기했다.

"좋아요, 아빠..그럼 제게 10달라만 빌려주실래요?"

이말에 짜증스러워진 아빠는 아들에게 소리쳤다.

"고작 아빠에게 돈을 달래기 위해서 아빠가 한시간에 얼마를 버는지 물어봤단 말이냐? 아빠를 그만 괴롭히고 그만 가서 자거라!"

...시간은 상당히 어두워지고 아빠는 자신이 한 말에 대해서 곰곰 생각해보니 아마도 아들은 뭔가를 사고싶어서 돈을 필요로 했을것인데 자기가 좀 심했다는 자책감이 들었다. 그래서 그의 마음을 가라앉혀 주기 위해서 아

빠는 아들의 방으로 올라갔다.

"애야, 자니?"

"아뇨, 아빠..왜요?" 하며 아들은 게슴츠레하게 대답했다.

"자, 니가 좀전에 얘기했던 돈 여기있다.."

아들은 금새 얼굴이 환해지며 자기의 베게 밑에서 약간의 돈을 꺼내며 아빠에게 고맙다고 인사를 했고 이내 기쁨에 들떠서 아빠에게 말했다.

"야, 신난다, 이제 20달라가 되었네. ...아빠, 제게 아빠의 한시간을 파시겠어요?"

– 98.11.4. 세계일주 –

놀라운 것은 이러한 이야기들이 십중팔구 국내산이 아닌 '수입산'이라는 사실이다. 위 이야기 또한 외국 잡지나 인터넷에서 가져온 것이 분명하다. 모처럼 발견하게 되는 '좋은 스토리를 갖춘 이야기'들이 그나마 자생적으로 이루어진 것이 아니라는 사실은 자못 충격적이다. 그것은 재미있는 '스토리'의 창출이 거의 멎어버린 상황에 있는 우리 이야기문화의 반영으로 이해되는 것이다. 실제로 이리저리 두루 더듬어 보아도 좋은 스토리를 갖춘 우리 이야기를 발견하기가 매우 어려운 형편이다. 우리 이야기문화의 아픈 현주소다.

돌이켜 보면 지난날의 민담 가운데도 '언어유희'를 특징으로 하는 것이 없지 않았다. 하지만 그것은 어디까지나 이야기판의 '감초' 역할을 했을 뿐이다. 대개의 민담은 '스토리'에 의하여, 또한 거기 결부된 맛깔난 표현에 의하여 재미를 창출하고 의미를 드러냈었다. 그러던 것이 이제 '스토리'는 무너지고 '말장난'이 성행하는 형태로 역전이 된 것이다. 그리고 그러한 말장난의 성행은 유쾌한 웃음 대신 쓴웃음이나 짜증을 유발하고 있다.

민담이 무너진 그 자리를 힘겹게 대신하고 있는 것은 '신변잡기' 류의 경험담들이다. 민담에 비하면 경험담은 아직 살아 있다. 현대에 들어와 사람들의 경험의 폭이 넓어지고 경험의 내용이 다양화됨에 따라 경험담의 세계 또한 대폭 확장된 양상을 보이고 있다. PC통신의 게시판에서 재미있는 내용을 갖춘 경험담을 무수히 만날 수 있다. 특히 이야기꾼의 재능을 갖춘 '아마추어 작가'들의 글은 이야기의 재미를 잘 살려내곤 한다.

▶[dyam] 그녀의 진실(?)

최근 2달여만에 제 인생은 180도로 변해버렸답니다..

현재 28살인 제 남자친구의 어머니는..어떤 거지 17세기같은..-_-;; 점쟁이를 찾아가 점을 봤고..그 점쟁이는 내년..아홉수에 결혼을 하게되면..남자친구와.. 저..둘 중 하나가 죽게된다는 귀신 고무신짝 뜯어먹는 소리를 해댔답니다..-_-++

그 소리를 듣고 혼비백산한..남자친구의 어머니..

그리고..요즘 몸이 좀 편찮으셔서 병원에 다니시는 할머니.. 죽기전에 제가 결혼하는 걸 보고 죽어야 눈을 편히 감으시겠다는 허풍(?)을..떠시는 할머니..-_-;; -저희 할머니는 3년전부터..감기에만 걸려도..전화를 해서 제게 그런 말씀을 했더랬습니다..-_-;;-

50살도 되지 않은..청춘에(?) 할머니가 되겠다는 야심을(?) 품고 있는 엄마..

그 세분의 의기투합아래..전 24살 꽃다운(?) 나이에 유부녀가 되는 절차인.. 결혼이란..것을 하게 되어버렸습니다.. 물론 전 제 남자친구를 사랑하긴 합니다..

하지만..내 청춘..-_-..내 미래..-_-;;..내 젊음..-_-;;;...내 미모를..-_-;;;;;

이대로 한남자에게 내던져버리게(?) 되다니...Y_Y...

잠에서 깨어나보니 스타가 되어있었다는...어느 영화배우의 말처럼..저도 어느순간..

잠에서 깨어나보면 유부녀가 되어 있겠죠.........

===

서둘러 결혼날짜를 잡은 저를 친구들은 의혹에 가득찬 시선으로 쳐다보더군요..

"dyam, 솔직히 불어...결혼한지 7달만에 애낳고 칠삭동이라고 우기지 말구.."

결혼소식을 전하는 제 전화에 제친구 미는 대뜸 그렇게 말하더군요..-_-;;

"그래,그래..피끓는(?) 젊은 청춘남녀가 뭔짓인들 못하겠니..다른 사람은

몰라도 난 다 이해해....몇 개월이니?" -_-;;;

"이눔이..!! 안그래도 심난해 죽겠는데..이게 무슨 토끼 뿔나는 소리야!!!"

"호호호호홋~~~ 부끄러워 하긴~ 다 이해한다니까..몇 개월인데..?" -_-;;;

"그게 아니구...우리 시어머니되실 분이 점을 봤는데..어쩌구..저쩌구.."

전 거의 5분이 넘게 제가 갑작스레 결혼하게 된 배경을 설명했답니다..

"그으래~? 근데....산부인과는 가봤니?" -_-;;;;;

– 98.11.12. DYAM(부분) –

자신의 근황을 유머를 곁들여서 옮긴, 많은 사람들의 인기를 모은 글이다. 소재가 특별한 것이 아님에도 불구하고 상황을 재미있고 생동감 있게 살리는 재기발랄한 이야기 솜씨가 읽는 이로 하여금 즐거운 웃음을 머금게 한다.

그렇지만 이러한 신변잡기류의 경험담이 '민담'의 빈 자리를 대신할 수 있는 것은 아닐 터이다. 경험담의 몫이 있고 민담의 몫이 있다. 경험담이란 본디 한 개인에 종속되는 사적(私的)인 담론으로서,[87] '대상성'과 '보편성'을 지향하는 민담과는 그 문학적 성격을 달리한다. 그것은 경험자가 타인에게 내용을 전하는 방식으로, 일회적으로 존재한다. 사람들이 두루 입에서 입으로 전하면서 그 맛을 누릴 수 있는 서사적 짜임새를 갖추지는 못하고 있는 것이다.

따지고 보면 민담은 주로 경험으로부터 나오는 것이라 할 수 있다. 누군가의 특별하고 재미있는 경험이 입에서 입으로 전해지다보면 서사구조가 가다듬어지면서 어느새 '허구성'과 '보편성'을 갖춘 민담으로 탈바꿈하게 되는 것이다. 문제는 그러한 '구전의 과정'이 오늘날 활발히 돌아가지 않고 있다는 데 있다. 재미있는 소재는 많이 있으되 그것을 민담으로, '모두의 이야기'로 전변시키는 메카니즘이 작동하지 않고 있는 것이다. '민담'의 자리가 허전한 상태를 벗어나지 못하게 하는 원인이다.

---

87) 신동흔, 「경험담의 문학적 성격에 대한 고찰」, 『구비문학연구』 제4집, 1997, 174면.

결국 문제는 '이야기 문화'의 문제로 귀결된다. 사람들이 만나는 자리에서 '내용'이 있는 이야기, '문학적인 이야기'를 열심히 전하고 또한 귀기울여 듣는 그러한 문화의 부재(不在)가 민담을 질식시키고 있는 것이다. 요컨대 우리의 민담은 정겹게 이야기꽃을 피우는 문화가 회복되어야만 새롭게 살아날 수 있는 것이라 하겠다.

그렇게 '민담'을 살리는 일은 그 의의가 단순히 이야기를 살리는 데 머물지 않는다. 그것은 우리의 삶을 풍성하게 살리는 일과 통한다. 좋은 민담을 이야기하고 듣는 일은 우리의 영혼을 가꾸어서 함께 누리는 일이기 때문이다.

· 참고문헌

<자료>

『삼국사기』
『삼국유사』
『삼국지』 위서 동이전
『신증동국여지승람』(국역본. 민족문화추진위원회, 1978)
『한국구비문학대계』(전82권), 한국정신문화연구원, 1980-1988.
김광순, 『경북민담』, 형설출판사, 1978.
서대석 편저, 『조선조문헌설화집요』(Ⅰ)·(Ⅱ), 집문당, 1991, 1992.
서대석 편, 『구비문학』, 한국문학총서3(해냄, 1997)
심의린, 『조선동화집』, 한성도서주식회사, 1926.
유증선, 『영남의 전설』, 형설출판사, 1971.
이복규, 『이강석구연설화집』, 민속원, 1999.
임석재, 『임석재전집:한국구전설화』 Ⅰ~Ⅻ, 평민사, 1987~1992.
최래옥, 『전북민담』, 형설출판사, 1979.
최상수, 『한국민간전설집』, 통문관, 1958.
최운식, 『충청남도민담』, 집문당, 1980.

최운식, 『한국의 민담』, 시인사, 1987.
한국구비문학회 편, 『한국구비문학선집』, 일조각, 1977.
한상수, 『충남민담』, 형설출판사, 1980.
현용준, 『제주도전설』, 서문당, 1976.

<논저>

강진옥, 「한국전설에 나타난 전승집단의 의식구조 연구」, 이화여대 석사학위논문, 1980.
______, 「구전설화 유형군의 존재양상과 의미층위」, 이화여대 박사학위논문, 1986.
______, 「마고할미 설화에 나타난 여성신 관념」, 『한국민속학』 25, 민속학회, 1993.
______, 「명의담에 나타난 인간 및 세계인식」, 『민속어문논총』, 계명대학교출판부, 1983.
강진옥, 「원혼형 전설 연구」, 『구비문학』 5, 한국정신문화연구원, 1981.
______, 「효자호랑이 설화에 나타난 효관념」, 『민속연구』 1, 안동대 민속학연구소, 1991.
______, 「열녀전승의 역사적 전개를 통해 본 여성적 대응양상과 그 의미」, 『여성학논집』 12, 이화여대 한국여성연구원, 1995.
______, 「전설의 역사적 전개」, 『한국구비문학사연구』, 박이정, 1998.
강현모, 「비극적 장수설화 연구」, 한양대 박사학위논문, 1994.
김광순, 『한국구비전승의 문학』, 형설출판사, 1983.
김기형, 「설화와 화자의 관련양상」, 고려대 석사학위논문, 1987.
김대숙, 『한국설화문학연구』, 집문당, 1994.
김열규 외 3인, 『민담학개론』, 일조각, 1983.
김열규, 『한국신화와 무속연구』, 일조각, 1977.
______, 『한국의 신화』, 일조각, 1985.
______, 「서사체로서의 한국 상고대 신화」, 『한국서사문학사의연구』 2, 중앙문화사, 1995.
김종대, 『한국의 도깨비연구』, 국학자료원, 1994.
김철준, 「동명왕편에 보이는 신모의 성격에 대하여」, 『혜암 유홍렬박사 화갑기념논총』, 간행위원회, 1971.
김헌선, 「건달형 인물 이야기의 존재 양상과 의미」, 『경기어문학』 8집, 경기대

국문과, 1991.
_____, 「북방민족과 한국의 건국신화 비교」, 『경기어문학』 9집, 경기대 국문과, 1992.
김현룡, 『한중소설설화비교연구』, 일지사, 1976.
_____, 『고설화론』, 새문사, 1984.
_____, 『한국문헌설화』 1-7, 건국대출판부, 1998-2000.
김화경, 『한국설화의 연구』, 영남대출판부, 1987.
나경수, 『한국의 신화연구』, 교문사, 1993.
박현국, 『한국 공간설화의 연구』, 국학자료원, 1995.
배원룡, 『나무꾼과 선녀설화 연구』, 집문당, 1993.
서대석, 「구렁덩덩신선비의 신화적 성격」, 『고전문학연구』 제3집, 한국고전문학연구회, 1986.
_____, 「모방담의 구조와 의미」, 『한국고전산문연구』, 동화문화사, 1981.
서대석, 「고대 건국신화와 현대 구비전승」, 『훈뫼 최정여박사 송수기념 민속어문논총』, 계명대출판부, 1983.
_____, 「백제신화 연구」, 『백제논총』 제1집, 백제문화개발연구소, 1985.
_____, 「설화 〈종소리〉의 구조와 의미」, 『한국문화』 제8권, 서울대 한국문화연구소, 1987.
_____, 「한국신화와 민담의 세계관 연구」, 『국어국문학』 제101호, 국어국문학회, 1989.
_____, 『한국신화의 연구』, 집문당, 2001.
성기열, 『한·일 민담의 비교 연구』, 일조각, 1979.
_____, 『한국 민담의 세계』, 인하대출판부, 1987.
성기열·최인학 편, 『한국·일본설화의 연구』, 인하대출판부, 1987.
소재영, 『한국설화문학 연구』, 숭실대출판부, 1989.
손동인, 『한국 전래동화의 연구』, 정음문화사, 1984.
손진태, 『한국 민족설화의 연구』, 을유문화사, 1947.
송효섭, 『설화의 기호학』, 민음사, 1999.
신동흔, 「신분갈등설화의 공간구성과 주제」, 『관악어문연구』 제14집, 서울대 국어국문학과, 1989.
_____, 「아기장수설화와 진인출현설의 관계」, 『고전문학연구』 제5집, 한국고전문학연구회, 1990.

______, 「역사인물담의 현실대응방식 연구」, 서울대 박사학위논문, 1993.
______, 「경험담의 문학적 성격에 대한 고찰」, 『구비문학연구』 제4집, 한국구비문학회, 1997.
______, 「문헌 육담과 구전 육담에 담긴 성의식」, 『한국 육담의 세계관』, 국학자료원, 1997.
______, 「이야기꾼의 작가적 특성에 관한 연구」, 『구비문학연구』 제6집, 한국구비문학회, 1998.
______, 「탑골공원 이야기꾼 김한유의 이야기 세계」, 『구비문학연구』 제7집, 한국구비문학회, 1998.
______, 「PC통신 유머방을 통해 본 현대 이야기문화의 단면」, 『민족문학사연구』 제13호, 민족문학사연구소, 1998.
______, 『역사인물 이야기 연구』, 집문당, 2002.
심정섭, 「전설의 문학적 구조 : 아기장수 전설을 중심으로」, 『문학과지성』 27호, 1977.
안광국, 『한국귀신설화연구』, 규장각, 1995.
유영대, 「설화와 역사인식 : 이성계 전승을 중심으로」, 고려대 석사학위논문, 1981.
______, 「설화와 신분의 문제」, 『민족문화연구』 제16호, 고려대 민족문화연구소, 1982.
이경우, 「설화의 분류」, 『한국문학사의 쟁점』, 집문당, 1986.
이수자, 「제주도 무속과 신화연구」, 이화여대 박사학위논문, 1989.
______, 『설화 화자 연구』, 박이정, 1998.
이인경, 「구비 '열설화' 연구」, 서울대 박사학위논문, 2000.
이지영, 『한국신화의 신격유래에 관한 연구』, 태학사, 1995.
______, 『한국 건국신화의 실상과 이해』, 월인, 2000.
이혜화, 「아기장수 전설의 신고찰」, 『한국민속학』 16, 민속학회, 1983.
임재해, 「전설과 역사」, 『한국문학연구입문』, 지식산업사, 1982.
______, 『설화작품의 현장론적 분석』, 지식산업사, 1991.
______, 『민족설화의 논리와 의식』, 지식산업사, 1992.
______, 『민족신화와 건국영웅들』, 천재교육, 1995.
임철호, 『설화와 민중의 역사의식』, 집문당, 1989.
임형택, 「18·9세기 '이야기꾼'과 소설의 발달」, 『한국학논집』 제2집, 계명대,

1975.
장덕순, 『한국설화문학 연구』, 서울대출판부, 1970.
______, 『설화문학개설』, 이우출판사, 1980.
장덕순 · 조동일 · 서대석 · 조희웅, 『구비문학개설』, 일조각, 1971.
장장식, 『한국의 풍수설화연구』, 민속원, 1995.
장주근, 『한국의 신화』, 성문각, 1964.
______, 『한국신화의 민속학적 연구』, 집문당, 1995.
조동일, 『한국소설의 이론』, 지식산업사, 1977.
______, 「신화의 유산과 그 변모과정」, 『우리문학과의 만남』, 홍성사, 1978.
______, 『인물전설의 의미와 기능』, 영남대 민족문화연구소, 1979.
______, 『한국설화와 민중의식』, 정음사, 1985.
______, 『삼국시대 설화의 뜻풀이』, 집문당, 1990.
______, 『한국문학통사』 1-4, 제3판, 1994.
조동일 외, 『한국구비문학대계』, 한국설화유형분류집, 한국정신문화연구원, 1989.
조희웅, 『조선후기 문헌설화의 연구』, 형설출판사, 1981.
______, 『한국설화의 유형적 연구』, 한국연구원, 1983.
______, 『이야기문학 모꼬지』, 박이정, 1995.
천혜숙, 「장자못전설 재고」, 『민속어문논총』, 계명대출판부, 1983.
______, 「이야기꾼의 이야기연행에 관한 고찰」, 『계명어문학』 제1집, 계명어문학회, 1984.
______, 「아기장수전설의 형성과 의미」, 『한국학논집』 제13집, 계명어문학회, 1988.
______, 「전설의 신화적 성격에 관한 연구」, 계명대 박사학위논문, 1988.
______, 「이야기꾼 규명을 위한 예비적 검토」, 『두산 김택규박사 화갑기념 문화인류학논총』, 간행위원회, 1989.
______, 「삼국유사 보양이목 설화의 전승론적 검토」, 『한국민속과 문학연구』, 형설출판사, 1991.
______, 「마을신화의 범주와 그 민속사회학적 가치」, 『인문과학』 제25집, 성균관대 인문과학연구소, 1998.
______, 「신화로 본 여계신성의 양상과 변모」, 『비교민속학』 제17집, 비교민속학회, 1999.

최래옥, 『한국구비전설의 연구』, 일조각, 1981.
최운식, 『한국설화연구』, 집문당, 1991.
최원오, 『한국 고전산문의 탐구』, 도서출판 월인, 2002.
최인학, 『구전설화연구』, 새문사, 1994.
______, 『한국설화론』, 형설출판사, 1982.
표인주, 『공동체신앙과 당신화연구』, 집문당, 1996.
한국구비문학회 편, 『한국구비문학사연구』, 박이정, 1998.
________________, 『구비문학의 연행자와 연행양상』, 박이정, 1999.
________________, 『구비문학과 여성』, 박이정, 1999.
황인덕, 『기록소화사론』, 태학사, 1999.
황패강, 『신라불교설화연구』, 일지사, 1975.
______, 『한국서사문학연구』, 단국대출판부, 1982.
허경회, 『한국의 씨족설화연구』, 전남대출판부, 1994.

롤랑 바르뜨, 이화여대 기호학연구소 역, 『현대의 신화』, 동문선, 1997.
레비-스트로스, 김진욱 옮김, 『구조인류학』, 종로서적, 1983.
월터 옹, 이기우·임명진 역, 『구술문화와 문자문화』, 문예출판사, 1995.
융·에릭슨, 이부영·조대경 역, 『현대의 신화/아이덴티티』, 삼성출판사, 1997.
조셉 캠벨·빌 모이아스, 『신화의 힘』, 이윤기 옮김, 고려원, 1992.
V. 프로프, 유영대 역, 『민담형태론』, 새문사, 1985.
V. 프로프, 최애리 역, 『민담의 역사적 기원』, 문학과지성사, 1990.
Ben-amos, Dan ed., *Folklore Genre*, Texas University Press, 1976.
Chambers, Ross, *Story and Situation*, Minneapolis : Univ. of Minnesota Press, 1984.
Dégh, Linda, *Folklore and Society*, Trans., Emily M. Schosskerger, Indiana University Press, 1969.
Dundes, Alan, *The Morphology of North American Indian Folktales*, F F Communication No. 195, Suomalainen Tiedeakatemia Academia Scientiarum Fennica, 1980.
Dundes, Alan ed., *The Study of Folklore*, Prentice-Hall, Inc., 1965.
Eliade, Mircea, *The Myth of Eternal Return*, Princeton Univ. Press, 1954.

Eliade, Mircea., "Cosmognic Myth and Sacred History", in *Sacred Narrative*, ed., Alan Dundes, Univ.of California Press, 1984.

Honko, L., "The Problem of Defining Myth", in *Sacred Narrative,* ed., Alan Dundes, Univ.of California Press, 1984.

Propp, Vladimir, *Morphology of the Folklore,* 2nd ed., American Folklore Society, 1968.

Thompson, Stith, *The Folktale*, The Drydon Press, 1946.

Thompson, Stith, *The Types of the Folktale*, Helsinki : Suomalainen Tiedeakatemia Academia Scientiarum Fennica, 1961.

제 3 장
민요의 이해

1. 민요란 무엇인가

1) 민요의 개념과 범주

민요는 민중의 노래라는 뜻이다. 그리고 여기서 민중은 근대 이전 사회의 피지배계급을 말한다. 그러므로 민요는 본디 노래 담당층의 계급성에 기반을 두고 형성된 용어라고 할 수 있다. 이러한 점에서 보면 민요의 상대적 개념은 근대 이전 사회 지배계급의 노래로 설정되어야 형편에 맞는다. 궁중가요, 상층가요 등이 이에 해당할 것이다. 근대 이전 사회에서는 국가, 상층, 하층이 각자의 형편에 맞는 노래문화의 영역을 마련해왔다. 그러기에 궁중가요, 상층가요, 민요는 그 본질적 성격이 서로 다른 것이다. 궁중가요는 궁궐의 각종 의례 및 연회에서 쓰이는 국가의 공식적 노래이며, 상층가요는 사대부같은 지배층의 풍류를 위한 문화적 취향의 노래이며, 민요는 민중이 생활의 필요에 의해 부르는 노래이다. 그러므로 민요에 대한 문제의식의 본질은 민중이라는 계급성 위에 놓여 있는 것이라고 하겠다.

그런데 우리의 노래 가운데는 민중의 것이 아니면서도 민요라는 말이 들어가 있는 장르들이 있다. 통속민요와 신민요가 그것이다. 차츰 밝혀지겠지만, 이것들은 민요와 아주 다른 성격의 노래들이다. 그럼에도 불구하고 그 명칭에 민요라는 말이 들어가 있는 것은 이것들이 민요풍의 노래라는 점 때문이다. 요컨대 성격은 다르면서도 양식은 민요를 닮은 노래인 것이다. 이러한 점에서 통속민요와 신민요는 유사민요라고 할 수 있다. 그런데 유사민요가 점차 활기를 띠면서 순수한 민중의 노래인 본래의 민요와 이것들을 변별하여 부를 필요가 생겼다. 이러한 필요에 의하여 설정된 용어가 향토민요이다. 그러므로 향토민요는 유사민요와의 구분이 필요할 때에만 사용하며, 본래의 민요는 그냥 민요라고 부르는 것이 원칙이라고 할 수 있다.

향토민요, 통속민요, 신민요는 양식적인 면에서 비슷한 노래이기에 그 성격의 차이를 보다 구체적으로 알아 둘 필요가 있다. 향토민요는 전통사회에서 민중들이 생활하는 가운데 자연스럽게 익혀서 부르는 노래이다. 그러므로 향토민요는 처음부터 음악을 해보겠다거나, 아니면 예술을 해보겠다는 의식을 가지고 일정하게 훈련을 쌓으며 배우고, 또 이렇게 배운 것을 누군가에게 들려주기 위해 연주하는, 그러한 노래와 다른 것이다. 줄여 말하면 향토민요는 민중들의 생활을 기반으로 자생하며, 생활과 함께 존속하는 비전문적인 노래라는 것이다.

통속민요는 잡가를 불러 온 전문음악인들에 의해 만들어져 잡가의 하나로서 연행된 민요풍의 노래이다. 그러므로 통속민요는 잡가의 하위장르라고 할 수 있다. 잡가에 통속민요가 등장하게 된 사정은 19세기 후반의 문화양상과 맞물려 있다. 조선후기 들어 나타나기 시작한 도시 서민풍의 노래는 시간이 지날수록 그 향수층이 보다 넓게 확산되었고, 이와 함께 점차 대중문화적 성격을 띠면서 더욱 활기있게 전개되어 갔다. 잡가의 성행이 그것이다. 그런데 잡가가 성행할수록 향수층의 소비욕구가 다양해졌고, 이러한 수요에 맞추어 좌창패, 입창패 등 잡가의 담당층들 또한 레파토리를 보다 다양하게 확충할 필요가 있었다. 상황이 이에 이르자 잡가 담당층들은 각 지역에 전승되던 민요를 그들의 취향에 맞도록 다듬어 노래하게 되었고, 또 끌어들인 민요와 유사한 노래를 새롭게 만들어 내기도 하면서 민요풍의 노래가 잡가의 한 자리를 차지하게 되었다. 이러한 가운데 개화기에 협률사, 광무대 등 공립과 사립의 극장들이 세워져 무대공연이 활발해지면서 통속민요의 수요는 보다 증대되었다. 그리고 1910년대에는 통속민요의 인기가 더욱 올라서 잡가의 주류장르로 자리잡았다.

통속민요가 본격적인 인기를 끌게 된 것은 20세기에 들어서의 일이지만, 그 생성과 성장의 배경은 19세기 후반의 노래문화에 놓여 있다. 그리고 중간계급 이상의 존재들이 즐길 수 있었던 가곡이나, 민중만이 노래했던 향토민요와 달리 통속민요는 민중과 지배계급이 함께 즐겼다. 그러므로 향토민요가 전통사회의 계급적 문화물이라면, 통속민요는 전통사회의 대중적 문화물이라고 할 수 있다. 결국 통속민요는 전통사회의 계급문화에서 근대사회의 대중문화로 넘어가는 과도기적 문화물인 셈이다.

신민요는 일제강점기 때 음반에 담아 판매할 목적으로 특정인의 작사와 작곡을 통해 만들어진 민요풍의 노래를 말한다. 일제강점기의 음반산업은 1930년대부터 활성화되며, 이 때 발매된 노래로는 유행가와 신민요가 주종을 이루었다. 유행가와 신민요라는 말은 당시에 쓰던 이름이다. 이 중에 유행가는 오늘날 대중가요의 장르개념으로 보면 거의 대부분 트로트에 해당하는 것으로, 일본식 음계를 사용해 만든 노래이다. 그리고 신민요는 통속민요의 맥을 이어 만든 노래로서 후렴의 노래 형식, 선율 등은 우리 것의 특징을 살리고, 리듬은 서양의 것을 취하는 경향을 보였다. 그러므로 신민요는 일제강점기에 등장하기 시작한 민요풍의 대중가요를 가리키는 말[1]이라고 하겠는데, 이 장르의 노래는 해방 이후에도 꾸준히 그 맥을 이

1) 고정옥은 신민요는 창작민요를 가리킨다고 하면서 그 범주는 창가, 유행가 등을 통틀어 말하는 것으로 설정하였다. 그러나 창가와 유행가는 함께 묶이기 어려운 노래이며, 또 신민요라는 말이 민요풍의 대중가요로서 당시에 이미 비교적 뚜렷이 인식되고 있었던 점을 생각하면, 고정옥이 설정한 신민요의 개념은 받아들이기 어렵다. 그의 주장은 다음의 책에 실려 있다.
고정옥, 『조선민요연구』, 수선사, 1949, 47면.

어갔다.

민요가 민중의 노래라는 시각에서 보면 통속민요와 신민요는 민요의 범주에 넣기 어렵다. 그럼에도 불구하고 민요의 범주가 문제로 등장하는 것은 통속민요 때문이다. 신민요는 이미 드러난 바와 같이 근대사회의 상업적 대중문화물이며, 또한 개인의 창작물이기에 민요의 범주에 들기에는 처음부터 적절하지 못한 입장이다. 다만 통속민요는 그 문화적 성격은 달라도 민요와 같이 전통사회의 문화물일 뿐 아니라, 거의 대부분 특정한 창작자가 존재하지 않으며, 창작자가 존재한다고 해도 개인의 창작물로 유통되지 않는다. 그런가하면 통속민요의 노래 가운데는 향토민요화 되어 기존 민요체계의 일부로 편입되어 있는 경우도 있어 양자의 관계가 서로 얽혀 있는 면이 있다.

여기에 국악계에는 통속민요를 민요로 인식하는 굳어진 관습이 존재하고 있다. 곧, 실제로 창을 담당하는 국악인들은 통속민요를 그냥 민요라고 부르고 있으며 일반인들도 그러한 인식을 그대로 수용하고 있다. 또 국악학을 중심으로 한 학계의 일각에서도 진지한 고려없이 통속민요를 민요의 범주로 분류하고 있다. 그러나 국악인들이 말하는 민요는 12잡가, 휘모리잡가, 산타령 등 잡가에 속하는 하위장르간의 상대적인 명칭으로서 그들의 레파토리 가운데 그 양식이 민요로부터 온 노래라는 의미로 출발된 것이다. 그러던 것이 굳어지다보니 국악학자들이 국악인들이 말하는 민요의 개념을 받아들여 그것을 통속민요라고 하고, 대신에 본래의 민요는 향토민요라고 이름하게 되었던 것이다.

향토민요와 통속민요에 문화적 유사성이 존재하고, 또 민요에 대한 국악계의 개념이 일반적으로 널리 인식되고 있는 상황을 감안하면, 이제 민요의 범주를 이원적으로 설정하여 현실과의 거리를 좁힐 필요성이 있다고 할 수 있다. 요컨대 문화적 개념으로 말할 때의 민요는 민중의 노래로 한정하며, 양식적 개념으로 말할 때의 민요는 향토민요와 통속민요를 모두 포함하는 것으로 그 범주를 설정하자는 것이다.

2) 민요의 특징

민요는 노래이며, 구전물이다. 이러한 점에서 민요는 설화, 민속극 등과 구분된다. 민속극에도 노래가 있기는 하지만, 그것은 부분적이다.

노래로 된 구전물은 민요 이외에도 무가, 판소리, 잡가 등이 있으며, 가곡과 시조까지 이에 포함시킬 수도 있다. 그러나 무가는 무당에 의해 불리며, 판소리, 잡가, 가곡, 시조 등은 광대 또는 가객에 의해 주로 불린다. 무당은 무의(巫儀)를 행하는 특수한 직업인이며, 광대와 가객은 전문적인 예능인이다. 그러므로 이들의 노래는 전문적인 수련을 거쳐야 제대로 부를 수 있다. 이에 반해 민요는 생활하는 가운데 자연스럽게 익히게 되는 것이 보통이며, 수련을 거친다해도 전문성은 약하다. 따라서 민요는 전문성이 없는 일반적인 민중의 노래라는 점에서 노래로 된 다른 구전물과 구별된다.

민요는 민중들이 그들의 일상적인 삶을 통해 불러 온 노래다. 민요는 일을 하면서 의식을 치루면서, 그리고 놀이를 하면서 부르는데, 일과 의식, 그리고 놀이는 모두 민중들의 일상적이고 보편적인 삶의 내용이다. 그러므로 민요는 창자 자신들의 삶과 분리되지 않는다. 창자들의 생활과 직접적으로 맞물려 있다는 것이다. 이것은 민요가 생활의 필요에 의해 생성되고 존속되는 것임을 의미한다. 따라서 민요는 민중들의 생활에 필요한 바를 충족시킬 수 있는 기능을 지니고 있게 마련이다.

민요는 민중들이 자신들의 생활에 필요하여 부르는 노래다. 그러므로 민요는 기본적으로 스스로 즐기고 만족하기 위해서 부른다. 무가와 판소리 같은 노래는 직업적인 창자가 있고, 이들은 남에게 들려주기 위해 노래한다. 그러므로 무당이나 광대의 구연은 남에게 봉사하는 일이 주된 것일 뿐, 스스로 즐기는 일은 부차적이다. 그러나 민요는 듣는 이 없이 혼자 부를 수도 있다. 그리고 여럿이 함께 있는 경우에도 메기고 받는 과정을 통해 노래의 구연에 모두 참여할 수 있다. 혹은 여럿이 있으면서 한 사람씩 노래한다고 해도 창자와 청자의 관계가 미리부터 정해져 있지 않다. 누구라도 노래하면 창자가 되고 나머지는 청자가 된다. 그러므로 민요의 구연은 스스로 즐기거나 함께 즐기는 것일 뿐, 남을 위해 봉사하는 것은 아니다. 이러한 점에서 민요는 자족적인 동기에 의해 구연되는 것이라고 할 수 있다.

민요는 민족적으로, 지역적으로, 그리고 계급적으로 그 고유성이 강하게 유지되는 노래다. 기본적으로 구전문학은 모두 민중의 문학이다. 그러나 민요는 민속극과 함께 민중만의 문학이라는 점에서 구전문학의 다른 장르와 구분된다. 설화는 전승과 구연에 지배층도 참여한다. 그리고 판소리는 광대에 의해 구연되지만, 청중은 지배층도 포함된다. 또 무가를 부르는 무당의 신분은 낮지만, 무의(巫儀)의 대상이 꼭 민중으로 한정되는 것은 아니다. 이에 반해 민요와 민속극의 전승과 연행에는 민중만이 참여한다. 그러기에 민요와 민속극에는 민중 자신들의 세계가 보다 충실하게 담겨 있다. 그런데 민속극은 남에게 보여주기 위해 행해지며, 민요는 스스로의 필요성에 의해 연행된다. 남에게 보여주는 것은 누구나 쉽게 할 수 있는 것이 아니며, 또한 부담스러운 일이다. 그러나 민요에는 이러한 부담이 적다. 누구나 스스로의 생각을 자신의 의도대로 드러낼 수 있기 때문이다. 이러한 점에서 민요는 민중의 생각을 보다 직접적으로, 그리고 자유롭게 담아낼 수 있는 민중만의 문학이라고 할 수 있다.

민요는 생활의 필요에 따라 생성되고 존속된다고 했다. 그러므로 삶의 환경과 내용에 따라 민요의 종류는 달라진다. 이를테면 해녀들이 해산물을 채취하면서 부르는 노래와 양태를 만들면서 부르는 노래 등은 그 특유의 생업과 함께 주로 제주도에서 전해진다. 그리고 논이 거의 없는 강원도의 산간지방에는 모심기나 논매기에 관한 노래가 잘 전해지지 않는다. 그런가 하면 민요는 가락에 있어서도 지역에 따라 다른 면을 보인다. 이를테면 전라도에서 전해지는 민요는 육자배기조로 되어 있는 것이 많고, 강원도 지역의 민요는 대부분 메나리조로 되어 있다. 이처럼 민요가 지역에 따라 다른 면을 보이게 되는 것은 그것이 민중의 생활과 직접적으로 연결되어 있기 때문이다.

민요는 민중의 문학 중에서도 다른 장르보다 민족적 고유성을 보다 잘 간직하고 있다. 민담은 민족간에 유형이나 화소의 유동이 쉽게 이루어질 수 있다. 그리고 무가는 외래종교의 영향을 많이 받아왔다. 이에 반해 민요는 다른 민족의 영향을 쉽게 받아들이지 않으며, 받아들인다해도 그 속도는 느리다. 그것은 민요가 민중의 기층적 삶과 직접적으로 연계되어 있고, 그러한 삶은 쉽게 변화되지 않는 속성을 보이기 때문이다.

민요는 구전물의 하나로서 비전문적인 민중이 삶의 필요에 따라 불러온 노래다. 그러기에 민요는 기능적이고, 자족적인 성격을 보이며, 또한 계급적, 지역적, 민족적인 고유성을 간직하고 있다. 이러한 점에서 민요는 구전문학 가운데서도 기층성이 가장 강한 장르라고 할 수 있다.

2. 민요의 역사

1) 삼국시대까지의 민요

노래는 구석기시대에 사냥이 잘 되기를 바라는 주술적 심리에 의해 발생된 것으로 보인다. 그리고 신석기시대에는 공동의 작업요가 출현하였을 것으로 보인다. 이 시대에 움집을 짓기 위해 땅을 파고 다지는 작업을 하였고, 어망을 활용하여 어로작업도 하였는데, 이러한 일들을 효과적으로 하기 위해서는 여럿이 호흡을 맞추어야 하기 때문이다. 그러나 이 시기까지의 사회는 아직 신분의 계급화가 분명하게 이루어지지 않았기에 노래 또한 계급문화적 성격을 뚜렷하게 가질 수 없었다.

그러나 청동기 문화의 시대가 열리면서 사정은 달라지고 있었다. 청동기의 발달과 더불어 농경이 본격화되었고, 또 취락의 규모도 커졌다. 그리고 힘있는 집단은 다른 집단을 거듭 정복하면서 부족국가의 단계로 나아갈 수 있었다. 이러한 양상과 함께 사람들의 신분은 분화되어 지배계급과 피지배계급이 뚜렷이 형성되었고, 신분의 계급화는 사회적 기능과 경제적 능력의 차이를 가져와 각각의 형편에 따라 문화적 수요도 다르게 나타나게 되었다. 이러한 사정으로 노래도 계급적 형편에 맞추어 다른 양상으로 전개되어야 했다.

노래의 계급적 차별화에는 현악기가 일정한 몫을 했다. 알려진 대로 민요는 본디 악기의 수반을 전제로 하지 않으며, 악기를 사용한다 해도 대부분 타악기 정도가 고작이다. 타악기 반주, 또는 무반주로 노래할 때는 선율보다는 리듬이 중시되지만, 현악기와 함께 노래하기 위해서는 리듬은 물론 선율의 미세한 부분까지 관심을 두어야 했다. 그러므로 전자의 경우에는 집단적인 노래에 알맞다면, 후자의 경우는 개인적인 노래에 알맞다. 그 결과 현악기는 선율을 발달시키고, 아울러 개인적 서정의 노래를 촉발시켰다. 이러한 식으로 상층의 노래는 하층의 노래와 차별화 되어 갔다. 사정이 이러하기에 엄밀한 의미에서 말하면 민요의 성립시기는 부족국가시대라고 할 수 있다.

그러면 부족국가시대부터 삼국시대까지에는 어떠한 민요가 존재하였을까? 이 시기에는 앞 시대와 비교하기 어려울 만큼 노동요의 종류가 늘었을 것으로 보인다. 우선 청동기의 사용과 함께 농경이 본격화됨에 따라 곡식을 타작하는 작업과 그 노래가 필요하게 되었을 것이다. 또 기록에 따르면 동옥저의 사람들은 배를 타고 고기잡이를 다녔다고 했으며, 마한은 서해의 섬사람들과 무역을 하였다고 했으니, 부족국가시대에 이미 원시적인 통나무배가 아닌 구조선을 사용하였음을[2] 알게 하며, 그렇다면 이 시기에 〈그물당기는소리〉와 함께 〈노젓는소리〉를 노래하였을 것이다.

그런가하면 부여와 진한에 성책이 있었다는 『삼국지』 위지 동이전의 기록은 부족국가시대의 국가 시설물의 존재를 확인해주는 것이며, 이로써 건축자재를 나르며 부르는 〈목도하는소리〉 같은 토건노동요도 부족국가시대

2) 박구병, 「한국어업기술사」, 『한국문화사대계』 Ⅲ, 고대민족문화연구소, 1970, 84면.

에 존재하였을 것이다. 그리고 삼국시대에 들면 성을 쌓고 궁실을 짓는 일이 보다 본격화되므로,[3] 이 때에 이르면 토건노동요는 거의 오늘의 수준으로 다양화되었을 것으로 생각된다. 신라 선덕여왕 때 영묘사 장육상을 만들 진흙을 나르는 데도 〈풍요〉를[4] 불렀다 하니, 이러한 상황을 충분히 짐작할 수 있다.

한편, 서기 357년에 만든 것으로 보이는 고구려 벽화에 키질하는 여인의 모습과 디딜방아를 찧는 여인의 모습이 있으며, 또 지금 향가로 남아 있는 〈풍요〉가 본래 방아찧으며 부르던 노래라고 했으니, 삼국시대에는 제분정미요도 활발하게 불렸을 것이다. 여기에 신라 유리왕 때는 부녀자들이 길쌈으로 경쟁을 하는 행사를 왕실이 주관하였다 하니 길쌈요의 존재도 확인할 수 있다. 길쌈과 제분정미는 대부분 부녀자들의 일이다. 따라서 삼국시대에 이르면 부녀자들의 노동요도 상당한 발전을 이루게 된다고 하겠다.

2) 고려시대까지의 민요

통일신라시대 이후 민요와 관련된 역사적 사실 가운데 눈에 띄는 것은 논농사의 보급과 발달이다. 이 땅의 벼 재배 역사는 기원전으로 거슬러 올라가고, 또 삼국시대의 초기에 이미 논이 만들어졌지만, 신라의 경우 논농사가 보다 널리 보급되고 활성화 된 것은 중기 이후로 보인다. 그리고 통일신라시대 이후에는 쌀의 생산이 잡곡의 생산보다 우위를 차지하기 시작하며, 고려시대에 들면 벼의 생산이 더욱 비약적으로 늘어나게 된다.

논농사의 비중이 커지면 노동력의 투입도 그만큼 많아지며, 그렇게 되면 자연스레 노동요의 필요성은 증대된다. 그러므로 논농사가 농사의 중심을 이루기 시작하는 통일신라시대에는 이미 논농사요가 상당히 출현해 있

---

3) 『삼국사기』는 신라는 박혁거세 21년과 26년에, 고구려는 동명왕 4년에, 백제는 온조왕 13년에 각각 성을 쌓고 궁실을 지었다고 했다.

4) 일연, 『삼국유사』 권4 良志使錫條.

었을 것으로 보인다. 강희맹(姜熙孟)이 『금양잡록(衿陽雜錄)』에서 신라의 노래는 끝에 반드시 "다농다리호지리다리(多農多利乎地利多利)"라 한다고[5] 했는데, 이것은 〈논매는소리〉를 대상으로 한 말이다. 강희맹이 무엇을 참고하여 이처럼 말한 것인지는 모르나, 통일신라 이후에 이같은 노래가 존재했을 개연성은 충분하다. 이러한 점을 참고하고, 또 논농사의 비중이 확대되는 추이를 감안하면 아무리 늦게 잡아도 신라말이나 고려초에는 〈모심는소리〉를 제외한 거의 모든 논농사요가 형성되었을 것으로 보인다.

그런가하면 고려말에는 일부 지역에서나마 〈모심는소리〉가 존재했다. 〈모심는소리〉는 이앙법의 시행과 관계가 있는데, 이것은 직파법에 비해 선진농법으로서 고려말 14세기 전후부터 영남지역에서 먼저 보급되기 시작한 것으로 보인다. 고려말에 모내기를 말한 시와 글들이 적지 않게 발견되고 있으며,[6] 또 박효수(朴孝脩)의 시에 "들바람은 때로 삽앙가(揷秧歌)를 보낸다"는[7] 구절이 있어 〈모심는소리〉의 존재를 확인할 수 있다. 따라서 영남지역의 대표적 〈모심는소리〉인 〈정자소리〉는 이 때부터 부른 것임을 알게 된다.

한편, 고려시대에는 서사민요의 존재도 확인할 수 있다. 『고려사』 「악지」 속악조에는 〈월정화〉라는 노래가 있다. 사록 벼슬을 하던 위재만이 진주기생 월정화에게 빠져 지내자 부인이 근심하다 죽었다. 이에 진주읍 사람들이 슬퍼하며 위제만을 풍자한 노래가 〈월정화〉라는 것이다. 그런데 현재 우리에게 전해져 있는 민요 가운데는 〈월정화〉와 흡사한 것이 있다. 〈울도담도 없는집에〉, 곧 일명 〈진주난봉가〉가 그것인데, 이 노래는 진주를 배경으로 하면서 가사의 내용도 〈월정화〉와 유사한 서사민요이다. 이로써 우리는 고려 어느 시기에 서사민요가 이미 존재해 있음을 확인할 수 있다.

---

5) 姜熙孟, 『衿陽雜錄』 〈農謳十四章〉 後序(정용수, 『강희맹 한시의 문학적 연구』, 국학자료원, 1993, 128면에서 재인용)
6) 주강현, 「두레연구」, 경희대 박사학위논문, 1995, 249면.
7) 『신증동국여지승람』 권28 星州牧 臨風樓條.

고려의 속악 가운데는 민요를 채택한 것이 제법 있어서 이것들을 통해 당시의 민요형태를 다소나마 짐작할 수 있다. 고려 속악에 나타나는 민요의 형태는 4가보 2행형식과 부정행형식이다. 전자는 〈청산별곡〉의 모태가 되는 형식이며,[8] 후자는 〈서경별곡〉의 모태가 되는 형식이다.[9] 현재의 민요에서 4가보 2행형식은 〈어랑타령〉, 〈뱃노래〉 같이 노래 자체를 즐기기 위해 부르는 가창유희요에 많이 나타나며, 부정행형식은 〈논매는소리〉, 〈노젓는소리〉 같은 노동요에 많이 나타난다.

뿐만 아니라 경기체가 제4행까지의 가창구조는 〈아라리〉를 비롯한 오늘날 4가보 2행 형식의 민요에서 흔히 발견되고 있다.

▽ ▽ ▽ / ▽ ▽ ▽ / ▽ ▽ ▽ / ▽ ▽ ▽
元 淳 文 / 仁老- 詩 / 公 老 四 / 六 - - / (한림별곡)[10]

▽ ▽ ▽ / ▽ ▽ ▽ / ▽ ▽ ▽ / ▽ ▽ ▽
아 리 랑 / 아 리 랑 / 아 라 리 / 요 - - / (아라리)

---

8) 다음의 악보는 『시용향악보』의 것을 간략히 하여 옮긴 것이다. 이하의 정간보도 모두 해당 출전의 것을 같은 방법으로 처리한 것이다.

살			어		리			살			어		리		
라								싸							
靑			山		의			살			어		리		
라								싸							

이것을 가보를 단위로하여 다시 정리하면 "살어리 살어리라싸 청산의 살어리라싸"와같이 4가보로 구분되어, 결국 청산별곡의 1장은 4가보 2행형식임을 알게 된다.

9) 청산별곡의 사설은 장을 단위로하여 2행씩 고정적으로 자립적 종결을 이루지만, 서경별곡은 몇 개의 장이 합해져야 그것이 가능하다. 뿐만 아니라 사설의 자립적 종결을 위해 필요한 장의 수도 일정하지 않다. 4개의 장이 연결되어서 단위적 매듭을 이룬 것도 있고 6개의 장이 연결되어서 매듭을 이룬 것도 있다. 이처럼 서경별곡은 사설의 종결단위가 정해져 있지 않기에 부정행 형식으로 분류하게 된다.

10) 〈한림별곡〉 『금합자보』

元			淳		文			仁老					詩		
公			老		四			六							

두 노래는 처음 2가보를 각각 3박에 나누어 배분하고, 나머지의 사설을 4박에 처리하면서 끝음절에 2박을 보태어줌으로써 행을 마무리짓고 있다. 이처럼 두 노래의 가창구조에 공분모가 있다는 것은 〈한림별곡〉의 가창구조가 민요에 바탕을 두고 성립된 것임을 말해준다.

살펴본 대로 고려 속악에는 현재의 민요와 통하는 요소들을 많이 가지고 있다. 그런가하면 신라말기나 고려초에 이르면 〈논매는소리〉가 널리 분포되어 있다고 했는데, 이것은 민요의 지역구도가 거의 오늘과 같이 자리잡힌 것을 의미한다. 〈논매는소리〉는 지역성이 가장 강한 민요이기 때문이다. 이로써 우리는 삼국시대까지의 민요가 통일신라와 고려를 거치는 동안 현재의 민요에 근접할 정도로 발전적인 전개를 이루었음을 알 수 있다. 이에 따라 민요는 노래문화적 역량도 신장되어 고려의 궁중가요에 대한 기반문화로서 크게 영향을 끼칠 수 있었다. 바꾸어 말하면 고려의 궁중가요가 민요의 이모저모를 다양하게 수용할 수 있을 정도로 민요는 '노래'라는 문화장르로서의 성과를 이룩하고 있었다는 것이다.

3) 조선시대의 민요

조선은 건국초부터 농업을 중시하는 중농정책을 펴나갔다. 이러한 연고로 농요는 조선 초기부터 왕을 비롯한 지배층의 관심사로 떠올랐다. 태종은 상왕으로 물러앉은 뒤 농부들을 불러 농요를 부르게 하는 것으로 낙을 삼았다.[11] 또한 세조 역시 농요 듣기를 즐겨 하여 직접 들에 나가 농부의 일하는 모습과 농요를 보고 듣는가 하면,[12] 농요를 잘 하는 사람들에게 상을 주기도 하였다.[13] 또한 성종 때에는 적전(積田)에서 친경(親耕)을 할 때 농부들이 농요를 하기도 하였다.[14]

---

11) 『세종실록』 2년 5월 26일조, 6월 20일조.
12) 『세조실록』 4년 5월 21일조.
13) 『세조실록』 12년 3월 14일조.

강희맹의 〈금양잡록〉에는 당시 〈논매는소리〉의 모습을 짐작하도록 하는 기술이 있다. 〈금양잡록〉은 농사짓는 일을 다룬 책인데, 말미에 〈농구14장(農謳十四章)〉을 지어 덧붙여 놓았다. 이것은 당시의 〈논매는소리〉를 바탕으로 구성한 것인데, 작품에 대해 설명을 붙인 글에서 '만조(慢調)'와 '촉조(促調)' 등을 거론하고, 후렴을 만조의 것은 '뇨응아지리(尿應阿地利)', 촉조의 것은 '확자고로롱(確者古老農)'으로 표기해 두었다. 이로써 우리는 당시에도 〈논매는소리〉는 느린 것과 빠른 것이 있었다는 것, 또 노래에 후렴이 달려 있고 선후창으로 가창되었다는 것 등을 확인할 수 있으며, 이로 보아 조선 전기의 〈논매는소리〉가 오늘과 같은 모습을 하고 있음을 알 수 있다.

조선전기에는 정부에서 민요의 채집을 시도하기도 했다. 세종 9년에 예조에서 아뢰기를 조선이 건국한 이래 예악이 크게 시행되어 아악과 송의 음악은 갖추어져 있는데, 민속가요의 가사를 채집하는 법이 마련되지 않았다고 하면서, 각 고을에 명하여 매년 노래를 채집하여 보고하도록 해달라고 하니 왕도 그에 따랐다.[15] 그러나 이러한 민요채집의 시도는 잘 시행된 것 같지 않다. 그러기에 성종과[16] 중종[17] 때에 민요수집에 대한 문제가 다시 거론될 필요가 있었다.

조선전기에 왕과 지배층이 민요에 대해 관심을 가졌던 것은 문화적인 것이 아니라 통치적인 것이었다. 나라에서 민요를 수집해야 함은 그것을 통해 정치의 잘잘못을 알 수 있고, 또 풍속의 미악도 파악할 수 있기 때문으로 여겼다. 그리고 국왕의 농요에 대한 접촉도 농본주의 국가의 통치자로서 갖게 되는 농사와 그 담당층에 대한 관심으로부터 비롯된 것이다. 아울러 강희맹 같이 일부 사대부층이 가지고 있었던 농요에 대한 관심도 기

14) 『성종실록』 19년 1월 22일조.
15) 『세종실록』 15년 9월 12일.
16) 『성종실록』 8년 7월 23일.
17) 『중종실록』 24년 5월.

본적으로 같은 성격의 연장선 위에 놓여 있다. 농정에 관심을 둔 사대부로서의 관인적 취향이었던 것이다.[18] 그러므로 조선 전기에는 고려 때와 달리 민요와 상층가요와의 소통은 이루어지기 어려웠다.

조선은 후기에 들어 경제와 사회가 새롭게 변모하며 발전하였다. 이 중에 민요와 관련하여 중요한 사항은 이앙법의 전면적인 시행이다. 이앙법은 고려말에 영남지역에서 이미 시행되고 있었다고 했다. 그러나 조선에서는 이를 법으로 금지시켰다. 모를 옮겨 심는 일은 비가 오지 않아 때를 놓치면 농사를 모두 망치게 되는데, 직파법은 비가 오지 않아도 모두 손실되는 일은 없기 때문이다. 그러던 것이 정부의 이앙법 금지조치는 조선후기에 들어 완화되있고, 이에 따라 숙종과 영조 때에 이르면 이앙법이 거의 전국적으로 시행되기에 이른다. 그 결과 〈모심는소리〉도 전국적으로 불려지게 되었다. 기존의 〈논매는소리〉에 〈모심는소리〉가 보태어져 전국적으로 분포하게 됨에 따라 비로소 논농사요는 오늘의 모습을 갖추게 되었다. 따라서 17세기말 내지 18세기초는 논농사요가 완성된 시기로서 의미를 가지게 된다.

이 시기의 〈모심는소리〉 가운데 현재 확인할 수 있는 노래로는 〈상사소리〉가 있다. 이사질(李思質)이 이 노래를 〈어난난곡(於難難曲)〉이라 하여 후렴과 함께 한시로 옮겨 놓았다. "어난난(於難難)"은 〈상사소리〉의 후렴 "어럴럴 상사디야"를 한자로 표현한 것이다.

山有花兮皐有蘭	메나리여, 고란초여
皐蘭長翠山花丹	고란초는 길고 푸르며, 메나리는 붉구나
千年萬歲君不老	천년토록 만세토록 우리 님 늙지 마시라
暮暮朝朝看復看	저녁마다 아침마다 보고 또 보고지고
於難難[19]	어럴럴 상사디야

18) 정용수; 『사숙제 강희맹문학연구』, 국학자료원, 193, 132면.
19) 『부여군지』, 부여군지편찬위원회, 1964. (재인용)

조선후기의 사회는 경제력이 중시되고, 또 그에 따라 신분적 경계도 점차 약화되어 조선전기와 다른 양상을 보이고 있었다. 이러한 사회적 변화는 문학에도 반영되어 문학적 관습과 제반 요소들이 장르와 계급적 경계를 넘나들며 소통되는 양상을 나타내며, 전체적으로는 계급문화로부터 대중문화로 넘어가고 있었다. 그리고 문화의 대중화는 잡가를 부상시키며 통속민요를 양산하기에 이르렀다. 이에 따라 19세기 이후에는 〈방아타령〉, 〈오돌독〉, 〈양산도〉 등 가창유희요와 〈한글뒷풀이〉, 〈장타령〉 등 언어유희요가 대거 등장하여 유행하게 되었다. 그렇다면 조선후기의 민요는 〈모심는소리〉가 전국적으로 확장되면서 스스로의 고유영역을 보다 새롭게 보강하였고, 동시에 도시의 여가문화적 필요에 부응하여 통속민요의 형성을 지원한 것이라고 하겠다. 이로써 민요는 향토민요와 통속민요라는 이원적 범주로 전개되기에 이르렀다.

조선후기에 민요의 지원을 많이 받은 장르로는 판소리와 탈춤도 있다. 판소리와 탈춤의 노래 가운데는 민요가 상당수 포함되어 있다. 그런데 판소리와 탈춤은 하층문화에 기반을 두고 조선후기에 새롭게 생성되었거나 부각된 장르들이다. 그런가하면 민요는 조선후기에 한시의 변모에도 일정한 역할을 하였다. 조선 후기에 들어 민요취향이 대두되면서 민요의 정조, 소재, 표현 등을 채용한 한시가 상당수 등장하게 된 것이다.

다음의 崔成大 시에 보이는 〈별헤는소리〉도 이렇게 하여 나온 작품이다.

初月上中閨　규중에 초승달 뜨자
女兒連袂出　계집아이들 어울려 나와
擧頭數天星　하늘 보고 별을 세는데
星七儂亦七[20]　별 일곱 나 일곱

20) 李德懋, 『淸脾錄』(재인용, 이동환, 「조선후기 한시에 있어서의 민요취향의 대두」, 『한국한문학연구』 제3-4집, 한국한문학회, 1979, 45면)

이처럼 조선후기의 민요는 상층문화에 기층문화로서의 작용을 거듭하면서 또 다른 한편으로는 시대적 여건에 맞추어 성장하는 하층의 문화장르들을 지원하였다. 조선후기에 문학의 장르간 교섭은 많았어도 민요만큼 주변장르를 지원한 것은 없었다. 이것은 기층성이 강한 장르일수록 다른 장르를 지원할 만한 여력을 그만큼 크게 갖는 것임을 의미한다.

3. 민요의 유형과 분류

1) 민요의 유형과 단위

민요의 존재는 전승과 구연을 통해 드러난다. 그러므로 전승과 구연의 인식단위가 곧 민요의 개체적 존재라고 할 수 있다. 이처럼 민요가 인식되고 유통되는 단위노래를 개체요라고 한다. 이를테면 〈아라리〉는 독자적으로 유통되는 단위노래이므로 개체요가 되지만, 〈아라리〉로 부르는 사설 하나하나는 유통의 독자성을 갖추지 못하였으므로 개체요라고 할 수 없다. 그런가하면 논농사요, 〈모심는소리〉 등은 여러 개체요들을 묶어 놓은 용어로서 실제로 유통되는 단위노래가 아니므로 역시 개체요라고 할 수 없다.

민요의 노래단위는 창곡과 사설을 기준으로 형성되어 있다. 우리가 〈아라리〉와 〈어랑타령〉을 서로 다른 노래로 인식하는 것은 창곡이 다르기 때문이며, 또 〈다복녀〉와 〈진주난봉가〉를 서로 다른 노래로 인식하는 것은 사설이 다르기 때문이다. 이렇게 창곡에 기준을 두고 단위가 인식되는 노래를 창곡단위요라고 하고, 사설에 기준을 두고 단위가 인식되는 노래를 사설단위요라고 한다.

민요에도 설화와 같이 유형과 각편이 존재한다. 〈아기장수전설〉과 〈장자못전설〉이 각각 독자적인 이야기 구조를 가진 유형으로서 유통되며, 또 구연을 통해 수없이 각편을 만들어 내듯이 민요 또한 〈아라리〉와 〈어랑타령〉이 독자적인 유형을 이루며 노래할 때마다 새로운 각편을 만들어 내는 것이다. 이러한 시각에서 보면 민요의 개체요는 그대로 유형으로서의 의미를 가지게 된다. 그러나 민요의 유형적 성격은 창곡단위요와 사설단위요가 다소 다른 면을 보이고 있다. 그것은 곡과 사설의 관계에 있어서 양자가 서로 다른 입장에 있기 때문이다.

문학의 장르는 개별적인 작품들을 생산하고 수용하는 공동의 관습적 기반이라고 할 수 있다. 이러한 시각에서 보면 창곡단위요는 그대로 장르로 인정될 수 있다. 창곡단위요는 정해진 곡에 바탕을 두고 사설들이 수없이 생산되고 유통되기 때문이다. 시조라는 문학장르의 작품들이 가곡의 노래틀에 바탕을 두고 만들어진 사설이듯이, 〈아라리〉의 사설 역시 같은 양상으로 만들어진 문학작품이라는 것이다. 그러므로 창곡단위요는 노래의 유형이면서 동시에 문학장르라고 할 수 있다. 이에 반해 사설단위요는 일정한 구조를 가진 텍스트적 존재일 뿐이어서 문학작품을 생산하는 기반으로서의 작용은 하지 못한다. 사설단위요는 설화의 경우처럼 사설의 내용적 특성과 구조를 갖춘 유형으로서만 존재할 뿐이다. 그러므로 창곡단위요의 구연이 장르수행을 의미한다면, 사설단위요의 구연은 유형의 각편화라는 의미를 가지게 된다.

2) 민요의 분류와 실제

(1) 노동요

① 노동요의 개념과 범주

노동요는 민중들이 일을 하면서 부르는 민요를 말한다. 민중들이 일을 하면서 노래를 부르는 것은 일을 보다 효과적으로 하기 위한 것이다. 이것은 마치 우리가 어떤 일을 효과적으로 하기 위하여 알맞는 도구를 사용하는 것과 같은 시각에서 이해할 수 있다. 이러한 점에서 노동요는 민중들이 일을 하기 위한 도구로써 활용하는 민요라고 할 수 있다.

민중들이 일을 하면서 부르는 노래 가운데는 노동의 현장에서만 구연되는 것이 있고, 또 일과 무관한 자리에서도 구연되는 것이 있다. 전자는 본디 작업의 필요에 의해 생성되고 작업을 통해서 전승되어 온 순수 노동요이다. 예를 들면 토목공사나 벌목작업의 현장에서 무거운 돌이나 나무를 여럿이 옮기며 부르는 〈목도하는소리〉와 큰 돌이나 나무를 일시에 들었다 내리며 집터를 다지는 〈땅다지는소리〉 등이 전자에 속하는 노래들이다. 후자의 경우는 노동요가 아닌 다른 노래를 필요에 따라 일의 현장에 가져다 부르는 것으로서 그 대부분은 노래 자체를 즐기는 가창유희요들이다. 예를 들어 전남 담양에서 나무를 할 때 부르는 〈육자배기〉는 호남지역의 가장 대표적인 가창유희요이다. 강원도 정선에서 밭맬 때 부르는 〈아라리〉, 경남 고성에서 논맬 때 부르는 〈칭칭이〉 등도 같은 사례에 해당한다.

이처럼 민중들이 노동의 현장에서 부르는 민요는 본래부터 일을 할 때만 부르는 순수한 노동요와 일과 무관한 것을 가져다 부르는, 곧 차용한 노동요가 있다. 노동요는 민중들이 일의 도구로써 활용하는 민요라고 했다. 그리고 다른 민요의 차용도 노동의 필요성에 의한 것이다. 그러므로 차용된 노동요도 그 도구적 기능에 있어서는 순수 노동요와 차이가 나지 않는다. 따라서 민중들이 실제로 일을 하면서 부르는 민요는 차용 여부와 관계없이 모두 노동요의 범주에 넣을 수 있다.

노동요는 일을 하면서 부르는 노래이기에 단지 일을 소재로 한 민요는 노동요라고 할 수 없다. 이를테면 시집살이의 어려움을 담고 있는 〈성님성님 사촌성님〉은 일과 관계되는 내용은 없지만 부녀자들이 삼을 삼으면서 부르기에 노동요에 넣을 수 있다. 그러나 〈바느질소리〉는 저고리의 깃, 섭, 고름 등을 다는, 곧 작업의 내용을 담고 있지만, 실제로 바느질을 하면서 부르는 노래는 아니므로 노동요라고 할 수 없다. 같은 이유에서 〈누에타령〉, 〈메밀타령〉, 〈빨래소리〉 등도 노동요로 보기 어렵다. 이들은 모두 일을 소재로 한 민요일 뿐이다.

② 노동요의 분류와 실제

A. 농산노동요

a. 논농사요 : 논거름내는소리/ 논가는소리/ 논파는소리/ 논물품는소리/ 논고르는소리/ 논삶는소리/ 논가래질하는소리/ 모찌는소리/ 모심는소리/ 모심고돌아가는소리/ 논매는소리/ 논매고돌아가는소리/ 논매고뒤풀이하는소리/ 새쫓는소리/ 벼베는소리/ 볏단묶는소리/ 볏단나르는소리/ 볏단세우는소리/ 볏짐지는소리/ 볏단쌓는소리/ 볏단내리는소리/ 벼터는소리/ 기계탈곡하는소리/ 벼도리깨질하는소리/ 검불날리는소리/ 말질하는소리/

b. 밭농사요 : 밭일구는소리/ 밭거름내는소리/ 밭거름펴는소리/ 밭가는소리/ 밭고르는소리/ 밭밟는소리/ 밭매는소리/ 보리베는소리/ 보리훑는소리/ 밭작물도리깨질하는소리/

논농사요 가운데 어느 지역이고 거의 예외없이 존재하는 것은 〈모심는소리〉와 〈논매는소리〉이다. 그러므로 이것들은 논농사요의 기본적인 노래라고 할 수 있다. 그러나 노래의 종류에 있어서는 양자가 큰 차이를 보이고 있다. 〈모심는소리〉는 보통 한 마을에 1종 정도가 있는 것이 일반적인데, 〈논매는소리〉의 경우는 적어도 2~3종은 존재하며, 많게는 4~5종 이상이 되는 곳도 없지 않다. 전국적으로 보아도 〈모심는소리〉의 종류는 19종이 확인된 바 있지만, 〈논매는소리〉는 대개 200종 이상이 존재하는 것으로 확인되고 있다.[21] 따라서 〈모심는소리〉는 그 종류가 적은 대신 분포가 넓은 노래가 대부분이며, 〈논매는소리〉는 종류가 많은 대신 분포는 좁은 노래들이 중심을 이룬다. 그러기에 민요의 지역적 특성은 〈모심는소리〉보다는 〈논매는소리〉에 더욱 잘 드러나는 것이 보통이다.

〈모심는소리〉의 여러 노래 가운데 〈상사소리〉와 〈정자소리〉가 특히 넓

21) 강등학, 「〈모심는소리〉와 〈논매는소리〉의 전국적 판도 및 농요의 권역에 관한 연구」, 『한국민속학』 제38호, 한국민속학회, 2003, 19면과 34면.

은 분포를 보인다. 〈상사소리〉는 충청도와 호남지역 일대에 분포되어 있으며, 〈정자소리〉는 영남지역과 충북, 그리고 충남과 전북의 일부지역에도 분포되어 있다. 〈상사소리〉는 후렴이 있는 노래로서 느린 것과 빠른 것이 있는데, 양자가 모두 있는 곳도 있고 어느 하나만 있는 곳도 있다. 그리고 〈정자소리〉는 〈모노래〉라고도 하는데, 후렴이 없이 4가보격 2행 형식의 사설로 구성되는 노래이다.

〈논매는소리〉는 논에 나는 잡초를 제거하면서 부르는 노래이다. 논매는 일은 보통 세 차례하며, 처음에는 호미로 매고, 두 번째부터는 손으로 매는 것이 일반적이다. 〈논매는소리〉는 매회 다른 노래를 부르는 곳도 있으나, 언제나 같은 노래를 부르는 곳도 있다. 〈논매는소리〉의 노래 가운데 분포가 가장 넓은 것은 〈상사소리〉와 〈방아소리〉이다. 〈상사소리〉는 〈모심는소리〉로도 넓게 분포되어 있으므로, 두 기능을 합하여 생각하면 우리의 농요 가운데 그 분포가 가장 넓은 노래라고 할 수 있다. 〈논매는소리〉 중에서 〈방아소리〉를 예로 들면 다음과 같다.

> 천지지간 만물중에 사람밖이 또있는가
> 에에히이 에에라야 방아호 오오오
> 신농씨가 밭을갈고 후진에다 뿌린종자 누릇누릇 황금이되네
> 에에히이 에에라야 방아호 오오오
> (방아소리-논매는소리, 민요대전-충북 : 44)[22]

논농사요 가운데는 작업과 직접 관계되지 않는 것도 있다. 〈농사뒷풀이하는소리〉가 그것이다. 논을 마지막으로 매는 날은 풍물을 치고 노래를 하며 주인집의 상머슴을 소에 태우고 돌아온다. 그러면 주인은 술과 음식으로 이들을 대접한다. 〈농사뒷풀이하는소리〉는 이처럼 논매기를 끝내고 돌

---

22) '민요대전'은 MBC에서 발간한 『한국민요대전』을 의미하며, 어어진 숫자는 면수를 가리킨다. 이하 동일하다.

아오면서, 그리고 동네에 들어와 벌어진 놀이판에서 부르는 노래를 말한다. 지역에 따라 〈풍장하는소리〉, 〈장원질하는소리〉, 또는 〈소타는소리〉라고도 한다.

가세가세 집으로가세　　가롱 저롱
오늘일과도 다되었구나　　가롱 저롱
큰일꾼은 소를타고　　가롱 저롱
작은일꾼은 가래를타고　　가롱 저롱
김생원댁으로 들어를가네　　가롱 저롱
잘도나허네 다잘도허네　　가롱 저롱
잘도나했으니 닭을잡소　　가롱 저롱
(가롱저롱소리-농사뒷풀이하는소리, 민요대전-전남 : 168)

밭농사는 논농사에 비해 비교적 간단하지만, 그래도 여러 작업과정이 있다. 그 중에 가장 중심이 되는 작업은 밭매는 일이다. 〈밭매는소리〉는 거의 전국적인 분포를 보이지만, 그 기능은 〈밭매는소리〉로만 고정되어 있지 않은 경우가 많다. 강원 홍천의 〈미나리〉는 밭맬 때도 부르지만, 모심을 때도 부른다. 그리고 경남 남해에서는 〈불같이라 더운날에〉와 같은 이른바 〈시집살이노래〉를 〈밭매는소리〉로 부르는데, 이것은 삼을 삼으며 부르거나 아니면 일과 무관하게 노래의 내용을 즐기기 위해서도 부른다. 그러나 제주도의 경우는 〈사데소리〉처럼 기능이 〈밭매는소리〉로 고정되어 있는 노래가 많다.

B. 수산노동요

a. 고기잡이요 : 배내리는소리/ 그물싣는소리/ 닻올리는소리/ 돛다는소리/ 삿대질하는소리/ 어부노젓는소리/ 고기모는소리/ 그물내리는소리/ 그물당기는소리/ 고기낚는소리/ 고기푸는소리/ 돈대질하는소리/ 고기터는소리/ 뱃간닦는소리/ 어로뒤풀이하는소리/ 배올리는소리/

b. 해물채취요 : 미역따러가는소리/ 미역싣는소리/ 조개류캐러가는소리/ 조개류캐는소리/ 해녀노젓는소리/ 해녀헤엄치는소리/

고기잡이요 가운데 노래의 종류가 가장 많은 것은 〈그물당기는소리〉이다. 그물의 종류는 어종과 작업방식에 따라 달라질 수 있고, 이에 따라 노래는 달리 존재하기 때문이다. 동해안 일대에는 일제강점기 이후 일본식 어로법이 들어오면서 일본의 고기잡이요가 함께 들어와 자리잡았다. 그 결과 동해안 일대의 고기잡이요는 우리의 고유한 것과 일본조의 것이 혼재하게 되었다. 때로는 3분박에 메나리조로 구성되는 우리 노래의 특징을 유지하면서도 사설은 일본말로 되어 있는 것도 적지 않다.[23] 일본조의 〈고기잡이요〉는 특히 정치망을 사용하는 작업의 〈그물당기는소리〉에 많다.

다음은 조기 잡을 때 불렀던 우리 고유의 〈그물당기는소리〉이다.

어여라당겨라　　어야디야
잘못당기면　　어야디야
춘풍세월　　어야디야
바람때밀려　　어야디야
이조기를　　어야디야
다놓친다네　　어야디야
(어야디야소리-그물당기는소리, 민요대전-충남 : 204)

고기잡이에 나선 어부들은 만선으로 귀항할 때 가장 즐거워한다. 〈어로뒷풀이하는소리〉는 만선으로 돌아오면서 배 위에서 풍물을 치며 부르는 노래인데, 돌아와서도 선주집으로 가서 놀이판을 거듭 벌리기도 한다. 〈어로뒷풀이하는소리〉를 지역에 따라 〈배치기소리〉, 〈붕기타령〉, 〈덕타령〉, 〈야결이〉 등으로 부르기도 하는데, 어느 경우든지 노래는 즐겁고 흥이 나는 것을 부른다.

---

23) 『한국의 민속음악-경상남도민요편』, 한국정신문화연구원, 1985, 94~95면.

C. 축산노동요

a. 소사육요 : 소떼모는소리/ 소부르는소리/

b. 말사육요 : 말떼모는소리/

〈소떼모는소리〉와 〈말떼모는소리〉는 방목하는 소와 말들을 불러 몰고 돌아 올 때 부르는 노래로서 제주도에 분포되어 있다. 그리고 〈소부르는소리〉는 아이들이 소를 먹이러 가서 소가 눈에 띄지 않아 찾을 때 부르는 소리인데, 강원도에서 보고되어 있다.

D. 임산노동요

a. 목재생산요 : 나무베는소리/ 나무찍는소리/ 나무끌어내리는소리/ 산판목도하는소리/

b. 임산물채취요 : 갈꺾는소리/ 갈짐지는소리/ 나무하는소리/ 나뭇짐지는소리/ 나무쪼개는소리/ 풀베는소리/ 풀짐지는소리/ 풀써는소리/ 채취뒤풀이하는소리/ 갈대베는소리/ 잣따는소리/ 나물채취하는소리/

목재생산요 가운데 전국적으로 고르게 분포되어 있는 것은 〈산판목도하는소리〉이다. 〈산판목도하는소리〉는 여럿이 둥근 나무에 줄을 매어 어깨에 걸고 벌목을 나르며 부르는 노래로서 함께 발을 맞춰야 하는 일의 특성으로 인해 대부분 아래의 예처럼 "허영차", "어정차"와 같이 짧은 1가보의 구령을 주고받을 뿐 사설의 내용은 극히 빈약하다.

허어여허여　허영차허여
잘두나하네　허여어허여
허영차하자　허영차하자
소리맞춰허여 허영차허여
잘두나하네　허기졍허여
(허영차소리-목도하는소리, 민요대전-강원 : 214)

임산물채취요 가운데 분포가 가장 넓은 것은 〈나무하는소리〉이다. 그리고 〈갈풀하는소리〉와 〈풀베는소리〉도 기능에 따른 구분일 뿐 실제로는 〈나무하는소리〉와 같은 노래를 하는 경우가 많다. 〈나무하는소리〉로 널리 알려진 노래로는 〈어사용〉이 있다. 〈어사용〉은 영남지역에 널리 퍼져 있는 노래로서 다른 작업에도 부르는 일이 있지만 대부분 〈나무하는소리〉로 부른다. 주로 남성들이 부르며, 일꾼들의 신세타령과 그에 따른 정서가 노래를 지배하고 있다.

> 어허허야 에야
> 목은말라 컬컬하고 배는고파 등에붙고
> 이내팔자 어찌되여 이런꼴로 되었던고 에헤이여
> 산천초목 다다나마 동남풍만 불아주소 어허야
> 어떤사람 팔자좋아 고대광실 높은집에 에헤이
> **양모**에 **핑경**달아 이히히 동남풍불면 땡드랑 땡그랑하네 양쪽 처마끝, 풍경
> 이후후후
> (어사용-나무하는소리, 민요대전-경북 : 680)

E. 공산노동요

a. 관망제조요 : 망건뜨는소리/ 양태뜨는소리/

b. 길쌈요 : 삼삼는소리/ 물레질하는소리/

c. 목재가공요 : 나무켜는소리/ 나무깎는소리/

d. 삭망제조요 : 그물뜨는소리/ 갈방아찧는소리/ 동아줄꼬는소리/

e. 야장요 : 흙덩이바수는소리/ 풀무질하는소리/ 메질하는소리/

f. 어물건조요 : 명태거는소리/

g. 염장요 : 젓버무리는소리/ 젓독나르는소리/

h. 옹기제조요 : 질때리는소리/

i. 잡화제조요 : 발엮는소리/

j. 제분정미요 : 맷돌질하는소리/ 맷지게질하는소리/ 연자매돌리는소리/

디딜방아찧는소리/ 매통돌리는소리/ 절구방아찧는소리/

k. 제염요 : 염전가는소리/ 해수품는소리/

l. 조선요 : 톱질하는소리/ 건조선옮기는소리/

길쌈요는 여성의 노동요로서 삼, 모시 등을 원료로 하여 천을 생산하기까지의 과정에서 부르는 노래로 여러 가지가 있으나 〈삼삼는소리〉가 대표적인 것이다. 삼삼는 일은 밤에 오랫동안 진행되며, 또 부녀자들이 여럿이 어울려 하는 경우가 많다. 이러한 작업의 성격에 맞게 〈삼삼는소리〉는 긴 사설을 조용히 읊조리는 음영민요가 대부분이며, 그 내용 또한 여성들이 경험할 수 있거나 여성들의 관심이 주어질 수 있는 것을 서사적, 교술적으로 담아낸 것들이 주종을 이룬다. 〈쌍금쌍금 쌍가락지〉가 전자에 해당한다면, 〈베틀소리〉는 후자에 해당한다. 다음은 〈쌍금쌍금 쌍가락지〉의 예이다.

쌍금쌍금 쌍가락지 **호작질**로 닦아내여	손장난으로
먼데보니 달일레라 **저태보니** 처잘레라	곁에 보니
그차자 자는방에 숨소리가 둘일레라	그 처녀
홍굴바시 오라버님 거짓말씀 말아주소	?
동남풍이 디리부니 **풍지떠는** 소릴레라	문풍지떠는

(쌍금쌍금 쌍가락지-삼삼는소리, 민요대전-경북 : 173)

제분정미요는 곡식을 찧거나 부수어 가루를 만드는 일을 하면서 부르는 노래이다. 방아를 찧으며 부르는 노래로 분포가 가장 넓은 것은 〈디딜방아찧는소리〉인데, 실제로 작업을 하면서 부른 것으로 볼 수 있는 사례는 흔히 보고되어 있지 않다. 보고된 사례 거의 대부분이 디딜방아 찧는 일을 소재로 한 노래일 뿐이다.

F. 토건노동요
a. 토목요 : 말뚝박는소리/ 둑가래질하는소리/ 둑다지는소리/ 공사판목도하는소리/
b. 건축요 : 터가래질하는소리/ 터다지는소리/ 마당흙가는소리/ 흙이기는소리/ 흙뭉치올리는소리/

토건노동요는 토목요의 〈말뚝박는소리〉와 건축요의 〈터다지는소리〉가 널리 알려져 있다. 전자는 망깨를, 후자는 다짐돌을 매달아 놓은 줄을 당겼다 놓았다 하며 부르는 노래로서 각각 〈망깨소리〉, 〈지경다지는소리〉라고도 한다. 이 중에 〈터다지는소리〉는 집 지을 땅을 다지며 부르는 것이기에 사설은 새로 짓는 집에 대한 축원의 내용을 많이 포함하고 있다.

좌청룡이 흘러들고　　에얼싸 지경이요
우백호 감돌았으니　　에얼싸 지경이요
과연여기가 명당일세　에얼싸 지경이요
요터에다 집을지면　　에얼싸 지경이요
아들낳으면 효자되고　에얼싸 지경이요
딸을낳으면 열녀되고　에얼싸 지경이요
(지경이요소리-터다지는소리, 민요대전-강원 : 410)

G. 운수노동요
a. 수운요 : 강나루건너는소리/ 강배젓는소리/ 강배끄는소리/ 떼타는소리/ 떼꺼내는소리/
b. 육운요 : 우마차끄는소리/ 원목운반하는소리/ 연자방앗돌운반하는소리/
c. 하역요 : 가마니메어주는소리/ 떼목도하는소리/

운수노동요에 속하는 노래들은 분포가 넓지 못해 보고가 활발히 되어 있지 못하다. 그러한 가운데도 수운요의 〈떼타는소리〉의 보고가 다른 것보다 많은 편이다. 〈떼타는소리〉는 산간에서 벤 나무를 떼로 엮어 강을 타고 옮길 때 부르는 노래로 강원도와 함경도가 주된 전승지역이다. 이 중에 강원도에서 〈떼타는소리〉로 부르는 민요는 〈아라리〉이다.

육운요의 〈원목운반하는소리〉와 〈연자방앗돌옮기는소리〉는 제주도의 것으로서 전자는 산에서 베어낸 원목을 소를 활용해, 또는 사람들이 직접 마을로 옮기며 부르는 노래이며, 후자는 연자방아로 쓸 돌을 산에서 채굴하여 마을로 옮기며 부르는 노래이다.

하역요의 〈가마니메는소리〉는 가마니에 담긴 하물을 어깨에 메어주며 부르는 노래이며, 〈떼목도하는소리〉는 운반된 뗏목을 강에서 끌어올려 목도질로 야적장까지 옮기며 부르는 노래이다.

H. 광산노동요

a. 채굴요 : 시추관박는소리/ 남폿구멍뚫는소리/

b. 제련요 : 풀무질하는소리/

광산노동요에 대한 자료로 보고되어 있는 것은 극히 적은 실정이다. 그러나 광물을 생산하는 작업은 공동으로 하는 것이 많아서 필요한 노래도 여러 가지가 있었을 것으로 판단된다. 현재 채굴요는 금광에서 시추할 때 부르는 〈시추관박는소리〉(요이소로다소리/ 민요대전-충남 : 403)와 광산에서 발파작업을 할 때 〈남폿구멍뚫는소리〉가[24] 확인되었다. 제련요로는 〈풀무질하는소리〉가[25] 보고되어 있다.

---

24) 길을 닦거나 광산에서 굴을 뚫으면서 발파작업을 하게 되면, 폭약을 장치할 구멍을 뚫으면서 <곱세치기>를 불렀다고 했다. <곱세치기>는 원래 투전하면서 부르는 노래이다. 이준구(80세), 강원도 인제군 상남면 하남3리(2000.7.6. 필자 현지조사)

25) 함경남도 홍원군의 <후르르르소리>(전경욱, 「함경도편」, 『한국구연민요 · 연구편』, 집문당, 1997, 329면)

I. 상업노동요
a. 호객요 : 구걸하는소리/ 떡파는소리/ 약파는소리/ 엿파는소리/ 요지경 보여주는소리/
b. 산술요 : 고기말질하는소리/ 고기세는소리/

상업노동요는 호객요의 〈구걸하는소리〉가 전국적 분포를 보인다. 해당 노래는 〈각설이타령〉이다. 그러나 여타의 상업노동요는 보고된 자료가 극히 드문 상황이다. 이러한 가운데 호객요로서 〈엿파는소리〉의 보고는 제법 접할 수 있다.

어 엿장사가 왔어요 엿장사	
싸구리 싸구리 엿장사	싸구려
어딜가마 그져주나	어디를 가면
울렁도 호박엿 강원도는 감자엿	
경기도는 찹쌀엿 전라도는 밀가루엿	
경상도는 보리엿 이엿저엿이 좋다해도	
경상도땅에 보리엿이 좋구나	
(엿장수타령-엿파는소리, 민요대전-경북 : 344)	

J. 가사노동요
a. 살림요 : 바느질하는소리/
b. 양육요 : 아기어르는소리/ 아기재우는소리/

가사노동요는 살림요와 양육요로 나누어 볼 수 있다. 살림은 여타의 노동과 달리 반드시 노래를 해야만 그 효율을 높일 수 있는 것은 아니다. 그러기에 〈빨래소리〉처럼 흔히 살림을 하면서 부르는 것으로 알려진 노래들도 소재가 그러할 뿐 실제로 일을 하면서 부른 것으로 보기 어려운 것들이 대부분이다. 그러나 살림은 주로 여성이 하는 노동이기에 길쌈노동과 같이 음영민요와 신세타령적 내용의 노래가 간간이 불렸을 개연성을 가지고 있다. 양육요는 〈아기어르는소리〉와 〈아기재우는소리〉가 있으며, 이것들은 거의 전국적인 분포를 보이며, 또한 음영조로 개인이 노래하기에 각편적 변화가 많은 편이다.

다음은 〈아기어르는소리〉 가운데 하나로서 사설에는 아기에 대한 어른의 소망이 담겨 있다.

> 둥게둥게 둥게야 둥둥 둥게야
> 나라님께는 충신동이 부모님께는 효자동이
> 동기간에는 우애됭이 일가친척 화목됭이
> 친구간에는 유신됭이 동네방네 인심됭이
> (둥게소리-아기어르는소리, 민요대전-강원 : 293)

(2) 의식요

① 의식요의 개념과 범주

의식요는 민중들이 치루어내는 의식의 과정에서 부르는 민요를 말한다. 의식요는 민중들이 부르는 것이므로 그 의식 또한 비전문적인 것이다. 승려나 무당은 전문적인 사제이다. 그러므로 이들이 주도하는 의식에서 불려지는 노래는 의식요라고 할 수 없다. 염불이나 무가를 의식요에 넣을 수 없는 것은 이것들은 민중들이 부르는 비전문적인 노래가 아니기 때문이다.

의식요는 기능을 전제로 하여 설정된 개념이다. 그러므로 불교의식요나 무속의식요같은 개념은 의식요의 범주로 설정될 수 없다. 그것은 민중들은 불교의식과 무속의식을 주관하지 않기 때문이다. 이러한 점에서 본래 법회나 굿같은 전문적인 의식에서 부르던 노래가 일반에게도 알려져 민중들도 부르는 경우가 있다고 해서 그것을 불교의식요나 무속의식요로 처리할 수는 없다. 요컨대 민중이 스스로 치루는 의식에서 부르는 노래만이 의식요라고 할 수 있는 것이다.

② 의식요의 분류와 실제

A. 기원의식요

a. 안녕기원요 : 달집태우는소리/ 상량하는소리/ 지신밟는소리/

b. 풍요기원요 : 고기부르는소리/ 굴부르는소리/ 나물바구니불리는소리/ 봉죽놀이하는소리/ 새미리쫓는소리/

기원의식요는 민중이 소망하는 바를 초자연적 힘에 의지하여 이루어 보고자 하는 의식에서 부르는 민요를 말하며, 이에는 안녕기원요와 풍요기원요가 있다.

안녕기원요는 액을 물리치고 복을 불러 가정이 평안하고 행운이 따르기를 바라는 의식에서 부르는 민요이다. 안녕기원요를 부르는 대표적인 의식은 지신밟기이다. 지신밟기는 마을의 농악대가 개인의 집을 방문하여 가정의 평안과 행운을 빌어주고 걸립도 하여 마을의 공동경비를 마련하는 세시의식이다. 달집태우기는 정월 보름에 일 년 동안 안녕과 풍요를 기원하는 마음으로 달집을 태우는 예축의례이며, 상량하기는 집을 지을 때 마룻대를 올리는 의식이다. 마룻대를 올리는 것은 집의 골격을 완성하는 의미를 띠어서 상량의례를 하며 완공 이후 집의 안녕과 번영을 기원한다.

풍요기원요는 풍어나 풍농을 기원하기 위해 부르는 민요를 말한다. 풍어나 풍요에 대한 소망은 안녕기원요에 의해서도 축원되지만, 그것은 제액초복의 일환으로 표출되는 것이기에 풍농, 풍어만을 목적으로 삼는 풍요기원요와 다르다. 노래는 기원의 내용에 따라 다른데, 〈봉죽놀이하는소리〉는 전문적인 민간사제가 주관하는 풍어굿, 뱃고사 등 연초 풍어를 위한 예축의례에서 만선의 축원을 받은 뒤 참여자들이 풍물을 치며 만선을 이룬 양 봉죽놀이를 할 때 부르며, 이것은 소망의 결과를 이미 이룬 것으로 여겨 실제로도 그러한 상황이 생겨나기를 바라는 주술행위에 해당한다. 여타 풍요기원요는 이보다 단순한데, 그 중 〈굴부르는소리〉는 정월 보름에 부녀자들이 높은 언덕에 올라 해산물을 많이 채취할 수 있도록 해 달라며 부른다.

가들말고 가지를 말고
부디말고 돌아와라 부디 가지말고
부지말고 돌아와라 부디 가지말고
굴이다
(굴이다소리-굴부르는소리, 민음-충남 : 57)[26)]

B. 벽사의식요
a. 축귀요 : 객귀물림하는소리/
b. 축질요 : 감기떼는소리/ 버짐없애는소리/ 부스럼막는소리/ 아픈배쓸어주는소리/ 안질없애는소리/
c. 축화요 : 동티잡이하는소리/ 주당맥이하는소리/

벽사의식요는 재앙과 우환을 물리치거나 또는 그러한 것의 범접을 미리 막고자 하는 의도로 부르는 민요이다. 그러므로 벽사의식요는 의식요 가운데도 주술성이 가장 강하다. 이 중에 축질요의 〈주당맥이하는소리〉는 혼사나 장사를 치루는 집에 갔던 사람이 이유 없이 몸이 굳어버리는 병에 걸렸을 때 이를 치료하기 위해 부르는 노래이다. 전남 광산의 경우 〈주당맥이하는소리〉로 〈어허어소리〉를 부르는데, 이것은 본래 결혼요의 〈가마메는소리〉이다. 〈가마메는소리〉를 〈주당맥이하는소리〉로 부르는 것은 병을 시집보내기 위해서라고 한다.

C. 통과의식요
a. 결혼요 : 가마메는소리/ 권마성하는소리/
b. 수연요 : 잔치받는소리/
c. 장례요 : 채비고하는소리[27)]/ 장례놀이하는소리/ 천구하는소리/ 출상

26) '민음'은 한국정신문화연구원에서 낸 『한국의 민속음악』을 의미하며, 이어진 숫자는 면수를 가리킨다. 이하에도 동일하다.
27) 강원도에서는 〈초아뢰는소리〉라고 한다.

하는소리/ 운상하는소리/ 묘가래질하는소리/ 묘다지는소리/

통과의식은 출생에서부터 죽음에 이르는 과정에서 생의 전환이 되는 마디마다 치루는 의례를 말한다. 통과의식요는 이러한 통과의례에서 부르는 민요이다. 통과의식요로는 신부를 가마에 태우고 갈 때 부르는 〈가마메는소리〉, 신랑을 말에 태우고 가며 부르는 〈권마성하는소리〉 등의 결혼요, 또 회갑과 칠순 등에 자손들이 마련한 잔치 자리에서 즐거운 마음에 부르는 수연요, 또 장사를 치루면서 부르는 장례요 등이 있다. 이 중에 노래의 종류가 많은 것은 장례요이다. 그리고 장례요의 중심은 〈운상하는소리〉와 〈묘다지는소리〉이다.

〈운상하는소리〉는 상여를 장지로 운반하며 부르는 노래이며, 〈상여소리〉, 또는 〈향두가〉라고도 한다. 이것은 무엇을 옮기며 부르는 노래이기에 노동요적 성격도 가지고 있다. 그러나 상여를 옮기는 일이 장례의식의 일환으로 진행되는 것이기에 〈운상하는소리〉는 장례요로 분류하는 것이 일반적이다. 이 노래는 거의가 선후창으로 부른다. 〈운상하는소리〉의 후렴으로는 울음, 또는 탄식의 의성음에서 비롯된 '어허'류, 고개를 넘자는 뜻의 '넘자'에서 전이된 '넘차'류, 어찌 가겠는가라는 뜻으로 형성된 '어이가리'류, 불명호(佛名號)를 활용한 '나무아미타불'류, '관세음보살'류 등이 주로 쓰인다.[28] 이처럼 〈운상하는소리〉의 후렴은 장례의식의 성격과 정서에 맞추어 형성되어 있다.

〈묘다지는소리〉는 하관한 다음 흙을 메우고, 또 봉분을 쌓는 과정에서 흙을 다지며 부르는 노래이다. 그러므로 이 노래 역시 〈운상하는소리〉처럼 노동요적 성격을 가지고 있다. 노래의 후렴에 '달구', 또는 그것이 변화된 소리들이 들어가 있는 경우가 지배적으로 많다. 그래서 〈묘다지는소리〉를 〈달구소리〉라고도 한다. 고인에게 있어 묘는 산 사람들의 집에 해당

---

28) 류종목, 『한국민간의식요 연구』, 집문당, 1990, 154면.

한다고 생각하여, 사설도 건축요의 〈터다지는소리〉처럼 축원하는 내용이 많이 포함된다.

에헤리 달공　　　　에헤리 달공
여보시오 군방님네　에헤리 달공
이내말씀 들어보소　에헤리 달공
이세상을 하직하고　에헤리 달공
북망산에 오신고인　에헤리 달공
만년집을 지어드릴제 에헤리 달공
회다지를 잘해보세　에헤리 달공
(달구소리-묘다지는소리, 민요대전-강원 : 414)

(3) 유희요

① 유희요의 개념과 범주

유희요는 놀이로서, 또는 놀이의 진행을 돕기 위하여 부르는 민요를 말한다. 놀이는 어른만 하는 것이 아니라 아이들도 한다. 그러므로 유희요에는 동요가 포함된다. 그러나 노동요나 의식요에는 동요가 포함되지 않는다. 노동과 의식의 주체는 성인이다. 그러기에 아이들이 어쩌다 일과 의식에 참여하여 민요를 같이 불렀다고 해도 그것은 여전히 성인들의 노래일 뿐이다.

민요는 노래 자체의 즐거움 때문에 부르는 것과 노래 이외의 다른 무엇을 위한 기능 때문에 부르는 것이 있다. 소위 기능요와 비기능요가 그것이다. 종래의 민요분류에서는 기능요에는 노동요, 의식요, 유희요가 있다고 하면서 비기능요는 이것들과 다른 범주로 설정하였다. 사정이 이와같아서 노래 자체만을 즐기는 비기능요는 사실상 민요의 분류작업에서 제외시켜 왔다. 그러나 비기능요도 유희요의 범주에 포함시켜야 한다. 노래도 놀이의 일종이기 때문이다. 노래는 춤추기, 윷놀이, 씨름 등과 같이 삶의 여가로서 즐긴다. 그러므로 노래를 통해서 얻는 즐거움은 춤추기, 윷놀이 등을 통해서 얻는 즐거움과 본질적으로 다른 것이 아니다. 모두 놀이가 주는 즐거움인 것이다. 그러므로 노래 자체를 즐기기 위해 부르는 노래들도 '가창유희요'라고 이름하여 유희요의 범주에 넣어 다루어야 한다.[29)]

② 유희요의 분류와 실제

A. 동작유희요

a. 동작경기요 : 가위바위보하는소리/ 가위바위보놀이하는소리[30)]/ 꼬리따기하는소리/ 다리뽑기하는소리/ 대문놀이하는소리/ 술래잡기하는소리/ 숨바꼭질하는소리/ 씨름하는소리/ 편불리기하는소리/

b. 동작연기요 : 강강술래하는소리/ 너리기편지기하는소리/ 기와밟기하는소리/ 돈돌라리하는소리/ 월워리청청하는소리/

동작유희요는 도구없이 몸만을 놀려 하는 놀이에서 부르는 노래이다. 동작경기요는 아이들이 무언가를 가려내고 뽑아내는 놀이에서 부르는 노래가, 또 동작연기요는 〈강강술래하는소리〉, 〈놋다리밟는소리〉처럼 명절날 마을의 부녀자들이 모여 집단적 율동을 하며 부르는 노래가 주종을 이룬다. 동작연기요와 달리 동작경기요의 노래들은 거의 대부분 전국적인 분포를 보인다. 다음의 예는 〈다리뽑기하는소리〉 가운데 분포가 가장 넓은 노래이다.

오거리 저거리 각거리

29) 강등학, 「삼척지역의 메나리에 관한 연구」, 『반교어문연구』 제2집, 반교어문연구회, 1990, 98~99면.

30) 가위바위보는 독립놀이와 부수놀이 두 용도가 있다. 손동작을 맞추고 나서 하는 가위바위보가 전자에 해당하고, 숨바꼭질하기에 처음 술래를 정할 때 하는 가위바위보가 후자에 해당한다. 이러한 시각에서 전자의 놀이용 가위바위보 노래는 <가위바위보놀이하는소리>에, 후자의 도구용 가위바위보 노래는 <가위바위보하는소리>에 해당한다.

천지만지 조만지
짝발이 호양군
여름에 김치 장독깨
모기밭에 닭서리
칠팔월에 무서리
동지섣달 대서리
(이거리저거리-다리뽑기하는소리, 민요대전-강원 : 295)

B. 도구유희요

a. 도구경기요 : 고싸움하는소리/ 노름하는소리/ 윷놀이하는소리/ 종지돌리기하는소리/ 줄다리기하는소리/

b. 도구연기요 : 고무줄하는소리/ 그네뛰는소리/ 널뛰는소리/ 줄넘기하는소리/

도구경기요의 놀이는 세시의식과 관련되어 있는 것이 많다. 윷놀이도 정초에 하는 일이 많지만, 고싸움과 줄다리기는 대보름에 마을과 마을이, 또는 남성과 여성이 집단적으로 참여하여 승부를 겨루는 놀이다. 그런가하면 도구연기요의 놀이는 거의가 아이들이 하는 것이다. 도구연기요 가운데 분포가 넓은 것은 〈줄넘기하는소리〉와 〈고무줄하는소리〉이다. 이 중에 〈고무줄하는소리〉는 시대에 따른 변화가 심한 편이며, 창작동요와 텔레비젼에서 방영된 방송극 주제가들을 활용하기도 한다.

C. 언어유희요

a. 말놀이요 : 단숨에외기하는소리/ 문답놀이하는소리/ 수수께끼하는소리/

b. 말이음요 : 말꼬리잇는소리/ 말머리잇는소리/

c. 말엮음요 : 어휘엮음하는소리/ 음운엮음하는소리/

d. 말풀이요 : 나무풀이하는소리/ 달풀이하는소리/ 돈풀이하는소리/ 성

씨풀이하는소리/ 숫자풀이하는소리/ 요일풀이하는소리/ 천자풀이하는소리/ 한글풀이하는소리/ 화투풀이하는소리/

언어유희요는 사설을 놀이의 대상으로 삼아 부르는 것으로, 말놀이요처럼 구연행위가 놀이의 주된 대상이 되는 것과 나머지의 경우처럼 사설의 구성과 내용이 놀이의 주된 대상이 되는 것이 있다. 이 중에 말풀이요는 한글, 달, 요일, 숫자 등과 같이 일정하게 틀 잡혀 있는 사항들을 그 순서에 따라 관련된 사설을 구성해 나가는 노래이며, 말엮음요는 어휘, 또는 음운을 동일 값으로 하여 그 기준에 맞는 언어요소가 되풀이되도록 사설을 구성하는 노래를 말한다. 말엮음요는 동일 요소를 반복하는 것이 구조의 핵심이기에 노래의 음악적 전개는 리듬이 주도하며, 선율의 기능은 극히 미미하다. 그러므로 말엮음요가 주는 즐거움은 반복되는 리듬감과 그 위에 전개되는 사설의 다양성으로부터 느끼게 된다. 다음은 〈어휘엮음하는소리〉의 예이다.

이치매가 요래뵈도 나라에서 충성치매
요치매가 요래뵈도 부모한테 **호자치매** 효자치마
요치매가 요래뵈도 자슥한테 덮을치매
요치매가 요래뵈도 일가친척에 화목치매
요치매가 요래뵈도 형제간에 우애치매
요치매가 요래뵈도 노는데는 한량치매
(이치마가이래봬도-어휘엮음하는소리, 민요대전-경남 : 112)

D. 놀림유희요

a. 신체놀림요 : 곰보놀리는소리/ 까까머리놀리는소리/ 뚱보놀리는소리/ 버짐난아이놀리는소리/ 봉사놀리는소리/ 이빠진아이놀리는소리/ 입내나는아이놀리는소리/ 짱구놀리는소리/

b. 행태놀림요 : 겁쟁이놀리는소리/ 경기에진아이놀리는소리/ 성난아이

놀리는소리/ 오줌싸개놀리는소리/ 우는아이놀리는소리/ 코흘리개놀리는소리/ 남녀함께노는아이놀리는소리/ 흉내쟁이놀리는소리/

c. 인물놀림요 : 기생놀리는소리/ 나이적은삼촌놀리는소리/ 등짐장수놀리는소리/ 막동이놀리는소리/ 상주놀리는소리/ 색시놀리는소리/ 서당아이놀리는소리/ 성씨놀리는소리/ 신랑신부놀리는소리/ 양반놀리는소리/ 영감놀리는소리/ 중놀리는소리/ 처녀놀리는소리/ 친구아버지놀리는소리/

놀림유희요는 아이들이 재미 삼아 다른 사람을 놀리면서 부르는 노래이다. 동요에서 놀림유희요에 속하는 노래는 자연물상대유희요 다음으로 많다. 놀림유희요의 대상은 신체, 또는 행태, 그리고 인물이 비일상적이거나 특이한 사람이다.

E. 자연물상대유희요

a. 잡기요 : 가재잡는소리/ 개똥벌레잡는소리/ 게잡는소리/ 나비잡는소리/ 다람쥐잡는소리/ 도마뱀잡는소리/ 매미잡는소리/ 메뚜기잡는소리/ 미꾸라지잡는소리/ 잠자리잡는소리/

b. 부림요 : 가재부리는소리/ 개미부리는소리/ 고양이부리는소리/ 다람쥐부리는소리/ 달팽이부리는소리/ 돈벌레부리는소리/ 말부리는소리/ 메뚜기부리는소리/ 방아깨비부리는소리/ 솔개부리는소리/ 잠자리부리는소리/ 풍뎅이부리는소리/

c. 완상요 : 거미보고하는소리/ 곰보고하는소리/ 귀뚜라미흉내내는소리/ 기러기보고하는소리/ 까마귀보고하는소리/ 까치보고하는소리/ 꾀꼬리보고하는소리/ 꿩보고하는소리/ 다람쥐놀리는소리/ 달팽이보고하는소리/ 닭흉내내는소리/ 두꺼비보고하는소리/ 뜸북새보고하는소리/ 메뚜기보고하는소리/ 별헤는소리/ 부엉이보고하는소리/ 비둘기보고하는소리/ 뻐꾸기보고하는소리/ 소쩍새보고하는소리/ 솔개보고하는

소리/ 제비보고하는소리/ 종달새보고하는소리/ 황새보고하는소리/

d. 채취놀이요 : 꽃꺾으며노는소리/ 나물뜯으며노는소리/ 돌배주으며노는소리/ 송기벗기며노는소리/ 입으로풀잎말며노는소리/ 풀뿌리문지르며노는소리/

자연물상대유희요는 아이들이 동물, 식물, 천체 등을 놀이적 태도로 대하면서 부르는 노래이다. 자연물상대유희요는 동요 중에서도 노래가 가장 많은 범주이다. 예전에는 아이들의 주된 놀이대상이 자연물이었기 때문이다.

완상요는 아이들이 자연물을 관찰하고 흥미를 느낀 사항을 놀이적 태도로 표현하거나 재미삼아 흉내내고자하여 부르는 노래이다. 이 같은 놀이적 태도의 기저에는 자연물과 서로 교응하는 정서가 놓여 있다. 그러나 나머지의 노래들은 주술적 정서와 심리가 작용된다. 잡기요에는 대상을 쉽게 잡고자 하는 아이들의 심리가 반영되어 있고, 부림요에는 대상을 자신의 의도대로 움직이고자 하는 마음이 담겨있다. 이 노래들에는 세계를 뜻대로 움직이려는 의지와 그것이 가능하다는 믿음이 바탕에 놓여 있는 것이다. 사설의 대부분이 명령형의 문장으로 되어 있는 것은 이 때문이다. 채취놀이요는 식물을 채취해 그것을 가지고 놀며 부르는데, 여기에는 채취 식물을 뜻대로 조절하려는 주술적 심리가 개입되어 있는 노래도 있고 단순히 소재 관련 일반 정서를 다룬 노래도 있다.

다음은 부림요의 예로서 〈달팽이부리는소리〉이다. 달팽이가 눈이 달린 촉각을 길게 세우기를 바라면서 부르는 노래이다.

하마하마 춤춰라	달팽이의 사투리
느그할애비 **웃달**밑에	울담
장구치고 춤춘다	
느그아배는 개똥밭	
느그어매는 상추밭	
뿔내놓고 춤추고	

눈내놓고 춤춘다
(하마하마춤춰라-달팽이부리는소리, 민요대전-경북 : 722)

F. 신비체험유희요
a. 점술요 : 신부르는소리/
b. 최면술요 : 춤추게하는소리/

점술요는 아이들이 초자연적인 신비체험에 대한 호기심으로 하는 놀이에서 부르는 노래로서, 〈신부르는소리〉는 소위 방망이점을 칠 때 부르는 노래이다. 방망이점은 어떤 사람에게 방망이를 잡게 하고 노래를 부르다가 방망이 잡은 손이 떨리면 숨겨놓은 물건을 찾게 하는 것이다. 최면술요는 어떤 아이에게 그의 의지와 관계없이 행동하게 하는 놀이에서 부르는 노래로서 〈춤추게하는소리〉가 보고되어 있다. 이 놀이는 한 아이에게 두 손바닥을 마주 하게 하고 그 사이에 반지를 끼운 다음 여럿이 둘러 앉아 손뼉을 치며 노래를 하면서 그 아이에게 최면을 걸어 춤을 추도록 하는 것이다.

G. 생활유희요
a. 상황요 : 날흐리면하는소리/ 놀다가가자고할때하는소리/ 놀이판에끼어들며하는소리/ 더울때하는소리/ 말못알아들을때하는소리/ 맞고되때리며하는소리/ 모른다고할때하는소리/ 바람불때하는소리/ 방귀뀌며하는소리/ 방귀냄새날때하는소리/ 부딪친곳문질러주며하는소리/ 성난아이웃게하는소리/ 아기가똥쌌을때하는소리/ 어깨동무하는소리/ 이야기하랄때하는소리/ 줬다뺐을때하는소리/ 추울때하는소리/ 친구와헤어지며하는소리/ 탕에몸담그고하는소리/ 피날때하는소리/
b. 장난요 : 거짓불러돌아다볼때하는소리/ 남의귀잡아다니며하는소리/ 뛰어내릴때하는소리/ 말타기시늉하는소리/ 미역감으며발장난하는소리/ 소꿉장난하는소리/ 지게상여놀이하는소리/

c. 조절요 : 귓물빼는소리/ 눈티없애는소리/ 몸말리는소리/ 물맑게하는소리/ 비그치게하는소리/ 새이가는소리/ 연기방향돌리는소리/

상황요는 아이들이 일상적으로 생활하는 가운데 겪을 수 있는 일과 형편에 적응하며 부르는 노래로서 여러 종류가 있는데 〈탕에몸담그고하는소리〉를 빼면 모두 아이들의 노래이다.

장난요는 아이들이 재미로, 또는 심심풀이로 하는 행위나 놀이에 부르는 노래로서 〈소꿉장난하는소리〉의 종류가 다른 것에 비해 다양하다. 조절요는 생활상, 또는 놀이에 필요한 바를 충족하기 위해서 바라는 바를 주술적 정서로 조절해보려는 심리로 부른다.

H. 조형유희요

a. 그리기요 : 곰그리는소리/ 글자그리는소리/ 문어그리는소리/ 물고기그리는소리/ 사람그리는소리/ 새그리는소리/ 토끼그리는소리/ 해골그리는소리/ 해바라기그리는소리/

b. 만들기요 : 꽈리속파내는소리/ 모래집짓는소리/ 풀각시만드는소리/ 흙가루모으는소리/

그리기요는 그림을 그리면서 부르는 노래로 그 대상에는 여러 가지가 있다. 그러나 〈사람그리는소리〉가 가장 흔한 편이다. 그리고 만들기요는 재료를 가지고 무언가를 만드는 작업을 하면서 부르는 노래이다. 〈모래집짓는소리〉가 가장 널리 알려져 있다.

I. 가창유희요

a. 곡조요 : 마을문화즐기는소리/ 예인문화즐기는소리/

b. 서사요 : 계모관련이야기하는소리/ 부모관련이야기하는소리/ 부부관련이야기하는소리/ 사위관련이야기하는소리/ 시집관련이야기하는소

리/ 일관련이야기하는소리/ 오누이관련이야기하는소리/ 이성관련이야기하는소리/ 자식관련이야기하는소리/ 처첩관련이야기하는소리/ 친척관련이야기하는소리/ 혼사관련이야기하는소리/

c. 정서요 : 가정관련정서표하는소리/ 계모관련정서표하는소리/ 부모관련정서표하는소리/ 부부관련정서표하는소리/ 사위관련정서표하는소리/ 사회관련정서표하는소리/ 살림관련정서표하는소리/ 시집관련정서표하는소리/ 유흥관련정서표하는소리/ 인생관련정서표하는소리/ 잔치관련정서표하는소리/ 죽음관련정서표하는소리/ 친정관련정서표하는소리/

d. 우스개요 : 개구리희화하는소리/ 개미희화하는소리/ 두꺼비희화하는소리/ 땅개비희화하는소리/ 메뚜기희화하는소리/ 며느리희화하는소리/ 모기희화하는소리/ 방아깨비희화하는소리/ 빈궁상황희화하는소리/ 세태희화하는소리/ 습득행위희화하는소리/ 영감희화하는소리/ 오징어희화하는소리/ 이성관련일희화하는소리/ 이희화하는소리/ 장모희화하는소리/ 장사꾼희화하는소리/ 졸음희화하는소리/ 중희화하는소리/ 쥐희화하는소리/ 진드기희화하는소리/ 패가상황희화하는소리/

e. 화제요 : 거미일컬어말하는소리/ 꿩일컬어말하는소리/ 닭일컬어말하는소리/ 담배일컬어말하는소리/ 사슴일컬어말하는소리/ 소일컬어말하는소리/ 장기일컬어말하는소리/

가창유희요는 가창 자체를 즐기기 위해 부르는 노래로서 곡이 지닌 분위기와 정서를 토대로 즐거움을 추구하거나 사설이 지닌 제반 특성을 향유하며 즐거움을 추구한다. 곡조요는 전자에 해당하고, 서사요, 정서요, 우스개요, 화제요 등은 후자에 해당한다.

곡조요는 노래의 기본틀이 곡에 있는 것이어서 사설이 주는 재미도 곡이 지닌 분위기가 개입되어 형성된다. 이러한 노래는 지역의 마을문화로서 대를 이어온 향토민요와 전문소리꾼들의 예인문화를 향수하는 대중민요의 두 가지가 있는데, 이것을 민요의 기능적 시각으로 개념화하여 분류하면 곡조요는 〈마을문화즐기는소리〉와 〈예인문화즐기는소리〉의 두 부류로 구분된다. 이중 후자는 전문예인들의 작업을 거친 것이어서 민중에 의해 자생되거나 대중민요의 영향을 받아 민중에 의해 생겨난 전자에 비해 세련되고 다양한 양상을 보인다. 〈노랫가락〉, 〈창부타령〉, 〈뱃노래〉 등은 〈예인문화즐기는소리〉 중에서도 그 분포가 넓고 가창빈도 또한 높은 노래이다. 이와 달리 〈마을문화즐기는소리〉는 소박하지만 익숙한 분위기의 가창을 향수하도록 하는데, 후자에 비해서는 종류가 적을 뿐만 아니라 가창유희요 외에 다른 용도로도 불리어 대부분 기능이 복합적으로 나타난다. 〈아라리〉, 〈자진아라리〉, 〈칭칭이소리〉, 〈산아지타령〉 등이 그러한 것이다.

서사요는 인물의 행위, 또는 행위의 연속을 형상한 이야기를 사설로 부르는 것으로서 노래에 따라 국면은 단순한 것도 있고, 사건이 길게 이어지는 것도 있다. 서사요의 부류는 다양하게 나타나는데, 부모, 부부, 오누이, 친척, 시집식구, 자식 등 주변인물들과 이성 및 혼사에 관한 이야기들이 대부분을 차지한다. 부류별 노래의 종류는 부모, 부부, 시집, 이성에 관한 것들이 많다.

정서요는 무엇에 대한 감정이나 심리적 태도를 드러내거나, 이러한 점을 바탕에 두고 형상한 언술을 사설로 부르는 노래로서 관련 대상, 또는 영역은 다양하다. 서사요의 경우처럼 부부, 부모, 친정, 사위 등 주변인물 관련의 것이 많은데, 살림, 유흥, 사회, 인생, 죽음, 잔치 등 여타의 주제 범주는 서사요보다 넓다. 감정이나 심리가 작품의 중심 모티프이기에 정서요의 사설은 일인칭 화자의 독백형, 또는 호소형 언술로 구성된다.

지충개야 지충개야	지칭개 국화과의 풀
마사산천 지충개야	만산산천(萬山山川)
껕잎같은 울어머니	겉잎
속잎같은 나를두고	
시른더시 가셨는가	싫은 듯이

시수물인 **쑥물로하시고** 쑥물로 씻겨 염하고
띳장이불 둘렀는가 뗏장이불 둘렀는가
(부모관련정서표하는소리-지충개소리, 민요대전-전북 : 183)

우스개요는 특정 대상이나 상황을 희화하여 우스꽝스럽게 표현한 언술을 사설로 부르는 노래이다. 희화의 대상은 다양한데, 개구리, 개미, 땅개비, 방아깨비, 진드기, 이, 오징어, 쥐 등 곤충 또는 하찮은 동물들과 영감, 며느리, 장모, 장사꾼, 중 등 변방의 존재로 위치시킬 수 있는 존재들이 주류를 이룬다. 이밖에 빈궁(貧窮), 졸음, 패가(敗家), 세태 등 특정 상황을 대상으로 삼은 것들도 있다.

부엌에라구 디리다보니
솥두방 꼭배기 요절을 하구 솥뚜껑 손잡이
마루밑구녕 디리다보니
나무깨 꼭배기 요절을 하구 나막신 코
방이라구 디리다보니
빈대란놈은 피리를불구
베룩이란놈은 낮짝을들구
웃방에라구 올려다보니
홍두깨란놈은 허리를잃고 나자빠졌구나
(며느리희화하는소리-부엌이라고 들여다보니, 민요대전-충북 : 273)

화제요는 특정 대상을 이야기 거리로 삼아 그 행태와 처지 등 관련 상황을 드러내 형상한 언술을 사설로 부르는 노래이다. 화제의 대상은 거미, 꿩, 닭, 사슴, 소 등 동물과 담배, 장기 같은 사물이 주종을 이룬다. 사설은 화자와 대상 간의 대화 형식을 취하는 것과 대상이 일인칭 화자로 독백, 또는 호소의 형식을 취하는 것이 있다. 이 경우 대상은 모두 의인화된다. 그러나 드물게는 화자가 관찰자의 시각으로 말하는 것도 있다.

숭에비단 접저구리 유리비단 짓을달아
이달에는 알을낳고 새달에는 새끼까고
줄줄이 주는 **모시** 낱낱이 줏어먹어 　　모이
남서밭에 들어가면 원수라고 칙을지어 　　채소밭
니기집이 손님오믄 내자식이 손님대접 　　너의 집에
니기자식 병이들면 내자식이 약아닌가
(닭일컬어말하는소리-내자식이 손님대접, 민요대전-전북 : 503)

4. 민요의 전국적 판도

민요는 그 스스로 파동의 에너지를 가지고 있어서 끊임없이 분포 공간을 넓히려는 지향을 보인다. 그런가하면 민요는 다른 노래의 파급이 미칠 때 그것을 막아내며 스스로의 공간을 지키려는 움직임을 보인다. 그러므로 민요의 분포는 확장과 방어의 원리에 따른 역학적 파동의 한 국면으로 이해할 수 있다. 따라서 민요의 존재양상을 이해하기 위해서는 그 기저에 놓여 있는 확장과 방어의 구도를 파악해야 한다.

민요권은 내부적으로 민요의 소통이 이루어지는 권역이며, 외부적으로는 다른 민요의 파급을 막아내는 배타적 권역이다. 내부적으로 소통이 이루어지고, 외부적으로는 배타성을 가져야 권역으로서의 정체성을 유지할 수 있기 때문이다. 그러므로 민요권의 탐구는 곧, 민요의 확장과 방어의 역학적 구도를 밝히는 작업이라고 할 수 있다. 그런데 문화의 소통에는 지리적 조건과 산업, 그리고 역사적 과정과 인문적 정서 등 여러 요소가 동인으로 작용되며, 문화소통에 작용되는 이러한 여러 동인의 집합을 문화지형이라고 한다.[31] 민요의 역학적 파동도 문화지형 위에서 전개된다. 같은 민요도 문화지형에 따라 쉽게 뻗어가기도 하고, 흐름이 완전히 차단되며

31) 강등학, 「<모심는소리>와 <논매는소리>의 전국적 판도 및 농요의 권역에 관한 연구」, 『한국민속학』 제38집, 한국민속학회, 2003, 69면.

대립국면을 빚기도 하는 것이다. 그러므로 민요권은 문화지형의 구도라는 의미를 가지고 있다.

여러 민요 중에서 민요권 탐구의 기본적 표지로 삼을 만한 것은 〈모심는소리〉이다. 그것은 〈모심는소리〉가 전국적으로 넓게 분포하고 있어서 민요의 전체적 국면을 설명하기에 알맞고, 또 대립성이 뚜렷하여 지역적 구도를 분명하게 드러낼 수 있기 때문이다. 뿐만 아니라 〈모심는소리〉는 불과 몇 종의 노래들이 전국을 거의 과점하고 있어서 그 분포범주가 매우 넓게 나타난다. 이것은 〈모심는소리〉가 민요권의 상위권역 설정기준으로 활용하기에 적절한 자질을 가지고 있다는 것을 의미한다. 실제로 〈모심는소리〉의 분포권이 〈논매는소리〉의 크고 작은 여러 분포권의 대부분을 몇 개씩 묶어 보다 큰 층위에서 범주화할 수 있음이 확인되고 있다.[32)]

이제 〈모심는소리〉의 분포양상을 보다 자세히 말해보면 이러하다. 〈모심는소리〉는 현재 20여종이 알려져 있지만, 비교적 넓은 분포를 보이는 것은 〈하나소리〉, 〈아라리〉, 〈상사소리〉, 〈정자소리〉이다. 이것들의 집중적인 분포지는 각각 경기도, 강원도, 충남 및 호남지역, 영남지역이다. 그리고 이것들보다 조금 작은 범주로 경기도 동부와 강원도 서북부에 걸쳐 〈미나리〉가 자리하고 있다. 나머지 〈모심는소리〉는 충남 당진 일대와 북부 경북의 예천, 영주, 봉화 등에 몇몇 노래들이 산재해 있다. 그런데 이 노래들은 같은 마을에서 함께 불리는 일이 쉽게 발견되지 않는다. 그러므로 〈모심는소리〉는 배타적으로 각자의 권역을 형성하고, 이를 기반으로 다른 것과 대립하는 양상을 보이고 있다고 할 수 있다. 〈모심는소리〉의 이같은 대립구도를 기준으로 보면, 전국의 민요권은 지도에 보이는 것처럼 하나소리권, 아라리권, 미나리권, 상사소리권, 정자소리권의 5개 영역으로 크게 나눌 수 있다.[33)]

---

32) 위의 글, 72-3면.

33) 민요의 권역설정은 <모심는소리>의 분포권을 바탕으로 하지만, 그 세세한 지역적 내용은 <논매는소리>의 분포권을 응용하여 일정한 기준과 원리에 의해 일일이 확정해야 한다. 그러나 여기서는 논의를 간략하게 하기 위해 <모심는소리>만을 기준

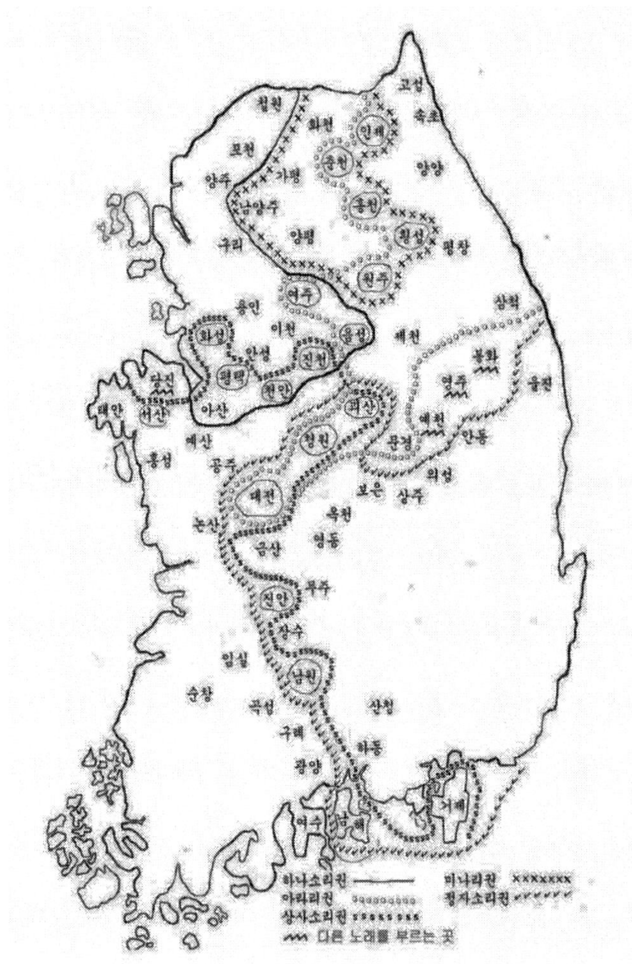

<모심는 소리>의 분포와 민요권 약도

으로 민요권을 설정하여 제시하였다. 그래서 이 책에서 제시한 민요권 지도는 위의 글에서 필자가 작성한 것과 다소 차이가 있다. 그러나 전체 국면을 개략적으로 파악하는 데에는 양자의 차이가 문제되지 않는다. 보다 자세한 내역이 필요한 경우 위의 글에 실린 지도를 참고하기 바란다.

전국의 5개 민요권 중 미나리권을 제외한 4개 권역은 남과 북, 그리고 동과 서의 방향으로 이원적인 대립국면을 형성하고 있다. 남북의 대립국면은 하나소리권과 상사소리권, 아라리권과 정자소리권 사이에 나타나고, 동서의 대립국면은 하나소리권과 아라리권, 상사소리권과 정자소리권 사이에 나타난다. 미나리권은 하나소리권 및 아라리권과 동서로 대립하고 있지만, 남북으로는 대립되는 상대권역을 갖지 못하고 있다. 그러므로 하나소리권, 미나리권, 아라리권의 대립은 경기와 강원 벨트의 국지적 국면에 속하는 것이라고 할 수 있다. 따라서 우리 민요의 권역적 판도는 남북과 동서의 이원적 대립성을 보이는 하나소리권, 아라리권, 상사소리권, 정자소리권의 4대 권역이 거대국면을 형성하고 있다고 하겠다.

그런데 4대 민요권의 대립상은 지형과 밀접한 관계를 가지고 있다. 먼저 남북의 대립국면은 산맥이 가로지르는 지점에서 경계를 이루며 대치하는 양상을 보인다. 하나소리권과 상사소리권의 접경지역에는 차령산맥이 서남방향으로 가로지르고, 아라리권과 정자소리권이 마주치는 접경지역에는 소백산맥이 자리하고 있는 것이다. 각각 남과 북으로 확장을 꾀하던 흐름을 산맥이 변화시켜 그 부근에서 서로 대치하도록 만든 것이다. 그런가하면 동서 민요권의 대립국면은 대체로 산간지대와 평야지대가 만나는 지점에 형성되어 있다. 아라리권의 영역확장은 주로 차령산맥에 의지하여 전개되는데, 여주, 진천, 공주, 논산 등의 서부 평야지대와 만나면서 더 이상 뻗어가지 못하고 하나소리권 및 상사소리권과 대치하고 만다. 그리고 정자소리권의 서쪽 경계는 대부분 소백산맥과 노령산맥의 지세가 살아있는 곳이며, 역으로 상사소리권의 동쪽 경계는 서부의 평야와 동부의 산맥들이 만나는 곳이 대부분이다.

그렇다면, 우리 민요권과 지형의 관계는 동부와 서부가 다른 면이 있음을 알게 된다. 서부지역의 민요권은 평야지대를 통해 권역을 확장하고, 산맥이 그것을 차단하는 양상을 보인다면, 동부지역 민요권은 산맥을 통해 권역을 확장하고, 평야가 그것을 차단하는 양상을 보이는 것이 대체적인 상황이라고 할 수 있다. 그러므로 4대 민요권은 전반적으로 동부의 아라리권과 정자소리권이 서부로 파고들고, 서부의 하나소리권과 상사소리권은 동부의 권역 확장을 막아내는 형국을 보이고 있다고 하겠다. 그것은 우리 산맥이 백두대간을 축으로 하여 서남쪽으로 뻗어 나오는 형상을 하고 있기 때문이다. 아라리권과 정자소리권의 대표적 민요 가운데 하나인 〈자진아라리〉와 〈어사용〉이 하나소리권과 상사소리권에 깊숙이 파고들어 자리하고 있지만,[34] 역으로 하나소리권과 상사소리권의 민요가 동부의 아라리권과 정자소리권으로 파고들어 자리잡은 사례가 쉽게 발견되지 않고 있음이 이러한 상황을 반증하고 있다.

산간지역에서 평야지역으로의 파급양상은 민요의 음악적 특징의 분포를 통해 거듭 확인할 수 있다. 5개 민요권의 음악적 특징은 메나리토리, 육자배기토리, 경토리의 세 가지로 집약된다. 이 중에 경토리와 육자배기토리는 각각 하나소리권과 상사소리권의 평야지역 민요에서 주로 발견된다. 그리고 메나리토리는 미나리권, 아라리권과 정자소리권에 공통으로 나타나는 음악적 특징이다. 이러한 특징은 함경도지역의 노래에서도 나타나고 있으며, 이것은 백두대간을 통로로 하여 오랫동안 소통이 이루어졌기 때문이라고 할 수 있다. 따라서 메나리토리는 백두대간을 줄기로 한 산간지역의 노래에 두루 존재한다고 해도 좋을 것이다.

그런데 메나리토리는 동부의 산간지역 뿐만 아니라 하나소리권과 상사소리권에도 깊숙하게 파급되어 있다. 하나소리권의 남부, 그리고 상사소리권 중에 충청지역은 곳곳에, 소백산맥과 노령산맥이 지나는 전북의 동부와 남부, 전남의 북동부에서 발견된다. 그러나 역으로 경토리나 육자배기토리를 아라리권이나 정자소리권에서 찾아보기는 매우 어렵거나, 그러한 경우

---

34) <자진아라리>는 충남의 공주, 부여, 전북의 남원, 부안 등 상사소리권에서 <나무하는소리>, 또는 가창유희요로서 발견되고 있고, <어사용>은 경기 포천, 충북 괴산, 전북 김제, 익산, 군산 등 하나소리권과 상사소리권에서 <나무하는소리>, <논매는소리>, <등짐지는소리> 등으로 불리고 있다.

가 있어도 그 흔적이 매우 미미한 상황이다. 그렇다면 우리 민요가 동쪽 산간지역에서 서쪽 평야지대로 파급되는 흐름이 존재하고 있음을 다시 확인하게 된다.

이상의 상황을 종합해 보면 우리 민요의 전국적 판도는 4대 민요권이 각각 남과 북, 동과 서의 이원적 대립구도를 형성하고 있는 가운데, 파급의 흐름이 동부 산간지역에서 서부 평야지대로 작용되는 복합적인 구도를 이루고 있다고 정리할 수 있다.

5. 민요의 실현방식과 원리

1) 민요의 기능

민요의 기능은 노래성분의 역할이 종합적으로 작용되어 실현된다. 이러한 점을 이해하기 위해 강원 양양에서 〈도리깨질하는소리〉로 부르는 〈마댕이소리〉를 분석해보기로 한다.

상도리깨가 휘젔거든　에헤루 마뎅이여
곱도리깨는 후레치라　에헤루 마뎅이여
　　— 중략 —
마뎅이소리 한마디에　에헤루 마뎅이여
수복이 들어옵니다　에헤루 마뎅이여
막걸리한잔 먹구하세　에헤루 마뎅이여
　　— 중략 —
속소속소 너머속소　에헤루 마뎅이여　수고했소
이번참에 너머속소　에헤루 마뎅이여
(마댕이소리-도리깨질하는소리, 민요대전-강원 : 220)

도리깨질하는 작업은 〈마댕이소리〉의 리듬에 맞추어 진행된다. 매 2박마다 도리깨로 치고 다시 이를 거두는 행위를 되풀이하는데, 이렇게 함으로써 종도리꾼들은 일치된 행동으로 작업을 할 수 있게 된다. 그런가하면 〈마댕이소리〉의 리듬은 일꾼들의 흥을 돋구어 내기도 한다. 리듬에 따라 동작을 빠르게 맞추어 가는 동안 무용의 놀이성이 작용되기 때문이다. 그러므로 〈마댕이소리〉의 리듬은 행동을 통일시켜 작업을 진행하는 실무적 역할과 작업의 흥을 돋구는 놀이적 역할을 아울러 맡고 있음을 알 수 있다.

〈마댕이소리〉의 가창방식 역시 또 다른 놀이요소로 작용한다. 〈마댕이소리〉는 선후창으로 나뉘어 2가보의 사설을 둘씩 주고 받으며 노래하는데, 교대로 무언가를 주고받는 방식은 게임에 일반적으로 활용되는 보편적 놀이규칙 가운데 하나이다. 무언가를 규칙적으로 주고받다 보면 긴장과 이완의 리듬이 형성되고, 이러한 순환적 리듬으로 인해 재미와 흥이 돋구어진다. 혼자만 일방적으로 노래하는 것보다 주고받으며 노래하면 더욱 즐거울 수 있는 것은 이 때문이다.[35)]

〈마댕이소리〉의 사설은 운용에 따라서는 다양한 역할을 맡을 수 있다. 선창자가 작업의 진행에 필요한 말을 전달할 수도 있고, 익살을 부려서 일꾼들을 재미있게 해 줄 수도 있다. 그리고 일꾼들의 심정을 대변하거나 개인적인 느낌을 드러내어 서로간의 정서적 교응을 유도해낼 수도 있다. 위의 사설은 작업을 지시하고, 또 일꾼들의 정서를 읽고 표현함으로써 심리적 일체감을 조성하는 데 기여하고 있다.

〈마댕이소리〉가 타작의 능률을 높일 수 있는 것은 여러 노래성분들이 일꾼들의 흥을 돋구어 주면서 행동을 통일시키며, 또한 일꾼들의 심리적 일체감을 조성해줄 수 있도록 작용하기 때문이다. 이처럼 민요의 기능은 여러 노래성분들의 역할이 종합적으로 작용되어 실현된다.

민요는 노래마다 각자의 기능을 실현할 수 있도록 성분의 역할이 윤곽

---

35) 강등학, 『정선아라리의 연구』, 집문당, 1988, 27면.

지어 있다. 그러나 노래성분의 역할은 이미 굳어져 있는 것도 있고, 창자가 구연을 통해 운용해 갈 수 있는 것도 있다. 이를테면 〈마댕이소리〉의 경우 가창방식은 창자가 변경하기 어려운 것이므로 그 역할도 고정되어 있지만, 사설은 정해져 있지 않으므로 그 역할은 창자가 알맞게 조정해 갈 수 있다. 그러므로 창자는 노래성분의 정해진 역할을 수행하면서 동시에 자율적인 부분의 역할을 알맞게 부여함으로써 기능에 맞도록 노래를 운용하게 된다.

민요의 노래성분 역할은 실무역, 놀이역, 표출역의 세 가지가 있다. 그리고 각 역할의 수행은 노래성분에 따라 다르게 나타난다. 가창방식은 주로 놀이역을 수행할 수 있으며, 리듬은 실무역과 놀이역을 맡을 수 있다. 그리고 사설은 세 가지 역할을 모두 수행할 수 있다. 그러기에 사설은 창자에게 운용의 자율성이 가장 크게 부여되어 있는 노래성분이라고 할 수 있다. 이밖에 선율은 노래의 분위기와 정서에 관여하면서 사설의 놀이역과 표출역을 보조하는 역할을 수행할 수 있다.

그런데 기능이 같은 노래도 그 성분의 구성과 역할은 다를 수 있다. 이를테면 강릉의 〈오독떼기〉는 후렴이 없으며, 제창으로 부르는 노래이기에 선후창으로 부르는 〈논매는소리〉의 다른 노래들과 차이가 난다. 제창으로 부르는 사설은 선후창의 것과 달리 즉흥적으로 노래하기 어렵다. 그러므로 〈오독떼기〉의 사설은 실무적 역할은 수행하기 어렵다. 이처럼 민요의 기능은 같아도 그것이 실현되는 양상은 노래마다 다를 수 있다. 여기에 같은 노래라도 창자가 필요에 따라 그 운용을 달리할 수 있는 점을 생각하면, 민요의 기능은 노래의 장르와 각편의 차원에서 각각 성분의 기능을 따져봄으로써 그 실현양상을 파악할 수 있다고 하겠다.

민요는 본래의 기능은 유지하면서 다른 기능에 전용되기도 하고 또 원래와 다른 기능으로 전환되기도 한다. 먼저 전자의 경우는 본래의 기능과 전용하고자 하는 기능이 서로 유사점이 있을 때 주로 나타난다. 전남 영광에서 〈땅다지는소리〉로 부르는 〈상사소리〉를 〈묘다지는소리〉로도 부르거나, 강원 양양에서 〈말뚝박는소리〉로 부르는 〈아야라차소리〉를 〈나무내리는소리〉로도 부르는 사례들이 이에 해당한다. 이밖에 기능간의 유사성이 없는 경우에도 노래의 성격이 알맞으면 다른 기능에 가져다 활용하기도 한다. 예를 들면 강원 정선의 가창유희요인 〈아라리〉를 밭매기, 삼삼기, 나무하기 등을 하면서도 부르는 경우이다. 〈아라리〉는 표출기능이 중심이 되는 노래로 느리고 단조롭게 부른다.[36] 밭매고, 삼삼는 일 등은 비교적 한가로이 하는 작업들이며, 그러기에 이러한 작업에는 가창의 부담이 적으면서 스스로의 생각을 정리하여 드러낼 수 있는 노래가 어울릴 수 있다.

본래의 기능을 잃고 다른 기능으로 전환되는 민요의 예로는 〈강강술래하는소리〉, 〈월워리청청하는소리〉 등을 들 수 있다. 이들은 본래 추석과 대보름 등의 세시의식에 수반되어 부르던 노래이다. 그러나 의식요로서의 인식이 점차 약해지면서 놀이적 성격만 남게 되었고, 그 결과 동작유희요로의 성격이 더욱 중시되어 그렇게 굳어지고 말았다. 그런가하면 다른 지역으로 노래가 전파되면서 기능이 전환되는 일도 생기는 것으로 보인다. 노래는 같은데 지역에 따라 다른 기능으로 불리는 경우가 이에 해당한다. 충남과 호남지역에서 〈모심는소리〉로 부르는 〈상사소리〉는 경기와 영남지역에서는 거의가 〈논매는소리〉로 부른다. 이처럼 민요의 기능은 전승과 전파의 과정에서 시대와 지역에 따라 달라질 수 있다.

2) 민요의 가창방식

민요의 가창방식은 혼자 부르는 독창과 여럿이 함께 부르는 공동창으로 크게 나뉜다. 그리고 공동창은 다시 선후창, 교환창, 복창, 제창 등으로 구분된다.

선후창은 후렴이 있는 민요를 부르는 가장 보편적인 방식이다. 먼저 한

---

36) 위의 책, 28~30면.

사람이 사설을 부르면 이어서 나머지 사람들이 후렴을 부르는, 곧 메기고 받는 형식으로 노래한다. 선후창의 선창자는 반드시 한 사람이다. 돌아가며 선창을 담당하는 경우라도 소리를 메길 때는 한 사람씩 하는 것이 원칙이다. 그런데 후창에는 여러 명이 함께 참여하는 것이 일반적이다. 선후창은 선창자가 사설을 맡아 부르고, 후창자는 후렴만 맡도록 분담되어 있다. 그러므로 선후창의 구연은 선창자에 의해서 주도되고, 후창자는 그 구성원의 수와 관계없이 선창자를 돕는 보조적 위치에 있다.

선후창에 있어 사설의 선택은 선창자에게 맡겨져 있다. 그러므로 그는 그의 의도대로 자유롭게 사설을 선택하여 노래할 수 있다. 전승되는 사설을 노래해도 좋고, 또 즉흥적으로 사설을 지어 불러도 관계없는 것이다. 그러므로 선후창으로 부르는 노래의 사설은 그만큼 내용적 개방성을 보일 수 있다. 그러나 선창자의 역할이 그렇게 수월한 것만은 아니다. 선창자는 구연의 진행자로서 함께 참여한 사람들이 흥미를 잃지 않도록 해야 할 뿐만 아니라, 주어진 상황의 필요에 맞추어 노래할 수 있어야 하기 때문이다. 그러므로 선창자는 가창력도 좋아야 하지만 전승되는 사설도 많이 알아야 하고, 또한 즉흥적인 사설구성에도 능해야 한다. 따라서 선후창의 선창자는 다른 가창방식에서보다 그 역할과 능력이 더 중요시된다고 하겠다.

교환창은 창자들이 두 패로 나뉘어져 번갈아 노래하되, 양자 모두 사설을 부르는 일에 참여하는 가창방식이다. 그러므로 교환창의 선창과 후창은 모두 사설의 구연에 참여한다는 측면에서 거의 대등한 입장일 수 있으며, 이러한 점에서 교환창은 선후창과 구분된다.

교환창에 있어 선창과 후창의 인적구성은 '多 : 多', '1 : 多', '多 : 1', '1 : 1' 등으로 다양하게 나타난다. '多 : 多'의 구성으로 부르는 노래의 예는 영남과 충북의 일부에서 모를 심을 때 부르는 〈정자소리〉가 있으며, '1 : 多'로 부르는 노래의 예로는 영남의 〈월워리청청하는소리〉가 있다. 그리고 '多 : 1'의 구성으로 부르는 노래의 예는 〈술래잡는소리〉의 〈여우야여우야〉가 있으며, '1 : 1'로 부르는 노래의 예로는 제주도의 〈맷돌가는소리〉가 보고되어 있다. 이 가운데 교환창의 인적구성으로는 '多 : 多'의 조직이 지배적이며, 나머지는 널리 쓰이지 않는다. 그러나 어떠한 경우든지 사설을 일정하게 교환하기에 선창과 후창이 차지하는 구연의 비중은 대등하다.

교환창은 하나의 사설을 선창과 후창이 분담하여 부르는 방식이 있고, 서로 다른 별개의 사설을 번갈아 가며 부르는 방식이 있다. 전자를 사설분담식 교환창이라고 하고, 후자를 사설전담식 교환창이라고 한다.

> 가 : 모야모야 노랑모야 니언제커서 열매열래
> 나 : 이달가고 훗달가서 칠팔월에 열매열지
> (정자소리-모찌는소리, 민요대전-경북 : 595)

> 가 : 무신갓을 씨고왔노
> 나 : **통양**갓을 씌고왔네　　　　통영
> 가 : 무신말을 타고왔노
> 나 : 천리말을 타고왔네
> (월워리청청하는소리, 민요대전-경북 : 229)

위의 예에서 알 수 있듯이 사설분담식 교환창에는 선창과 후창이 사설을 반씩 담당하여 부른다. 그러므로 이 방식으로 부르는 노래에는 후렴이 없는 경우가 대부분이다. 그래야만 선후 양쪽이 사설을 균분하는 데 편리하기 때문이다.

사설분담식 교환창으로 부르는 노래의 사설은 분련체인 것과 연속체인 것이 있다. 분련체의 사설은 2행으로 구성되며 위의 〈정자소리〉처럼 선창과 후창으로 양분하여 1행씩 부른다. 그러므로 구연은 선창에 대하여 후창이 짝을 맞추는 식으로 진행된다. 사설분담식 교환창의 분련체 사설이 대구나 문답의 형식으로 구성되는 것이 많은 것은 이 때문이다. 한편 사설분담식 교환창의 연속체 사설은 〈월워리청청하는소리〉처럼 문답의 형식으로 주고 받는다. 이 방식의 연속체 사설은 거의가 동작유희의 노래로 불린다.

사설분담식 교환창에서 구연을 주도하는 쪽은 선창이다. 그것은 사설의 선택과 구연의 진행이 선창에 의해 이루어지기 때문이다. 그러나 사설분담식 교환창은 선창이 내놓은 사설에 후창이 응하여 내용적 흐름을 맞출 수 있어야 한다. 그러므로 사설분담식 교환창에서는 후창자가 받아서 마무리할 수 없는 사설은 선택할 수 없다. 이 방식의 구연에 선창자가 즉흥적으로 사설을 지어 부르는 것이 허용될 수 없음은 이 때문이다. 그 결과 사설분담식 교환창으로 부르는 노래의 사설은 선후창의 경우만큼 다양하지 못하다.

가 : 잘도나허네 잘도나허네 우리농군 잘도나허네
아이고답답 설움이야
나 : 잉어가노네 잉어가노네 장포밭에 잉어가노네
아이고답답 설움이야
(설움타령-논매는소리, 민요대전-전남 : 147)

가 : 어양어기야 방와로놀자
나 : 노세노세 젊어나노세
가 : 프릿프릿 봄배추덜은 파릇파릇
나 : 늙고나병들면 못내다논다
가 : **봄비나올디나** 기둘리더라 봄비오기를
나 : 어양아기가 방애로구나
(사데소리-밭매는소리, 민요대전-제주 : 90)

사설전담식 교환창은 사설 전체를 교환하는 방식과 사설을 부분적으로 교환하며 부르는 방식이 있다. 전자는 〈설움타령〉처럼 사설을 단위로 하여 창이 교환되지만, 후자는 〈사데소리〉처럼 서로 다른 사설을 조금씩 번갈아 구연해 나간다. 〈사데소리〉에 "노세노세 젊어노세 늙어지면 못노나니"와 "파릇파릇 봄배추는 봄비오기를 기다린다"는 내용의 사설이 섞여 있는 것은 이 때문이다.

사설전담식 교환창의 구연은 주고받는 노래의 내용적 호응을 전제로 하지 않는다. 이 방식의 교환창에는 선후 양쪽이 각자 사설을 선택하여 부르면 된다. 그러므로 이 방식의 교환창에 의한 구연은 선창에 의해 주도되지 않는다. 그저 먼저 노래를 시작하면 선창이 되고, 이어서 노래를 받으면 후창이 되는 것이다. 그러기에 노래를 주고받는 행위를 빼면 구연은 양쪽이 독자적으로 운영해가는 것이라고 할 수 있다. 사설교환의 측면만 제외하면 사실상 독창 또는 제창과 다름없다는 것이다. 후렴의 유무와 관계없이 어떠한 노래의 사설도 사설전담식 교환창으로의 구연이 가능한 것도 이 때문이다.

복창은 후창자가 선창자의 노래를 그대로 받아 부르는 가창방식을 말한다.

가 : **사름**마다 **베실**을 ᄒᆞ면 사람, 벼슬
나 : 사름마다 베실을 ᄒᆞ면
가 : 농부**질자가 어디나시멍** 될 자가, 어디 있으며
나 : 농부질자가 어디나시멍
가 : 의사마다 벵고친다면
나 : 의사마다 벵고친다면
가 : 공동묘지갈사름이 어디나시리
나 : 공동묘지갈사름이 어디나시리
가 : 어기야홍 어기야홍
나 : 어기야홍 어기야홍
(어기야홍소리-도리깨질하는소리, 민요대전-제주 : 76)

복창의 선창자는 한 사람이지만 후창자는 혼자이기도 하고 또 여럿이기도 하다. 위의 예는 후창자가 여럿인 경우이다. 그러나 어떠한 경우든지 복창의 구연은 전적으로 선창자에 의해 주도된다. 사설의 선택과 구연의 진행이 선창자에게 맡겨져 있는 것이다. 그러므로 후창자가 따라하는 뒷소리만 없다면 복창은 사실상 독창과 다름없다. 그러기에 복창은 후렴의 유무, 그리고 분련체와 연속체 등 별다른 제약없이 어떠한 노래도 수용할 수

있다.

제창은 구연에 참여한 사람 모두가 다 함께 노래하는 가창방식을 말한다. 민요의 구연은 엄격하게 순서를 짜놓고 진행되지 않는다. 사설만해도 처음에 어떤 것을 부르고, 다음에는 어떤 것을 부를 것인가 하는 구연순서가 정해져 있지 않다. 따라서 여러 사람이 사설을 매번 바꾸어 가며 동시에 노래하는 일은 현실적으로 불가능하다. 그러므로 제창은 보통 누군가가 먼저 어떤 사설을 선택하여 노래를 시작하면 곧 이어 나머지 사람들이 함께 참여하는 식으로 진행된다. 따라서 제창은 사설을 선택하여 제시하는 선창을 전제로 성립된다고 할 수 있다.

> 선창 : 들어를간다
> 후창 : 들어를간다 삼밭으로 들어를간다
> 에헤루 사리랑 예일적노 노든사리랑
> (사리랑-논매는소리, 민요대전-강원 : 113)

제창에 있어 선창의 부분은 노래에 따라 일정하지 않다. 선창이 시작되자 마자 제창으로 이어지는 경우는 선창의 부분이 2-3음절에 지나지 않는다. 그러나 〈사리랑〉과 같이 1가보 이상의 길이를 선창이 노래하도록 정해져 있는 경우도 적지 않다. 다만 어떠한 경우도 선창이 제창의 부분보다 긴 경우는 없다. 제창으로 부르는 노래는 후렴이 있기도 하고 없기도 하다. 그리고 그 사설은 거의가 전승되는 것들이다. 제창은 여럿이 함께 노래해야 하기 때문에 널리 알려진 사설을 선택하게 되는 것이다. 이러한 점은 사설분담식 교환창의 경우와 그 사정이 동일하다.

독창은 혼자서 부르는 가창방식이다. 독창으로 부르는 민요는 후렴이 있는 것도 있고 없는 것도 있다. 독창으로 부르는 노래는 상황에 따라서 선후창, 또는 제창 등으로 부를 수도 있다. 특히 가창유희요를 여럿이 함께 있는 자리에서 부를 경우에는 독창으로 진행되던 구연이 공동창으로 전환되는 일이 흔하다. 다만 복창과 사설분담식 교환창으로의 전환은 쉽게 이루어지지 않는다.

민요의 가창방식으로 전국적인 분포를 보이며 가장 많은 종류의 노래에 쓰이는 것은 선후창과 독창이다. 나머지의 것들은 특정한 지역과 노래에 집중적으로 쓰이는 양상을 보이고 있다. 사설분담식 교환창은 유희요로서는 전국적인 분포를 보이며, 노래의 종류도 많지만, 노동요로서는 〈모심는소리〉로 부르는 〈정자소리〉에 거의 한정되어 있기에 그 분포도 영남지역이 중심을 이루고 있다. 사설전담식 교환창의 노래는 대부분 노동요인데, 가장 활발히 쓰이는 곳은 제주도이다. 경기, 충남, 호남지역에 이 가창방식으로 부르는 노래의 사례가 보고되어 있으나 그것은 드문 일이다. 복창도 주로 제주도에 분포되어 있는 가창방식이다. 복창의 존재는 강원과 경북에서도 확인되고 있지만, 그것은 극히 드문 일이다. 제주도에서 복창은 노동요와 가창유희요에 두루 쓰인다. 그러나 사설전담식 교환창만큼 널리 활용되지는 않는다. 제창으로 부르는 노래는 거의가 농산노동요이며, 또 그 대부분은 〈논매는소리〉이다. 그리고 이 가창방식은 전북과 충남에서도 발견되지만 중심이 되는 곳은 강원의 영동지역이다. 이 곳의 〈논매는소리〉는 대부분 이 방식으로 부른다.

민요의 가창방식은 노래마다 굳어진 사항으로 자리잡혀 있다. 그러나 가창방식과 노래의 관계가 반드시 필연적 관계에 있는 것만은 아니다. 그러므로 사정에 따라서는 보편적인 방식을 택하지 않으며, 같은 노래라도 가창방식을 바꾸어 부르는 경우도 생기게 된다. 후렴이 있는 노래를 제창으로 부르는 강원 영동지역의 사례, 그리고 사설분담식 교환창으로 거의 굳어져 있는 〈정자소리〉를 복창으로 부르는 사례, 사설전담식 교환창과 복창을 번갈아 가며 쓰는 제주도의 사례 등이 그러한 경우이다.

3) 민요 사설의 구연원리와 양상

민요 사설의 구연은 창곡단위요와 사설단위요가 각각 그 양상을 달리

한다. 창곡단위요에는 보통 서로 다른 여러 가지의 사설이 구연되지만, 사설단위요에는 하나의 사설만이 구연된다. 그러므로 전자의 사설구연에는 무엇을 부를 것인가 하는 사설 선택이 일차적 문제가 되고, 후자의 경우에는 정해진 사설을 어떻게 부를 것인가 하는 각편화가 일차적 문제로 제기된다. 여기서 사설이란 의미와 구조의 측면에서 완결되어 독립적으로 단위화된 것만을 가리킨다.

창곡단위요의 구연에 있어서 창자는 전승되어 온 사설을 부를 수도 있고, 스스로 지어서 부를 수도 있다. 이러한 선택의 가능성은 항상 열려 있는 것이지만, 사설을 지어서 부르는 경우는 전승사설을 부르는 경우에 비하면 그 빈도가 월등히 낮은 것이 일반적이다. 또한 전승사설은 특정한 개체요를 통해서만 구연되는 것이 있고, 이 노래 저 노래에 두루 활용되는 것이 있다. 전자를 붙박이사설이라고 하고 후자를 떠돌이사설이라고 한다. 일반적으로 창곡단위요에서 붙박이사설의 비중은 크지 않다. 물론 붙박이사설이 구연의 중심을 이루는 노래도 없지 않다. 그러나 이러한 경우보다는 붙박이사설이 거의 없거나 있어도 그 비중은 미미한 경우가 더 흔하다.

그러므로 창곡단위요의 사설은 자작사설, 붙박이사설, 떠돌이사설 등으로 구분된다고 할 수 있다. 이 중에 떠돌이사설이 가장 많이 선택되고, 또 자작사설이 붙박이사설보다 선택빈도가 높은 것이 창곡단위요의 보편적 구연양상이다. 그러나 어떤 것에 비중을 두고 구연하는가는 노래의 특성과 창자의 능력 및 개성, 그리고 구연상황에 따라 달라지게 된다.

창곡단위요 중에 붙박이사설의 구연비중이 높은 노래는 사설구성에 있어 특성이 강한 것들이다.

조루자 조루자 이모자리로 조루자
조루자 조루자 갓모삼지로 조루자
조루자 조루자 며누리시아버이로 조루자
(조루자소리-모찌는소리, 한농5 : 138)[37]

물꼬야철철 헐어놓고 쥔네양반이 어디로갔소
문애전복 손에들고 첩의방에 놀로갔소
(정자소리-모심는소리, 민요대전-경북 : 358)

우리 민요의 보편적인 가창방식은 선후창과 독창이다. 그러나 위의 노래들은 모두 교환창으로 부른다. 이러한 가창방식의 영향으로 이 노래들의 사설은 독특하게 구성된다. 〈조루자소리〉는 매행 유사항목을 나열하며, 〈정자소리〉는 서로 대구를 이루도록 되어 있다. 여기에 〈조루자소리〉의 행단위 사설은 고정적인 사항을 제외하고 새롭게 바뀌는 부분은 1가보에 지나지 않는다. 유사항목의 나열과 대구의 양식은 민요의 사설구성에 적지 않게 활용되고 있다. 그러나 이러한 사설구성 방법은 언어유희를 위한 노래, 또는 교환창의 노래에서 주로 활용되는 것으로 나머지 민요에 있어서는 그렇게 흔히 쓰이지 않는다. 사설구성에 특이한 요소가 많을수록 다른 노래의 사설을 받아들이기 어렵고, 또 스스로의 사설을 다른 노래에 내보내기도 어렵다. 요컨대 사설의 호환성이 그만큼 떨어지는 것이다. 위의 노래들에 붙박이사설의 구연비중이 높게 나타나는 것은 이같은 시각에서 이해할 일이다.

떠돌이사설 가운데는 활용의 범주가 일정하게 한정되어 있는 것들이 있고 그렇지 않은 것들이 있다. 활용의 범주가 한정되어 있는 사설들은 그 내용이 기능과 밀접한 관계를 가지고 있는 것들이다.

잘도나허네 잘도나허네 우리농부들 다잘도허네
에야디야 에헤헤헤야 에야디여 산아지로고나
(산아지소리-논매는소리, 민요대전-전남 : 698)

저승질이 머다더니 문턱밖이 저승일세

37) '한농'은 이소라의 『한국의 농요』를 가리키며, 이어진 숫자는 권수와 면수이다. 이하 동일하다.

어허 허허 어허 허헤
(어허소리-운상하는소리, 한농4 : 638)

오동추야 어하 술비야
저달은밝은데 어하 술비야
임생각이 어하 술비야
절로난다 어하 술비야
(술비소리-그물당기는소리, 민요대전-전남 : 573)

위의 것들은 모두 떠돌이사설이다. 그러나 처음의 것은 논농사요의 노래들을 통해서만 구연되고, 다음의 것 역시 여러 노래에 두루 활용되되, 〈운상하는소리〉의 범주를 쉽게 벗어나지 않는다. 그러나 세 번째의 것은 이러한 범주적 제약 없이 각종 노동요는 물론 장례요와 가창유희요 등에도 폭넓게 활용된다.

전승사설의 구연에는 서로 다른 두 가지 양상이 나타난다. 사설의 유형적 핵심이 그대로 유지되는 경우와 사설의 유형적 핵심의 일부가 변화되는 경우가 그것이다. 전자를 구심적 구연이라고 하고, 후자를 원심적 구연이라고 한다.[38]

남대문 기차야 소리말고 달려라
산란한 요내마음이 또산란하다

무정한 기차야 소리말고 가거라
산란한 이내마음이 또산란하다

남대문 기차야 소리말고 달려라
보기싫은 본서방이 뒤를따라 오네
(아라리-가창유희요, 정선-272)[39]

38) 강등학, 『정선아라리의 연구』, 40면.

위는 동일유형의 각편들이다. 그리고 이것들은 모두 '기차에 대한 명령/명령에 대한 이유'로 정리할 수 있는 공통적 구조를 가지고 있다. 그런데도 사설에 설정된 상황은 처음과 두 번째의 것이 나머지의 것과 다르다. 앞의 두 사설은 기차로 인해 흔들리는 창자의 마음을 드러내고 있는데, 세 번째의 것은 기차를 타고 달리고 있는 창자의 불안한 심정을 토로하고 있다. 그런데 위 유형의 전승사설은 보통 앞의 두 사설처럼 구연되며, 세 번째 사설 같은 각편은 흔하지 않다. 그러므로 앞의 두 사설은 전승사설의 상황과 의미를 그대로 유지시키면서 구연한 각편이며, 세 번째 것은 상황과 의미를 창자 나름대로 다르게 변화시킨 각편이라고 할 수 있다. 바꾸어 말하면 앞의 두 사설은 구심적 구연의 각편이며, 세 번째 것은 원심적 구연의 각편이라는 것이다. 창곡단위요에서 전승사설의 유형적 핵심은 구조, 상황, 의미 등으로 집약되기 때문이다.

전승사설의 구심적 구연이 전승의 흐름을 그대로 잇고자 하는 입장이라면, 원심적 구연은 본래의 상황과 의미가 아닌 다른 것에 전승사설을 전용하려는 입장이다. 전승사설의 구연에 있어 창자는 이 양자 가운데 어느 하나의 입장을 택하게 된다. 그러나 창자가 어느 입장을 택하든 각편적 창의성과 독자성은 드러낼 수 있다. 다만 구심적 구연의 독자성은 시어의 선택에 한정되며, 원심적 구연의 독자성은 시어의 선택을 포함하여 상황과 의미에까지 확장될 수 있다는 점이 다를 뿐이다.

사설단위요의 사설 역시 유형적 핵심에 바탕을 두고 구연된다. 그러나 사설단위요의 사설에는 구심적 구연과 원심적 구연의 구분이 무의미하다. 사설단위요의 사설은 비교적 길다. 그러므로 부분적으로 유형적 핵심을 벗어난 부분이 있어도 그것이 차지하는 상황과 의미는 창곡단위요의 경우 같은 비중을 갖기 어렵다. 그러나 시어의 선택과 모티프의 선택 등 사설단위요의 구연에도 사설의 각편적 독자성은 매번 나타나게 된다.

---

39) '정선'은 강등학의 『정선아라리의 연구』(집문당, 1988)를 가리키며, 이어진 숫자는 면수이다. 이하 동일하다.

창곡단위요의 구연에는 자작사설, 붙박이사설, 떠돌이사설 등의 선택이 가능하며, 또 전승사설의 구연도 시어는 물론 상황과 의미까지 독자화하는 것이 가능하다. 그러므로 창곡단위요는 같은 노래라도 노래의 특성과 창자의 능력과 개성, 그리고 구연상황에 따라 그 실제적인 구연양상이 달라지게 된다. 그리고 이러한 상황은 사설단위요에도 나타난다. 사설단위요의 사설은 붙박이로 묶여 있어 선택의 여지는 없으나 구연의 독자성은 창자와 상황에 따라 나타날 수 있다. 그러므로 민요의 사설구연은 단순히 노래하는 행위가 아니라, 창자의 능력과 개성이 간여되는 창의적 행위이면서 동시에 예술적 행위라는 의미를 부여받을 수 있다.

6. 민요 사설의 세계와 성격

1) 사설의 형식

노래는 창곡과 사설이 유기적으로 어우러져 구성된다. 또한 민요에는 노래마다 창곡과 사설을 연결짓는 틀이 정해져 있는데, 이를 가창구조,[40] 또는 사설틀이라고 한다. 민요의 사설은 노래마다 정해져 있는 가창구조에 맞추어 구성된다. 그래야만 그 사설이 창곡과 조화를 이룰 수 있기 때문이다. 이를테면 3행 길이의 〈노랫가락〉 사설을 2행 길이의 〈진도아리랑〉 창곡으로 노래할 수는 없는 것이다. 민요의 사설은 저마다의 가창구조에 맞추어 구성해야 하기에 가창구조, 곧 사설틀이 각 노래의 사설을 구성하는 형식이 된다.

가창구조는 사분박(詞分拍),[41] 가보(歌步), 가행(歌行) 등의 단위로 구성

40) 강등학, 「민요의 가창구조에 대하여」, 『한국민요의 현장과 장르론적 관심』, 집문당, 1996, 293면.
41) 위의 글, 294면.

된다. 이 가운데 기본이 되는 단위는 가보이다. 가보는 창곡과 사설이 만나 함께 덩이지는 처음의 단위를 말한다. 그리고 사분박은 가보 단위의 사설을 몇 음절씩 묶어 처리하는 단위인데, 규칙적 리듬의 창곡에서는 박자로 파악되고, 자유리듬의 창곡에서는 내재박(內在拍)[42]으로 파악된다. 그리고 가행은 가보가 하나 이상 모여 이루는 단위이다.

민요의 사설은 가행의 수가 정해져 있는 것이 있고, 그렇지 않은 것이 있다. 전자를 정행형식이라고 하고, 후자를 부정행형식이라고 한다. 〈어랑타령〉, 〈밀양아리랑〉 등은 2가행의 정행형식이며, 〈다복녀〉, 〈진주낭군〉 등은 부정행형식이다. 정행형식의 사설은 거의가 창곡단위요의 것이다. 그리고 부정행형식의 사설은 사설단위요의 것이 많지만, 〈육자배기〉, 〈창부타령〉처럼 창곡단위요의 것도 있다. 이것을 다시 정리하면 창곡단위요의 사설은 정행형식을 중심으로 하면서 부정행형식을 취하며, 사설단위요의 경우는 거의 일방적으로 부정행형식을 취한다고 할 수 있다.

민요사설의 가행은 1가보격, 2가보격, 4가보격이 있다. 그러나 3가보격은 거의 발견되지 않는다.

1가보격　해다 지고/ 위야 호호/
저문 날에/ 위야 호호/
골골 마다/ 위야 호호/
연기 난다/ 위야 호호/
(위야호호소리-논매는소리, 민요대전-전북 : 152)

2가보격　에 헤헤라 방애 호 / 에 헤라 방애 호/
이방 해가 뉘방 앤가/ 에 헤라 방해 호/
강태 공네 조작 방아/ 에 헤라 방애 호/
(자진방아소리-논매는소리, 민요대전-충남 : 91)

42) 이소라, 『한국의 농요』 제1집, 현암사, 1985, 32면.

4가보격 이세 상에/ 나온 사람/ 뉘덕 으로/ 나왔 는가/
어 하 / 어 하 / 에 헤이/ 어 하 /
아버 님전/ 뼈를 빌고/ 어머 님전/ 살을 빌어/
어 하 / 어 하 / 에 헤이/ 어 하 /
칠성 님전/ 명을 받고/ 제석 님전/ 복을 빌어/
어 하 / 어 하 / 에 헤이/ 어 하 /
(어하소리-운상하는소리, 민요대전-충북 : 197)
* 띄어 쓴 단위는 사분박, ' / '는 가보를 가리킨다.

1가보격 사설의 가행구분은 후렴에 의해 이루어진다. 그리고 구연은 같은 길이의 후렴을 주고받으며 선후창으로 노래한다. 1가보격의 노래는 주고받는 부분의 길이가 짧은 만큼 구연의 흐름 또한 빠르다. 그러기에 1가보격은 빠른 동작을 함께 해야 하는 일이나 놀이의 노래에 주로 활용된다. 노동요의 경우 임산노동요의 〈목도하는소리〉는 1가보격으로 구성되며, 〈노젓는소리〉 〈그물당기는소리〉 등 수산노동요에도 1가보격의 활용이 많은 편이다. 그리고 농산노동요에는 〈도리깨질하는소리〉 등에 활용되는 일이 있다. 의식요의 경우에는 〈운상하는소리〉와 〈묘다지는소리〉에 1가보격의 활용이 보이며, 유희요에는 〈강강술래하는소리〉등 동작유희요 가운데 1가보격의 활용이 보인다.

2가보격의 노래에는 후렴이 있는 것도 있고, 없는 것도 있다. 전자의 노래들은 거의가 선후창으로 불리며, 가행은 후렴에 의해 구분이 된다. 그러나 후자의 노래들은 교환창, 또는 복창으로 구연되며, 가행은 창자가 바뀜으로써 구분짓게 된다.

2가보격 노래들은 후렴이 없는 것보다는 있는 것이 월등히 많다. 후렴이 없는 2가보격 노래로는 〈밭매는소리〉(민요대전-제주 : 90), 〈도리깨질하는소리〉(민요대전-제주:76) 등 노동요의 경우가 있으나, 이러한 것들은 주로 제주도에서 발견된다. 제주도 노동요에는 후렴이 없는 2가보격 노래가 귀하지 않다. 이것은 제주도 노동요의 특성으로서 가창방식과 유기적으로 관련되어 있다. 후렴이 없는 2가보격 노래의 나머지 사례는 유희요에서 발견된다. 이를테면 〈놋다리밟는소리〉가 그러하다. 2가보격은 노동요에서 가장 흔히 활용되는 형식이다. 농산노동요에는 〈모찌는소리〉, 〈모심는소리〉, 〈논매는소리〉 등에 2가보격의 노래가 주된 흐름을 보이며, 수산노동요에도 〈고기푸는소리〉, 〈돈대질하는소리〉 등은 2가보격이 주된 형식이다. 그런가하면 임산노동요의 〈나무내리는소리〉와 토건노동요의 〈땅다지는소리〉, 〈말뚝박는소리〉 역시 2가보격을 기본형식으로 하고 있다. 이밖에 공산노동요의 〈절구방아소리〉, 〈풀무질하는소리〉 등도 대부분 2가보격의 노래들이다. 요컨대 동작을 함께 맞추어야 하는 공동의 작업에서 특별히 빠른 호흡을 요하는 경우가 아니면 노래의 형식은 거의가 2가보격이라고 할 수 있다. 이것은 2가보격이 일상적인 호흡으로 동작을 맞추어 나가는 데 가장 적합한 형식임을 의미한다.

1가보격과 2가보격의 사설들은 거의가 부정행형식이다. 이것은 1가보격과 2가보격 노래들의 기능적 상황과 관계가 있다. 1가보격과 2가보격의 민요들을 부르며 하는 놀이나 작업은 비교적 시간이 길게 지속되는 것들이다. 여기에 이 형식의 민요들은 대부분 선후창으로 가창된다. 그러므로 선창자는 후창자들이 지루함을 갖지 않도록 오랜 시간에 걸쳐 흥미있는 사설을 지속적으로 공급해야 한다. 선창자의 이러한 활동은 사설구성에 제약이 적을수록 용이해진다. 1가보격과 2가보격의 사설들 대부분이 부정행형식을 택하고 있는 것은 선창자가 사설구성을 보다 자유롭게 할 수 있도록 배려한 결과라고 할 수 있다. 이러한 배려로 〈달구소리〉를 부르면서 〈회심곡〉, 〈한글뒷풀이〉, 〈천자뒷풀이〉 등의 사설을 끌어다 노래하는 것이 가능할 수 있는 것이다. 부정행형식은 가행의 길이만 맞으면 가행의 수는 관계하지 않기 때문이다.

4가보격의 형식이 주로 활용되는 곳은 가창유희요이다. 〈노랫가락〉, 〈밀양아리랑〉, 〈어랑타령〉 등 대부분의 비기능창곡요가 4가보격의 노래이며, 〈다복녀〉, 〈진주낭군〉, 〈담바구타령〉 등 비기능사설요는 모두 4가보격의 노래이다. 그러므로 4가보격은 가창유희요의 대표적인 형식이라고 할 수 있다.

4가보격의 형식은 노동요에서도 활용된다. 그러나 그 활용도는 2가보격에 비해 월등히 낮다. 노동요 가운데 4가보격을 주로 활용하는 것은 길쌈요이다. 그것은 길쌈요의 노래는 거의가 사설단위요들이기 때문이다. 이밖에 4가보격 노동요는 농산노동요에서 발견되는데, 그것도 모를 심거나 논을 매는 일처럼 행동의 통일이 필수적으로 요구되지 않는 작업의 노래로 거의 한정되어 있다. 그것은 4가보격의 노래가 비교적 여유 있게 구연되기 때문이다. 수산노동요에 4가보격의 노래가 드물고, 또 토건노동요에는 4가보격의 노래가 거의 발견되지 않는 것도 같은 이유 때문이다.

4가보격의 노래에는 정행형식과 부정행형식이 아울러 나타난다. 그리고 정행형식의 4가보격 노래에는 1가행격, 2가행격, 3가행격의 세 종류가 있다. 강원 양양의 〈논매는소리〉인 〈미나리〉는 1가행격, 〈밀양아리랑〉은 2가행격, 〈노랫가락〉은 3가행격의 노래이다. 이 중에 가장 흔한 것은 2가행격이며, 3가행격은 드물다. 또한 부정행형식의 4가보격 노래는 경기 화성의 〈논매는소리〉인 〈두울레소리〉, 가창유희요인 〈창부타령〉, 〈쌍금쌍금쌍가락지〉 등이 있다. 그러나 부정행형식의 4가보격 노래는 대부분 사설단위요이다.

2) 사설의 내용과 기능적 이해

기능의 시각에서 보면 민요의 사설은 실무역 사설, 놀이역 사설, 표출역 사설로 구분지을 수 있다.

실무역 사설은 여럿이 함께 참여하여 무언가를 하고 있을 때 상황의 효율적 진행을 위해 필요한 말을 노래를 통해 전달하려는 의도에서 부르는 노랫말이다. 그러므로 이러한 사설은 정보전달, 의사표시 등과 같은 언어의 일상적 기능과 동일한 구실을 한다고 할 수 있다.

실무역 사설은 주로 노동요에서 발견된다. 의식요에도 실무역 사설은 있으나, 〈운상하는소리〉, 〈묘다지는소리〉 등 노동요적 성격이 강한 몇몇 노래로 거의 한정되어 있다. 그리고 유희요에는 실무역 사설의 구연이 쉽게 발견되지 않는다. 그러나 동작유희요와 도구유희요 중에 〈강강술래하는소리〉, 〈고싸움하는소리〉 등과 같이 공동으로 하는 놀이에서 부르는 노래에는 실무역 사설의 구연에 대한 개연성이 있다.

저하날에는 달도뜨고　　어여라 바디여
고기잡기가 흥취가나네　어여라 바디여
　　　– 중략 –
오늘잡고 내일두잡고　　어여라 바디여
붕기질르게 잡어나보세　어여라 바디여　　만선기를 꽂도록
　　　– 중략 –
바디여소리를 맞춰를가며 어여라 바디여
줄일랑은 잘땅귀주게　　어여라 바디여
(바디소리-고기푸는소리, 민요대전-충남 : 157)

노동요의 실무역 사설은 작업을 독려하는 것, 일꾼들을 격려하는 것, 그리고 작업의 진행에 필요한 사항들을 전하는 것 등이 내용의 주류를 이룬다. 의식요의 경우에도 실무역 사설의 내용은 노동요와 유사하다. 공동으로 작업을 진행하다보면 호흡을 맞추기 위해 이것저것 전달할 사항이 수시로 제기될 수 있다. 그러므로 실무역 사설은 상황에 따라 창자가 현장에서 즉흥적으로 지어 부르는 것들이 대부분이다. 따라서 실무역 사설은 선후창으로 부르는 노래에서 주로 나타난다.

놀이역 사설은 재미삼아, 또는 오락적 태도로 즐기기 위해 부르는 노랫말이다. 그러므로 언어유희요의 사설은 외우기요를 제외하면 거의가 놀이적 성격의 범주에 속한다고 할 수 있다. 그러나 놀이역 사설이 언어유희적인 것으로만 한정되는 것은 아니다. 사설이 주는 놀이적 재미는 노래의 담당층과 구연상황에 따라 각기 다를 수 있으며, 또한 그러한 재미가 요구되

는 상황 역시 다양하기 때문이다. 그러기에 사설의 놀이성 여부는 실제 구연의 의도와 그 효과를 가지고 따져야 될 일이다.

구연의 현장에서 유희적 욕구에 의해 불려지는 사설은 언어유희물, 이성관계물, 감상물 등이 대표적이다. 이 중에 먼저 언어유희물로 된 사설의 예를 들면 다음과 같다. 이들은 언어유희요의 사설과 거의 같은 양상을 보이는데, 구연하는 동안 이러한 사설을 넣어 부르면 노래하는 즐거움은 더욱 증대될 수 있다.

진담뱃대 쌈지는 우리할부지 **노루개** 노리개
모밟자 모밟자 노루개하고 모밟자
우루룽부루룽 물레질 우리할매 노루개
모밟자 모밟자 노루개하고 모밟자
우리아부지 노루개 지게목발이 노루개
모밟자 모밟자 노루개하고 모밟자
우리엄마 노루개 살림살이가 노루개
모밟자 모밟자 노루개하고 모밟자
(모밟자소리-모밟는소리, 민요대전-경남 : 159)

민요의 사설에는 이성관계의 내용물이 많다. 이성관계물은 남녀의 이별과 그리움, 성적 관심과 욕구 등에 관한 내용이 대부분을 차지한다.

모시야 적삼아 반적삼에 분통같으나 저젖보소
많이야보며는 병이되고 담배씨만침만 보고가소

유월이라야 새벽달에 처녀둘이가 도망가네
석자수건을 목에걸고 총각둘이가 **디따리네** 뒤따르네
(정자소리-모심는소리, 민요대전-경북 : 676)

이성관계물의 사설은 노동요와 가창유희요에서 주로 불린다. 이성관계물의 사설은 소재 자체가 일반적인 호기심과 흥미를 유발시킬 수 있다. 그

러므로 이러한 사설은 여럿이 모인 자리에서 공동적 관심과 재미를 유도하기에 알맞을 수 있다. 이성관계물의 사설이 작업의 현장에서 많이 불리는 것은 이 때문이다. 가창유희요의 경우에도 이성관계의 사설은 여럿이 모여 유흥적 분위기가 형성되었을 때 자주 불린다.

언어유희물이 언어의 놀이적 기교로, 또 이성관계물이 소재적 흥미로 인해 재미를 느낄 수 있는 사설이라면, 감상물은 내용 자체에 재미를 느낄 수 있는 사설이다. 이러한 종류의 사설은 비기능사설요에서 주로 발견된다. 이를테면 〈진주난봉가〉나 〈다복녀〉는 노래 자체에 설정된 상황과 이야기를 즐기며 부르는 노래들이다. 그런데 이러한 사설의 양상은 비기능사설요가 아닌 경우에도 나타난다.

> 불쌍하구 가련두하다 춘향모친이 불쌍하네
> 저러구 저러하네 에헤야산이가 저러하네
> 먹을것을 옆에다끼고 윈모텡이로 놀아를들며
> 저러구 저러하네 에헤야산이가 저러하네
> 몹쓸년의 춘향이야 허락한마디 하려므나
> 저러구 저러하네 에헤야산이가 저러하네
> 아이구어머니 그말씀마오 송죽같이도 굳으네절개
> 저러구 저러하네 에헤야산이가 저러하네
> (잘도하네소리-논매는소리, 민요대전-충북 : 138)

예와 같이 〈논매는소리〉에 삽입된 다른 노래는 감상용이다. 즉 선창자가 후창자들이 듣고 즐길 수 있도록 의도적으로 제공한 사설인 것이다. 이처럼 그 내용을 듣고 즐길만한 사설은 길이가 길게 마련이다. 그리고 감상물의 사설을 중간에 끼워 부르기 위해서는 창자에게 그만한 자율성이 보장되어야 한다. 그러므로 감상용 사설의 삽입은 부정행형식이면서 선후창으로 부르는 노래의 경우에 가능한 것이다.

표출역 사설은 창자가 자신, 또는 자신이 포함된 계층의 경험과 인식, 감정 등을 노래로 드러내기 위해 부르는 노랫말이다. 그러므로 표출역 사설에는 계층, 또는 창자 자신의 문제와 시각이 다루어지고 제시된다. 표출역 사설은 이러한 점에서 놀이역 사설과 구분된다. 놀이역 사설의 상황이 유희적 욕구에 의해 설정된 것임에 비해, 표출역 사설의 상황은 무엇에 대한 문제의식으로부터 설정된 것이기 때문이다.

> 당신이 내속썩는걸 요다지도 모르거든
> 앞남산 봄눈썩는걸 건너다가 보세요
> (아라리-가창유희요, 민요대전-강원 : 365)

> 밭에가면 보라기웬수 집이로들면 시어마니 와등와등
> 시누애기 종갈종갈 하는소리 일천간장 다녹네
> 아이고답답 서러라
> 우리부모 날낳갔고 어째서 이런데다 여웠던가
> (흥글소리-밭매는소리, 한농4 : 437)

표출역 사설은 애정류, 인생류, 소망류, 신세타령류 등이 내용의 주류를 이루는데, 애정류의 사설은 놀이역 사설의 이성관계물과 겹치는 내용이 있을 수도 있다. 그러나 비록 같은 사설이라 해도 창자 자신의 문제의식 위에 놓고 구연하면 그 기능적 속성은 표출역으로 다루어야 한다. 그러므로 애정류의 사설은 결국 구연상황을 가지고 따져야 될 일이다. 인생류는 무상함, 삶의 의지와 도리 등에 관한 것이 많으며, 소망류의 사설은 노동요와 유희요의 것이 있고, 의식요의 것이 있다. 노동요와 유희요의 경우는 창자가 스스로의 소망을 위해 노래하지만, 의식요의 경우는 창자가 주로 다른 사람의 소망을 위해 노래한다. 신세타령류의 사설은 구연상황에 따라 내용적 양상이 달라지는 경향이 있다. 친소의 정도와 처지가 다른 사람들이 모인 곳에서 불리는 신세타령류의 사설은 일반적인 내용이 담기며, 가까운 사람들이 소수로 모인 곳에서는 보다 직접적이며 구체적인 내용이 담긴다. 앞의 〈흥글소리〉는 후자에 해당한다.

표출역 사설은 노동요와 가창유희요에서 주로 불린다. 〈의식요〉의 표출역 사설은 노동요적 성격이 강한 노래를 제외하면 거의가 기원의 내용에 한정되어 있다. 그런데 표출역 사설의 구연은 창자의 심리적 작용과 관계되어 있다. 이성관계, 가족관계, 그리고 경제상태 등으로부터 안게 되는 부담과 심리적 억압을 노래를 통해 드러내고 풀어버리면 마음은 그만큼 가벼워진다. 마음이 가벼워지면 일도 수월해지고, 생활도 밝아진다. 일판과 노래판에서 표출역 사설을 노래하는 것은 그것이 창자들의 심리와 정서의 안정을 가져다주는 역할을 하기 때문이다.

3) 사설의 정서와 민중의식

민요의 사설에는 긍정적 정서가 담긴 것도 있고 부정적 정서가 담긴 것도 있다. 그런데 이러한 정서적 상황은 사설의 주제범주에 따라 다르게 나타난다. 그것은 주제의 범주에 따라 민중들의 의식이 다르게 작용되고 있기 때문이다.

민요 사설의 긍정적 정서는 노동과 미래에 관련된 주제를 다룰 때 주로 나타난다.

오뉴월에 흘린땀이　　어럴럴럴 상사데야
구시월에 열매된다　　어럴럴럴 상사데야
여보시오 **지호님네**　　어럴럴럴 상사데야　　계원님네
허리잠시 **페여보세**　　어럴럴럴 상사데야　　펴보세
상사바람에 신명이난다 어럴럴럴 상사데야
(상사소리-논매는소리, 민요대전-강원 : 536)

오뉴월에 흘린 땀이 가을에 수확으로 보상되기에 노동은 보람되고 또 즐거울 수 있다. 곧, 노동은 부모를 봉양하고 처자를 부양할 수 있도록 해주는 것이다.

농사는 천하지대본인데 이농사를 곱게길러 어하 올러를가세

양친부모 봉양하고 기집자식 멕여내니　　어하 올러를가세
이농사보덤 **더중영광이** 어디 또있느냐　　어하 올러를가세　더 중요한 것이(?)
(올러를가세소리-논매는소리, 민요대전-충남 : 347)

그러나 노동은 역시 힘든 것이다.

오뉴월 삼복더위　　에이홍 오홍헤야
배는고파서 등에붙고　　에이홍 오홍헤야
목은말라서 불붙었네　　에이홍 오홍헤야
구실같은 땀이흘러　　에이홍 오홍헤야
목이말라서 못하겠네　　에이홍 오홍헤야
(에이홍소리-논매는소리, 민요대전-경북 : 596)

그런데도 민요에는 이처럼 일의 고통을 직접 토로한 사설은 흔히 나타나지 않는다. 그것은 일의 고통보다는 일의 보람을 더 큰 비중으로 인식하고 있기 때문이다. 보상을 받기 위해서는 일의 고통은 당연히 견디어내야 하는 것으로 여기고 있는 것이다. 그러나 민중들의 현실적 삶이 풍요로왔던 것은 아니다.

한치뒷산에 **곤드레딱주기 나지미**맛만 걸으면　　지명, 나물이름, 애인(일본말)
고곳만 뜯어먹어도 봄살어나겠네　　그것만, 뜯어
(아라리-가창유희요, 민요대전-강원 : 344)

식량은 항상 부족하여 봄에는 거의 매년 산에서 풀과 나무뿌리를 캐어서 먹어야 했다. 보리가 나와야 겨우 기근을 면할 수 있었던 것이다. 그런데도 불구하고 민중들이 이처럼 경제적 고통을 소재삼아 노래한 사설은 발견하기가 쉽지 않다. 기껏해야 '우리도 언제나 한 번 잘 살아보나' 하는 탄식조의 사설을 어쩌다 만날 수 있을 뿐이다.

노동의 고통과 생활의 어려움은 누차 경험해 온 바이므로, 민중들이 이를 견디어 내기 위해서는 그럴만한 지혜도 가질 필요가 있었다. 처해진 여건에 적응하는 것, 익살과 해학을 즐기는 것 등은 현실적 어려움을 견디어 내는 데 도움이 되는 방법이었다.

> 네팔자나 내팔자나 네모반듯한 왕골방에
> 샛별같은 놋요강을 발치만큼 던져놓고
> 원앙금침 잡벼개에 꽃같은 너를안고
> 잠자보기는 오초강산 일글렀으니
> **멍틀멍틀 장석자리에** 깊은정드자　　　꺼칠꺼칠한, 짚으로 짠 긴 자리, 들자
> (엮음아라리-가창유희요, 민요대전-강원 : 175)

왕골자리 위에 원앙금침을 깔고 덮는 일은 팔자에 없는 것이므로 어찌할 수 없고, 다만 임과의 정이나 깊게 들자고 했다. 민요에는 이처럼 민중이 솔직함과 익살스러움, 또 현실성을 갖춘 태도로 상황에 대처하는 것을 그려낸 사설이 적지 않다.

그런가하면 민중들은 미래에 관한 문제는 희망적으로 노래했다.

> 저녁놀이 사라지며 돋아오는 밝은달이
> 우리아기 잠든얼굴 곱게곱게도 비춰주네
> 자세자세 자장가야 우리아기 잘도잔다
> (우리아기 잘도잔다-아기재우는소리, 민요대전-충남 : 77)

어려운 여건에서도 아이만은 잘 자라기를 바랬다. 그래서 아기를 재우면서도 밝은 달이 비추듯이 무언가 아이의 미래가 자신과 다르기를 기원했다. 앞으로 무언가 잘 돼 나갈 것을 노래하는 사설은 〈집터다지는소리〉, 〈묘다지는소리〉에 흔하게 나타난다. 그러나 생활과 직접 관련된 문제로 미래를 소재삼은 사설은 거의 발견되지 않는다. 이것은 민중이 미래보다는 현장적이며 현실적인 문제를 보다 비중있게 인식하고 있음을 의미한다.

한편 민요에 보이는 부정적 정서는 개인의 처지에 관련된 주제와 불합

리한 현실의 문제를 다룰 때 주로 나타난다.

> 나비없는 동산에 꽃은피어 뭘하지
> 그대없는 이**남면한치**여 내가살면 뭘하나　　정선군 남면 한치마을
> (아라리-가창유희요, 정선-237)

사설의 화자가 삶에 부정적 태도를 보인 것은 임이 없기 때문이다. 이 사설은 창자가 즉흥적으로 지어 부른 것으로 29세에 남편을 잃고 60이 넘도록 홀로 지내온 그의 처지를 담아낸 것이다.

민요의 사설에서 개인의 처지에 대한 것은 위처럼 흔히 신세타령조로 노래하는 일이 많다. 그러나 불합리한 현실에 대하여는 문제의식을 가지고 상황을 고발하거나 풍자한다.

> 밥한냄비를 달달볶아서 두연놈이 다먹고
> 간난이하고 나하고둘으는 저녁굶어 잤네
> (아라리-가창유희요, 정선-248)

> 금선아 옥선아 니워데 가나
> 하이칼래 끌려서 북만주 가지
> (아라리-가창유희요, 민요대전-강원 : 468)

살림 형편도 어려운데 남편은 다른 여자를 끌어들여 밥을 다 먹어버렸고, 그 대신 화자와 아이는 밥을 굶어야 했다. 그런가하면 일제강점기에는 하이칼라 머리를 한 일제의 앞잡이들이 순진한 처녀들을 마구 끌어내어 그들이 필요한 곳으로 보내버리곤 하였다. 위의 것은 처자를 돌보지 않고 곤경에 빠뜨리는 가장을 문제삼으며 고발한 것이며, 아래의 것은 일제에 의해 빚어진 사회현실을 문제삼으며 풍자한 것이다.

불합리한 현실을 형상화하여 드러내는 일은 시집살이에 관한 문제를 다룬 사설에 적지 않게 나타난다.

한살묵어 에미죽고 두살묵어 애비죽고
이렁저렁 커가주고 시집이라고 가는께나
시집간 샘일만에 참깨닷말 **두루깨**닷말 두닷말로 볶고난께 들깨
양동우도 벌어지고 **양가매**도 벌어지네 양동이, 가마솥의 일종
– 중략 –
시어마니 거동을봐라 **종지코**로 **홀작임서** 종지모양의 코, 훌쩍이면서
봉애눈을 **부리뜸서** 붕어처럼 튀어 나온 눈, 부릅뜨면서
잠다리로 **질쑥임서** **곰배폴**로 찔쑥임서 한쪽이 짧은 다리, 절룩거리며, 한쪽이 짧은 팔
너그집에 자주가서 **쇠비쟁기**를 **다폴아도** 쟁기의 일종, 다 팔아도
양가매양동우로 사오니라
깎고깎고 머리를깎고 중놀이를 내나가네
깎아주소 깎아주소 이내머리를 깎아주소
한쪽머리 깎고난께 치매앞이 젖었고나
두쪽머리를 다깎고난께 눈물강이 되었고나
(시집간지 사흘만에-가창유희요, 민요대전-경남 : 196)

결혼을 하였음에도 아직 한 식구로 인정하지 않고, 지시한 일을 하다 망가진 살림을 배상하라고 하는 것은 분명 불합리한 일이다. 승려로 나서며 세상을 등지는 것은 부당한 대우에 대한 저항이자 고발이다.

민요를 노래한 민중은 노동에 가치를 부여하면서 일의 고통을 표현하는 것은 억제하였다. 또한 신상의 어려움은 노래하면서도 생활고를 드러내는 것은 역시 억제하였다. 대신 민중은 주어진 여건에 대한 순응, 그리고 익살과 해학으로 고통을 줄이며 어려움을 달래곤 하였다. 이러한 가운데도 불합리와 모순에는 강한 문제의식을 드러내었다. 그러므로 민요에 나타난 민중들의 의식은 합리에 대한 순응과 불합리에 대한 저항으로 집약할 수 있다. 합리적 현실은 어려움이 있어도 참고 견디며 적응하고, 불합리한 현실은 그대로 문제를 드러내는 거부반응을 보이는 것이다. 그러므로 민요에 드러나는 민중의식은 비교적 건강하고 생산적인 것이라고 할 수 있다. 따라서 일부의 노래에 보이는 개인의 신상에 대한 신세타령적 정서도 현실

에 가치를 둔 적응의 기제라는 측면에서 이해할 일이다.

7. 민요의 문화론적 의미

민요는 전통사회의 계급문화이다. 그러므로 민요가 옛 모습을 그대로 유지하며 대중사회의 우리 문화에서 어떤 기능을 가지기는 어렵다. 그런데도 오늘의 우리 문화와 관련하여 민요에 관심을 두게 되는 것은 그것이 노래문화로서 가지고 있는 건강성 때문이다.

노래는 시의 근원적인 양식이다. 읽기 위한 시가 나타나기 이전의 시는 모두 노래로서 존재했다. 그래서 시는 노래의 마음이며, 곡은 노래의 몸이라거나,[43] 시와 노래는 같은 몸의 다른 이름이라는[44] 생각이 가능했다. 그러므로 시가 말하기의 한 방식이라면, 노래 또한 말하기의 한 방식이 된다. 예로부터 시의 이러한 말하기 행위를 언지(言志)라고 하였다. 그런가하면 노래는 놀이의 한 양식이기도 하다. 놀이는 생활의 일상적 삶의 밖에 존재한다. 그러기에 놀이의 세계에는 삶의 현실적인 긴장이 차단된다. 놀이가 우리에게 즐거움을 줄 수 있는 것은 이 때문이다. 그리고 노래가 우리의 흥을 돋구고 즐겁게 하는 것 역시 그것이 우리를 삶의 공간으로부터 놀이의 세계로 옮겨 주기 때문이다.[45]

노래가 시의 근원적 양식이자 놀이의 한 양식이라면, 언지성과 놀이성은 노래라면 모두 가지고 있는 본질적인 속성이라고 할 수 있다. 그런데 민요가 가지고 있는 노래문화로서의 건강성은 특히 언지성의 측면에서 드러난다. 언지성의 측면에서 민요의 특징은 주제가 개방되어 있다는 점, 언

43) 詩爲樂心 聲爲樂體 樂體在聲 瞽師務調其器 樂心在詩 君子宜正其文(劉勰;『文心雕龍』, 樂府條)

44) 憑托之一源兩派 詩歌之同體異名(均如傳, 第八譯歌現德分者)

45) 강등학,『정선아라리의 연구』, 26면.

술이 주체적이라는 점, 문제에 대한 비판의식을 가지고 있다는 점의 세 가지로 집약할 수 있다.

민요는 주제가 매우 다양한 노래이다. 전통사회는 물론 대중사회의 다른 노래와 비교해 보아도 주제가 민요만큼 다양하게 나타나는 노래는 쉽게 발견되지 않는다. 〈아라리〉를 대상으로 분석한 사례를 보면, 그 주제범주는 이성, 인생, 가정, 유흥, 일상생활, 자연, 시류(時流), 지역, 여성문제 등의 순으로 여러 가지가 존재하고 있다.[46] 그런데 이러한 주제범주 가운데는 시조, 잡가, 대중가요 등 다른 노래에서는 발견하기 어려운 것들이 포함되어 있다. 예를 들면 부부, 시부모, 자녀, 동서, 며느리 등을 대상으로 한 가정문제는 다른 노래에서는 쉽게 접하기 어려운 주제이다. 원칙적으로 노래의 주제는 장르마다 일정하게 한정되어 있는 것은 아니다. 그럼에도 불구하고 실제로 나타나는 주제적 양상은 대부분 장르마다 어떤 편향성을 드러내고 있다. 민요의 주제범주가 다른 노래에 비해 넓게 나타나는 것은 주제의 편향성이 다른 것보다 약하다는 것을 의미한다. 다시 말하면 민요의 주제가 그만큼 개방되어 있다는 것을 뜻한다.

민요는 스스로 지어 부를 뿐만 아니라, 전해진 것도 다르게 바꾸어 부르기도 한다. 그러기에 민요는 부르는 사람이 자신의 개인적 문제를 노래할 수도 있고, 또 이미 알려진 것도 자신의 표현으로 전환하여 노래할 수도 있다. 그런데 이러한 구연양상은 다른 노래에서는 잘 허용되지 않는다. 전통사회의 궁중가요와 상층가요는 정해진 대로, 또는 전해진 대로 노래해 왔으며,[47] 대중가요도 이미 틀잡혀 있는 그대로 노래한다. 그러므로 민요의 사설은 부르는 사람 자신의 언술일 수 있지만, 다른 노래들의 사설은 다른 사람의 언술을 재확인하는 것에 지나지 않게 된다. 요컨대 민요에는

---

46) 강등학, 「아라리의 사설양상과 창자집단의 정서적 지향에 관한 계량적 접근」, 『한국민요학』 제7집, 한국민요학회, 1999, 13면.

47) 강등학, 「노래문학의 성격과 민요의 장르양상」, 『한국시가연구』 2, 한국시가학회, 1997, 97~98면.

언술의 주체성이 살아 있는 것이다.

민요의 사설 가운데는 만족스럽지 못하거나 불합리한 현실을 문제삼거나 풍자한 것들이 적지 않다. 민중의식을 논하는 자리에서 이미 언급한 바와 같이 민요의 화자들은 합리적인 현실에는 순응하지만, 불합리한 모순에는 강한 문제의식을 보이며 부정적 정서를 드러내었다. 그런데 이처럼 불합리에 대한 문제의식은 민요에 가장 강하게 나타난다. 유흥적이며 통속적인 정서를 배경으로 잉태한 잡가는 물론이며, 언지성이 비교적 강한 시조의 경우에도 사회의 불합리를 문제삼는 일에는 민요만큼 적극성을 보이지 않았다. 그리고 대중가요는 그것이 출현한 일제강점기의 정치적 상황과 맞물려 비판정신이 거세된 순응주의로 길들여졌고, 이러한 분위기는 우리 대중가요의 주류적 정서로 자리매김 되었다. 비판정신을 떠나 사회문제 자체를 대중가요에서 잘 다루지 않게 된 것은 이 때문이다.

민요의 주제가 개방되어 있음은 그것이 우리의 생활을 대상으로 한 노래임을 의미한다. 우리가 부딪치고 겪는 세상사를 모두 노래할 수 있기 때문이다. 또한 언술이 주체적이라는 것은 자신의 문제를 자신의 시각과 정서로 노래할 수 있다는 것을 의미한다. 그리고 문제의식이 강하다는 것은 현실의 불합리를 줄여가며 삶의 진보를 이루는데 기여할 수 있음을 의미한다. 이렇게 보면 민요는 생활의 노래이자, 자신의 노래이며, 동시에 삶을 의미있게 하는 노래라고 할 수 있다.

민요가 우리의 삶을 위한 문화물로서 건강하게 기능해 왔기에, 민요의 전승이 사실상 단절된 오늘의 상황 아래에서도 다음과 같이 노래하는 것이 가능한 것이다.

> 북조선에 있는국민　　에얼싸 덩어리요
> 굶어죽고 얼어죽네　　에얼싸 덩어리요
> 우리가 한동포에　　에얼싸 덩어리요
> 생각나고 또생각난다 에얼싸 덩어리요
> (덩어리소리-논매는소리, 민요대전-강원 : 396)

국제환란 아이엠에프 어서물러 가거라
실직가장 한숨소리가 내가슴을 울린다
(아라리-가창유희요[48])

문화론적 시각에서 보면 민요는 오늘의 노래문화, 특히 대중가요의 문제를 여러 가지로 생각하게 해준다. 대중가요의 주류는 주제의 편향이 심하여 우리의 생활을 고르게 노래하지 못하고 있다. 그리고 경제원리에 의해 생산되고 유통되는 구도 아래에서 우리는 그저 상품의 소비자로서 존재할 뿐, 문화적 주권은 잃은 지 오래되었다. 그리고 대중가요의 주류를 이루고 있는 노래들은 문제의식이 살아 있지 못하여 통속적 정서의 소비만 거듭 이루어질 뿐, 삶의 문제는 실종되어 있다. 그 결과 대중가요는 지금 우리의 생활로부터 유리되어 문화적 소모품으로 기능하게 되었다. 대중가요를 문화예술로서 인식하기보다는 오락물로 여기는 경향이 있는 것은 이 때문이다.

사정이 이와같아서 노래의 문화적 기능과 의미는 대중가요가 민요에 미치지 못하고 있다. 그것은 대중가요가 노래의 본질적 속성 가운데 놀이성만 강화하고 언지성의 비중은 크게 낮추었기 때문이다. 주제의 개방성, 언술의 주체성, 강한 문제의식 등은 모두 언지성을 강화시키는 요소들인 것이다. 그러므로 대중가요의 문화적 기능은 언지성을 강화하여 노래의 본질적 속성을 되살림으로써 살아날 수 있을 것이다. 이러한 면에서 우리는 민요의 노래문화적 성격과 기능을 주목할 필요가 있다.

한편 민요는 오늘의 문화를 위한 자원으로서 활용되고 있다. 민요풍의 대중가요인 신민요는 1930년대 등장한 이후 1990년대에도 거듭 창작되었고, 최근에는 몇몇 음악인들에 의해 〈운상하는소리〉, 〈장타령〉, 〈진주난봉가〉, 〈아라리〉와 같은 향토민요를 오늘의 감각에 맞도록 재창작하며, 또한

48) 필자조사 : 제24회, 정선아리랑제, "정선아리랑 경창대회" 학생부 예선, 정선군 문화예술회관 3층 공연장, 1999. 10. 1.

향토민요풍의 노래를 창작해보는 등 민요를 활용하여 오늘의 음악을 만들어 보는 작업이 이루어지고 있다.[49] 그런가하면 그 동안 가곡의 창작에도 〈풍년타령〉, 〈풍년가〉처럼[50] 그 선율과 소재를 민요로부터 취하거나, 〈상주함창 맑은물에〉처럼[51] 〈모심는소리〉 같은 향토민요를 오늘의 음악으로 재창작하는 작업이 적지 않았다. 이러한 사정은 북한에서도 다르지 않아 〈주체농법 만세소리 하늘땅에 울려가네〉, 〈얼싸좋네 새땅이 늘어나네〉처럼[52] 민요를 바탕으로 한 노래의 창작이 지속적으로 이루어지고 있다.

민요는 민족적으로, 그리고 지역적으로 그 정체성이 뚜렷하며, 또 민중이라는 기층이 향수해 온 문화물이다. 그러므로 민요는 우리 문화의 뿌리로서 작용하며, 당대의 다른 문화물이 필요로 하는 바를 공급해왔다. 오늘의 문화가 민요를 자원으로서 활용하고 있는 현상도 같은 시각에서 이해할 일이다. 자체의 문화적 수요가 거의 고갈되어 있는 오늘의 상황에서도 당대문화의 결핍요소를 메꾸어 주는 민요의 문화적 기능은 아직 살아 있는 것이다.

오늘날 우리는 미국에서 생산되는 음반의 소비시장으로서 기능하며, 미국을 중심으로 형성된 세계음악의 변방에 위치해 있다. 이에 따라 오늘 우리의 노래문화라는 것도 세계적 주류에 대한 아류로 존재하여 있는 상황이다. 세계의 주류와 호흡하는 것은 또 그대로 의의를 가지는 면이 있겠지만, 우리의 독자성과 정체성에 대한 결핍감은 채워지기 어렵다. 오늘의 문화가 가지고 있는 이러한 결핍요소를 메꾸어 가기 위해 우리는 민요를 문화자원으로서 주목하게 된다.

---

49) 이러한 음악인의 예로 김수철과 김용우를 들 수 있다. 특히 김용우가 낸 음반 3장은 모두 향토민요를 바탕으로 한 작업물이다.

50) 한국악보연구회편, 『한국가곡대전집4』, 태림출판사, 304, 306면.

51) 『한국신작가곡집』, 삼호출판사, 1998, 96면.

52) 『조선음악전집』 가요편2, 문예출판사, 1983.

▪ 참고문헌

<자료>

『한국민요대전-강원도편』, MBC, 1996.
『한국민요대전-경기도편』, MBC, 1996.
『한국민요대전-경상남도편』, MBC, 1994.
『한국민요대전-경상북도편』, MBC, 1995.
『한국민요대전-전라남도편』, MBC, 1993.
『한국민요대전-전라북도편』, MBC, 1995.
『한국민요대전-충청남도편』, MBC, 1995.
『한국민요대전-충청북도편』, MBC, 1995.
『한국의 민속음악-경상남도 민요편』, 한국정신문화연구원, 1985.
『한국의 민속음악-전라남도 민요편(본문)』, 한국정신문화연구원, 1993.
『한국의 민속음악-충청남도 민요편』, 한국정신문화연구원, 1988.
김삼대자 외, 『어업요』, 국립문화재연구소, 1995.
김소운, 『조선구전민요집』, 동경, 제일서점, 1933.
김순제, 『한국의 뱃노래』, 호악사, 1982.
이소라, 『한국의 농요 1』, 현암사, 1985.
______, 『한국의 농요 2』, 현암사, 1986.
______, 『한국의 농요 3』, 현암사, 1989.
______, 『한국의 농요 4』, 현암사, 1990.
______, 『한국의 농요 5』, 민속원, 1992.
임동권, 『한국민요집』 제Ⅰ~Ⅶ, 집문당, 1961~92.

<논저>

강등학, 『정선아라리의 연구』, 집문당, 1988.
______, 『한국민요의 현장과 장르론적 관심』, 집문당, 1996.
______, 「노래문학의 성격과 민요의 장르양상」, 『한국시가연구』 제2집, 한국시가학회, 1997.
______, 「<모심는소리>와 <논매는소리>의 전국적 판도 및 농요의 권역에 관

한 연구」, 『한국민속학』 제38집, 한국민속학회, 2003.
______, 「한국민요의 사적 전개양상」, 『구비문학연구』 제5집, 한국구비문학회, 1998.
______, 「아라리의 사설양상과 창자집단의 정서적 지향에 관한 계량적 접근」, 『한국민요학』 제7집, 한국민요학회, 1999.
고정옥, 『조선민요연구』, 수선사, 1949.
고혜경, 「전통민요 사설의 시적 성격 연구」, 이화여대 박사학위논문, 1990.
권오경, 「어사용의 유형과 사설구조연구」, 경북대 박사학위논문, 1997.
김무헌, 『한국민요문학론』, 집문당, 1987.
김시업, 「근대민요 아리랑의 성격형성」, 임형택 · 최원식 편, 『전환기의 동아시아 문학』, 창작과비평사, 1985.
김영돈, 『제주도민요연구』, 조약돌, 1983.
김진순, 「한국농업노동요의 분류와 분포」, 『구비문학연구』 제4집, 한국구비문학회, 1997.
김헌선, 『한국 구전민요의 세계』, 지식산업사, 1996.
김혜정, 「민요의 개념과 범주에 대한 음악학적 논의」, 『한국민요학』 제7집, 한국민요학회, 1999.
나승만, 「전남지역의 들노래 연구」, 전남대 박사학위논문, 1990.
류종목, 『민간의식요연구』, 집문당, 1990.
______, 『한국민요의 현상과 본질』, 민속원, 1998.
박경수, 『한국민요의 유형과 성격』, 국학자료원, 1998.
이동환, 「조선후기 한시에 있어서의 민요취향의 대두」, 『한국한문학연구』 제3 · 4집, 한국한문학회, 1979.
이보형, 「메나리조(산유화제)」, 『한국음악연구』 제2집, 한국국악학회, 1971.
이창식, 「한국유희민요연구」, 동국대 박사학위논문, 1991.
임동권, 『한국민요사』, 문창사, 1964.
______, 『한국민요연구』, 선명문화사, 1974.
전선아, 「일제강점기 신민요 연구」, 강릉대 석사학위논문, 1998.
전원범, 『한국전래동요연구』, 바들산, 1995.
조동일, 『서사민요연구』, 계명대출판부, 1970.
좌혜경, 『제주전승동요』, 집문당, 1993.
______, 『민요시학연구』, 국학자료원, 1996.

최철 편, 『한국민요론』, 집문당, 1986.
최철, 『한국민요학』, 연세대출판부, 1992.
최철·설성경 편, 『민요의 연구』, 정음사, 1984.
한국구연민요연구회편, 『한국구연민요-연구편』, 집문당, 1997.
한국역사민속학회편, 『민요와 민중의 삶』, 우석출판사, 1994.
한정미, 「주술동요의 사설구조와 기능연구」, 강릉대 석사학위논문, 1993.
한채영, 「구비시가의 구조연구」, 부산대 박사학위논문, 1992.

제 4 장
무가의 이해

1. 무속(巫俗)과 무가

무가는 무당이 무속의례를 진행하면서 부르는 노래를 말한다. 무속의례는 굿이 일반적이지만, 독경(讀經) 형태도 있다. 따라서 무가는 무당이 굿이나 독경을 하면서 부르는 노래라고 할 수 있다. 그러나 실제로는 노래가 아닌, 말로 구연되는 부분도 있고, 행위와 대사로 표현되는 부분도 있어서 복합적인 성격을 가지는 경우도 있다.

무당이나 굿이라고 하면 부정적으로 인식하는 사람들이 많고, 이것은 무가의 경우에도 사정이 크게 다르지 않다. 이러한 인식은 꽤 오래 전부터 무당이 사회적으로 천시(賤視)되었다는 역사적 사실과, 서구지향 일변도로 진행된 개화기 이후의 교육정책이나 사회적 분위기와 무관하지 않다. 그러나 무당은 본래부터 천민이었던 것은 아니다. 그리고 무가는 가장 오랜 역사를 지니고 있는 당당한 문학이라는 것을 먼저 인식할 필요가 있다.

무가는 무당이 무속의례를 진행하면서 부르는 노래이기 때문에 무가 이해를 위해서는 그 가창자인 무당과, 가창 환경인 무속의례에 대한 기본적인 이해가 필요하다. 그러나 여기서 우리가 논의 대상으로 삼는 것은 민속학 연구 대상으로서의 무당이나 무속의례가 아니라, 어디까지나 문학으로서의 '무가'이기 때문에, 무당이나 무속의례에 관한 논의는 무가의 이해를 위해 꼭 필요한 범위까지로 제한하기로 한다.

무당이나 무속의례에 대해서는 그 사이에 상당한 연구 결과가 축적되었고, 이런 연구들을 통해서 무속의례의 역사나 구조, 무당의 유형, 각 지역 무풍(巫風)의 차이, 개별 굿거리의 성격 등이 어느 정도 밝혀졌다. 그 내용들을 간략히 정리하고, 얼마간 보충하면 대체로 다음과 같다.

1) 무당의 유형

무당은 무속의례를 주재(主宰)하는 사람이다. 원래 무당이라는 말은 무속의례를 주재하는 여자만을 지칭하는 말이었으며, 남자에 대해서는 격(覡)이라는 말이 사용되었다. 샤마니즘을 번역하여 '무격신앙(巫覡信仰)'이라고 하는 것은 이 때문이다. 오늘날에도 무당이라고 하면 여자 무당을 가리키는 경우가 많으며, 남자 무당에 대해서는 박수, 박사, 화랭이, 양중 등의 용어가 따로 있는 지역들도 있다. 제주도에서는 심방이라는 용어를 사용하는데, 이 용어는 남녀 구별 없이 사용된다.

무당은 그 성격이 매우 다양하여 명확한 유형 분류가 곤란하다. 무당이 된 방법이 다르고, 주재하는 의례의 성격이 다르며, 지역에 따라 무풍(巫風)이 같지 않기 때문이다. 이러한 어려움 때문에 지금까지 한국 무당의 유형에 대해서는 대체로 강신무(降神巫)와 세습무(世襲巫)의 둘로 나누는 것이 일반적이었다. 이렇게 둘로 나누는 것은 강신(降神) 유무만을 그 분류기준으로 삼은 것인데, 상당한 타당성을 인정할 수 있다.

그러나 우리 무속을 살펴보면 굿과 함께 독경(讀經)도 무속의례의 한 형태로 분명히 인식되고 있으며, 이 두 가지가 복합된 경우도 있다.[1] 지역에

---

1) 서대석(徐大錫) 교수는 성별이나 입무과정을 무시하고 그들의 직능 성격 등을 기준으로 하여, 한국의 무당을 독경을 주로 하는 경무(經巫), 굿을 주로 하는 굿무(賽神巫), 둘의 중간 형태인 잡무(雜巫)의 셋으로 나눈 바 있다(서대석, 「경무고(經巫攷)」, 『한국무가(韓國巫歌)의 연구(硏究)』, 문학사상사, 1980, 304면). 또한 김영진(金榮振)

따라 얼마간의 차이가 있기는 하지만, 굿과 독경이 공존하는 현상이 광범위한 지역에서 발견된다. 그러나 굿과 독경을 겸하고 있는 무당은 미숙련 단계의 무당인 경우가 대부분이기 때문에 그 의례에서 예술적 가치를 찾기는 어렵다. 따라서 무가와 관련시켰을 때 무당은 굿을 하는 무당인 '굿무'와 독경을 하는 무당인 '독경무'로 우선 나눌 수 있다. 굿무에는 강신된 굿무와 세습되는 굿무가 있는데, 이들을 흔히 강신무, 세습무라고 구별해서 부른다. 독경무에는 강신 체험이 있는 독경무와 강신 체험이 없는 독경무가 있다. 강신 체험이 없는 독경무는 순전히 학습에 의해 독경을 익혀서 무업(巫業)을 하는데, 그것이 대물림되는 것은 아니라는 점에서 세습무와는 성격이 다르다. 그러나 독경무의 무의는 강신 체험과는 관계없이 그 성격이 비슷하다. 따라서 여기서는 무속의례에 대한 한국 사회의 인식과, 문학적 성격을 동시에 고려하여 무당의 유형을 강신무(降神巫)·세습무(世襲巫)·독경무(讀經巫)의 셋으로 나누기로 한다.

(1) 강신무

강신무(降神巫)는 글자 그대로 신(神) 내린 무당을 말한다. 어느날 갑자기 무병(巫病)을 앓게 되고, 여러 가지 방법으로 치료를 해보다가, 효험이 없으면 마침내 입무식(入巫式), 곧 내림굿을 받고 무당이 된다. 무병은 개인에 따라 차이가 있지만, 잠을 자지 못하고, 잠만 들면 자꾸 꿈에 시달리며, 음식을 먹지 못하고 시름시름 앓는 것이 일반적 증상이다. 이 과정에서 자꾸 헛것이 보이고, 저절로 말문이 틔어 다른 사람들의 앞일을 예언하기도 하고, 자다가 자신도 모르게 산과 들을 쏘다니게 되기도 한다. 이런 과정은 무당으로서의 권능을 부여받았다는 것을 사회적으로 드러내어 공인(公認) 받는 과정이기도 하다. 이렇게 되면 어느 집의 아무개[某]가 신이 지폈다는 소문이 나게 되고, 당사자는 쇠나 돈, 곡식 등을 걸립(乞粒)하여

교수는 강신무, 세습무, 학습무(學習巫)의 셋으로 나눈바 있다(김영진, 『충청도무가(忠淸道巫歌)』, 형설출판사, 1976, 20~21면).

내림굿을 받게 된다. 내림굿은 숙련된 큰무당의 주재로 이루어지는데, 이 때 내림굿을 받은 무당과 그 굿을 주재한 큰무당 사이에는 '신딸'과 '신어머니'의 관계가 성립된다. 보통 내림굿이라고 하면 허주굿(허튼굿이라고도 한다)과 내림굿을 합쳐서 말하는 개념으로 사용되지만, 본래는 허주굿과 내림굿은 서로 다른 굿이었다고 한다.[2] 허주굿은 신들린 사람의 몸에 실린 잡귀나 잡신을 벗겨내는 의식이고, 내림굿은 허주굿을 한 후에 무속의 큰신을 몸에 받아들이는 의식이다. 내림굿을 할 때 받는 이 큰신을 '몸주신'이라고 하는데, 이 몸주신이 그 무당의 수호신 역할을 하게 된다. 내림굿을 한 후에는 신어머니에게서 무업(巫業)을 배우는 과정이 뒤따른다. 신어머니의 집에서 함께 살면서 이 과정을 익히기도 하는데, 배우는 내용은 굿의 절차, 무가의 사설, 춤, 음악 등은 물론이고, 각종 제물(祭物) 만드는 법, 굿상 차리는 법, 굿에 사용되는 각종 장식물 만드는 법 등 굿과 관계된 모든 사항이다. 몇 년에 걸쳐서 이런 것들을 익히고 나면 신어머니가 하는 굿에 따라다니면서 간단한 굿거리들을 맡아서 하다가, 점점 익숙해지면 독자적으로 굿을 하게 된다.

강신무가 되는 데에는 성별이나 연령, 사회적 신분, 혈연적 내력, 지식 정도 등은 상관이 없다. 어느 날 갑자기 신(神)이 내려서 무당이 되는 것이다. 대체로 남자보다는 여자가 강신되는 경우가 많고, 심리적으로 몹시 불안정하거나 정신적으로 큰 충격을 받은 경우에 강신되는 사례가 많은 것으로 알려져 있지만, 이것은 어디까지나 통계적 결과일 뿐이다. '신줄'이라고 해서 강신무가 배출된 집안에서 또다른 강신무가 나오는 경우들이 더러 있지만, 이것 역시 그럴 가능성이 상대적으로 높다는 것일 뿐, 강신 자체가 대물림 되는 것은 아니다. 강신은 본질적으로 한 개인에 국한되는 문제이고, 집단적이거나 세습(世襲)되는 성격의 것은 아니다.

강신무들은 신의 의사를 인간에게 전달하는 예언자의 기능을 하며, 몸

---

2) 김인회, 『한국무속사상연구』, 집문당, 1987, 228면.

주신이 있고, 그 몸주신을 모신 신당(神堂)을 가지고 있다. 어느 지역에나 있을 수 있지만, 우리나라에서는 한강(漢江)을 경계로 북쪽지역에서 주도권을 장악하고 있는 무당들이 이 유형이다.

강신무의 굿에는 공수가 있는 것이 특징이다. 공수는 신이 인간에게 하는 의사 표시 내지는 말이라고 할 수 있는데, 공수를 줄 때에는 무당은 신의 자격으로 말하는 것이다. 그렇기 때문에 공수를 내릴 때에는 무당은 기주(祈主 : 무당에게 굿을 해달라고 요청한 사람을 말한다)에게 '해라'체의 반말을 구사하며, 기주는 공수를 내리는 무당을 향해 두 손을 비비면서 용서를 빌기도 한다. 한 사람의 강신무가 얼마나 영험하냐 하는 것은 자연인으로서의 그 무당의 능력과는 관계 없고, 그가 모신 몸주신이 얼마나 영험하냐에 달린 것이다. 공수를 내릴 때에는 무당의 손에 들린 방울이 울림으로써 공수라는 것을 표시하는 것이 일반적이다.

(2) 세습무

세습무(世襲巫)는 글자 그대로 대대(代代)로 세습되는 무당이다. 강신무가 가지는 무병(巫病)이나 내림굿을 거치지 않는다.[3] 다만 무당 집안에 태어나서 어려서부터 집안 어른들을 따라다니며 굿을 배우고 익혀서 무당이 되었을 뿐이다. 따라서 세습무는 혈통을 따라 계승되는 무당으로 무속의례에서 사제(司祭)의 기능을 한다. 강신무가 가지는 예언자적 기능을 가지지는 못하며, 인간의 뜻을 신에게 청원(請願)하는 사제로서의 기능을 가질 뿐이다.

강신무에는 여자가 많지만 남자도 섞여 있고, 그 남자들도 여자들과 아무런 차별없이 무속의례를 주재한다. 그러나 세습무 집단에서는 무속의례를 주재하는 것은 거의가 여자들이다. 동해안 별신굿의 경우를 보면, 대부

---

3) 강신 체험을 가진 후 세습무 집단의 구성원과 혼인해서 세습무 집단에 편입된 강신무가 전혀 없는 것은 아니나, 이런 경우는 아주 드문 예이고, 이렇게 하는 것이 세습무의 본질적 성격도 아니다.

분 무당의 남편인 세습무 집단의 남자(양중이라고 한다)들은 주로 자신의 아내인 무당이 굿을 할 때 바라지[4]를 맡거나, 「거리굿」[5]을 비롯해서 연희적 성격이 강한 무극(巫劇) 몇 대목을 주재할 뿐이다. 동해안 오구굿의 경우에는 남자들이 주재하는 굿거리가 전혀 없는 것은 아니나, 이 역시 여자가 주재하는 굿거리에 비하면 미미하다.

우리나라에서는 한강(漢江)을 경계로 남쪽지역에서 주도권을 장악하고 있는 무당들이 이 유형인데, 불과 수십 년 전까지만 해도 무업(巫業)의 독점권이 인정되던 '단골판'이 있었다고 한다. 특히 전라도지역을 중심으로 한 세습무 집단이 유명했던 것으로 알려져 있으나, 오늘날에는 전라도지역의 '단골'들은 이미 그 명맥이 거의 끊어진 상태이다. 경기도지역에도 세습하는 무당들이 있었고, 이들 집단에 속해 있었던 배경재와 이종만이 구연했던 자료가 1937년에 간행된 아카마쓰(赤松智城)·아키바(秋葉隆) 공편(共編)의 『조선무속의 연구(朝鮮巫俗の 硏究)(上)』에 실려 있다. 그러나 이들 집단 역시 와해되어 현재는 남아 있지 않다. 현재까지 전통적 맥을 이어오면서 활발히 활동하고 있는 세습무 집단은 동해안(東海岸) 세습무 집단이 거의 유일하다고 해도 지나친 말이 아니다. 이 집단을 이끌고 있는 것은 김석출(金石出 : 일명 김경남)과 송동숙(宋東淑)이지만, 이들은 사실상 그 뿌리가 같은, 동일 집단으로 보는 것이 옳다.[6] 이들은 대대로 이어오면서 무업(巫業)으로 생활하고 있으며, 현재에도 십여 명씩 팀을 짜서

---

4) 악기로 반주를 하는 것을 말한다. 우리가 사용하는 '뒷바라지'라는 말은 여기서 유래한 말이다. 우리가 일상생활에서 사용하는 말 가운데에는 무속에서 온 말도 많은데, 목돈, 단골 등도 그러한 예이다. 이러한 현상은 무속이 오랜 역사를 가지고 있고, 그만큼 성행했기 때문으로 이해된다.

5) 동해안 별신굿의 제일 마지막 거리로, 다른 지역 굿의 「뒷전」에 해당한다. 이에 관한 좀더 자세한 논의는 최정여·서대석 편저, 「거리굿의 종합적 고찰」, 『동해안무가』, 형설출판사, 1974, 43~61면 참조.

6) 이에 관한 자세한 논의는 다음을 참조할 것.
① 최정여·서대석 편저, 『동해안무가』, 형설출판사, 1974.
② 최길성, 『한국무속의 연구』, 아세아문화사, 1978.

집단적으로 동해안지역의 별신굿과 오구굿을 주재하고 있다. 이들의 보유자료는 '동해안 풍어제(豊漁祭) 및 오구굿'이라는 이름으로 1985년에 국가지정 중요무형문화재 제82-가호로 지정되었다. 그 가운데 '풍어제'라고 한 것이 흔히 말하는 동해안 별신굿이다. 오구굿은 죽은 사람의 영혼을 저승으로 천도(薦度)시키는 굿이다. 현재 기능보유자로 지정되어 있는 사람은 무악(巫樂)부문이 김석출(金石出)이고, 무가(巫歌)부문은 그 아내인 김유선(金有善)이다.

(3) 독경무

독경무(讀經巫)는 글자 그대로 경(經)[7]을 읽는 무당이다. "독경(讀經)을 주(主)로 무업(巫業)으로 하는 맹무(盲巫) 경객(經客) 계통(系統)의 일군(一群)의 무(巫)"[8]라고 정의된다. 경을 다 외워서 구송하면 더 바람직하지만, 그것이 여의치 못할 때에는 책을 보고 읽어도 큰 지장은 없는 것으로 인식한다. 그래서 독경무가 무의를 하는 것을 지역에 따라서는 '경 읽는다', '경문(經文) 읽는다', '경문한다'라고 말하는 것이다. 독경무는 맹인(盲人)인 경우도 있지만, 맹인이 아니라도 상관없다. 맹인일 경우에는 순전히 외워서 구송한다.

노래와 춤을 위주로 해서 신을 즐겁게 하고 제화초복(除禍招福)하는 강신무나 세습무의 굿과는 달리, 독경무의 독경은 경을 읽어 선신(善神)을 청해다가, 그 위력을 빌어 귀신을 위협, 추방, 포살(捕殺)해서 제화초복한다. 강신무나 세습무에 비해 사용하는 무구(巫具)도 간단하며, 차리는 제물(祭物)도 간소하고, 노래와 춤이 들어가는 부분도 적다. 강신무나 세습무에는 여자가 숫적으로 많고, 굿의 진행에서 여자 무당이 상대적으로 중

---

7) 이 경우의 '경(經)'은 '무경(巫經)'을 말한다. 그러나 실제 독경무들이 읽는 경 가운데에는 불교(佛敎)나 도교(道敎)의 경전에서 온 것이 많다.

8) 서대석, 「경무고(經巫攷)」, 『한국무가(韓國巫歌)의 연구(硏究)』, 문학사상사, 1980, 304면.

요한 역할을 수행하는 것이 일반적이지만, 독경무에는 남자가 훨씬 많다. 강신무나 세습무의 굿은 노래와 춤이 위주이기 때문에 무당은 대개 서서 굿을 진행하지만, 독경무의 독경은 앉아서 하는 것이 일반적이다. 그래서 강신무나 세습무의 굿을 '선굿'이라고 하는 데에 대해 독경무의 독경을 '앉은굿'이라고 한다. 선굿에는 다양한 반주악기가 동원되나, 앉은굿에는 반주악기도 간략하다. 우리나라 전역에서 볼 수 있지만, 특히 충청도지역에서 주도권을 장악하고 있는 유형이다.

2) 무속의례의 유형과 절차

한국의 무속의례는 크게 굿과 독경(讀經)으로 나눌 수 있다. 굿은 강신무나 세습무들이 하는 무속의례로 노래와 춤을 수반한다. 이 노래와 춤은 단순히 강신되었다거나 세습무의 집안에 태어났다는 사실만으로 저절로 습득되는 것이 아니라 배우고 익혀야 하는 것이다. 독경은 독경무들이 하는 무속의례로 경을 외우거나 읽는 것이다. 그러나 이 과정에도 학습(學習)이 필요하다. 독경은 강신무나 세습무의 굿에 비해서 가락의 변화가 적고 읊조리듯이 구송되며, 춤도 거의 없다.

(1) 굿의 유형과 절차

굿은 지역이나 주재하는 무당, 굿을 하게 된 동기나 목적 등에 따라서 그 절차와 유형이 매우 다양하다. 같은 지역에서 같은 무당이 같은 목적으로 하는 굿도 그 규모에 따라 굿거리의 숫자가 다를 수도 있다. 모든 형식을 갖추어 하나도 빠짐없이 하는 큰굿을 대개 '열두거리굿'이라고 하는데, 이 경우에도 그 굿거리의 수가 열둘로 고정되어 있음을 의미하는 것은 아니다. 열두거리굿이라고 해도 구체적인 굿거리의 숫자는 열두 개를 훨씬 넘을 수도 있고, 약간 못미칠 수도 있다.

굿은 누가, 무엇 때문에 하느냐에 따라 대체로 다음과 같은 분류가 가능하다.

첫째는 개인이 하는 사가(私家)의 굿이 있다. 이것은 개인이 자신과 자신의 집의 안녕과 복락(福樂)을 위해 하는 굿이기 때문에 보통 '가정굿'이나 '집굿'이라고 부른다. 그 동기나 목적에 따라서는 재수나 복을 비는 것이 목적인 '재수굿', 집안의 좋지 못한 일을 제거하기 위한 '우환(憂患)굿', 아픈 사람을 치료하기 위한 '치병(治病)굿', 죽은 사람의 영혼을 좋은 곳으로 천도시키기 위한 '망자(亡者)굿'(흔히 오구굿이라고 한다) 등으로 세분할 수 있다.

둘째는 마을사람들이 공동으로 하는 마을굿이 있다. 마을의 안녕과 제화초복을 위해 하는 마을 단위의 집단적인 굿으로, 동해안이나 남해안지역에서는 별신굿이라고 한다. 마을사람 모두가 비용을 분담하고 함께 참여하는 것이 일반적이다. 여러 명의 무당을 불러서 며칠씩 계속하기 때문에 많은 경비가 들고, 그 부담 때문에 몇 해에 한 번씩 일정한 주기를 두고 하는 경우가 대부분이다. 마을의 수호신을 비롯한 여러 무속신들에게 마을의 안전과 번영, 그리고 마을사람들의 안녕과 복락을 비는 제의라는 의미와 함께, 마을사람들 사이의 공동체의식과 일체감을 확인시키고 공고히 하는 마을 공동의 축제라는 양면적 성격을 가지고 있다.

셋째는 강신무들이 무당 자신을 위해서 하는 신굿이 있다. 신굿은 무병(巫病)을 앓고 나서 정식 무당이 되기 위해서 신어머니를 모시고 하는 입무식(入巫式)인 내림굿과, 정식 무당이 된 후에 자신이 모시는 몸주신을 위해서 하는 진적굿이 있다. 진적굿은 강신무 자신의 재수굿이라고 할 수 있는 것으로, 모시고 있는 신들을 위한 계절적인 축제이다. 진적굿을 할 때에는 무당과 단골 신자(信者)들이 모인다. 진적굿의 경우에는 공개하는 수도 있지만, 내림굿의 경우에는 일반인들에게 거의 공개하지 않는 것으로 알려져 있다.[9]

---

9) 김인회, 앞의 책, 228~229면.

큰굿을 열두거리굿이라고 한다는 것과 그것이 반드시 열두 개의 굿거리로 된 것을 의미하는 것은 아니라는 것은 이미 언급한 바와 같다. 그리고 이 열두거리굿도 지역마다 그 구체적 굿거리가 다르다.

열두거리굿에 대한 가장 이른 시기의 구체적 자료로는 서울대학교 규장각에 보관되어 있는 『무당내력(巫黨來歷)』이라는 두 권의 책과,[10] 서울대학교 박물관에 소장되어 있는 「무당성주기도도(巫黨城主祈禱圖)」[11]라는 그림이 있다. 두 권의 『무당내력(巫黨來歷)』은 '난곡(蘭谷)'이라는 호(號)를 사용한 사람이 1885년이나 1825년에 기록한 것으로 추측되는데,[12] 당시 서울지방 굿을 그림으로 그리고 설명한 것이다. 그 중 한 권에는 ①감응청배→②제석거리→③별성거리→④대거리→⑤호구거리→⑥조상거리→⑦만신말명→⑧신장거리[13]→⑨창부거리→⑩성조거리→⑪구릉→⑫뒷전의 열두 거리가 설명되어 있고, 다른 한 권에는 ①부정거리→②제석거리→③대거리→④호구거리→⑤별성거리→⑥감응청배→⑦조상거리→⑧만신말명→⑨구릉거리→⑩성조거리→⑪창부거리→⑫축귀→⑬뒷전의 열세 거리가 설명되어 있다. 동해안지역의 별신굿은 그 거리 수가 마을마다 각각 다른데, ①부정굿→②골매기→③청좌굿→④당맞이 화해굿→⑤세존굿→⑥조상굿→⑦성주굿→⑧천왕굿→⑨심청굿→⑩놋동이굿→⑪손님굿→⑫계면굿→⑬용왕굿→⑭거리굿의 열네 거리로 된 것도 있다.[14]

그러나 하나의 큰굿이 이렇게 지역마다 구체적인 굿거리의 숫자나 그

10) 최길성 교수의 『한국의 무당』(열화당, 1981) 첫머리에는, 『巫黨來歷』의 축소 영인된 사진이 실려 있다. 그러나 최근에 서울대 규장각에서 실물대로 영인하여 간행한 책(『巫黨來歷』, 서울대 규장각, 1996.12.30)에 의하면, 『巫黨來歷』이라는 제목이 붙은 책이 두 권임을 알 수 있다.

11) 최길성 교수의 『한국의 무당』(열화당, 1981) 첫머리에 두 장의 축소 영인된 사진이 실려 있다.

12) 위의 책, 69~70면.

13) 이 그림에는 제목이 따로 붙어 있지 않다. 그러나 그림과 설명의 내용으로 보아 신장거리에 해당하는 것으로 이해되기 때문에 이렇게 제목을 붙인 것이다.

14) 최정여·서대석 편저, 앞의 책, 65면.

명칭에서는 차이가 있지만, 그 기본 구조에 있어서는 일정한 틀이 있음이 발견된다. 하나의 개별 굿거리는 기본적으로 신을 모셔다가[청배]→그 신을 대접하여 흡족하고 즐겁게 놀린 후에[오신(娛神)]→그 신을 돌려 보내는 [송신(送神)] 구조를 가지고 있으며, 이런 굿거리들이 모여서 이루어지는 하나의 큰굿 전체도 기본적으로는 이러한 구조로 되어 있다.

> 모든 굿은 이중적으로 공통된 구조를 가지고 있다. 즉, 굿 전체가 굿을 행할 장소를 깨끗이 정화하는 부분, 신들을 부르는 부분, 신에게 인간의 소원을 고하는 부분, 신의 대답을 듣는 부분, 신과 인간이 함께 즐기는 부분, 신을 돌려 보내는 부분 등 여섯 대목으로 이루어진다. 그런데, 각 부분들마다가 또다시 이상의 여섯 대목으로 구성되어 있는 것이다. 그러니까 하나의 완전한 굿은 동일한 구조로 구성된 여러 개의 작은 굿들로 이루어지는데 그 작은 굿들의 배치 순서가 정화하는 내용의 굿은 앞쪽에, 중요한 신을 초청하여 인간들과 만나고 놀게 하는 내용의 굿들은 중간에, 정식으로 초대받지 못한 잡귀잡신들을 대접해서 놀게 한 뒤 돌려 보내는 내용의 굿은 뒤쪽에 있게 되는 것이다.[15)]

(2) 독경의 유형과 절차

독경은 굿에 비하면 그 유형과 절차가 단순한 편이다. 독경은 그 제의를 하게 된 동기나 목적에 따라 크게 기복제(祈福祭), 구병제(救病祭), 강신제(降神祭), 위령제(慰靈祭)로 나눌 수 있다.[16)]

기복제(祈福祭)는 복을 빌기 위한 독경으로 강신무나 세습무의 재수굿에 해당하는데, 안택(安宅), 고사(告祀), 삼신굿, 삼재(三災)풀이, 살풀이 등으로 세분할 수 있다. 안택은 가정의 평안을 위해 음력 정월이나 시월에 하는 독경을 말하는데, 가장 널리 행해지는 기복제이다. 고사굿은 주로 사업을 하는 사람들이 사업의 번창을 비는 독경이다. 삼신굿은 자손이 없거

---

15) 김인회, 앞의 책, 17면.
16) 김영진, 앞의 책, 24면.

나 귀한 집에서, 자손을 얻거나 무사히 자랄 수 있도록 하기 위해 하는 독경이다. 삼재풀이는 삼재가 든 사람이 그 액(厄)을 막기 위해서 하는 독경이고, 살풀이는 살(煞)이 끼었을 때 그 살을 풀기 위해 하는 독경이다.

구병제(救病祭)는 질병(疾病)을 낫게 하기 위한 독경이다. 병(病)굿과 푸닥거리가 이에 속하는데, 이것들은 안택과 함께 가장 흔히 볼 수 있는 유형의 독경이다. 병굿은 일반적인 구병제로 여러 날에 걸쳐서 하기도 한다. 푸닥거리는 독경무가 점(占)이나 무술(巫術)로 병의 원인이 된 귀신을 쫓는 간단한 의식이다.

강신제(降神祭)는 '신명(神命)굿'이라고도 하는데, 무병(巫病)을 앓는 사람이 행하는 입무식(入巫式)이다. 무당의 내림굿에 해당하는 독경무의 의식이라고 할 수 있다.

위령제(慰靈祭)는 죽은 사람의 영혼을 위로하여 좋은 곳으로 천도시키기 위한 것으로, 해원(解寃)굿, 지노귀, 오구굿으로 다시 나눌 수 있다. 해원굿은 '넋굿'이라고도 하는 것으로, 비명에 죽은 사람의 억울한 넋을 달래어 천도시키는 것이다. 물에 빠져 죽은 사람을 대상으로 하는 경우가 많기 때문에 '넋건짐'이라고 하는 경우가 많다. 죽은 장소에서 행하는데, 넋을 건져 그릇에 담은 후 그 그릇을 무덤에다 묻는다. 지노귀는 '자리걷음' 혹은 '자리건이'라고도 한다. 사람이 죽어서 출상(出喪)한 날 그 넋을 위로하기 위해 안방이나 대청(大廳)에서 행하는 간단한 독경이다. 오구굿은 따로 좋은 날을 가려 망자(亡者)의 영혼을 위로하고 천도시키는 것이다. 지노귀보다는 규모가 크며, 따로 날자를 가려서 한다는 점에서 지노귀와 구별된다.

독경은 굿과는 그 성격이 다르다. 굿이 노래와 춤을 중심으로 신과의 화해를 추구하는 것이라면, 독경은 선신(善神)을 불러다가 악귀를 위협하여 이를 몰아내는 것이다. 굿이 귀신을 달래고 위로해서 스스로 물러가게 하는 소극적, 간접적, 우회적 대응방식이라면, 독경은 귀신을 위력으로 겁주고 윽박질러 몰아내는 적극적, 직접적, 노골적 대응방식이라고 할 수 있다. 굿에서는 제물을 풍성하게 차려 극진히 대접하고, 거리에 따라서는 송신

(送神)과정에서 제물 중의 일부를 싸서 말이나 배에 실어 함께 보내는 경우도 있다. 그러나 독경에서는 이런 절차가 없고, 제물도 굿에 비하면 훨씬 간소하다.

독경의 이러한 성격을 가장 잘 보여주는, 병(病)굿에서의 귀신잡이 절차를 예로 들면 다음과 같다.

위해(危害)를 끼치는 귀신의 정체가 무엇인지 점(占)을 해 본 후, 독경에 의해 그것을 물리칠 수 있다는 괘가 나오면 경당(經堂)을 설치한다. 경당 안에는 경면주사(鏡面朱砂)로 신장(神將)들의 이름을 써붙여 놓고 간단한 제상을 차린다. 북을 치면서 경을 외우기 시작하여 귀신이 충분히 약해질 때까지 계속한다. 귀신이 충분히 약해지면 그것을 잡아 가둔다. 귀신을 잡는 과정에서는 신장(神將)대잡이, 귀신대잡이, 독경무의 셋이 함께 참여하는 것이 일반적이다. 신장대가 흔들리고 신장이 강림하면 독경무는 신장에게 귀신을 잡아오라고 명령한다. 신장대가 귀신을 잡으러 돌아다니는 동안 독경무는 계속 경을 외우면서 빨리 귀신을 잡을 것을 재촉한다. 그러다가 귀신이 잡히면 다듬이돌 등에 올려놓고 마구 두드려 귀신의 기운을 완전히 뺀 후에 그것을 콩알 만한 진흙더미 등에 가두고, 그것을 다시 병(甁) 등에 넣어 밀봉한 후 왼새끼로 묶어 지정된 방위(方位)에다 파묻는다.[17)]

3) 무당의 유형과 무속의례의 관계

이미 살펴본 바와 같이 무속의례는 그 유형과 절차가 매우 다양하다. 그리고 이런 다양성의 일차적 원인은 무당 유형의 다양성에 있다.

독경무의 독경은 절차에 따라 거기에 해당하는 경을 읽거나 외우는 것이 중심이기 때문에 비교적 단순하다. 독경은 무당 개인의 능력에 관계없이 그 읽거나 외우는 경의 위력에 의존하여 귀신을 물리치는 것이기 때문

17) 서대석, 「경무고(經巫攷)」, 『한국무가(韓國巫歌)의 연구(硏究)』, 문학사상사, 1980, 306~ 307면 참조.

이다.

그러나 강신무나 세습무의 굿에서는 사정이 다르다. 강신무와 세습무는 다같이 굿을 한다고 했지만, 이들은 무당이 된 방법이 다르고 그 직능도 다르기 때문에 굿의 성격이 다르고 추구하는 바도 다르다.

강신무는 신이 지핀 무당이기 때문에 그들은 신과의 의사소통이 가능하다. 그래서 '용할' 수 있고, 또한 '용하다'는 평가를 받기를 원한다. 강신무는 용해야 능력을 인정받아 무업(巫業)을 할 수 있고, 그래야 부(富)와 명성도 얻을 수 있다. 그래서 강신무의 굿에서는 '신탁(神託 : 흔히는 공수라고 한다)'이 중요한 비중을 차지하며, 세습무의 굿에 비해 신성함과 근엄함을 견지하는 경향이 있다. 오락성보다는 신성성을 앞세우는 것이 강신무의 굿의 중요한 특징이다.

세습무는 신내림이 없이, 단순히 가업(家業)을 이어받아 무당이 된다. 그들의 굿은 어릴 때부터 가족들을 따라다니면서 어깨 너머로 배우고 익힌 것이다. 근원적으로 세습무는 '용할' 수는 없는 무당이지만, '용한' 대신 '잘해서' 생계를 유지한다. 그렇기 때문에 그들은 '잘한다'는 평가를 원하며, 그러기 위해 끊임없이 자신들의 무의(巫儀)를 갈고 닦는다. 타고난 예술적 재능과, 대대로 내려오면서 축적된 문서, 끊임없는 학습을 통해 습득된 기예(技藝)가 세습무들의 중요한 자산이다. 따라서 세습무의 굿은 강신무의 굿에 비해 그 사설이나 춤이 세련되고 예술적으로 가다듬어진 경우가 많다. 우리가 문학 연구대상으로 삼는 무가는 일차적으로 그 예술성이 문제되기 때문에 강신무의 굿보다는 세습무의 굿이 더 중요한 관심 대상이 된다. 세습무의 굿은 강신무의 굿에 비해, 세속적(世俗的)이고 오락성이 강한 것이 특징이다.

4) 무가와 무경

무속의례는 무속신(巫俗神)들을 대상으로 하는 제의이지만, 그 궁극적 목적은 살아 있는 사람들의 안녕과 번영, 그리고 복락(福樂)을 위한 것이다. 선신(善神)들에게는 복을 주실 것을 빌고, 재앙(災殃)을 주는 신에게는 그 재앙을 막고 벗어나게 해달라고 기구(祈求)함으로써 현세에서 제화초복(除禍招福)하거나, 악귀를 힘으로 위협하고 굴복시켜 몰아냄으로써 인간의 평화와 안녕을 되찾는 것이 그 목적이라고 할 수 있다. 그래서 무속을 인간 중심이고 현세 구복적(現世求福的)이라고 하는 것이다.

굿과 독경은 그 성격이 다르고, 거기서 불리거나 읊조려지는 문서 역시 그 성격이 다르다. 특히 구비문학이라는 입장에서 보았을 때에는 '구비전승'이라는 기본적 성격에서 뚜렷한 차이가 있기 때문에 문제가 상당히 심각하다.

굿에서 불리는 노래가 무가라는 데에 대해서는 이론의 여지가 없지만, 독경에서 읊조려지는 경 그 자체는 무가로 보기에는 곤란한 것들이 많다. 무경(巫經)에 들어 있는 자료는 구비전승된 것이 아니라 책을 보고 배운 것이고, 심할 경우에는 직접 책을 들고 읽기도 한다는 점에서 구비문학의 자료로 볼 수 없는 것이다. 따라서 무경은 일단 구비문학의 자료에서 제외하는 것이 일반적이다. 다만 독경무에 의해 구연되기는 하지만, 축원(祝願), 덕담(德談), 해원사(解寃辭) 등은 구비전승되는 것이고, 문학성도 풍부하기 때문에 무가자료로 포함시킬 수 있다.

5) 무가와 굿의 관계

무가는 춤과 함께 굿의 가장 핵심적 요소이다. 연행되는 상태의 무가는 음악과 사설이 결합되어 있지만, 문학연구 대상으로서의 무가는 그 사설만을 가리킨다. 이것은 연행되는 판소리는 음악과 동작까지 포함하는 개념이지만, 문학연구 대상으로서의 판소리는 그 사설을 주대상으로 하는 것과 같다.

굿은 풍성한 제물을 진설하고, 신(神)의 덕(德)과 위업(偉業)을 떠받들고 찬양하는 노래를 부름으로써 그 신이 즐겁고 흐뭇한 마음이 생겨 복을 주고 재앙을 거두어 가게 하려는 것이다. 이렇게 신을 즐겁고 흐뭇하게 만드는 것을 '오신(娛神)'이라고 하는데, 이것은 음주(飮酒)와 가무(歌舞)를 통해서 이루어진다. '무(巫)'라는 글자 자체가 하늘과 땅을 연결한 모양인 '공(工)'에다 두 개의 '인(人)'을 양쪽에 배열한 모양을 하고 있는데, 이 두 개의 '인(人)'은 사람이 춤추는 모양을 표현한 것이라고 한다.[18] 다시 말해서 '무(巫)'라는 글자는 무당이 하늘과 땅을 연결시키는 중재자의 구실을 하며, 그 방법은 음주와 가무를 통해서라는 것을 함께 보여 주고 있는 것이다. 따라서 무가는 굿에서 주로 오신을 위해 불리며, 춤과 함께 가장 핵심적 기능을 담당한다고 할 수 있다.

2. 무가의 역사적 전개

역사적으로 보면, 외래종교가 유입되기 이전의 무당은 나라굿을 주재하는 제사장(祭司長)이자 정치군장(政治君長)이었던 것으로 이해된다. 어느 민족이나 인류 역사의 이른 시기에는 제사권과 정치권이 분리되지 않은 상태를 겪었다고 알려져 있는데, 이를 제정일치(祭政一致) 사회라고 한다. 이런 사회에서는 최고 권력자가 제사권과 정치권을 동시에 행사하고, 나라 단위의 굿을 주재하면서 자신들의 자랑스러운 역사를 구비시로 노래했다. 오늘날 전해지는 우리의 건국신화들은 바로 이런 나라굿에서 불리던 신화의 잔재로 이해된다.

> 건국서사시는 원래 나라 무당이라고 할 수 있는 사람이 국중대회를 거행할 때 공식적인 절차에 따라 불렀으리라고 생각된다. 그런데, 그뒤에 통치방식이 달라지고 유학이나 불교에 근거를 둔 중세이념이 등장하게 되자 무

---

18) 이능화 저, 이재곤 역, 『조선무속고(朝鮮巫俗考)』, 백록출판사, 1976, 12면.

> 당은 몰락을 겪어야만 했으며, 나라의 시조를 섬기던 노래가 무속의 신을 기리는 노래로 기능이나 내용이 바뀌었다고 보아 마땅하다.[19]

김부식의 『삼국사기(三國史記)』에 나오는 다음 두 기록은 신라(新羅)의 제2대 임금이었던 남해왕(南解王)이 무당이었으며, 이 시기에 비로소 제정(祭政)이 분리되어 제사권이 여자 무당에게로 넘어갔음을 보여 주고 있다.

> 남해차차웅(南海次次雄)이 즉위(卽位)하니[차차웅(次次雄)은 혹은 자충(慈充)이라고도 한다. 김대문(金大問)이 이르되, 방언(邦言)에 무(巫)를 의미하는 말이니, 세인(世人)은 무당이 귀신(鬼神)을 위하고 제사(祭祀)를 숭상하는 까닭으로 외경(畏敬)하여, 마침내 존장자(尊長者)를 자충(慈充)이라 한다], 이는 혁거세(赫居世)의 적자(嫡子)이었다. …〈중략(中略)〉… 삼년(三年) 정월(正月)에 시조(始祖)의 묘(廟)를 세웠다.[20]

> …〈전략(前略)〉… 제 2대 남해왕(남해차차웅) 3년에 비로소 시조 혁거세의 사당을 세워 사시(四時)로 제사하고, (왕의) 친매(親妹) 아노(阿老)로써 제사를 맡게 하였으며 …〈후략(後略)〉…[21]

이 두 기록을 상호보완적으로 검토해 보면, 신라의 남해왕은 시조(始祖)인 혁거세의 적자(嫡子)로, 귀신을 위하고 제사하는 권능을 가진 무당이며, 동시에 정치군왕이었는데, 즉위 3년에 이르러 시조묘를 세우고, 그 제사권을 누이인 아노(阿老)에게 넘겼음을 알 수 있다. 따라서 최소한 신라에 있어서는 이때에 비로소 제사권과 정치권이 분리되어 정치군장은 남자가 맡고, 제사장은 여자가 맡게 되었음을 확인할 수 있으며, 아노(阿老)는 확인 가능한 최초의 여자 무당이 된다.[22] 그리고 이 사실을 통해서, 그 제사는

19) 조동일, 『한국문학통사』 3(3판), 지식산업사, 1994, 568~569면.
20) 김부식, 『삼국사기(三國史記)』 권1(신라본기 권1). 이병도 역주, 『삼국사기』(상), 을유문화사, 1986, 15면. 번역은 이 책에 따랐다.
21) 김부식, 『삼국사기(三國史記)』 권32(잡지(雜志)). 이병도 역주, 『삼국사기』(하), 을유문화사, 1986, 151면. 번역은 이 책에 따랐다.

시조를 위해 따로이 만들어진 시조묘에서, 왕가(王家)의 여인이 사제가 되어 행한 국가적 공식 제전인 나라굿이었음도 알 수 있다. 『삼국사기』나 『삼국유사』 등에 기록된 「단군신화」, 「주몽신화」, 「박혁거세신화」, 「김수로왕신화」 등의 건국신화들은, 후대에 한문으로 번역되는 과정에서 상당한 변개가 이루어지기는 했겠지만, 기본적으로는 이 시기의 나라굿에서 나라무당에 의해 구연되었을 것으로 짐작되는 자료들이며, 「해가(海歌)」 등의 노래도 주술적 목적을 띠고 있다는 점에서 무가적 성격을 가진다고 할 수 있다.

이렇게 최고 권력층에서 담당하던 나라굿은 불교가 유입되어 확산되는 과정에서 그 의미가 격하되고 무당의 신분도 한 단계 낮아지게 되는데, 이 시기를 무・불습합기(巫佛習合期)라고 할 수 있다. 이 시기에 들어 무속은 나라굿의 기능을 불교에게 물려주고 개인의 안녕과 행복을 추구하는 개인 중심의 제화초복(除禍招福) 제의로 전환되었는데, 그 시기는 대체로 신라 말인 8세기말 경부터라고 알려져 있다. 헌강왕으로부터 급간(級干)의 벼슬을 받고 보이왕정(補以王政)하는 나라 무당으로서의 직능을 부여받았던 처용(處容)이 그 권능을 구체적으로 발휘한 것은 나라굿에서가 아니라, 아내에게 침입한 역신(疫神)을 몰아내는 일이었다는 사실이 이러한 전환의 과정을 잘 보여 주고 있다. 「처용가」는 이 시기의 대표적 무가자료이다.

성리학이 유입되고 그것이 통치이념으로 확고히 자리잡는 과정에서 무속은 한층더 기층화하고, 무당의 신분은 한 단계 더 격하되어 결정적으로 천민(賤民)으로 전락했다. 연대를 확정할 수는 없지만, 『시용향악보(時用鄕樂譜)』에 전하는 「나례가」, 「성황반」, 「대왕반」, 「내당」, 「잡처용」, 「삼

---

22) 서대석(徐大錫) 교수는 신라 향가 「처용가(處容歌)」를 논하는 과정에서, "아니(阿尼)는 아노(阿老 : 南海王 親妹) 아루(阿婁 : 南海王妃) 아니(阿尼 : 脫解王妃)와 같은 계열(系列)의 칭호(稱號)로서 무녀(巫女)의 호칭(呼稱)일 것으로 추측된다."라고 언급하고 있다(서대석, 「처용가(處容歌)의 무속적(巫俗的) 고찰(考察)」, 『한국무가(韓國巫歌)의 연구(硏究)』, 문학사상사, 1980, 292면).

성대왕」, 「대국」, 「별대왕」, 「군마대왕」, 「구천」 등의 고려시대 노래나, 『악학궤범(樂學軌範)』에 전하는 고려 「처용가」는 한글로 정착된 최초의 무가자료라는 의의가 있다. 특히 고려 「처용가」는 그 내용이나 표현면에서 오늘날의 무가와 유사한 면모가 상당히 많다. 또한 이옥(李鈺)의 『봉성문여(鳳城文餘)』나 작자 미상의 『무당내력(巫黨來歷)』 등을 통해서 이 시기의 무속이나 무가의 편린을 살펴볼 수 있다.

학술적 가치를 인식하고 무가자료를 본격적으로 수집, 조사하기 시작한 것은 1920년대에 들어서였다. 손진태는 민족 문화의 원류를 밝히는 작업의 일환으로 설화와 함께 무가자료를 채록, 정리하기 시작했다. 그후 1930년대에 일본인 학자 아키바(秋葉隆)와 아카마쓰(赤松智城)가 무가자료를 채록, 정리했다. 이들은 경성제국대학에 재직하면서, 일제 식민통치의 정책수립을 위한 자료수집 활동의 일환으로, 총독부의 지원을 받아 무속과 민속에 대한 전국적인 조사를 실시했던 것이다. 그후 무가자료에 대한 조사, 정리는 얼마간의 공백기를 거친 후, 1960년대부터 다시 본격적이고 활기차게 진행되기 시작하여 오늘에 이르고 있다.[23)]

3. 무가의 특성

다른 구비문학 갈래들과 구별되는 무가의 특징으로는 주술성, 신성성, 오락성, 전승의 제한성, 율문 전승 등이 지적되기도 하고,[24)] 신성성, 주술성, 오락성, 전승의 제한성, 포용성(包容性) 등이 지적되기도 했는데,[25)] 타당한 지적이라고 할 수 있다. 주술성이 일차적 문제가 되는 갈래는 무가

23) 이에 관한 더 자세한 논의는 박경신, 「한국 무가(巫歌)의 역사적 전개」, 『구비문학연구』 제5집, 한국구비문학회, 1998 참조.
24) 장덕순·조동일·서대석·조희웅 공저, 『구비문학개설』, 일조각, 1971, 112~114면.
25) 서대석, 「무가(巫歌)」, 『한국민속대관(韓國民俗大觀)』 6, 고려대학교 민족문화연구소, 1995, 475~476면.

이외에는 없다고 해도 지나친 말이 아니며, 신성성은 다른 신화(神話)들에도 있지만 무가만큼 뚜렷하다고 보기에는 곤란한 측면이 있다. 오락성은 다른 갈래에도 두루 나타나지만, 무가의 경우에는 신성성과 함께 나타나 있다는 점에서 다르다. 판소리 등도 전승의 제한성을 가지고 있지만 그것은 기량(技倆)의 문제에 기인한 것으로, 무가의 경우처럼 신분상의 문제에 기인한 것은 아니다. 율문 전승되는 것은 설화와는 다른 점이고, 판소리나 민요와는 공통되는 성격이다. 무가의 포용성은 무속이 다른 외래종교들에 대해 배타적 자세를 견지하기보다는 이를 호의적으로 수용하는 경향이 있기 때문에 생긴 결과이다.

무가는 주술성을 그 특징으로 한다. 신비한 힘을 가지고 있다고 믿는 신에게 제화초복을 기원하여 그것을 이루려는 무속의례는 그 기본적 인식이 주술성을 바탕에 깔고 있기 때문이다. 따라서 그 의례의 핵심적 언어 표현인 무가가 주술성을 가지리라는 것은 쉽게 짐작할 수 있다. 무가는 기본적으로 주술성을 바탕으로 하는 구비문학 갈래이며, 주술성을 떠나서는 그 생명력을 유지할 수 없다. 주술성을 믿지 않는 무속의례는 있을 수 없으며, 무속의례가 없는 무가는 존재할 수 없기 때문이다.

이렇게 강한 주술성 때문에 무당이 아닌 사람들은 무가를 부르려 하지 않는다. 무가와 관련 있는 민요가 전혀 없는 것은 아니나, 그런 민요가 주술성을 바탕으로 전승되는 것은 아니다. 그런 것들은 무가에서 파생한 민요일 뿐 무가 그 자체는 아닌 것이다.

무가가 가지는 또다른 특징으로는 신성성을 들 수 있는데, 이 점은 위에서 언급한 주술성과도 관계가 있다. 무속신의 주술적 능력을 믿어야만 신성하게 인식할 수 있기 때문이다. 무가는 기본적으로 무당이 신을 대상으로 부르는 것이고, 신은 신성한 존재이다. 무가를 부를 때 무당은 신성성을 깊이 인식하고 있으며, 무가를 부르면 신이 반드시 그 자리에 강림한다고 믿는다. 그래서 무당은 신을 위해 제물을 진설한 자리가 아니면 무가를 부르려 하지 않는데, 이것은 제물을 차리지 않고 무가를 부르는 것은 곧 신을 속이는 일이 되어 벌을 받는다고 인식하고 있기 때문이다. 다음 인용문들은 무당이 무가를 얼마나 신성한 것으로 인식하고 있는가를 잘 보여준다.

> 그러므로 오늘날 〈심방〉들에게 있어서 제의를 하지 않고 〈본풀이〉만 외운다든가 〈본풀이〉를 하지 않고 제의만을 한다든가 하는 것은 생각조차 할 수 없는 일이 되고 있는 것이다. 그것은 필자가 신화를 수집하기 위하여 K 심방에게 〈본풀이〉를 청했더니 부정탄다고 좀체로 입을 열지 않으려 하고, 또한 제의를 차려 놓지 않고 어떻게 〈본풀이〉만을 외울 수 있는가고 반문을 하는 데서도 알 수 있다. 그 이유인즉 그대로 〈본풀이〉를 외우는 것은 신령을 희롱하는 것이 되어서 죄를 받는다고 하고, 다시 그러한 죄될 짓을 누가 하느냐고 하는 것을 보면, 아무래도 살아 있는 신화는 결코 그들의 제의와 분리될 수 없다는 것을 입증하는 산 예가 될 것이다.[26]

> 그런데 고대중 씨(무당의 이름 : 인용자 註)는 전부터 접촉이 있었던 사이이고, 우리가 치성을 목적으로 하지 않고, 학술연구를 목적 삼고 있다는 것을 잘 알면서도, 우리들의 작업장인 대청마루에 간단하나마 젯상을 차리는 것이었다. 즉 본풀이를 구송하면 신은 강림을 한다는 심리였다.[27]

무당뿐만 아니라 일반인들도, 정도의 차이는 있지만, 무가를 신성한 것으로 인식하는 것은 같다. 굿을 하는 사람들은 그것을 신성한 것으로 인식하고 효험이 있을 것으로 믿기 때문에 많은 경비를 부담하면서 무당을 불러 굿을 하는 것이다. 그리고 구경꾼의 자격으로 참여한 일반인들도 역시 신성성을 믿기 때문에 굿상에다 돈을 올려놓고 정성껏 절을 하기도 한다. 무가가 굿의 핵심적인 부분 가운데 하나인 것은 사실이고, 따라서 이들이 굿을 신성하게 인식한다는 것은 곧 무가에 대해서도 신성성을 인정한다고 볼 수 있는 것이다.

---

26) 진성기, 『남국의 신화』, 155면.
27) 장주근, 『한국의 향토신앙』(을유문고 190), 을유문화사, 1975, 145면.

무가가 가지는 또 다른 특징으로는 오락성을 들 수 있다. 이 점은 언뜻 보면 무가가 신성성을 가진다는 설명과 배치되는 것으로 생각될 수도 있다. 그러나 실제 굿에서는 강한 신성성과 함께 짙은 오락성도 함께 나타난다.

무속의례는 주술성을 바탕으로 한 제의이기 때문에 기본적으로는 주술성과 신성성을 갖는다. 그리고 이러한 성격은 세습무의 굿보다는 강신무의 굿에서 더 강하게 나타나는 것이 일반적이다. 그러나 무속의례는 신성한 제의이면서 동시에 오랫동안 피지배계층 서민들에게는 흥미로운 구경거리이자 축제로까지 인식되어 왔음도 사실이다. 굿판에 모인 사람들은 가능한 한 굿이 흥미롭고 재미있을 것을 요구하며, 이러한 관중들의 요구 때문에 무당은 자신이 주재하는 굿에 오락적 요소를 가미하지 않을 수 없다. 더구나 세습무는 '용할' 수 없는 무당이기 때문에 '잘한다'를 추구할 수밖에 없으며, 그 '잘한다'는 의미 속에는 '흥미롭고 재미있게'라는 성격이 포함된다. 특히 세습무 집단이 주재하는 마을 단위의 별신굿은 그 성격상 마을 수호신을 비롯한 모든 신들을 위한 제의임과 동시에 마을사람들의 공동체 의식의 확인을 위한 축제라는 양면성을 가지고 있기 때문에 오락성이 더욱 강조된다.

이러한 오락성은 전국 어느 지역의 무가에서나 각 거리의 끝부분과 그 굿의 제일 마지막 거리인 「뒷전」이나 「거리굿」 등에서 특히 강하게 나타난다. 하나의 굿거리가 끝날 때가 되면 무당은 「노랫가락」이나 「창부타령」 등의 민요를 비롯한 여러 가지 노래를 부르는데, 이것을 '여흥(餘興)'이라고 한다. 이때 구경꾼들은 앞으로 나와서 노래에 맞추어 춤을 추기도 한다. 이 절차는 구경꾼들에게 한바탕 즐겁게 놀 기회를 제공한다는 의미도 가지는 것이다. 뒷전이나 거리굿 등은, 신성성이 강한 큰신을 위한 제차가 아니라, 격이 낮은 잡신들을 풀어 먹이는 거리이기 때문에 하나의 굿거리 전체가 신성성보다는 오락성을 강조해도 되는 것으로 이해된다.

무가가 가지는 또다른 특성은 전승이 제한되어 있다는 점이다. 무가는 강한 주술성과 신성성을 가지고 있기 때문에 일반인은 무가를 불러서는 안되는 것으로 인식한다. 또한 무당을 천시하는 사회적 풍조 때문에 일반인들은 무가를 배우려 하지도 않는다. 설혹 굿판에 자주 다니면서 무가의 사설을 익힌 사람이라고 해도, 민요를 부르듯이 언제 어느 곳에서나 무가를 부르지는 않는다. 무가는 무당이라는 특수계층의 사람들만이 부르며, 그것도 무속의례의 자리가 아니면 불러서는 안되는 것으로 인식되는 것이다. 따라서 무가는 세습무의 경우에는 그 혈연집단을 통해서만 전승되며, 강신무의 경우에는 내림굿을 받은 후 신어머니로부터 무의(巫儀)를 배우는 과정, 곧 무당의 사제관계(師弟關係)를 통해서만 전승된다. 그리고 무가는 분량이 많을 뿐만 아니라 그 내용도 복잡한 것이 많고, 까다로운 제의 절차와 함께 배워야만 하기 때문에 그만큼 전승의 어려움이 가중된다고 하지 않을 수 없다.

> 무가는 무라는 특정부류에 의하여 전승되고 있으며, 무의 사제관계나 무의(巫儀)를 공동으로 하는 과정에서 이루어진다. 또한 설화나 민요는 단편적이고 내용도 평이하여 쉽게 전파될 수 있으나, 무가는 양으로도 많고 내용도 난삽(難澁)한 것이 있어서 전승이 어려운 것이다. 뿐만 아니라 인간이 경외(敬畏)하는 신과의 대화라는 점에서 친근감이 적기도 하다. 이런 점에서 무가의 전승은 여타 구비문학보다도 많은 제한을 받는다.[28)]

무가가 가지는 또 다른 특성은 율문 전승이라는 점인데, 이 점은 민요나 판소리와 같다. 신화(神話)는 신성성을 바탕으로 한다는 점에서는 무가와 같지만, 문헌에 전하는 건국신화들은 율문으로 전승되지는 않는다. 무가 가운데 「노랫가락」 같은 것은 민요곡과 흡사한 것들도 있지만, 서사무가와 같은 대부분의 장편무가들은 4음보격의 율문으로 된 부분이 많다. 특히 자주 사용되는 무가의 공식적 표현들은 4음보 율문으로 정형화하는 경향이

---

28) 장덕순·조동일·서대석·조희웅 공저, 앞의 책, 113면.

강하다. 이렇게 4음보격의 율문구조로 된 부분은 비교적 내용도 정확하고 듣기에도 매우 좋으며, 이런 부분이 구연될 때에는 악기 반주가 따르는 경우가 대부분이다.

무가가 가지는 또다른 특성으로는 포용성(包容性)을 들 수 있다. 무가는 무속신앙을 그 사상적 바탕으로 하는데, 한국의 무속신앙은 외래종교에 대해 배타적이지 않은 특징이 있다. 외래종교가 유입되면 한국 무속신앙은 정면대응하여 이를 거부하기보다는 한 걸음 물러선다. 그러나 이것은 무속이 외래종교에 패배한 것이 아니라, 그것을 포용하면서 자기 것으로 동화시키는 과정일 뿐이다. 그래서 얼마간의 시간이 지나고 보면, 표면에는 외래종교가 나서 있는 것 같지만, 속으로는 그 외래종교가 무속화되고 마는 것이다. 한국 무속이 가지는 이러한 포용성을 다음 인용문이 적절히 지적하고 있다.

> 한국에서는 단순히 전통적인 것과 외래적인 것을 구별하고 있을 뿐만 아니라 그 둘을 구별(區別)하면서도 융합(融合)을 도모하고 있다는 사실이다. 한국무교(韓國巫敎)는 외래종교(外來宗敎)를 저항 없이 받아들인다. 그뿐 아니라 외래(外來)의 것을 표면(表面)에 내세우고 자기는 잠적하여 음성화(陰性化)해 버린다. 말하자면 태극(太極)에서의 음양(陰陽)과도 같이 둘로 구별되면서도 하나를 형성하고 있다. 외래종교(外來宗敎)를 양성화(陽性化)시키고 자기는 사라진 듯이 음성화(陰性化)함으로써 대립(對立)하지 아니하고 하나로 융합(融合)한다. 그러면서도 무교(巫敎)는 사라지지 아니했다. 외형적(外形的)으로는 만주(滿洲)의 수용태도(受容態度)와 같아서 마치 자기의 고유신앙(固有信仰)은 버린 듯하다. 그러나 내용에 있어서는 몽고(蒙古)의 종교수용형태(宗敎受容形態)를 취하고 있다. 곧 고유신앙(固有信仰)을 그대로 주장하여 외래종교까지도 무교화(巫敎化)하고 있다. 여기서 우리는 한국 무교가 지닌 외래종교 수용형태의 한 양상을 본다. 그리고 그 전형적인 것이 팔관회(八關會)와 연등회(燃燈會)였다.[29]

---

29) 유동식, 『한국무교(韓國巫敎)의 역사(歷史)와 구조(構造)』, 연세대학교출판부, 1983, 142면.

이러한 포용성 때문에 무가에는 많은 외래종교의 경문(經文)들이 유입되어 있다. 세습무나 강신무들은 천수경(千手經)을 비롯한 많은 불경(佛經)들을 이용하여 무가를 엮어가고 있고, 독경무들은 불경과 함께 많은 도교(道敎) 경전들을 무경(巫經)으로 활용한다. 그래서 무가의 특정 대목은 무가 사설인지 다른 종교의 경전인지 혼란스러운 경우도 있는 것이다.

이러한 특성은 외래종교와의 관계에서만 나타나는 것이 아니다. 무가는 국문학의 다른 갈래종들에 대해서도 포용성을 가지고 있다. 무가 사설에는 많은 민요들이 그대로 차용되며, 시조나 한시(漢詩)가 그대로 들어가는 경우도 있다. 심지어는 최근의 유행가까지도 무가의 일부로 수용된다.

이렇게 외래종교의 경전이나 다른 갈래종들에 대해 포용성을 가지고 있는 것이 무가의 특성 가운데 하나이고, 이것이 결과적으로 무가의 문학성을 높이는 데에 기여하는 측면이 있다.

4. 무가의 갈래

굿으로 대표되는 무속의례는 예술의 입장에서 보았을 때에는 종합예술로서의 성격을 가지고 있어서, 음악과 춤과 사설이 미분화된 상태로 결합되어 있다. 춤을 제외하고 무가 그 자체로만 보더라도 굿판에서 구연되는 무가는 문학과 음악이 결합된 것이다. 그러나 문학 연구 대상으로서의 무가란 일차적으로 그 사설에 국한하는 개념이며, 무가의 문학적 갈래를 논할 때에도 그 대상은 무가 사설로 한정한다.

무가의 갈래를 논할 때 그 작품 단위는 개별 굿거리로 설정하는 것이 타당하다. 개별 굿거리는 문학적으로 보았을 때 시작-중간-끝이라는 완결된 구조를 갖추고 있다. 하나의 굿거리가 끝나고 나면 다른 무당이 나와서 다음 굿거리를 진행해 가는 것을 보더라도 하나의 개별 굿거리는 그 자체로 완결되는 것임을 알 수 있다.

개별 굿거리를 문학 갈래의 입장에서 접근하면, 무가는 서정무가, 교술무가, 서사무가, 희곡무가로 분류할 수 있다. 그러나 무가에서의 이 분류는 다른 문학 갈래에서와는 다른 점이 있다. 다른 문학 갈래에서는 그 작품 전체를 기준으로 갈래 분류를 하는 것이지만, 무가에서의 이 갈래 분류는 하나의 작품 단위인 개별 굿거리 전체에 적용되는 분류가 아니라, 그 굿거리를 이루는 부분 부분에 적용되는 분류라는 점이다. 개별 굿거리는 전체적으로 보아서는 교술 갈래에 속한다. 그러나 굿이 가지는 종합예술적 성격 때문에 하나의 굿거리에는 서정, 서사, 극 등이 함께 결합되어 있는 경우가 많다. 그리고 그들은 각각 거의 독자적 기능을 가지고 있다. 예컨대 「제석굿」의 여흥(餘興) 대목에서 불리는 서정적 노래들이나 「중도둑잡기놀이」는 「제석굿」의 일부이기는 하지만, 「제석본풀이」의 서사적 진행과는 관계 없다. 「제석굿」에서의 서정적 노래는 신과 인간의 화합을 축하하고 구경꾼들에게 한바탕 흥겹게 놀 기회를 제공하며, 「중도둑잡기놀이」는 풍요(豊饒)와 다산(多産)이라는 제의적 의미를 행위로 표현한다는 기능을 가질 뿐, 「제석본풀이」의 서사적 진행에는 직접적 관계가 없는 것이다. 그렇기 때문에 「제석굿」 무가 전체를 둘러싸고 있는 것은 교술 갈래이고, 그 속에 들어 있는 제석신의 내력담(來歷譚)은 서사 갈래이고, 여흥 부분에 들어 있는 노래들은 서정 갈래이고, 그 뒤에 이어지는 「중도둑잡기놀이」는 극 갈래가 되는 것이다. 결국 말해서 무가는 하나의 굿거리를 하나의 완결된 단위작품으로 설정해야 하지만, 그 구체적 갈래 구분은 개별 굿거리의 대목 대목을 나누어서 분류해야 하는 특수성이 있다. 예컨대 서정무가는 전체가 서정으로 되어 있는 하나의 굿거리가 아니라, 하나의 굿거리 속에서 서정적 성격이 다른 성격보다 현저히 우세한 특정 대목을 말하는 것이다.

1) 교술무가(敎述巫歌)

앞에서 살펴본 바와 같이 무가는 기본적으로 교술적 성격이 강하고, 따라서 많은 무가들이 교술무가로 분류될 수 있다. 구체적으로는 청배, 제주(祭主) 설명과 제의(祭儀)를 베풀게 된 이유 설명, 제의의 준비과정과 제물(祭物) 설명, 찬신(讚神), 축원(祝願), 공수 등이 이에 해당한다. 그러나 이들 내용은 실제 무가 사설에서는 명확히 구분되어 있지 않으며, 대부분의 경우 하나의 단락 속에 뒤섞여 들어 있다.

(1) 청배

청배는 신의 강림(降臨)을 청하는 것이다. 큰굿의 첫머리에서 모든 신을 청하는 것과, 개별 굿거리의 첫머리에서 해당 신을 청하는 것이 있다. 무속의 관습에 따르면 신은 자신의 이름을 불러주지 않으면 제장(祭場)에 참석할 수 없다. 그래서 큰굿의 첫머리에는 모든 신을 빠짐없이 부르는 절차가 있는 것이다. 이렇게 해서 제장에 참석한 신들은 대기하고 있다가, 자신이 제차를 받을 거리가 되어 이름이 불리면, 나와서 그 제차를 받게 되는 것이다. 청배는 이렇게 신들에게 제장에 참여해 줄 것을 청해서, 그들이 참석하면 편안히 모시는 절차라고 할 수 있는데, 구체적으로는 신격(神格)의 호명(呼名), 제장(祭場)과 제일(祭日) 설명, 노정기(路程記) 등이 포함된다. 모시고자 하는 신이 누구라는 것을 알리기 위해서는 신의 이름을 부를 필요가 있고, 그 신을 정확한 시간에 제장에 모시기 위해서는 시간과 장소를 알려 주어야 하며, 제장에 무사히 도착하게 하기 위해서는 노정을 알려 주어야 한다고 인식하기 때문이다.

㉠ 조왕님 굿이로다~/
㉡ 신라천 신라본은 신라본만 남었더라~/
공심 제려남산 본이로구나
집터잡아 골러내니 삼현은 상천수요
서른세날 하늘마련 나리굴러 이십팔수(二十八宿)
스물여덟 도장밟어 땅을마련 해여놓고 비비천아 허공천아~/
…〈중략(中略)〉…

복덕씨(福德氏)는 복(福)을 낼적에 다
금송씨 쇠[金]를마련 목덕씨(木德氏)는 낭구(木)마련
인왕씨[人皇氏] 사람[人]마련 금송씨 쇠[金]를마련
염조와 신농씨(神農氏)는 농사법(農事法)을 마련해야
역산(歷山)에는 밭을갈고 수직이는 씨를던져~/
…〈중략(中略)〉…
일품(一品)으로 다니시며 치국(治國)잡아 다니시며
첫번치국(治國) 잡으시니 경상도(慶尙道) 경주(慶州)는 공민왕씨(恭愍王氏) 치국(治國)이요
두번치국(治國) 잡으시니 전라도(全羅道) 전주(全州)는 김뷔대왕 치국(治國)이요
세번치국(治國)을 잡으시니 충청도(忠淸道) 부여(扶餘)는 백제왕(百濟王)이 치국(治國)이요
네번치국(治國)을 잡으시니/
기자철련[箕子千年] 단군철련[檀君千年] 이철련[二千年]이 도읍(都邑)이요
다섯번을 잡으시니 개성물 신덕물 후덕물에 양물[兩水]이 합수(合水)되야
덕물산(德物山)에 최일장군 치국(治國)이요
여섯번을 잡으시니 서울은 삼정승(三政丞) 마련하고
시굴은 육판서요 아랫대궐 웃대궐에
경복궁(慶福宮) 서대궐[新大闕]에 동문안청 안대궐 잡어놓고~/
일곱번 잡으시니 안성(安城)은 군수신령을 마련하고
…〈중략(中略)〉…
㉢ 해[年]루연색은 다모두 무슨년 해오년이고
어느 해오년 아니신가 무진년 해오년이고
달[月]로로는 다 어느달[某月]이 옳십니다
날[日]로로도 보름날 일진(日辰)이오다 (서대석 · 박경신, 『안성무가(安城巫歌)』, 52~56면)

㉠은 이 거리에서 모실 신을 구체적으로 호명(呼名)하여 청하는 절차이다. 대개의 개별 굿거리는 이렇게 해당 거리에서 모실 신의 이름을 부르는 것으로부터 시작하는데, 이렇게 하면 그 신이 제장(祭場)에 오는 것으로 인식한다. ㉡에서는 천지조판(天地肇判)으로부터 시작해서 중국과 우리나

라의 역사적 변천과정을 훑어 내려온다. 시간적으로는 아득한 옛날부터 시작해서 점차 내려와 지금 이 굿을 하는 시점에 이르고, 공간적으로는 온 우주(宇宙)로부터 시작해서 점차 그 범위를 좁혀 지금 굿을 하는 장소에 이른다. 이렇게 하는 것은 언제, 어디에 있던 신이라 할지라도 하나도 빠짐없이 지금, 이 장소로 모셔오기 위한 과정이다. 따라서 굿의 논리로 보아서는 꼭 필요한 부분이기 때문에, 전국의 무가에 두루 나타난다. 보통은 「단연주」 혹은 「치국잡기」라고 하지만, 중부지방에서는 「지두서(指頭書)」라고도 하고, 제주도에서는 「베포도업 침」이라고 부른다. ㉢은 구체적으로 굿을 하는 날자를 밝혀 설명한 것이다.

> 요동 칠백리를 눈결에 지내시고
> 의쥬 월강헌 연후에 의쥬부윤 기대 바드시고
> 골골이 로문놋코 거리거리 젼송밧고
> 위연 벽동 지나시고 순안 숙천 지내시고
> 평양성내 들어옵서 평양 연광뎡 구경하고
> 평안감사 기대 바드시고 골골이 로문놋코
> 거리거리 젼송밧고 중화 지나 황쥬 지나
> 해쥬감영 들어옵서 해쥬감사 기대밧고
> 골골이 로문놋코 거리거리 젼송밧고
> 송도에 들으셔서 송도유수 기대밧고
> 마마ㅅ 자손의 인삼록용 바드시고
> 패쥬 쟝난 지내시고 고양읍을 지내시고
> 구파발 지내시고 무악재 넘으시고
> 무화관 대청에 젼좌 하시고(아카마쓰(赤松智城)·아키바(秋葉隆) 공편, 『조선무속의 연구(상)』, 558~559면. 띄어쓰기는 내용과 율조를 고려하여 인용자가 임의로 한 것임)

이 인용문은 「호구노정기」의 일부이다. 천연두신이 중국(中國)에서 출발해서 서울에 도착하기까지의 노정(路程)이 구체적으로 드러나 있다. 이러한 구체적 노정기에는 그와 같은 길을 따라 무사히 제장에 임해 달라는,

청배의 뜻이 포함되어 있다.

(2) **제주(祭主) 설명과 제의(祭儀)를 베풀게 된 이유 설명**

누가, 왜 이 제의를 베풀게 되었는가를 신에게 고하는 내용이다. 제주(祭主)는 대개 부부가 함께 언급되며, 제의를 베풀게 된 이유는 굿의 유형에 따라 각각 다르게 설명된다. 다음 인용문은 서울지역의 열두거리굿 가운데 들어 있는 것인데, 재수굿에 속하는 무가이기 때문에 부부와 자식들의 명(命)과 복(福)을 빌고자 하는 것이 제의를 베풀게 된 이유라고 설명되고 있다.

> 성명과 존위로는 허씨와 허씨 양위
> 원앙의 쌍을 지여, 금슬은 연을 모와
> 백년동락 사옵는데, 부모님 선세부터
> 부리도 유궁하고, 신위도 가득하고
> 가문 필덕에 조흔 설한에, 삼년 세록 잇해 말미
> …〈중략(中略)〉…
> 일상생기, 이중천의, 삼화절체, 사중유혼
> 오상화해, 육중복덕, 칠화절명, 팔중본궁을
> 갈어내여 황토 배설하고, 인간기우 정히 하야
> 이 정성을 위성하니, 허씨의 내외가
> 남녀 자손의 명도 빌고, 복도 비는 정성이요(아카마쓰(赤松智城)·아키바(秋葉隆) 공편, 『조선무속의 연구(상)』, 64~65면. 띄어쓰기는 내용과 율조를 고려하여 인용자가 임의로 한 것임)

(3) **제의(祭儀)의 준비과정과 제물(祭物) 설명**

이 제의를 어떻게 준비했으며, 제물은 어떻게 차렸는가 설명하는 부분이다. 제의의 준비과정에 대한 설명에는 얼마나 많은 정성을 들였는가 하는 것이 언급된다. 제물에 대한 설명은 성의껏 정갈하게 차렸다는 내용이 언급되는 것이 보통이지만, 경우에 따라서는 풍성한 제물이 강조되기도 하고, 차려진 제물의 이름들이 구체적으로 열거되는 경우도 있다. 다음 인용문은 동해안 별신굿 무가의 한 대목인데, 이 굿은 마을 단위의 굿이기 때문에, 제주를 중심으로 모든 마을 사람들이 합심(合心)하여 이 굿을 준비했다는 것과, 그들이 모두들 정성을 모아 제물을 마련했다는 것이 강조되어 있다.

巫女 : (창으로)채씨[崔氏]야 대화 씨~
제주(祭主) 집으로
마련 하시고
잽이 : (창으로)아~디야
(말로)하이
巫女 : (창으로)온동네 차지(次知)를 받고
만동네 정성(精誠)을 받아여

[잽이들의 악기 반주와 무녀의 춤]

巫女 : (창으로)이놀이 정성(精誠)을 드리 실적에
일산동(日山洞) 대동(大洞) 안에
잽이 : (창으로)아~디야
巫女 : (창으로)각성(各姓)~ 받이야
육성(六姓)~ 받이
잽이 : (창으로)아~디야
(말로)좋다
巫女 : (창으로)가가 일명(家家一名) 호(戶)차 례로야
의논 하시고 공론 하야
잽이 : (창으로)아~디야
巫女 : (창으로)일단 정신을 드리 시고
일단 조심을 드리 시고

[잽이들의 악기 반주와 무녀의 춤]

잽이 : (창으로)하~ 야~
야~ 이야~

[잽이들의 악기 반주와 무녀의 춤]

巫女 : (창으로)있는 거는가 적사 옵고
없는 거는가 많지요 마는~
잽이 : (창으로)아~디야
巫女 : (창으로)알알이 줌줌이
모~아 가지고
잽이 : (창으로)아~디야
또 다른 잽이 : (말로)하이
巫女 : (창으로)이정 성(精誠)으로 올립 나이다(박경신, 『한국의 별신굿 무가』(제3권), 167~170면. 원문을 축약하고, 주석은 인용자가 임의로 삭제하고 실었음)

(4) 찬신(讚神)

글자 그대로 신을 찬양하는 내용이다. 위엄있고 아름다운 신의 외모(外貌), 호화찬란한 옷과 치장, 탁월한 위력과 공덕(功德) 등이 주된 찬양의 대상이다. 신의 권능을 떠받듦으로써 신의 마음을 흐뭇하게 하고 노여움을 누그러뜨릴 수 있기를 기대하는 마음이 이러한 찬신으로 나타난다고 할 수 있다. 따라서 이것은 오신(娛神)의 중요한 방법 가운데 하나로 이해된다. 다음 인용문은 서울지역 열두거리굿의 「창부(倡夫)거리」에 나오는 광대 치장 대목이다.

광대 치장이 없을손야
절구통 바지, 골통 행전, 고양나이 속버선에
몽기 삼싱 겻버선에 아미 탑골 밋투리에
장창 밧고 굽창 밧고, 매부리 징에 잣징 박고
어-ㄹ 망건 당사 끈에
엽낭 차고 상낭 차고

메고나니 검낭이요, 차고나니 상낭이라(아카마쓰(赤松智城)·아키바(秋葉隆) 공편, 『조선무속의 연구(상)』, 111~112면. 띄어쓰기는 내용과 율조를 고려하여 인용자가 임의로 한 것임)

(5) 축원(祝願)

인간의 소원을 신에게 비는 내용으로 관중들이 가장 관심을 가지는 대목이기도 하다. 따라서 축원은 교술무가의 가장 핵심적인 부분이 되며, 거의 모든 굿거리에 빠짐없이 들어간다. 또한 하나의 굿거리에서도 반복적으로 들어가는 경우가 대부분이고, 그래서 하나의 공식적 표현으로 굳어져 있는데, 성조축원이나 삼신축원 등이 그러한 예이다. 축원에 들어가는 구체적 내용은 개인의 건강과 재복(財福), 가정의 평안, 모든 마을 사람들의 복락(福樂), 풍요와 다산, 사업의 번창, 나라의 태평 등 인간의 삶과 관계된 모든 사항들이다. 심지어는 대학입학시험에 합격하게 해달라거나 교통위반 범칙금 통지서를 받지 않게 해달라는 것도 축원의 내용이 된다.

단명헌 이는 장수허고
무자한 이는 생남허고, 가난헌 이는 부자되고
선팔십 후팔십 다산 로인
극락길도 밝은 바라(아카마쓰(赤松智城)·아키바(秋葉隆) 공편, 『조선무속의 연구(상)』, 95면. 띄어쓰기는 내용과 율조를 고려하여 인용자가 임의로 한 것임)

(6) 공수

무당이 신이 내려서 인간들에게 신의 말을 전하는 것이다. 축원이 신을 향한 인간의 말이라면, 공수는 인간을 향한 신의 말이라는 점에서 반대되는 성격을 가진다. 공수는 접신(接神)이 가능한 무당이라야만 할 수 있는 것이기 때문에 강신무의 공수라야 진정한 공수라고 할 수 있다. 서울지역 굿에서의 가망공수, 산마누라공수, 말명공수 등이 그 예이다. 오구굿에서 죽은 사람의 혼(魂)이 무당을 통해 하는 넋두리도 일종의 공수라고 할 수 있다. 공수는 신이 인간에게 자신의 불만을 토로하는 것으로 시작되지만, 인간들이 손을 비비면서 이번만 용서해주면 다음부터는 더 잘하겠다고 간절히 빌면, 그럼 이번은 특별히 용서할테니 앞으로 더 잘 모시라는 충고와 함께 축복하는 말로 끝맺는 것이 상례이다. 공수는 자연인인 무당이 말하는 것이 아니라, 신이 무당의 입을 빌려 말하는 것이기 때문에 어투와 어조가 다른 부분과는 다르다. 공수는 '해라'체의 반말로 내려지고, 어조도 높고 가는 목소리여서 알아듣기 힘든 경우가 많다.

너의 정성 구버보니, 소소하고 약소허다.
이것만 도와주시고, 이것만 생겨 주섯는야
서위하고 섭섭허다만은, 후일을 길게 보와서
집안이 편안허고, 자손이 만당허고
부자되게 도와 주거들낭
본향양산이 도읍는줄 네 알어라(아카마쓰(赤松智城)·아키바(秋葉隆) 공편, 『조선무속의 연구(상)』, 77면. 띄어쓰기는 내용과 율조를 고려하여 인용자가 임의로 한 것임)

2) 서정무가(抒情巫歌)

서정무가는 무가의 문학적 갈래 가운데 서정적 경향을 띤 무가를 말한다. 「노랫가락」, 「창부타령」 등이 대표적인 예이고, 전라도를 비롯한 여러 지역의 무가에서도 서정무가를 발견할 수 있다. 전라도 지역에서는 씻김굿에 서정무가가 많은데, 망자의 서러운 처지와 하소연이 무당의 입을 통해서 제시되므로 서정적인 밀도를 갖추고 있다.

서정무가는 특정 지역에서만 발견된다. 서울과 경기도, 동해안지역의 굿에서만 「노랫가락」이나 「창부타령」이 불려진다. 그리고 전라도의 씻김굿에서는 「초가망석」, 「넋올리기」, 「희설」, 「길닦음」 등의 굿거리에서 많은 서정무가가 발견된다. 서울과 경기도는 지역적으로 인접해 있어서 「노랫가락」이 특정한 굿거리에 체계적으로 배치된다. 그러나 전라도의 서정무가는 전체적인 제차에서 특정 대목이 짙은 서정성을 드러낸다는 점에서 서울이나 경기도지역과는 다르다.

「노랫가락」이 서울과 경기도지역의 모든 굿거리에 있는 것은 아니다. 「노랫가락」이 있는 굿거리도 있고, 없는 굿거리도 있다. 서울지역의 안당굿과 진오귀굿에서는, 비록 신은 다르지만, 노랫가락이 두루 쓰인다. 재수굿에서만 노랫가락이 쓰이는 것이 아니라, 망자의 넋을 달래는 진오귀굿에서 노랫가락이 쓰이는 셈이다. 그것은 「노랫가락」에는 신을 즐겁게 대접한다는 의미가 담겨 있기 때문이다.

서울지역 재수굿에서의 「노랫가락」으로는 「가망노랫가락」, 「산마누라노랫가락」, 「별상노랫가락」, 「제석노랫가락」, 「군웅노랫가락」 등이 있고, 진오귀굿에는 「시왕가망노랫가락」, 「장군노랫가락」, 「사재삼성노랫가락」, 「혼영실노랫가락」 등이 있다. 서울지역 굿에서 「노랫가락」이 이처럼 긴요한 기능을 하는 사실은 거듭 새삼스러운 의미를 갖는다고 할 수 있다. 그것은 「노랫가락」이 자연현상에 의탁해서 인간의 정감을 드러내기에 적절한 형식이기 때문인 것으로 이해된다. 다음의 세 가지 「노랫가락」을 살펴보자.

천신 가망이 오시는 길에 가얏고로 다릴 놓소
가얏골 열두 줄에 오는 줄마당 나려외셔
줄 아래 덩기덩 소리 노니라고(「가망노랫가락」)

호랑당 뻐꾸기새야 너는 우에 우짖느냐
속귀신 호랑남개 생겨나라고 우짖느냐
저 울어지며 새로 속닢(「사재삼성노랫가락」)

꿈아 무정한 꿈아 오셨던 님을 보내는 꿈아
오신 님 보내지 말고 잠든 나를 깨워주지
일후에 임이 오면은 날 깨워줄까(전태용창, 「노랫가락」)

이 세 가지 「노랫가락」은 재수굿, 진오귀굿, 도당굿 등에서 쓰이는 것들이다. 「가망노랫가락」은 천신가망이 삼현육각의 반주에 맞추어서 즐겁게 노는 모습을 묘사하고 있다. 가망신이 삼현육각의 선율을 찾아 즐겁게 강림했음을 말하고, 신이 즐겁게 노는 곳이 가얏고 위라고 해서 즐거움의 극치를 묘사한다. 그러면서도 신명이 오른 만인간의 즐거움도 함께 노래하고 있다. 이 「노랫가락」은 신을 즐겁게 하는 것이면서도 인간의 감흥까지도 고취한다.

「사재삼성노랫가락」은 졌다가도 다시 돋아나는 나뭇잎과, 한 번 가면 다시 돌아오지 못하는 인생을 대비시켜 인간 삶의 서글픔을 선명히 드러내고 있다. 뻐꾸기가 여기서 우는 이유는 속귀신의 호랑나무가 생겨나라고 우짖는 것인가 반문하고 새로 속닢이 나도 속절없이 사라진 인간의 혼백을 서러워한다. 자연은 변함없이 그대로이건만 사람만이 죽고 없어지는 현상을 짧은 서정 속에 잘 갈무리하고 있다. 진오귀굿의 「노랫가락」이 슬픈 정감을 자아내는 것은 이 때문이다.

전태용이 부른 「노랫가락」은 꿈 속에 찾아든 임을 그리는 서정적 자아의 절실한 심정을 노래하고 있다. 잠을 자면 꿈속에서라도 임을 만나지만, 잠을 자고 있는 나는 깨어서는 임을 다시 볼 수 없다. 기가 막힌 역설을 간명한 비유를 들어서 이처럼 절실하게 노래했다. 그리움이 응집되어서 한 편의 순연한 서정시가 되었다. 「노랫가락」이 가지는 서정성이 잘 드러난 예라고 할 수 있다.

그런데 「노랫가락」은 무녀시조라고 해서 음악학자들은 일찍이 시조창과 비교해서 논의한 바 있다. 「노랫가락」과 시조창의 상관관계가 어떻게 이루어진 것인지 지속적으로 논의해야 할 사안이다. 그리고 「노랫가락」이 속화(俗化)되어서 민요로까지 불려지고 있으므로 시조, 「노랫가락」, 민요의 삼자관계도 관심거리가 아닐 수 없다.

경기도 남부에서도 「노랫가락」이 불려지는데, 그 「노랫가락」은 시조창의 형식과 자못 다르다. 무당과 악사들이 함께 불러가는 특이한 가창방식을 택하고 있는데, 그들 용어로는 '두 마루 반'의 「노랫가락」이라는 말을 사용한다. 위의 「노랫가락」처럼 3장 형식이 아니라 이에서 어긋난 양식을 보인다. 참고삼아 경기도 남부지역의 「제석노랫가락」을 보이면 다음과 같다.

(무당)
제석님 오시는 길에 은하수로 다릴 놔요
제석님 가시는 길에 안개수풀로 놀고나 가오
(무당 · 악사)
제석이 와교를 시다 놀고나 가오

서울지역의 「창부타령」도 서정무가의 좋은 예이다. 그런데 「창부타령」은 무가에서 민요로 이행하여 통속민요로 널리 자리잡은 무가이다. 창부신은 워낙 놀기를 좋아하다가 죽어서 광대신이 된 존재이므로 탁월한 서정성이 드높은 무가 사설이 많이 발견된다. 신명난 신의 성격과 즐거움이 「창부타령」에 짙게 나타난다.

얼시고나 절시구 지화자자 절시고
이때는 어느 때냐
춘삼월 호시절 꽃이 피면 화산이요
잎이 피면 청산이요
구월은 황산이요 봉봉이 난풍이요
골골마다 산국화라
삼월이 좋다해도 구시월만 못하리라
얼시구나 절시구 지화자자 절시고(아카마쓰(赤松智城) · 아키바(秋葉隆) 공편, 『조선무속의 연구(상)』, 편이를 고려하여 인용자가 현대어로 옮겨 실은 것임)

봄가을로 달라지는 계절의 변화를 묘사하면서도 그것을 놀이와 신명으로 달래는 창부의 거동을 칭찬하고 있다. 산수와 하나가 되는 즐거움을 이처럼 묘사하는 것이 서정시의 매력이라 할 수 있다.

전라도 씻김굿의 서정무가로는 다음과 같은 것들이 있다.

운항산 그늘 아래
슬피 우는 저 벅궁새야
너는 어이 슬피를 우는냐?
죽은 고목이 새순이 나서
가지가지 꽃이 피니
마음이 슬퍼
울음을 운다(진도 씻김굿 「초가망석」)

산토로 집을 짓고
송죽으로 울을 싸고
두연전통 벗이 되어
산은 첩첩 밤 깊은데
처량한 건 것이더라(진도 씻김굿 「넋올리기」)

불쌍하신 함씨 망재씨는
실무산고개 넘을 적에
게 어이 서러워서
옥같은 두미 간에
구슬같은 눈물 지어
실무산고개 넘으시오(진도 씻김굿 「희설」)

이 세 가지 서정무가는 굿거리 전체에 토막으로 존재한다. 그러나 자연현상을 사람에 빗대어 인생의 덧없음과 서러운 심정을 드러낸다는 점에서는 모두 동일한 기능을 한다. 첫 번째 자료인 「초가망석」에서는 죽은 고목(古木)에서도 새순이 나는 사례를 들어 인간의 속절없는 유한함을 표현한다. 두 번째 자료에서는 넋이 쓸쓸하게 누워있는 것을 넋의 관점에서 묘사하고 있다. 세 번째 자료에서는 함씨 망자의 관점에서 실무산 고개를 서럽게 넘는 사실을 노래한다.

서정무가는 자아와 세계의 단절에서 오는 상실감을 노래하는 데서 무가적 특징을 구현하고 있다고 하겠다. 신과의 합일을 노래하던 방식이 산 사람과 죽은 넋의 관계를 묘사할 때에는 그 분열상을 치밀하게 드러내고 있다. 서정무가는 화합과 갈등의 두 측면에서 서정갈래가 발생할 수 있는 구체적 증거를 보여주는 사례이다.

다른 지역에서 서정무가가 발견되지 않는 이유는 현재 해명할 길이 없다. 다만 서정무가가 발견되는 지역은 수준 높은 음악성이 갖추어진 곳이라는 점은 지적할 수 있다. 특히 선율악기가 쓰인다는 점이 「노랫가락」, 「창부타령」, 전라도의 서정무가 등을 전달하기에 적합한 요인의 하나로 작용했을 것으로 짐작된다. 다른 지역에서는 서정무가가 교술무가 속에 녹아들어 있어서 교술무가로부터 서정무가를 분리하기 어려운데, 이를 통해서 무가의 갈래가 미분화적이라는 사실을 다시금 확인할 수 있다.

3) 서사무가(敍事巫歌)

서사무가는 신의 일생과 내력을 밝혀주는 것으로 무당이 굿에서 노래로 부른다. 그러나 서사무가라는 용어는 학술적으로 규정된 것일 뿐 실제 굿의 현장에서 사용되는 명칭은 아니다. 본풀이라는 용어가 사용되는 경우가 많은데, 제주도지역에서는 무당이든 청중이든 이 용어를 사용하고 있고, 다른 지역에서도 굿거리의 명칭에 이 용어가 사용되는 예들이 있다. 경기도나 전라도지역의 굿거리에서 「성주풀이」, 「장자풀이」, 「칠성풀이」, 「제석본풀이」, 「황제본풀이」, 「오귀풀이」 등의 명칭이 발견된다. 풀이와 본풀이는 신의 근본을 푼다는 말로 커다란 차이가 없다. 지역에 따라서는 본풀이나 풀이라는 용어 대신 '○○굿'이라는 명칭이 통용되기도 한다.

본풀이의 명확한 용례는 제주도굿에서 발견된다. 제주도의 굿에서는 「천지왕본풀이」, 「궤눼깃또본풀이」, 「광청아기본풀이」 등에 관한 명확한 구분이 이루어진다. 제주도굿에서는 본풀이라는 용어가 공통적으로 쓰이고 있고, 이들은 신의 일생과 위업에 관한 내용이라는 점에서 동일한 면모가 발견되지만, 이들 신에 관한 위계 구분이 확실하다. 「천지왕본풀이」는 이 세상을 창조한 천지왕의 위업과 아들대인 대별왕과 소별왕의 내력을 상세하게 서술하는 본풀이이다. 「궤네깃또본풀이」는 북제주군 구좌읍 김녕리에 있는 당신(堂神)에 관한 본풀이이다. 「광청아기본풀이」는 김녕리 송씨 집안의 조상에 관한 내력을 말해주는 본풀이이다. 제주도에서 이 세 가지 본풀이를 신의 성격에 따라서 일반신본풀이, 당본풀이, 조상신본풀이로 구분한다. 제주도의 사례는 서사무가가 어떻게 작용하는 것인가 그 원형을 보여준다는 점에서 주목해야 마땅하다.

「천지왕본풀이」는 우주적 차원에서 벌어지는 사건을 담당한 신격을 주인공으로 하는 서사무가이다. 이를 일반신본풀이라고 해서 통칭하는데, 비슷한 신격으로 인간의 생로병사(生老病死)를 관장하는 신격, 인간의 재수와 소망을 관장하는 신격 등이 이 일반신본풀이의 주인공이다. 「천지왕본풀이」와 같은 성격을 가지는 서사무가는 우리나라의 전역에서 골고루 발견되는데, 이 점은 본토와 제주도의 서사무가적 동질성을 발견할 수 있는 구체적 증거이다.

제주도의 당본풀이는 제주도에서만 발견된다. 당본풀이는 마을의 숭앙대상이 된 신격에 관한 서사무가이다. 당본풀이는 그 신격의 유래와 그에 관한 제의 절차 등이 그 본풀이 안에서 확실하게 드러나도록 구성되어 있다. 예를 하나 보기로 한다.

(가) 예-, 설반(設盤)을 받아시난, 귀신(鬼神)은 본(本)을 풀민 신나락 ᄒᆞ고 만나락 ᄒᆞ는 법입네다. 셍인(生人)은 본풀민 칼쓴ᄃᆞ리 벡년 원수(百年怨讐) 지는 법이웨다. 짐녕(金寧) 궤눼기한집을 본산국 풀어가는냥

(나) 가온딧도 소천국 알손당(下松堂里) 고부니 ᄆᆞ를 솟아나시고, 강남천제국(江南天子國) 벡몰래왓디서 솟아나신 벡주또마누라

(다) 가지 말앙 차례(茶禮) 받곡 ᄌᆞ손(子孫)덜 장개(丈家) 가곡 씨집(媤家) 가곡 ᄒᆞ는디, 희희낙낙(喜喜樂樂)이 웃당 갑서. 친족(親族)덜 보앙갑서.
(현용준, 『제주도무속자료사전』, 574~577면).

(가)는 당본풀이를 해서 얻어지는 효과에 대해서 언급한 것이다. 신의 근본을 왜 푸는가 하는 본풀이의 기본적인 이유가 선명하게 나타난다. 그러나 다른 지역의 경우에는 이 본풀이의 이유가 간단하게 처리된다. 경기도의 도당굿에서 행하는 「제석굿」의 서두는 다음과 같이 되어 있다.

어야에야 굿이로구나 석이로다
아황님의 굿이로다
제석님의 본풀을 풀면 그 어디가 본일런가
제석님의 아버지는 해수뜰 해수선배
제석님의 어머니 본은 용궁뜰 용녀부인(하주성, 『경기도 도당굿의 무가』, 135면)

인용한 경기도의 「제석굿」에서는 '본을 푼다'라는 말이 있으나, (가)의 경우처럼 본풀이의 근거나 이유가 명확하게 드러나 있지는 않다. 오히려 (나)에 가깝다. (가)에서 공싯상을 받았으니 귀신은 그 근본을 풀면 기뻐서 어쩔 줄 모르고, 산 사람의 근본을 풀면 아주 좋지 못한 사이가 된다고 말한다. 그리고 김녕리의 궤눼기한집의 근본 태생지를 풀어간다고 했는데, 이는 위의 「제석굿」의 경우가 비슷하다.

(나)는 「궤눼깃또본풀이」의 실제적인 내용이다. 곧 당본풀이의 핵심적인 서두에 해당한다. 「제석굿」의 경우처럼 궤눼깃또의 아버지와 어머니가 어디에서 생겨났는가 하는 점을 말한다. 그 과정은 「제석굿」의 인용된 문면과 정확하게 일치한다. 당본풀이가 소중한 까닭이 여기에 있다. 본토의 본풀이에서 사라진 고형(古形)을 제주도의 당본풀이에서 확인할 수 있기 때문이다.

(다)는 당신인 궤눼깃또신을 돌려보내면서 마지막으로 당부하는 말이다. (다)의 경우는 굿하는 집에서 대소상이 있거나 결혼식이 있을 때에 사용된다. '가지 마세요, 차례 받고, 자손들 장가가고 시집가고 하는데, 즐겁게 웃다가 가십시오, 친척들 보고서 가십시요'라는 구체적 내용이 필요하기 때

문이다.

제주도의 당본풀이는 우리나라에서 유일하게 마을신화를 서사시로 부른다는 점에서도 긴요하나, 더욱 중요한 것은 본풀이의 절차와 기능 및 고형(古形)을 간직하고 있다는 점이다. 우리나라의 다른 지역에는 무당이 노래로 부르는 당본풀이가 없고 그 대신 이야기로 전하는 마을신화가 있다. 다른 지역에서는 유교의 영향으로 당본풀이가 마을신화로 변질되었지만, 제주도의 당본풀이는 그 고형을 유지하고 있는데, 이 점은 중요한 의미가 있다고 할 것이다.

제주도의 조상신본풀이는 제주도에만 있는 특징적인 서사무가이다. 한 집안이나 씨족의 수호신이 어떻게 신으로 모셔지게 되었는가 하는 점을 밝혀 보여주는 것이 조상신본풀이인 셈이다. 본토에서는 성씨기원신화(姓氏起源神話)가 이미 구연이 중단된 채 족보나 문헌을 통해 전해지고 있는데, 제주도에서는 성씨기원신화와 관련되면서도 집안의 수호신으로 자리잡는 것을 말한다는 점에서 특별한 서사무가라고 할 수 있다. 조상신본풀이는 까다로와서 다른 집안 사람에게는 잘 공개하지 않는 특징이 있다.

서사무가는 무당에 의해서 굿에서 불려졌을 때에 진정한 가치가 있다. 그래야만 신이 인간에게 자신의 의사를 전달하고, 인간이 신에게 자신들의 소원을 말하는 무가 본연의 기능을 발휘할 수 있기 때문이다. 본토에서는 무당이 학습하여 본풀이를 구사하지만, 제주도에서만은 일반신본풀이는 무당이면 자신의 노력 여하에 따라 누구나 구사할 수 있다. 당본풀이는 '당매인심방'에 의해 불려지고, 조상본풀이는 '당골심방'에 의해서 불려진다. 우리나라에 본풀이가 두루 존재하지만, 지역에 따라 이러한 차별이 생긴다.

서사무가는 무신(巫神)의 일생을 다룬다는 점에서 무속신화이다. 나라를 세운 건국주에 관한 건국신화, 마을의 성립을 다루는 마을신화, 성씨의 근원을 말하는 성씨기원신화 등과 차이가 난다. 또한 서사무가는 굿에서 노래로 하므로 구비서사율문이란 뜻으로 무속서사시라고 할 수 있다. 서사무가, 무속신화, 무속서사시는 같은 말이지만, 어떤 관점으로 접근하느냐에 따라 달리 쓰일 수 있다.

우리나라의 서사무가는 전국적인 분포를 보인다. 전국적인 서사무가를 정리하면 다음과 같다.

① 함경도 : 「창세가」, 「황천혼쉬」, 「숙영랑앵영랑신가」, 「도랑선배청정각씨」, 「오기풀이」, 「돈전풀이」, 「대감굿」, 「셍굿」, 「살풀이」, 「짐가제굿」, 「산천굿」, 「안택굿」, 「문굿」, 「충열굿」
② 평안도 : 「신선세천님청배」, 「원구님청배」, 「데석님청배」, 「일월놀이푸념」, 「성인노리푸념(삼태자풀이」, 「성신굿」
③ 경기도 : 「바리공주」, 「성주본가(황제본풀이)」, 「제석본풀이」, 「시루말」
④ 충청도 : 「제석풀이」, 「장자풀이」
⑤ 경상도 : 「오귀풀이」, 「당금애기(세존굿)」, 「심청굿」, 「계면굿」, 「악양궁왕자노래」
⑥ 전라도 : 「바리데기(오구물림)」, 「제석굿」, 「칠성풀이」, 「장자풀이」
⑦ 제주도 : (ⅰ) 일반신본풀이-「천지왕본풀이」, 「초공본풀이」, 「이공본풀이」, 「삼공본풀이」, 「삼승할망본풀이」, 「마누라본풀이」, 「세경본풀이」, 「차사본풀이」, 「문전본풀이」, 「지장본풀이」, 「사만이본풀이」, 「칠성본풀이」
(ⅱ) 당신본풀이-「서홍리본풀이」, 「송당본풀이」, 「궤눼깃또본풀이」, 「토산야드렛당본풀이」, 「칠머릿당본풀이」, 「세화본향당본풀이」 등
(ⅲ) 조상신본풀이-「나주기민창조상본풀이」, 「구실할망본풀이」, 「광청아기본풀이」, 「고대장본풀이」, 「양이목사본풀이」, 「양씨아미본풀이」 등
(ⅳ) 특수본풀이-「허웅애기본풀이」, 「세민황제본풀이」, 「군웅본풀이」

함경도는 일제강점기에 손진태가, 1960년대에 임석재·장주근이 조사, 채록한 지역이다. 이 지역에서 가장 중요한 서사무가의 본원지는 함흥이다. 함흥은 함경도 무속의 본거지라 일컬어질 정도로 무속이 성했던 관계로 이 지역의 무가가 압도적으로 많이 채록되었다. 함경도의 무당은 호세

미라고 하는데, 강춘옥, 백가야, 지금섬 등의 뛰어난 무녀가 서사무가를 풍부하게 구송했다. 함경도의 서사무가는 그 종류가 다양하고 제주도를 제외한 다른 지역에서는 발견할 수 없는 자료가 대부분이다.

평안도는 6·25 한국전쟁 때에 월남한 무당을 중심으로 조사, 채록한 지역이다. 강원도 영월에 거주하고 있는 정운학의 무리들을 중심으로 체계적인 조사가 이루어졌다. 이 지역의 서사무가는 대체로 일제강점기에 손진태가 조사한 자료만이 있어서 실제 굿에서 어떠한 기능을 했는가 명확히 알 수 없는 아쉬움이 있다. 그러나 서사무가 가운데 희귀한 자료가 있어서 주목된다. 「일월놀이푸념」은 일월신화의 기원을 말하는 서사무가여서 주목된다. 동일한 내용이 함남 함흥에서도 채록되었다.

경기도, 충청도, 전라도, 경상도 등지에서 채록된 서사무가는 그다지 많지 않다. 동일한 유형의 서사무가가 거듭 채록되었을 뿐이기 때문에 유형 자체가 다양한 것은 아니다. 이 지역들에 공통적으로 존재하는 대표적인 서사무가로는 「제석본풀이」와 「바리공주」를 들 수 있다. 충청도와 전라도에만 있는 서사무가로는 「장자풀이」가 있다. 경상도 지역에서는 「계면굿」, 제주도에 있는 「악양국왕자노래」 자료가 있어서 주목된다.

제주도는 일제강점기 이래로 장주근, 현용준, 진성기 등의 현지 학자에 의해서 활발하게 조사가 이루어진 지역이다. 제주도의 서사무가는 앞에서 언급한 바처럼 유형이 다양하고 현재도 활발히 구연되고 있다. 제주도의 서사무가 가운데 (ⅳ)특수본풀이는 현재 전승이 중단되어 그 제의적 기능과 유래를 밝히기 곤란하다.

전국적인 서사무가를 개관하여 정리하면 몇 가지 중요한 사실을 발견할 수 있다.

첫째, 서사무가는 전국적으로 존재하는 광포유형이 있고, 특정 지역에서만 발견되는 지역유형이 있다는 사실이다. 광포유형으로 꼽을 수 있는 것으로는 「제석본풀이」와 「바리공주」가 있는데, 이들은 우리나라의 서사무가를 대표하고 있는 유형이라 할 수 있다. 이 두 유형의 서사무가가 전국적으로 가장 널리 전승되고 있다는 사실은 역시 인간의 삶에서 가장 중요한 문제는 출생해서 살아가는 일과 죽음이었기 때문으로 이해할 수 있다.

서사무가의 지역유형은 평안도, 함경도, 전라도, 경상도, 경기도 등에서 나타난다. 평안도의 「일월놀이푸념」, 전라도와 충청도의 「장자풀이」, 경상도의 「악양국왕자노래」, 함경도의 「셍굿」, 경기도의 「성주본가」 등은 지역유형을 대표하는 예들이다. 「장자풀이」는 충청도 부여와 전라도에서만 발견된다. 죽을 처지가 된 장자가 죽음을 모면한다는 내용의 서사무가가 왜 두 지역에서만 채록되고, 제주도에서 동일한 유형의 서사무가가 발견되는지 증명할 길이 없다. 경상도의 「악양국왕자노래」는 김해에서 채록된 것으로 희귀한 지역유형이다. 서사무가의 광포유형과 지역유형의 상관관계를 연구하는 일은 대단히 중요한 연구 과제이다. 두 가지 유형이 배타적으로 존재하지 않는 점도 특기할 만한 사항이다. 오히려 지역유형 사이에 특별한 인과관계가 있는 것이 아닌가 짐작해보지만 이것은 차후에 규명해야 할 연구과제라 할 수 있다.

둘째, 함경도와 제주도의 서사무가가 갖는 공통점에 주목해야 한다. 함경도와 제주도는 문화지리적 관점에서 보면 전국의 주변문화를 가장 충실하게 간직하고 있는 지역이다. 함경도와 제주도는 지역유형의 보고(寶庫)이고, 그 지역유형이 서로 통한다고 할 수 있다. 함경도의 「창세가」, 「셍굿」과 제주도의 「천지왕본풀이」를 비롯해서 「문굿」과 「세경본풀이」도 서로 통하는 측면을 지니고 있다. 주변문화 지역으로서 지니고 있는 층위적 공통점 때문에 함경도와 제주도의 서사무가는 지속적인 관심을 가질 필요가 있다.

전국의 서사무가 가운데 대표적인 유형인 창세유형, 제석본풀이유형, 바리공주유형, 장자풀이유형, 칠성풀이유형 등을 살펴보기로 한다.

창세유형은 「창세가」, 「셍굿」, 「시루말」, 「천지왕본풀이」 등으로 함흥, 강계, 오산, 제주도 등지에서 채록된 바 있다. 제의적인 기능이 살아있는 지역은 제주도뿐이고, 나머지 지역은 그 기능이 모두 소멸하고 사설만 남아 있다. 창세가의 핵심적인 내용은 북부, 중부와 제주도 등으로 양분해서 다룰 수밖에 없다.

〈북부〉
미륵신이 이 세상에 처음 태어나서 하늘과 땅을 벌리고 구리 기둥을 세워서 오늘날처럼 만든다. 해와 달이 두 개씩 떠서 인간 세상이 혼란스러웠으나, 해 하나 달 하나를 떼서 별자리를 만든다. 미륵이 만든 세상을 석가신이 나타나서 차지하고자 했다. 미륵과 석가는 세가지 내기를 해서 미륵이 모두 이기지만, 석가가 속임수를 써서 마침내 이 세상을 차지하게 된다. 석가가 속임수로 이 세상을 차지했기 때문에 이 세상에 혼란이 생기게 되었다.

〈제주도〉
천지왕이 해와 달이 두 개씩 떠서 생긴 혼란을 시정하고자 지상의 총명부인에게 내려와서 결합한다. 대별왕과 소별왕이라는 두 아들을 지상에 남기고 천지왕은 하늘로 올라간다. 이때 천지왕은 자신을 찾을 수 있는 증거물을 남겨 둔다. 두 아들은 아버지가 남긴 증거물을 가지고 하늘에 가서 해와 달을 없애는 임무를 부여받고 해와 달을 하나씩 만든다. 그리고 이승과 저승을 차지하기 위한 내기를 벌인다. 이 과정에서 소별왕이 부정한 방법으로 이승을 차지하게 되었기 때문에 이승에는 극도의 혼란이 생기게 되었다.

창세유형의 서사무가는 전세계적으로 존재하는 창세신화의 유일한 잔존물이다. 이러한 유형의 신화가 서사무가로 전승된다는 사실만으로도 무가의 문학사적 의의를 짐작할 수 있다. 세상의 혼돈에는 두 가지가 있다. 하나는 우주적 혼돈이고, 다른 하나는 사회적 혼돈이다. 두 지역의 서사무가는 공통적으로 우주적 혼돈은 정리되었으나, 신들의 잘못으로 사회적 혼돈이 생기게 되었음을 강조한다. 특히 제주도의 창세무가는 그 구조가 건국신화와 흡사해서 서사무가 자체의 역사에 있어서도 소중한 자료가 아닐 수 없다.

제석본풀이유형의 서사무가는 재수굿에서 핵심적 기능을 수행하는 우리

나라의 대표적인 무가자료이다. 지역적인 차이가 있으나 내용은 대동소이하다. 다만 제주도의 「초공본풀이」는 제의적 기능이 다른 신으로 설정되어서 차이가 있다. 「제석본풀이」의 핵심적인 내용은 다음과 같다.

> 옛날에 부귀한 집안에 딸이 하나 있었다. 부모들이 불가피한 볼 일로 집을 떠나게 되었고, 집에는 딸만 남게 되었다. 이때 도술이 높은 중이 찾아와서 시주를 청한다. 딸의 시주를 받은 중이 갖은 빌미를 대고 함께 잠을 잔다. 중은 딸아기에게 잉태시키고 사라진다. 아이를 잉태한 딸은 집에 돌아온 부모로부터 버림받는다. 딸은 아들 삼형제를 낳고 중을 찾아가게 되고, 중은 아이들의 이름을 지어주고 신직을 부여한다.

제석본풀이유형의 서사무가는 삼신의 기원과 곡모신(穀母神)의 직능을 설명하는 무가이다. 남녀의 결합에 의해서 아들을 낳는다는 근간구조에 힘입어서 삼신이 출현하게 되는 과정을 설명한다. 전형적인 천부지모(天父地母)의 구조가 이 서사무가에도 작용하고 있는 셈이다. 이 서사무가는 여성수난(女性受難)의 서사구조가 일관되게 작용하고 있는 신화적 궤적과 일치한다.

이 서사무가는 고대의 건국신화, 특히 「주몽신화」에서 해모수와 유화가 결합해서 주몽을 낳는 이야기와 구조적으로 일치한다. 그리고 중부와 제주도에 전승되는 「시루말」, 「천지왕본풀이」의 서사구조와도 현저히 일치한다. 이러한 현상이 무엇을 의미하는지 현재로서는 판별하기 어렵다. 다만 창세유형의 서사무가와 제석본풀이유형의 서사무가가 구조면에서 일치한다는 점, 그리고 창세과정에서 미륵과 석가의 대결 화소가 동해안지역의 제석본풀이유형의 서사무가에 삽입되어 있는 점 등을 고려해보면 원초적인 서사무가의 기원과 제의적 성격에 관한 가설을 세울 수 있을 정도로 긴밀하다고 할 수 있다.

바리공주유형의 서사무가는 죽은 넋을 저승으로 인도하는 진오귀굿의 핵심적 기능을 하므로 이러한 굿이 거행되는 곳에서는 반드시 이 계통의 서사무가를 구연한다. 이 서사무가의 핵심적인 내용은 다음과 같다.

> 어떤 임금 내외가 살고 있는데 금기를 어기고 혼인을 해서 내리 딸만 일곱을 낳았다. 화가 난 임금이 일곱째로 태어난 딸을 버린다. 이 딸을 버린 죄로 임금 부부는 죽을 병을 앓게 된다. 버림받았던 바리공주가 나타나서 사정을 알고는 부모를 살리기 위해 약물을 구하러 저승세계로 여행을 떠난다. 바리공주는 온갖 어려움을 극복하고 저승의 물과 꽃, 약을 가져와서 부모를 살려낸다. 그 공으로 바리공주는 무조(巫祖)신이 된다.

이 서사무가의 핵심적인 요소는 죽은 사람을 살리기 위한 저승여행에 있다. 온갖 고난을 물리치고 마침내 저승에 간다는 설정에서 삶의 세계를 마치면 저승의 세계가 이어진다는 죽음의 관념을 생생하게 확인할 수 있다. 바리공주가 저승에서 이승의 죽은 사람을 살릴 수 있는 물, 꽃, 약 등을 구한다는 설정도 특이하다. 그곳에서 약수를 관장하는 무장승이라는 사내를 만나 혼인하고 세 아들을 낳는다는 설정도 이승의 보상심리처로 저승을 인식하고 있음을 보여준다. 이승과 저승을 넘나드는 여성영웅 바리공주의 모습이 다층적인 면모를 갖춘 이유가 여기에 있다. 딸로 대표되는 여성들의 무속적 저력과 기본적 심층이 바리공주에 투영되어 있다.

이 서사무가는 영웅의 일생으로 대표되는 영웅서사문학의 면모를 선명하게 보여 주고 있는 점도 주목된다. 어렸을 때에 버림을 받고, 원조자를 만나서 다시금 부활하고, 긴 고통의 여행을 거쳐 마침내 신격으로 좌정하는 바리공주의 일생은 건국신화, 고소설, 현대소설 등에서도 공통적으로 발견되는 서사구조이다. 이 서사무가가 무당의 원조(元祖) 기원신화로 받들어지는 것은 고통과 시련, 그리고 그에 대한 보상이라는 바리공주의 삶의 과정이 사람들과 격리되는 고통과 시련을 극복하고 마침내 사람들의 고통을 치료해주는 능력을 부여받는 무당의 입무과정(入巫過程)과 일치하기 때문일 것이다. 무당들은 사회에서 버림받은 존재이지만, 다시금 그 사회를 따뜻하게 안고 살아가는데, 이것은 바리공주의 삶과 다르지 않다.

장자풀이유형은 함경도, 충청도, 전라도, 제주도에서만 발견되는 특이한 내용의 서사무가이다. 지역에 따라 함경도에서는 '「황천혼시」', '「혼쉬굿」', 충청도와 전라도에서는 '「장자풀이」', 제주도에서는 '「맹감본」'이라고 부른다. 이 유형의 내용은 다음과 같다.

> 어떤 고을에 사만이라는 부자가 살고 있었는데, 인심이 고약하고 저승의 조상을 위하지 않았다. 저승의 신령들이 저승왕에게 하소연해서 사마장자를 징치하게 되었다. 저승왕이 중으로 변장하고 사마장자의 집에 동냥을 가게 되었다. 사마장자가 쇠두엄을 퍼주자, 며느리가 쌀 서 되를 다시 퍼준다. 이 일이 있고 난 뒤에 사마장자가 꿈을 꾸었는데, 며느리가 그 꿈이 시아버지가 죽을 꿈이라고 해몽했다. 이에 화가 난 사마장자가 며느리를 내쫓았으나, 그 일로 병이 들어서 다시금 며느리를 불러들인다. 사마장자는 며느리의 말대로 노적을 헐어 동네잔치를 하고, 저승사자가 오는 길에 밥상을 차려 놓는다. 저승사자가 사마장자가 차려놓은 밥을 이미 먹었기 때문에 그를 잡아갈 수 없어 난처해 하다가, 사주가 같은 이웃의 우마장자를 대신 잡아가려고 한다. 그러나 우마장자가 선행을 했기 때문에 잡아갈 수 없게 된다. 그러자 며느리가 사마장자의 백마(白馬)를 지목해 준다. 저승사자는 며느리가 시키는대로 사마장자의 백마를 대신 잡아가고, 백마는 온갖 고초를 겪는다. 백마의 저주로 사마장자가 병을 얻게 되고, 문복해서 백마를 위해서 씻김굿을 거행하여 백마는 인간으로 탄생한다.

이것은 전라도의 「장자풀이」를 요약한 것인데, 전반부가 「장자못전설」과 유사함을 알 수 있다. 못된 장자가 중을 박대하는 내용의 서사무가로는 이밖에도 제주도의 「천지왕본풀이」가 있다. 서사무가와 「장자못전설」이 결합되어 있는 사실을 통해서, 전설과 무속신화의 교섭관계를 이해할 수 있다. 특히 홍수신화 계통의 내용과 이러한 유형의 서사무가가 접합되어 있는 것이 아닌가 한다.

더욱 중요한 사실은 이 유형의 서사무가가 씻김굿의 기원을 설명하고 있는 기원신화라는 점이다. 저승에 가서 고난 받는 영혼을 위해서 이승에서 씻김굿을 하면 저승에서 고난 받는 인물이 다시 환생할 수 있다는 관념이 절실하게 나타나 있다. 그리고 씻김굿이 중심이 되는 충청도와 전라도의 사령 제의에서 이러한 유형의 서사무가가 반드시 불려진다고 하는 사실은 「장자풀이」의 기능과 의미를 거듭 되새기게 한다. 「장자풀이」를 액막이 또는 액두리 무가라고 부르는 것도 씻김굿의 기원을 해명하는 데에 도움이 된다. 바리공주유형의 서사무가와도 상통하면서도 굿의 기원을 밝히고 있다는 점에서 이 계통의 서사무가는 중요한 것으로 평가할 수 있다. 목숨을 연장하는 설화와도 또한 통하는 바가 있으므로 비교해서 논의할 만하다.

칠성풀이유형의 서사무가는 함경도, 전라도, 제주도에서 발견되는 자료이다. 이에 대한 지역적 토착 명칭은 「살풀이」(함경도), 「칠성풀이」(전라도), 「문전본풀이」(제주도) 등이다. 칠성풀이유형의 내용은 대체로 다음과 같다.

> 칠성님은 매화부인과 혼인하여 아들 칠형제를 둔다. 칠성님은 매화부인을 소박하고 천상의 옥녀부인에게 후실장가를 간다. 매화부인의 아들 칠형제는 아버지인 칠성님을 찾아가서 함께 거처하는데, 옥녀부인은 칠형제를 없애기 위한 계략을 꾸민다. 옥녀부인은 거짓으로 병이 들었다고 하고는 칠형제의 간을 내어 먹어야 병이 낫는다고 칠성님을 속인다. 칠성님이 아들들을 죽여 간을 꺼내려고 하자 아들 칠형제는 금사슴의 간 일곱 개를 꺼내어 옥녀부인에게 준다. 그것을 먹은 옥녀부인은 병이 나았다고 잔치를 벌이는데, 칠형제가 나타나서 하늘에 징벌을 요청해서 옥녀부인을 죽인다. 매화부인을 다시 살리고 하늘에 올라가서 칠형제는 칠성신이 된다.

이 서사무가는 전라도의 서사무가 가운데 가장 대표적인 것으로 인간의 수명을 맡은 칠성신의 유래담이다. 하늘의 별자리인 북두칠성이 인간의 수명을 관장한다는 설정은 도가적 발상이지만, 어쩌면 이 서사무가의 신화적 발상이 우리 사상과 직결되는 무속 고유의 사고 방식일 가능성도 높다. 함흥의 「창세가」에서 해와 달이 두 개이던 것을 하나씩 떼어서 칠성을 마련했다는 설정과 「칠성풀이」에서 칠형제가 칠성이 되었다는 발상은 동일한 계통의 신화적 발상일 가능성이 있다.

전설 가운데 「칠성각의 유래담」이나 전라도에서 전승되는 「애운학이 이야기」는 「칠성풀이」와 깊은 관련이 있다. 또한 민담 「북두칠성의 유래담」도 동일한 설정의 화소를 가지고 있는데, 내용은 「칠성풀이」와 대동소이하다. 아들 일곱이 하늘에 올라가서 별이 되었다는 이야기는 같은 계통의 자료일 가능성이 크다. 이 칠성풀이유형의 자료는 여러 자료와 겹치는 소중한 서사무가이다. 제주도에도 「칠성본풀이」가 있으나, 전혀 계통을 달리하는 것이다. 다만 「문전본풀이」가 이러한 서사무가 계통의 기능을 하고 있을 따름이다.

서사무가는 서사적 원천이 다양해서 그것이 어떻게 작용했는가에 따라서 서사무가의 역사적 전개를 추정할 수도 있을 정도이다. 서사무가의 서사적 원천은 설화와의 관련성을 들어서 논의할 수 있는 단서가 있다. 서사무가에는 고대의 건국신화와 서사적 구조를 공유하고 있는 것들이 있다. 예컨대 「천지왕본풀이」, 「제석본풀이」, 「바리공주」 등이 이에 해당한다. 이들 자료는 서사무가의 시원적 기저를 보여주는 증거이다. 서사무가에 전설이 원천으로 작용하고 있는 사례가 있다. 「장자못전설」이 깊은 저층으로 자리잡고 있는 「장자풀이」나 「에밀레전설」이 작용하고 있는 「셍굿」이 그 적절한 예이다. 다음으로 민담이 서사무가의 원천으로 작용하고 있는 사례가 있다. 「내 복에 산다」형 민담이 작용하고 있는 「삼공본풀이」나, 「허웅애기본풀이」에 작용한 「콩쥐팥쥐」 등이 그러한 예이다. 서사무가는 다양한 원천 가운데 인접하고 있는 설화갈래에서 대다수의 원천을 흡수하여 신성한 서사무가의 틀을 유지했을 가능성이 있다. 그러나 내용은 세속화되었음을 부인하기 어렵다.

서사무가는 설화뿐만 아니라, 인접하고 있는 소설, 문헌설화, 기타 갈래에서 원천을 구하기도 했다. 그러한 사례에 해당하는 것으로 「이공본풀이」 「세민황제본풀이」, 「문굿」, 「충열굿」, 「세경본풀이」, 「군웅본풀이」 등이 있다. 「이공본풀이」는 「월인천강지곡」과 같은 변문이 그 원천이 되었을 가능성이 높다. 국문계 불교소설의 원천이라 여겨지는 자료가 서사무가에서도 발견되는 것은 불교계 서사체가 서사무가의 외래적 원천으로 일정한 작용을 했으리라는 추정을 가능하게 한다. 그러므로 서사무가는 고유의 원천과 외래의 원천을 혼합해서 오늘날에까지 그 전승을 지속하고 있다고 평가할 만하다.

서사무가는 우리나라가 가지고 있는 고유의 무속서사시임이 분명해졌다. 서사무가의 중요성을 증명하기 위해서 앞으로 해야 할 일이 무엇인가? 그 해답은 세가지 측면에서 찾을 수 있다.

첫째, 문학과 음악으로서 서사무가가 가지는 의의를 좀더 차원 높고 심층적으로 증명해야 한다. 서사무가 연구의 시발점을 마련해 준 선학들의 연구업적으로 다시 돌아온 느낌을 지울 수 없다. 서사무가에 관한 연구가 상당히 축적되었음에도 현재까지 밝혀진 사실은 아직 충분하지 못하다. 서사무가는 무속서사시로, 무속신화로 그 원천이 바닥난 것이 아님을 인식해야 한다.

둘째, 무속서사시로서 서사무가가 차지하는 세계문학사적 위치에 대한 비교연구가 요청된다. 이미 이 방면에도 상당한 연구가 축적되었으나, 아직까지도 무속서사시로서 서사무가가 차지하는 의의가 충분히 밝혀지지는 못했다. 영웅서사시, 무속서사시, 무속시의 의의가 다른 지역의 자료에도 남아 있는가 연구하면서 함께 검토할 필요가 있다. 서사시의 전개 위에서 한국의 무속서사시가 갖는 의의가 무엇인가 하는 것은 이러한 비교 연구를 통해서 더 확실하게 드러날 수 있을 것이다.

셋째, 서사무가의 세계문학적 보편성이 무엇인가 하는 점에 대한 검토가 뒤따라야 할 것이다. 인류가 구축해 온 세계문학의 저층으로서 서사무가가 어떠한 기여를 할 수 있는지 논의해야 한다. 세계 문학이 성쇠하고 변화하는 전개틀 위에서 서사무가의 기본적 층위가 어떻게 작용하고 있는지 검증할 필요가 있는 것이다. 서사무가에 지속적으로 작용하고 있는 신들의 일대기, 영웅의 일생과 여성수난의 서사구조, 서사무가 곳곳에 발견되는 민족적 상징의 사안들에 대해서 심도 있는 해석이 필요한 시점에 이르렀다. 서사무가는 한국문학과 세계문학을 잇는 관건이다.

4) 희곡무가(戲曲巫歌)

무가 가운데에는 극적 성격을 가진 것들이 있다. 즉 단순한 노래와 춤으로서가 아니라 대사와 행위가 중심이 되어 진행되는 특정 굿거리나 대목들이 있는 것이다. 이를 '무당굿놀이' 혹은 '무극(巫劇)'이라고 부르기도 하지만, 문학 연구대상으로 보았을 때에는 역시 그 대사를 중심으로 할 수밖에 없고, 그랬을 경우에 그 대사는 희곡무가라고 부르는 것이 온당할 것이다. 이 설명은 대사와 행위로 표현되는 공연 그 자체는 무극이지만 그 대사는 희곡으로 보아야 한다는 뜻인데, 이는 연극과 희곡의 관계를 고려한다면 쉽게 이해할 수 있을 것이다.

무극(巫劇)은 가장(假裝)한 배우가, 집약적(集約的)인 행위로 된 사건을 대화(對話)와 몸짓으로 표현하는 것이기는 하지만, 다른 무엇에 의존하지 않고 독립적으로 공연되는 것이 아니라 굿에 의존해서 공연된다는 점에서 민속극(民俗劇)에 포함시키지 않았던 때도 있었다.[30] 그러나 오늘날에는 무극도 민간(民間)에 전승되는 연극임에 틀림없다는 점에서 가면극, 인형극 등과 함께 민속극에 포함시키는 것이 일반적이고, 극적 형식이나 기법 등에서도 민속극과 유사한 점이 많아서 함께 다루는 것이 효과적이다. 따라서 이 책에서는 중복을 피하기 위해 무극을 민속극에서 함께 다루기로 한다.

30) 장덕순 · 조동일 · 서대석 · 조희웅 공저, 앞의 책, 163~164면 참조.

5. 무가의 전승원리(傳承原理)와 구연 방식

1) 무가의 전승원리

무가는 그 길이가 길고 내용도 복잡한 경우가 많다. 사정에 따라서 신축적이기는 하지만 동해안 별신굿의 경우에는 한 거리를 다 부르는 데 평균 81분 정도가 걸리며,[31] 굿거리에 따라서는 3시간 이상이 걸리는 경우도 있다. 따라서 무당이 그 긴 노래를 완전히 암기해서 부르는 것은 불가능하다. 그렇다고 해서 무당이 즉흥적으로 창작해서 부르는 것도 아니다. 무당들이 무가를 대단히 신성하게 인식하고 있다는 사실과 연결시켜 보아도 무당들이 즉흥적으로 무가를 지어 부를 수는 없으리라는 것은 쉽게 짐작할 수 있다.

그렇다면 무당들이 그렇게 긴 무가를 구연할 수 있는 기본 원리는 무엇인가가 문제된다. 무당들은 하나의 굿거리를 처음부터 끝까지 완전히 암기했다가 단순히 재생하는 것이 아니며, 그렇다고 구연현장에서 즉흥적으로 창작하는 것도 아니다. 무당들은 무의(巫儀)를 익히는 과정에서 작시단위(作詩單位)들을 먼저 익히고, 구연의 현장에서는 자신이 미리 익혀서 머리속에 저장해 두었던 이 단위들을 적절히 활용하여 하나의 굿거리를 엮어가는 것이다.[32] 이 작시단위들 가운데 대부분은 무속적 관습에 의해서 이미 고정되어 있으며, 오랜 세월을 전승되는 동안 기억에 편리하도록 잘 짜여져 있는데, 연구자에 따라서는 이를 투식어구(套式語句),[33] 투식적(套式的) 표현단위(表現單位),[34] 공식적(公式的) 표현어구(表現語句),[35] 공식어

---

31) 박경신, 「동해안 별신굿의 제차 구성 방법과 그 특징」, 『구비문학연구』 제1집, 한국구비문학회, 1994, 331면.

32) 박경신, 「무가(巫歌)의 작시원리(作詩原理)에 대한 현장론적(現場論的) 연구」, 서울대학교 박사학위논문, 1991, 9면.

33) 서대석, 「판소리와 서사무가(敍事巫歌)의 대비(對比) 연구(硏究)」, 『논총』 제34집, 이화여자대학교 한국문화연구원, 1979.

구(公式語句),[36] 공식적(公式的) 작시단위[37] 등으로 이름 붙였다. 이렇게 무속적 관습에 따라 만들어진 작시단위 이외에 무가 사설에 들어가는 불경(佛經)이나 무경(巫經) 등은 학습에 의해 암기하고 있다가 필요한 자리에서 재생시킴으로써 작시단위로 활용하는 방법을 사용한다. 이러한 일련의 과정은 어린아이가 반복되는 학습을 통해서 단어와 어법을 습득하고 있다가, 필요시에 자신의 머리 속에 기억되어 있는 언어의 창고 속에서 적절한 어휘와 표현법을 가져와서, 그 상황에 맞추어 하나의 문장을 엮어 자신의 의사를 표현하는 과정과 기본적으로 같다. 따라서 무당들은 좋은 작시단위들을 많이 익히고 있어야 하고, 구연현장에서의 상황이나 그 변화에 적절히 대응할 수 있는 재치를 동시에 갖출 것이 요구되는데, 그 중 더 중요한 것은 물론 전자(前者)이다.

그러나 실제 구연현장에서 무당이 이러한 작시단위들을 활용하여 한 편의 무가를 엮어갈 때에는 여러 가지 고려해야 할 점들이 있게 마련이다. 무당들은 그러한 사실을 구체적으로 알지는 못하겠지만, 문학 연구자의 입장에서 보면 갈래에 따라 그 구체적 전승과정에는 차이가 있는 것으로 보인다.

서정무가의 경우에는 대부분의 경우에 민요나 유행가 등이 그대로 들어가기 때문에, 무당은 그 노래를 그대로 구연하면 별 문제가 없다고 볼 수 있다. 이 노래들은 일상생활 속에서 저절로 익혀지는 경우가 많고, 특별한 학습이 필요없는 경우도 많다. 교술무가의 경우, 활용되는 작시단위들은 거의가 무가에서 널리 활용되는 작시단위들이고, 무속의례의 관습에 따라

---

34) 이헌홍, 「심청가의 투식적(套式的) 표현단위(表現單位)에 대하여」, 『민속문화』 제3집, 동아대학교, 1981.
35) 김병국, 「구비서사시로서 본 판소리 사설의 구성 방식」, 『한국학보』 27집, 일지사, 1982.
36) 강등학, 『정선(旌善) 아라리의 연구(硏究)』, 집문당, 1988.
37) 박경신, 「무가(巫歌)의 작시원리(作詩原理)에 대한 현장론적(現場論的) 연구」, 서울대학교 박사학위논문, 1991, 14면.

고정된 틀이 있는 것들이다. 이것들은 무의를 익히는 과정에서 반복된 학습을 통해 습득되는데, 무당은 일정한 위치에 일정한 작시단위를 배치해서 한 편의 무가를 엮어간다. 서사무가의 경우에는 이중적 원리가 적용된다고 할 수 있다. 즉 이야기 줄거리는 설화에서와 같이 서사구조에 따라 기억하고, 개별 장면의 구체적 묘사나 표현에 해당하는 것들은 이미 익히고 있는 작시단위들을 활용하여 엮어가는 방법을 사용한다. 희곡무가의 경우에는 서사무가의 경우와 기본적으로는 비슷하지만, 서사무가에 비해서 훨씬 더 현장상황에 영향을 많이 받게 된다. 같은 무당이 같은 굿거리를 진행했을 때에도 희곡무가의 경우 그 자료에 차이가 더 많이 나타난다. 이것은 희곡무가가 현장상황에 더 큰 영향을 받기 때문으로 이해된다.

2) 무가의 구연 방식

무가의 구연 방식은 그 분류기준을 무엇으로 설정하느냐에 따라 매우 다양할 수 있다. 독경무의 독경 구연 방식은 세습무나 강신무의 굿에서의 구연 방식과 다르고, 세습무와 강신무의 구연 방식도 서로 다른 점이 있다. 더 구체적으로 보면, 서서 하는 경우와 앉아서 하는 경우가 있고, 신단(神壇)을 정면으로 바라보면서 구연하는 경우와 신단을 등지고 구경꾼들을 향해서 구연하는 경우가 있고, 무당 자신이 직접 반주를 하면서 구연하는 경우와 반주는 악사(樂士)들이 하고 무당은 그 반주에 맞추어서 구연만 하는 경우도 있다.

이 문제에 관해서는 서사무가를 대상으로 판소리와의 관계를 구체적으로 논한 연구결과가 있어 좋은 참고자료가 된다.[38] 이 연구결과에 의하면, 서사무가의 구연 방식은 구송창(口誦唱)과 연희창(演戱唱)으로 나눌 수 있는데, 구송창은 독경무의 앉은굿에서 하는 구연 방식이 그 전형이고, 연희

38) 서대석, 「판소리와 서사무가(敍事巫歌)의 대비(對比) 연구(研究)」, 『논총』 제34집, 이화여자대학교 한국문화연구원, 1979.

창은 동해안의 세습무들의 구연 방식이 그 전형이라고 한다.

> 서사무가의 구연형태는 지역에 따라, 무풍에 따라 일정하지 않다. 독경을 주로 하는 무들은 반주무가 없으며 앉아서 자기가 북을 치며 서사무가를 구연한다. 이것은 전국적인 현상으로 구연형태에서 큰 차이가 없다. 다만 충청도 일대의 '법사'라고 하는 독경무는 북과 꽹과리를 동시에 치고, 경기도 지역에서는 북만 친다는 점을 보면 반주 악기에는 차이를 인정할 수 있다. 한편 굿을 하는 무녀들의 경우는 반주무의 가락에 맞추어 춤과 노래를 섞어 무가를 구연한다. 그런데 서울 지역의 경우 서사무가를 구연할 때는 구연하는 무가 잽이들의 반주를 중지시키고 자기가 장고 장단을 치며 앉아서 구연한다. 이것은 전라도 지역 세습무의 경우에도 같은 형태를 찾을 수 있다. 이처럼 다양한 서사무가의 구연형태를 크게 구송창과 연희창으로 대별해서 논하기로 한다. 구송창은 독경무가 앉은굿에서 하는 구연형태가 전형이고 서울 지역의 서사무가 구연형태도 포함된다. 연희창은 주로 동해안 세습무들의 구연방식을 말한다.[39]

그리고 이와 같은 구송창과 연희창의 구연 방식에 대해 그 차이점을 다음과 같이 지적하고 있는데, 이는 구송창이 비교적 신성성을 강하게 의식하는 데에 대해 연희창은 오락성을 강하게 의식한다는 것을 의미한다.

> ① 구송창은 창자 스스로 반주를 하는 데 비하여 연희창은 반주무와 창자가 분리되어 있다.
> ② 구송창은 낭송조로 일관하여 변화가 적은데, 연희창은 말과 창을 섞어서 진행하며, 창은 낭송이 아니고 악곡의 변화가 있는 가창이다.
> ③ 구송창은 좌창이며 수반되는 동작이 없는데, 연희창은 입창이고 보조동작을 수반한다.
> ④ 구송창본은 삽입되는 세속가요나 골계적인 재담이 적은데, 연희창본에는 이러한 요소가 많이 삽입된다.[40]

---

39) 위의 논문, 17면.
40) 위의 논문, 17면.

무가는 신을 대상으로 구연되기 때문에 신단을 정면으로 바라보면서 구연하는 구송창 형태가 원초적인 구연 형태였다. 신단을 등지고 인간을 향해서 구연하는 연희창 형태는 신보다는 인간을 강하게 의식한 결과이며, 신성성보다는 인간의 흥미에 더 관심을 둔 구연 방식이라고 할 수 있다. 따라서 무가의 구연 방식이 구송창에서 연희창으로 이행된 과정을 통해서 무가의 제의적 기능이 퇴색되고 오락적 기능이 강화되는 과정을 읽어낼 수 있다.

6. 무가의 문학성과 문학사적 의의

무가는 무속제의와 결합된 것이고, 무속제의는 주술성과 신성성을 바탕으로 한다. 그러나 무속의 관습에 따라 무속의례는 신과 인간 사이의 화합의 축제를 요구한다. 바로 이 점이 오락성이 개입할 수 있는 자연스러운 여건이 되고, 무가가 문학으로 성장할 수 있는 기반이 된다고 할 수 있다. 악기 반주와 노래와 춤이 함께 하는 굿판은 흥겨운 축제마당으로 인식되기에 가장 적합한 조건을 갖추고 있다. 이러한 상황에서 인간들이 신성성보다는 오락성을 점점 더 요구하게 되는 것은 자연스러운 일이다. 인지의 발달과 함께 강화된 주술성과 신성성에 대한 회의(懷疑)는 오락성의 강화를 더 강하게 요구하는 결과를 낳았을 것이다. 이러한 요구에 발맞추어 주술성과 신성성을 바탕으로 신을 대상으로 구연되던 무가는 점점 인간을 대상으로 하는 형태로 변모했고, 그에 맞추어 오락성과 예술성이 점점 강화되었을 것이다. 도저히 '용할 수 없는' 무당인 세습무가 존속할 수 있었다는 사실은 바로 이렇게 예술적으로 세련되게 잘할 것을 요구하는 관중의 기대에 부응할 수 있었기 때문이었던 것이다. 세습무들은 대대로 내려오면서 그들의 무가를 가다듬고 확장시켜서 '잘할 것'을 요구하는 관중들의 기대에 적극적으로 부응했다는 점에서 강신무보다는 무가의 문학성 제

고에 훨씬 더 기여했다고 할 수 있다.

무가는 많은 무당들에 의해서 오랜 세월 전승되는 동안에 그 예술성이 높아져서 오늘에 이르렀다. 매끄럽게 구연될 수 있도록 율격적으로 가다듬어지고, 같은 내용이라도 더 큰 공감을 얻을 수 있는 가장 적절한 표현을 마련했다. 무가의 사설에 비유(比喩)와 대구(對句)가 많은 것은 이 때문이다. 더 쉽게 기억하고, 더 오랜 시간을 구연하기 위해서 적절한 작시단위를 개발했고, 그것을 효과적으로 활용하여 사설을 엮어갈 수 있는 문학적 역량을 길렀다. 무가 사설 속에 들어 있는 많은 노래들이 판소리를 비롯한 다른 갈래들에 수용되었다는 사실은 무가 사설이 그만큼 문학적으로 뛰어나다는 뜻이기도 하다. 무가는 유려한 율조에 세련된 표현을 갖추고 있는 훌륭한 문학이다.

무가는 문학사적으로도 중요한 의의가 있다.

무가는 가장 오랜 역사를 가지고 있으며, 여러 가지 악조건을 견뎌내고 현재도 꿋꿋하게 살아 있는 구비문학 갈래이다. 이렇게 오랜 세월 동안 전승되면서 무가는 다른 갈래들과 끊임없는 갈래 교섭을 통해 우리 문학 발전에 기여해 왔다. 민요를 비롯해서 판소리, 시조, 한시(漢詩) 등 다양한 다른 갈래들을 적극적으로 수용하여 무가 자체의 문학적 자산을 더욱 풍성하게 하면서, 동시에 판소리, 민요, 민속극 등에 자양분을 제공했다. 특히 판소리와 민속극에 대해서는 그 모태의 역할을 훌륭히 수행했다고 할 수 있다.

▪ 참고문헌

<주요 자료집>

김금화, 『김금화의 무가집』, 문음사, 1995.

김선풍, 『남해안 별신굿』, 박이정, 1997.
김영진, 『충청도무가』, 형설출판사, 1976.
김진영 · 홍태한, 『바리공주전집』(1~2), 민속원, 1997.
김태곤, 『한국무가집』 I ~ IV, 원광대학 민속학연구소 · 경희대학교 민속학연구소, 1971~1979.
김헌선, 『일반무가』, 고려대학교 민족문화연구소, 1995.
______, 『한국의 창세신화』, 길벗, 1994.
박경신, 『울산지방 무가자료집』(1~5), 울산대학교 인문과학연구소, 1993.
______, 『한국의 별신굿 무가』(1~12), 국학자료원, 1999.
서대석 · 박경신, 『서사무가 1』, 고려대학교 민족문화연구소, 1996.
____________, 『안성무가』 집문당, 1990.
손진태, 『조선무격(朝鮮巫覡)의 신가(神歌)』(其一~其四), 『청구학총』(20, 22, 23, 28호), 1933~1937.
______, 『조선신가유편(朝鮮神歌遺篇)』, 동경 : 향토문화사, 1930.
아카마쓰(赤松智城) · 아키바(秋葉隆), 『조선무속(朝鮮巫俗)の 연구(硏究)(上)』, 대판옥호서점, 1937.
이균옥, 『동해안 별신굿』, 박이정, 1998.
이선주, 『인천지역무속』(I ~ III), 동아사, 미문출판사, 1987~1989.
임석재, 『줄포무악』, 문화재관리국, 1970.
임석재 · 장주근, 『관북지방무가』(추가), 문교부, 1966.
____________, 『관북지방무가』, 문화재관리국, 1965.
____________, 『관서지방무가』, 문화재관리국, 1966.
장주근 · 최길성, 『경기도지역 무속』, 문화재관리국, 1967.
진성기, 『남국의 무가』, 제주민속연구소, 1968.
______, 『제주도무가본풀이사전』, 민속원, 1991.
최길성 『한국무속지』(1~2), 아세아문화사, 1992.
최정여 · 서대석, 『동해안 무가』, 형설출판사, 1974.
현용준, 『제주도 무속자료사전』, 신구문화사, 1980.
______, 『제주도 토산당굿』, 문화재관리국, 1966.
현용준 · 김영돈, 『제주도 무당굿놀이』, 문교부, 1965.
현용준 · 현승환, 『제주도무가』, 고려대학교 민족문화연구소, 1996.

<주요 참고논저>

김영일, 「한국무속서사시의 서사구조연구-'본풀이' 서사모형과 민담구조와의 대비를 중심으로-」, 서강대 박사학위논문, 1985.
김인회 외, 『한국무속의 종합적 고찰』, 고려대학교 민족문화연구소, 1982.
________, 『한국무속사상연구』, 집문당, 1987.
김태곤, 『한국무속연구』, 집문당, 1981.
_____, 『황천무가연구』, 창우사, 1966.
김헌선, 「경기도 도당굿무가의 현지연구」, 경기대 박사학위논문, 1991.
_____, 『한국의 창세신화』, 길벗, 1994.
박경수 · 서대석, 『한국민요 무가 유형분류집』, 『한국구비문학대계』 별책부록(Ⅲ), 한국정신문화연구원, 1992.
박경신, 「무가의 작시원리에 대한 현장론적 연구」, 서울대 박사학위논문, 1991.
서대석, 「무가」, 『한국민속대관 6』, 고려대학교 민족문화연구소, 1982.
_____, 「판소리와 서사무가의 대비연구」, 『논총』 34, 이화여자대학교 한국문화연구원, 1979.
_____, 『한국무가(韓國巫歌)의 연구(硏究)』, 문학사상사, 1980.
서울대학교 규장각 刊, 『巫黨來歷』, 1966.
아카마쓰(赤松智城) · 아키바(秋葉隆), 『조선무속(朝鮮巫俗)の 연구(硏究)(下)』, 대판옥호서점, 1938.
유동식, 『한국무교의 역사와 구조』, 연세대학교출판부, 1975.
이경엽, 「전남무가의 연구」, 전남대 박사학위논문, 1997.2.
이균옥, 「동해안 지역 무극 연구」, 경북대 박사학위논문, 1996.6.
이능화, 「조선무속고」, 『계명』 제19호, 계명구락부, 1927.
이수자, 「제주도 무속과 신화연구」, 이화여대 박사학위논문, 1989.
장덕순 · 조동일 · 서대석 · 조희웅 공저, 『구비문학개설』, 일조각, 1971.
장주근, 「한국구비문학사」 上, 『한국문화사대계』 V, 고려대학교 민족문화연구소, 1967.
_____, 『한국의 신화』, 성문각, 1961.
진성기, 『남국의 무속』, 형설출판사, 1987.
최길성, 『한국무속론』, 형설출판사, 1981.
_____, 『한국무속의 연구』, 아세아문화사, 1978.

______, 『한국무속의 이해』, 예전사, 1994.
______, 『한국의 무당』, 열화당, 1981.
키스터, D. A, 『무속극과 부조리극』, 서강대학교출판부, 1986.
하주성, 『경기도 도당굿의 무가』, 경기문화재단, 2000.
현용준, 『제주도 무속연구』, 집문당, 1986.
홍태한, 「서사무가 〈바리공주〉 연구」, 경희대 박사학위논문, 1997.8.
황루시, 「무당굿놀이 연구-제의적 요소를 중심으로 한 민속연희와의 비교 고찰-」, 이화여대 박사학위논문, 1987.

제 5 장
판소리의 이해

1. 판소리란 무엇인가

판소리는 광대가 병풍을 두르고 돗자리를 펼친 마당이나 공연장에서 고수의 북 반주로 긴 이야기를 몸짓을 섞어 가며 흥미롭게 노래하는 '판의 예술'이다. 연행하는 형태로 보자면 이야기꾼이 옛날이야기를 펼쳐내는 서사 연극의 모습을 띠고 있으며, 광대가 멋진 기량으로 판소리를 노래 부른다는 점에서 음악극의 형태를 보여주기도 한다. '판'에서 이야기와 노래와 연행이 함께 이루어지는 종합예술 형태가 바로 판소리인 것이다.

1) 판과 소리

'판소리'는 '판'과 '소리' 두 단어의 결합으로 이루어진 합성어이다. '판'은 장면이나 무대 또는 여러 사람이 모인 공간을 의미한다. 대중에게 즐거운 연희를 보여주기 위하여 마련된 공간을 우리는 '놀이판'이라고 부른다. 놀이판에서는 여러 종류의 놀이가 벌어진다. 전통 사회에서는 유랑 예능인들이 놀이판을 마련하고, 그곳에서 땅재주나 줄타기 등의 곡예를 공연했다. 무당들이 굿을 하거나 광대들이 놀이를 하는 공간을 '굿판'이라 하며, 굿판에서 벌인 여러 예술 형태를 묶어서 '판굿' 혹은 '판놀음'이라 불렀다.

전통사회의 굿판에서 광대들이 벌이는 판놀음에는 풍물이나 줄타기, 그리고 꼭두각시놀음 등의 여러 레퍼토리가 있었으며, 판소리는 소리광대가 청중을 대상으로 노래로서 판을 이끌어가는, 소리의 측면이 강화된 연행예술이었다. 판소리는 '판놀음'에서 따로 떨어져 나와 개인집 안마당이나 고을 관아 또는 궁중의 정원 등 많은 사람들이 모인 판에서 독자적으로 공연하게 되었다.

'판'에는 물건을 일정한 규격으로 찍어내는 틀이라는 의미도 포함되어 있다. '판을 짜다'라는 말에서 보이듯이, 판소리는 긴 노래의 사설과 악조(樂調)를 배합하여 하나의 완결된 형태, 즉 판으로 짜서 부르는 노래라는 의미로 해석될 수 있다. 판창(板唱)은 일정한 율격을 갖추어 짜 맞춘 긴 노래라는, 동아시아권에 있던 구송예술을 지칭하는 개념이다. '판에 박히다'라는 표현에서 알 수 있듯이, 판소리는 일정한 줄거리의 이야기를 '정해진 상투적 양식에 따라 부르는 긴 노래'로 규정할 수 있다.

판소리에서 '소리'는 기본적으로 노래를 의미하지만, '노래'보다 포괄적인 범주를 지칭하고 있다. '노래'는 사람의 목소리로 가사에 곡조를 붙여 부를 수 있게 만든 음악 곡의 한 형태이다. 이에 비하여 '소리'는 사람의 청각기관을 자극하여 뇌에서 해석되는 온갖 종류의 매질의 움직임을 뜻한다. '소리'는 말과 노래, 바람이나 파도가 치는 소리 등 훨씬 범주가 넓은 성악곡을 지칭한다. 판소리에는 나발소리, 귀곡성, 악기구음 등이 다양한 방식으로 표현되어 노래 불린다. '판노래'라고 부르지 않고 '판소리'라고 부른 이유는, 판소리에 담겨있는 '노래'를 포함한 다양한 '소리'를 중요하게 생각해서 그렇게 부른 것이다.

판소리는 상당히 완강한 틀로 짜여 있기 때문에, 쉽게 변화하지 않은 채 전승된다. 그렇지만 빼어난 광대는 공연 현장에서 관객과 호흡을 맞춰가는 과정에서 즉흥적으로 애초의 판의 내용이나 곡조와는 다른, 새로운 창작품을 삽입하여 부르기도 한다. 관객은 광대의 빼어난 공연을 감상하면서 소리 중간에 '얼씨구', '좋다'라고 자신의 느낌을 표현하면서 참여하는데 이것을 '추임새'라고 부른다.

2) 창과 아니리

광대는 오른 손에 부채를 들고 판을 이끌어 가는데, 잘 들어보면 노래로 하는 부분과 말로 하는 부분이 교차되어 나타나는 것을 알 수 있다. 노래로 부르는 부분을 '창(唱)'이라 하고, 말로 하는 부분을 '아니리'라고 한다. 판소리는 아니리와 소리를 서로 교차하여 연행하면서, 노래에서는 극적인 내용을 고조시키기도 하고, 아니리에서는 긴장된 정서를 풀어주는 방식으로 노래한다. 단순화시켜 말하면 판소리는 '아니리+소리+아니리+소리+아니리+소리……'의 연속적 반복으로 이루어진 서사시인 셈이다.

'아니리'는 소리와 소리 사이에 평탄한 말로 이야기의 줄거리를 요약해 주거나, 이야기의 진행을 설명하는 부분이다. 광대는 노래를 부르면서 그 안에 비장하거나 골계적인 정서를 담아 청중과 동화되면서 극적 정서를 고양시킨다. 그리고 아니리를 통하여 광대는 지금 막 들려준 노래에서 죄어놓았던 청중의 긴장을 풀어주면서, 스스로는 숨을 돌리고 목을 쉬면서 다음 소리를 대비하는 것이다.

소리에는 장단이 따르기 때문에 고수가 장단에 맞춰서 북을 친다. 소리 가운데는 장단은 그대로 달아두면서 말로 하는 부분이 있다. 그리고 아니리를 하는 도중에 장단 없이 소리가 나오는 대목이 나타나기도 한다. 아니리 속에 포함되어 노래처럼 창조로 부르거나, 창을 하면서 장단을 타지 않고 말로 하는 부분을 '도섭'이라고 부른다. 그러니까 도섭은 아니리도 아니고 창도 아니면서, 그 중간의 위치에서 판소리의 음악적 성격을 표출해내는 하나의 특징이 된다.

3) 판소리 창자의 조건

판소리 창자는 판소리로 구연되는 작품의 문학적 이해와, 그에 근거한 음악적·연극적 표현 기술을 동시에 갖추고 있었다. 그러므로 광대는 전통 사회의 예술인으로서 음유 시인이자, 작곡가이며, 가수이자 연극배우라 할 수 있다. 판소리 창자는 우선 훌륭한 가수로서 좋은 목을 타고나야 되며, 좋은 스승의 지도 아래서 오랜 훈련을 통하여 완성된 성음을 구사해야 한다. 우리가 좋은 판소리 창자를 '학습(學習)이 좋다'고 표현하는데, 이 말은 좋은 스승에게 좋은 바디의 소리를 배워서, 자신이 오랜 기간 다듬고 익혀서 제대로 된 판소리를 구사할 줄 한다는 뜻이다. '득음(得音)'은 판소리에서 필요로 하는 음색과 여러 가지 발성의 기교를 습득하는 것을 가리킨다. 판소리는 쉬어서 거친 듯 하고 탁하면서도 맑은 목소리, 즉 '곰삭은 성음'을 구사하여 연행한다. 탁하면서도 맑아야하고, 거칠면서도 부드러운 소리를 구사하는 것이 판소리 창자의 가장 중요한 자산이다.

판소리는 목소리를 표현 매체로 사용하는 예술이기 때문에, 목소리의 특징을 설명하는 '목', '성음(聲音)' 등의 용어로 소리의 특징과 완성도를 규정하고 있다. 판소리 창자가 갖고 있는 음색으로 '통성', '수리성', '천구성', '떡목' 등이 있는데, 이는 창자가 갖고 있는 발성법에 따른 음색이나 음질, 그리고 소리의 특징과 완성도를 아울러 표현하는 용어이다. '통성'은 뱃속에서 바로 위로 뽑아내는 호방한 소리를 말하며, '수리성'은 쉰 목소리와 같이 껄껄하면서도 어딘지 위엄 있는 소리를 의미한다. '천구성'은 거칠고도 맑으면서 높은 음역으로 내는 소리를 말하며, 가장 좋은 성음으로 친다. 그리고 '떡목'은 텁텁하고 얼붙어서 표현하고자 하는 내용과 특별히 조화를 이루지 못하는 목소리를 지칭한다. 이밖에도 '철성', '양성', '노랑목', '발발성' 등 소리의 특징을 규정해주는 용어가 많이 있다.

광대는 소리를 하는 가수이면서, 연희를 보여주는 배우로서, 몸짓을 통해서도 판소리를 연기하는 배우이기도 하다. 광대가 소리를 하면서 보여주는 몸짓이나 연기를 '너름새'와 '발림'이라고 한다. '너름새'는 판소리의 노랫말에서 들려주는 내용을 춤이나 동작을 통하여 하나의 장면으로 만들어 보여주는 기교를 나타낸다. 판소리 광대에게 부채는 유일한 소도구이다. 그는 부채를 세로로 펴서 톱을 만들어 박을 타는 흉내를 내거나, 부채를 떨어뜨려 심청이

인당수에 빠지는 모습을 형용하고, 부채를 가로로 펴서 이도령에게 보내는 편지를 표현해낸다. 너름새는 사실적이기도 하지만 상징화되고 양식화된 방법을 사용하기도 한다. 신재효는 그의 <광대가>에서, 광대가 갖춰야 할 요건으로 '인물치레', '사설치레', '득음', '너름새'의 네 가지 덕목을 꼽았다. 너름새는 소리꾼이 소리를 하는 가운데, 순식간에 천태만상을 보여주기 위하여 광대가 제대로 구사할 줄 알아야하는 연극술인 셈이다.

4) 소리꾼·광대·명창

판소리 창자를 지칭하는 용어로 소리꾼이나 가객이 일반적이다. 가장 전통적인 호칭은 '광대(廣大)'이다. 전통사회에서 예인들은 본디 천대받으면서 살아가는 존재였는데, 그들을 지칭하는 용어가, "넓고 큰 세상을 무대로 삼아 활동하는 예술가"를 의미하는 광대라고 불린 것은 아이러니컬하다. 실력을 갖추어 누구에게나 인정받는 판소리 창자를 표현하는 용어로 '명창(名唱)', '국창(國唱)', '대광(大廣),' '가왕(歌王)', '가선(歌仙)' 등의 표현이 있다. '국창(國唱)'은 흔히 어전광대라고 하여 왕 앞에서 판소리를 펼쳐 보인 광대를 추켜서 부르는 이름이다. '가왕(歌王)'은 19세기에 활약한 명창 송흥록에게 헌정된 칭호였고, '가선(歌仙)'은 명창 박기홍을 지칭하는 별호였다.

판소리 창자는 대체로 무속을 전업으로 하는 전통예인 집단에서 충원되었다. 이 집단이 음악적으로 뛰어났고 세습적으로 예능이 전승되었기 때문에 당연히 탁월한 기량을 갖추어 명창의 길을 걷는 경우가 대부분이었다. 이들 세습집단의 광대를 '동간'이라 부르기도 한다. 그런데 세습 집단이 아닌 곳에서 충원되는 경우도 있었다. '비가비 광대'는 전통적 예인집단이 아닌, 양반층에서 충원된 광대를 지칭하는 말이다. 세습적으로 기량을 전수받지 않았으나 판소리에 대한 매력에 빠져 스스로 광대의 길로 들어선 사람들이 있었다. 양반 출신이면서 명창이 된 권삼득 같은 경우가 대표적인 예라 하겠다. 창을 하는 솜씨는 뛰어나지 않으나 재담이나 연기로 판을 휘어잡는 솜씨가 뛰어난 명창을 '아니리 광대'라고 부르기도 한다.

5) 토막소리와 완창판소리

광대는 오랜 시간에 걸쳐 서사적인 내용의 판소리를 부르기에 앞서, 목을 풀기 위하여 짤막한 서정적인 노래를 부르는데, 이때 부르는 노래를 단가(短歌)라고 한다. 단가는 허두가(虛頭歌), 초두가(初頭歌), 영산(靈山) 등으로 불리기도 하였다. 단가를 부르면서 광대는 스스로 자신의 목상태를 점검하고, 고수와 호흡을 조절하며, 청중의 분위기나 수준을 포착한다. 단가는 대체로 중모리 장단에 우조로 짜여 있다. 현재까지 전하고 있는 단가는 40여 가지가 되는데, 이 가운데 「진국명산」, 「죽장망혜」, 「편시춘」, 「적벽부」, 「호남가」, 「백발가」, 「이산저산」 등이 자주 불린다. 짤막한 허두가를 부르고 난 다음, 광대는 본격적인 판소리를 구연한다.

판소리가 성립되면서 성장하던 19세기 초반까지, 판소리 공연은 지금처럼 몇 시간에 걸쳐 처음부터 끝까지 완성된 바디로 존재한 것은 아니었다. 관객의 흥미를 끌 수 있는 단형의 노래들이 '토막소리'라는 이름으로 구연되었다. 청중에게 인기 있는 어느 대목을 떼어내서 부르는 것이 일반적이었고, 그것들이 '더늠'으로 이어져 내려왔다. '더늠'은 "더 집어넣은 대목"이라는 뜻으로, 기존에는 소리로 존재하지 않은 것을 명창이 스스로 지어 넣어서 독창적인 저작권을 인정받는 소리 대목을 뜻한다.

판소리에 청중과 관객의 흥미가 집중되면서 줄거리가 확장되고 더늠이 늘어나게 되면서, 판소리는 서너 시간에서 여섯 시간 이상이 걸리는 아주 긴 서사적 노래가 되었다. 판소리 한마당을 완창하는 데는 시간이 지나치게 오래 걸린다. 그래서 한 작품 전체가 한 자리에서 완창으로 공연되는 경우는 드물었다. 19세기 중반에 이르러 판소리가 양반층의 애호물이 되면서 판소리 전판이 공연되는 경우도 생겨나게 된 것이다. 명창 방만춘이 양반집 사랑채에서 밤을 새워가며 <적벽가>를 완창했다는 기록이 있는 것으로 보아 그 인기의 정도를 짐작할 수 있다. 완창되는 판소리를 세는 방식으로 '마당'이 있다. 판소리 한마당, 판소리 두마당, 이런 방식으로 불렀다. 나중에 완창될 수 있는 판소리를 가리키는 '바탕소리'라는 용어가 생겨났다.

판소리는 연행되는 형식에 따라 전체 내용이 처음부터 끝까지 다 불리는 완창판소리의 형태가 있고, 한 대목만을 따로 떼어서 부르는 '토막소리'가 있다. 일제 강점기에 많은 명창들이 유성기 음반으로 소리를 박아 넣었는데, 이때는 소리가 음반의 규격에 맞게 짜여서 3분 정도의 토막 소리로 규격화되기도 하였다. 임방울이 부른 「쑥대머리」나 이화중선이 부른 「선인따라」는 유성기 음반으로 규격화된 토막소리의 대표격이다.

6) 우조 · 평조 · 계면조

판소리는 문학적 내용의 시로 이루어진 사설에, 악곡과 장단을 배합하여 짜 맞춘 방식으로 이루어진 공연물이다. 내용으로 보면 연극적인 성격이 강한 서사작품이지만, 다른 한편으로 노래로 이루어진 음악극이기도 하다. 판소리는 각각의 사설들이 있고, 이 사설의 의미에 부합하는 악곡과 장단을 짜 넣어서 완성한 음악극이다. 판소리의 사설은 일정한 장단과 악상에 따라서 그 정서가 결정된다. 일반적으로 비장한 내용의 사설은 느린 장단에 슬픈 악상과 결합하고 있다. 기쁜 정서를 표현하기 위하여 밝고 화사한 악상에 빠른 장단을 결합하기도 한다. 어떤 경우, 빠른 장단에 슬픈 악상을 결합시켜 슬픔의 정도를 강화시키는 독특한 효과를 내기도 한다.

판소리 사설에 장단과 악상이 결합하는 양상은 아주 다채롭다. 서양음악에서 장조는 기쁘고, 씩씩하며, 웅장한 악상을 준다. 단조는 슬프고, 어두우며 애상적인 느낌을 준다. 판소리에도 이와 같은 방식으로 악상이 조직된다. 악상에는 슬픈 선율과 즐거운 선율이 있고, 장단에는 느린 장단과 빠른 장단이 있어서, 이 둘의 결합 방식에 따라 흥겨운 느낌이나 장중한 느낌, 슬픈 느낌 등이 다른 방식으로 직조된다. 판소리의 각 대목은 소리의 미의식이나 지향에 따라 우조·평조·계면조 등의 정서를 띠게 된다. 이들의 특징을 살펴보기로 하자.

우조(羽調) : 맑고, 씩씩하고, 거세다. 가곡·시조와 같은 정악의 가락을 판소리에 응용한 것으로, 웅장하고 씩씩한 느낌을 준다. 장엄한 장면, 영웅적인 인물의 호탕하고 씩씩한 기상을 표현하는 장면에서 선택된다. <춘향가> 중 「적성가」, <심청가> 중 「장승상 부인」, <적벽가> 중 「도원결의」 대목이 우조로 노래된다.

평조(平調) : 정대하고 화평하며, 편안하다. 가곡과 시조의 가락을 판소리에 응용한 것으로, 명랑하고 평화로운 느낌을 준다. 기쁜 장면, 영웅적 인물의 유유한 거동, 흥겹고 화평한 분위기를 보여주는 장면에 주로 쓰인다. <춘향가> 중 「기산영수」, <수궁가> 중 「고고천변」 대목을 들 수 있다.

계면조(界面調) : 슬프게 흐느낀다. 비장한 정서를 표현하는 판소리의 기본이 되는 악조이다. 애절히 탄식하는 장면, 슬픈 이별의 정서를 노래하는 장면에서 차용된다. <춘향가> 중 「이별가」나, <심청가> 중 「추월만정」, <흥보가> 중 「흥보 매맞는 대목」이 계면조로 노래된다.

7) 고수와 장단

소리 대목은 그 대목의 이면에 합당한 장단이 있으며, 북으로 반주한다. 판소리 창자의 소리에 북으로 장단을 맞춰주는 사람을 고수(鼓手)라고 한다. 판소리 장단은 소리의 빠르기를 북으로 조절해주는 기능을 말한다. 고수는 창자의 소리를 적절하게 반주하여 소리를 빛나게 해주어야하는 의무가 있다. 소리꾼의 특징에 잘 맞추어 북을 쳐주는 것을 '보비위'한다고 말한다. 고수는 어떤 대목에서는 강하게 각을 쳐서 소리의 진행을 강조하거나 소리의 미진함을 보완해주어야 한다. 그리고 다른 부분에서는 북소리를 거의 내지 않아 소리의 흐름을 터주면서, 소리의 사설을 관객이 음미할 수 있게 반주해야 한다. 창자의 소리흐름에 따라 적절하면서 조화롭게 북반주하는 것을 '소리의 생사맥'을 잘 집었다고 표현한다. 고수는 창자의 호흡을 제대로 파악하여 제대로 기량을 발휘할 수 있게 해주는 조연과 같은 인물이다. 고수가 제대로 창자를 뒷받침해야 창자가 빛나는 존재가 된다. 그래서 고수는 무대에서는 도드라지지 않지만, 실제로 고수가 맡고 있는 기능은 소리판 전체를 좌우할 수 있다. '일고수이명창'이라는 격언을 쓰는데, 이것은 고수의 중요성을 역설적으로 돋보이게 하는 말이다.

판소리에 사용되는 장단으로 가장 느린 진양조부터 중모리, 중중모리, 자진모리, 휘모리 등으로 빨라지며, 이 밖에 엇모리, 엇중모리 등의 장단이 있어서 소리의 빠르기를 규정하고 호흡을 조절한다. 판소리에서 쓰이고 있는 장단의 박자는 다음과 같다.

1) 진양조 : 아래 악보처럼 ♩.×6박이 기본이며, 24박(6박×4)이 하나의 프레이즈를 이룬다. 판소리에서 가장 느리고 유장한 장단이다. <춘향가> 중 「적성가」, <심청가> 중 「범피중류」 등이 진양조로 불린다.

진양조 장단

2) 중모리 : 12박이며 보통 빠르기의 장단을 지칭한다. <춘향가>에서 「쑥대머리」, <흥보가>에서 「가난타령」, <심청가>에서 「선인따라」 등이 중모리로 불린다.

중모리장단

3) 중중모리 : 12박이며 중모리보다 약간 빠른 장단이다. <춘향가>에서 「천자뒤풀이」, <심청가>에서 「화초타령」, <흥보가>에서 「제비노정기」, <수궁가>에서 「토끼화상」, <적벽가>에서 「장승타령」 등이 중중모리로 불린다.

중중모리 장단

4) 자진모리 : 4박으로 중중모리보다 빠르게 몰아가는 장단이다. <춘향가> 중 「어사출도」, <심청가> 중 「뺑덕어미 노래」, <적벽가> 중 「적벽대전」 등이 자진모리로 불린다.

자진모리 장단

5) 휘모리 : 4박으로 판소리에서 가장 빠른 장단이다. <춘향가> 중 「춘향 끌어내리는데」, <심청가> 중 「심청 물에 빠지는데」, <흥보가> 중 돈과 쌀 부어내는데」 등이 휘모리로 불린다.

휘모리 장단

6) 엇모리 : 5박(혹은 10박)으로 이루어진 일상과는 어긋나는 느낌의 장단이다. <심청가>와 <홍보가> 중 「중타령」, <수궁가> 중 「범내려오는 대목」 등이 엇모리로 불린다.

엇모리 장단

7) 엇중모리 : 6박으로 중모리를 절반으로 나누어 치는 느낌의 장단이다. 판소리의 맨 마지막 뒷풀이 대목이 엇중모리로 짜여 있으며, <춘향가> 중 「회동성참판」 대목이 엇중모리로 불린다.

엇중모리 장단

8) 장단의 부침새

고수는 창자의 소리가 흘러가는 것을 적절히 파악하여 다양한 기교로 북을 쳐서 반주하는 연주자이다. 그는 기계적으로 정해진 리듬을 치는 것뿐만 아니라, 창자가 부르는 소리의 완급, 사설이 가진 정서까지 조절하는 기능을 한다. 고수는 다양한 장단의 틀을 이용하여 창자의 소리 운용 태도에 따라 기교를 달리하여 북반주를 한다. 소리에 정확히 원박 장단을 부쳐가는 방식인 '대마디 대장단'이나, 박자의 강약을 다채롭게 구사하는 다양한 '부침새'를 구사하여 소리와 북소리가 어울려 청중에게 제대로 감상할 수 있는 기회를 주어야 한다.

'대마디 대장단'은 박자의 첫 박이 시작함과 동시에 사설의 구절도 시작하고, 사설이 끝날 때는 북반주도 함께 끝나야 하는 기교를 말한다. 규칙적이면서도 엄격한 기준이 있어서 쉽게 소리의 흐름을 예견할 수 있다. '부침새'의 기교로는 '엇부침', '잉애걸이', '완자걸이', '괴대죽' 등이 사용된다. 우리 몸에는 적절한 리듬감이 있기 때문에, 강하게 북이 쳐줘야 할 대목을 생득적으로 느끼고 있다. 그런데 강한 북소리로 반주할 것을 예상하고 있는데도 강박이 나오지 않거나, 예상보다 미리 강한 박이 나오면 자연 그 대목에서 더욱 긴장하여 소리에 몰입하게 된다. 노래와 박자가 서로 엇갈려 구사되거나, 혹은 장단을 구분할 수 없게 연출하는 기교도 청중에게는 기대의 위반이라는 독특한 경험을 유발시키면서 작품에 몰입하게 하는 것이다. 부침새의 기교가 노래의 절정부분에서 많이 연출되는 것도 이같은 효과를 제대로 구현하기 위한 것이다.

소리의 맥을 제대로 살려 주는 고수의 기능 및 역할을 중요시하여 예전부터 '일고수 이명창'이란 말로 고수의 위치를 높여 주기도 했다. 고수가 소리판의 분위기를 흥겹게 만들고 창자를 북돋아주기 위하여 '얼씨구'라든지, '좋다' 등 일정한 조흥구를 노래의 사이에 집어넣기도 하는데, 이를 추임새라고 부른다. 고수가 판소리 창자를 위하여 추임새하는 것과, 관객이 판소리 창자의 공연에 경탄하여 내는 추임새와는 성격이 구분된다. 고수가 내는 추임새는 광대의 구연 의욕을 북돋우기 위한 적극적 탄성이지만, 관중의 추임새는 판소리를 들으면서 야기된 감흥을 자연스럽게 발산하는 감탄사이며, 생동적인 판으로 이끌어 나가는데 중요한 기능을 한다.

9) 판소리의 이면

판소리는 조선 후기에 산출된 민중 예술로서, 민중의 삶이 구체적으로 반영되어 있다. 조선 후기의 민중 회화가 사실주의적 기풍을 지녔던 것과 마찬가지로, 판소리 역시 사설과 창곡뿐만 아니라 지향한 정신까지 사실적이었다. 판소리는 대체로 17세기경, 숙종조 말에 형성되었으리라 추정된다. 판소리 발생에 큰 연원을 차지하는 것은 무당이 굿판에서 부르는 긴 서사적인 내용의 무가이다. 판소리 광대들은 대개 무당의 남편이면서 장단을 쳐주거나 창악·잡희를 하면서 생계를 유지하였다는 점과 관련하여 이 같은 추정은 비교적 들어맞게 된다. 판소리와 굿에서 사용하는 장단이나 선율의 유사함이 이 같은 추정을 뒷받침하고 있다. 그러나 후반에 이를수록 판소리를 숙성시키는 인자들이 다양해졌다. 우희(優戱), 재담소리 등 연희적 요소들이 판소리의 한 구성요소로 되면서 표현이 다양해지는 계기가 되었다.

판소리 사설의 수사법과 창곡의 구성에서 중요한 특징으로 '이면(裏面)'이라는 용어로 지칭되는 사실적인 묘사를 들 수 있다. 판소리 사설과 창곡의 구성 원리는 그려내고자 하는 대상의 형태와 소리를 가능한 한 흡사하게 그려내서 청중에게 환상을 갖게 만드는 것이다. 모든 사물을 그것과 똑같이 묘사하여 현실감을 갖게 만드는 것이 바로 판소리의 수사법이다. 이면은 소리 대목들의 내용에 맞는 정서를 올바르게 음악적으로 표현해 내는 것으로, 판소리의 미의식이다. 사설의 내용이나 앞뒤 맥락에 서로 어긋나거나 모순되는 곳은 없는가, 사설의 내용과 음악적 결합이 적절한가, 창자는 이 대목을 적절히 노래 부르고 너름새를 하고 있는가 하는, 판소리의 부분적 완성도와 전체적 균형을 문제 삼는 철학적 기준을 나타내는 용어가 바로 '이면'이다. 그러나 이 용어에는 전통 사회의 가치관이 그대로 담겨 있기도 하다.

옥에 갇힌 춘향이가 밤중에 귀신이 우는 소리를 듣는 정황을 그린 노래인 「귀곡성」은 19세기 명창 송흥록의 장기였다. 어느날 명창 송흥록이 진주 촉석루에서 <춘향가>를 노래 부르게 되었다. 그런데 귀곡성 대목에 이르러 송흥록이 귀신소리를 거듭해서 내자, 갑자기 일진광풍이 일어나며 촉석루 안으로 비가 들이쳤다. 그리고는 촛불이 일시에 꺼지면서 하늘로부터 귀신의 울음소리가 들려왔다고 한다. 청중이 아우성쳐서 송흥록은 소리를 멈추지 않으면 안되었다고 전해온다. 이 경우, 송흥록이 "이면을 잘 그려냈다"라고 표현할 수 있다. <적벽가>에서 불리는 「새타령」은 조조의 군사들이 적벽대전에서 참담하게 패한 후 달아나는 군사들의 정황을 묘사한 더늠이다. 명창 이날치가 「새타령」 대목을 부르자, 수많은 새들이 모여들어 원망하는 노래와 섞였다는 에피소드가 있다. 이 같은 예들은 판소리의 사설이나 창곡이 갖고 있는 사실적인 묘사가 갖고 있는 이면그리기의 적절한 사례가 된다.

망망한 창해에 탕탕한 물결이라
백빈주 갈매기는 홍요안에 날아들고
삼상의 기러기는 평사에 떨어질제
요란한 물결소리 어적이 섞였더니
곡종인불견(曲終人不見)에 수봉만 푸르렀다.

위의 노래는 <심청가> 가운데서 「범피중류」 대목이다. 이 부분을 직접 판소리로 들어본다면 그 음악적 묘사가 상당히 사실적이라는 점을 쉽게 지적할 수 있다. 바다는 망망한 가운데 움직임이 없으며, 물결은 완만하게 움직여 고요하다. 그런 바다의 정경을 시조창처럼 유장한 가락으로 묘사하고 있다. 진양조에 맞춰 평우조로 불리는 이 장면은 바다의 고요하고 잔잔한 정황을 그대로 그려내고 있다.

한곳에 당도하니 이는 곧 인당수라
광풍이 대작하고 파도가 흉용하여
벽력같은 급한 소리 산천을 바꾸는 듯
태산같은 뉘덩이가 하늘을 삼켰는 듯
자던 용이 놀라 울고 성난 고래 도망하니
심청이 실은 배가 노도 잃고 키 빠지고
용총줄 뚝 끊어져 뱃머리 뱅뱅 도니
도사공이 대겁하여 새 의복 내어입고 고사를 드릴 적에

이 부분은 앞의 노래에 이어지는 대목으로, 심청이 탄 배가 인당수에 당도하는 장면이다. 배가 인당수에 이르자 지금까지 고요하던 바다는 갑자기

일렁여서 폭풍우가 몰아치게 된다. 그런 장면을 그려내기에는 자진모리의 빠른 장단이 제격이다. 광대는 급한 호흡으로 폭풍이 불고 파도가 휘몰아치는 인당수의 모습을 숨넘어가듯 불러 제킨다. 노랫말의 의미를 채 알아듣기도 전에 다음 대목이 이어지면서, 심청이 처한 상황이 얼마나 급박한 것인지를 확연히 드러내준다.

판소리는 낙엽 떨어지는 소리를 들려줘서 상상하게 만들어준다. 귀신이 우는 소리를 듣노라면 어느새 소름이 끼쳐온다. 판소리는 현실을 핍진하게 표현한다. 판소리에 담긴 현실은 당대를 살고 있는 서민들이 처한 현실이다. 판소리의 사설과 창곡 속에는 당대의 현실이 반영되어 있다. 구체적으로 어떤 현실이 담겨 있는가? 무엇을 중요한 현실이라고 인식했으며, 그 현실은 어떻게 사설 가운데 반영되어 있는가? 어떤 현실을 담았는지를 살펴보자.

> 이 여러 자식들이 노상 밥이 부족하여 서로 뺏어 먹었구나.
> 그리 많은 밥이로되 큰놈 입에 넣은 것을 작은놈이 뺏어 훔쳐
> 큰놈도 빼앗기고 새로 지어먹었으면 싸움 아니 하련마는
> 악을 쓰며 주먹 쥐어 작은놈 볼때기를 이빠지게 찧으면서
> '개아들놈 쇠아들놈' 밥통이 엎어지고 살벌히 일어나되
> 무지한 저 흥보는 밥먹기에 윤기(倫紀) 잊어
> 자식 몇 놈이 뒈져도 살릴 생각은 아예 않고
> 그 뜨거운 밥이로되 두 손으로 서로 쥐어 세죽방울 놀리는 양
> 크나큰 밥덩이가 손에서 떨어지면
> 목구멍으로 바로 넘어 턱도 별로 안 놀리고
> 어깨춤 눈번득여 거의 한말어치를 처치한 연후에…

이 노래는 <흥보가>의 한 대목이다. 흥보가 워낙 가난하게 살다가, 박 속에서 나온 쌀로 온 가족이 밥을 지어 실컷 먹는다는 것이 그 줄거리이다. 여러 끼니를 굶은 사람들의 소원이 이런 식의 노래를 부르게 만들었다. 노래를 부르는 광대도, 노래를 듣는 사람들도 모두 민중이었다. 흥보가

밥을 너무 많이 먹고는 식곤증에 겨워, "나는 밥 한끼를 배불리 먹는데도 이렇게 후달리는디, 부자들은 매일 이렇게 먹고 어떻게 사는고?"라고 능청을 떠는 장면은 희비극적 요소가 담겨있다. 지배층과는 적대적인 위치에 있었던 판소리 광대들이, 판소리의 사설과 가락을 통하여 지배층의 비리를 고발하고, 양반과 상민으로 나뉘어 있는 신분제의 모순을 폭로하는 한편, 민중들의 소망에 부합되는 내용을 노래한 것은 당연한 일이다.

2. 판소리의 전개와 변모

판소리 사설의 내용은 광대들 자신의 경험을 구체적으로 묘사하는 것으로 한정되었으며, 다른 어떤 관념적・추상적인 사고가 끼어들지 않았다. 그래서 광대들이 판소리의 주인공을 묘사하는데 풍속화풍을 띠게 되었다. 노래판의 마당, 즉 무대는 시장이나 창촌(倉村), 광산촌 등지였고, 청중들도 그 무대 옆 일터에서 직접 일을 하는 민중들이었다. 이 때문에 사설은 길거리・논밭・일터 등 일상생활의 장소 어디서나 실제로 쓰이고 있는 생활말을 그대로 판소리 언어로 사용했다. 거칠면서도 소박하고 건강한 민중의 언어가 바로 판소리의 노랫말이 되었다.

그러나 판소리가 형성되고 이러한 판소리 사설의 사실성이 일관되게 민중의식을 표방한 것만은 아니다. 후대에는 양반들이 판소리의 중요한 청중・관객으로 자리 잡으면서, 양반층의 영향을 깊이 받게 되면서 관념적이고 사변적인 내용의 시들이 판소리의 사설로 확장되기도 하였다.

판소리사를 처음으로 주목한 김동욱[1]은 판소리 광대들의 활동을 중심으로 세 시기로 분류하였다. 영・정조시대의 형성기, 순조에서 고종・신재효까지를 전성기, 그리고 개화 이후를 쇠잔기로 보았다. 이 분류는 판소리

1) 김동욱, 『한국가요의 연구』, 을유문화사, 1961.
_____, 『춘향전 연구』, 연세대출판부, 1976.

광대들의 수효와 창을 하는 솜씨를 기준으로 한 것이다.

김흥규[2])도 역시 판소리사를 주목하였는데, 분류의 기준은 약간 차이가 있다. 17세기 · 18세기 · 19세기의 세 시기로 나누어서 각각 형성기 · 성장기 · 변모기에 해당한다고 시기를 나눈 점은 김동욱과 비슷하나, 신재효를 변모기에 분류시킨 점이 김동욱의 분류와 구분된다. 김흥규는 판소리 자체의 융성이나 광대 수효의 증가나 창을 하는 솜씨를 판소리사 분류의 기준으로 삼지 않고, 문학사회학적인 입장에서 판소리가 가지는 역사적 기능, 즉 민중예술로서의 의의를 주목하였다. 때문에 앞의 두 시기는 판소리가 그 사회적 기반이 민중이기 때문에 건강한 민중의식을 담아낼 수 있었지만, 19세기 중엽에 이르면 이미 판소리의 주요 청중이 양반 좌상객(座上客)들로 변화하게 되어 판소리의 미의식도 변화하게 되었던 것이다. 양반들은 판소리를 자신들이 향유하는 예술로 만들었고, 그래서 사설과 창곡에도 심각한 변화가 야기되는 것이다. 각 시기별 판소리의 전개와 변모의 모습을 간략히 살펴보기로 한다.

1) 판소리의 형성(17~18세기)

판소리의 기원을 살펴보는 견해는 다양하다. 판소리가 설화에서 비롯되었다는 김태준의 견해가 가장 오래된 것이며, 마당의 음악에서 비롯되었다는 정노식의 견해도 20세기 전반에 제시되었다. 한편 판소리에서 문장체 소설이 비롯되었다는 견해와, 문장체 소설에서 판소리가 발생하였다는 견해가 대립적으로 제시되기도 하였다. 정노식의 견해를 좀 더 치밀하게 논증한 서대석의 서사무가 기원설이 설득력 있게 제시되었다. 서대석은 무당의 굿이나 무가에서 판소리가 발생하였다는 것을 논증하였다. 판소리 광대들은 대개 무당의 남편이면서 굿판에서 장단을 쳐주거나 창악 · 잡희를 하

---

2) 김흥규, 「판소리의 二元性과 社會史的 背景」, 『창작과비평』 31, 창작과비평사, 1974.
_____, 「판소리의 사회적 성격과 그 변모」, 『문학과 사회』, 민음사, 1979.

면서 생계를 유지하였다는 점에서, 판소리의 초기 생성 과정이 무가의 굿과 일정하게 관련이 있다. 판소리의 기원을 광대소학지희(廣大笑謔之戱)에 두거나, 중국 강창문학(講唱文學)과 연계하는 견해, 광대들의 우희(優戱)에서 영향을 받았다는 견해도 판소리 기원논쟁에 관한 중요한 모색이다.

판소리 광대가 충원되고 전국 방방곡곡을 무대로 삼게 된 데는 조선 후기의 민중의 삶이 고려의 대상이 되어야 한다. 임병양란 두 차례의 전쟁을 겪은 후, 지배층의 수취 체제에 변동이 생긴다. 농업 기술이 발달하게 되고 지주제도가 확대실시 되었으며, 소작농과 지주의 구분이 더욱 심화되었다. 토지가 일부 부유층에 집적되면서, 대부분의 농민이 소작농으로 전락하게 되었다. 농촌에서는 농민에게 고리대금을 주어 그 이자로 부를 축적하는 세력이 많아지면서, 민중들의 삶이 더욱 피곤한 것으로 된다. 이러한 사회적 모순이 점점 증가되는데다가, 심한 흉년이 들게 되면서 농민들이 농토를 떠나는 이농현상이 두드러지게 나타나게 되었다.

농토에서 이탈한 농민들이 유랑하게 되고, 유랑하는 사람들의 수효가 점점 늘어났다. 유랑민들은 더러는 도적이 되기도 하고, 더러는 사찰 등에 기탁하여 정역(丁役)을 면하기도 하고, 일부는 자신들이 가진 예능 · 기술 · 곡예를 수단으로 생계를 유지하였다. 조선 후기의 유랑예능인들은 일정한 거처 없이 내륙 지방의 장터, 임금 노동자들이 모여 있는 광산촌, 세곡을 수납하던 창촌(倉村) 등지를 떠돌아다녔다. 조선후기 유랑 예능인의 모습이 <변강쇠가>에 중이나 초란이 · 풍각쟁이 · 각설이 · 사당패 · 판소리패 등의 모습으로 실감나게 묘사되어 있다. 탈춤 미얄 과장도 유랑민들의 삶을 반영하고 있다.

조선 후기의 민중예술은 이들 유랑예능인들의 충원과 활동으로 크게 번성하였다. 초기 판소리의 향유기반이 민중층이었으므로, 판소리 사설 역시 거칠고 다듬어지지 않았다. 광대는 자신의 소리를 선택하는 민중을 상대로 하여, 그들 청중의 정서에 맞는, 거칠면서도 건강한 골계담들을 판소리 사설로 채용하였다. 당연히 곡조도 단순했을 것으로 생각된다.

한편, 판소리 광대는 소리로써 생계를 이어야 했으므로, 자신의 노래에 더욱 세련을 가할 필요가 있었다. 깊은 산 속의 암자에서 10년씩 소리 공부를 했다는 증언이나, 폭포수와 소리 싸움을 했다는 기록은 모두 광대들의 필수적인 연마를 증명하는 내용이다. 광대들은 더늠을 개발하고, 너름새를 고안하고, 청중을 사로잡을 방법을 연구했다. 이와 같은 과정을 통해 명창에게 정착된 사설은 그의 제자에게 전수되었다.

판소리는 17세기경에야 형상화된 음악성이 강조되는 시간예술이며, 행복한 동화적 결말로 끝나는 내용의 사설이 연극과 결합하여 이루어진 연행예술이다. 판소리라는 예술 양식은 애초에 유랑예인의 판놀음에서 비롯된 것이다. 판놀음의 다양한 레퍼토리 가운데서, 특히 창우(倡優)들이 맡아서 부르는 비교적 긴 노래가 판소리의 출발지점이다. 그런데, 18세기경에 이르러서 판소리는 '판놀음'의 여러 레퍼토리 가운데 하나로서 존재하는 종속적인 위치에서 벗어나, 독립적으로 존재하는 예술형태가 되었다. 창자와 고수라는 아주 간단한 구성원으로 하나의 공연 팀을 이룰 수 있었다는 형태적 단순함도 있지만, 보다 중요한 사실로 판소리가 가진 예술적 완성도가 뛰어나서 판소리 공연만으로도 충분히 흥행성이 있었기 때문에 판소리는 독자적으로 존립할 수 있게 되었다.

판소리가 판놀음의 부속적인 양식에서 출발했으나, 시간이 흐르면서 완성도 높은 개별적 양식의 예술작품으로 격상되었다. 판소리가 민중층에 기반을 두면서 세속적 인기를 누리게 되자, 수많은 창우·광대들의 충원이 요청되었다. 이와 같은 요청에 의하여 많은 광대 지망생들이 생겨나게 되었고, 그들의 소리 수련의 기본적인 텍스트로 창본이 성립하게 되었다. 18세기쯤에 살았을 이름난 소리 광대로 전설적 인물인 최선달(崔先達)·하한담(河漢潭)을 들 수 있다. 우춘대(禹春大)는 이들보다 약간 후대의 명창이었다. 이들은 대부분 '신청(神廳)'이나 '재인청(才人廳)'을 기반으로 삼고, 무부(巫夫) 조직을 통하여 판소리 공연의 판에 등장하였다. 이들을 통하여 호남지역의 굿음악과 각 지역의 토착적인 연희양식이 판소리적 형태로 완성되어갔다.

2) 판소리의 성장기(18세기 후반~19세기 중반)

판소리가 성장하던 18세기 후반부터 19세기 초반, 민중의식은 더욱 성장하게 되었다. 민중의 의식은 판소리를 통해 지배 체제를 풍자하고, 신분제도의 모순을 지적하며, 경제적 궁핍의 부당성을 폭로하는 방식으로 나타나게 된 것이다. 19세기 초반의 이름난 명창으로 권삼득・고수관・송흥록・염계달・모흥갑 등이 있다. 이 시기의 명창들은 자신이 계발한 독창적인 더늠을 가지고 있었으며, 그것을 자신의 후배와 제자들에게 전수했다. 판소리를 가창하는 방법도 세련을 보이게 되었다. 특히 전체적인 내용을 건조하게 낭송하는 것이 아니라, 일부분을 확대・부연하여 서정적으로 노래하는 연행형태를 가지게 되면서, 더늠의 개발에 따라 부분이 발달하는 현상이 판소리에서 일반화되었다.

성장기의 판소리는 <춘향가>나 <심청가>의 전체 내용을 통일되게 보여주는 것이 아니라 어느 상황, 어느 부분을 특히 강조하여 장면화하며, 그 장면을 극대화하고자 하는 경향이 두드러진다. 해당 부분이 갖는 의미를 확대하고 강화하며 질서화하여 보여주게 되므로, 판소리 광대에게 중요한 것은 '전체적인 통일성'이 아니라 각 부분의 상황을 개별적으로 발전시키는 것이었다. 이 경우 더늠이 부분적으로 확대・발전되면서, 전체 내용과는 모순・당착을 범하는 경우도 생겨났다. '부분의 독자성'이나 '장면극대화'는 성장기 판소리의 작시술(作詩術)이자 연행문법(演行文法)이라고 할 수 있다.

한편, 특히 중요한 사항으로 청중이 양반들에까지 확대되어서 양반들도 판소리를 즐겨 들었다. 판소리를 듣고 시를 쓰는 사람들도 생겨났다. 예컨대, 18세기 중엽(1754년) 유진한(柳振漢)은 판소리 <춘향가>를 듣고 감동하여 한시로 <가사춘향이백구(歌詞春香歌二百句, 만화본춘향가)>를 지었다. 이 시에 판소리 열두마당의 이름이 다음과 같이 전한다.

> <춘향가>·<심청가>·<흥보가>·<수궁가>·<적벽가>·<변강쇠타령>·<배비장타령>·<강릉매화타령>·<옹고집>·<장끼타령>·<왈짜(무숙이)타령>·<가짜신선타령(숙영낭자전)>

이 가운데서 앞의 다섯 작품은 오늘날까지 판소리로서 온전히 전하지만, 나머지 작품은 내용은 전해오지만 선율이 모두 사라져서 전해지지 않는다. <변강쇠타령>은 음악은 전하지 않고 신재효가 남긴 사설만 있는데, 최근에 박동진 명창이 복원하여 부른 바 있다. 창이 전하지 않은 작품을 실전(失傳) 판소리라고 부르는데, 이들 작품 가운데 김헌선이 소개한 <강릉매화타령>과 김종철이 주석한 <계우사(誡友辭, 왈짜타령)>를 통하여, 그 동안 내용만 전해지던 작품의 면모를 확인할 수 있게 되었다. 나머지 작품들은 소설본이나 창본의 형태로 전해져서 그 개략을 확인할 수 있다.

앞에서 판소리가 지향한 정신이 사실주의라고 말했거니와, 성장기의 판소리도 현실에서 확인한 것, 경험하고 검증된 것을 진실로 여기고, 관념적인 것은 받아들이지 않은 특징이 있다. 특히 민중들이 살아가면서 느낀 모순들이 판소리의 내용을 이루고 있다. 우리가 잘 알고 있듯이 <춘향가>는 신분 문제를 통속적 연애담으로 바꾸어서 항의한 것이다. 신분의 질곡에서 해방을 구가하는 것이야말로 당대의 현실을 정확히 반영한 것이라고 말할 수 있다. <토끼타령>이나 <적벽가>는 부패하고 무능한 지배체제를 우화적 기법이나 번안을 통하여 적나라하게 풍자하였다.

> 용왕의 의사 있기 날같이 총명하고
> 나의 구변 없기 용왕같이 미련하면
> 아까운 이내 목숨 수중원혼 되겠구나. …
> 하물며 만경창파 네 등으로 왕래하니
> 사지동고(死地同苦)하였기에 목숨 살려 보내주니

그리 알고 돌아가되,
좋은 약 보내기로 네 왕에게 허락하니
점잖은 내 도리에 어찌 식언을 하겠느냐.
나의 똥이 장히 좋아 청열(淸熱)을 한다하고
사람들이 주어다가 역아(疫兒)들을 먹이나니
네 왕의 두 눈망울 열기가 과하더라.
갖다가 먹였으면 병이 곧 나으리라.

<수궁가>에서 토끼가 용궁에서 무사히 도망나온 뒤, 자신의 똥이 용왕의 병에 약이 된다면서 별주부에게 갖다 먹이라고 말한다. 허세와 위선에 가득 차 있는 기존 지배세력에 대한 날카로운 비판정신이 이 구절 속에 실감나게 담겨 있다. 지존인 왕이 무식하고 구변 없는 존재이며, 토끼가 싼 똥이나 먹어야할 위인이라고 풍자하고 있다. 지배층의 우두머리로서 갖추고 있어야 할 덕목도 없이 매일 주색에 빠져 있다가 병을 얻어 엉엉 울기도 하는 세속적인 인물이 바로 용왕이다.

<변강쇠가>는 생활의 터전을 잃고 유랑하는 옹녀와 변강쇠로 표상되는 민중을 그리고 있다. 작품의 말미에 이르면, 이들 유랑민의 소망이 공동체를 회복하는데 있다고 노래한다. <강릉매화타령> 등의 작품은 사설의 내용이 음설(淫褻)하여 들을 바가 없다고 양반들은 기록했으나, 지배 체제인 양반을 직접 풍자하는 측면과 함께, 강요된 성적 억압으로부터 해방되어 성의 즐거움을 구가하고자 하는 측면도 있다.

얼씨구나 돈봐라, 절씨구나 돈봐라.
이돈 근본을 볼작시면
못난 사람도 잘난 돈, 잘난 사람은 더 잘난 돈,
맹상군의 수레바퀴처럼 둥글둥글 생긴 돈,
생살지권을 가진 돈, 부귀공명이 붙은 돈,
이놈의 돈아, 아나 돈아.
어디 갔다가 이제야 오느냐? 얼씨구야 돈봐라.

<흥보가>에 나오는 「돈타령」인데, 흥보가 박속에서 나온 돈을 들고 춤추며 부르는 노래이다. 노랫말은 돈의 생김새, 돈의 권능, 돈의 효과 등을 솔직하게 이야기하고 있다. "못난 사람도 잘난 돈, 잘난 사람은 더 잘난 돈"이라는 구절에는 돈에 대한 적극적 평가가 나타난다. 다른 전승에 의하면 이 부분은 "잘난 사람도 못난 돈, 못난 사람도 잘난 돈"이라고 불렀는데, 이 구절을 통해 돈에 의하여 만사가 좌지우지되는 현실의 모습이 드러나 있다. 지배 양반들이 돈은 손에 만지지도 않는 것이라고 위선을 떠는데 반하여, 민중들은 그것의 중요함을 솔직하게 구가하였다. 화폐경제의 시작을 알리는 하나의 증거가 된다.

> 조조의 백만대병 각색으로 다 죽는다.
> 불속에 타서 죽고, 물속에 빠져 죽고,
> 총맞아 죽고, 살 맞아 죽고,
> 칼에 죽고, 창에 죽고,
> 밟혀 죽고, 눌려 죽고, 엎어져 죽고, 자빠져 죽고,
> 기막혀 죽고, 숨막혀 죽고, 창터져 죽고, 등터져 죽고,
> 팔부러져 죽고, 다리부러져 죽고, 피토하고 죽고, 똥싸고 죽고,
> 웃다 죽고, 뛰다 죽고, 앉아 죽고, 서서 죽고, 가다 죽고, 오다 죽고,
> 장담하다 죽고, 부기(浮氣) 쓰다 죽고, 이갈며 죽고, 주먹쥐고 죽고,
> 죽어보느라고 죽고, 재담으로 죽고, 하 서러워 동무 따라 죽고,
> 수없이 죽은 것이, 강물이 피가 되어
> 적벽강이 적수강 군장 복색 다타진다.

<적벽가> 중에서 주유의 화공에 조조의 군사가 여러 모양새로 죽는 대목이다. 군사들이 죽는 모습은 바로 광대들 자신의 생활 경험에서 구체적으로 제시된 것들이다. 봉건 국가에서 민중들의 억울한 죽음의 양상들이 이처럼 비극적이면서 빠른 호흡으로 진행된다. 그러면서 "죽어보느라고 죽고, 재담으로 죽고"같은 대목에서는 지금까지의 비극적 분위기를 한번 바꾸어 웃음을 자아내게 만들기도 한다. 판소리에 보이는 비장은 영웅소설이 갖는 영웅적

유가행렬도

비장과 질적인 차이를 보여준다. 민중들이 세상을 살아가면서 "평범한 삶의 기대조차도 실현될 수 없는 좌절의 상황에 직면하여, 그럼에도 버릴 수 없는 집착으로 비장하게 되는" 평민적 비장을 보여주는 것이다.

성장기의 중요한 특징으로 양반층이 판소리 청중으로 편입된 점을 들 수 있다. 유진한은 판소리를 듣고 한시로 <만화본 춘향가>를 지었다. 18세기 중엽에 이르면 양반층의 판소리 향유는 더욱 증가하게 된다. 과거에 급제하면 유가(遊街)를 하고, 문희연(聞喜宴)을 베풀었는데, 이때 광대들을 불러다 놀이를 시키는 것이 일반적 풍속이었다. 다음 쪽의 그림은 과거에 급제한 자식을 위하여 광대들을 앞세워 유가(遊街)를 하는 모습을 그린 풍속화이다. 행렬의 맨 앞에는 홍패를 앞세우고 집안에 들어가는 광대가 있다. 뒤이어 소리광대들과 탈광대들이 과거급제를 축하하는 잔치를 위하여 퍼레이드를 벌이고 있다. 삼일 동안 조선팔도의 광대를 초대하여 잔치를 하는데 드는 비용이 만만치 않았다.

송만재(宋晩載)는 1843년 아들이 과거에 급제했는데도 불구하고 집안 형편이 어려워서 광대를 불러 놀지 못하게 되자, 그 대신 문희연 놀이의 이모저모를 <관우희(觀優戱)>라는 작품으로 지어 읊어 아들을 위로하였다. 광대들이 과거 때면 서울로 몰려와서 자신의 예술을 팔았다는 기록으로 보아, 판소리 광대들이 양반층 청중을 중요하게 여겼음을 알 수 있다.

양반들이 판소리를 감상하는 수준도 대단히 높았다. 신위는 고수관의 판소리를 듣고 난 후, 그 감회를 관극시(觀劇詩)로 남겨서 그 정황을 전해주고 있기도 하다. 판소리 명창들이 양반층에게 연희를 보여주는 과정에서, 거칠던 판소리 사설이 전아한 형태로 변모되어 가기도 하고, 양반들의 가치 규준을 인정하는 내용으로 변개되어 불려졌다. 판소리의 사회적 기반이 여전히 민중에게 있었고 발랄하고 건강한 정서가 판소리에 담겨 있었지만, 양반들이 판소리의 중요한 청중으로 등장하면서 판소리의 사설과 창곡에서 변화의 빌미를 마련한 것이 성장기 판소리의 특징이다.

3) 판소리의 변모기(19세기 중반~)

19세기가 되면 판소리의 애호층에 양반들이 급격히 늘어나게 된다. 양반층이 판소리 광대를 자신들의 문화행사인 유가(遊街)에 이용한 것은 성장기의 양상이기도 하지만, 19세기 중반에 이르면 필수적인 행사로 자리잡았다. 양반층이 판소리 판의 좌상객(座上客)으로 등장하여 감상자와 비평가의 역할을 하였다. 양반들이 직접 판소리 사설의 수정에도 참여하였다.[3] 양반들이 판소리를 듣고 즐기는 일이 부끄럽거나 위신을 손상시키지도 않았으며, 오히려 판소리 감상이 이들에게 하나의 교양이 되었다. 철종·대원군·고종 등 왕족들도 판소리 광대를 궁중으로 불러들여 그들의 소리를 감상하였다. 그리고 그 광대에게 후한 상이나 벼슬을 내리기도 하였다. 왕이 광대의 소리를 감상한 다음, 오수경(烏水鏡)을 선물로 주었다는 기록도 있다.

판소리의 변모기에 이르게 되면서, 판소리 광대에게 중요한 영향을 미

3) 『廣寒樓樂府』나 『廣寒樓記』의 서문에는 양반층이 가지고 있던, 판소리 사설에 대한 부정적인 태도가 잘 나타나 있다. 이 책은 판소리 사설을 그들의 입장에서 개작한 텍스트이다.

치는 청중은 민중이 아닌 양반이었다. 따라서 광대들은 자신의 출신성분이 천한 신분이면서도, 양반층을 위한 예술 활동에 종사하게 되었다. 그래서 원래 자신이 속해 있던 계층의 사람들과 유대나 관련을 없애고자 노력하였다. 양반층이 판소리의 애호가가 되면서, 판소리 사설은 심각하고 중요한 변모를 맞이하게 되었다. 원래 거칠고 건강한 민중 의식을 담고 있던 판소리 사설이, 양반층의 미의식을 수용하게 되면서 전아하고 고상하며 중세적 질서를 고수하는 방향으로 수정되었다.

양반층의 동향을 참조하면 19세기의 판소리 사설의 변모 양상이 다음의 두가지 형태로 진행되었다. 첫째, 판소리의 줄거리를 플롯으로 인정하면서 다른 방식으로 개작한 독서물의 등장이다.[4] 양반층이 판소리의 줄거리를 염두에 둔 채, <광한루악부(廣寒樓樂府)>나 <광한루기(廣寒樓記)> 등의 작품으로 개작한 것이 하나의 축을 이룬다. 그런가하면 우리말의 율격을 철저하게 조합할 수 있는 능력과 센스를 갖춘 문사나 교방(敎坊)의 소리선생이 판소리 사설을 <남원고사(南原古詞)> 계통의 독서물로 개작한 것이 다른 한 축을 이루는 것이다. <남원고사>는 판소리의 중요한 전승 단위인 더늠이 보이지 않는다는 점에서, 독서풍의 율격이 있으나 판소리 창본이 아님을 알 수 있다.

둘째, 판소리 연행의 틀은 거의 그대로 유지하면서 그 사설에 양반적 의식을 담아서 더늠 자체를 고치거나 창작하여 사설의 방향을 일정하게 변모시킨 것이 다른 한 형태이다. 이와 같은 방식의 사설변모는 특히 박유전이나 신재효 등 판소리 자체의 전승 구조를 철저하게 파악하고 있는 명창이나 후원자에 의하여 이루어졌다. 판소리 창본이 시중에 돌아다니다가,

---

4) 판소리는 철저하게 '더늠'의 개념으로 분석되어야 한다. 기왕의 연구에서는 대체로 판소리의 진정한 전승 단위인 더늠에 주목하지 않은 채, 단순히 작품의 줄거리나 플롯에 따라서 선후 관계 등을 분석하였다. 그 결과 판소리 창본과 문장체 소설본을 단순히 플롯으로만 비교·분석해서, 두 텍스트 사이의 분명하고도 확실한 변별적 특징과 차이점은 부각되지 않았다.

거의 창본의 형태를 그대로 유지한 채 완판계의 소설본으로 정착하게 되면서 독서물화하기도 하였다. 판소리로 불리던 작품이 독서물로 되었다는 것은 판소리와는 다른 매체, 즉 그 작품이 소설로서 기능하였으며, 좀 더 다른 수식과 서사적인 내용의 가감도 가능하게 되었다는 것을 의미한다.

신재효는 이러한 과정에서 가장 큰 몫을 해낸 인물이다. 그는 아전 출신으로 한문에도 능하며, 판소리에 대단한 관심을 가지고 있었다. 그는 명창 김세종이나 진채선 등을 자신의 집에 기거하게 하여 교육장을 마련해주었다. 이들과 함께 판소리의 사설을 전아한 한문투의 문장으로 개작하면서, 판소리 사설을 일관되게 충·효·열 등의 봉건적 가치를 강조하는 방향으로 수정하였다. 신재효의 이러한 작업에 대하여, "판소리의 동적인 발랄함을 보수적 교양으로 감퇴"시켰다는 지적도 있다.

> 그 아내 곽씨부인 그도 또한 현철하여 임사(任似)의 덕과 장강(莊姜)의 고움과 목란(木蘭)의 효행이 있어, 예기가례내칙편(禮記家禮內則篇)과 주남소남관저시(周南召南關雎詩)를 모를 것이 바이없어, 봉제사접빈객(奉祭祀接賓客)과 인리(隣里)에 화목하기, 가장공경(家長恭敬) 살림살이, 백집사(百執事)에 가감(可堪)이나, 이제(夷齊)의 청렴이요, 원헌(原憲)의 가난이라. 청전구업(靑氈舊業) 바이없고 말(斗)만한 단초가(單草家)에 조불여석(朝不慮夕)하는구나.

이 노래는 신재효가 개작한 <심청가>의 머리 부분이다. 한문에 대한 일정한 상식을 가진 이가 주석을 붙여야 이해가 가능할 정도로 한자어나 고사를 인용하여 노랫말을 개작하고 있다. 신재효가 개찬한 판소리에는 이런 대목이 여러 곳 등장해서 그의 유식함과 교양을 자랑하고 있다. 판소리 사설은 이제 이전의 경험적이고 직접적이며 골계적인 내용 대신에, 한문투의 전아한 것으로 대체된 부분이 많아졌다. 어려운 한자·고사들이나 경전의 구절들이 서슴없이 사설 가운데로 들어오는 변화를 보이면서, 민중들은 유식해진 판소리 사설에 속수무책일 수밖에 없었다.

앞에서 지적한 대로, 변모기 판소리 사설의 내용은 보수적인 봉건 이념을 옹호하는 방향으로 개찬되었다. 개찬에는 조잡한 것은 전아하게 바꾼다는 명분이 있었으며 그런 점에서 일정한 의의를 찾을 수도 있다. 예컨대, 춘향과 심청 가문의 신분을 상승시킨다거나, 주인공의 행동을 삼강오륜이라는 당대의 지배 이념에 맞게 재구성하면서, 이러한 이념과 가치에 부합하지 않은 내용은 잘라내는 작업이 진행되었다. 얼크러진 민중의 삶을 반영하는 데서부터 출발한 판소리 사설은, 이념이라는 잣대로 규정된 형식을 수용하여 우아하고 세련된 방향으로 수정되었다. <심청가>의 「시비따라」 대목이나 <춘향가>의 「춘향집 가리키는데」 대목에서 보이듯, 양반들의 음악문화인 가곡창의 발성을 판소리로 끌어들여서, 판소리에 '가곡성 우조'를 구사하는 것은 판소리 창곡의 변모양상을 보여주는 대표적인 사례이다.

판소리의 이와 같은 변모는, 기왕의 판소리가 민중의 삶을 역동적으로 반영하면서 그 안에서 함께 즐기고, 그러는 가운데 자연스레 현실세계에 대하여 명확한 인식을 갖게 해주는 능동적 예술이라는 사실에 중대한 위협이 되었다. 이는 대체로 19세기 중반 이후의 양상이라고 생각된다. 이때의 판소리는 민중의 삶과 욕망을 반영하면서 변혁을 지향하는 예술형태가 아니었다. 자연히 판소리 청중의 성격도 단순히 애호가적인 위치에서 수동적으로 광대가 부르는 소리를 감상하고, 음악적 세련에 경탄과 갈채를 보내는 정도에 머무르게 되었다. 19세기 후반에 들어서서 판소리는 사설의 내용도 한문 투로 분식되어 어려워졌고, 음악성도 고도의 기교와 시김새 등으로 세련을 거듭해서 서민층이 쉽게 따라 부를 수 없는 고급예술이 되어버렸다.

4) 일제시대 판소리

19세기 후반부터 야기된 판소리 사설과 창곡에서의 변화는 20세기 초반에 이르면 상황이 더욱 악화된다. 19세기 말까지 판소리를 지탱해준 지지

기반이 양반층이었는데, 20세기 식민지를 경험하면서 양반이라는 존재가 쉽게 해체되어 버렸다. 그 후에 세력들은 일본 식민지 문화 정책에 스스로 끌려들어가 일본의 통속예술에 경도되면서, 지금까지 패트론 역할을 자임하던 판소리와 판소리 명창을 방기하였다. 판소리는 일제 강점기가 진행되면서 급격하게 밀려오는 식민주의의 문화 정책으로 말미암아 지지기반을 상실해갔던 것이다.

명창 송만갑

이 때문에 판소리 광대들은 자기 예술의 지탱·유지를 위한 자구책의 일환으로, 예전에 자신들의 예술인 판소리에 갈채를 보냈던 서민대중에게 다시 눈을 돌리게 되었다. 이 과정에서 자신들이 지금까지 구가해왔던 우아한 예술을 버리고 민중 취향의 노래를 부르게 되었는데, 그것이 바로 쉽고도 골계적인 사설의 회복과 계면조 전통으로의 회귀였던 것이다. 20세기 전반기의 판소리가 계면조로 많이 흘러간 것은 이 같은 판소리의 기반 변모와도 일정하게 연관되어 있다. 이와 같은 경향은 그간 양반의 문화와 취향에 익숙해 있던 고급의 광대에게는 굴욕적인 것이었으나 어쩔 수 없는 선택이기도 하였다. 명창 송만갑이 자기 가문의 고급스러운 소리를 잠시 접어두고, 서편제 취향의 애련한 소리를 부르게 되자, 가문에서는 전가의 소리를 버렸다고 심하게 야단을 쳤다. 그러자 송만갑은 "판소리 창자는 주단 포목상과 같다. 손님이 비단을 달라면 비단을 내어 팔아야 하고, 손님이 무명을 달라 하면, 무명을 내다 팔아야 한"다고 말했다. 자신이 아무리 비단같이 고급스러운 양반취향의 판소리 바디를 가지고 있어도, 지금 당장 청중이 무명과 같이 거친 판소리를 들려달라고 요구하면 판소리 창자는 그 청중의 요구를 수용하여 무명소리를 해야 된다는 주장이다.

시간이 흘러가면서 판소리의 변모양상이 지속되면서 한편으로 악화되었다. 일제의 식민지 정책의 일환으로 우리의 전통 문화에 대한 조직적인 압살이 진행되었다. 판소리도 예외는 아니어서, 1930년대 후반에 이르면 판소리나 「진국명산」과 같은 단가마저도 애국심을 고양시킨다는 명목으로 부르지 못하게 했다. 어느 포장을 친 판소리 공연장에서는 단가를 일본어로 부르게 했다는 증언도 있다. 일제시대 판소리는 송만갑, 이동백, 정정렬 등 뛰어난 판소리 명창의 활약에도 불구하고 판소리 자체의 위상이 심하게 손상되고 약화되었다.

반일의 정서를 노래한 창작판소리 「열사가」는 해방을 전후하여 창작되고 서민층에 은밀히 수용되었다. 「열사가」는 지금도 호남 지역에서는 쉽게 들을 수 있는 판소리의 한 레퍼토리인데, 일제의 부당한 식민지 지배에 대한 강력한 항의의 의미를 띤 예술 형태로 존재해 왔다. 「열사가」에 포함된 인물로는 이준·안중근·윤봉길·유관순 등이다. 이들 인물은 일제에 대하여 폭력적 저항을 했는데, 이들의 항일운동 행적을 높이 평가하고 기리는 내용이다. 대체로 일제 지배의 부당함을 지적하면서 항일 민족의식을 고취하고자 하는 목적이 있었다.

「열사가」를 창작하여 보급시킨 인물로는 박동실 명창이 대표적이다. 판소리 창자 가운데서 특히 박동실은 <심청가>에 능했고, 김소희가 그로부터 <심청가>를 배웠다. 그의 소리가 유성기 음반 <흥보가> 한 장 남아있다. 그는 이념적 성격이 강한 인물이었다. 박동실이 창작한 「열사가」는 「이준 열사가」, 「안중근 열사가」 「윤봉길 열사가」, 「유관순 열사가」 등 네 편이 있다. 이들 작품은 일제의 침략을 비분강개의 톤으로 노래하여 적개심을 고취하고 있다. 창작판소리의 미의식은 거칠게 일제 침략에 적개심을 불러일으키거나 슬픔을 과장하는 방식으로 진행되며, 판소리가 지닌 골계를 포함한 다양한 미의식을 포괄하고 있지 않다. 「안중근 열사가」의 한 대목을 함께 감상해보기로 한다.

엇모리 : 뜻밖에 어떤 사람이 권총을 손에 들고 번개같이 달려들어, 기세는 추상같고 심산맹호 성낸듯이 왜 진중을 헤치고 이등 앞으로 우루루루루-- 이등을 겨누어 꽝, 꽝. 이등이 총을 맞고 섰던 자리 쓰러질 제, 흐르는 피는 물결같이 땅으로 흐르고 사지만 벌벌 떤다. 감추었던 태극기를 번듯 내여 휘두르며, '나는 원수를 갚았다. 이천만 동포들 쇠사슬에 얽어놓은 우리 원수 이등박문 내 손으로 죽였오. 대한독립 만세.' 우렁찬 소리로 외치니 할빈 역이 진동. 삼천리 빛난 이름 세계로 흘러가고 흉적 이등은 혼비백산이로구나.

아니리 : '자 이제 나 할 일 다 하였으니, 이제 날 잡고자 하는 놈이 있거든 날 잡아라.' 이리하여 노철서에 검거되어, 여순 일본 검사국 형법 아래 사형집행을 받게 되었겄다. 세계 각국을 물론하고, 도덕은 일반이요 죽은 사람에게 소원을 묻는 것도 당연한 일이로구나. 검사 묻되, '그대 소원은 무엇인고?' '나는 아무 소원도 없노라. 다만 너희가 침략정책을 양심으로 판단하여 보호조약을 해약하라.' 검사 웃으며, ; 국제사항 문제는 더 이상 할 말이 없으니 가정에 대한 소원은 없는가.' 이리하여 그 이튿날 오전 열시에 어머님 면회가 되는데,

늦은 중모리 : 쓸쓸한 면회장에 모자 서로 마주서서, 몇몇 간수들은 좌우로 갈라서고. 그때여 안의사는 모친을 바라보며 두 눈에 눈물이 방울방울 떨어지며, '불초자식 중근이는 어머님 슬하를 떠납니다.' 그 어머니 타는 가슴 어찌 다 말하리오마는 타는 가슴 진정하고 태연히 웃으시며, '오, 내 아들 장하도다. 국민의무를 지켰으니 늙은 어미는 생각말고 부대부대 잘가거라.' 한두 말로 영별을 하니, 어안이 먹먹, 두눈이 캄캄허고, 서름이 복받쳐오르건만 나라를 위하여 죽는 아들을 부여잡고 적인의 속에서 울 수도 전혀 없고, 억지로 울음을 참느라고 눈만 번히 뜨고 말못하고 서서 있다.

아니리 : 어느새 간수들은 시간이 다 되야 안의사를 옆에 끼고 사형장으로 들어가는구나.

이성근 명창이 부르는 「안중근 열사가」의 한 대목이다.[5] 안중근이 이등

5) 이성근은 이 「열사가」를 작고한 명고수인 김동준에게 1950년대 중반에 배웠다고 한다. 김동준은 박동실에게 「열사가」를 배웠다. 본격적으로 배운 것은 해방 후지만,

박문을 권총으로 쏘는 장면이 엇모리장단으로 경쾌하게 노래되며, 그가 죽을 무렵 어머니와의 상봉 대목은 진계면으로 불러 비장함이 극치에 이른다. 판소리로서 곰삭은 형태는 보여주지 않으나 나름대로의 이념적 지향을 잘 보여주는 작품이다.

해방 직후 박동실에게서 「열사가」를 배운 사람으로는 명창 한승호를 들 수 있다. 해방 후에 이 노래가 유행처럼 번져서 수많은 창자들이 해방공간에서 반일적 정서를 창작판소리에 담아 노래 불렀다. 그 후 김연수 명창은 이은상의 사설을 토대로 「이순신전」을 만들어서 「열사가」의 범주를 확대시켰다. 특히 「이순신전」이 「열사가」에 포함되면서, 일제에 저항한 「애국열사가」의 범주는 이순신 등 역사적 인물의 행적을 노래하는 「역사가」로 의미가 확대되기도 하였다. 「열사가」를 잘 부르는 명창으로 한승호 · 김동준 · 이성근 · 안숙선 · 정순임 · 송영석 등이 있다.

5) 창극의 성장

판소리는 애초에 '소리'라는 범칭으로 불렀으며, 타령(打令), 잡가(雜歌), 광대소리, 극가(劇歌), 창극조(唱劇調) 등의 용어로도 통용되었다. 20세기에 들어오면서 '판소리'라는 명칭이 신문에서도 사용되었고, 정노식의 <조선창극사>에도 판소리와 창극이 같은 의미를 가진 용어로 쓰이고 있다. 그런데 판소리를 기반으로 하여 본격적인 음악극으로 새로운 무대를 확보한 것이 창극이다. 창극은 판소리를 무대 상황에 맞게 연극으로 바꾼 것으로, 먼저 판소리의 내용을 두세 명의 광대가 나누어 부르는 분창, 혹은 입체창의 형태를 거쳐 이뤄낸 것이다. 창극은 또한 판소리의 연극적 판짜기라고도 부를 만하기 때문에 판소리와 창극은 그 의미하는 바가 다르면서

해방되기 전에도 몇 차례 몰래 들었던 적이 있다고 필자에게 증언하였다. 이성근이 부르는 「열사가」는 「이준 열사가」→「안중근 열사가」→「윤봉길 열사가」→「유관순 열사가」의 순서로 되어 있다.

도 혼용되었던 것으로 보인다. 송만갑은 판소리 창자를 '극창가(劇唱家)'라고 부르기도 했는데, 이는 판소리 창자가 노래를 부르면서 연극적 동작도 보여준다는 뜻으로 이해할 수 있다.

20세기 초반, 원각사라는 실내극장이 생기면서 새로운 형태의 판소리가 무대다운 무대에서 공연되었다. 판소리는 배우 두세명이 나누어 부르는 분창(分唱) 형식을 거쳐 점점 음악극의 모습을 갖추게 된 것이다. 판소리가 그 서사구조는 유지한 채 창극(唱劇)으로 변화하게 되었다. 창극은 연극처럼 여러 명의 인물이 등장하여, 각기 배역에 따라 연기를 하면서 판소리를 부르는 음악극이다. 판소리의 창극화는 성급하게 진행되었으나 어떤 의미에서는 필연적이기도 했다. 판소리는, 일정한 음조로 읊조리듯 노래하는 서사 무가와는 달리, 다양한 음조와 배우의 역할이 강조되기 때문에 그 사설은 강한 서정성과 희곡적 특징을 갖는다. 등장 인물간의 대화·독백·행동의 시늉 등에서 광대들은 어차피 배우의 역할을 할 수밖에 없었고, 이 때문에 쉽게 소리를 나누어 부르면서 연기를 곁들인 창극이 된 것이다. 판소리가 갖고 있는 인물 묘사의 다양한 특성 때문에, 여러 사람이 등장하는 연극 장르로 쉽게 옮겨올 수 있었다.

최초의 창극은 1902년 가을, 고종의 즉위 40년을 경축하는 행사를 거행하기 위하여 신식 극장인 원각사에서 공연될 예정이었다. 명창 김창환이 전국의 남녀 명창을 불러들여 <춘향전>을 공연하기로 했다. 그러나 이 행사는 사정으로 두번 연기된 끝에 유야무야되었고, 1903년 가을 명창 강용환이 기획하여 창극 <춘향전>으로 무대에 올랐다. 무대 천장에 전등을 밝히고, 흰 포장을 둘러친 다음, 여러 창자들이 포장 앞에 둘러서서 각자 맡은 배역의 소리를 하였다.

기존의 판소리 열두마당 외에 새로 판소리가 창작되었다. 최초의 창작 판소리는 원각사에서 김창환이 1904년에 공연하였다는 <최병두 타령>이라 할 수 있다. <최병두 타령>은 강원도 관찰사 정 아무개라는 사람이 그 고을 양민 최병두를 잡아다가 곤장으로 때려죽이고 재산을 빼앗았다는 실화를 토대로 만든 판소리이자, 창극 작품이다. 이인직은 이 작품을 신소설 <은세계>로 각색하여 1908년 무대에 올렸다. 한국연극의 원년을 1908년으로 삼는 이유는 원각사에서 <은세계>가 창극으로 공연된 것을 기념하였기 때문이다. 이후 창극은 본격적으로 한국적 음악극으로 자리 잡게 되었다. 그러나 창극은 우리 고유의 연극술과 접합하지 못한 채 무대화되었으며, 신파의 영향을 받아 기형적 형태로 변화되기도 하였다.

원각사가 해체된 후, 명창들은 '협률사'라고 불리는 공연단체를 구성하여 전국을 순회일주하면서 판소리와 창극을 공연하였다. '김창환협률사', '송만갑협률사' 등 단체의 공연이 인기를 끌면서 새로운 서민층 관객이 판소리와 창극의 새로운 관객으로 자리 잡았다. 1933년에 '조선성악연구회'가 결성되고 나서 창극은 새롭게 변화하였다. 1935년에 공연된 정정렬 편극의 <춘향전>은, 무대를 제대로 갖추고 새로운 대사를 많이 삽입하여, 판소리와는 일정하게 달라진 연극적 면모를 갖춘 작품으로 변화하였다. 그후 조선성악연구회는 직속으로 '창극좌'를 두어 여러 편의 창극을 히트시켰다.

창극은 판소리를 재료로 삼으면서 보여주는 연극으로 일정하게 그 정체성이 확보되어 있다. 창극은 창극 고유의 입지가 있으며 관중들은 창극을 일종의 연극과 같은 것으로 보기도 하였다. 창극에 참여한 명창들은 뛰어난 소리와 너름새로 판을 휘어잡으며 연극의 맥락에 흡수되었고, 판소리와는 다른 것으로 그 위상을 확보해 나갔다. 다만 창극이 빠른 시간에 무대를 확보하면서, 우리에게 전통적으로 있어온 말놓는 방식이나 동작을 지칭하는 '버슴새'를 충분히 살펴서 적용하지 않았으며, 성급하게 신파의 영향을 받았다는 지적을 받았다. 창극에 관한 비판적 입장은 '창극은 판소리여야 한다'라는 주장과 '창극은 연극이어야 한다'는 입장이 서로 절충 없이 대립한데서 비롯된다.

20세기 전반기에는 창극이 주로 판소리 <오대가>를 중심으로 삼아 판소리의 효과를 높이고자 단순히 역할을 분담하여 노래하고 연기하는 정도로 인식되었다. 정노식은 '창극'이라는 단어를 주로 판소리를 지칭하는 용어로 사용하였지만, 통상적으로 이 두 장르는 서로 다른 범주로 명백히 인식되었다. 지금도 유성기 음반으로 남아있는 <빅터판 춘향가>나 <폴리돌판 심청가>는 창극의 원형적인 모습을 우리에게 보여준다. 초창기에 창극 대본을 만들었던 정정렬이나 김연수, 임방울, 박동실 같은 인물들은 모두 창극과 판소리를 병존하는 별개의 장르로 인식하였다.

1940~50년대의 창극은 협률사나 창극단의 형태로, 혹은 여성국극단으로 조직되어 전국을 순회하면서 왕성하게 공연되었다. 일제에 의하여 전통사회 말살 정책이 집요하게 시도된 끝 무렵임에도 불구하고, 농촌공동체가 일정 정도 보존되어서, 공동체 안에서 창극이라는 전통적인 양식이 새로이 유입되는 문화와 병존하면서 존재할 수 있었던 것이다. 창극을 제외한 다른 볼거리가 그다지 없었다는 점도 창극의 번성에 일정하게 기여하였다. 여성국극의 공연을 마친 후, 입장료를 가마니에 넣었을 정도로 인기를 누리고 흥행수입도 대단했다고 한다.

50년대까지는 연극이나 영화, 라디오 등 문화 행위나 그것을 전달해주는 매개체가 드물었으며, 이 같은 맥락에서 새롭게 창작된 창극 작품들이 크게 번성하였다. 그러나 60년대부터 일기 시작한 유행가와 팝송의 붐, 본격적인 연극이나 영화 등 창극을 대치할 만한 다채로운 대중문화의 충격으로 인하여, 저급한 내용을 가지면서도 대단한 저변을 갖고 있던 창극이 급격히 외면되었다. 창극이 대다수의 애호가들로부터 그렇게 빨리 도외시되었다는 사실이 기이하기는 하지만 충분히 이유있는 현상이기도 하다. 1962년 국립창극단이 설립되면서 창극이 새로운 방향에서 존립하게 되었고, 전통 <오대가>와, <실전판소리>를 창극의 레퍼토리로 확장시켜 무대에 올렸다.

3. 판소리의 유파와 명창

1) 판소리 유파의 성립

판소리는 전승된 가문이나 지역에 따라 가창방식과 소리를 이어가는 방법, 장단의 부침새 등에서 일정하게 차이를 갖게 되었다. 동편제나 서편제, 중고제 등의 유파가 생겨난 이유는 판소리가 전승되는 지역에 따라 소리를 가지고가는 방식이 각각 독특한 형태로 발달해 왔으며, 그것이 하나의 법제로 굳어져 변별되었기 때문이다. 판소리의 전승지역은 충청도 남단에서부터 전라도 지역을 걸쳐있다. 지역별로 장단의 부침새와 선율의 시김새가 약간씩 차이가 나게 되면서 어느새 그 차이가 하나의 유파를 형성할 수 있는 요인이 되었다. 판소리가 경상도 소리 양식인 메나리조를 과감하게 수용하여 스타일을 확장했다. 서울식 소리 방식인 경드름(京調)은 판소리가 서울로 진출하여 중앙의 주도적 예술형태가 되면서 선택한 중요한 스타일로 굳어지게 되었다.

판소리의 스타일 가운데는 뛰어난 창자가 자신의 독특한 가창 방식을 계발한 것도 있다. 예컨대 19세기 초반의 명창인 권삼득에 의하여 계발된 소리인 '덜렁제(설렁제, 권마성제)'는 우쭐대고 덜렁대는 느낌을 주는 소리 스타일이다. 명창 신만엽은 간드러지게 슬픈 '단장성(斷腸聲)'을 노래하는 방식으로 '석화제(봉황조)'를 창안했다고 한다. 명창 염계달은 경기도 출신인데, 서울의 소리 스타일인 경드름(京調)과, 그네를 타듯 거뜬거리며 움직이는 느낌을 주는 추천목을 잘 구사하여 판소리의 스타일을 확장시켰다.

소리 스타일과 더불어 창자 자신이 독창적인 대목을 창작해서 전승력을 가질 때 이 부분을 '더늠'이라고 한다. 더늠이 '더 넣는다, 더 늘어난다'는 의미임은 앞에서 밝혔다. 뛰어난 창자가 기존의 판소리에는 없던 부분을 새롭게 짜 넣어서 늘어난 부분을 지칭한다. 어느 명창이 한 더늠을 창작하여 판에서 인기를 끌게 되면 다른 창자들도 그 대목을 그 스타일로 불러서 판소리가 사설과 음악의 측면에서 풍성해진다. 이렇게 되면 그 더늠에 대하여 그 대목을 창작한 명창에게 작가이자 작곡가로서의 저작권을 인정해 주는 것이 관례가 되었다. 그 대목을 부르는 창자들은 해당 더늠을 부르기 전에 "이 더늠은 예전 명창 권삼득 선생님의 더늠입니다"라고 밝혀 준다. 김창환의 「제비 노정기」라든지, 권삼득의 「놀부 제비후리는 대목」이 바로 더늠이다.

대체로 판소리의 유파 형성은 19세기 초반인 전기 8명창 시대부터 비롯되는 것으로 알려져 있다. 판소리가 명예와 부의 축적을 보증하는 예술이 되면서, 광대들은 자기 수련에 더욱 힘썼으며, 자신들의 법통을 강조하는 경향이 생겨났다. 먼저 동편제와 서편제가 대립적으로 존재하였고, 중고제가 생겨나게 되었다. 판소리의 유파를 동편제 · 서편제 · 중고제 등의 개념으로 나누기 시작한 것은 판소리가 가장 왕성한 민족의 예술이 되었던 19세기 중엽 이후의 현상으로 파악할 수 있다.

19세기에 이르면 판소리는 양반과 서민층이 함께 즐긴 민족의 예술형태로 발달하게 되었다. 양반들이 판소리를 감상하는 수준이 대단히 높아서, 그들은 판소리의 사설과 음악의 내용에 비평적 견해를 제시하였다. 흔히 이렇게 판소리에 대한 감식안이 뛰어난 감상자들을 '귀명창'이라고 불렀다. 양반층의 개입에 의하여 조야한 판소리 사설이 양반들의 가치 규준을 따르는 전아한 내용으로 변모되었고, 감정을 과장되게 드러내는 창법에 일정한 제한이 가해져 우아한 곡조나 화평한 곡조가 채용되었다. 판소리의 성격이 이처럼 양반층과 서민층을 아우르게 되면서 판소리에는 상당히 엄밀하게 구분되는 유파가 생겨나게 되었으며, 유파별로 기법과 미의식에 현저한 차이가 있었다.

판소리를 비롯한 예술행위는 관객의 취향과 선택이라는 미의식이 작용하여 변화 · 발전한다. 청중의 취향은 다채로운 것이어서, 힘차고 남성적인 것이 좋다는 음악관을 애호하기도 하고, 섬세하고 슬픈 취향의 여성적 음악관을 선호하기도 한다. 소리판이 벌어지는 마당에서 질박한 내용의 사설을 거칠게 불러대는 것에 점수를 더 줄 수도 있고, 방안에서 우아한 태도를 갖춰 점잖은 소리를 하는 것이 예술적 완성도가 있다는 미의식을 가질 수도 있다.

판소리가 기록의 대상이 된 것은 판소리의 청중이 양반층으로 확대되는 시기와 일치하고 있다. 일반 민중을 대상으로 마당에서 초립을 쓰고 소리할 때의 판소리 광대는 자신을 지지해주는 기반이 민중이기에 당연히 그 사설이 포괄하는 내용도 민중적일 수밖에 없다. 이때 광대들이 선택한 음악어법은 감정표현을 솔직하고 직설적으로 토로하는 것이다. 계면조의 슬픈 소리야말로 대표적인 민중취향의 미의식이었다. 마당에서 질러대는 소리는 질박한 아름다움이 있다. 그렇지만 양반들이 판소리의 주요한 청중으로 등장하게 되면서부터 상황이 바뀌게 된다. 광대가 청창옷을 입고 양반 좌상객 앞에서 소리를 할 때, 이미 판소리 창자들은 예술가로 격상된 지위를 실감하면서, 예술가로 대우받는 풍요로움에 만족하고 있었다. 사대부를 대상으로 하는 방안에서의 공연은, 한 번 소리하면 '소리채'로 1년 먹을 것이 생긴다는 증언이 있듯이, 광대의 격을 이전과는 현저히 다른 것으로 만들었던 것이다. 이제 판소리는 안방으로 들어가게 되었고, 이 같은 상황변화에 걸맞게 사설도 악곡도 일정하게 변모되었다.

서민층에서 즐기던 판소리가 너무 처참하다거나 감정을 격정적으로 토로하는 폐단이 있다고 양반들이 지적하면서, 판소리 음악은 감정의 지나친 표출을 일정하게 자제하는 창법을 구사하게 되었다. 이와 같은 미의식이 판소리에 반영되면서, 자연스럽게 한 유파의 판소리 스타일로 정형화되어 갔다. 이전의 판소리에는 감정을 진하게 토로하는 씻김굿판의 선율을 뜻하는 '어정소리'가 많이 담겨있었다. 그런데 판소리 창자의 위상이 변하면서, 어정소리를 판소리 음악으로 담아내면 안된다는 미의식이 암암리에 판소리 창자의 의식을 짓눌러 판소리 음악은 급격히 변화하게 되었다.

처절한 정서를 진계면으로 표출해내는 노래들은 양반의 미의식인 '중용'의 가치관에 크게 어긋나는 것이었다. 양반들은 흔히 '낙이불음(樂而不淫)

애이불상(哀而不傷)'이라는, 지나치게 강렬하게 감정을 담아내는 표현 방식에 대하여 비판적이었다. 감정표현에 있어서 기뻐도 포복절도할 정도로 좋아하면 안되며, 슬퍼도 몸까지 상해가면서 상심해서는 안된다는 것이 양반들의 미의식이다. 과잉된 감정의 표출에 대하여 비판적인 입장을 가진 양반층이 이와 같은 미의식을 판소리 창자에게 강하게 요청했고, 판소리 창자들은 이와 같은 요청을 수용하게 되면서, 판소리 음악은 감정을 과잉되게 노출하지 않고 절제하여 표현하는 쪽으로 변화되었다. 판소리 가운데 '시창(詩唱)의 빈번한 등장'과, '가곡성 우조'의 등장, '평조를 포함한 경제의 적극적 편입' 등은 판소리의 변화 국면에서 보이는 양반적 미의식의 반영이라고 할 수 있다.

판소리를 동편제・서편제・중고제 등 유파별로 나누어 서술한 자료로는 정노식이 지은 <조선창극사(朝鮮唱劇史)>가 처음이다. 정노식은 20세기 전반까지의 판소리 현장을 조사하여 보고한 이 책의 '대가닥조'에서, 당시에 명백히 존재하던 판소리의 유파와 그들 유파의 기법에 대하여 기술하고 있다. 이 대목을 따져 읽으면, 당대에 판소리 창자 및 일반이 가지고 있던 판소리 유파와 기법에 대한 인식체계를 알아볼 수 있다. 다음의 인용은 정노식의 주장이다.

> 대가닥에는 동편(東便)제(調) 서편(西便)제 중고제 호걸제가 있으나 대체로 동서(東西)로 난우고, 중고 호걸은 극소(極少)하다. … 중고제는 비동비서(非東非西)의 그 중간(中間)인데, 비교적(比較的) 동(東)에 근(近)한 것이다. 그러면 동서(東西)의 유래(由來)가 여하(如何)히 분류(分流)된 것이냐 하면, 송흥록(宋興祿)의 법제(法制)를 표준(標準)하여 운봉(雲峰) 구례(求禮) 순창(淳昌) 흥덕(興德) 등지(等地) 이쪽을 동편(東便)이라 하고, 서(西)는 박유전(朴裕全)의 법제(法制)를 표준(標準)하여 광주(光州) 나주(羅州) 보성(寶城) 등지(等地) 저쪽을 서편이라 하였다. 그 후에는 지역(地域)의 표준을 떠나서 소리의 법제(法制)만을 표준(標準)하여 분파(分派)되었다. 중고제 호걸제는 염계달(廉季達) 김성옥(金成玉)의 법제(法制)를 많이 계승(繼承)하여 경기(京畿) 충청간(忠淸間)에서 대부분(大部分) 유행(流行)한다.[6]

인용한 글에 의하면 판소리의 유파는 동편제·서편제·중고제·호걸제의 네가지가 있으며, 유파별로 기법과 미의식이 현저하게 차이가 난다는 것이다. 이 기록은 판소리 전성기에 있었을 다양한 유파와 다채로운 기법을 쓴 것이 아니라, 판소리가 이미 소멸의 시기에 들어서 쇠잔한 양상을 반영하는 시대의 증언이다. 하지만 그동안 판소리 유파와 기법에 대하여 해명한 작업은 대체로 정노식이 기술한 이 대목의 확대부연이라 생각되어, 그간의 판소리학의 성과를 정리하기로 한다.

2) 판소리의 유파

정노식은 판소리의 유파를 나타내는 말로 '제'를 사용하고 있다. 유파는 지역성과 명창의 계통 및 소리 자체의 미학적 기반 등으로 구성되어 있다. 정노식은 판소리의 유파가 동편제·서편제·중고제·호걸제의 네가지가 있다고 말하고 있다. 이 가운데 동편제와 서편제는 지금까지 대립항으로 존재하지만, 중고제와 호걸제의 개념은 명료하지 않다. 중고제는 '비동비서'라 하여 동편제도 아니고 서편제도 아닌 중간적 소리 스타일이라고 하였다. 호걸제는 중고제와 크게 다르지 않은 경기·충청 지역의 소리 스타일을 의미한다.

판소리는 시대를 거쳐 전승되면서 자연스럽게 유파를 형성하게 되었다. 정노식은 동편제가 "운봉, 구례, 순창, 흥덕 등지 이쪽"을 기반으로, 서편제는 "광주, 나주, 보성 등지 저쪽"을 터전으로, 중고제와 호걸제는 그 맥락으로 보아 "충청, 경기" 지역에 기반을 두고 있다고 말하여, 판소리 유파가 지역과 밀접하게 연관되면서 성립되었다는 점을 지적하고 있다.

판소리의 유파를 나누는 우선적인 기준은 전승지역이다. 특출난 명창이 사는 지역이 자연스레 판소리 전승의 중요 거점이 되었다. 요즘도 그러하지

6) 정노식, 『조선창극사』, 조선일보사출판부, 1940, 10~11면.

만 전통사회에서는 명성과 교육적 능력을 가진 명창이 사는 집에 학생들이 찾아와서, 함께 기식하면서 오랜 시간 학습하였다. 같은 스승에게 배우다보니 배우는 이들의 소리 스타일도 거의 닮아지게 되었다. 씩씩하고 웅장한 맛이 나게 소리를 끌어가거나, 애원처절하며 기교를 많이 부리는 일을 위주로 소리하는 것은, 자신의 소리를 독자적으로 수련하여 이뤄낸 특정한 명창의 능력이다. 하지만 이것이 일가를 이뤄 제자들에게 전수하는 과정을 거치게 되면서, 동일한 지역에서 불리는 동일한 스타일의 판소리가 된 것이다.

그러나 명창이 사정에 따라 이사를 하여 사는 지역이 바뀌기도 하고, 이사한 명창을 따라서 배우는 학생이 함께 이사를 다녔다. 그래서 판소리 유파구분은 자연스레 이전에는 일반적이었던 지역적 기준보다, 명창 자신과 그 가문이라는 새로운 기준에 의하여 유파가 나뉘게 되었다. 정노식이 "지역의 표준을 떠나서 소리의 법제만을 표준하여 분파되었다"라는 지적은 바로 동편제나 서편제가, 전승지역보다 '소리의 법제'에 의한 구분이라는 저간의 사정을 말해주는 것이다. 특히 19세기 후반이 되면서 가문을 중심으로 유파를 나누는 것이 자연스러운 것이 되었다. <송판 적벽가>, <박유전제 심청가>, <김세종제 춘향가> 등은 가문으로 계승된 소리의 계보를 지칭한다. 이로 보자면 사승관계야말로 유파를 형성하는 중요한 축으로 작용하게 된다는 점이 명백하다.

다음에 각 유파별 계보도는 기왕의 자료와 증언을 토대로 간략히 작성한 것이다. 그림에서도 알 수 있듯이 후대에 이르면 동편과 서편을 구분하지 않고 스승을 따라 이동하며 배우는 경향과, 엄격한 사승간의 구분이 느슨해지는 점을 확인할 수 있다.

(1) 동편제의 전승계보

동편제는 지역적으로 전라도 섬진강의 동쪽인 운봉, 남원, 구례, 순창, 흥덕 등지에서 발원하였다. 동편제의 중시조는 송흥록이며, 송광록과 송우룡 등 명창이 그 문하 출신 명창이다. 그래서 특별히 '송흥록제', 혹은 '송판'이라는 병칭으로 송흥록의 동편제를 한정지어 설명한다. 송흥록제는 전라도 섬진강의 동쪽인 남원·구례 등지를 중심으로 발전해간 유파이다. 송흥록은 '모든 가조(歌調)를 집대성'하여 판소리를 완성했으므로 가왕(歌王)이라는 호칭을 얻었다. 동편제에는 '송흥록제' 외에 '김세종제'와 '정춘풍제' 등이 있다. 다음 표는 '송흥록제'에서 배출된 명창들의 사승관계도이다.

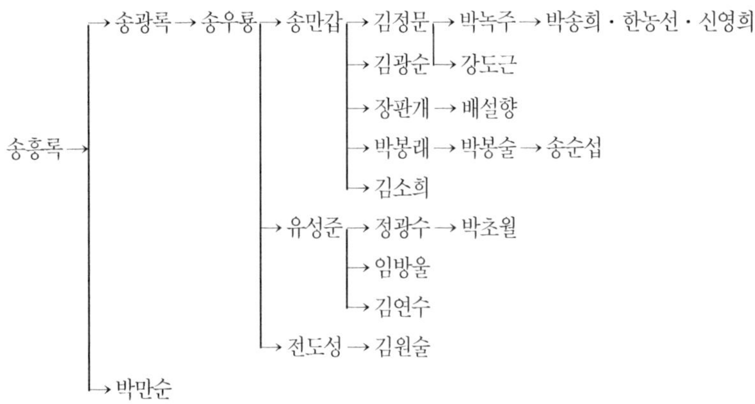

'김세종제'는 동편제의 다른 가닥으로 분류된다. 명창 김세종은 고창의 신재효를 중심으로 형성된 전승집단에서, 기왕의 판소리 사설과 음악의 내용을 새롭게 변화시키고 수정하여 하나의 계통을 이루었다. <김세종제 춘향가>는 신재효의 영향으로, 기왕의 <춘향가>보다 양반적 취향이 많이 가미되어, 음악적으로 우아하면서 섬세해졌고, 사설의 내용도 전아한 취향을 가진 쪽으로 변화되었다. '김세종제' 소리의 전승도는 다음과 같다.

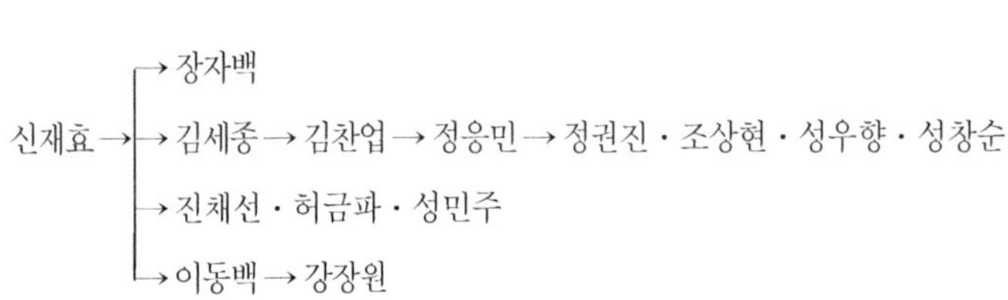

동편제의 또 다른 계통인 '정춘풍제' 소리는 다음과 같이 전승된다.

정춘풍 ┬→ 박기홍 → 조학진 → 박동진
└→ 조기홍

(2) **서편제의 전승계보**

서편제는 섬진강 서쪽인 광주・나주・보성 등지에서 전승되는 유파의 소리를 지칭하며, 박유전의 법제를 표준으로 삼은 것이다. 박유전은 헌종 무렵 전북 순창에서 태어났다. 그는 대원군의 총애를 받으며 한양에서 크게 활약하다가 만년에 보성군 강산리로 옮겨 살았다. 박유전은 판소리에 장식과 기교를 덧붙여 서편제를 발전시킨 인물이다. 박유전은 정노식의 표현대로 '목청이 절등(絶等)하게 고와서 당시 비주(比儔)가 없었'을 정도로 빼어난 실력을 가졌다. 박유전이 애초에 가졌던 소리는 서편제로, 정노식은 '서편조의 분류가 박씨로부터 시작'이라고 말하고 있다. 박유전은 자신의 본디 바탕소리를 서편제 소리로 채웠다. 이때 정창업과 이날치가 그의 문하에서 소리를 했다. 그후 박유전은 한양에서 활동하면서 서편제와는 취향이 대조되는 다른 유파를 개발하게 되는데, 그것이 이른바 강산제(江山制)이다. 현재의 <심청가>는 애초의 출발이 박유전으로 비롯되기 때문에 <서편제>와 <강산제> 사이에 공통점이 많다.

박유전 →┬→ 정창업 → 김창환 → 김봉학・김봉이 → 정광수 → 박초월
├→ 이날치 → 김채만 → 박동실 → 한승호・김소희・한애순・김록주
└→ 정재근 → 정응민 → 정권진・성우향・조상현・성창순・안채봉

박유전의 <심청가>는 이날치에게 전승되었다. 이날치의 소리는 김채만에게, 김채만의 소리는 다시 박동실에게 전승되어 서편제 <심청가>의 본류가 되었다. 위의 계통도 가운데 정창업은 박유전 계통이 아니라는 견해

도 있다. 이 경우 서편제는 '정창업 계열'을 하나 더 추가로 상정할 수 있다. 정창업은 철종·고종 전기까지 활동한 명창으로 전남 함평 출신이다. 정창업은 <흥보가>가 특장이었으며, 이 소리가 김창환을 통하여 전승되고 있다.

박유전이 정재근에게 전수시킨 <심청가>를 특별히 '강산제'라고 부르며, 박유전의 '강산제'를 이어받은 정재근이 정응민에게 전수시킨 소리 유파를 '보성소리'라고 지칭한다. 이로 보면 보성소리는 서편제 가운데서도 특히 20세기 전반 전라남도 보성을 거점으로 형성된 판소리 유파인 셈이다. 정응민은 일제 강점기 대중의 판소리 취향이 슬픈 성음, 계면조를 특히 좋아하고, 노랑목에 경도되는 풍조에 대하여 여러 차례 개탄하였다. 그는 일제 강점기에 와서 변화된 슬픈 소리가 아닌 박유전으로 비롯되는 고제(古制) 소리를 지켜야 된다고 다짐하였다. 이러한 원칙 때문에 청중들이 계면성음의 노랑목을 원해도 거기에 영합하지는 않고, 꿋꿋한 양반취향의 판소리를 지켜왔다.

'보성소리' 안에는 <김세종제 춘향가>와 <강산제 심청가>, 그리고 정응민으로 상징되는 정씨가문의 내림소리가 혼재되어 있다. 우리가 확인한 바로는 보성소리의 범위가 가장 크며, 그 안에 <김세종제 춘향가>와 <강산제 심청가>가 포함된다. 보성소리에 <강산제 심청가>는 포함되지만, 그렇다고 '강산제'가 바로 보성소리 전체를 구성하는 것은 아니다. 보성소리는 다음의 표처럼 구성되어 있다.

보성소리	동편제춘향가(김세종→김찬업→정응민→정권진 · 성우향 · 조상현 · 성창순)
	강산제심청가(박유전→정재근→정응민→정권진 · 성우향 · 조상현 · 성창순)
	적벽가(박유전→정재근→정응민→정권진)
	수궁가(박유전→정재근→정응민→정권진)

이 표로 본다면 '보성소리'는 <춘향가>의 경우 김세종제를, <심청가>·<적벽가>·<수궁가>의 경우는 '강산(박유전)제'를 받아들여 자신들의 자산으로 삼았음을 알 수 있다. 따라서 보성에서 전승되어온 소리 일반을 지칭할 때는 '보성소리'라는 명칭이 적절하며, 그 소리의 원래 계통을 밝혀 말할 때는 <김세종제 춘향가>, <강산(박유전)제 심청가>라고 부르는 것이 타당하다.

(3) 중고제의 계보

중고제는 헌종시대부터 20세기 전반까지 경기·충청 지방을 중심으로 전승된 판소리 유파로서 지금은 그 계승이 끊어졌다. 모흥갑이 경기도 진위 출신이고, 방만춘이 충남 해미 출신이라는 점에서, 이들은 중고제

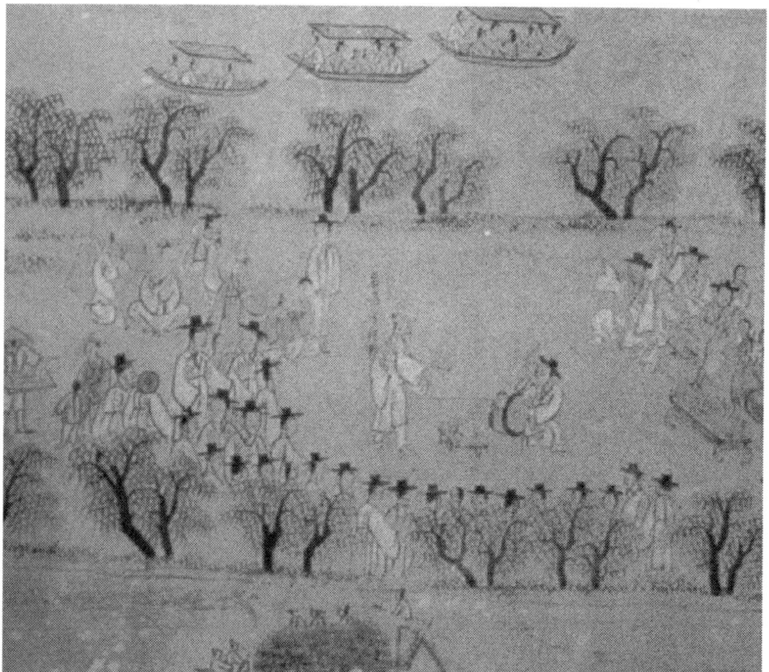

모흥갑 판소리도

명창으로 추정할 수 있다. 모흥갑은 평양 연광정에서 판소리를 할 때 덜미소리를 질러 내어 십리 밖까지 들리게 하였다는 일화가 전할만큼 성량이 탁월했던 명창이다.

중고제의 음악적 특성을 정노식은 '비동비서이지만 동편에 가까운', 즉 동편제도 아니고 서편제도 아닌 그 중간이지만, 비교적 동편제에 가까운 소리 스타일이라고 말했다. 중고제는 지역적 개념과 함께 '중고(中古)'라는 시대적 개념도 내포하고 있는, 초기 판소리의 면모를 간직하고 있는 고제소리라는 견해도 제시되었다.[7] 중고제는 다양한 가계의 다양한 소리제로 전승되어 왔는데, 송흥록을 기점으로 하여 동편제가 새로 생겨나자, 경기·충청 지역을 중심으로 전승되는 소리제를 통칭하는 개념으로 전환되었다는 것이다. 중고제 명창의 음반을 면밀히 검토하여 명확히 성격을 구명하는 작업이 필요하다.

중고제는 염계달과 김성옥의 법제를 표준으로 삼아 전승되었다. 따라서 이들이 중고제의 중시조인 셈이다. 김성옥은 진양조의 창시자로 유명한데, 서른 살 무렵에 죽었으며, 그의 소리는 아들인 김정근에게 전해졌다.

김성옥 → 김정근 → 김창룡
염계달 → └──→ 이동백

---

7) 배연형, 「판소리 중고제론」, 『판소리연구』 5, 판소리학회, 1994.
중고제의 개념과 성격은 아직도 명확하지 않으나 배연형은 "경기·충청지역의 형성기의 고제 판소리가 동편제라는 새로운 유파의 성립 이후 고제소리의 법식을 이은 소리제로 전승되어 온" 것으로 파악하고, 소리가, "엄격하게 규식화된 법식의 소리가 아니라, 연주자의 개성대로 소리하는 고제의 특성과 느슨한 구조를 지녔기 때문에"(166면) 전승계보가 뚜렷하지 않다고 말한다. 초기 판소리가 경기·충청 지방을 중심으로 형성 발전된 것인데 후에 남도 중심의 음악어법으로 재편된 것이라면, 그러한 변모 과정을 겪게 된 과정과 동인은 무엇인지에 대한 해명이 뒤따라야 입론으로서 의의가 있다.

3) 유파별 음악적 기법

정노식이 말한 바 동・서편제가 지향하는 음악기법의 특징과 미의식에 관하여는 앞에서 인용한 '대가닥조'의 기록을 다시 상기할 필요가 있다. 정노식은 동편제와 서편제를 대조적으로 설명하고 있으며, 중고제에 대해서는 별다른 기록이 없다. 그는 동편제와 서편제가 악조, 발성, 부침새・시김새 기법과 미학적 지향에서 각각 대조를 보인다고 말하고 있다.

정노식은 판소리의 악조에 대하여, 동편제가 "우조(羽調)를 주장하여 웅건청담(雄建淸談)하게 하는데 호령조가 많"으며, 서편제는 "계면(界面)을 주장하여 연미부화(軟美浮華)하게" 한다고 쓰고 있다. 이 부분을 자칫, 동편제는 우조로만 소리하고 서편제는 계면조로만 소리하는 것으로 잘못 이해하는 경우가 있다. 그러나 동편제에서 우조로 부르는 대목은 서편제에서도 우조로 부르고, 서편제에서 계면조로 부르는 대목은 동편제에서도 계면조로 부르고 있어서, 어느 한쪽에 우조가 많고 다른 쪽에 계면조가 많다는 것은 사실과 다르다. 다만 전체적 경향으로 보아 동편제 소리는 우조적 경향을 높이 사서 그 심정적 경향을 유지하고자 했으며, 서편소리는 반대로 전판을 계면조의 느낌으로 이어가고자 한 인상을 준다.

정노식은 판소리 발성의 시작과 끝에 대하여, 동편제는 "발성초(發聲初)가 썩 진중하고, 구절 끝마침을 꼭 되게 하여 쇠마치로나 내려치는 듯이 하"며, 서편제는 "구절 끝마침이 좀 질르를 끌어서 꽁지가 붙어" 다닌다고 말하고 있다. 실제로 판소리의 처음 시작부분인 내드름에서, 동편제는 소리 마디마디마다 '엄성'이라 해서 무거운 발성으로 시작하는데 비하여, 서편제는 가벼운 발성으로 일관한다. 구절을 끝마침하는 기교에서, 동편제는 소리의 끝을 들어 올려 꼬리가 끊어지는 느낌을 강하게 주지만, 서편제는 소리의 꼬리가 길게 늘어져 지속되는 느낌을 주는데, 정노식의 말은 이와 같은 내용에 대한 설명이라 생각된다.

정노식은 판소리의 부침새・시김새에 대하여, 동편제는 '대마디대장단'·'잔가락 없는 장단'으로 운용하고, 서편제는 '잔가락이 많고 기교적'이어서 소리 한 꼭지가 몇 장단씩 끌고 나간다는 점을 밝히고 있다. 그는 판소리의 장단이나 부침새 기교에 대하여, 채소를 먹듯이 담담한 것이 동편소리라면, 고기를 먹듯이 쫄깃쫄깃한 것이 서편제 소리라고 상징적으로 기술하고 있다. 판소리의 미학적 지향에 대하여 '우뚝 솟은 봉우리에 달이 시원하게 떠오르듯 소리하는 것'이 동편제라면, '온갖 나무에 꽃이 화려하게 피듯 현란하게 소리하는 것'이 서편제라는 것이다. 이 비유는 판소리의 미의식과 연관이 있다.

정노식이 규정한 동편제의 음악적 특징은 웅장하고 씩씩하며, 기교를 부리지 않고 선천적인 음량을 소박하게 그대로 드러내어 소리하는 것이다. 동편소리는 아니리가 길게 발달하지도 않았고, 발림도 별로 없으므로, 오직 목에서 내는 통성에만 의지하는 소리제이다. 동편제가 비기교적이고 건조한 연기로 일관된다는 것은 그만큼 옛스럽고 소박하다는 것을 뜻한다. 동편소리는 '대마디 대장단'이라는 말과 같이 장단에 소리를 맞춰서 붙여나간다. 물론 선율의 리듬이 특이할 때 북도 그 리듬에 따라가면서 치는 '따라치기'가 없는 것은 아니나, 동편제는 원칙적으로 대마디 대장단에 충실하다.

서편제의 음악적 특징은 애원처절하고 연미부화한 것으로, 계면조를 주로 써서 슬프고 원망스런 느낌을 처절하게 잘 그려내고, 정교하면서도 화려하게 그려낸다. '엇붙임'이나 '잉애걸이' 등 장단의 변화를 통해 뛰어난 기교를 보여주기 때문에 흔히 '소리가 갈 데까지 간다'고 비유적으로 말하고 있다.

중고제의 창법은 창을 할 때 비교적 낮은 음성에서 평평하게 시작하여 중간을 높이고, 한계점에 이르렀을 때 음성을 낮추어 부르는 것으로 요약할 수 있다. 중고제는 성량이 풍부한 사람이 불러야 제격인 높은 수준의 기교를 요구한다. 성음의 고저가 분명하여 명확히 구분하여 들을 수 있으며, 독서풍의 가류(歌流)로서 노래 곡조가 단조하고 소박한 맛이 있다.

4) 판소리 명창

지금까지 살펴본 동편제·서편제·중고제 등 유파는 '제'의 큰 범주에 해당한다. 그런데 작은 범주의 '제'로는 '더늠', '바디', '조' 등이 포괄된다. 이 작은 범주의 '제'도 유파와 마찬가지로 자체적 전승력을 가지고 있다. 앞에서 '더늠'은 특별난 명창이 자신의 독창적 창법과 창작의 내용으로 만들어낸 대목이라고 하였다. 흔히 '권삼득제'라든가 '고수관제'라고 하여 지칭하는 것은 이들 명창이 특별히 창안한 소리의 더늠을 지칭하는 표현이다. 박동진 명창이 TV에 출연하여 더욱 유명해진 "제비몰러 나간다" 대목은 권삼득이 창안해낸 더늠 「제비가」이다. 「사랑가」는 송광록이 만든 「긴 사랑가」와, 고수관의 더늠 「자진사랑가」가 유명하다. 춘향이 옥중에 갇힌 정경을 노래한 송흥록의 「동풍가(東風歌)」와, 비교적 덤덤하게 이도령과의 이별을 노래하는 모흥갑의 「이별가」는 절제된 슬픔이 노래에서 배어나온다. 염계달이 부른 「남원골 한량」 대목은 우쭐댈 줄은 알지만 정작 사태를 해결할 능력이 없어 어쩔 수 없이 돌아가는 남원사는 한량들의 이중성이 잘 표현된 더늠이다. 임방울의 「쑥대머리」에서 그려내는 춘향의 적막한 독백 때문에, 우리의 어버이들은 손수건을 많이 적셨다.

'제'는 '바디'를 지칭하는 개념으로 사용되기도 한다. '바디'는 어느 명창이 짜서 부르는 판소리 한 바탕을 아우르는 개념이다. 우리가 <정정렬제 춘향가>, <박유전제 심청가>라고 지칭할 때, 이 <춘향가>와 <심청가>는 짧은 소리대목이 아니고, 완결된 구조를 갖춘 판소리 한 바탕을 지칭한다. 판소리의 법통이 존중되면서, '바디'를 엄격하게 전승시켜온 것이 판소리사의 흐름이기도 하다.

'제'는 '덜렁제'나 '산유화제', '강산제', '석화제' 등의 명칭에서 보이듯 악조의 의미도 포함한다. 판소리에서 대표적인 악조인 '우조'를 흔히 '호령제'라고 부르는데, 이때의 '제'는 악조를 의미한다. '호령제'는 호령하듯 '엄성'으로 하는 소리 스타일을 의미하는 것으로, 우조와 일정하게 연관된다. 우쭐대는 느낌으로 질러내는 소리가 '덜렁제'이며, 경상도에서 불리는 '메나리조' 음계를 판소리에 차용하여 부르는 스타일을 '산유화제'라고 한다. 경기도나 서울 소리인 '경제'를 판소리에 차용하여 부르는 것을 '강산제(박유전의 강산제와 구분하기 위하여, 모흥갑의 강산제라고 부른다)'라고 하며, 가야금 병창제로 화평하게 소리하는 것을 '석화제'라고 하였다.

19세기 중반을 기준으로 하여 그 앞 시기에 주로 활약한 명창을 '전기팔명창'의 범주에 넣는다. 전기팔명창으로는 권삼득, 송흥록, 염계달, 모흥갑, 고수관, 신만엽, 김제철, 황해천, 주덕기, 송광록 등을 꼽는다. 이들 명창들이 이름을 남긴 것은 전적으로 양반들과의 교유를 통하였기 때문에 가능한 것이었다. 따라서 이들 명창들의 소리는 다분히 양반의 선택과 취향이 반영된 것이라 생각된다. 그리고 여기에 거론된 판소리 명창들이 당대 판소리 광대들의 전모를 포괄하는 것은 아닐 것으로 생각된다.

앞서 꼽았던 전기팔명창에 대비하여 19세기 중반 이후에 주로 활약한 명창을 '후기팔명창'으로 꼽는다. 후기팔명창에 거론되는 명창으로는 박유전, 박만순, 이날치, 김세종, 송우룡, 정창업, 정춘풍, 김창록, 장자백, 김찬업, 이창윤 등이 있다. 이들은 양반 및 왕족들에게서 소리를 했으며, 판소리의 변모에 상당한 영향을 미친 인물들이다.

19세기 말부터 주로 20세기 전반기에 활약한 명창을 흔히 '오명창'이라고 하는데 이들은 대체로 박기홍, 김창환, 김채만, 송만갑, 이동백, 유공렬, 전도성, 김창룡, 유성준, 진채선, 정정렬 등의 명창 가운데서 헤아린다. 이들 명창의 소리는 유성기 음반으로 남아있어 그 소리결을 짐작할 수 있다. 이 시기의 명창의 소리에는 양반들의 선호와 민중들의 선택이 섞여있다. 진채선이나 허금파 등 여류명창의 등장도 이 시기의 지적할만한 특징이다.

4. 판소리의 주제와 미학

판소리의 전체 레퍼토리는 얼마나 될까? 흔히 판소리 열두 마당이라는 말처럼 현재까지 알려진 것은 12종류가 있다. 마당이라는 용어는 마당에서 '길게 제대로 하는 소리'라는 의미에서 판소리의 종류를 범칭하는 용어이다. 원래 판소리의 무대가 마당이라는 점에서 이렇게 두루 열두 마당이라고 불렀다. 그런데 최근에는 '판소리 다섯 바탕'이라는 용어를 사용하기도 한다. '마당소리'에서 '바탕소리'로의 용어 변화는 판소리의 기반 변모와도 일정하게 관련된다. 판소리가 마당에서 함부로 불리는 예술이 아니라는 인식에서 '바탕소리'라는 용어가 '마당소리'에 대치되었기 때문이다.

판소리에는 열두 마당이 있었다. 앞에서 얘기한 대로 다섯개의 노래는 전승되고 있으며, 일곱 개의 노래는 실전되었다. 이들 판소리 작품의 이름은 19세기 송만재가 쓴 <관우희>와 신재효의 <판소리사설집>, 정노식의 <조선창극사>, 이선유의 <오가전집> 등에 내용과 함께 전한다. 이들의 이름을 도표로 정리해 보자.

책 / 이 름	송만재(관우희)	신재효(6)	정노식(12)	이선유(5)
<춘향가>	춘향가	춘향가	춘향가	춘향가
<심청가>	심청가	심청가	심청가	심청가
<흥보가>	흥보가	박타령	흥보가	박타령
<수궁가>	수궁가	토별가	수궁가	수궁가
<적벽가>	적벽가	적벽가	적벽가	화용도
<변강쇠가>	변강쇠타령	변강쇠가	변강쇠타령	
<배비장타령>	배비장타령		배비장타령	
<강릉매화타령>	강릉매화전		강릉매화전	
<옹고집전>	옹고집		옹고집	
<장끼전>	장끼타령		장끼타령	
<왈짜타령>			무숙이타령	
<가짜신선타령>			숙영낭자전	

<춘향가>는 조선 후기 사회의 본질적인 모순인 신분의 갈등 양상을, 신분이 서로 다른 남녀간의 사랑을 통하여 문제 삼고 있는 작품이다. 춘향이라는 미천하지만 아름답고 당찬 기생과, 이몽룡이라는 멋지고 사내다운 양반집 도령 사이의 이루어질 수 없을 듯이 보이는 사랑의 과정을 달콤하게, 슬프게, 다시 신나게 묘사해 나가는 것이 이 작품의 흐름이다. 이 두 사람이 신분의 차이를 극복하고 사랑을 성취함으로써, 궁극적으로는 당대의 사람들의 자유로운 교류를 막아온 신분이라는 제도가 그 당시 사회의 심각한 모순이라는 점을 밝힌 점이 중요한 주제라고 하겠다. 또한 변학도를 통하여 당대의 부도덕하고 탐욕스러운 지배층과, 이에 맞서 싸우는 서민의 현실을 사실적으로 보여주고 있다.

춘향은 남원 퇴기 월매의 딸이다. 그녀는 남원골 사또 자제 이도령과 광한루에서 만나 사랑을 나누게 되고 급기야 혼인을 약속하게 된다. 사또가 한양으로 승직하게 되어 헤어지게 되자 두 사람은 후에 만날 기약을 남기고 오리정에서 이별한다. 변학도가 남원에 부임하게 되면서 춘향이 기생신분임을 알고 수청을 강요하나 춘향은 거절하여 옥에 갇힌다. 한편 이도령은 과거에 급제하여 남원으로 어사가 되어 나타나 옥중에서 상봉한다. 다음날 동헌에서 변학도의 생일잔치 자리에 출도한 이도령은 변학도의 탐학상을 공개하고 춘향을 구해내서 혼인에 이르게 된다는 줄거리이다.

<심청가>는 전통적 효사상을 기반으로 하여 가난한 부친의 안맹이라는 고난을 신분상승과 심봉사의 개안으로 극복해나가는 내용으로 전개된다. 이 작품은 조선 후기 사회의 가난한 현실을 사실적으로 보여주면서, 그것의 환상적 극복을 노래한 작품이다. 애초의 <심청가>는 미천한 신분의 부녀가 험한 세상을 살아가는 과정을 노래 부르는 것으로 현실의 모습을 드러내고 있다. 심청 어미인 '곽씨부인 품팔이'라든지, '심청의 동냥'하는 대목, '선인들이 사람 사가는 대목,' '뺑덕어미' 등은 조선 후기 민중 사회의 현실을 사실적으로 보여주는 노래들이다.

작품의 후반부는 심청이 구출되고 귀하게 되는 과정을 아름답고 환상적

으로 처리하고 있다. 인당수에 빠진 심청이 용궁에 가서 어머니와 상봉하고 귀하게 된 후 꽃봉우리를 타고 돌아온다. 도사공이 심청이 탄 꽃을 황제에게 바쳐 심청은 황후에 이르게 되며, 황후의 부탁으로 황성에서 맹인잔치를 열게 된다. 그 자리에서 부녀가 상봉하고, 심봉사가 눈을 뜨며, 모든 맹인도 함께 눈을 뜨게 된다는 낭만적 결말에 이른다. <심청가>의 구조가 앞부분은 굿처럼 '풀이'로 되어있고, 뒷부분은 '놀이'로 되어있다는 분석이 설득력이 있다.

<심청가>는 슬픈 대목이 너무 많아서 비극적 정조가 강하지만, 향유층이 양반층으로 상승되면서 심봉사도 양반으로 격상되고, 심청이 장승상부인과 만나는 등 우아한 내용이 첨가되기도 한다. 이와 같은 지향에 의하여 심청의 태몽이나, 용궁에서 모녀상봉이 추가되기도 하고, '시비따라 장승상 댁에 가는 대목'에서는 가곡성 우조를 사용하여 격조를 유지한다. 이같은 방식으로 <심청가>의 내용과 음악이 일정하게 변화를 겪는다.

<흥보가>는 형제간의 우애 문제를 다루면서 조선 후기 서민 사회의 궁핍한 정황을 살갑게 그려내고 있는 예술 작품이다. 흥보가 갖고 있는 착한 성품과 놀보의 심술궂고 악착같은 성품을 대조하여 보여줌으로써 우리의 흥미를 먼저 돋운다. 흥보는 부러진 제비를 고쳐준 대가로 박씨를 얻고, 그곳에서 온갖 돈과 쌀과 비단과 집이 나와 행복하게 살게 된다. 한편 형인 놀보는 일부러 제비다리를 분질러서 봉욕을 당하고 재물을 빼앗기게 된다.

「흥보 매품을 파는 대목」이나 「가난타령」, 「돈타령」 등을 통해서 가난한 서민들이 고생하며 살아가는 모습을 사실적으로 보여주고 있다. 조선후기 사회의 빈부간의 격차를 그럴법하게 그려내고 있다는 점에서 주목된다. 그러나 가난한 현실을 정면에 내세우고 있음에도 <흥보가>의 전체 정조는 해학적이라 할 수 있다. 흥보의 박에서 밥과 옷과 집이 나온다는 것도 조선 후기 민중들의 의식주에 대한 꿈을 환상적으로 반영한 것이다.

<수궁가>는 조선 후기의 정치 현실을 우화적으로 풍자한 예술 작품이다.

힘은 없으나 살아가는 지혜를 갖춘 토끼로 대변되는 민중층과, 탐욕적이고 부도덕한 용왕 및 별주부로 대표되는 지배층 사이의 갈등이 우의적으로 잘 그려진 통쾌한 정치 풍자 문학 작품이다. 토끼는 서민으로 그려져 있고, 용왕과 별주부는 지배층으로 풍자되어 있다.

용왕이 병이 들자 명의가 토끼의 간이 약이 된다고 진단을 내린다. 충신인 별주부가 토끼의 간을 구하고자 수궁으로부터 육지로 나오는데, 육지세상의 경이로움을 그려내는 노래가 '고고천변'이다. 자라는 육지에 와서 '상좌다툼'하는 모습을 보다가 드디어 토끼를 만나게 된다. 자라는 세상살이의 고달픔과 함께 이상향적인 용궁생활을 제시하여 토끼를 꼬여 수궁으로 데리고 간다. 수궁에 당도한 토끼가 비로소 속은 줄 알고 꾀를 써서 용왕을 속이고 수궁을 빠져 나오는 이야기가 드라마틱하게 전개된다. 육지에 도착한 토끼는 덫에 걸리거나 독수리에게 잡혀서 끌려 다니는 등 고난을 겪으면서 살아간다.

<토끼전>은 토끼를 중심으로 한 지배층 풍자가 위주가 되면서 발랄한 서민의식을 강조하였다. 온갖 병에 걸린 용왕은 부패하고 무능한 봉건국가의 표상이 된다. 토끼는 수궁체험을 통하여 용왕과 수궁의 정체를 폭로하면서, 개인의 자유로운 삶을 꿈꾸는 혁신적 캐릭터로 그려진다. 별주부는 유교사회의 기본 규범인 충성을 상징하는 캐릭터이다. 그러나 후대에 이르면서 이 작품은 계층 간의 갈등보다는 골계적인 요소를 강조하며, 별주부의 충성심을 과장되게 강조하는 방향으로 내용의 변개를 이룬다.

<적벽가(赤壁歌)>는 원래 중국 소설 『삼국지연의』 가운데 '적벽대전'을 중심으로 조조의 화용도 피난까지의 줄거리를 차용하여 판소리적 맥락으로 재해석한 작품이다. 『삼국지연의』가 영웅소설이라면 판소리 <적벽가>는 서민의 입장에서 새롭게 개작한 정치풍자 작품이다. 수많은 영웅과 장수들이 등장하여 웅혼한 기상으로 전쟁을 하는 대목에서는 빠른 장단에 웅장하고 씩씩한 우조 및 호령조를 많이 사용하여 남성적 기상을 강조하고 있다. 한편 '군사서름타령'이나 '군사점고' 등 서민 군사들의 서러움을 직접적으로 토로하

는 장면은 느린 장단에 '서름조'의 노래도 많이 등장하는, 판소리의 묘미가 잘 갖추어진 작품이다.

<적벽가>는 조조를 정당성이 결여된 권력의 핵심으로 규정하여 풍자하고, 부당하게 전쟁에 동원되어 죽음으로 내몰리는 민중들의 한을 절실하게 그려내고 있다. 전쟁에 대한 혐오를 보여주는 것이 주된 내용을 이루며, 타락한 정치 지도자를 여지없이 풍자하는 완성도 높은 판소리 작품으로 평가된다. 후대에 이르면 '도원결의'라든지 '삼고초려', 그리고 다양한 전투장면을 대폭 부연하여, 충의(忠義)를 노래하는 장수와 영웅들의 이야기 쪽으로 방향을 선회하고 있다. 특히 양반 사대부들이 <적벽가>를 애호하면서 이와 같은 측면이 더욱 부각되었다.

<적벽가>는 유비와 관우, 장비가 도원에서 형제가 되는 결의를 하는데서 시작하여, 공명을 모시러 삼고초려하는 대목으로 이어지며, 적벽대전에서 공명이 동남풍을 빌어 조조의 군사를 대파하게 되고, 조조가 화용도로 도망하자 관우가 그를 사로잡았다가 놓아주는 대목까지 부른다. 그러나 각각의 부분에서는 민중적 입장에서 새롭게 개작된 대목이 대부분을 차지하고 있다.

판소리 열두마당 가운데 전승이 끊어진 작품, 즉 실전판소리는 <변강쇠타령>, <옹고집타령>, <배비장타령>, <강릉매화타령>, <장끼타령>, <무숙이타령>, <가짜신선타령> 등 모두 7작품이다. 이들 판소리 작품도 조선 후기에는 중요한 레퍼토리로 전승되고 있었으나, 이 작품들이 갖고 있는 주제가 대체로 민중적 세계관에 철저하다는 점이나, 사설의 내용이 발랄한 민중 언어로 되었다는 점 등, 여러 가지 이유로 하여 전승이 끊겼다. 이들이 전승 과정에서 탈락한 시기는 19세기 후반으로 알려지고 있다. 민중적 기반 속에서 태어난 판소리는 19세기에 들어서면서 자체 변모와 발전을 통하여 다수의 양반들을 청중으로 끌어들이기에 성공했다. 그러나 양반층이 판소리의 전승맥락에 적극적으로 개입하여 참여하게 되면서, 판소리의 사설과 창곡은 상당한 변화를 겪게 되었다. 이 과정에서 양반들의 감성과 미의식에 적합하지 않은 일곱 작품들이 탈락하게 되었다. 이 일곱 작

품은 그 내용에 있어서 철저하게 세속적 욕망의 세계를 그려냈으며, 절제와 균형, 세련을 요구하는 양반층의 문화와는 어울릴 수 없었기 때문에 탈락한 것이다.

<변강쇠가>는 천하의 오입쟁이인 강쇠와 성욕이 왕성한 옹녀라는 인물을 등장시켜 조선후기 서민과 천민들의 삶의 여러 모습을 흥미롭게 사실적으로 보여주는 작품이다. 노랫말은 <신재효 사설집>에 실려 전해온다. 송흥록 명창이 <변강쇠가>를 잘 불렀다고 전해지고 있고, 일제 때까지도 부분적으로 전승되었던 흔적이 남아있다. 최근에 박동진 명창이 <변강쇠가>를 재현하여 음반으로 취입한 바 있다. <변강쇠가>는 '가루지기 타령', 혹은 '횡부가(橫負歌)'라고도 불린다. 시체를 '가로(橫)+지기(負)'하여 치상하는 정황을 제목으로 나타냈다. 뻣뻣하게 굳은 시체를 지게에 가로져서 묻으러 내가는 것은 가난한 천민들의 장례 풍속이다. '가로'가 '가루'로 변한 것은 흔히 있을 수 있는 사투리적 변용인 듯하다.

남도에 사는 천하 양골 변강쇠와 평안도에 사는 천하 음녀 옹녀는 자신의 삶의 터전에서 살지 못하고 떠돌다가 만나 부부가 된다. 이들은 만나서 처음에는 도시 살림을 해보지만, 강쇠가 놀기만 일삼고 강짜만 부리기 때문에 살지 못하고 지리산 속으로 들어간다. 변강쇠는 도시의 룸펜, 혹은 왈짜 같은 측면을 보여준다. 지리산에 가서도 놀기만 일삼던 변강쇠는 장승을 베어다 때고는 '장승 동티'가 나서 죽게 된다. 그런데 옹녀가 변강쇠를 치상하는 과정에서 사건이 다른 양상으로 확대된다. 변강쇠를 치상한 후에 옹녀와 살기로 하고 이 일에 나선 여러 부류의 사람들이 모두 죽거나 땅에 들어붙는 변괴가 생겨난 것이다. 그러나 마지막에 사당 거사패들과 뎁득이가 지성으로 귀신에게 빌어, 땅에 들러붙었던 궁둥이가 떨어지고 마침내 변강쇠를 정상적으로 치상하게 된다는 줄거리이다.

<변강쇠가>는 음란한 노래가 포함되어 있기도 하지만, 삶에서 중요한 부분을 차지하는 '성(性)'을 직접적 소재로 다루면서, 인간사의 여러 가지 문제를 건드리고 있는 작품이다. 농촌에서 유리된 유랑민들의 뿌리 뽑힌 삶의

모습, 왈짜와 유랑연희패들의 구체적 삶의 모습, 장승과 관련한 신분간의 싸움의 모습들을 함께 읽을 때, 이 작품의 진정한 면모에 다가갈 수 있으리라 생각된다.

<배비장타령(裵裨將打令)>은 실전판소리지만, 소설 <배비장전>에 의해 그 내용을 짐작할 수 있다. 도덕군자인 체하는 배비장이, 제주도에 가서 애랑이라는 여자에게 반한다는 내용의 판소리 작품이다. 행실의 바름을 뽐내던 배비장의 비속성이 드러나고, 형식에 치우쳐 공허한 유교적 도덕관념이 통렬하게 풍자되며, 전체적으로 해학이 넘쳐흐르는 작품이다. 풍자의 성격과 함께 남성훼절이라는 모티프가 담겨 세태소설의 면모를 보여주고 있다.

서울에 사는 김경(金卿)이라는 양반이 제주목사가 되어 부임하는 길에 서강(西江)에 사는 배선달을 비장(裨將)으로 데려 간다. 배비장은 여색(女色)을 멀리하는 심지가 곧기로 이름이 나 있었다. 그는 제주에 도착하여 주색을 멀리하고 도도하게 지낸다. 상관인 제주 목사 김경의 명을 받은 기생 애랑(愛娘)과 방자는 계교를 써서 배비장을 유혹한다. 배비장은 애랑의 유혹에 넘어가 그녀의 집에 찾아갔다가 알몸으로 뒤주 속에 갇히게 된다. 배비장은 뒤주 속에 갇혀 바다에 버려진 것으로 꾸며진다. 실제로 배비장이 버려진 곳은 바다가 아니라 감영의 뜰이었는데, 배비장은 이 사실을 모르고 헤엄쳐 나오다가, 둘러선 사람들에게 망신을 당한다는 내용이다.

<강릉매화타령(江陵梅花打令)>은 정노식의 <조선창극사>에 판소리 열두 마당의 하나로 소개되었으나 사설이 전하지 않다가, 이 사설을 바탕으로 소설화한 <매화가(梅花歌)라>와 <골생원젼>이 발견되어 면모를 짐작할 수 있게 되었다. 이 작품은 타락한 인물인 골생원에 대한 풍자와 희화화를 통하여 삶의 건전성과 균형감각을 일깨우고자 한 작품이다.

강릉 사또는 책방의 골생원을 아끼는 마음에 강릉의 일등명기 매화를 수청드는 기생으로 내어준다. 골생원은 혹한 마음에 분별력을 잃고 밤낮으로 매화를 만나 즐겁게 지낸다. 이때 서울 와서 과거를 보라는 부친의 편지가 온다. 서울에 온 골생원은 과거 시험 답지에 매화를 그리워하는 시를

써내고 낙방하여 강릉으로 돌아온다. 강릉 사또는 골생원을 혼내줄 계략을 세우고, 골생원이 한양에서 돌아오는 길목에 거짓으로 매화의 무덤을 만들어두고 매화가 죽었다고 꾸며댄다. 골생원은 매화의 무덤에 가서 통곡하고 매화의 초상화를 그려 껴안고 지낸다. 황혼 무렵, 사또의 지시로 매화가 귀신인 체하고 골생원과 만난다. 다음날 매화는 골생원을 나체로 경포대로 유인한다. 골생원은 매화와 함께 자신들의 넋을 위로하는 풍악에 맞추어 춤을 추다가, 사또에 의해 자신이 속았음을 깨닫게 된다는 내용이다.

<옹고집타령(雍固執打令)>은 소설 <옹고집전>의 내용과 일치할 것으로 생각된다. 김삼불이 1950 년대에 필사본을 대상으로 주석본을 출간한 바 있다. 옹진골 옹당촌에 사는 옹고집은 욕심 많고 고집이 센 인물이다. 그는 불도(佛道)를 능멸하여 동냥 온 중들에게 행패를 부리다가 도승의 노여움을 사게 된다. 도승은 도술을 부려서, 지푸라기로 허수아비 옹고집을 만든다. 가짜 옹고집은 진짜 옹고집의 집을 찾아가서, 진짜를 내쫓고 그의 아내와 함께 살게 된다. 진짜 옹고집은 가짜에게 쫓겨난 후, 온갖 고생 끝에 개과천선(改過遷善)하게 되고, 도사의 용서를 받은 다음 다시 집에 돌아와 살게 된다.

옹고집은 놀보와 같은 인물 유형으로서, 조선조 후기에 등장한 서민 부자 층을 대변하고 있는 것처럼 보인다. 이들은 조선 후기 화폐 경제의 발전과 더불어 심화된 계층간의 갈등을 적절하게 반영하고 있다고 생각된다. 이들이 보여주는 극단적 이기심과 일탈적인 행동이 서민들의 반감을 사게 되어 신랄한 풍자의 대상이 되었던 것이다.

<장끼타령>은 19세기 중후반 경에, 창을 잃게 되었고 가사와 소설, 그리고 서사민요 형태로 전승되고 있다. 이 작품은 <자치가(雌雉歌)>라고도 불린다. 소리는 실전되었으나 소설 <장끼전>이 전하고 있어서 그 내용을 짐작할 수 있다. 일제 강점기에 명창 김연수가 구활자본을 바탕으로 판소리로 만들어 부른 적이 있으나, 인기를 끌지 못하여 그마저 전승이 끊겼다.

장끼와 까투리가 한겨울 콩을 앞에 두고 다툰다. 장끼는 까투리의 말을 듣지 않고 콩을 주워 먹다가 짐승을 잡는 틀인 차위에 치어 죽게 된다. 그

러자 까투리는 여러 새들의 청혼을 받게 되나, 결국 문상을 온 홀아비 장끼에게 시집가서 잘 살았다는 이야기이다. 타인의 충고를 받아들여야 하며 분에 넘치는 욕심을 부려서는 안 된다는 등의 교훈적인 내용이 중심을 이루는 가운데, 여성의 정조 관념에 대한 풍자와 기층 민중에 대한 참혹한 수탈의 양상을 아울러 함축하고 있는 작품이다.

<왈짜타령(曰者打令)>은 <무숙이타령>이라고도 하며, 중고제 명창 김정근(金定根)이 잘 했다고 하나, 소리는 전하지 않는다. 향락을 추구하는 인물의 치유에 관한 내용을 담고 있다. 소설 <계우사(戒友辭)>는 <왈짜타령>의 사설 정착본이다. 이 작품은 18세기 이래 서울의 도시적 유흥이 사회적 현상으로 대두된 현실을 배경으로 하여, 사회의 기생적 존재인 왈자의 행태를 풍자함으로써, 새로이 등장한 평민 요호층의 삶에 대한 균형 감각을 일깨우고자하는 의도로 만들어진 작품이라고 할 수 있다. '왈자'는 왈패, 혹은 건달을 가리키는 말이다.

<계우사(戒友辭)>의 주인공 김무숙은 대방왈자로 서울 중촌(中村) 갑부의 아들이며, 여자 주인공 의양은 평양에서 선발되어 궁중에 바쳐진 내의원 소속 기생이다. 무숙은 의양을 한 번 본 뒤에 크게 혹하여 그녀를 기적에서 빼내어 함께 살림을 차린다. 의양은 살림을 제법 규모 있게 꾸려나가지만, 무숙이는 여전히 방탕한 생활을 한다. 보다 못한 의양은 무숙의 본처와 노복인 막덕이, 그리고 대전별감 김철갑, 다방골 김선달, 평양 경주인 등과 공모하여 무숙을 극도의 경제적 궁핍에 빠지게 함으로써 마침내 개과천선케 한다는 것이 이 작품의 내용이다.

<가짜신선타령(假神仙打令)>은 사설이나 소리가 전하고 있지 않기 때문에 자세한 내용은 알 수 없다. 송만재의 관우희에 의하면, 한 사내가 신선이 되려고 금강산에 들어가 노승에게 신선이 먹는다는 복숭아와 술을 구해 먹었으나, 속고 말았다는 이야기이다.

<숙영낭자전>은 적강소설의 구조를 그대로 유지하고 있는 고전소설이다. 판소리로서의 전승은 끊겼지만 소설적 흥미 때문에 예전부터 많이 읽혔다.

남녀의 만남과 이별, 부모와 자식 사이의 갈등을 그리고 있는 작품이다. 경상도 안동 땅에 백상군이라는 선비가 명산대찰에 기도하여 아들 선군을 얻었다. 근사한 사내가 된 선군은 어느날 서당에서 독서를 하다가 조는 사이에 꿈속에서 선녀인 숙영을 만나 사랑을 하게 되었다. 선군은 부모님께 산천경치를 구경 가겠노라고 고하고 숙영을 찾아 옥련동으로 떠난다. 옥련동에 도착한 선군은 숙영을 데리고 집으로 돌아와서 부모님께 아뢰고, 함께 팔년 동안 아들과 딸을 낳고 행복하게 보낸다. 그러다가 선군이 과거를 보기 위하여 한양으로 떠나게 된다. 과거 길을 가는 선군은 숙영낭자를 잊지 못하여 가던 길을 되돌아와서, 부모 몰래 숙영낭자의 방에 들어가서 하룻밤을 지내고 다시 길을 떠났다. 그러자 이를 시기한 시녀 매월이가 백진사에게 달려가 숙영낭자의 방에 외간남자가 출입한다고 모함을 한다. 백진사가 숙영을 불러 꾸짖자 숙영낭자는 억울함을 이기지 못하여 아들과 딸을 불러 슬픈 내용의 유언을 하고 자살한다. 이때 선군은 서울에 와서 과거에 장원급제한다. 집으로 돌아오니 아내는 모함에 빠진 채, 몸에 칼을 꽂고 자살해 있다. 선군은 울면서 숙영낭자를 살리기 위하여 약을 구하러 천태산으로 길을 떠난다. 선군은 천태산으로 가서 노승이 주는 약을 받아 집으로 돌아와 숙영낭자를 살려내고 행복하게 산다.

전승이 끊어졌던 <숙영낭자전>은 일제 때 명창 정정렬이 '천태산에 약 구하러 가는 대목' 등 몇 구절을 소리로 짜서 부르면서 다시 가닥을 되살렸다. 이 소리는 박녹주 명창을 거쳐서 박송희 명창에게 전수되고 있다. 특히 박송희 명창은 전승되지 않은 이 소리의 앞부분을 새로 짜 넣어 이 소리를 완미한 작품으로 만들었다.

5. 판소리의 현대적 수용

1) 창작판소리

「열사가」의 전통 이래, 창작 판소리는 변화하는 시대의 모습과 변혁적 요구를 판소리에 담아내기 위한 노력 속에서 발생한 것이다. 20세기 후반, 전통 판소리를 사회 변혁 운동의 도구로 삼고자하여 새롭게 창작판소리를 만든 사람은 임진택이다. 임진택은 김지하가 지었던 담시 「오적」, 「소리내력」, 「똥바다」 등을 판소리로 짜서 불렀다.

1972년, 김지하는 이농민이면서 서울로 올라온 안도라는 인물을 주인공으로 등장시켜 권력의 횡포와 민심의 동향을 풍자적으로 이야기하는 담시 「비어」를 발표하였다. 임진택은 이 작품을 「소리내력」으로 제목을 바꿔, 다음과 같이 노래하고 있다.

> 아니리 : 서울 장안에 얼마 전부터 이상 야릇한 소리하나가 자꾸만 들려와. 그 소리만 들으면 사시같이 떨어대며 식은땀을 주울 줄 흘려쌓는 사람들이 있으니, 해괴한 일다. 이는 대개 돈푼이나 있고 똥깨나 뀌는 사람들이니 더욱 해괴한 일이다. 쿵 - 바로 저 소리다.
>
> 중모리 : 쿵 - 저 소리가 무슨 소리냐, 최루탄 터지는 소리냐, 아니다.
> 쿵 - 난리 터지는 소리냐, 핵 터지는 소리냐, 히로히도 방귓소리냐, 아니다. 늑슨 기침소리냐, 아니다. 북경(北京)도 천안문(天安門)앞 코쟁이 맞아들이는 중공군(中共軍) 예포(禮砲)소리냐, 아니다. 그럼 뭐냐. 쿵 - 저봐라. 쿵 - 또 들린다. 쿵. 저 쿵 - 소리 내력을 누가 알꺼나, 쿠궁쿵.
> 어화 사람들아, 저 소리 내력을 들어봐라. 아라사도 미국 중국 일본국도 아닌 대한민국 서울 동편에, 먼지펄펄 시끌덤벙 청량리 훨씬 지나가면 새까아만, 연탄보다도 더 새까아만 쫄쫄 개굴창물 썩는 내 진동하는 중량천 기인 긴 방축 위에, 줄을 지어 다닥다닥 금슬좋게 들러붙어 비그닥 삐끄 삐끄 삐끄다다닥 바람결에 전후좌우로 몸을 흔들어

> 대면서 노래노래 불러쌓는 판잣집 한 모퉁이, 그 한귀퉁이 방에 청운의 뜻을 품고 서울서 올라와 세들어사는 안도(安道)라는 놈이 있었것다.…

서울로 와서 말 한마디 잘못한 죄로 옥에 갇혀 죽게 된 안도('안돼!'라고 강하게 거부하는 인물의 표상으로 느껴진다.)라는 인물이 이 작품의 주인공이다. 「소리내력」은 안도를 통하여 70년대의 부도덕한 지배층을 신랄하게 풍자하고 있다. 임진택은 광주 민주화 항쟁의 일정을 사설로 만들어 창작 판소리 「오월광주」를 지어서 부르기도 하였다. 임진택이 지어 부른 판소리에는 7~80년대 암울한 시대의 모습이 사실적으로 그려지고 있어 판소리를 통한 사회 비판과 풍자의 모습이 잘 드러났다. 창작판소리는 판소리의 내용을 다채롭게 해주었으며, 시대를 반영했다는 점에서 일정한 의의를 지닌다.

영화 <서편제>를 계기로 하여 판소리에 대한 관심이 환기되면서 90년대는 판소리 이해의 새로운 국면을 맞이하게 되었다. 판소리를 잘 모르던 사람들에게도 이 영화에 삽입된 단가 「이산저산」이 인기를 누렸으며, 영화의 마지막 부분에 안숙선의 소리로 삽입된 「심봉사 눈뜨는 대목」이 의미심장한 것으로 여겨져 눈물을 자아냈다. 이 영화는 판소리의 본래적인 모습을 아름답게 형상화하여, 많은 사람들에게 판소리를 인상적인 것으로 각인시켰다. 21세기에 들어서서 현실의 자자분한 이야기들을 20분 정도의 짤막한 창작판소리로 만들어 부르는 '창작판소리운동'이 활기를 띠면서 전개되었다. 게임 스타크래프트의 전황을 판소리로 창작한 「스타대전」이 인기를 누렸다. 이자람은 브레히트의 작품 「억척어멈과 그 자식들」을 창작판소리 「억척가」로 만들어 불렀고, 「사천의 선인」을 창작판소리 「사천가」로 만들어 주목을 받았다. 판소리를 살아 있는 예술로 향유하기 위하여 앞으로 현대적 의미를 부여하는 일에 많은 관심을 기울여야 할 것이다.

2) 창극

1970년대부터 국립창극단의 완창판소리 프로그램을 중심으로 하여 판소리 완창의 전통이 생겨났다. 박동진 명창이 8시간에 걸쳐 <춘향가>를 시작으로 전바탕을 완창했다. 1985년부터는 국립극장에서 매달 마지막 토요일 오후 세시에 정기적으로 완창판소리 감상회가 개최되었다. 30년 동안 지속되어온 이 완창판소리 무대를 통하여 판소리를 향유하는 관객층이 늘어갔다. 나이가 지긋한 관객층과 판소리를 공부하는 대학생들이 중요한 관객이 되었다.

판소리 사설의 많은 부분 전통 시대의 상투어나 한문 숙어 등 당대적 맥락을 갖춘 언어들이기 때문에, 전통시대 당대에는 그 사설을 누구나 쉽게 알아듣고 즐길 수 있었다. 그러나 오늘날에는 이들 사설의 많은 부분에 주석이 필요하다. 그만큼 우리 언어문화와 판소리 사설 사이에 거리가 생겨난 것이다. 창극의 대사는 판소리 사설의 영향을 받아서 거의 그대로 사용하고 있으나, 최근에는 한문투의 말들이 오늘 통용될 수 있는 말들로 번역되거나 대체되어가고 있다. 그러나 노래는 대개 전해오는 형태를 그대로 답습하고 있어서 판소리에 대한 이해가 부족한 관객에게 명확히 개념을 전달하는 것이 어렵다.

20세기 후반에 들어서 고전 <오대가>를 바탕으로 규격화하여 언제든 동일하게 레퍼토리화한 창극이 제작되어 무대에 올랐다. 연출가 허규의 작품 <춘향전>과 <심청가> 등 <오대가> 기반의 창극은 국립창극단에서 레퍼토리로 만들어 둔 대표적 사례이다. 창극을 새롭게 전망하려는 시도에 대하여 두 가지의 큰 방향이 설정되어 있다. 창극은 고전극이기 때문에 정형화하여 보존해야 한다는 입장과, 창극은 근대극의 전통을 갖고 있기 때문에 현대적 감각에 걸맞게 만들어야 한다는 입장이 서로 갈등하고 있다.

고전을 토대로 하되 오늘의 현실을 반영할 수 있는, 형식은 고전에서 빌려 오되, 내용은 현대화한 새로운 소재의 창극이 만들어지기도 하였다. 최인훈의 고전 패러디는 창극화 된 것도 있고, 아직 창극으로 만들어지지 않은 것도 있으나 고전에 토대를 두고 현대를 투영시킨 작품으로 중요한 성과를 이루고 있다. 최인훈은 <춘향전>, <심청전>, <흥부전> 등 판소리 작품과 <온달>, <아기장수 전설> 등의 고전 작품을 뛰어나게 패러디하여 원전의 의미를 다시 확인시켜주고 있다.

놀부를 현대적으로 해석해 낸 <놀부전>은 문체도 판소리투를 닮았으며 연극으로 공연되어 호응을 받은 바 있다. 그러면서 기존의 부정적 이미지를 지닌 놀부를, 근면하고 성실한 인간상으로 제시하여 일정한 성과를 거두었다. 최인훈의 작품 「달아달아 밝은달아」는 <심청전>에 대한 뛰어난 패러디이자 레제드라마이다. 이 작품에서 심청이는 용궁에서 되살아 온 황후가 아니라 청나라에 작부로 팔려간 여인으로 등장한다. 「아기장수 전설」에 대한 패러디 작품 「옛날옛적에 훠어이 훠이」도 민중영웅의 좌절이라는 현실적 맥락을 강조하는 작품으로 연극공연에서 주목을 받았다.

80년대 이래 인기를 끌고 있는 마당놀이 형식의 공연도 판소리의 현대화와 일정하게 연관되어 있다. 창극과 마당놀이는 어떤 면으로는 닮아 있고, 어떤 면은 사뭇 다르다. 거칠게 요약한다면 창극은 주로 프로시니엄 아치 무대에서 판소리의 음악 어법을 존중하면서 진행되는 음악극인데 비하여, 마당놀이는 마당에서 포장을 치고, 판소리목을 구사하지 않고 관객의 취향에 영합하여 서양의 뮤지컬 발성을 택하고 있다. 따라서 음악성은 현저하게 떨어지지만 관객과의 친밀도는 늘어서 대중화와 연관되었다.

마당놀이는 고전을 심각하기보다는 아주 가볍게 패러디하여 적극적으로 오늘의 현실 문제를 도입한다. 고전적인데서 소재를 취하면서도, 오늘의 경험을 담고 있으며, 현재의 맥락에서 해석될 수 있는 시의적절한 내용이 마당놀이의 현장에서 쉴 새 없이 자유롭게 터져 나오기 때문에 나름대로 오늘의 관객을 확보하고 있다. 마당놀이는 일부 배우들이 '소리목'을 제대로 구사하지 못하면서 어설프게 재미만 추구한다는 비판이 있다. 유행어나 음담패설 등 말초적 표현수단을 연극적 상황이라는 전제로 지나치게 사용하여, 코미디화하고 있기도 하다. 그럼에도 불구하고, 이와 같은 요소들이 관객을 공연 현장으로 유인하는 체계가 되고 있다.

20세기 말 국립창극단에서는 완판창극을 무대에 올리면서, 완창판소리를 창극으로 만들어 올리는 실험을 하였다. 「완판창극 춘향전」을 감상하기 위하여 여섯 시간이 필요했다. 판소리의 중요한 더늠들이 생생하게 살아있었고, 전통적 무대를 지향했다는 평가를 받았다. 21세기에 들어와 창극은 보편적 음악극이라는 어젠다를 내세우면서 새로운 실험을 하여 일정하게 성과를 거두었다. 특히 국립창극단의 「청」은 기존의 수성반주로 일관되던 창극반주 형식을 파격적으로 바꾸어서 대중화에 성공하였다.

우리는 지금 새로운 판소리의 시대를 맞이하고 있다. 완창판소리의 무대가 확장될 것이고 창작판소리도 늘어날 것이다. 전통 <오대가>에 기반한 창극과 함께 창작 창극은 전통연극술의 적용을 통하여 훨씬 정밀해지고 양식화되어서 민족적 양식으로 자리 잡게 될 것이다. 오늘의 판소리와 창극에 현대의 언어를 사용할 경우, 시적 율격 poetic diction에 맞게 사설을

창극 '청' 인당수 장면

오늘의 우리말로 재구성하는 일이 시급한 과제이다. 새로운 판소리나 창극에 걸맞는 새로운 노랫말은 판소리에서 상투적으로 사용하는 말투를 포함하여 판소리적 관습convention을 적절하게 이용해야 낯설지 않게 된다. 노랫말과 동작을 이면에 맞게, 전통적으로 표현했던 방식을 면밀하게 확인하여 적용함으로써 '살아있는 판소리' 전통을 회복하고 생명력을 확보하게 될 것이다.

▪ 참고문헌

<자료>

강한영 교주, 『신재효판소리사설집』, 민중서관, 1970.
김동욱 편, 『경인고소설판각본전집』 24, 연세대출판부, 1973.
김명환 구술, 『내 북에 앵길 소리가 없어요』, 뿌리깊은나무, 1991.
김연수, 『창본 심청가 흥보가 수궁가 적벽가』, 문화재관리국, 1974.
김진영 · 김현주 외 편, 『심청전 전집』, 박이정, 1997~ .
__________, 『적벽가 전집』, 박이정, 1997~ .
__________, 『토끼전 전집』, 박이정, 1997~ .
김진영 · 김현주 외 편, 『흥보전 전집』, 박이정, 1997~ .
__________, 『춘향전 전집』, 박이정, 1997~ .
박헌봉, 『창악대강』, 국악예술학교출판부, 1966.
브리태니커 발행, 『판소리 다섯마당』, 브리태니커출반부, 1980.
이선유, 『오가전집』, 대동인쇄소, 1933.
이창배, 『가요집성』, 고려문화사, 1962.
판소리학회, 『장자백창본 춘향가』, 1987.

<논저>

국어국문학회 편, 『판소리 연구』, 태학사, 1998.
김기형, 「적벽가의 역사적 전개와 작품 세계」, 고려대 박사학위논문, 1993.
_____, 『적벽가 · 강릉매화타령 · 배비장전 · 무숙이타령 · 옹고집전』, 고대 민연 2005.
김대숙, 「우부현녀 설화와 <심청전>」, 『판소리연구』 4, 판소리학회, 1993.
김대행, 『한국시가구조연구』, 삼영사, 1976.
_____, 「시조 · 가사 · 무가 · 판소리 · 민요의 교섭 양상」, 『한국학연구』 7, 고려대 한국학연구소, 1995.
김동욱, 『한국가요의 연구』, 을유문화사, 1961.
_____, 『춘향전 연구』, 연세대학교출판부, 1976.
김병국 · 김대행 · 김진영 · 정병헌 편, 『춘향전 어떻게 읽을 것인가』, 춘향문화선양회, 1995.
김상훈, 「적벽가의 이본과 형성 연구」, 인하대 박사학위논문, 1992.
김석배, 「춘향전의 이본 생성과 변모」, 『국어교육연구』 22, 경북대 국어교육과, 1990.
_____, 「골생원젼이라」, 『문학과 언어』 26, 문학과언어학회, 2004.
김종철, 『판소리사 연구』, 역사비평사, 1996.
_____, 『판소리의 정서와 미학』, 역사비평사, 1996.
김창진, 「흥부전의 이본과 구성의 연구」, 경희대 박사학위논문, 1990.
김헌선, 「<무숙이타령>과 <강릉매화타령> 형성 소고」, 『경기교육론총』 3, 경기대 교육대학원, 1993.
_____, 「판소리의 역사적 연구」, 『구비문학연구』 5, 구비문학회, 1997.
김현양, 「19세기 판소리사의 성격-'영향력 중심의 이동'을 중심으로」, 『민족문학사연구』 3, 민족문학사연구소, 1993.
김현주, 「춘향전의 연행론적 연구 : <춘향가>와 <춘향전>의 대비를 중심으로」, 서강대 박사학위논문, 1992.
김흥규, 「판소리의 이원성과 사회사적 배경」, 『창작과 비평』 31, 창비사, 1974.
_____, 「판소리의 사회적 성격과 그 변모」, 『문학과 사회』, 민음사, 1979.
_____, 「19세기 전기 판소리의 연행환경과 사회적 기반」, 『어문논집』 30, 고려대 국어국문학연구회, 1991.

박 황, 『판소리 소사』, 신구문화사, 1974.
_____, 『판소리 200년사』, 사사연, 1987.
박일용, 「가사체 <심청전> 이본과 초기 판소리 창본계 <심청전>의 관련 양상」, 『판소리연구』 7, 판소리학회, 1996.
배연형, 「판소리 중고제론」, 『판소리연구』 5, 판소리학회, 1994.
백대웅, 『다시보는 판소리』, 도서출판 어울림, 1996.
백현미, 『한국창극사 연구』, 태학사, 1997.
서대석, 「판소리의 전승론적 연구」, 『전통사회의 민중예술』, 민음사, 1980.
서연호, 「창극의 이론」, 『한국 전승연희의 현장연구』, 집문당, 1997.
서종문, 『판소리 사설 연구』, 형설출판사, 1984.
서종문 · 김석배 · 장석규, 「판소리 '더늠'의 역사적 이해」, 『국어교육연구』 28, 경북대 국어교육연구회, 1996.
설성경, 『춘향전의 계통연구』, 연세대대학원, 1980.
설중환, 『판소리 사설 연구-신재효본을 중심으로』, 국학자료원, 1994.
성현경, 『한국옛소설론』, 새문사, 1995.
성현경 · 조융희 · 허용호, 『광한루기 역주 · 연구』, 박이정, 1997.
송혜진 · 유영대 외, 『오래된 무대 새길을 찾다』, 민속원, 2009.
신동흔, 「<춘향전> 주제의식의 역사적 변모양상」, 『판소리연구』 8, 판소리학회, 1997.
_____, 「이야기와 판소리의 관계 재론」, 서울대 국문학연구회 편, 『국문학연구』, 태학사, 1998.
유영대, 「심청전의 계통과 주제」, 고려대 박사학위논문, 1988.
_____, 「19세기 판소리에서의 더늠 첨가 방향」, 『벽사 이우성선생 정년퇴직기념 국어국문학논총』, 동 간행위원회, 1990.
_____, 「창극무대화의 방향성에 대한 한 고찰-창극 〈청〉을 중심으로」, 송혜진 외, 『오래된 무대 새길을 찾다』, 민속원, 2009.
이국자, 『판소리연구』, 정음사, 1987.
이기우 · 최동현 편, 『판소리의 지평』, 도서출판 신아, 1990.
이보형, 「판소리 제에 관한 연구」, 『한국음악학논문집』, 정문연, 1982.
_____, 「판소리와 산조에서 우조와 평조의 개념수용에 관한 고찰」, 『국악원논문집』 10, 국립국악원, 1998.
인권환, 「토끼전의 서민의식과 풍자성」, 『어문논집』 14 · 15, 고려대 국문학연구회, 1973.
임형택, 『한국문학사의 시각』, 창작과비평사, 1984.
장석규, 『심청전의 구조와 의미』, 박이정, 1998.
전경욱, 「춘향전 작품군 가요의 형성과 기능」, 고려대 박사학위논문, 1988.
_____, 「우희와 판소리・가면극의 관련양상」, 『한국민속학』 34, 2002.
전신재, 「판소리의 연극성에 관한 연구」, 성균관대 박사학위논문, 1988.
정노식, 『조선창극사』, 조선일보사, 1940.
정병욱, 『한국의 판소리』, 집문당, 1981.
정병헌, 『신재효 판소리 사설의 연구』, 평민사, 1986.
정병헌 엮음, 『쉽게 풀어쓴 판소리열두바탕』, 민속원, 2011.
정 양, 「가난타령 고」, 『판소리연구』 9, 판소리학회, 1998.
정양・최동현, 『판소리의 바탕과 아름다움, 인동, 1986.
정출헌, 「조선후기 우화소설의 사회적 성격」, 고려대 박사학위논문, 1992.
정충권, 『판소리사설의 연원과 변모』, 도서출판 다운샘, 2001.
_____, 『흥부전연구』, 월인, 2003.
정하영, 「심청전의 제재적 근원에 관한 연구」, 서울대대학원, 1983.
조동일, 「심청전의 비장과 골계」, 『계명논총』 7. 계명대, 1971.
_____, 「세계 문학사 속의 판소리」, 『판소리연구』 10, 판소리학회, 1999.
조동일・김흥규 편, 『판소리의 이해』, 창작과비평사, 1978.
천이두, 『명창 임방울』, 현대문학사, 1987.
_____, 「시김새와 이면에 대하여」, 『민족음악학보』 4, 한국민족음악학회, 1989.
_____, 「판소리의 민족음학학적 연구」, 전북대 박사학위논문, 1989.
_____, 『판소리 명창과 고수 연구』, 신아출판사, 1997.
최동현・유영대 편, 『판소리 동편제 연구』, 태학사, 1998.
_______________, 『심청전 연구』, 태학사, 1999.
최동현 엮음, 『동초김연수의 생애와 판소리』, 신아출판사, 2013.
최정락, 「적벽가 연구」, 경북대 박사학위논문, 1992.
판소리학회 편, 『판소리의 세계』, 문학과지성사, 2000.
한국구비문학회 편, 『구비문학의 연행자와 연행양상』, 박이정, 1999.

제6장
민속극의 이해

1. 민속극의 개념과 범위

현재 한국의 민속극은 가면극, 꼭두각시놀음, 무극, 발탈, 진도다시래기 등이 있다. 이외에도 우리에게는 우희(優戱), 만석중놀이 등 다양한 민속극의 전통이 있었다.

민속극은 연극이면서 문학이다. 민속극은 민간전승의 연극이며, 음악·무용·연기·언어 등이 조화된 종합예술이면서, 한편으로는 구비문학이다. 민속극은 문자로 기록되지 않고 전해져온 민간 전승의 연극이기 때문에, 민속극의 대사는 고정된 대본이 있는 것이 아니다. 민중들의 생활상 필요에서 생겨나서, 공동적으로 보존하고 재창조한 연극이 민속극이라 할 수 있다.

민속극은 (1) 가장(假裝)한 배우가, (2) 집약적인 행위로 된 사건을 대화와 몸짓으로 행동을 표현하며, (3) 다른 무엇에 의존하지 않고 독립적으로 공연될 수 있는 예술이다. 즉, 극문학의 기본조건을 갖추고 있어야 한다.

가면극, 꼭두각시놀음, 발탈은 이 세 가지 특징을 완전히 갖추고 있다. 가면극은 가면을 쓰고, 꼭두각시놀음은 인형을 사용하며, 발탈은 발에 가면을 씌워 인형처럼 움직이게 함으로써 가장한다. 특히 첨예화된 갈등으로 된 집약적인 행위를 효과적으로 나타내기 위해 여러 가지 수법을 사용하며, 이를 전달하는 방식은 대화와 몸짓이다. 또 어떤 다른 민간 전승의 일부이거나, 어떤 다른 민간 전승에 의존해서 공연되지 않고, 그 자체로서 독립되어 있는 예술이다.[1)]

무극(巫劇)은 무당이 하는 굿에 포함되어 있는 연극이다. 여러 거리로 구성된 큰 굿에서는 기본적인 절차에 이어서 맨 끝 순서로 뒷전이라고 하는 여흥적인 놀이를 벌여, 모여든 잡귀의 무리를 잘 먹여 보낸다면서 관중을 즐겁게 하는 재주를 보여 준다. 시대의 흐름에 따라 놀이의 흥미에 대한 요구가 커지자, 무극은 굿의 주술적인 목적이 차차 흐려지고 흥미 본위의 놀이로 바뀌었다. 제주도의 입춘굿・세경놀이・영감놀이, 경기도의 소놀이굿, 평안도의 제석방아놀이 등은 굿의 한 대목이 원래부터 놀이의 형태를 갖추었고, 배역이 분화되었으며 가면을 사용하기도 한다. 그러나 대부분의 무극은 가면을 사용하지 않는다. 설정된 인물의 성격을 나타내기 위해 머리에 쓰는 것이나 옷을 이용해 가장한다. 남자 무당이 머리에 수건을 쓰고 치마를 입고서 여자로 분장하는 것을 흔히 볼 수 있다.[2)] 즉 무극은 무당이 배우로 가장해서, 대화를 통해 극적인 행위를 보여주며, 그 대사도 풍부한 내용이 있으므로, (1)과 (2)의 요건을 갖추고 있다. 다만 무극은 굿의 일부로만 공연되기 때문에 (3)의 요건과는 어긋나는 측면도 있지만, 민간에서 전승되는 연극임에는 틀림없다는 점을 고려해 민속극에 포함시킨다.

전남 진도에서 장례 때에 당골무당들이 상가(喪家)에서 놀던 진도다시래기도 가무극(歌舞劇)의 모습을 보인다. 삼국시대 이래 장례에서 가무를 행하던 풍습이 조선조까지 계속되었는데, 다른 지역의 장례놀이가 간단한 데 비해 진도다시래기는 비교적 연극적인 짜임을 갖추었다.[3)]

우희(優戱)는 흔히 산악(散樂) 또는 백희(百戱)라고 부르는 연희들의 한

---

1) 장덕순 외, 『구비문학개설』, 일조각, 1971, 163~165면.
2) 조동일, 『구비문학의 세계』, 새문사, 1980, 273면.
3) 정병호, 「진도다시래기」, 『중요무형문화재해설』(연극편), 문화재관리국, 1986.

종목으로 골계희(滑稽戱)였다. 삼국시대에 중국에서 유입된 우희(優戱)는 고려시대와 조선시대의 우희로 계승되고, 이 전통 속에서 우희가 판소리·가면극·무극·재담·만담 등에 영향을 끼쳤다. 그동안 우리나라에서는 우희(優戱)를 소학지희(笑謔之戱), 조희(調戱), 화극(話劇) 등으로 불러왔다. 그러나 우리의 여러 기록에 나타나는 명칭이나, 중국의 예로 볼 때 우희(優戱)가 가장 적당한 용어로 생각된다.

한국과 중국의 우희에는 임금을 풍간하는 내용, 부패한 관원을 풍자하는 시사적인 성격을 띤 내용, 흉내내기 연희, 주유희(侏儒戱, 난장이놀이)가 있었다. 『고려사』 열전 염흥방(廉興邦)조에서는 이미 이런 연희를 우희라고 기록하고 있다.

> 염흥방 집의 노비와 이림(李琳)의 사위인 판밀직(判密直) 최렴(崔濂) 집의 노비들이 부평(富平)에 살면서 권세를 믿고 방자하게 횡포가 심했다. …… 흥방이 일찍이 아비가 다른 형인 이성림(李成林)과 함께 집에 갔다가 돌아오는데 말과 마부가 길에 가득 찼다. 어떤 사람이 우희(優戱)를 하며 극세가의 노비가 백성을 괴롭혀 조세를 거두는 모양을 보았다. 성림은 부끄러워 했는데, 흥방은 즐겁게 구경하면서 깨닫지 못했다.

이와 같이 고려시대에는 당대 권세가의 횡포를 풍자하는 시사성을 띤 민속극인 우희가 민간에서 연행되고 있었다. 또 『평산신씨고려태사장절공유사』에 의하면, 예종 15(1120)년 팔관회 때 배우 둘이 신숭겸과 김락으로 분장하고 등장해 우희를 연출했다. 『고려사』에 의하면, 의종 19(1165)년에 외국인이 고려에 와서 공물을 바치는 광경을 채붕 위에서 보여주는 놀이를 연출했다.

그동안 조선시대의 우희를 흔히 소학지희(笑謔之戱)라고 불러왔지만, 실제로는 조선시대에도 『조선왕조실록』, 유몽인(柳夢寅, 1559~1623)의 『어우야담』 등에서는 이런 내용의 연희를 고려시대와 마찬가지로 우희(優戱)·창우희(倡優戱)·배우희(俳優戱)라고 기록하고 있다.

> 공헌대왕이 대비전을 위해 대궐 내에서 진풍정(進豊呈)을 펼쳤다. 서울의 배우인 귀석(貴石)이 배우희(俳戲)를 잘해 진풍정에 나갔다. 풀을 묶어 꾸러미 네 개를 만들었는데 큰 것이 두 개, 중간 것이 하나, 작은 것이 하나였다. 귀석이 자칭 수령이라 하며 동헌에 앉아서 진봉색리(進奉色吏)를 불렀다. 한 배우가 자칭 진봉색리라 하고 무릎으로 기어 앞으로 나왔다. 귀석이 소리를 낮추고 큰 꾸러미 하나를 들어 그에게 주며 말하기를 "이것은 이조판서에게 드려라" 하고, 또 큰 꾸러미 하나를 들어 그에게 주며 말하기를 "이것은 병조판서에게 드려라" 하였다. 또한 중간 것 하나를 주며 말하기를 "이것은 대사헌에게 드려라" 하였다. 그리고 나서 작은 꾸러미를 주면서 "이것은 임금께 진상하여라" 하였다.

이 진상(進上)놀이는 유몽인의 『어우야담』에 있는 내용인데, 항간에서 일어나는 사건을 꾸며 보여 준 예라고 할 수 있다.

이외에 『세조실록』 14년 5월 17일조에는 소위 〈맹인취인지상(盲人醉人之狀)〉이라는 흉내내기 연희가 소개되어 있다. 야장(冶匠) 고룡은 궁시장으로 구해 온 사람인데, 본래 우인(優人)으로서 장님이 술취한 모습을 잘 흉내냈다고 한다.

유몽인의 『어우야담』에는 소위 〈종실양반놀이〉가 소개되어 있다. 이는 『사기(史記)』「골계열전(滑稽列傳)」 중 우맹(優孟)이 초(楚)왕에게 재상 손숙오(孫叔敖)의 후손을 후대하라고 풍간한 내용과 유사하다. 어숙권의 『패관잡기』에는 소위 〈탐관오리놀이〉가 소개되어 있다. 이는 실제로 있었던 일을 소재로 하여 부패한 관원을 비판한 시사풍자적 성격의 우희이다.[4)]

전통 인형극은 꼭두각시놀음과 발탈 이외에 만석중놀이도 있었다. 최근 복원된 만석중놀이는 불탄일인 음력 사월 초파일에 공연되었던 놀이인데, 인형에 줄을 매어 조종하며, 대사가 없이 음악반주에 의해 연출되었다. 인형으로는 만석중·노루·사슴·잉어·용 등이 등장하였다.

---

4) 전경욱, 「우희와 판소리·가면극의 관련양상」, 『한국민속학』 34, 한국민속학회, 2001. 12.

2. 가면극의 세계

가면극은 연희자들이 각 등장인물의 성격을 나타내는 가면을 쓰고 나오기 때문에 생긴 말이다. 이외에 탈춤·탈놀이·탈놀음이라는 명칭이 혼용되고 있고, 지역에 따라 산대놀이(서울·경기), 탈춤(황해도), 야류(경남), 오광대(경남) 등 여러 명칭이 사용되고 있다. 그러나 탈춤·탈놀이·탈놀음보다는 가면극이 문학과 연극의 용어로 적당하고, 여러 지역의 것을 통칭하기에도 적당하다고 생각되어, 여기에서는 가면극이라는 용어를 사용한다.

1) 가면극의 계통

한국 가면극은 '본산대놀이 계통 가면극'과 '마을굿놀이 계통 가면극'으로 나눌 수 있다. 본산대놀이 계통 가면극은 본산대놀이로부터 전파된 가면극들을 말한다. 학자들은 흔히 애오개, 사직골 등에 있었던 산대놀이를 본산대놀이라고 부르는데, 이는 양주와 송파 등지의 별산대놀이와 구별하기 위한 것이다. 본산대놀이는 반인(泮人)들이 조선 후기에 서울 근교에서, 삼국시대 이래 전승되어온 산악·백희 계통의 가면희와 연희를 재창조해 만들어낸 가면극이다.

마을굿놀이 계통 가면극은 마을굿에서 유래해 발전해온 토착적·자생적 가면극들을 말한다.

(1) 본산대놀이 계통 가면극

본산대놀이라고 할 수 있는 서울 근교의 가면극은 애오개(아현)·사직골·녹번 등에 있었다. 본산대놀이의 영향 아래 서울과 경기도의 송파산대놀이·양주별산대놀이, 황해도의 봉산탈춤·강령탈춤·은율탈춤, 경남의 수영야류·동래야류·통영오광대·고성오광대·가산오광대, 남사당패의 덧뵈기 등이 생겨났다.

조선 후기에 서울의 시정에서는 성균관 소속의 노비인 반인들에 의해 본산대놀이가 공연되고 있었다. 특히 애오개와 사직골의 본산대패는 지방 순회공연을 자주 다닌 것으로 나타나는데, 이것이 각 지방의 가면극 형성에 영향을 끼쳤다. 그리고 조선 후기에 남사당패, 대광대패 등의 유랑예인 집단은 각 지방을 떠돌아다니며 여러 가지 놀이를 공연했는데, 흥행을 위해 본산대패의 가면극을 그들의 공연 종목 가운데 하나로 삼았던 것으로 생각된다.

본산대놀이 계통 가면극은 상업이 발달했던 곳에서 공연된 것들이 많다. 야류 지역은 동래를 중심으로 대일무역의 근거지였고, 오광대 지역은 낙동강과 남해를 이용한 교역로에 자리잡고 있었다. 산대놀이 지역은 서울 외곽의 상업 중심지였고, 해서탈춤 지역은 서울에서 평양을 거쳐 의주로 가는 교통로에 자리하거나 서해안의 상업 지역이었다.

본산대놀이 중 가장 유명한 애오개산대놀이가 있던 애오개는 서울의 3대 시장의 하나인 칠패시장과 인접한 곳이다. 별산대놀이의 전승지인 양주, 송파는 18세기경 금난전권(禁難廛權)을 가진 서울의 시전상인(市廛商人)에 대항하는 사상도고(私商都賈)가 서울로 들어가는 물자를 장악하면서 상설시장을 벌였던 곳이다. 양주에서는 일제시대에도 난장을 텄을 때 낮에는 줄타기를, 밤에는 양주별산대놀이를 공연했다.

본산대놀이 계통 가면극들은 각 과장의 구성과 연희 내용, 등장인물, 대사의 형식, 극적 형식, 가면의 유형 등을 살펴볼 때, 동일 계통임이 드러난다.[5)]

본산대놀이 계통 가면극들은 벽사(辟邪)의 의식무, 양반과장, 파계승과장, 할미과장을 공통적으로 갖고 있다.

벽사의 의식무는 흔히 가면극의 첫과장에 설정되어 있다. 송파산대놀

5) 전경욱, 『한국의 가면극』, 열화당, 2007, 127~137면 참조.

이 · 양주별산대놀이 · 봉산탈춤 등에는 상좌춤, 강령탈춤 · 은율탈춤 등에는 사자춤, 진주오광대 · 가산오광대 등에는 오방신장무가 첫과장에 수용되어 있다. 이 춤들은 놀이판을 정화하고 가면극을 시작하는 벽사적인 의식무이다.

양반과장은 양반들과 하인 말뚝이 사이의 갈등을 다루고 있다. 양반과장에서 말뚝이는 관중들의 전폭적인 지지를 받는다. 가면극의 놀이꾼이나 그것을 구경하는 관중은 모두 민중이었다. 그래서 놀이꾼과 관중 모두 양반에게 반감을 갖고, 양반놀이를 통해 양반을 조롱하는 내용이 생긴 것이다.

처음에 놀이판에 나오자마자, 양반들은 말뚝이를 불러 '양반을 모시지 않고 어디로 그리 다니느냐'고 꾸짖는다. 그러면 말뚝이가 양반을 찾기 위해 여러 곳을 두루 다녔다고 얘기하며 변명한다.

> 말뚝이 : 네이, 서산 나귀 솔질하여 호피 안장 도두놓아가지고요, 앞 남산 밖 남산 쌍계동 벽계동으로 해서 칠패 팔패 돌모루 동작일 넌짓 건너 남대문 안을 써억 들어서 일간장, 이먹골, 삼청동, 사직골, 오궁터, 육조 앞으로 해서요, 칠관안, 팔각재, 구리개, 십자각, 아이머리 다방골로, 어른머리 감투전골로 해서요, 언청다리를 건너 소경다리를 건너서 배우개 안내거리 써억 나서서 아래위로 치더듬고 내더듬어 보니깐 두루 샌님의 새끼라곤 강아지 애들 녀석 하나 없길래 아는 친굴 다시 만나서 물어보니깐 떵꿍하는 데로 갔다 하길래 여기 와서 발랑 발랑 찾아 여기를 오니깐두루 내 증손자 외아들놈의 샌님을 예 와서 만나 뵀구려. (양주별산대놀이, 이두현본)

이는 '말뚝이노정기(路程記)'라고 부를 수 있는 대사인데, 본산대놀이 계통 가면극에는 모두 나온다.

이어 말뚝이는 양반들에게 시중을 들고 복종하는 체하면서, 실제로는 양반의 약점을 폭로하고 양반의 위선을 풍자하고 있다.

말뚝이 : 이제야 다시 보니 동정은 광활하고 천봉만학은 그림을 둘러 있고 … 이 어든 제기를 붙고 금각 담양을 갈 이 양반들아 말뚝인지 개뚝인지 제 의붓(義父) 아비 부르듯시 임의로 불렀으니 (허리를 굽힌다.) 말뚝이 새로 문안 아뢰오. (동래야류 양반과장)

말뚝이는 허리를 굽히며 문안을 아뢴다고 하면서, 실제로는 밑줄 친 부분처럼 양반들에게 욕을 하며 항거하고 있다.

㉠ 양　반 : 양반을 모시지 않고 어디로 그리 다니느냐.
㉡ 말뚝이 : 본댁에 가서 마나님과 하고 하고 재독으로 했읍니다.
㉢ 양　반 : 이놈 뭐야!
㉣ 말뚝이 : 문안을 드리고 드리고 하니까
㉡ 말뚝이 : 좆대갱이 하나 줍디다.
㉢ 양　반 : 이놈 뭐야!
㉣ 말뚝이 : 조기 대갱이 하나 줍디다.
㉤ 양　반 : 조기 대갱이라네. (봉산탈춤 양반과장)

㉠은 봉산탈춤에서 양반이 말뚝이를 불러 위엄있게 꾸짖는 것이다. 그러면 말뚝이는 ㉡처럼 양반의 위엄을 파괴하면서 항거한다. 이때 양반은 ㉢처럼 말뚝이를 꾸짖으며 호령한다. ㉣은 형식적으로 복종하는 말뚝이의 변명이다. ㉤은 변명을 듣고 납득해 양반이 안심하는 모습이다. 양반은 상황 판단도 못하고 일방적으로 만족만 하기에 더욱 우스꽝스럽고, 풍자의 효과는 심화된다.[6] 양반과장은 ㉠~㉤과 같은 방식으로 짜인 단락을 여러 번 반복하며 진행된다.

양반에 대한 증오와 풍자는 가면에서도 찾아볼 수 있다. 첫째양반인 샌님가면은 본산대놀이를 보고 지은 강이천의 한시 〈남성관희자(南城觀戲子)〉(1779)에서 이미 언청이로 묘사되고 있는데, 해서탈춤과 별산대놀이에

---

6) 조동일, 『탈춤의 역사와 원리』, 홍성사, 1979, 199~209면.

서 모두 흰색 바탕의 얼굴에 쌍언청이의 모습을 갖고 있다. 둘째양반도 대개 언청이가면인데, 언청이가 한 줄로 표현되어 있다. 종가집도령가면은 얼굴과 코가 비뚤어진 모습을 갖고 있다. 야류와 오광대에서는 양반가면이 모양반탈, 홍백탈, 흑탈, 곰보탈 등으로 불구자의 모습이 더욱 강화되어 있다. 그래서 양반은 그 가면처럼 비정상적인 인물이며, 특권을 누릴 수 없는 존재임을 나타낸다.

별산대놀이와 해서탈춤에서는 파계승과장인 노장과장이 커다란 비중을 차지하고 있고 등장인물도 많다. 노장과장은 먹중들과 노장이 티격태격하는 노장춤, 노장과 신장수가 실랑이를 벌이는 신장수춤, 노장과 취발이가 대결하는 취발이춤 등 여러 삽화로 구성되어 있다. 특히 양주 등 별산대놀이에는 이 외에도 옴중과장, 연잎·눈끔적이과장, 염불놀이과장, 침놀이과장, 애사당법고놀이과장 등 중이 등장하는 삽화가 계속 이어진다. 야류와 오광대에서는 노장과장이 축소되어 있다.

산대놀이와 해서탈춤의 노장과장에는 노장, 소무, 먹중, 취발이, 신장수, 원숭이가 등장한다. 노장과장은 노장이 파계하는 내용으로 시작한다. 먹중들은 노장을 놀이판으로 끌고나와 욕보인다. 먹중들은 노장의 제자이지만 원래 풍류를 즐기고 놀기 좋아하는 자들이다. 먹중, 즉 검은 중이라는 명칭은 바로 그러한 성격 때문에 붙여진 것이다. 1930년대에 채록된 대본에서는 먹중을 한자어로 묵승(墨僧)으로 표기했다.

노장은 먹중들이 데려온 소무에게 미혹되어 파계를 한다. 노장은 소무를 차지하기 위해 불교의 상징인 염주를 소무에게 주는 등 온갖 수단을 동원한다. 소무를 차지한 노장은 소무와 어울려 흥겹게 춤을 추고, 신장수를 불러 소무의 신을 사준다. 그리고 신장수를 위협해 쫓아버리고 신값을 떼어먹는다.

이때 취발이가 등장해 노장으로부터 소무를 빼앗으려고 한다. 새로운 생활의 기쁨을 발견한 노장은 소무를 빼앗으려는 취발이와 격렬한 싸움을 벌인다. 취발이는 술 잘 먹고, 춤 잘 추고, 놀기 좋아할 뿐만 아니라, 힘이

천하장사이고, 돈도 많다. 결국 노장은 취발이에게 패하여 쫓겨나고 만다. 취발이는 노장을 힘으로 내쫓고 금전으로 소무를 유혹하여 차지한 후 아들을 낳는다. 신체적·경제적·성적인 힘을 가진 취발이를 통해서 새 역사의 주인공이 될 수 있는 근대적 민중의 전형을 엿볼 수 있다. 그러므로 노장과장은 노장이 지닌 초월적인 관념론의 허무함을 비판하고, 먹중이나 취발이가 지닌 세속적 사고의 중요성을 내세우는 것이다.[7)]

할미과장은 영감과 할미가 젊은 첩 때문에 싸우는 내용이다. 영감이 양반으로 설정되어 있는 오광대의 경우를 제외하면, 대부분 영감과 할미는 서민층으로 설정되어 있다. 특히 할미는 대부분 무당으로 나타난다. 그래서 손에 방울을 들고 다니는가 하면, 무속신이 그려진 부채를 들고 있다.

봉산탈춤의 영감과 할미는 난리가 나서 헤어져 서로 찾아다니다가 오랜만에 만나게 된다. 영감과 할미는 고생하며 다니다가 만나지만, 영감이 할미를 박대하자 서로 싸운다. 이때 영감의 첩이 등장하면서 싸움이 격화된다. 결국 영감과 할미의 싸움은 할미와 첩의 싸움으로 발전한다.

> 미얄 : 이놈에 영감 하는 소리 보소. (용산 삼개 덜머리집을 가리키며) 저렇게 고흔 년을 얻어 두었이니게 나를 미워할 수밖에. 이별할라면 저년하고 같이 이별하고, 미워할랴면 저년하고 같이 미워하지. 어느 년에 보지는 금테두리 했었드냐. (와다닥 덜머리집에 달라들어 때리며) 이년아 이년아 너하고 나하고 무슨 웬수가 졌길래, 저놈에 영감을 환장을 시켜 놨나.
>
> 영감 : (미얄을 때리며) 너 이년아 용산 삼개집이 무슨 죄가 있다고 때리느냐. 야 이년 썩 저리 가라. 구린내 난다.

사태가 이와 같이 되자, 할미는 영감에게 헤어지겠으니 세간을 나눠 달라고 말한다. 영감은 재산을 나누면서 좋은 것은 자기가 다 갖고, 할미에

7) 조동일, 앞의 책, 185~198면.

게는 곡식 안되는 땅과 숫쥐·암쥐·새앙쥐·헌 짚신·삿부채·헌 갓 등 못 쓸 것만 준다. 할미가 세간을 더 달라고 하자, 영감은 화를 내며 세간을 부수다가 사당 동티가 나서 죽은 듯이 쓰러진다. 이때 할미가 "동내 방내 키 크고 코 큰 총각 우리 영감 내다 묻고 나하고 같이 살아 봅세" 하고 외치면, 영감이 다시 살아나서 할미를 때려 죽게 만든다. 그러면 무당이 나와 할미의 원통한 한을 풀어 주기 위해 진오귀굿을 거행한다. 대부분의 야류와 오광대에는 무당의 굿 대신에 상두꾼들의 상여소리가 있다. 그러나 진주와 가산오광대에는 무당의 진오귀굿이 있다. 결국 할미과장은 할미의 가련한 신세를 통하여 여성에게 가해지는 남성의 부당한 횡포를 고발하고 있다.

본산대놀이 계통 가면극들은 공통적인 연희 내용을 갖고 있지만, 지역에 따라 특징적인 과장도 갖고 있다. 별산대놀이의 연잎과 눈꿈쩍이과장, 해서탈춤의 사자춤과장[8], 야류와 오광대의 사자춤과장·영노(비비)과장·문둥이춤과장 등이 그것이다.

(2) 마을굿놀이 계통 가면극

한국의 마을굿은 기본적으로 마을의 안녕과 평안을 기원하는 종교적 성격과 풍농풍어를 기원하는 풍요제의의 성격을 겸하고 있는 점이 특징이다. 마을굿의 일종인 강릉단오제나 하회별신굿에서는 무당들이 참여해 마을주민들과 함께 마을굿을 거행했다. 이런 과정에서 하회별신굿의 경우와 같이 마을주민들이 가면을 쓰고 노는 가면극이 발생하였다. 하회별신굿은 무당들이 주도했지만, 가면극인 하회별신굿탈놀이는 마을주민인 농민들이 담당했다. 강릉단오제도 무당들이 단오제를 주도했지만, 가면극은 관노들이 놀았다.

별신굿에서 가면극을 놀았던 곳으로는 하회의 이웃 마을인 병산도 있

8) 봉산탈춤의 사자춤과장은 1913~1915년경부터 비로소 놀기 시작한 것이라고 한다. 김일출, 『조선민속탈놀이연구』, 평양 : 과학원출판사, 1958, 177면.

다. 이외에 경북 경산의 자인팔광대놀이, 경북 영양군 주곡동의 가면극 등이 마을굿에서 연행된 가면극이다. 본산대놀이 계통 가면극은 대부분 상업이 발달했던 지역에 분포되어 있지만, 마을굿 계통 가면극은 대부분 농촌 지역에 분포되어 있었다. 그래서 후자는 마을의 안녕과 풍농을 기원하는 의식이 강하게 반영되어 있다.

하회별신굿탈놀이는 제1과장 주지춤, 제2과장 백정놀이, 제3과장 할미놀이, 제4과장 파계승놀이, 제5과장 양반·선비놀이로 구성되어 있다. 하회별신굿에서는 서낭당에서 강신한 후에 하산한다. 하산과정에서 베풀어지는 각시의 무동춤은 신성현시(神聖顯示)를 연출하는 본보기이다. 하회의 서낭신은 이 마을에 시집와 열다섯 살 때 남편과 사별하고 이곳의 서낭신이 되었다고 전한다. 시집온 지 며칠 안되어 남편을 잃고 쓸쓸하게 살다간, 한이 많은 각시신이다. 하회 사람들은 이 여신이 마을을 잘 지켜주기를 바라며 또 그렇게 해 왔다고 믿고 있다. 본 가면극에 앞서 서낭신인 각시의 가면을 쓴 놀이꾼이 무동을 타고 수시로 걸립을 했다. 서낭신인 각시의 등장은 이 가면극이 각시를 중심으로 각시에 의해서 주도되는 어떤 근원성과 관련이 있음을 시사하면서, 이 가면극과 마을굿의 밀접한 관계를 보여준다.[9)]

첫과장인 주지춤은 사자춤으로서, 사자 한 쌍이 춤을 추어 잡귀와 사악한 것을 쫓아내고 놀이판을 정화하는 벽사의 의식무이다.

백정놀이는 백정이 소를 도살해 염통과 우랑을 떼어낸 다음, 관중을 향해 해학적인 말로 희롱하면서 성(性)에 대해 겉으로 내색하지 않는 양반층을 풍자하는 내용이다.

할미놀이에서는 쪽박을 허리에 차고 흰 수건을 머리에 쓴 할미가 등장하여 살림살이를 한다. 베를 짜는 시늉을 하며 한 평생 궁핍한 생활을 살아온 신세타령을 베틀가에 얹어 부른다. 이어 춤을 추다가 쪽박을 들고 동

---

9) 서연호, 『서낭굿탈놀이』, 열화당, 1991, 44~46면.

낭을 구한다. 이 마당은 여성들의 고난과 삶의 애환을 그리고 있으며, 가부장적 권위에 대한 적극적인 비판의식을 나타낼 뿐만 아니라, 풍요다산의 주술적 의미도 담겨져 있다.

파계승놀이에서 중은 춤을 추던 부네가 오줌 누는 것을 엿보고 욕정을 참지 못한다. 중은 부네가 오줌 눈 자리의 흙을 움켜쥐고 냄새를 맡으며 흥분한다. 중은 부네와 어울려 춤을 추다가, 양반의 하인인 초랭이에게 들키자 부네를 업고 달아난다.

양반·선비놀이에서 중의 행태를 보던 양반과 선비는 기생인 부네가 나타나자, 지체와 학식을 자랑하며 부네를 놓고 삼각관계를 벌인다. 이들은 허위와 위선으로 자랑하며 부네를 차지하려 든다. 백정이 양기를 돕는 데 좋다며 소불알을 들고 등장하자, 서로 사겠다고 당기므로 백정은 소불알이 터지겠다고 야단한다. 이 와중에 할미가 등장하여 이들을 비판하고, 별채(別差)역인 이매가 나와 세금을 바치라고 외치면, 모두 깜짝 놀라 도망간다. 여기서는 관리가 마을 사람들에게 곡식을 거두면서 중간 착취하는 횡포를 풍자하고 있다.

양반과 선비는 기녀인 부네를 차지하려고 서로 싸우면서 다음과 같이 지체와 학식을 자랑한다.

양반 : 나는 사대부(士大夫)의 자손인데…
선비 : 뭣이, 사대부? 나는 팔대부(八大夫)의 자손일세.
양반 : 팔대부는 또 뭐냐?
선비 : 팔대부는 사대부의 갑절이지.
양반 : 우리 할아버지는 문하시중(門下侍中)이거든.
선비 : 아 문하시중, 그까짓 것. 우리 아버지는 바로 문상시대(門上侍大)인데.
양반 : 문상시대, 그것은 또 뭔가?
선비 : 문하(門下)보다 문상(門上)이 높고, 시중(侍中)보다 시대(侍大)가 더 크다.

양반 : 그것 참 별꼴 다 보겠네.

선비 : 지체만 높으면 제일인가?

양반 : 그러면 또 뭣이 높단 말인가?

선비 : 첫째 학식이 있어야지. 나는 사서삼경을 다 읽었네.

양반 : 뭣이 사서삼경. 나는 팔서육경을 다 읽었네.

선비 : 도대체 팔서육경이 어데 있으며 대관절 육경은 뭐냐?

초랭이 : 나도 아는 육경! 그것도 몰라요? 팔만대장경, 중의 바래경, 봉사 안경, 약국의 질경, 처녀 월경, 머슴 새경.

이매 : 그것 다 맞다 맞어.

양반 : 이것들도 다 아는 육경을 소위 선비라는 자가 몰라. (류한상본)

양반과 선비가 지체 자랑을 하는 동안 사대부라는 신분, 문하시중이라는 벼슬은 우스꽝스런 것으로 전락된다. 그들의 하인인 초랭이와 이매는 그들의 학식을 웃음거리로 만든다. 특히 사서삼경을 "팔만대장경, 중의 바래경, 봉사 안경, 약국의 질경, 처녀 월경, 머슴 새경"의 차원으로 격하시키면서 유학을 조롱하고 있다. 이와 같이 유학과 유자(儒者)를 조롱하는 내용은 산악·백희의 한 종목인 우희(優戲)·유희(儒戲)에서 연행하던 내용을 활용한 것이다.

우희·유희는 원래 전문적 놀이꾼이 연행하던 연희로서 이것이 본산대놀이 계통 가면극의 대사와 판소리 사설에 큰 영향을 끼쳤다. 본산대놀이 계통 가면극의 많은 대목들은 독립적인 우희의 모습을 갖고 있는데, 특히 양반과장은 주로 양반과 유자(儒者)를 조롱하는 내용이다. 양반과장에서는 유가의 오륜과 경서, 그리고 문자 등 양반층의 문화조차도 조롱의 대상이 되고 있다. 양반의 가면은 대부분 병신 모습이고 의복도 비정상적인 경우가 많아서, 그 모습 자체만으로도 조롱의 대상이 되기에 충분하다. 그러므로 우희·유희와 본산대놀이 계통 가면극의 양반과장은 그 형식과 내용이 너무나 유사하다.[10]

하회별신굿탈놀이는 마을굿놀이에서 유래하여 발전해온 가면극이지만,

본산대놀이 계통 가면극의 영향으로 이와 같이 유학과 유자를 조롱하는 내용이 삽입된 듯하다. 그리고 하회별신굿을 거행할 때 무당들이 참여하여 별신굿을 주도했는데, 이 무당의 패거리 중 남자들은 악사 또는 놀이꾼으로서 중국사신 영접 행사 등에 동원되어 서울에 왔었고, 또 과거급제자 잔치인 문희연(聞喜宴)에서 유희(儒戲)를 연행했다는 사실을 생각해 보자. 이들이 마을에서 선발되어 합숙을 하며 탈놀이를 연습하던 연희자들에게 유희의 내용을 소개했을 가능성도 충분하다.

강릉관노가면극은 제1과장 장자마리춤, 제2과장 양반광대·소매각시춤, 제3과장 시시딱딱이춤, 제4과장 소매각시 자살과 소생으로 구성되어 있다. 강릉관노가면극은 한국의 가면극 가운데 유일하게 묵극(默劇)이라는 점이 특징이다. 또한 다른 지방의 가면극은 각 과장의 내용이 서로 독립적인 모습을 보이는 데 반해, 강릉관노가면극은 각 과장이 서로 긴밀하게 연관되어 있다. 즉 양반과 소매각시를 중심으로 서사적인 내용의 연희가 진행된다.

첫과장인 장자마리춤은 벽사적 의식무로, 장자마리 2인이 마당닦기춤을 통해 놀이판을 정화한다. 또한 장자마리들은 의상에 곡식 이삭과 해초인 말치를 매달고 있고, 불룩한 배를 통하여 잉태한 모습을 보여주며, 둘이 모의적인 성행위의 동작을 한다. 장자마리춤은 풍농풍어를 기원하는 마을굿인 단오제의 성격을 반영하고 있는 것이다.

양반광대·소매각시춤과장은 양반이 소매각시를 차지해 다정하게 노는 내용이다.

시시딱딱이춤과장은 시시딱딱이들이 훼방놓아 양반과 소매각시의 사이를 이간시키는 내용이다.

소매각시 자살과 소생과장은 소매각시가 자살했다가 다시 살아나는 내용이다. 양반이 시시딱딱이들을 쫓아버린 후에 소매각시를 끌고와서 시시

10) 전경욱, 「우희와 판소리·가면극의 관련양상」, 『한국민속학』 34, 한국민속학회, 2001. 12.

딱딱이와 놀아났다고 나무라면, 소매각시는 그런 것이 아니라고 완강히 부인하면서 양반에게 용서를 빈다. 그래도 양반이 화를 풀지 않자, 소매각시는 양반의 긴 수염에 자기의 목을 매어 자살한다. 이때 장자마리들과 시시딱딱이들이 소매각시의 죽음을 확인하고, 서낭신목을 모시고 와서 빌자 소매각시가 소생하는 내용으로 결말을 맺는다.

이상과 같이, 하회별신굿탈놀이와 강릉관노가면극은 연희 내용과 등장인물들이 다른 지방의 가면극과 전혀 다르다. 그것은 이 가면극들이 마을굿에서 자생적으로 형성되어 발전해 왔기 때문이다. 그러나 하회별신굿탈놀이의 파계승과장이나 유학과 유자(儒者)를 조롱하는 내용, 강릉관노가면극의 '소매각시'라는 명칭에서 나타나듯이, 후대에는 마을굿 계통 가면극도 본산대놀이 계통 가면극의 영향을 일부 받은 것으로 보인다.

2) 가면극의 역사

(1) 가면극의 기원

그동안 한국 가면극의 기원에 대해 산대희(山臺戲)기원설, 산대도감극(山臺都監劇)계통설, 기악(伎樂)기원설, 풍농굿기원설, 무굿기원설 등이 제시되었다.

산대희기원설에 의하면, 산대희에서 가면극인 산대극이 생겨났다고 한다. 산대희는 신라시대 이래 조선 중기까지 지속되었다. 산대는 채산(彩山), 채붕(綵棚)이라고 하는 가설무대로서, 산과 같이 높은 무대, 비단으로 장식한 다락무대라는 의미에서 붙인 명칭이다. 신라 진흥왕 이래의 팔관회와 고려시대의 연등회를 거행할 때 산대에서 가무백희를 연행했다. 여러 기록을 참고할 때, 고려시대까지의 산대희는 음악·무용·연극·곡예·민속놀이 등을 묶은 무대공연이었다.

조선시대 산대희의 내용은 규식이 있는 놀이(規式之戲)와 웃고 희학하는 놀이(笑謔之戲)로 분류할 수 있다. 전자는 주질(注叱, 줄타기), 농령(弄

鈴, 방울받기), 근두(斤頭, 곤두박질), 토화(吐火, 불 토해내기), 만연어룡지희(曼衍魚龍之戲), 무동춤, 곰놀이, 인형극, 장간희(長竿戲, 솟대타기), 사자춤, 호랑이춤, 만석중춤 등 곡예와 각종 무용이 중심을 이루고 있었다. 웃고 희학하는 놀이는 남을 조롱하거나 희롱하던 고려시대의 우희(優戲)의 전통을 이은 것이다. 즉흥적인 재담이나 화술로써 어떤 사건이나 상황을 연출해 보이는 일종의 소극(笑劇)이었다.[11)]

이두현은 산대희기원설을 더욱 발전시켜, 가면극의 기원을 서낭제 탈놀이와 산대도감계통극으로 나누어 논의했다. 하회별신굿탈놀이, 강릉관노가면극 등 서낭제(성황제)에서 놀았던 서낭제 탈놀이는 서낭제에서 기원해 발전한 토착적 가면극이라고 보았다. 그러나 서울 근교의 산대놀이, 해서탈춤, 야류와 오광대는 산대도감계통극이라고 주장한다. 산대도감극의 춤과 연기는 나례의 규식지희에서, 대사는 나례의 광대소학지희에서 영향을 받았다고 보고, 처용무와 나례를 산대도감극 즉 본산대놀이의 선행 연희로 인정했다. 그리고 인조(仁祖) 이후 공의(公儀)로서의 나희(儺戲)가 급격히 쇠퇴하고, 영·정조 이후 나희가 국가적인 행사로는 폐지되자 그 놀이꾼인 반예(泮隸, 편놈)들이 민간에서 가면극인 산대놀이를 시작했고, 그러다가 놀이꾼들의 지방 분산으로 각 지방의 가면극이 이루어졌다고 보았다.[12)]

1725년 완성된 아극돈(阿克敦)의 『봉사도(奉使圖)』에는 끌고다닐 수 있는 산대인 산붕(山棚) 앞에서 줄타기, 접시돌리기, 땅재주와 함께 가면을 쓴 사람 넷이 춤을 추는 모습이 그려져 있다. 이는 중국 사신을 영접하는 행사에서 행해진 산대희를 묘사한 것이므로, 산대희로부터 가면극인 산대놀이·산대도감극이 성립되었다는 견해는 더욱 설득력을 얻게 되었다. 그

11) 安　廓, 「山臺戲と 處容舞と 儺」, 『朝鮮』 第210號, 朝鮮總督部, 1932, 90~91면.
김재철, 『조선연극사』, 조선어문학회, 1933, 78~79면.
양재연, 「산대도감극에 취하여」, 『중앙대 30주년기념논문집』, 중앙대, 1955.
12) 이두현, 『(신수판)한국연극사』, 학연사, 2000, 174면.

리고 서울 근교의 가면극에 대해 왜 애오개산대놀이, 송파산대놀이, 양주별산대놀이 등 산대놀이라는 명칭을 붙였는가 하는 의문도 해결할 수 있게 되었다.

조동일의 풍농굿기원설에 의하면, 마을굿에서 농악대의 가면을 쓰고 노는 무리가 잡색으로 따라다니며 이따금씩 허튼 수작을 하기도 하지만, 마을굿을 하는 원래의 행사가 끝난 다음에 기회를 얻어서 놀이를 한바탕 따로 벌인 것이 가면극이라고 한다. 즉 가면극이 마을굿에서 자생적으로 성립·발전했다는 것이다. 그리고 가면극을 농촌탈춤과 도시탈춤으로 나누어 설명했다. 농사가 잘 되게 하려는 마을굿에서 농악대의 잡색들이 노는 놀이가 발전해 농촌탈춤이 형성되었고, 농촌탈춤이 18세기 중반 상인과 이속의 도시탈춤으로 발전했다는 것이다.[13]

최근 조교수는 가면극의 기원에 대해서는 기존 입장을 고수하면서도, 각 지방 가면극의 형성과정에 대해서는 견해를 수정했다. 즉 농촌탈춤이 바로 도시탈춤으로 바뀐 것이 아니라, 직업적 놀이꾼인 떠돌이놀이패의 탈춤이 농촌탈춤이 도시탈춤으로 발전하는 데 그 모형을 제공했을 것이라고 한다. 그리고 이 떠돌이탈춤은 농촌에서 살 수 없어 떠돌이놀이패로 나선 무리가 농촌에서 하던 탈춤을 더욱 흥미로운 구경거리로 만들어 영업을 하다가 만들어낸 것이라고 보았다. 그리고 오광대의 경우는 초계 밤마리의 오광대패와 같은 떠돌이놀이패의 가면극이 직접적인 영향을 끼쳤다고 한다.[14]

하지만, 이런 주장은 설득력이 약하다. 왜냐하면 이미 산대희기원설에서 살펴본 바와 같이, 1725년에 완성된 아극돈의 『봉사도』에는 중국사신 영접행사시에 산대 앞에서 가면을 쓴 사람 넷이 춤을 추는 모습이 그려져 있고, 이런 전문적 연희자들이 만들어낸 서울 근교의 가면극을 본산대놀이라고 부르기 때문이다.

---

13) 조동일, 『탈춤의 역사와 원리』, 홍성사, 1979, 29~108면.

14) 조동일, 『한국문학통사 2』(제3판), 지식산업사, 1994, 513면.

기악기원설에 의하면, 백제인 미마지(味摩之)가 중국 남조(南朝) 오(吳)에서 배워 612년 일본에 전했다는 기악이 가면극의 기원이라고 한다. 기악의 내용은 13세기(1233년) 일본 문헌인 『교훈초(敎訓抄)』에 소개되어 있는데, 절에서 불사(佛事) 공양의 무곡(舞曲)으로 연출되던 교훈극으로서 묵극이었다.[15]

그러나 기악 기원설이 설득력을 얻기 위해서는 기악과 현전하는 가면극을 연결시킬 만한 중간 단계의 자료를 발굴하는 것이 필요하다. 그리고 기악은 불교 선전극이자 묵극인데, 이것이 현전하는 가면극과 같이 파계승 풍자를 비롯한 민속풍자극으로서 대화 · 노래 · 춤 · 연기가 함께 어우러지는 연극으로 발전한 과정에 대한 논의가 과제로 남아 있다.

박진태의 무굿기원설에 의하면, 가면극은 무굿에서 기원했다고 한다. 하회별신굿탈놀이의 각 과장의 내용은 무굿에 대응되며, 각 과장의 순차구조와 굿의 절차 사이에도 대응관계가 있다고 한다.[16] 그러나 삼국시대에 중국으로부터 유입된 산악 · 백희를 놀던 전문적 연희자들이 가면희를 놀았던 기록이 많이 발견되고, 그들이 성립시킨 본산대놀이 가면극이 존재하므로, 이 주장 역시 하회별신굿탈놀이 이외에 본산대놀이 계통 가면극 등 한국 가면극 전반으로 확대하여 적용하기는 어렵다.

이상과 같이, 가면극의 기원에 대해 여러 학설이 제시되었지만, 각 기원설은 일정한 타당성과 함께 문제점도 갖고 있다. 왜냐하면 그동안 가면극의 기원에 관한 논의는 이미 상당히 발전된 상태의 가면극에 나타나는 여러 모습 가운데 어느 한 측면만을 강조하는 방향으로 전개되어 왔기 때문이다. 그러나 이미 완성된 단계의 가면극을 온전히 이해하기 위해서는 기원 문제만을 독립적으로 다룰 것이 아니라, 발전 단계의 여러 요인을 포함하여 전승의 측면과 변이의 측면을 고찰해야 할 것이다.

---

15) 이혜구, 「산대극과 기악」, 『한국음악연구』, 국민음악연구사, 1957.
이혜구, 「양주별산대놀이의 옴 · 먹중 · 연잎과장」, 『예술논문집』 8, 예술원, 1969.
16) 박진태, 『탈놀이의 기원과 구조』, 새문사, 1990, 29~191면.

가면극의 기원을 논의할 때 제의(풍요제의, 무속제의)에서 가면극이 비롯되었다는 이론은 세계적인 보편성을 인정받는 합리적인 학설이다. 그러나 그것이 현전 가면극의 직접적이며 전적인 기원이라고 볼 수는 없다. 가면극이 제의에서 기원하여 꾸준히 자생적인 발전을 해왔다고 생각되지만, 전승과정에서 다양한 변이도 일어났기 때문이다. 이러한 변이에 영향을 끼친 것은 삼국시대에 중국으로부터 유입되어 조선 후기까지 계속 발전했던 산악(散樂)・백희(百戲), 6세기 중엽 신라의 진흥왕 이래 조선시대까지 지속되었던 산대희(山臺戲), 612년 백제인 미마지가 일본에 전한 기악(伎樂), 통일 신라시대 최치원(崔致遠)의 〈향악잡영(鄕樂雜詠)〉 5수에서 묘사한 오기(五伎), 조선시대 초기 사원이 혁파되면서 유랑하던 재승(才僧)들의 연희, 북방에서 흘러들어온 이방인들이 무리를 지어 방랑하다가 정착한 수척(水尺)들의 연희 등을 들 수 있다.

(2) 본산대놀이 계통 가면극의 역사적 전개

① 삼국시대

삼국시대에 중국으로부터 산악・백희 또는 산악잡희(散樂雜戲)라고 부르는 연희들이 유입되었다. 고구려의 고분벽화(古墳壁畵)나 중국과 일본의 고구려 관련 기록은 고구려가 중국・서역과 매우 활발한 교류가 있었고, 고구려에 이미 산악・백희 같은 서역・중국 유래의 연희들과 가면희가 있었음을 입증한다.

실제로 고구려 고분의 벽화에는 나무다리걷기(수산리고분・팔청리고분), 방울받기(장천1호분), 곤봉받기(약수리고분), 곤봉과 방울을 엇바꾸어 받기(수산리고분・팔청리고분・약수리고분), 바퀴 돌려 올리기 놀이인 무륜(수산리고분・장천1호분), 말타기재주인 마상재(약수리고분・팔청리고분), 칼 재주 부리기(팔청리고분, 안악 제3호분의 행렬도), 씨름인 각저희(각저총・장천1호분), 수박희(무용총・안악 제3호분) 등 곡예에 해당하는

<도판 1> 장천 1호분의 연희 장면 중 부분도. 원숭이 재주 부리기, 방울 받기, 수레바퀴 쳐올리기.

놀이; 가면희(안악 제3호분); 긴 뿔나팔 불기(안악 제3호분, 팔청리고분)와 여러 고분에서 발견되는 북・장고・완함・긴 통소 등의 악기 연주; 원숭이를 훈련시켜 재주부리게 하기(장천1호분) 같은 동물곡예 등 산악・백희에 해당하는 연희들이 다양하게 그려져 있다.

특히 안악 제3호분의 벽화 중 후실의 가면희도(假面戲圖)에는 코가 긴 서역인 형상의 가면을 착용한 사람이 춤을 추고 있다. 이 그림에는 네 사람이 보인다. 세 사람이 앉아서 각각 긴 통소, 완함, 거문고를 연주하는 가운데 한 사람이 탈춤을 추는 그림이다. 춤추는 인물은 그림이 비교적 선명한데, 붉은 물방울 무늬가 있는 터번식의 머리쓰개가 이국적이다. 이 인물은 코가 큰 탈을 썼으며, 다리를 ×자형으로 꼬고 손벽을 치는 듯한 자세로 춤을 추고 있다. 그러므로 이 악사들과 가면춤꾼은 전문적 연희자임을 알 수 있다.

고구려는 서역계의 악기와 가면무를 가지고 있었기 때문에 일본에서도 백제악·신라악이란 명칭은 사라지고 고려악(高麗樂, 고마가쿠)이란 명칭으로 전래되었다. 일본에서는 5세기 중엽에서 9세기 중엽에 이르는 동안 신라악(新羅樂), 백제악(百濟樂), 고구려악(高句麗樂)의 순서로 전래되어 병립하였으나, 9세기 중엽에 이르러 외래악무(外來樂舞)를 정리할 때, 당나라와 인도(천축) 등의 악무를 좌방악(左方樂)이라 하고, 삼국 및 발해의 악무를 우방악(右方樂)이라 불렀다.

이 좌방악과 우방악은 부가쿠(舞樂)로서 백제인 미마지(味摩之)가 612년에 전한 기가쿠(伎樂)보다 약 50년 정도 늦게 중국과 한반도에서 전래된 것이다. 부가쿠는 아악(雅樂) 음악에 춤이 첨가된 것으로, 광의의 아악에 속한다.[17] 그리고 이 부가쿠는 당연히 전문가들이 연행했다.

우방악은 일명 고려악이라 하여, 고구려악이 삼국악의 총칭으로 불렸다. 고구려악은 24곡(曲)이었는데, 이중 12곡은 가면무악(假面舞樂)이다.[18]

백제의 연희는 한국의 문헌에는 없으나, 13세기 일본 문헌『교훈초(敎訓抄)』에 기악(伎樂)이라는 가면극이 기록되어 있다. 백제인 미마지가 중국 남조 오에서 배워 612년 일본에 전했다는 기악의 내용이 13세기(1233년) 일본 문헌인『교훈초(敎訓抄)』에 소개되어 있다. 기악은 절에서 불사(佛事) 공양의 무곡(舞曲)으로 연출되던 교훈극으로서 묵극(默劇)이었다.[19]

17) 가와타케시게토시 저, 이응수 역,『일본연극사(상)』, 청우, 2001, 95면.
18) 이혜구,『한국음악연구』, 국민음악연구회, 1957, 219~220면.
19) 이혜구,「산대극과 기악」,『한국음악연구』, 국민음악연구사, 1957.
이혜구,「양주별산대놀이의 옴·먹중·연잎과장」,『예술논문집』8, 예술원, 1969.

<도판 2> 고구려 안악 3호분의 가면희도의 악기 연주와 춤 장면.

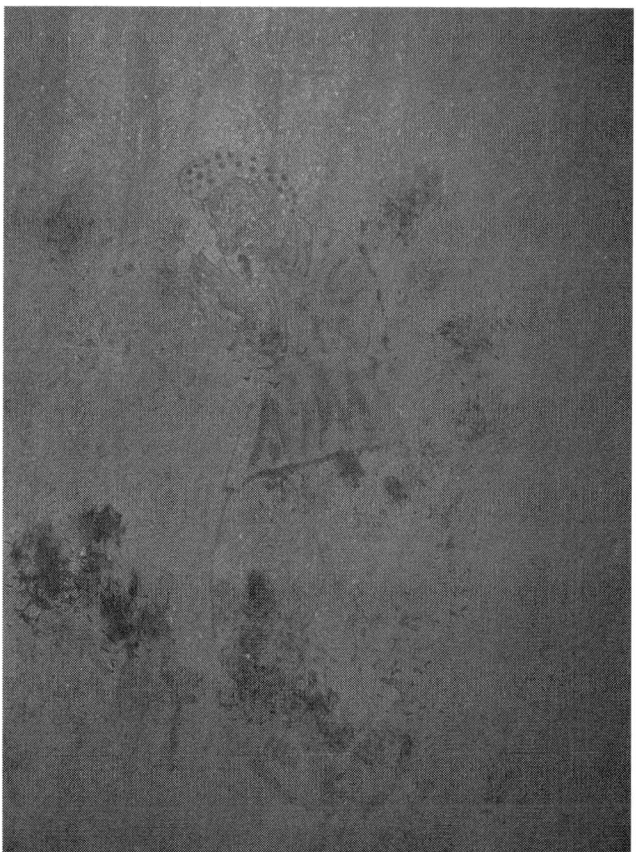

<도판 3> 안악 3호분의 가면희도. 춤을 추는 인물 부분도.

<도판 4> 《신서고악도》의 신라악 입호무.

신라에도 전문적 연희가 있었다. 『증보문헌비고(增補文獻備考)』에 진흥왕(眞興王) 12년(551년) 처음 설치한 팔관회(八關會)에서 가무백희를 놀았다는 내용이 나오는데, 두 개의 채붕(綵棚)을 설치하였던 점으로 보아 이 가무백희는 산악·백희와 같은 연희일 것이다.

한편 일본에 전하는 『신서고악도(信西古樂圖)』에 그려진 〈신라악 입호무(新羅樂 入壺舞)〉는 조금 떨어진 두 개의 탁자 위에 각각 항아리가 하나씩 놓여 있는데, 오른쪽 항아리 속에는 연희자의 상체가 들어가 있고, 왼쪽 항아리 밖으로 연희자의 상체가 나오고 있는 그림이다. 이는 사람의 몸을 항아리 속으로 사라지게 했다가 다른 항아리로 나오게 하는 환술이다.

또 『신서고악도』에는 〈신라박(新羅狛)〉이라는 사자가면을 착용한 가면희도 그려져 있는데, 동물로 가장한 가면희 역시 산악·백희의 일종이었다. 신라박은 사자가면에 사람이 들어가서 일어서 있는 모습인데, 양손과 발에도 동물 머리를 형상화해 놓은 것이 특징이다.

② 통일신라시대

통일신라시대의 전문적 연희는 『삼국사기』 잡지 중 최치원(崔致遠: 857~?)의 〈향악잡영오수(鄕樂雜詠五首)〉에 묘사된 금환(金丸), 월전(月顚), 대면(大面), 속독(束毒), 산예(狻猊)의 다섯 가지 연희에서 찾아볼 수 있다.

금환(金丸)	몸을 돌리고 팔을 흔들며 방울 놀리니	廻身掉臂弄金丸
	달은 돌고 별은 떠다녀 눈안에 가득하네.	月轉星浮滿眼看
	의료의 재주인들 이보다 나으랴	縱有宜僚那勝此
	동해바다 파도소리 잠잠하겠네.	定知鯨海息波瀾
월전(月顚)	어깨를 높이고 목을 움츠리고 머리털은 빳빳	肩高項縮髮崔嵬
	팔소매를 걷은 군유(群儒)가 술잔 다툰다.	攘臂群儒鬪酒盃
	노랫소리를 듣고서 모두 웃어 젖히며	聽得歌聲人盡笑
	밤 들어 꽂은 깃발이 새벽을 재촉하네.	夜頭旗幟曉頭催
대면(大面)	황금색 가면을 썼다 바로 그 사람	黃金面色是其人
	구슬채찍을 손에 쥐고 귀신을 부리네.	手抱珠鞭役鬼神
	빨리 뛰다 천천히 걷다 추는 한바탕 춤은	疾步徐趨呈雅舞
	너울너울 봉황새가 날아드는 듯.	宛如丹鳳舞堯春
속독(束毒)	쑥대머리 파란 얼굴의 이상한 사람들이	蓬頭藍面異人間
	떼를 지어 뜰에 와서 난새춤을 추네.	押隊來庭學舞鸞
	북소리는 둥둥둥 바람은 살랑살랑	打鼓冬冬風瑟瑟
	남으로 달리고 북으로 뛰며 그칠 줄을 모르네.	南奔北躍也無端
산예(狻猊)	멀고 먼 사막을 건너 만리길을 오느라고	遠涉流沙萬里來
	털옷은 다 찢어지고 먼지를 뒤집어썼네.	毛衣破盡着塵埃
	머리를 흔들고 꼬리를 치며 인덕을 길들이니	搖頭掉尾馴仁德
	뛰어난 그 재주가 어찌 온갖 짐승과 같으랴.	雄氣寧同百獸才

금환은 방울받기인 농환(弄丸)이다. 월전은 구경꾼들의 반응을 통해 골계희 즉 우희(優戲)임을 짐작할 수 있다.[20]

대면, 속독, 산예는 가면희이다. 대면은 황금색의 가면을 쓰고 손에 구슬 채찍을 들고 역귀(疫鬼)를 쫓는 무서운 춤을 묘사한다. 속독은 원방인

20) 이에 대한 자세한 논의는 전경욱, 「우희와 판소리 · 가면극의 관련양상」, 『한국민속학』 34, 한국민속학회, 2001. 12 참조.

(遠邦人)이 왕의 덕화를 사모해 떼지어 와서 춤과 음악을 바치는 내용인데, 가면은 쑥대머리(蓬頭亂髮)에 얼굴이 파란 귀면(鬼面)이었다. 산예는 사자 가면을 쓰고 추는 사자춤이다.

③ 고려시대

고려시대에는 불교적 제전인 연등회와 토속신에 제사 지내는 팔관회에서 채산(彩山) 또는 채붕(綵棚)이라 하는 가설무대(山臺)를 설치하고, 거기서 가무백희를 연행했다. 여기에서 연행된 놀이를 산대희(山臺戲)라고 하는데, 여러 종류의 가면이 사용되었다. 그리고 나례에서도 방상시(方相氏), 창사(唱師), 십이지신(十二支神), 처용 등이 가면을 착용했다.

우선 고종 31(1244)년 궁중연회에서 가면을 쓰고 공연하는 놀이가 있었다.

> 정해일에 왕이 간소한 연회를 배설하였다. 이 날 최이가 가면을 쓴 놀이꾼들이 하는 잡희를 바쳤다. 왕이 그들에게 은병 한 개씩 주고, 또 기생들에게는 각각 비단 두 필씩 주었다.
>
> 丁亥 曲宴崔怡進假面人雜戲 賜銀甁人一口 又賜妓綾各二匹 (『고려사』 권제23 갑진 31년 2월 조)

인용문에 의하면 궁중의 간소한 연회에서 가면을 쓴 사람들이 잡희를 공연했다. 이 잡희는 가면을 쓰고 추는 춤이거나 연극적 놀이였을 것이다.

또한 『고려사』 권 제124 전영보(全英甫)전에 "우리나라 말로 가면을 쓰고 놀이하는 자를 광대(廣大)라 한다"는 기록이 보인다. 이를 통해 고려시대에 전문적으로 가면을 쓰고 노는 가면극이 있었고, 그 놀이꾼을 '광대'라고 불렀음을 알 수 있다.

원래 나례는 섣달 그믐날 궁중과 민간에서 가면을 쓴 사람들이 일정한 도구를 가지고 주문(呪文)을 외치면서 귀신을 쫓는 동작을 해, 묵은 해의 잡귀를 몰아내던 의식이다. 고려 말에는 점차 나례에서 구역의식(驅疫儀式)보다 잡희부(雜戲部)가 확대되면서, 나례가 잡희인 나례희(儺禮戲) 즉 나희(儺戲)로 인식되어 갔다. 조선시대에는 이러한 현상이 더욱 심해져서 본말이 전도될 정도였다.

고려 말 이색(李穡, 1328~1396)의 한시 〈구나행(驅儺行)〉은 크게 두 부분으로 나뉜다. 전반부(1~14구)는 십이지신과 진자(侲子)들이 역귀를 쫓는 의식을 묘사하는 내용이고, 후반부(15~28구)는 구나의식이 끝난 후 놀이꾼들이 각종 잡희를 연행하는 내용이다. 후반부에서는 오방귀무(五方鬼舞)·사자무(獅子舞)·호인희(胡人戲)·처용무·불 토해내기·줄타기·칼 삼키기·인형극·각종 동물로 분장한 가면희 등의 연희를 묘사한다. 이는 대부분 산악·백희 계통의 연희이다.

④ 조선시대

김구(金絿, 1488-1534)의 한시 〈이밀양댁연석관우희작(李密陽宅讌席觀優戲作)〉(1525)에 사대부가의 잔치에서 연행된 가면희가 보인다.

조선조 문종실록 즉위년(1451) 6월 10일 조에 중국의 사신을 영접할 때 채붕을 설치하는 것에 대한 논란이 보인다. 그런데 이때 나(儺)를 쓰는 것으로 되어 있다. '나'는 이제 섣달 그믐날의 구나의식만을 가리키는 것이 아니라, 나례에 동반되었던 잡희 즉 나희를 가리키며, 이것이 중국 사신의 영접에도 사용된 사실을 알려 준다. 이 기록에서 주목되는 것은 중국 사신의 영접시에 동원된 놀이꾼들의 부류와 그들의 연희를 구별해 언급하고 있다는 점이다.

> (가) 백성들이 부모를 잃은 것과 같아 함부로 떠들고 희학할 수 없다고 한다면, 광대와 서인의 주질·농령·근두 등과 같은 규식이 있는 놀이는 예전대로 하고, 수척과 승광대 등의 웃고 희학하는 놀이는 늘여 세워 수만 채우는 것이 가하다. 음악은 마땅히 예전대로 하고, 금지하는 것이 불가하다.
>
> 百姓如喪考妣 不可恣爲讙譃 則如廣大西人注叱弄鈴斤頭等 有規式之戲 則依舊爲之 如水尺僧廣大等 笑謔之戲 則列立備數而已可也 音樂則當依舊爲之不可禁也.

인용문에 의하면, 광대와 서인은 주질(줄타기), 농령(방울받기), 근두(땅재주) 등의 규식이 있는 놀이를 담당했다. 수척과 승광대는 웃고 희학하는 놀이 즉 우희(優戱)를 담당했다. 악공은 음악을 담당했다.

광대가 담당한 규식이 있는 놀이는 전문적 놀이꾼들만이 연행할 수 있는 곡예에 해당하는 연희이다..

수척(水尺)은 화척(禾尺), 재인(才人), 달단(韃靼), 백정(白丁), 재백정(才白丁), 신백정(新白丁) 등으로도 불렸다. 그러므로 수척은 바로 백정을 말한다. 백정은 조선시대 이전에는 양수척(楊水尺)이라고 불렀다. 양수척은 후삼국시대부터 고려시대에 걸쳐 떠돌아다니면서 천업에 종사하던 무리인데, 북방민족이나 귀화인의 후예로 보인다. 조선시대의 백정은 세종 5년(1423년) 그 이전의 재인과 화척을 합해 통칭한 것이다. 이들은 도살업, 육류판매업, 고리(柳器)제조업, 잡희 등으로 생계를 유지했다.

『세조실록』 권3, 2년 3월 정유(丁酉)조에 "백정을 화척, 혹은 재인, 혹은 달단이라고 부르는데, 그 종류가 하나가 아니다. …… 본래 우리 민족이 아니다.(白丁 或稱禾尺 或稱才人 或稱韃靼 其種類非一 …… 本非我類)"라고 해, 백정은 화척 또는 재인 또는 달단으로도 불렸고, 본래 우리 민족이 아니었음을 밝히고 있다. 이미 『고려사』 권 제134 열전 제47 신우 8년 4월조에 "화척은 곧 양수척이다(禾尺卽楊水尺)"는 내용이 보인다. 또 『성종실록』 권 252, 22년 4월 무진(戊辰)조에 "우리나라의 재인과 백정은 그 선조가 호종이다(我國才人白丁 其先胡種也)"라고 해, 재인과 백정을 호종 즉 북방민족의 후예로 보고 있다.

『예종실록』 1년 6월 29일조 양성지의 상소문은 이런 사실을 더욱 분명하게 밝히고 있다.

> (나) 양수척(楊水尺)은 전조(前朝, 고려)의 초기에 있었는데 강화도로 옮겨갔을 때도 있었습니다. 재인(才人)과 백정(白丁)은 충렬왕 때도 있었고 공민왕 때에도 있었습니다. 그래서 멀리는 500~600년 전(고려 초기를 가

> 리킴, 필자 주)에 있었고, 가까워도 수백년 아래(충렬왕 때와 공민왕 때, 필자 주)로는 떨어지지 않는데도, 악기를 연주하며 노래하는 풍습과 짐승을 도살하는 일을 지금껏 고치지 않고 있습니다.[21]

이 기록은 재인과 백정이 양수척의 계통이며, 조선조 예종 때까지도 계속 놀이와 도살에 종사하고 있었음을 전해 준다.

또한 『중종실록』의 "정재인(呈才人)·백정(白丁) 등은 본시 일정한 재산이 없는 사람들로서 오로지 우희(優戲)를 직업으로 해 여염을 횡행하며 양식을 구걸한다고 하나……"[22]라는 기록도, 조선 전기에 백정들이 소를 잡을 뿐만 아니라 놀이에도 종사했음을 전해 주고 있다.

일본학자 아키바 다카시(秋葉隆)는 본산대놀이의 연희자가 반인이라는 사실을 처음 제시했다.

> (다) 산대희의 연희자는 궁중에서 천한 일을 하던 하층민으로 반인(泮人, panin)이라 칭했는데, 상인(常人)과의 교혼(交婚)은 금지되었다. 그들은 산대도감 또는 나례도감에 예속되어 궁중으로부터 쌀이나 콩 등을 지급받아 왔으나, 인조 12년 상주(上奏)에 의해 궁중에서 산대희가 폐지됨으로써, 그 이후에는 그들 자신이 연희의 흥행에 전력하게 되었고 커다란 무대를 만드는 것도 없어지게 되었다. 특히 서쪽 교외의 아현리(阿峴里)에 사는 연희자들이 많았는데, 소위 아현(애오개)산대의 이름이 유명했다.[23]

(다)는 서울 근교에서 놀던 가면극인 본산대놀이의 성립에 대해 매우 중요한 정보를 제공하고 있다. 반인들이 산대도감 또는 나례도감에 예속되어 있었다는 말은, 이들이 중국 사신 영접행사에 동원되었다는 사실을 의미한다.

김일출은 "이것은 우에서 언급한 바와 같이 산대놀이의 연기자가 반인

---

21) 楊水尺者 前朝初有之 江都時亦有之 才人白丁 忠烈王時有之 恭愍王時亦有之 遠者五六百年 近不下數百年 其絃歌之習 宰殺之事 至今不改.

22) 呈才人白丁等 本是無恒産之人 專業優戲 橫行閭里 稱爲乞糧.

23) 秋葉隆, 「山臺戲」『朝鮮民俗誌』, 東京: 六三書院, 1954, 172면.

(泮人)이라고 불리운 하층 인민이었던 사정에 기인하는 것이었다. … 반인은 물론 봉건사회에 있어서 인민의 개념 안에 포괄될 피지배 계급의 일부였으나, 그들이 공연하는 산대놀이는 벌써 어느 정도로 전업화(專業化)한 것이었다. 또 그것은 특히 서울을 위시한 도시의 하층 주민들을 상대로 공연되었던 것이다."[24]라고 하며, 서울 본산대놀이의 연희자를 반인이라고 밝혔다.

김동욱도 "보통 반인(泮人)은 편놈 또는 관(館)사람이라 하여 소위 재인 백정(才人白丁)의 신분에 해당하여 궁중의 잡희(雜戲)나 산대희(山臺戲) 때에는 우인(優人)으로 출연하곤 했다."[25]라고 밝혔다. 반인이 본산대놀이의 연희자라는 언급은 없으나, 잡희와 산대희를 담당했던 전문적 연희자임을 제시하고 있다. 그리고 반인을 편놈 또는 관사람이라고 불렀다는 사실도 지적했다.

이두현은 인조(仁祖) 이후 공의(公儀)로서의 나희(儺戲)가 급격히 쇠퇴하고, 영·정조 이후 나희가 국가적인 행사로는 폐지되자 그 놀이꾼인 반예(泮隷, 편놈)들이 민간에서 가면극인 산대놀이를 시작했고, 그러다가 놀이꾼들의 지방 분산으로 각 지방의 가면극이 이루어졌다고 보았다.[26]

서울에서 가면극인 산대놀이를 놀았던 반인들은 성균관에 소속된 노비들로서 조선 전기부터 소를 도살해 문묘제향(文廟祭享)에 응했고, 조선 후기에는 현방(懸房)이라 불리는 푸줏간을 운영하면서 서울의 쇠고기 유통을 독점했던 사람들이었다. 조선이 건국되어 성균관에 문묘제향을 위해 소를 도살하는 백정이 필요했을 때, 귀화한 북방민족의 후예에게 그 일을 맡겼을 것으로 추정된다. 반인은 이들이 반궁(泮宮), 즉 성균관에 소속된 노비였기 때문에 생긴 명칭이다. 물론 숙종 때 4천 명이나 되던 반인들이 모두

24) 김일출, 『조선민속탈놀이연구』, 평양 과학원출판사, 1958, 126면.
25) 김동욱, 「이조 학교 풍속고-성균관을 중심으로」, 『중앙대 논문집』 통권 제3호, 중앙대학교, 1958, 179면.
26) 이두현, 『(신수판)한국연극사』, 학연사, 2000, 174면.

북방민족의 후예는 아니었다. 반인들 중 일부가 북방민족의 후예였던 것으로 보인다.

반인들은 하나의 동일한 성격의 집단이 아니고, 여러 부류의 사람들로 구성되어 있었다. 즉 안향이 기증한 사노비의 후손들, 소를 도살하고 판매하는 재인(宰人), 쇠가죽과 쇠기름 판매 등 상업활동을 하는 상인, 전통연희의 연희자 등 다양한 성격의 사람들로 구성되어 있었다.

정조 9년(1785) 왕명으로 성균관에서 편찬한 『태학지(太學志)』에 반인과 전통연희의 관련을 보여 주는 기록이 발견된다.

> (라) 영조 12년 병진년(丙辰年, 1736년)에 임금이 유사에게 성균관 입직관(入直官)의 죄를 다스리고, 태학의 두 장의(掌議)를 모두 과거의 응시자격을 정지시키라고 명했다. 이때 반인들이 산붕(山棚)을 설치해 반촌 내에서 연희를 베푸니 임금이 듣고 이 명령이 있었다. (『太學志』 卷 第7 敎化 條)

(라)에 의하면, 반인들이 반촌 내에서 산붕을 설치하고 연희를 연행한 것으로 나타난다. 산붕은 작은 산대로서 예산대라고도 불렀다. 작은 산대인 산붕를 설치하고 그 앞에서 여러 가지 연희를 펼치는 것이다. 그러므로 중국사신 영접시에 나례도감에서 창우들을 모을 때, 당연히 산붕을 설치하고 놀던 반인들도 동원했을 것이다.

또한 『승정원일기』에도 다음과 같이 반인과 전통연희의 관련성에 대한 중요한 사실이 기록되어 있다.

> (마) 지난달 20일경 반인의 무리가 마침 북방사신들을 위해 베풀었던 산붕놀이를 멈추는 때를 만나, 각자 돈을 모아 산붕희(山棚戲)의 도구를 빌려 이틀간 성묘(문묘)의 뒤에 산붕을 설치하고 기이한 재주를 두루 보여 주었고, 음란한 악을 크게 베풀었는데 성균관의 유생들도 뛰어가서 구경하지 않는 자가 없었습니다. (『承政院日記』 45卷 英祖 12年 2月 20日 條)

(마)는 영조 12년(1736)의 일로서, (라)와 동일한 사건을 다룬 기록이다.

반인들은 국가적 행사인 중국사신 영접 행사에도 동원되었지만, 이와 같이 시정에서 '설붕잡희(設棚雜戲)'의 공연활동을 벌이고 있었다. 설붕은 붕을 설치하는 것으로서 (라)와 (마)에서는 산붕이라고 표기했다.

(라)-(마)는 영조 12년(1736)의 사건이지만, 이보다 54년이나 앞선 『승정원일기』 숙종 8년(1682) 12월 3일 조 민정중의 상소도 반인들이 소 도살과 함께 연희를 담당하고 있었음을 분명히 밝히고 있다.

> (바) 민정중이 품달하여 말하기를 "일찍이 영의정이 품달했던 바대로 평상시에 시장에서 변통하게 하소서. 반인들은 기필코 어물전을 운영하고 싶어합니다. 그런데 반인들은 수천 명이나 되기 때문에 형세상 모든 사람들이 똑같이 이익을 얻기가 어렵습니다. 반인들은 어물전 이외에는 원하는 것이 없으니, 어떻게 하는 것이 좋은지 알지 못하겠습니다. 나라의 풍속은 (반인들이) 소 도살과 악(樂, 공연예술)으로서 삶을 영위하고 있으니, 소 돌림병이 그친다면 기필코 다시 소 도살장을 열어야 하며, 그 사이에 잠시 어물전의 이익을 빼앗아서 반인들에게 주는 것 또한 매우 편치 않습니다."라고 했다.[27]

인용문은 소 돌림병이 돌아서 반인들이 소를 도살하지 못해 생활이 곤궁해지자, 어물전을 운영하고 싶어한다는 내용이다. 이에 대해 민정중은 그것이 불가함을 말하면서, 당시 반인들이 소 도살과 악(樂), 즉 공연예술로서 삶을 영위하고 있었음을 밝히고 있다. 여기서의 악(樂)은 물론 음악만을 가리키는 것이 아니고 공연예술 전반, 즉 연희를 가리키는 용어이다. 민정중의 상소는 반인들과 관련하여 말하는 내용이므로 "나라의 풍속은 (반인들이) 소 도살과 악(樂)으로서 삶을 영위한다(國俗, 以屠牛, 樂爲生理)"의 주어는 당연히 반인이다.

---

27) 鼎重曰, 曾仍領相所達, 令平市變通, 而泮人, 必欲爲魚物廛, 而泮人數千, 勢難和同爲之, 其他則不願, 未知何以則爲好矣. 國俗, 以屠牛, 樂爲生理, 若牛疫止息, 則必更爲屠肆, 其間暫奪魚廛之利, 亦甚不便, 且泮人之勢, 必勝市民, 輕易許之, 恐有難便矣.

이 기록은 앞에서 살펴본 인용문 (나)『예종실록』 1년 6월 29일 조 양성지의 상소문 가운데, 조선의 재인과 백정은 고려시대 양수척의 후예로서 "악기를 연주하며 노래하는 풍습과 짐승을 도살하는 일"에 종사하고 있다는 내용과 그대로 부합된다. 그래서 김동욱의 지적과 같이 반인들 가운데 재인과 백정, 즉 수척이 있었다는 사실을 밝혀 주고 있다. 결국 수척은 연희자로도 활동했고, 숙종 때 수천 명이나 되던 반인 가운데는 수척의 후예도 있었기 때문에 반인들도 현방을 통한 소의 도살과 판매뿐만 아니라 연희에도 종사했다. 그래서 반인들이 본산대놀이 가면극을 전승할 수 있었던 것이다.[28]

마침 최근에 중국 사신 영접행사의 연희 장면을 전해 주는, 아극돈(阿克敦: 1685~1756)의 『봉사도(奉使圖)』(1725년)가 소개되었다.[29] 이중 제7폭은 서울의 모화관(慕華館) 마당에서 사신을 위해 공연한 접시돌리기, 땅재주, 줄타기, 탈춤을 묘사하고 있다. 마당의 오른쪽에는 산거(山車)·산붕(山棚)·윤거(輪車)·예산대(曳山臺)·예산붕(曳山棚) 등으로 불렸던 소규모의 산대가 보인다. 바로 이런 산대 앞에서 공연하던 연희들을 '산대희'라고 불렀다. 특히 세 명의 땅재주꾼 양 옆에서 각각 두 명씩 모두 네 사람이 초록색과 남색의 가면을 쓰고 탈춤을 추고 있는데, 이는 서울 근교의 가면극을 애오개산대놀이, 구파발산대놀이 등 산대놀이라고 부른 이유를 알려 주는 매우 중요한 자료이다.

강이천(姜彝天, 1769~1801)의 한시 〈남성관희자(南城觀戲子)〉는 그가 열 살 때인 1778년 남대문 밖에서 꼭두각시놀이와 가면극을 보고, 11년 후인 1789년에 지은 것이다. 그러므로 이 가면극은 바로 본산대놀이인데, 현전하는 본산대놀이 계통 가면극들과 연희 내용이 일치하고 있다.

28) 연희자로서의 수척과 반인에 대한 자세한 논의는 전경욱, 「새 자료를 통해서 본 연희자로서의 수척과 반인」, 『한국민속학』 60집, 한국민속학회, 2014.12 참조.

29) 阿克敦 著, 黃有福·千和淑 校註, 『奉使圖』, 遼陽: 遼寧民族出版社, 1999.

<도판 5> 『봉사도』 제7폭 모화관에서 행해진 중국사신 영접행사의 연희장면. 줄타기 · 물구나무서기 · 접시 돌리기 · 탈춤 등이 묘사되어 있다.

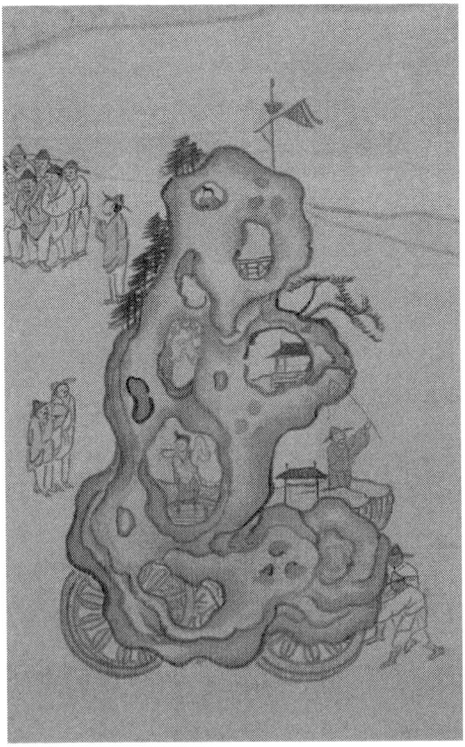

<도판 6> 『봉사도』 제7폭 부분도. 이것은 끌고 다닐 수 있는 소형의 산대로서 예산대 또는 산붕이라고 불렀다.

(가) 평평한 언덕에 새로 자리를 펼쳐	平陂更展席
상좌 아이 깨끼춤 추는데	僧雛舞緇素
선녀 하늘로부터 내려왔나.	仙娥自天降
당의(唐衣)에 수고(繡袴)를 입었으니	唐衣復繡袴
한수(漢水)의 선녀 구슬을 가지고 노는 듯	漢女弄珠游
낙수(洛水)의 여신 푸른 물결에 걸어나오듯.	洛妃淸波步

(나) 노장스님 어디서 오셨는지?	老釋自何來
석장을 짚고 장삼을 걸치고	拄杖衣袂裕
구부정 몸을 가누지 못하고	龍鍾不能立
수염도 눈썹도 도통 하얀데	鬚眉皓如鷺
사미승 뒤를 따라오며	沙彌隨其後
연방 합장하고 배례하고	合掌拜跪屢
이 노장 힘이 쇠약해	力微任從風
넘어지기 몇 번이던고?	顚躓凡幾度
한 젊은 계집이 등장하니	又出一少妹
이 만남에 깜짝 반기며	驚喜此相遇
흥을 스스로 억제치 못해	老興不自禁
파계하고 청혼을 하더라.	破戒要婚娶
광풍이 문득 크게 일어나	狂風忽大作
당황하여 어쩔 줄 모르는 즈음	張皇而失措
또 웬 중이 대취해서	有僧又大醉
고래고래 외치고 주정을 부린다.	呼號亦恣酗

(다) 추레한 늙은 유생	潦倒老儒生
이 판에 끼여들다니 잘못이지.	闖入無乃誤
입술은 언청이 눈썹이 기다란데	缺脣犹其眉
고개를 길게 뽑아 새 먹이를 쪼듯	延頸如鳥嗉
부채를 부치며 거드름을 피우는데	揮扇擧止高
아우성치고 꾸짖는 건 무슨 연고인고?	叫罵是何故

헌걸차다 웬 사나이　趙趙一武夫
장사로 뽑힘직하구나.　可應壯士募
짧은 창옷에 호신수　短衣好身手
호매하니 누가 감히 거역하랴!　豪邁誰敢忤
유생이고 노장이고 꾸짖어 물리치는데　叱退儒與釋
마치 어린애 다루듯　視之如嬰孺
젊고 어여쁜 계집을　獨自嬰靑娥
홀로 차지하여 손목 잡고 끌어안고　抱持偏愛護
칼춤은 어이 그리 기이한고!　舞劍一何奇
몸도 가뿐히 도망치는 토끼처럼.　身輕似脫兎

(라) 거사와 사당이 나오는데　居士與社堂
몹시 늙고 병든 몸　老甚病癃痼
거사는 떨어진 패랭이 쓰고　破落戴敝陽
사당은 남루한 치마 걸치고.　纜縷裙短布

(마) 선승(禪僧)이 웬 물건인고!　禪律是何物
소리와 여색을 본디 좋아하여　聲色素所慕
등장하자 젊은 계집 희롱하더니　登場弄嬌姿
소매 벌리고 춤을 춘다.　張袖趂樂句

(바) 할미 성깔도 대단하구나　婆老尙盛氣
머리 부서져라 질투하여　碎首恣猜妬
티격태격 싸움질 잠깐새　鬪鬩未移時
숨이 막혀 영영 죽고 말았네.　氣窒永不寤
무당이 방울을 흔들며　神巫擺叢鈴
우는 듯 하소하듯　如泣復如訴
너울너울 철괴선(鐵拐仙) 춤추며　翩然鐵拐仙
두 다리 비스듬히 서더니　偃蹇植雙胯
눈썹을 찡긋 두 손을 모으고　竦眉仍攢手
동쪽으로 달리다가 서쪽으로 내닫네.　東馳又西騖[30]

(가)는 상좌춤과 팔선녀춤이다. 현재 상좌춤과장은 별산대놀이와 해서탈춤에서 전승되고 있다. 팔선녀춤은 야류와 오광대에 전승되고 있다.

(나)는 노장춤이다. 노장이 젊은 계집에게 반해 파계하면서 청혼한다. 이때 "또 웬 중이 대취해서 고래고래 외치고 주정을 부린다"는 내용에서 알 수 있듯이, 술 취한 중 즉 취발이가 등장해 주정을 부린다. 지금도 별산대놀이와 해서탈춤의 노장과장에서 노장이 소매를 차지한 후 취발이가 나와서 노장으로부터 소매를 뺏기 위해 노장과 싸우는데, 이 시에서도 노장이 소매를 차지한 후 술 취한 중 즉 취발이가 등장하고 있다.

(다)는 샌님과 포도부장춤이다. 샌님(늙은 유생)이 소매(젊은 계집)를 차지하고 있는데, 칼을 찬 젊은 포도부장이 등장해 소매를 뺏고 칼춤을 추는 내용이다. 이는 현재 양주별산대놀이, 송파산대놀이, 봉산탈춤 등의 샌님 포도부장과장과 동일한 내용이다. 특히 샌님의 가면은 긴 눈썹에 언청이 모습이어서, 별산대놀이·해서탈춤과 완전히 일치한다. 양주별산대놀이에서는 예전에 정한규라는 연희자 당시까지만 해도 포도부장이 검무를 추었으나, 그 뒤 배우지 못하여 검무가 단절되었다고 한다.[31]

(라)는 거사와 사당춤이다. 현재도 봉산탈춤에 거사와 사당춤이 있다.
(마)는 파계승을 풍자하는 내용이다.

(바)는 영감과 할미춤이다. 할미가 첩을 질투해 싸우다가 죽자, 무당이 등장해 방울을 흔들며 굿을 거행하는 내용이다. 이는 지금도 별산대놀이와 해서탈춤에서 그대로 전승되고 있는 내용이다.

이상에서 살펴본 바와 같이, 한국의 가면극 가운데 본산대놀이는 삼국시대에 유입된 산악·백희가 통일신라시대, 고려시대, 조선시대를 거치면서 발전해 형성된 것이다. 결국 18세기 전반기에 성립된 본산대놀이는 반

---

30) 번역문은 임형택, 『이조시대 서사시』 하, 창작과비평사, 1992, 302~306면에서 인용했음.

31) 이두현, 앞의 책, 126면.

인들이 산악・백희 계통의 연희와 가면희들을 바탕으로 재창조해낸 것이라고 말할 수 있다.

그렇다면 산악・백희 계통의 연희와 가면희들이 구체적으로 어떻게 본산대놀이의 형성에 영향을 끼쳤을까? 우선 산악・백희의 한 종목인 우희를 예로 들 수 있다.

본산대놀이 계통 가면극의 많은 대목들은 독립적인 우희(優戲)의 모습을 하고 있다. 본산대놀이의 형성에는 여러 요인들이 작용했을 터이지만, 대사의 구성이나 양반과장 중 양반의 모습 등은 우희・유희(儒戲)의 영향을 직접적으로 보여 준다. 우희는 골계적인 내용으로서 요즘의 코미디와 유사한 연희였다. 유희는 우희 중에서도 유학자, 유학경전, 유학의 내용 등을 우스꽝스럽게 풍자한 코미디였다. 우희와 유희에 이미 양반층을 풍자하는 내용이 있었으므로, 가면극의 양반과장에 그 내용이 자연스럽게 반영되었다. 전국의 모든 가면극에 양반과장이 반드시 포함되어 있을 뿐만 아니라, 본산대놀이 계통 가면극에서 양반과장의 분량과 내용이 큰 비중을 차지하고 있는 것은 바로 이런 이유에서 비롯되었다.

가면극에서는 양반이나 유학자를 풍자하고 있을 뿐만 아니라, 유가의 오륜과 경서 그리고 문자 등 양반층의 문화도 조롱의 대상으로 삼고 있다.

<도판 7> 1929년 수집된 양주별산대놀이의 샌님가면.

<도판 8> 봉산탈춤의 샌님가면.

양반의 가면은 대부분 추한 모습이고 의복도 비정상적인 경우가 많아서, 그 모습 자체만으로도 조롱의 대상이 되기에 충분하다. 『성호사설』 유선 권5 하(下)의 기예문(技藝門) 이유위희(以儒爲戱) 조의 “다 떨어진 옷과 찢어진 갓을 쓰고 꾸며낸 이야기와 억지 웃음으로 온갖 추태를 연출”한다는 기록과 같이, 유희에서 연희자는 유자(儒者)로 분장할 때 유자를 조롱하기 위해 비정상적인 모습으로 치장했다. 그러므로 우희・유희와 가면극의 양반과장은 그 형식과 내용이 너무나 유사한 것이다.

봉산탈춤의 양반과장에서는 양반이 말뚝이에게 나랏돈을 떼어먹은 취발이를 잡아오라고 명령한다. 취발이를 잡아온 말뚝이는 양반에게 “샌님 말씀 들으시오. 시대가 금전이면 그만인데, 하필 이놈을 잡아다 죽이면 뭣하오. 돈이나 몇백 냥 내라고 하여 우리끼리 노나 쓰도록 합시다”하고 말한다. 그러면 양반은 그 제안을 받아들인다. 이 양반은 바로 우희의 부패한 관리와 일치하고 있는 것이다.

말뚝이 : 양반 나오신다아, 양반이라거니 노론, 소론, 이조, 호조, 옥당을 다 지내고, 삼정승 육판서 다 지낸 퇴로재상으로 계신 양반인 줄 아지 마시요. 개잘양이라는 양자에 개다리 소반이라는 반자 쓰는 양반이 나오신단 말이요.

양　반 : 이놈 뭐야아!

말뚝이 : 아아 이 양반 어찌 듣는지 모르겠소. 노론, 소론, 이조, 호조, 옥당을 다 지내고, 삼정승 육판서 다 지내고 퇴로재상으로 계시는 이생원네 삼 형제분이 나오신다고 그리 했소.

양　반 : (합창) 이생원이라네에. (봉산탈춤 양반과장)

인용문은 양반을 조롱하는 내용이다. 처음에는 점잖게 양반을 소개하다가, 갑자기 개잘양(방석처럼 쓰려고 털이 붙은 채로 손질해 만든 개가죽)이라는 ‘양’자와 개다리소반의 ‘반’자를 양반과 연결시켜 조롱하고 있다. 유희에서 유자(儒者)를 조롱하듯 양반을 조롱하고 있는 것이다. 더구나 양반들의 가면이 첫째양반은 쌍언청이, 둘째양반은 언청이, 종가집도령가면은 얼굴과 코가 비뚤어진 모습을 갖고 있다.

> 진한 : 들어 봐라. "지주불폐(知主不吠)허니 군신유의(君臣有義)요, 모색상사(毛色相似)허니 부자유친(父子有親)이요, 일폐중폐(一吠衆吠)허니 붕우유신(朋友有信)이요, 잉후원부(孕後遠夫)허니 부부유별(夫婦有別)이요, 소부적대(小不敵大)허니 장유유서(長幼有序)라." (강령탈춤 양반과장)

진한 양반은 유교적 도덕 덕목인 오륜을 "개는 주인을 알아보고 짖지 않으니 군신유의요. 개는 어미와 새끼의 털 색깔이 같으니 부자유친이요. 개는 한 마리가 짖으면 여럿이 함께 짖으니 붕우유신이요. 개는 새끼를 가진 후에는 수컷을 멀리하니 부부유별이요. 개는 덩치가 작은 놈은 큰 놈에게 대들지 않으니 장유유서라."처럼 개와 관련시켜 설명하면서 웃음거리로 만들고 있다.

주목되는 점은 강령탈춤의 양반들도 개가죽관, 무당이 굿을 할 때 쓰는 전립 등을 쓰고 있는 등 비정상적인 모습이다. 대부분의 가면극에서 양반들의 가면이 추한 모습이며, 의복이 비정상적인 경우가 많다는 점도 바로 유희와 통하고 있다는 것이다.

양반과장 이외에도 노장과장 중 먹중·취발이의 대사나, 영감할미과장 중 영감과 할미의 대사에서는 골계적인 내용의 재담들도 우희의 전통과 일정한 관련이 있다. 이는 나례도감에 동원되던 반인들이 이미 우희를 하고 있었고, 18세기 전반 본산대놀이가 성립될 때 반인들이 그 연희 내용에 우희를 적극 활용한 결과이다.

(3) 마을굿놀이 계통 가면극의 역사적 전개

고대국가 시대에는 부여(夫餘)의 영고(迎鼓), 고구려(高句麗)의 동맹(東盟) 등 국중대회(國中大會)가 있었다. 국중대회는 나라 사람들이 크게 모였다는 뜻이다. 국중대회는 농사가 잘되게 해 달라고 굿을 하면서 노래 부르고 춤을 춘 행사이면서, 국가 단합을 위한 정치적인 기능도 수행했던 것으로 보인다. 그러므로 현재의 마을굿은 바로 나라굿인 국중대회와 동일한 목적과 기능을 갖고 있으며, 나라굿의 유풍임을 알 수 있다.

한국의 마을굿은 기본적으로 마을의 안녕을 기원하는 종교적 성격과 풍농풍어를 기원하는 풍요제의의 성격을 겸하고 있는 점이 특징이다. 마을굿의 일종인 강릉단오제나 하회별신굿에서는 무당들이 마을 주민들과 함께 마을굿을 거행했다. 이런 과정에서 하회별신굿의 경우와 같이 마을 주민들이 가면을 쓰고 노는 가면극이 발생했다. 하회별신굿은 무당들이 주도했지만, 가면극인 하회별신굿탈놀이는 마을 주민인 농민들이 담당했다. 강릉단오제도 무당들이 주도했지만, 가면극은 관노들이 놀았다.

별신굿에서 가면극을 놀았던 곳으로는 하회의 이웃 마을인 병산도 있다. 그 밖에 경북 경산의 자인팔광대놀이, 경북 영양군 주곡동의 가면극 등이 마을굿놀이에서 유래한 가면극이다.

『신증동국여지승람』 제32권 고성(固城) 성황사(城隍祠) 조에서 조선 전기 마을굿의 모습을 살펴볼 수 있다.

> 그 지방(고성) 사람들은 해마다 5월 1일에서 5일까지 모두 모인다. 두 무리로 나뉘어 사당의 신상(神像)을 메고 푸른 깃발을 세우고 여러 마을을 두루 돌아다닌다. 마을 사람들은 다투어 술과 찬으로써 신상에 제사 지내며, 연희자들은 모두 모여 온갖 연희를 펼친다.(土人 常以五月一日至五日 相聚分兩隊 戴祠神像 竪綵旗 遍歷村閭. 人爭以酒饌祭之 儺人畢會 百戲具陳.)

인용문은 단오 때 마을굿에서 신상과 성황대를 앞세우고 가가호호를 방문하고 나서, 나인(儺人) 즉 연희자들이 온갖 연희를 펼친다는 내용이다. 여기에 가능한 추정을 보탠다면, 성황당에서 신상을 꺼낼 때 성황신에게 제사를 지내고, 성황대(푸른 깃발)에 신이 내리기를 빌며 기다리다가 신이 내린 후 성황대를 앞세우고 풍악을 울리면서 마을을 돌아다니며 가가호호를 방문했을 것이다. 이는 요즘도 마을굿을 지낼 때 성황당에서 제사를 지내며 성황대에 신이 내리기를 기다리다가, 신이 내리면 풍물패들이 풍악을 울리면서 가가호호를 방문해 지신밟기를 하는 모습과 그대로 일치한다. 이런 마을굿놀이들이 발전하여 하회별신굿놀이나 강릉관노가면극과 같은 가면극이 생겨난 것으로 보인다.

특히 『동국세시기』 12월 조에서 소개한 강원도 고성(高城)의 풍속을 통해서 조선 후기의 마을굿이 가면과 연결되어 있음을 확인할 수 있다.

> 매달 초하루와 보름에는 군(郡)의 사당에 관(官)에서 제사를 드린다. 비단으로 신의 가면을 만들어 사당 안에 비치해 두면 12월 20일 이후에 그 신이 고을 사람에게 내린다. 신이 오른 사람은 그 가면을 쓰고 춤추며 관아의 안과 고을을 돌아다니며 논다. 그러면 집집에서는 신을 맞이해다가 즐긴다. 그렇게 하다가 정월 보름 전에 신을 사당 안으로 돌려보낸다. 이 풍속은 해마다 있으며, 이는 나례신(儺禮神)의 종류다.(高城俗 郡祀堂 每月朔望 自官祭之. 以錦緞作神假面 藏置堂中 自臘月念後 其神下降於邑人. 着其假面 蹈舞出遊於衙內及邑村 家家迎而樂之. 至正月望前 神還于堂. 歲以爲常 盖儺神之類也.)

인용문을 통해 강원도 고성 지방에는 연말에 사당에서 신을 맞이하여, 관아뿐만 아니라 마을의 집집마다 방문하며 노는 풍속이 있었음을 알 수 있다. 이 신을 나례신이라 부르고, 이 행사를 나례와 연결시켜 해석한 것은 후대의 일일 것이다. 원래는 마을의 수호신을 상징하는 가면을 모셔 즐겁게 함으로써, 마을의 안녕과 풍농풍어를 기원했을 것이다. 마을의 수호신에게 이러한 기원을 하는 것이 바로 마을굿, 즉 동제의 보편적 현상인 것이다.

주목되는 점은 이 지방에서는 마을의 수호신을 가면으로 형상화했다는 사실이다. 이는 경북 안동의 하회마을에서 마을의 수호신인 성황신을 가면으로 형상화한 것과 일치한다. 하회별신굿탈놀이에서는 성황신인 각시가면이 존재하고, 각시의 무동춤은 신성현시(神聖顯示)를 연출한다. 결국 강원도 고성과 경북 하회의 예를 통해 마을굿놀이에서 마을 수호신을 상징하는 가면을 중심으로 가면극이 형성되는 과정을 살펴볼 수 있다.

물론 마을굿놀이 계통 가면극이 반드시 이런 과정만을 거친 것은 아닐 것이다. 황창무와 『삼국유사』「처용랑(處容郎) 망해사(望海寺)」조의 기록은 자생적 가면희의 또다른 예를 보여 준다.

황창무는 가면을 쓰고 춤추는 검무이다. 황창무는 품일 장군의 아들 관창(官昌)이 계백 장군에게 살해된 사실을 전설화하여 만든 것으로 보인다. 칼춤 또는 칼재주부리기는 이미 고구려 고분벽화에도 나오는 산악·백희의 일종이다. 황창무는 칼재주부리기가 고사와 결합하여 형성된 것이다.

「처용랑 망해사」조의 기록에서 동해용, 처용, 남산신(南山神), 북악신(北岳神), 지신(地神) 등의 신격들이 나와서 춤을 추었다는 것은 사람이 그 신격들에 해당하는 가면을 쓰고 춤을 추었다는 뜻이다. 헌강왕이 남산신의 가면을 쓰고 남산신의 춤을 추었다는 사실은 이러한 사정을 이해하는 단서가 된다.

또 이 기록의 처용설화는 신라 제49대 헌강왕(憲康王: 재위 875~886) 대의 것인데, 이 설화는 처용을 문신(門神)으로 신격화하면서, 처용의 모습이 역귀를 퇴치할 수 있는 주술력을 갖게 되는 과정을 잘 보여 준다. 처용무는 고려시대와 조선시대의 나례와 연회 등에서 계속 전승되었는데, 가면을 착용하고 역귀를 쫓아내는 춤을 추었다.

헌강왕이 남산신의 가면을 쓰고 추었던 춤이나, 처용무에서 처용의 가면을 쓰고 추는 춤은 자생적 가면희의 전통을 잘 보여 주는 예이다. 이 처용무는 실제로 후대 마을굿놀이 계통 가면극에 영향을 끼쳤다. 강릉관노가면극에 등장하는 양반광대, 소매각시, 시시딱딱이의 삼각관계는 바로 처용, 처용의 처, 역신의 관계와 매우 유사하다. 홍역의 역신으로 간주되는 시시딱딱이가 다정하게 춤추며 노는 양반광대와 소매각시를 훼방놓는다. 그리고 소매각시를 억지로 끌고가서 차지한다. 하지만 결국 양반이 시시딱딱이를 물리치고 다시 소매각시를 찾아온다. 처용설화에서 처용이 자기의 처를 차지하고 있는 역신을 쫓아내고 처를 다시 찾는 구나(驅儺)의 형식과, 양반광대가 시시딱딱이를 물리치고 소매각시를 되찾는 극적 형식이 일치하고 있다.

3) 가면극의 대사와 연극미학

(1) 가면극의 대사

가면극의 대사는 일상적 대화와는 달리 그 속에 일정한 운율이 있고, 기존가요의 사설이 많이 포함되어 있다. 그래서 가면극의 대사는 율동감이 넘친다. 흥겨운 장단이 울리고 신나는 춤을 추며 흥청거리는 탈놀이판의 분위기와 율동감 넘치는 대사가 매우 잘 어울리고 있다.

가면극의 대사에서는 단어, 구절과 문장, 서술방식을 빈번히 반복하고 있다. 반복에 의해 형성된 대사는 구비전승물인 가면극의 특징적 면모를 잘 보여준다. 이러한 반복 방식으로 형성된 대사와 기존가요를 차용해 형성된 대사는 가면극 대사의 율동감을 조성하는 기저층위를 이루고 있다.

가면극의 대사 가운데는 같은 말이 세 번 반복되고, 그와는 다른 말이 한 차례 출현해 이루어지는 표현이 매우 흔하게 발견된다. 세 번 되풀이되는 말을 a라 하고 한 번 출현하는 말을 b라 하면, a와 b는 대립적인 항으로 볼 수 있고, 그 출현의 수량과 위치에 따라 이를 기호화하면 aaba형이라고 할 수 있다.[32] 민요, 평시조, 사설시조, 가사, 잡가 등 조선 후기의 시가 전반에서도 aaba형의 반복방식이 흔히 나타난다.

> 취발이 : 때렸네(a) 때렸네(a) 뒷절 중놈을(b) 때렸네(a) (봉산탈춤 노장과장)

32) 김대행, 「민요의 율격체계」, 『이화어문논집』 제10집, 이화여대국어국문학연구소, 1989, 359~360면.

이것은 노장이 취발이에게 얻어맞고 퇴장하자, 취발이가 외치는 대사이다. 있는 사실을 그대로 전달하는 문맥적 의미를 갖고 있으면서, 반복을 통해 조성된 율동감으로 인해 노장을 내쫓고 소무를 차지하게 된 취발이의 신나는 기분을 매우 적절하게 표현하고 있다.

가면극에서는 봉산탈춤의 말뚝이 대사 중 "썩정 바자 구녕에 개대강이요(a), 헌 바지 구녕에 좆대강이라(b)"처럼 ab형의 반복도 자주 발견된다.[33]

또한 가면극에서는 동일한 서술방식을 여러 번 반복하는 방식으로 대사와 가요를 형성하는 경우가 많이 발견된다.

> 말뚝이 : 『또 한편얼 바라보니 육환대사 성진이가 석교상 돌다리에 여덟개 구슬로 팔선녀럴 얼려 있고, 또 한편얼 바라보니 함박꽃 뉘영벌레 몸언 크고 발언 적어 바람 부넌 대로 뒤엉뒤엉하여 있고, 또 한편얼 바라보니 어여쁜 기집아이가 연적 같은 젖얼 내어 놓고 춘흥얼 못 이기여 와질와질 춤얼 추고 있고,』 그래도 찾일 길이 없어 한양성중으로 치다라서 삼각산얼 올라 굽어보니, 장안 만호 등얼 달고 삼호만세 부르넌데 태평성대가 이 아니냐. (양반과장) (강령탈춤 임석재본)

인용 대사 중 『　』 부분은 「춘향가」 중 이도령이 춘향방에 들어가서 사벽에 붙은 그림을 둘러보는 장면에 나오는 〈사벽도사설〉의 서술방식인 '어디를 바라보니 누가 무엇하는 경을 그려 있고'를 차용해 반복하면서 새로운 사설을 삽입해 형성된 것이다.

가면극에는 앞에서 살펴본 여러 가지 반복 방식을 두루 결합해 형성한 대사와 가요도 흔히 발견된다.

> (ㄱ) 영감 : (唱) 죽어라 죽어라 제발 덕분에 죽어라.
> 너 죽으면 나 못 살고 나 죽은들 네 못 살랴!
> 제발 덕분에 죽어라.

33) 김대행, 앞의 글, 370면.

옥단춘이가 죽었스랴? 제발 덕분에 죽어라.
두 손뼉을 척척 치며, 노란 머리를 박박 뜯고서,
제발 덕분에 죽어라. (영감・할미과장) (양주별산대놀이 1930년본)

(ㄱ)은 양주별산대놀이에서 창작된 가요로서 문맥적 의미를 지닌 대사를 창으로 전달하고 있다. "죽어라 죽어라 제발 덕분에 죽어라"는 aaba형이고, "너 죽으면 나 못살고, 나 죽은들 네 못살랴"와 "두 손뼉을 척척 치며, 노란 머리를 박박 뜯고서"는 ab형이다. 그리고 이외에도 "제발 덕분에 죽어라"가 세 번 더 반복되고 있다. 문맥적 의미를 갖고 있는 이러한 대사조차도 aaba형과 ab형 그리고 구절의 반복 등 다양한 반복 방식을 결합해 율동감을 조성할 뿐만 아니라, 창으로 부름으로써 가요화한 것이다.

한편 가면극의 대사는 민중의 삶의 모습을 반영하고 있는 언어들로 가득 차 있다. 그리고 가면극의 대사에서는 일상생활에서 금기시되는 언어들도 거침없이 구사되고 있다. 일상생활에서 억압되어 있던 언어는 가면극에서 자유와 해방을 맞고 있으며, 가면극은 유희에 대한 인간의 본능을 유감없이 발휘하고 있다.

그러면 우선 가면극의 비속어를 살펴보자.

(1) 옴 : … 너 요년석들 하던 지랄이나 다 했나? (옴과장)
(2) 묵승 : 요년 요 요망 방정스런 년아, 남의 크나큰 놀음에 나와서 계집아이년이 무엇을 콩콩 쾡쾡 하느냐? (애사당놀이과장)
(3) 취발이 : … 저런 육실할 놈을 어떻게 하면 저 년을 다 빼앗나! … 그 중놈 난단하구나. … 아 이놈 보게. (취발이과장)
(4) 신할애비 : … 이 때갈녀석이 이런 데 나왔을까? (영감・할미과장) (양주별산대놀이 1930년본)

가면극에는 도처에서 비속어가 튀어나오고 있다. 남성, 여성, 청년, 노인, 하층계급, 상층계급 할 것 없이 비속어를 사용한다. 조선 후기의 가면극에서는 신분적 특권, 관념적 허위, 남성의 횡포 등 당대의 사회적 갈등을 다루게 됨에 따라 등장인물끼리 갈등을 풀기 위해 싸움을 벌인다. 이 과정에서 싸움의 양상이 격렬해지고 일상생활에서는 생각할 수도 없는 심한 비속어가 난무한다. 특히 가면극은 민중의 연희이므로 민중은 평소에 억압받았던 갈등을 해학과 풍자를 통해 표현하는데, 해학과 풍자는 비속어와 밀접한 관련을 맺고 있다.

다음은 가면극의 육담이다.

(1) 말뚝이 : … 이건 자벌레가 중패를 질렀오?

(2) 말뚝이 : … <歌> 봉지 봉지 봉지야. 깨소금 봉지도 봉지요.
후추 봉지도 봉지요, 고추가루 봉지도 봉지요.
짝짝쿵 짝짝쿵 쥐얍 쥐얍 쥐쥐얍
돌이 돌이 돌돌이
계수나무 요분틀 자기 녹비 끈을 꿰어
어슥비슥 차는고나.
네밀 붙고 발겨간다.
요 녀석아 네미를 붙는데도 조렇게 두르느냐?

(3) 말뚝이 : … 요런 안갑을 할 녀석 봤을까? 요 체면에 무슨 생각이 있어서 요 녀석아 숫국을 걸르고 와? 솔개미 꾸미 가게 보낸 모양이지, 나는 어떻게 하란 말이냐? 네 비역이라도 할 수밖에 없다. (이상 말뚝이과장)

(4) 쇠뚝이 : 술이나 한 잔 먹고, 두 잔 먹고, 석 잔 먹어서, 한 반취(半醉)쯤 되면 세 댁(샌님, 서방님, 도령님댁 : 필자 주)으로 다니면서 조개라는 조개, 작은 조개, 큰 조개, 묵은 조개, 햇조개 여부 없이 잘 까먹는 영해 영덕 소라, 고등어 애들놈 문안 드리오 이렇게 하였다오. (샌님과장) (양주별산대놀이 1930년본)

인용문 중 (1)의 자벌레 중패질은 성행위를 의미한다. (2)는 원숭이가 신값을 받으러 갔다가 신값 대신 소무의 뒤에 붙어 성행위를 하고 오자, 신장수 역의 말뚝이가 부르는 노래이다. 노래 전체가 성행위를 은유하고 있다. (3)의 숫국은 숫보기(숫처녀)로 여기서는 소무를 가리킨다. 안갑은 근친상간으로 '네밀 붙고'와 같은 뜻이다. (4)의 조개는 여성의 성기를 은유하고, 그것을 잘 까먹는 소라, 고등어는 남성을 은유한다.

가면극에서는 동음이의어(同音異義語)와 유음어(類音語)를 활용해 해학적이고 풍자적인 효과를 연출하고 있다.

> 말뚝이 : ㉠양반 나오신다아, 양반이라거니 노론 소론 이조 호조 옥당을 다 지내고, 삼정승 육판서 다 지낸 퇴로재상으로 계신 양반인 줄 아지 마시요. 개잘양이라는 양자(字)에 개다리 소반이라는 반자 쓰는 ㉡양반이 나오신단 말이요.
>
> 양반들 : 야 이놈 뭐야아.
>
> 말뚝이 : 아아 이 ㉢양반 어찌 듣는지 모르겠오. … 이생원네 삼형제분이 나오신다고 그리 했오.
>
> 양반들 : 이생원이라네에.
>
> 말뚝이 : 쉬- 여보 구경하는 ㉣양반들 말씀 좀 들어 보시요. (봉산탈춤 양반과장)

㉠㉡㉢㉣은 동음이의어로서, '양반'이라는 말을 다의적으로 사용하고 있다. ㉠은 양반(兩班)으로 본래의 의미 그대로 지체나 신분이 높은 사람을 말한다. ㉡에서는 개가죽과 개다리소반이라는 뜻으로 '양반'의 의미가 바뀌었다. ㉢은 '이 양반 왜 이리 남의 말을 안 들어'처럼 '양반'이 '사람'의 뜻으로 쓰이면서, 상대방을 멸시하는 의미를 갖고 있다. ㉣은 높이는 말도 낮추는 말도 아닌, 단순히 일반 사람들을 두루 부르는 표현이다.[34] 말뚝이는 '양반'이라는 동음이의어를 활용해 재치있게 양반을 풍자하고 있다.

특히 가면극의 대사에서는 서민층에서 많이 쓰는 국문체의 비속한 언어와 양반층에서 많이 쓰는 한문체의 전아한 언어가 모두 사용되고 있다. 문맥적 의미의 효과적 전달을 위해 민중생활의 모든 언어가 동원되고 있을 뿐만 아니라, 양반층의 언어도 동원되고 있는 것이다. 이는 가면극에 수용

---

34) 조동일, 『탈춤의 역사와 원리』, 102~104면 참조.

된 기존가요들도 서민 취향의 민요, 잡가, 무가, 민간신앙요와 양반 취향의 한시, 시조, 십이가사, 판소리 단가 등이 함께 불리고 있다는 사실과 동일한 맥락이다. 주목되는 점은 국문체의 비속한 언어와 한문체의 전아한 언어가 각각 별도로 사용되기도 하지만, 동일 인물의 발화에서 양자가 함께 사용됨으로써 국문체의 비속한 언어와 한문체의 전아한 언어가 혼효양상을 보인다는 것이다.

> 말뚝이 : 아 이 양반 어찌 듣소. … 화문석 칫다펴고 부벽서(付壁書)를 바라다보니, 동편에 붙은 것이 담박정녕(澹泊靜寧) 네 글자가 분명하고, 서편을 바라보니 백인당중유태화(百忍堂中有泰和)가 완연히 붙어 있고, … 씹털 같은 기사미를 저 평양 동푸루 선창에 돼지똥물에다 축축이 추기여 놨읍니다. (양반과장) (봉산탈춤 임석재본)

인용문에서 말뚝이는 점잖게 한문체의 대사를 늘어놓다가 “씹털 같은 기사미를 저 평양 동푸루 선창에 돼지똥물에다 축축이 추기여 놨습니다”라고 말함으로써 양반에게 항거한다. 이러한 반전을 통해서 점잖은 한문체의 대사를 일시에 우스꽝스러운 것으로 만들고 있다.

가면극에서 사용되는 비속어 · 육담 · 동음이의어 · 유음어 · 속담 등은 카니발이론으로 설명할 수도 있다. 카니발 축제가 벌어지는 시간과 공간 안에서는 사실상 무슨 일이든지 다 허용되듯이, 가면극에서도 일상세계에서라면 마땅히 금기시되는 언어가 사용되고 있다. 진정한 유흥의 상황에서 정상적 삶은 전도되고, 근친상간 · 간음 · 성도착 · 신성모독 · 불경죄 등의 모든 행동이 일상의 질서로 취급된다. 축제를 바탕으로 하고 있는 문학에 동원되는 언어들은 대체로 비속하게 마련이고, 성(性) 혹은 하부육체, 감각적 신체의 부위와 관련된 육담과 욕설, 짐승과 관련있는 상소리들이 주류를 이룬다. 상류층이 즐겨 쓰는 고급의 언어와 유식한 문자들도 심심찮게 등장하기는 하나, 이것들은 마침내 육담화 · 희화화되어 격하되기에 이르

른다.[35]

(2) 가면극의 연극미학

가면극 구성의 단위는 과장인데, 각 가면극은 벽사적 의식무과장, 파계승과장, 양반과장, 영감할미과장 등 몇 개의 과장으로 이루어져 있다. 이 과장들은 서로 그 내용이 연결되어 있지 않고, 각 과장이 독립성을 띠고 있다. 즉 옴니버스 스타일이다. 그리고 가면극을 탈춤이라고 부를 정도로 춤이 많은 분량을 차지하고 있을 뿐만 아니라, 춤사위가 매우 뛰어나다. 일본의 민간에서 전승되고 있는 가구라와 티베트 라마교 사원의 참(Cham)도 여러 가지 내용으로 짜인 옴니버스 스타일의 구성방식을 갖고 있다. 일본의 가구라 가운데는 천손계의 왕권신화처럼 서사적 내용의 레퍼토리들을 옴니버스 스타일의 구성 속에 포함하고 있기도 하지만, 그것을 주로 춤으로 표현한다.

그러나 중국의 나희(儺戱), 일본의 노(能), 티베트의 장희(藏戱)는 대부분 서사적 내용으로 짜여 있는 레퍼토리들 가운데 일부를 골라서 연행한다. 이러한 서사성의 나희와 노는 서로 차이점도 갖고 있다. 노는 '현재노(現在能)'와 몽환노(夢幻能)'가 있는 것이 특징이고, 나희는 주로 노래와 대사에 의해 진행되는 특징이 있다. '현재노'는 현재형으로 사건이 전개되는 노를 말한다. '몽환노'는 나그네(조연자인 와키가 분장)의 꿈 속에 망령이나 화신이 나타나서 이야기를 하는 형식이다. 그러므로 몽환노에서는 시간이 자유롭게 정지하고 역행하며 초자연적인 존재도 자유롭게 등장할 수가 있다. 주연자는 고전 속의 미녀이거나 역사상 인물일 수도 있고, 지옥의 원령이거나 신(神), 불(佛), 귀(鬼), 초목(草木)의 정령이기도 하다.

중국 나희에는 하늘의 신, 지하의 신, 산신, 귀신, 인물 등 매우 다양한 것이 특징이다. 연희 내용도 의식적인 춤을 제외하면 대부분 기존 연극이

---

35) 김욱동, 『탈춤의 미학』, 현암사, 1994, 333~334면.

나 설창, 고사 등에서 차용한 이야기를 연극화하여 공연한다. 이는 일본의 경우도 유사하다. 그러나 한국 가면극에서는 하늘의 신, 지하의 신, 산신, 귀신이 거의 없고, 황제나 왕 같은 존재는 등장하지 않으며, 일반 인물 위주의 등장인물이 나온다. 연희 내용도 기존 연극이나 설창, 고사 등에서 차용한 이야기는 거의 없고, 주로 현실의 문제를 풍자하고 비판한다.

한편 한·중·일의 가면 또한 각국의 특징을 갖고 있다. 한·중·일 가면의 형태상의 가장 큰 차이점은 머리 윗부분에 있다. 한국 가면은 얼굴의 이마 부분까지만 표현하고 있다. 일부 머리카락을 표현하는 경우에도 간단한 선으로 나타내고 있는 정도이다. 그래서 인물의 성격과 특징을 안면의 변화에 의해 나타낸다. 모자를 쓰는 배역은 별도의 모자를 착용한다. 예를 들어, 봉산탈춤의 귀면(鬼面)인 팔먹중가면을 보면, 오로지 안면의 표정에 의해 무서운 모습을 연출하고 있다. 이는 일본 노나 가구라의 가면도 마찬가지다. 그러나 중국의 가면은 대부분 머리 부분과 얼굴 부분을 모두 이용해 인물의 성격과 특징을 표현한다. 가면 자체에 머리 부분의 모자나 왕관을 장식하고 있는 것이다.

그리고 한·중·일의 음악적 선율과 장단이 서로 전혀 다르기 때문에, 이 음악에 맞춰 연기하고 춤을 추는 연희자들의 동작과 춤사위는 각국 가면극의 전통성과 독자성을 잘 보여준다.

① 싸움의 형식

가면극의 도처에서 등장인물들은 상대방과 티격태격하며 싸움을 벌인다.

> 영감 : 어허어 이년 나를 첫아들로 망신 주었지. 이년을 만나면 씹 중방을 꺾어 놓겠다. 웃 중방은 우툴우툴하니 본대머리에 풍잠 파주고 아랫 중방은 미끈미끈하니 골패짝 만들 밖에 없구나. (미얄을 때린다)
>
> 미얄 : 오래간만 만나서 사람을 왜 이리 치는가. 사람을 치는 것이 인사란 말인가.
>
> 영감 : 이년이 무얼 잘 했다고 이 지랄이야. 잔말 말고 가만 있거라. (하며

또 때린다.) (봉산탈춤)

인용문은 영감과 미얄할미가 오랫동안 찾아 헤매다가 상봉하자마자 싸우는 장면이다. 등장인물들은 성적 갈등, 계급간의 갈등, 부부 사이의 갈등, 처첩간의 갈등 등을 둘러싸고 첨예한 대립을 보이지만, 각 과장이 끝나 퇴장할 때 처음 등장했을 때와 별로 달라진 것이 없다. 판소리의 경우처럼 기생 춘향이가 정열부인이 된다든가, 악한 놀부는 벌을 받고 착한 흥부는 부자가 된다든가 하는 결말은 찾아보기 어렵다. 문제가 되고 있는 갈등을 부각시켜 제시할 뿐, 극의 내용에서는 어떤 해결이 일어나지 않는다. 이러한 극적 형식으로 인해 가면극에서는 구경꾼의 개입이 적극적이게 된다. 가면극의 등장인물들은 계층이나 부류를 대표하기 때문에 긍정적 인물과 부정적 인물로 양분되어 있다. 그런데 극의 전개과정에서 갈등을 제시할 뿐 해결이 일어나지 않기 때문에, 구경꾼은 일방적으로 긍정적 인물을 적극적으로 지지하며 부정적 인물에 대해 야유를 퍼붓게 되는 것이다.

② 구나(驅儺)의 형식

나례에서 역귀를 쫓아내는 구나(驅儺)의식도 싸움형식의 일종이다. 원래 서울의 본산대놀이를 성립시킨 놀이꾼들은 궁중나례에 동원되던 반인들이었기 때문에, 가면극에 나례의 영향이 많이 남아 있다. 그래서 가면극에는 오방신장무(五方神將舞), 취발이와 노장의 싸움, 말뚝이와 양반의 싸움, 팔먹중의 등퇴장 형식 등 구나의 형식도 자주 발견된다.

가산오광대와 진주오광대에서 오방신장무는 첫 과장에 설정되어 있다. 동·남·중앙·서·북의 다섯 방위를 맡은 다섯 신장이 각 방위의 색을 나타내는 청·적·황·백·흑색의 가면과 의상을 착용하고 나와 춤을 추면서 사방의 잡귀를 쫓아내는 내용으로, 놀이판을 정화하는 의식무의 성격을 띠고 있다. 오방신장무의 극적 형식은 조선시대의 나례에서 연행되던 오방처용무의 구나형식과 동일한 모습을 보인다.

나례의 구나형식과 취발이와 노장의 관계도 서로 관련된 모습을 보인다. 파계승인 노장은 물리쳐야 할 사회적 재앙으로 간주되는 인물이다. 취발이가 노장을 쫓아내는 극적 형식은 나례에서 나자가 귀신을 쫓아내는 구나형식과 대응된다. 특히 취발이는 붉은 가면을 쓰고 술에 취한 모습이며 다리에는 방울을 매달았고, 손에는 버드나무 가지를 꺾어서 머리 위로 치켜들고 등장한다. 이는 고려 말 이색의 〈구나행〉에서 처용무를 "신라의 처용은 칠보장식을 했는데, 머리 위의 꽃가지에선 향기로운 이슬 떨어지네. 긴 소매 이리저리 흔들며 태평무를 추는데, 불그레히 취한 얼굴은 아직도 다 깨지 않은 듯,"이라고 묘사한 내용과 매우 흡사하다. 붉은 색은 벽사할 수 있는, 즉 귀신을 쫓을 수 있는 색이다. 고려 말의 나례에서 처용이 붉은 색의 가면을 쓰고 벽사적인 성격을 띤 복숭아나무 가지를 머리에 꽂고 나와 역신을 쫓는 모습이나, 취발이가 붉은 색의 가면을 쓰고 역시 벽사할 수 있는 푸른 버드나무 가지를 머리 위로 치켜들고 나와서 사회적 재앙인 노장을 쫓아내는 모습이 통하고 있는 것이다. 취발이가 다리에 방울을 매달고 나오는 것도 방울소리를 통해 역귀를 쫓아내려던 사고의 반영이다.

가면극의 양반과장에서 말뚝이가 가면을 쓰고 나와서 채찍을 휘두르며 양반들을 함부로 다루다가 쫓아내는 내용은 나례의 구나형식과 통한다. 민중의 입장에서 보면, 가면극에 등장하는 양반들은 부정적이고 적대적인 대상이며 사회적 재앙으로 간주될 수 있는 인물들로서 역귀와 같은 존재이다. 그래서 양반들이 쌍언청이(대부분의 가면극), 째기(서흥탈춤, 한 다리 한 팔을 잘 못 쓰는 반신불수의 병신), 삐뚜루미탈(통영오광대, 얼굴이 삐뚜러진 모습), 홍백가(통영오광대, 얼굴의 반쪽은 홍색이고 반쪽은 흰색), 손님탈(통영오광대, 곰보양반), 흑탈(통영오광대, 검은색의 탈), 조리중(통영오광대, 방정맞은 모습인데, 보살첩에게서 난 양반) 등 한결같이 병신 모습을 하고 있다. 이들은 부정적이고 적대적이며 혐오의 대상이기 때문에 가면극에서 쫓아내야 할 인물들이다. 이러한 내용에 유의하면 말뚝이와 양반의 관계는 나례에서 나자(儺者)와 역귀의 관계와 일치하며, 말뚝이가 양반을 채찍으로 휘두르며 양반을 풍자하는 극적 형식은 바로 나자가 역귀를 쫓아내는 구나형식과 일치하고 있음을 알 수 있다. 말뚝이가 다리에 방울을 매달고 나오는 것도 방울소리를 통해 역귀를 쫓아내려던 사고의 반영이다.

봉산탈춤의 팔먹중은 그 가면이 귀면(鬼面)으로서 다른 가면들과 크게 차이를 보인다. 그리고 여덟 명의 먹중들이 한 명씩 차례로 등장했다가 퇴장하는 극적 형식에서 나례의 구나형식과 일치하는 모습을 살펴볼 수 있다. 팔먹중과장에서 둘째먹중부터는 놀이판에 등장해 자기보다 먼저 나왔던 먹중의 얼굴을 복숭아나무 가지나 버드나무 가지로 때려서 쫓는 동작을 한다. 그러면 먼저 나왔던 먹중이 쫓겨서 놀이판을 나간다. 복숭아나무 가지나 버드나무 가지는 벽사할 수 있는 기능을 갖고 있다. 궁중이나 민간의 나례에서는 구나의식에서 흔히 복숭아나무 가지로 악귀를 쫓았다는 점을 생각할 때, 귀면의 먹중들이 차례로 등장해 자기보다 먼저 나왔던 먹중을 복숭아나무 가지나 버드나무 가지로 때려서 내쫓는 극적 형식은 나례에서 귀신을 쫓는 일반적인 구나형식과 통하고 있는 것이다. 먹중이 다리에 방울을 매달고 나오는 것도 방울소리를 통해 역귀를 쫓아내려던 사고의 반영이다.[36)]

원래 나례의 구나의식은 자연적 재앙인 역귀(疫鬼)를 쫓아내는 의식이었지만, 이것이 연극으로 전환되면서 민중에게 사회적 재앙으로 간주되던 노장, 양반, 먹중을 쫓아내는 극적 형식이 형성된 것이다. 특히 양반들의 병들린 얼굴은 자연적 재앙인데, 양반들을 사회적 재앙일 뿐만 아니라 자연적 재앙을 겸하고 있는 인물들로 표현함으로써 양반에 대한 민중의 증오를 강렬하게 나타내고 있다.

③ 반복의 형식

구비문학의 뚜렷한 형식상의 특징은 반복이다. 가면극에는 단어의 반복,

---

36) 전경욱, 『한국가면극 그 역사와 원리』, 열화당, 1998, 182~196면.

어구의 반복, 문장의 반복, 단락 구조의 반복이 모두 나타난다. 이 중 단락 구조의 반복은 극적 형식에서 중요한 기능을 담당하고 있다.

다음 인용문은 봉산탈춤의 팔먹중과장에서 여덟 명의 먹중들이 차례로 등장하여 대사를 읊고 춤을 춘 후 퇴장하는 대목의 일부이다.

둘째먹중의 대사

㉠ 쉬ㅡ. (반주의 음악은 그친다.)
㉡ 산중에 무력일(無曆日)하여 철 가는 줄 몰랐더니, 꽃 피여 춘절(春節)이요 잎 돋아 하절(夏節)이라. 오동엽락(梧桐葉落) 추절(秋節)이요, 저 건너 창송녹죽(蒼松綠竹)에 백설이 펄펄 휘날였이니 이 아니 동절(冬節)인가.
㉢ 나도 본시 외입쟁이로 산간에 묻쳤더니 풍류소리 반겨 듣고 염불에 뜻이 없어 이러한 풍류정을 찾아왔거던.
㉣ 심불노 심불노 백수한산에 심불노
㉤ 춤

둘째먹중의 대사에서 ㉠은 자신이 등장하였음을 알리는 소리이다. ㉡은 탈놀이판의 배경에 대한 초월적·관념적 묘사인데, 사설시조를 차용했다. ㉢은 자기가 등장한 이유를 밝히는 말이다. ㉣은 춤을 추기 위해서 장단을 청하는 '불림'이다. ㉤은 춤을 추고 퇴장하는 대목이다. 첫째먹중은 대사를 읊지 않고 춤만 추고 들어가지만, 둘째먹중부터 여덟째먹중까지는 모두 ㉠~㉤의 순서로 연행한다.[37] 그러므로 팔먹중과장에서는 ㉠~㉤의 단락이 일곱 번 반복되고 있는 것이다.

봉산탈춤 양반과장도 단락을 반복하여 대사를 구성하고 있다.

37) 조만호, 『전통희곡의 제식적 미학』, 태학사, 1995, 229~231면.

춤

(a)㉠ 말뚝이 : 양반 나오신다아!

㉡ 말뚝이 : 개잘량이라는 양자에 개다리소반이라는 반자 쓰는 양반이 나오신단 말이요.

㉢ 양 반 : 이놈 뭐야아!

㉣ 말뚝이 : 이생원네 삼 형제분이 나오신다고 그리 하였소.

㉤ 양 반 : 이생원이라네.

춤

봉산탈춤 양반과장은 (a)와 같은 단락 구조를 모두 일곱 번 반복하는 형식으로 구성되어 있다. 대사 부분 내의 구조는 거의 일정하다. ㉠은 양반의 위엄을 나타내고, ㉡은 양반의 위엄을 파괴하는 말뚝이의 항거이고, ㉢은 말뚝이를 꾸짖는 양반의 호령이고, ㉣은 말뚝이의 변명이며, ㉤은 변명을 듣고서 납득해 양반이 안심하는 모습이다.[38] 이러한 단락구조의 반복으로 인하여 양반과장의 주제를 선명하게 전달하고, 놀이의 흥을 돋우어 준다. 그리고 양반과 말뚝이가 동일한 단락구조의 반복 속에 유사한 내용을 거듭 제시하기 때문에, 원형으로 된 탈놀이판에서 대사의 전달이 매우 효과적이다.

④ 정체확인형식

반복의 형식에는 등장인물이 상대방의 정체를 여러 번 반복하여 확인하는 것도 있다. 정체확인형식은 가면극과 판소리에서 매우 흔히 발견되는 형식이다. 봉산탈춤 제4과장과 강령탈춤 제10과장에서 먹중들은 노장의 정체를 계속 반복하여 확인한다.

봉산탈춤 제4과장에서 원숭이는 신장수에 의해 '물짐승 · 수어 · 농어 · 잉어 · 메기 · 뱀장어 · 범 · 노루 · 사슴 · 멧돼지'로 비유되고, 제5과장에서

38) 조동일, 『탈춤의 역사와 원리』, 홍성사, 1979, 200~203면.

사자는 마부에 의해 '노루·사슴·범·봉·기린·소'로 비유된다. 원숭이와 사자의 정체확인은 반복에 의한 율동감과 해학미가 있고, 호기심을 자극하며, 긴장감을 고조시키고, 흥미를 유발하는 효과가 있다.

통영오광대·가산오광대·수영야류·동래야류의 영노과장 중 영노의 양반 정체확인, 고성오광대 중 비비의 양반 정체확인도 모두 유형화되어 있다. 영노과장이나 비비과장에서 양반 아흔아홉을 잡아먹고 하나만 더 잡아먹으면 하늘로 올라간다는 영노와 비비가 나타나서 양반을 잡아먹으려고 위협한다. 다급해진 양반은 자기는 양반이 아니라고 부인하면서, '똥·개·돼지·소·쐐기·구렁이' 등으로 둘러댄다. 그러므로 영노가 양반의 정체를 계속 반복하여 확인하는 내용이 전개됨에 따라서, 양반의 권위와 체통은 여지없이 무너지고 만다. 가면극은 양반층에 의해 부당하게 억압받던 서민층이 그들의 갈등을 해소하는 놀이판이기 때문에 이런 내용과 형식을 통하여 양반층을 풍자하는 것이다.

4) 가면극의 주제와 사회의식

가면극은 사회 풍자의 희극이다. 가면극은 사회적 불평등으로 빚어지는 현실적인 문제들을 비판적으로 제시한다. 등장인물의 명칭에서부터 각 과장에서 다루고자 하는 주제를 암시한다. 노장·소무·신장수·양반·말뚝이·영감·할미 등 신분이나 부류를 나타내는 명칭이 대부분이고, 구체적인 개인의 이름은 드물다. 명칭을 통하여 가면극에서 다루는 것이 등장인물 개인의 문제가 아니라 신분이나 계층·부류 사이의 문제임을 드러낸다.

가면극 연구의 초창기부터 가면극의 주제를 ①벽사의 의식무, ②파계승에 대한 풍자, ③양반계급에 대한 모욕, ④일부(一夫) 대 처첩의 삼각관계와 서민생활의 곤궁상으로 보는 견해가 지배적이었다.[39] 가면극의 첫 과

39) 이두현, 앞의 책.

장에서는 으레 상좌춤이나 오방신장무와 같은 벽사의 의식무가 거행되어 벽사진경을 기원하는 종교적 모습을 보인다. 이어서 노장·양반·영감 등 부정적인 인물이 계속 등장하며 극이 진행된다. 이런 측면에서 위에서 제시한 네 가지 주제는 설득력을 얻을 수 있다.

그러나 가면극의 주제에 대해 다른 견해도 제시되었다. 가면극의 주제는 가면극에 나타나는 극적 행위나 인물관계의 갈등구조를 분석해서 얻어낸 해석을 통해서 파악하는 것이 필요하다는 것이다. 이를 요약하면 다음과 같다.

노장과장의 주제가 파계승에 대한 풍자라면, 가면극은 노장의 파계를 비판하고 계율을 지키며 불도를 닦으라고 권장한다는 의미로 오해될 수 있다. 그러므로 봉산탈춤을 예로 들면, 파계승인 노장과 먹중·소무·신장수·취발이의 갈등구조에 입각하여 대립의 양상과 풍자의 의미를 살펴보는 방향으로 논의를 전환할 필요가 있다. 먹중들은 노장의 제자임에도 불구하고 숭고한 노장을 비속한 노장으로 격하시켜 흥미거리로 삼는다. 먹중들은 모든 것을 호기심의 대상으로만 여긴다. 호기심과 흥미는 노장이 원래 가지고 있던 성격인 초월적 무관심과는 반대로 세속적 인식의 원천이다. 소무의 등장으로 무엇에나 무관심한 듯하던 노장은 완전히 변모한다. 소무에 대한 성적 관심 때문에 부르르 떨며 소무를 차지하기 위해 온갖 수단을 다 동원한다. 불교의 상징인 염주를 소무에게 사랑의 선물로 주었을 때, 소무가 그것을 받아들이자 기뻐서 흥겹게 춤을 춘다. 이는 자기를 상실한 자의 행동이 아니고 삶의 보람을 발견한 자의 환호이다. 이에서 나아가 노장은 신장수의 신값을 떼어먹고 오히려 신장수를 위협하여 쫓아버릴 수 있을 정도로 생활능력을 갖게 된다. 새로운 생활의 기쁨을 발견한 노장은 소무를 빼앗으려는 취발이와 격렬한 싸움을 벌인다. 취발이는 돈도 많고 무엇이든지 차지하기 위해 싸우는 인물이며, 방탕하면서도 투쟁적이다. 결국 노장은 취발이에게 패하여 쫓겨나고 만다.[40] 이와 같은 노장의 전환은 잠재되어 있던 내적 갈등의 노출이다. 노장과장은 초월적인 관념론의 허무함을 비판하고, 먹중이나 취발이가 지닌 세속적 사고의 중요성을 내세우는 것이다. 취발이는 노장을 힘으로 내쫓고 금전으로 소무를 유혹하여 차지한 후 아들을 낳는다. 신체적・경제적・성적인 힘을 가진 취발이를 통해서 새 역사의 주인공이 될 수 있는 근대적 민중의 전형을 엿볼 수 있다.

또한 늙고 힘없는 남성과 관계를 맺고 있던 여성을 젊고 힘있는 남성이 빼앗아간다는 대결의 기본적인 설정은, 낡은 것은 물러가고 새로운 것이 그 자리를 차지하되, 낡은 것은 그 자체의 모순과 새로운 것의 공격 때문에 물러가지 않을 수 없다는 역사발전의 필연성을 구체화하는 갈등구조로서, 기존질서를 거부하고 새로운 가치관을 요구하는 민중의식을 반영하고 있는 것이다.

양반은 모든 가면극에서 반드시 등장하는데, 양반에 대한 풍자의 방식이 다양하다. 우선 양반의 가면이 쌍언청이, 언청이, 곰보, 반쪽은 홍색 반쪽은 백색, 코와 입이 삐뚤어진 모습 등 여러 병신 모습으로 되어 있기 때문에, 부정적인 인물임을 나타낸다. 특히 야류와 오광대에서는 여러 가지 병신 모습의 양반들이 다수 등장하여, 자기들끼리 지체를 다투면서 서로의 약점을 폭로한다. 그리고 영노라는 괴물이 나와 양반을 잡아먹겠다고 덤비는데, 이 과정에서 양반은 더럽고 추악한 대상으로 비유되면서 권위와 체통이 여지없이 무너지고 만다. 결국 양반과장은 양반의 신분적 특권을 비판하고, 말뚝이로 집약되는 민중의 활력을 개방하기 위해서 민중을 억압하는 봉건적 특권은 철폐되어야 한다는 주장을 고취하고 있다.

가면극에는 양반층의 문화를 풍자하는 내용도 보인다.

> 말뚝이 : 아니로소이다. 새안님 마누라가 새안님을 홍보하시는데, 새안님이 낫거리를 하야 낳다 합디다. …
>
> 말뚝이 : 여보 새안님, 새안님이 글짜나 읽었다 하오니 자서히 들으시오.

---

40) 양주별산대놀이에서는 노장이 두 명의 소무 중 한 명만 빼앗기고, 다른 한 명은 함께 데리고 퇴장한다.

청천백일에 우소 소도 아니요, 탕건의 부자 소도 아니요, 하락의 치자 소도 아니오, 장량의 옥통 소도 아니요, 문(門) 안에 적을 소(少) 한 자가 무신 잡니까?

작은양반 : 이후후후 … . (서로 쳐다보며) 씹소, 씹소? (하며 서로 희희덕거린다.)

큰양반 : 어라, 야들아, 가만 있거라, 보자 그것이 저 사서삼경(四書三經) 뒷장에 보면 둔벙 소자 아니냐? 둔벙 소자란 여자의 성기(性器)니라. (가산오광대 양반과장)

인용문처럼 말뚝이가 "낮거리를 하야 낳다 합디다"하고 거침없이 성적(性的) 표현을 하자, 작은 양반과 큰 양반도 그에 응해 거침없이 성적 표현을 한다. 실제로 문(門)자 안에 적을 소(少)자를 넣은 한자는 없다. 그러므로 여성의 성기를 '적은 문'이라는 의미로 문 안에 적을 소 한 자라고 하고, 그것의 훈과 음을 '씹 소'라고 하며 웃으면서 즐거워하고 있다. 말장난의 재미를 흠뻑 즐기고 있는 것이다. 그런데 양반층에서 한자를 분합해 수수께끼식으로 즐기던 파자놀이를 통해 노골적인 성적 표현을 구사함으로써, 말장난의 재미도 즐길 뿐만 아니라 양반층의 문화를 조롱하고 비웃고 있는 점이 주목된다.

영감・할미과장의 경우, 영감이 양반으로 설정되어 있는 오광대를 제외하면, 영감과 할미는 대부분 가난한 서민들이다. 영감과 할미는 난리가 나서 헤어져 서로 찾아다니다가 오랜만에 만나게 된다. 그러나 만나자마자 영감은 부당하게 할미를 박대한다. 이때 영감의 첩이 등장하면서 싸움이 격화되어 마침내 할미가 죽게 된다. 할미의 가련한 신세를 통하여 여성에게 가해지는 남성의 부당한 횡포를 고발하고, 인권에 대한 사회적 모순을 비판한다. 그리고 봉산탈춤에서 할미가 집을 나가겠다며 재산의 분배를 요구하는가 하면, 영감이 잠시 쓰러진 동안 자신의 개가(改嫁)의사를 적극적으로 밝히는 것은 봉건사회에서는 도저히 생각할 수 없던 일로서 새로운 사회의식의 발전이다.

양반의 신분적 특권, 노장의 관념적 허위, 영감의 남성적 횡포는 봉건사회의 유물로서 상호 밀접한 관련을 갖고 있다. 이 부정적 유물이 청산되어야 한다고 주장하는 가면극의 주제를 통하여 새로운 사회의식의 발전을 엿볼 수 있다. 아울러 긍정적 인물인 취발이·포도부장·말뚝이·할미를 통하여 기존질서를 거부하고 새로운 가치관을 요구하는 민중의식을 보여주는데, 이것은 동학농민혁명 등 중세에서 근대사회로 이행하는 역사적 운동과 맥락을 함께 하고 있다.[41]

5) 가면극의 현대적 수용

민속극은 민족문화를 말살하고자 한 일제강점기와 민족 분단의 혼란시대를 거치면서 좀체 되살아나지 못했다. 그러다가 1960년대에 이르러 가면극을 중심으로 한 민속극 전반이 새로운 조명을 받기에 이른다. 당시 군사정권은 근대화 내지 서양화 추진과 민족 주체성 확립이라는 과제를 추구하면서 유형문화재의 보존·복원, 그리고 무형문화재의 지정 사업을 펼쳤다. 한편 대학생을 비롯한 지식인 비판세력은 전통가면극의 가치를 재발견해 민주주의적 사회발전에 기여할 수 있도록 하는 일에 관심을 기울였다. 그 효시가 바로 1964년 가을 서울대학교 문리과 대학 폭풍극회가 공연한 〈대왕은 죽기를 거부했다〉(이근삼 작, 정일성 연출)라는 작품이다. 이 작품은 원래 이승만 정권의 장기집권을 풍자하는 내용이나, 학생들은 이를 군사정권에 대한 풍자로 바꿨다. 이 공연에서 대왕에게 죽음을 선고하는 '사자(死者)의 소리'에 전통가면극의 가면을 활용했다. 이후 가면극을 좀 더 본격적으로 공부하고자 하는 서울 문리대 민속극연구회가 출현하고, 그것이 각 대학으로 파급되었다. 그래서 1960년대와 1970년대에는 대학가에서 탈춤부흥운동이 크게 일어나 전국의 대학생들이 가면극을 배워 공연하

---

41) 조동일, 앞의 책, 185~198면.

는 일이 자주 있었고 그 열의도 대단했다. 그러나 1980년대에 접어들면서 그것도 시들해지고 말았다.

대신 민속극에 기반을 둔 창작극인 마당극(마당굿) 또는 민족극이라 불리는 일단의 정치극이 새롭게 등장해 체제비판을 시도했다. 1980년대 초두에 이르러 기존문화 풍토에 하나의 문화적 충격으로 던져진 마당극은 가면을 사용했거나 안했거나 상관없이 전통가면극의 이념적 혁신이라고 해도 좋을 것이다. 처음에는 마당극 또는 마당굿이라 부르다가 점차 민족극이라는 용어로 통일되었고, 1988년 12월 '전국민족극운동협의회'가 결성되었다. 마당극은 민족 문제, 농촌 문제, 근로자 및 도시빈민 문제, 사회일반 및 시사 문제, 역사적 사실의 재해석 문제를 다루었다. 이는 당대 사회운동의 흐름과 긴밀히 결합해 들어가는 민족극운동의 작품활동 경향을 여실히 반영하고 있는 것이라 하겠다.

이와 같이 군사정권 아래서 마당극·민족극은 체제비판과 사회비판의 몫을 충실히 해냈다. 그러나 한편에서는 마당극이 가면극에 대한 애착을 행동으로 나타내면서 군사통치에 대해 정치적인 불만을 터뜨리는 데 그쳤으며, 문화창조의 방향을 바꾸어놓지는 못했다는 지적도 있다. 그러므로 이제 마당극과 민족극을 거치면서 쌓아온 투쟁정신을 대외관계의 문제를 더욱 중요시해야 하는 예술운동으로 한층 차원 높게 발전시켜 새로운 공연문화를 창조하는 일이 과제로 남아 있다.[42)]

한편 전문적인 연극단체 가운데도 가면극·판소리·인형극 등 전통예술을 현대적으로 계승한 창작극을 정립해 보려는 시도가 있었다. 대표적인 예가 1973년 연출가 허규를 중심으로 한 '극단 민예'와 손진책의 '극단 미추'이다. 극단 민예는 〈허생전〉·〈놀부전〉·〈서울말뚝이〉·〈다시라기〉 등을

42) 김문환, 「한국의 전통가면극과 현대 연극 : 미학적 관점」, 1999년 11월 8일 교토의 국제일본문화연구센터에서 발표한 논문.
채희완·임진택 편, 『한국의 민중극』, 창작과 비평사, 1985.
민족극연구회 엮음, 『민족극대본선』 1권, 풀빛, 1988, 2권(1988), 3권(1991), 4권(1991).

공연했다. 허생전은 가면극의 장단·춤사위·등퇴장 동작과 판소리의 아니리를 활용했다. 놀부전은 창극인데, 등퇴장과 마임에 가면극의 춤사위를 활용했다. 서울말뚝이는 현대판가면극이고, 다시라기는 민속놀이였다.

극단 미추는 MBC 마당놀이로 유명하다. 〈허생전〉(1981년)을 시작으로 매년 〈별주부전〉, 〈놀부전〉, 〈이춘풍전〉, 〈방자전〉, 〈봉이선달전〉, 〈배비장전〉, 〈심청전〉, 〈구운몽〉, 〈춘향전〉, 〈흥보전〉, 〈신이춘풍전〉, 〈홍길동전〉, 〈심청전〉, 〈빵파전〉, 〈옹고집전〉, 〈황진이〉, 〈애랑전〉, 〈봉이김선달〉 등을 공연했다. 이것들은 가면극·판소리·창극 등을 현대적으로 계승해 창작한 연극양식으로 관중 동원에 크게 성공했다. 그러나 마당놀이 역시 단순한 소극(笑劇)의 차원을 뛰어넘어 한층 차원 높은 형식과 내용을 창출하는 것이 과제로 남아 있다.

3. 인형극의 세계

1) 꼭두각시놀음

유랑예인집단인 남사당패는 풍물(농악)·버나(대접돌리기)·살판(땅재주)·어름(줄타기)·덧뵈기(가면극)·덜미(꼭두각시놀음)의 여섯 가지 놀이를 공연하고 다녔다.

현재까지 남사당패의 은거지로 밝혀진 곳은 경기도 안성·진위, 충청남도 당진·회덕, 전라남도 강진·구례, 경상남도 진양·남해, 북쪽으로는 황해도 송화·은율 등지이다. 그곳에서는 놀이가 거의 없는 겨울철에 동면을 겸해서 초입자인 삐리에게 기예를 가르쳤다고 한다.

꼭두각시놀이는 남사당패와 같은 유랑예인집단뿐만 아니라, 마을주민들에 의해서도 공연되었다. 이는 유랑예인집단의 일부가 여러 지역에 정착하여 향인광대(鄕人廣大)가 되거나, 유랑생활을 계속한 집단들이 여러 지역에 놀이를 보급한 결과라고 추측된다. 이 가운데 황해도 장연의 꼭두각시놀이, 충남 서산의 박첨지놀이 대본이 채록되어 있다.[43]

(1) 꼭두각시놀음의 종류와 역사

① 꼭두각시놀음의 기원설

현재 꼭두각시놀음의 기원에 대하여 외래기원설과 자생설이 대립하고 있으며, 양자의 절충설도 제시되었다.

연구 초창기에 꼭두각시놀음이 인도→서역→중국→한국→일본으로 전래되었다는 설이 제기된 후 여러 학자들의 지지를 받았다.[44] 중국・한국・일본의 인형극은 무대구조・연출방식・인형조종법이 거의 같고, 인형극의 주역들이 모두 해학적・풍자적・희극적 성격의 인물이라는 공통점과 외양의 유사성이 있고, 원시종교나 불교와 깊은 관련이 있으며, 유랑예인 집단에 의해 공연되었다는 점에서 상당한 설득력을 가진 기원설이다.[45] 그리고 '꼭또' 또는 '곡두'라는 말이 중국의 인형을 가리키는 말인 '곽독(郭禿)'에서 왔고, 이것이 일본으로 건너가 '쿠구츠(クグツ)'로 되었다고 하는데 여러 학자들의 견해가 일치되어 왔다.

이후 꼭두각시놀이의 중국기원설은 더욱 구체화되었다.[46] 이 학설은 중국의 인형인 '곽독'・'곽랑(郭郞)'・'포로(鮑老)'가 등장하는 성현(成俔, 1439~1504)의 〈관괴뢰잡희시(觀傀儡雜戱詩)〉, 박승임(朴承任, 1517~1586)의

---

43) 장연 꼭두각시놀음은 권택무, 『조선민간극』(평양 : 조선문학예술동맹출판부, 1966)에, 서산 박첨지놀이는 서연호, 『꼭두각시놀이』(서울 : 열화당, 1990)에 수록되어 있다.

44) 김재철, 『조선연극사』, 학예사, 1939, 111~118면.
송석하, 『한국민속고』, 일신사, 1960, 163~164면.
이두현, 『한국가면극』, 문화재관리국, 1969, 394면.

45) 유민영, 「한국인형극의 유래」, 『예술논문집』 14, 예술원, 1975.

46) 윤광봉, 『한국연희사연구』(개정판), 박이정, 1997, 74면.
박진태, 「중국 인형극의 수용과 변이과정(1)」, 『역사민속학』 제9호, 한국역사민속학회, 1999.

〈괴뢰붕(傀儡棚)〉, 나식(羅湜, ?~1546)의 〈괴뢰부(傀儡賦)〉를 통해서, 중국 인형극이 15~16세기에 조선사회에 이미 전래되어 있었던 사실을 강조한다. 그리고 이를 강이천(姜彝天, 1769~1801)의 〈남성관희자(南城觀戱子)〉와 관련시켜 살핀 다음, 현존 꼭두각시놀이의 박첨지와 홍동지는 바로 포로와 곽랑에서 유래한 것이라고 주장한다.[47)]

한편 꼭두각시놀음이 범지중해문화에서 유래된 것이라는 견해도 제시되었다. 즉 꼭두・피조리・산이의 어원은 지중해의 우가리(북시리아지방)신화에 나오는 쿠(qdš)・피드라(pidray)・사니(saniyy)가 실크로드를 거쳐 인도와 중국, 한국과 일본으로 전파된 것이라고 한다.[48)]

그리고 인형극의 자생설도 일부 학자에 의해 제기되었다.[49)] 우리의 인형극은 삼국시대 또는 그 이전의 목우(木偶)인형으로부터 시작하여 고구려의 악곡괴뢰, 고려의 인형놀이(傀儡木偶戱)와 만석중놀이, 조선시대의 인형극인 꼭두각시놀음에 이르기까지 단계적으로 발전해 왔다는 것이다.

이상에서 꼭두각시놀음의 외래기원설과 자생설을 살펴보았다. 그러나 한국에는 고대의 각시놀음과 나무인형(木偶), 6세기 이후 만들어진 가야와 신라의 무덤에서 발견된 토우(土偶)와 토용(土俑), 상여의 장신구인 목우 등의 존재에서 드러나듯 꼭두각시놀음의 자생적 기반이 있었고, 이후 외래적 요소의 영향이 있었는데, 이들이 결합되어 수세기에 걸친 변화와 발전을 통해 현재의 모습을 갖추었다고 보는 절충설이 설득력을 얻고 있다.[50)]

---

47) 박진태, 앞의 글.

48) 김청자, 「한국전통인형극의 새로운 접근」, 『한국연극학』, 새문사, 1985, 85~107면.
_____, 「한국전통인형극 꼭두각시놀음 연구-어휘에 나타난 표상과 기호분석」, 『한국연극학』 제3호, 한국연극학회, 1989, 25~47면.

49) 임재해, 『꼭두각시놀음의 이해』, 홍성사, 1981, 221~222면.
임재해, 「꼭두각시놀음의 역사적 전개와 발전 양상」, 『구비문학연구』 제5집, 한국구비문학회, 1998, 241~302면.

50) 서연호, 『꼭두각시놀음의 역사와 원리』, 연극과인간, 2000.

② 꼭두각시놀음의 역사적 전개

당나라 이적이 고구려를 멸한 후 고구려의 인형놀이를 자국에 바쳤다는 기록이 중국 원나라 때 출간된 『문헌통고(文獻通考)』에서 발견된다. 그러나 그 이후 인형극에 대한 기록은 찾아보기 어렵다. 고려 후기에 와서야 이규보(李奎報, 1168~1241)가 인형놀이를 보고 지은 〈부답병서(復答幷序)〉와 〈관농환유작(觀弄幻有作)〉이 나타난다.

> 연희자가 놀리는 꼭두각시 사람을 현혹시키느라고　　巧人弄幻使人眩
> 단청을 만들었다가 순식간에 거두어 버리네.　　丹靑傅會須臾卷
> 조물주가 사람을 주재하는 것도 이런 놀이일 터인데　　造物主人亦戲耳
> 인형이 오가는 것을 굽어보며 눈을 크게 뜰 필요 있으랴.　　俯觀去來空瞪眄
> (《동국이상국집》 권12)

인용시는 〈부답병서〉이다. 이 시에서 '단청부회(丹靑傅會)'는 단청을 만든다는 뜻이다. 이 말은 두 가지 해석이 가능하다. 우선 단청을 절과 관련시켜, 현재 남사당패 꼭두각시놀이의 건사(建寺)거리에서 상좌인형들이 절을 짜맞추었다가 해체하는 것과 일치한다고 볼 수 있다. 그러나 《열자(列子)》 권5 〈탕문(湯問)〉 편에서 인형을 보고 "모두 가죽・나무를 아교로 연결하고 흑・백・적・청색을 칠하여 만들었다(皆傅會革木膠漆白黑丹靑之所爲)"라고 한 것에서 알 수 있듯이, 이 시의 단청을 '울긋불긋하게 색을 칠한 인형'으로 볼 수도 있다. 이럴 경우 "단청을 만들었다가 순식간에 거두어 버리네"라는 말은 울긋불긋하게 색을 칠한 인형들을 가지고 놀리다가 빨리 거두어 들이는 것을 의미한다.

조선시대에 들어와 성현이 산대희를 보고 지은 〈관나시(觀儺詩)〉와 〈관괴뢰잡희시(觀傀儡雜戲詩)〉에 꼭두각시놀음이 보인다.

> 번쩍번쩍 금빛 허리띠 붉은 옷에 빛나는데　　煌煌金帶耀朱衣
> 거꾸로 매달렸다 몸을 날리니 새가 나는 듯하네.　　跟絓投身倏似飛

줄타기 방울받기 기술도 많은데　走索弄丸多巧術
나무인형에 실 꿰어 신기한 동작 자유롭구나.　穿絲刻木逞神機
어찌 인형놀이가 오로지 아름다움만 추구한 것이리오　宋家郭禿奚專美
한 고조는 평성에서 풀려날 수 있었다네.　漢朝平城可解圍
공경코자 조정에서 여러 예를 베푸노라니　爲敬朝廷陳縟禮
중국 사신 눈이 커져서 마땅히 비난하리라.[51]　皇華眼大定嘲譏

(《허백당집(虛白堂集)》 권 14)

이 〈관괴뢰잡희시〉는 중국 사신 영접행사의 연희를 묘사한 것인데, 실을 꿰어 움직이는 줄인형 즉 현사괴뢰(懸絲傀儡)의 모습을 전해 준다. 이 시의 마지막 행 "중국 사신 눈이 커져서 마땅히 비난하리라"는 중국 사신이 자신을 영접하는 행사의 연희가 뛰어나서 눈을 크게 뜨며 놀라면서도, 이런 잡희를 뭐하러 그렇게 성대하게 벌이느냐고 비난할 것이라는 성현의 유학자적 생각을 담고 있다. 중국 사신 영접행사에서 연행된 땅재주(또는 솟대타기) · 줄타기 · 방울받기 · 인형극 등의 연희 수준이 매우 높았음을 짐작할 수 있다.

박승임의 〈괴뢰붕〉에서는 중국 인형극에서 사용하는 포로와 곽랑이라는 명칭이 발견된다.

장치도 갖가지 번개 동작은 바쁘고 놀라울사　機關種種電驚忙
조화옹은 우두커니 주장함을 잃을 지경.　造化居然失主張
성 아래 연지는 인형이 예쁜 아가씨인 줄 알고 시기하고　城下閼支猜婀娜
놀이 마당 포로는 헐렁한 옷소매를 비웃네.　筵前鮑老笑琅璫
빈정대며 놀리는 모습는 산귀처럼 매혹적이고　媚如山鬼揶揄態
번뜩번뜩 나대는 꼴은 다람쥐처럼 민첩하구나.　捷似林鼯欻閃狂
무대 위에 한바탕 요란한 꿈 이야기가　棚上一場撩亂夢

51) 본 장에서 인용하는 <관괴뢰잡희> <괴뢰붕> <괴뢰부>의 번역문은 윤주필, 「조선전기 연희시에 나타난 문학사조상의 특징」, 『동양학』 제25집(단국대 동양학연구소, 1995)의 번역문을 참조하여 다시 번역했음.

봄바람에 흩어져 마침내는 망망하네. 東風吹散竟茫茫

(《소고집(嘯皐集)》 권1)

이 시의 작자인 박승임은 인형극에 대해 매우 부정적인 시각을 갖고 있다. 인형극의 내용에 대해서는 "성 아래 연지는 아가씨라고 시기하고, 놀이마당 포로는 헐렁한 옷소매를 비웃네"라고 묘사했다. 그러나 사실 이것은 인형극의 내용이라기보다, 한 고조의 장수 진평이 연지의 투기심을 이용하기 위해 미인 인형을 놀렸다는 중국 인형극의 유래를 말한 것이다.

나식(羅湜, ?~1546)의 〈괴뢰부(傀儡賦)〉에서도 곽랑이 보인다.

갑자기 한 사람 무대로 나와서는 奄一人之投棚
기이한 소리 획 질러대노라니, 劃奇聲之一呼
이윽고 기관이 스르르 작동터니 俄機關之自闢
재빠르게 곽랑이 번듯이 일어난다. 儵郭郎之翿然
머리는 민둥머리 얼굴은 불그죽죽 頭童髡而面頳
소매는 원숭인가 길어서 너울너울. 袖猿長而蹁躚
윗몸만 겨우 드러냈다 사라지고 纔半露而還沒
다시 몸을 일으켜 모습을 나타낸다. 更挺身而復現
돌연 왔다 갔다 분분하고 繽往來之欻翕
이쪽 저쪽 어지롭힘 황홀하다. 恍東西之相眩
아연 여러 무리들이 우루루 몰려나와 俄群徒之競從
각기 재주를 부리며 능력을 과시한다. 各呈才而效能
혹 깃발을 숙이며 활시위 멕이다가 或低旗而彎弓
싸움이 나서 악을 쓰며 늘구잡이 한다. 鬪叫突而超騰
혹 팔을 휘두르며 서로 물어뜯고 或掉臂而相吃
가격 흥정 많다 적다 다투기도 한다. 爭市價之少多
지아비가 아내에게 업신여김 당하면서 夫或見驕於妻
갖은 소리 하며 봐달라 한다. 極百端而挑和
부인네가 혹 남편에게 버림받고 婦或見棄於夫

어린애를 내버려두곤 이러구러 수작한다.	擲嬌兒而相酬
가난뱅이는 송사에 이길 만해도 지는 법,	貧屈訟於理順
욕심 사나운 관리에게 굽신대며 부탁한다.	仰貪吏而相咻
관리는 부자에게 뇌물을 받아들고	吏懷金於富人
머리를 끄덕이며 흔쾌히 수락한다.	欣搖頭而重諾
영고성쇠에 기뻐하고 성내기도 하며	或喜怒於榮枯
얻고 잃음에 걱정하고 즐거워하기도 한다.	或憂樂於得失
만났다 하여 웃고 노래하기도 하고	或歌笑於相逢
떠나 보내며 흐느끼기도 한다.	或泣涕於送別

(『장음정유고(長吟亭遺稿)』)

곽랑의 모습은 민둥머리에 얼굴은 붉은색이고, 소매는 길어서 너풀거린다. 곽랑에 이어 여러 인형이 나와 다양한 내용의 연희를 벌인다. 그러나 곽랑과 여러 인형의 모습이나 연희 내용은 현존하는 남사당패의 꼭두각시놀음과 너무나 큰 차이를 보인다.

그런데 곽랑은 특정 배역의 명칭이 아니라 곽독과 동일한 용어이다. 곽랑(郭郞)은 이른바 괴뢰(傀儡)의 별칭인 곽독(郭禿)을 가르키는 것이다. 북제(北齊) 후주(後主) 고위(高緯)가 괴뢰를 좋아하여, 그 인형을 곽공(郭公)으로 불렀다는 점을 고려해 볼 때도, 곽랑은 특정한 배역의 인형을 가리키는 명칭이 아닌 것이다.[52]

강이천의 〈남성관희자〉 중 인형극 부분에는 낯짝이 안반 같은 놈, 노기를 띠어 흉악한 놈, 더벅머리에 귀신가면을 쓴 두 놈, 얼굴은 구리쇠에 눈에 도금을 한 놈, 달자(㺚子), 귀신과 그 새끼 등 여러 인형이 등장한다.

남문 밖은 우리 집서 일리 남짓	距家未一里
나도 얼른 신발 신고 달려 가니	吾亦理節屨
사람들 웅기중기 성을 쌓고	蔟蔟女墻頭

52) 윤주필, 앞의 글.

일만 눈 한 곳에 쏠렸더라. 萬目一處注
멀리 바라보니 과녁판을 매단 듯 遙望似縣帿
푸른 차일 소나무 사이로 쳐진 데 青帳張松樹
아래선 풍악을 울려 衆樂奏其下
불고 켜고 두드리고 온갖 소리 鏗轟雜宮羽
바다로 산이 무너져 쏟아지듯 海盡陡山出
구름이 열려 달이 황홀히 비치듯 雲開恍月吐
사람 형상 가는 손가락만큼 人像如纖指
나무로 새겨 채색을 하였구나. 五彩木以塑
얼굴을 바꾸어 번갈아 나오니 換面以迭出
어리둥절 셀 수가 없더라. 炫煌不可數
문득 튀어나오는데 낯짝이 안반 같은 놈 突出面如盤
고함 소리 사람을 겁주는데 大聲令人怖
머리를 흔들며 눈을 굴려 搖頭且轉目
왼쪽을 바라보고 다시 오른쪽으로 돌리다 右視復左顧
부채로 얼굴을 가리고 홀연 사라지니 忽去遮面扇
노기를 띠어 흉악한 놈 猙獰假飾怒
휘장이 휙 걷히더니 巾帷倏披靡
춤추는 소맷자락 어지럽게 돌아가누나 舞袖紛回互
홀연 사라져 자취도 없는데 忽然去無蹤
더벅머리 귀신의 낯바닥 나타나 髳髮鬼面露
두 놈이 방망이 들고 치고받고 短椎兩相擊
폴짝폴짝 잠시도 서 있지 못하더니 跳梁未暫駐
홀연 사라져 자취도 없는데 忽然去無蹤
야차놈 불쑥, 저건 무언가? 夜叉驚更遻
얼굴은 구리쇠, 눈에 도금을 한 놈이 蹲蹲舞且躍
너풀너풀 춤추고 뛰더니 面銅眼金鍍
홀연 사라져 자취도 없는데 忽然去無蹤
달자가 또 달려나와 㺚子又奔赴
칼을 뽑아 스스로 머리를 베어 長劍自斬首

땅바닥에 던지고 자빠지니 擲地仍偃仆
홀연 사라져 자취도 없는데 忽然去無蹤
귀신이 새끼 안고 젖을 먹이며 有鬼兒乳哺
어르다가 이내 찢어발겨 撫弄仍破裂
까마귀 솔개 밥이 되게 던져버리네. 遠投烏鳶付

사람의 형상을 가는 손가락만하게 나무로 새겨 채색을 했다는 설명에서 이 부분이 인형극임을 알 수 있다. 인형들이 퇴장할 때는 밑줄 친 부분과 같이 "홀연 사라져 자취가 없다"는 말을 계속 반복함으로써, 장면 전환이 매우 빠른 것을 강조하고 있다.

인용문에서 인형이 부채로 얼굴을 가리고 홀연 사라지는 모습은 오늘날의 꼭두각시놀이에서 박첨지가 부채로 얼굴을 가리고 퇴장하는 방식과 일치하고 있다. 그러나 〈남성관희자〉의 인형극에 등장하는 인형들과 연희 내용은 현존 남사당패의 꼭두각시놀이와 전혀 다르다. 이는 〈남성관희자〉의 가면극 부분이 현존 본산대놀이 계통 가면극의 내용과 완전히 일치하는 점과 비교해 볼 때, 매우 이상한 현상이다. 그리고 앞서 살펴본 나식의 〈괴뢰부〉는 현존 꼭두각시놀이나 〈남성관희자〉의 인형극과도 다른 내용이다.

특히 현존 꼭두각시놀이의 마지막 과장인 건사거리가 〈남성관희자〉나 〈괴뢰부〉에는 없다. 현존 남사당패의 꼭두각시놀이는 박승임의 〈괴뢰붕〉, 나식의 〈괴뢰부〉, 강이천의 〈남성관희자〉에서 묘사한 인형극과는 다른 계통인 것이다. 연희자도 〈남성관희자〉의 연희자는 가면극인 산대놀이와 인형극을 함께 공연한 반인으로 보인다. 반면에 현존 꼭두각시놀이는 남사당패에 의해 전승된다.

따라서 등장인물, 연희 내용, 연희자를 고려할 때, 한국의 꼭두각시놀이는 두 계통 이상으로 볼 수 있다. 즉 건사거리를 고려하여 계통을 나눌 경우는 (1) 〈괴뢰붕〉 〈괴뢰부〉 〈남성관희자〉의 계통, (2) 남사당패의 계통으로 파악할 수 있다.

그러므로 꼭두각시놀이의 연희집단을 둘로 나누어, 고려시대의 수척괴뢰패(水尺傀儡牌)에서 조선 전기의 재인백정(才人白丁)을 거쳐 조선 후기의 반인(泮人)으로 전통이 계승된 계통과, 고려시대의 재승괴뢰패(才僧傀儡牌)에서 조선 전기의 재인사장(才人社長)을 거쳐 조선 후기의 남사당으로 전통이 계승된 계통으로 파악한 견해는 상당히 설득력이 있다.[53]

(2) **꼭두각시놀음의 공연방식과 연극미학**

꼭두각시놀음은 고정된 대본이 없이 전승되어온 민속극이기 때문에, 공연시기·공연장소·연희자에 따라 가변성을 갖고 있다. 그래서 지금까지 채록된 대본들을 비교해 보면, 전체적인 과장의 구성과 등장인물 및 대사에서 많은 차이를 발견하게 된다.

현재 남사당패에 의해 공연되는 심우성본 꼭두각시놀음의 내용은 다음과 같다.

① 박첨지마당

첫째, 박첨지 유람거리·박첨지가 등장해 악사인 산받이와 대화를 나눈다. 박첨지는 팔도강산을 유람하다가 꼭두패가 논다는 소리를 듣고 자기도 구경을 나왔다고 말한다. 이어 익살스런 재담을 늘어놓고 〈유람가〉를 부른다.

둘째, 피조리거리 - 피조리, 즉 박첨지의 딸과 며느리가 뒷산에 나물을 뜯으러 다니다가 상좌중들과 놀아난다. 이때 홍동지가 벌거벗고 등장해 모두 쫓아버린다. 박첨지가 다시 등장해 춤을 잘 추더냐고 묻는다. 조카인 홍동지가 방해했다는 소리를 듣고, 홍동지의 종아리를 때려 준다며 들어간다.

셋째, 꼭두각시거리·박첨지와 그의 처인 꼭두각시가 서로 찾아다니다

53) 서연호, 『꼭두각시놀음의 역사』, 연극과 인간, 2000, 94면.

<도판 9> 박첨지가 이시미에게 물린 다음, 홍동지가 나와서 박첨지를 꾸짖는 내용.

가 만난다. 둘은 그동안의 사정을 이야기하며 신세를 한탄한다. 이어 영감이 첩을 얻었음을 실토하고 꼭두각시에게 돌머리집을 상면시키면, 첩이 머리로 꼭두각시를 마구 들이받는다. 이에 꼭두각시가 세간을 갈라 달라고 요구한다. 영감은 첩에게는 후하게 주고 본처는 박대한다. 꼭두각시는 중이 되겠다며 금강산으로 떠나간다.

넷째, 이시미거리 · 이시미가 등장해 청국땅에서 왔다는 청노새를 잡아먹고, 이어 박첨지 손자 · 피조리 · 작은 박첨지 · 꼭두각시 · 홍백가 · 영노 · 표생원 · 동방삭이 · 묵대사 등을 차례로 잡아먹는다. 마지막으로 박첨지도 이시미에게 물리면, 홍동지가 나와 박첨지의 경솔함을 꾸짖으며 구출하고, 이시미를 때려잡는다.

② 평안감사마당

첫째, 매사냥거리 · 평안감사가 등장해 길을 잘못 닦아 말다리가 부러지게 한 놈을 잡아들이라고 한다. 홍동지가 잡혀가나 용서받는다. 평안감사의 매사냥에 홍동지는 몰이꾼으로 동원된다. 매사냥 후에 평안감사는 박첨지를 불러 노잣돈이 떨어졌으니 꿩을 팔아오라고 한다.

둘째, 상여거리 · 박첨지가 등장해, 평안감사가 매사냥에서 돌아가던 중 산고개에서 낮잠을 자다가 개미에게 불알 땡금줄을 물려 즉사했다는 소식을 전한다. 이어 상여가 나온다. 감사의 아들인 상주는 〈장타령〉을 부르는 등 경박한 행동을 한다. 길이 나빠 상두꾼들이 발을 다치자 홍동지가 상두꾼으로 뽑힌다. 그는 벌거벗은 채 배(또는 성기)로 상여를 밀고 간다.

셋째, 절 짓고 허는 거리 · 상좌중 둘이 나와 절에다 시주를 하면 자식 많이 낳고 부귀공명을 누리게 된다고 하면서 법당을 짓는다. 조립식의 법당이 다 완성되면 다시 그것을 헐어낸다. 마지막으로 박첨지가 나와 관중에게 구경해 줘서 고맙다는 인사를 한다.

이상과 같이 꼭두각시놀음은 몇 개의 과장(거리)으로 구성되어 있다. 각 장면은 서로 유기적으로 연결성이 없는 독립적인 내용이다. 그러나 박첨지가 여러 과장에 걸쳐 계속 등장하며 극의 해설자 역할을 함으로써, 각 장면을 연결하고 있는 점이 주목된다. 꼭두각시놀음이 박첨지를 주인공으로 하는 놀이라는 인상을 준다. 그래서 연희자들은 이 놀이를 흔히 박첨지놀이라고 부른다. 박첨지와 같이 일정한 주인공이 존재함으로써 극의 통일성을 조성하고 있는 것이다.

박첨지와 함께 꼭두각시놀음의 극적 진행에 중요한 존재가 산받이다. 산받이는 악사 중 한 명이 맡는데, 인형과 대화를 주고받는다. 산받이는 등장인물이면서 관중과 같은 입장에 있기도 하기 때문에, 무대와 관중 사이의 관념적 장벽을 제거한다. 등장인물에게 질문을 던지거나 행동을 촉구하여, 사건의 전개나 의미 해명이 이루어질 수 있도록 하며, 분리된 장면들을 중개하고, 무대면에 나타나지 않는 사실들을 보완한다.

현재는 3m 정도의 평방에 네 기둥을 세우고 관중석을 향해 무대면이 되는 쪽을 1m 20cm 정도의 높이 위에, 인형이 나와서 노는 가로 2m 50cm, 세로 70cm 정도의 무대면만 남겨놓고 사방을 모두 포장으로 둘러친다. 그러나 예전에는 다락을 만들고 그 위에 무대를 설치하거나, 이층식의 무대를 설치하는 등 공중의 높은 무대가 전통적인 방법이었다.

인형사들은 포장 속에 들어가 의자에 걸터앉아 인형을 손에 쥐고 조종한다. 가운데에 대잡이(주조종사)가 앉고, 양옆에 대잡이손(보조조종사)이 앉는다. 조종사는 왼손에 큰 부채를 들고 있다가 인형이 등장할 때 무대면 위로 먼저 부채질을 한다. 그 뒤로 오른손에 인형을 잡고 있다가 부채를 내리면서 인형의 모습이 드러나게 한다. 인형들의 상반신만 포장 위로 올라와 관중들에게 보이게 된다. 악사들은 무대면에서 대각선으로 나란히 앉는다. 그래서 인형의 움직임에 맞춰 반주하면서 관중의 반응도 동시에 볼 수 있다.

꼭두각시놀음의 인형은 막대기인형(장두괴뢰 : 杖頭傀儡)과 줄인형(현사괴뢰 : 懸絲傀儡)의 복합형, 그리고 손인형(포대괴뢰 : 布袋傀儡)이 주축을 이룬다. 그밖에 줄타기인형(주선괴뢰 : 走線傀儡)이 사용된다.[54] 막대기인형은 박첨지나 홍동지처럼 막대기 위에 인형을 만들어 놓고 그 막대기로 움직이는 인형인데, 대부분 팔이나 입 등에 줄을 매어놓고 잡아당겨 조종하는 줄인형과 복합되어 있다. 손인형은 상좌나 이시미처럼 천으로 만든 주머니 속에 손가락을 넣어 조종한다. 줄타기인형은 공간에 그물·단추·줄 등을 팽팽하게 달아놓고, 그 위에서 마치 곡예를 하듯이 움직이는 인형이다. 평안감사가 꿩을 사냥하는 장면에서 줄을 꿴 새가 마치 공중을 날듯 줄을 타고 움직이게 되어 있다.

대잡이는 인형의 조종대를 잡고 인형을 놀리거나, 인형에 매단 조종줄을 잡아당겨서 놀린다. 인형들은 눈·입·팔 등이 움직인다. 춤을 출 때는 몸 전체가 움직인다. 홍동지는 고무 호스로 연결된 줄을 통하여 관중석을 향해 오줌을 누거나 엉덩이로 방귀를 뀌기도 한다. 박첨지가 춤을 출 때는 대잡이가 인형 조종대를 잡고 좌우로 흔들어 인형의 팔목을 좌우로 휘게 하여 춤추는 모습을 연출하고, 말을 할 때는 박첨지 턱에 연결된 조종줄로

54) 서연호, 앞의 책, 75면.

인형의 입을 열었다 닫았다 하면서 말하는 시늉을 한다.

꼭두각시놀음은 무대장치가 없기 때문에 극중장소를 나타내기 위해 대화・소도구 등을 사용한다. 특히 박첨지는 극의 해설자 역할을 하면서 극중장소를 설정한다. 매사냥거리에서 줄에 매달린 방울매와 꿩은 사냥터의 분위기를 조성하며, 상여거리에서 호화로운 상여와 절 짓고 허는 거리의 법당은 장소의 의미를 분명하게 전달한다.

꼭두각시놀음의 대사의 형식이나 그 의미는 대체로 가면극과 유사하다. 신소리와 말재롱은 꼭두각시놀음의 전반에서 두루 발견되는 언어 표현방식이다. "아랫벽동・웃벽동 다 제쳐놓고 가운데 벽동 사는 박한량 박주사 나으리라면…", "내가 남의 애들을 나무랬라면 나무라고 말면 말았지 그저 나무랬겠는가? / 그럼 어떻게 나무랬소? / … 버드나무 식으로 나무랬지. / 무엇 버드나무식? 아 - 유식하게 나무랬단 말씀이군요." 등 신소리와 말재롱은 소탈한 웃음을 자아낸다.

꼭두각시놀음의 대사는 가면극의 대사보다 비속하거나 상하관계를 무시한 내용이 더 많은 점이 특징이다. 노인인 박첨지가 "이 놈들아 네 애비 똥구멍하고 니 에미 똥구멍을 딱 갖다 붙이면 양장구통이 될 놈아라고 했지"라고 비속한 말을 한다. 홍동지는 외삼촌인 박첨지가 이시미한테 물려 죽게 되었다는 소리를 듣고 "에이 그 망할 영감 잘 되었다"고 한다든가, "에 - 이 심한 개영감 같으니라구…"식으로 거침없이 욕설을 퍼붓는다. 이와 같이 도덕률을 무시한 욕설은 현실에 대한 비판과 야유의 표현으로 강한 저항성을 표출한다.

꼭두각시놀음은 남사당패라는 특수집단에 의해 전승되기 때문에, 다음과 같이 은어도 자주 사용된다.

산받이 : 거 입으로 하는 말이여.
박첨지 : 허 자넨 똥구멍으로 말하나?
산받이 : 난 똥구멍으로 말한다.

박첨지 : 아하 여보게 이건 모두 놀음판에 몬지담이렷다.
산받이 : 허 재담이란 말이지. (박첨지유람거리)

상　주 : 꿀고 내고 꿀고 내고.
박첨지 : 아 여보게 무슨 놈의 상주가 내가 어이 하면 아이고 아이고 하는 거지 꿀고 내고가 뭐야.
산받이 : 아 쟁갭이를 몰라 그러네.
박첨지 : 암만 철을 모르기로서니 내 다시 한 번 해 보겠네, 어이 어이. (상여거리)

인용문에서 박첨지가 말하는 '몬지담'은 재담의 은어이고, 산받이가 말하는 '쟁갭이를 모르다'는 철이 없다는 뜻의 은어이다. 은어이기 때문에 구경꾼들이 못알아들을까봐, 산받이와 박첨지가 각각 그 의미를 일상어로 반복해 말하고 있다.

꼭두각시놀음도 가면극과 마찬가지로 싸움의 형식과 반복의 형식이 극적 형식의 주축을 이루고 있다.

꼭두각시 : 여보, 여보. 기왕지사 그렇게 되었으면 작은마누라 생면(相面)이나 시켜주시오. 인사는 시켜줘야죠.
박첨지 : 그럼 생면을 시켜줄테니 저리 돌아섰거라. …… 생면을 시켜줄테니 정신차려 받아라.
꼭두각시 : 무슨 인산데 정신차려 받으라오.
박첨지 : 벼락인사다 벼락인사. 용산삼개 돌머리집네 거드럭거리고 나오는구나. 아이구 요걸 깨물어 먹을까 요걸 꼬여 찰까 그저 그저, 야 야 이거 봐, 저기 큰마누라가 들어왔네. 인사해야지, 응. 그렇게 돌아서면 되나 어서 가서 인사해여. (돌머리집과 꼭두각시가 서로 머리를 들이받으며 싸우면 박첨지가 말린다.)
꼭두각시 : 아이구 아이구 여보 무슨 인사가 이런 인사가 있소. 인사 두 번하면 대가리가 빠개지겠소.

이와 같이 꼭두각시와 돌머리집은 만나자마자 머리를 들이받으며 격렬하게 싸운다.

이시미거리는 박첨지의 손자, 피조리, 박첨지의 동생, 꼭두각시, 홍백가, 영노, 표생원, 동방삭 등의 등장인물들이 반복적으로 산받이에 의해 정체가 확인된 후, 이시미에게 잡혀 먹는 형식으로 진행된다.

> 표생원 : 우이여 우이여.
> 산받이 : 그건 또 누구여.
> 표생원 : 내가 해남 관머리 사는 표생원이다.
> 산받이 : 그럼 여기 뭣 하러 나왔나?
> 표생원 : 오조밭에 새가 많아서 새 보러 나왔다.
> 산받이 : 그럼 새나 보게.
> 표생원 : 우여 우여 아구구… (이시미에게 잡혀먹힌다.)

다른 등장인물들도 모두 이와 같은 방식으로 산받이에 의해 정체가 확인된 후 이시미에게 잡아먹힌다.

(3) 꼭두각시놀음의 주제와 사회의식

꼭두각시놀음은 가면극과 같이 파계승과 양반을 풍자하고 남성의 횡포를 폭로할 뿐만 아니라, 나아가 모든 기존 도덕을 조소한다. 양반의 신분적 권위는 물론 노인에 대한 존중도 우습게 취급되며, 성(性)적 금기도 여지없이 깨진다.

피조거리에서는 두 명의 중이 등장하여 소무(피조리) 둘을 희롱하고 있는데, 홍동지가 나타나서 중들을 쫓아버린다. 중에 대한 풍자이기는 하나, 가면극만큼 신랄하지는 않다. 여기서 문제가 되는 것은 맨 마지막 거리인 절 짓고 허는 거리와의 관계이다. 중을 비판하면서 절을 세우는 것은 모순되는 내용이기 때문이다. 그러나 이는 남사당패가 절과 깊은 관련을 가졌었기 때문에 생긴 하나의 격식으로 생각된다.

이능화는 "항간에 전해지는 말에 의하면, 사당은 사노비(寺奴婢)에서 비롯되었는데, 안성군(安城郡)의 청룡사(青龍寺)가 그 본거지라고 한다. 그래서 남녀 사당이 중을 대하게 되면 반드시 공경하고 예(禮)를 행하여, 마치 노비가 상전(上典)을 섬기듯 한다고 한다."[55]고 하며, 사당패가 사찰과 밀접한 관련이 있음을 지적하였다. 사당패는 관계를 맺고 있는 사찰에서 내준 부적을 가지고 다니며 팔고, 그 수입의 일부를 사찰에 바쳤다. 그래서 사당패들은 자기들의 수입으로 절의 중수(重修) 등 불사(佛事)를 돕는다는 것을 내세웠다. 사당패나 걸립패의 구성원에 승려나 보살이 직접 참여하고 있거나 뒤에서 조종하고 있었고, 그들의 수입이 사종(四種, 阿彌陀를 생각하여 떼어주는 공양물)이란 명목으로 사찰에 바쳐졌던 것은 현재 남아 있는 많은 시주질(施主秩)들에서도 확인할 수 있다.[56]

그러므로 남사당패의 꼭두각시놀이에서 건사(建寺)거리를 통해 절을 짓는 내용을 보여주는 것은 그들이 명분으로 내세우는 공연목적과 일치한다. 그리고 꼭두각시놀이의 각 거리가 독립된 내용이라는 점에서 볼 때, 맨 마지막 거리에서 절을 지어 그동안 진행되어 온 갈등을 극적으로 승화시키며 화해를 이루고, 시주를 해 준 관중들의 안녕과 행복을 빌어 주었던 것으로 해석할 수 있다.

양반에 대한 풍자는 평안감사라는 구체적인 인물에게 집중되어 나타난다. 평안감사는 도임하자 꿩사냥을 벌여서 백성을 괴롭힌다. 홍동지는 평안감사의 부임, 평양감사의 매사냥, 평양감사의 장례장면에서 길을 닦는 인부, 사냥몰이꾼, 상두꾼의 역할을 함으로써, 양반의 횡포에 시달리던 민중의 모습을 대변한다. 또한 "평안감사께서 꿩사냥을 하시고 내려가시던 길에 낮잠을 주무시다가 개미란 놈한테 불알 땡금줄을 물려서 죽었다"고 하여 평안감사의 죽음을 희화화한다.

홍동지는 여러 모로 가면극의 취발이와 유사하나, 행동양상이 취발이보다

55) 이능화, 『조선해어화사』, 東洋書院, 1927, 142면.
56) 심우성, 『남사당패연구』, 동문선, 1989, 27면, 32면.

한층 더 노골적이며 모든 도덕적 권위를 파괴하는 주역이다. 그는 닥치는 대로 부수고 싸우고 해결하는 공격적인 인물이다. 상좌중의 비행을 목격하고 그들을 쫓아내며, 아저씨인 박첨지에게 욕을 하며 비판하고, 이시미를 죽여 가죽을 팔아 치부를 하며, 평안감사에게 야유와 조롱을 퍼붓는다.

박첨지·꼭두각시·돌머리집의 등장을 통해서는 여성에 대한 남성의 부당한 횡포를 고발한다. 남편의 박대와 첩과의 싸움으로 인해 집을 나가는 꼭두각시의 가련한 신세를 보여 주는데, 특히 첩인 돌머리집은 가면극과는 달리 매우 저돌적으로 반항하며 꼭두각시에게 달려든다.

2) 발탈

발탈은 발바닥에 가면을 씌워 노는 것인데, 언제부터 시작되었는지 알 수 없다. 발탈은 구한말 이전부터 남사당패 등에 의해 공연되어 왔고 그것이 광무대와 가설극장(포장굿)·창극단 등으로 이어졌다고 하는 설과[57] 1900년을 전후하여 재담꾼 박춘재가 성립시킨 것이라는 설이 있다.[58] 발탈의 재담은 우희와 깊은 관련이 있는데, 우희의 전통은 구한말의 유명한 소리꾼이자 재담꾼인 박춘재(朴春載: 1881~1948)의 재담, 일제시대 신불출(申不出: 1908 무렵~?)의 만담, 1960년대까지도 성행했던 장소팔·고춘자 등의 만담과도 일정한 관련을 맺고 있다.[59]

현재 전승되고 있는 발탈의 형식과 내용을 완성하는 데 크게 기여한 연희자로는 박춘재를 꼽을 수 있다. 그는 15세에 가무별감이라는 직책을 맡을 정도로 소리를 잘했고, 고종(高宗)과 허물없이 대화를 나눌 정도로 총애를 받았다. 박춘재는 당대의 명창이자 재담꾼이었다. 특히 「장대장타령」「

57) 정병호·최헌, 『太平舞와 발탈』, 無形文化財指定調査報告書 第149號, 文化財管理局, 1982, 315~317면.
58) 허용호, 『발탈』, 국립문화재연구소, 2004.
59) 전경욱, 『한국의 전통연희』, 학고재, 2004, 525면.

<도판 10> 발탈의 연희 장면.

맹인소아희담」 등 그의 재담극은 1910년대~1920년대에 걸쳐 대중의 인기 공연물로 자리잡았다.[60]

발탈의 놀이판은 검은 포장을 가로 2m, 세로 1m 정도로 액자를 4각으로 짜고(뒷면만 터 놓는다), 놀이꾼은 그 속에 숨어서 연희한다. 포장 안에는 놀이꾼이 앉아서 연희할 수 있는 의자가 있다. 그리고 포장 앞부분의 중심부를 잘라내어 발을 포장 앞으로 내놓는다. 발에 가면을 씌우고 대나무로 만든 팔을 옆으로 벌린 다음, 그 위에 저고리와 마고자를 입혀 어수룩한 모습의 인물로 만든다.

현재 연희되고 있는 발탈은 발바닥에 가면을 씌우고 발목의 움직임으로 하는 것과 대나무로 조종하는 팔놀음 등 두 가지의 기본기를 기초로 하여, 발탈 인형의 양손에 실을 연결하고 그것을 대나무에 연결하여 조종한다. 그리고 꼭두각시놀음과 같이 어릿광대(산받이)가 포장막 밖에서 발탈을 상대하면서 재담과 노래·춤으로 공연을 진행한다. 양옆에는 피리·젓대·해금·북·장고·꽹과리 등을 연주하는 악사가 앉아서 삼현육각으로 반주한다.

발탈의 주인공은 천민인 조기장사이다. 조역으로 어릿광대와 잠시 등장

60) 허용호, 「발탈 연구」, 『서강어문』 제14집, 서강대 국어국문학과, 1998, 350면.

하는 여자역 등 세 사람이 연희를 진행한다.

대사의 특징으로는 잡아먹는 이야기, 조기를 헤아리는 재담, 약 먹는 이야기가 나온다는 점이다. 발탈은 "피라미 · 조개 · 치리 · 비둘기 · 까투리 · 맹꽁이 등을 잡아먹고, 말도 잡아먹고 돼지도 잡아먹고 닭도 잡아먹고 굼벵이도 잡아먹고 네 불알도 떼 먹는다" 등 불가사리처럼 무엇이나 잡아먹는다는 이야기를 하며 위세를 부린다.

그리고 조기장사의 재담으로 조기를 헤아리는가 하면, "곰의 쓸개 · 노루 · 사슴 · 백구영단 · 불알이 두 개인데 너 하나 나 하나 먹는다"는 등 약 먹는 이야기가 나온다. 이런 대사는 다른 민속극에서는 볼 수 없는 내용인데, 재담을 통해 해학적 웃음을 유발한다. 발탈꾼과 어릿광대 사이에 욕지거리가 오고가지만 그것도 익살스럽게 들린다.

한편 연희의 내용이 간단한 것에 비해서 삽입가요가 많이 발견된다. 〈팔도유람가〉, 〈쑥대머리〉, 〈개성난봉가〉, 〈밀양아리랑〉, 〈진도아리랑〉, 〈고사창〉, 〈파연곡〉 외에 잡가 등 기존가요를 많이 차용하고 있다.

4. 무극의 세계

1) 무극의 자료와 분포

무극은 무당(巫堂) 또는 무부(巫夫)가 굿을 하는 중에 행하는 연극을 가리킨다.[61] 따라서 무극의 공연 주체는 무집단(巫集團)이고, 공연환경은 굿이라고 할 수 있다. 굿은 문학 · 음악 · 춤이 결합되어 있는 종합예술의 성격을 띠고 있다. 또한 문학적 측면에서 볼 때, 하나의 굿거리에는 서정 · 교술 · 서사 · 극 갈래가 뒤섞여 있다. 무극은 이러한 굿 가운데 포함된 극

61) 황루시, 「무당굿놀이연구」, 이화여대 박사학위논문, 1987, 1면.

갈래를 말한다.

굿은 지역, 무풍(巫風), 주재하는 무당의 유형 등에 따라 다양한 형태로 나타나지만, 그 중에서도 무극은 무가의 다른 갈래에 비해 지역적 편차가 더 크게 나타난다. 그것은 무극이 구연 현장의 상황에 더 민감하게 반응하기 때문인 것으로 이해된다.

현재까지 알려진 무극 자료로는 서울지역의 〈뒷전놀이〉, 경기도 양주의 〈뒷전놀이〉, 〈소놀이굿〉, 황해도지역의 〈영산할맘 하라밤거리〉, 〈도산말명에 방아놀이〉, 〈사냥굿〉, 〈사또놀이〉, 〈소당애기씨놀이〉, 〈소놀이굿〉, 〈마당굿〉, 〈중놀이〉, 평안도지역의 〈자리곰방놀이〉, 〈방아놀이〉, 경기도지역의 〈뒷전〉, 〈구능굿〉, 동해안지역의 〈거리굿〉, 〈도리강관원놀이〉, 〈중도둑잡이놀이〉, 〈호탈굿〉, 〈광인굿〉, 〈별상굿배송(막동이놀이)〉, 〈탈굿〉, 거제도(巨濟島)지역의 〈망석놀음(탈광대)〉, 진도(珍島)지역의 〈중천맥이〉, 제주도지역의 〈전상놀이〉, 〈영감놀이〉, 〈세경놀이〉, 〈악심꽃꺾기〉, 〈꽃탐〉, 〈강태공서목시놀이〉, 〈구삼싱냄〉, 〈불찍앗음〉, 〈칠성새남〉, 〈산신놀이〉 등이 있다.[62]

이들 자료들을 통해서 무극이 거의 전국적으로 존재한다는 사실과, 황해도지역, 제주도지역, 동해안지역 등에 특히 많은 무극 자료가 전승되고 있음을 알 수 있다.

2) 무극의 특성과 공연방식

(1) 무극의 특성

무극은 제의성(祭儀性)을 바탕으로 출발한 극이며, 현재도 제의의 일부로서 공연되고 있다. 가면극 가운데 하회별신굿탈놀이 같은 것은 본래 별신굿의 일부로 출발했었지만, 현재는 별신굿의 전승이 중단된 채 탈놀이만

62) 같은 논문, 4~5면.

행해지고 있어서 제의성은 거의 탈락되었다고 해도 지나친 말이 아니다. 송파산대놀이·양주별산대놀이·봉산탈춤 등의 첫 번째 과장에는 벽사적(辟邪的) 의식무가 수용되어 있어서 제의적 성격을 일부 띠고 있다고 할 수 있지만, 그렇다고 해서 이들 가면극들의 전 과장이 제의와 관련되어 있다고 볼 수는 없다. 따라서 무극은 가면극이나 인형극에 비해서 제의와의 관련성이 현저히 크다고 할 수 있다.

무극은 무의(巫儀)와 별도로 떼어낼 수 없는 관계에 있다. 따라서 무극은 무의와 그 기원을 함께 한다고 할 수 있다. 그리고 그 기본형태는 모방주술(模倣呪術)로 출발했으리라는 것을 짐작할 수 있다.[63] 무극이 강한 주술적 제의를 바탕으로 출발한 극이었으리라는 사실은 오늘날의 무극을 통해서도 확인된다. 제주도 무극 〈영감놀이〉에서 영감신이 형들의 권유를 받아 짚으로 만든 조그만 배를 타고 떠나는 대목이나, 〈세경놀이〉에서 농사를 지어 많은 수확을 거두는 대목, 동해안 별신굿 〈손님거리〉에서 손님네를 말에 태워보내는 대목 등은 그 거리의 가장 핵심적인 내용이면서 동시에 가장 제의성이 강한 대목이기도 하다. 서사무가로 그냥 '불러도' 큰 문제가 없을 듯한데도, 이 대목들이 극으로 '보여지는' 것은 이러한 강한 제의성 때문이라고 할 수 있다. 즉 귀로 듣고 머리속으로 이해되는 서사무가의 언어적 표현보다는 직접 눈으로 보고 확인할 수 있는 무극의 행위적 표현이 훨씬 더 강렬한 인상을 주고, 주술성에 대한 확신을 높일 수 있다는 인식이 작용한 결과라고 할 수 있다. 〈영감놀이〉나 마마배송 대목 등에서, 그 질병의 원인이라고 인식되는 영감이나 손님이 말이나 배를 타고 떠나는 장면을 직접 눈앞에 보여주는 것은, 그냥 말로 떠났다고 하고 마는 것보다 훨씬 강렬한 인상을 심어줄 수 있기 때문이다.

무극은 신성성을 지니고 있다. 모든 무극이 같은 정도의 신성성을 지니고 있는 것은 아니지만, 가면극이나 인형극 등과 비교해 보았을 때, 무극이

63) 서대석, 「무가(巫歌)」, 『한국민속대관(韓國民俗大觀)』 6, 고려대학교 민족문화연구소, 1995, 521면 참조.

상대적으로 강한 신성성을 바탕으로 하고 있다는 것은 부인할 수 없다. 무극은 굿판에서 굿의 일부로 공연되며, 굿판을 떠나서 독립적으로 공연되지는 않는데, 이것은 무극이 제의의 일부로 신성하게 인식되는 측면이 있기 때문이다. 무당들은 무극을 굿의 일부로 인식하고 있으며, 무가에 비해 정도의 차이는 있을지라도 일정한 격식을 지켜야 하는 신성한 것으로 믿는다. 무극 역시 시대의 변화에 따라 변화해 온 것은 사실이지만, 그 변화의 정도는 가면극이나 인형극에 비해 덜 심했다고 할 수 있는데, 그 이유 가운데 가장 중요한 하나가 이러한 신성관념 때문이었다고 할 수 있다. 그리고 이 점은 무극의 정체성 확보라는 측면에서는 긍정적으로 작용했겠지만, 연극적 발전에는 장애 요소로 작용하기도 했을 것이다.

이와 같이 무극은 강한 제의성과 신성성을 갖고 있지만, 다른 한편으로는 풍부한 오락성도 갖고 있다. 이 점은 무가의 일반적 특성과 연결시켜 이해하면 당연한 결과라고 할 수 있을 것이다. 무극 역시 시대의 변화에 따라 변모를 거듭해 왔는데, 그 과정에서 제의성이 점차 약화되고 오락성이 강화된 것으로 이해된다. 오늘날 동해안 별신굿에서 볼 수 있는 〈거리굿〉 중에는 6・25 한국전쟁 때의 전투 장면을 표현한 대목도 있는데, 이러한 사실은 무극이 시대 변화를 따라 변모해 왔다는 증거라고 할 수 있다. 무극은 시대에 따라 변모하면서 오락성이 강화되었기 때문에, 관중들에게 가장 인기있는 거리 가운데 하나로 자리잡게 된 것이다.

(2) 무극의 공연방식

무극은 무집단이 중심이 되어 공연한다. 굿은 여자 무당들이 진행하는 경우가 남자들이 진행하는 경우보다 상대적으로 많지만, 무극은 오히려 남자 무당이나 무부(巫夫)들이 진행하는 경우가 더 많다. 굿을 진행하던 여자 무당이 계속해서 무극을 주도하는 경우도 있지만, 대개의 경우 무극 대목에 이르면 굿을 진행하던 무당은 물러나고 남자 무당이나 무부들이 나서서 극을 진행한다. 이것은 무가는 무당 혼자서 구연하지만, 무극은 배역이 나누어져 있는 경우가 많아서 어차피 혼자서 진행하기는 어렵기 때문이라는 데에 일차적 원인이 있다.

무극은 대사와 행위로 이루어져 있기 때문에 서서 공연한다. 혼자 진행하는 경우도 있고, 여러 사람이 배역을 나누어 진행하는 경우도 있다. 혼자 진행하는 경우에는 악기 반주를 맡은 사람 가운데 한 사람이 대화의 상대역이 되는 경우가 많고, 여럿이 배역을 나누어 진행할 경우에는 극중 인물들끼리의 대화로 진행된다. 혼자서 진행할 경우에는 극중상황을 설명하기 어렵기 때문에 자연 해설이 많이 들어가게 된다. 따라서 극중 인물은 해설자의 역할을 겸하는 경우가 많다. 더러는 반주자가 이 해설자의 역할을 겸하기도 한다. 때에 따라서는 한 사람이 진행하면서, 상대역이 필요할 경우 관중 가운데에서 적당한 상대역을 불러내어 간단한 배역을 맡기기도 하는데, 이러한 방식은 다른 민속극에서는 찾아볼 수 없는 방식이다.

무극의 공연에는 악기 반주가 군데군데 삽입되는 경우가 많고, 때에 따라서는 이 악기 반주에 맞추어 춤이 들어가기도 한다. 그러나 모든 악기들이 다 동원되는 것은 아니며, 장고 등의 한두 가지 악기만 반주에 참여하는 것이 일반적이다. 악기 반주는 극중 인물과 반주자 사이의 호흡을 맞추는 데 중요한 구실을 하며, 춤과 노래의 진행을 원활하게 하고, 장면 구획의 표지 구실도 겸하는 경우가 많다. 때에 따라서는 장면을 강조하고, 관중들의 주의를 집중시키기 위해 악기 반주를 이용하는 경우도 있다. 특히 극중 상황이 긴박하게 진행될 때에는 매우 급박한 장단의 악기 반주가 뒤따르는데, 이를 통해 긴박감을 극대화하는 효과를 얻는다.

극중 인물은 간단하게나마 분장을 하기도 하고, 간단한 소도구를 함께 사용하는 경우도 있다. 그러나 분장은, 가령 극중 인물이 할머니라면 치마를 두르고 머리에 수건을 쓰는 정도에 그치며, 소도구는 굿판 주위에서 쉽게 구할 수 있는 나무막대나 바가지 등을 사용하는 정도에 머문다. 다만 제의성이 강한 무극의 경우에는 미리 소도구들을 준비해 두기도 하는데, 〈손님거리〉에서 마마배송을 위해 짚으로 말(馬)과 오쟁이를 미리 만들어

두는 것 등이 이러한 예에 속한다.

(악(樂). 불피워 향로 들고 요령 들고 바깥을 향해 나서서 춤. 제청은 불을 끔. 이때 멀리 나갔던 소미(영감)가 횃불 빛으로 서로 신호하며 집 가까이 다가와 서로 만난다.)

영감 : 하하하 (웃으며 동서로 펄쩍펄쩍 뛰어 다니다가 제청에 가까이 들어온다)

입무 : (제청에 불을 켜고) 영감! 영감! (큰소리로 부른다)

영감 : (이리 비틀 저리 비틀 하며) 하하하 (웃으며 들어온다)

입무 : (사설) 하 영감이오?

영감 : (사설) 참봉이오.

입무 : (사설) 아, 영감이 어떵허연 이딜 춫아왔소?

영감 : (사설) 우리는 서월 남산 먹자꼴은 허정승의 아둘인디, 우리 마주막 일곱찻 동승이 제주 한로산의 와 잇젠 호근데 그 동승를 춫아 보젠 왔소. (현용준, 『제주도무속자료사전』, 신구문화사, 1980, 481면)

이 인용문은 제주도지역 〈영감놀이〉의 시작 부분이다. '영감'은 참봉, 야채 등으로도 부르는데 도깨비를 존칭한 것이다. 〈영감놀이〉는 이 신이 실려서 질병을 앓는다는 점괘가 나왔을 때 하는 놀이인데, 마지막에 짚으로 만든 배에다 여러 가지 음식을 싣고 영감 일행을 바다에 띄워 보내는 것으로 보아 제의적 성격이 상당히 강한 놀이임을 알 수 있다. 인용문을 통해서 이 놀이가 영감으로 분장한 무당 한 사람과 입무(立巫) 한 사람의 대사로 진행되며, 그 구성 방식이 희곡과 같은 형태를 취하고 있음을 확인할 수 있다. 무극은 이렇게 여러 사람이 배역을 나누어 진행하는 경우가 많다. 또한 음악과 춤이 무극의 진행에 중요한 구실을 한다는 것도 아울러 확인할 수 있다.

[장고잽이가 빠른 장단으로 반주를 시작한다. 그 장단에 맞추어 주무(主巫)는 힘차게 쌀을 씻는 시늉을 한다<소요시간 : 13초>]

○ 말로
主巫 : 이래 놓고 또 인다.
요새 겉으모 살림박이나 좋지.
옛날에 마 바가치 가 마 그양 한다.

[장고잽이의 반주가 계속되는 가운데 주무(主巫)는 바가지를 이쪽 저쪽으로 번갈아 기울여 가면서 쌀에 돌을 이는 시늉을 한다<소요시간 : 13초>. 장고 반주가 멎는다]

○ 말로
主巫 : 이래가.
이래가 마 소두배이.
주루루 여디.
요래 가.

[잽이는 손에 들고 있던 플라스틱 바가지를 기울여 솥에다 쌀을 쏟아붓는 시늉을 한다. 장고잽이가 장고 반주 없이 대사를 받아 주무(主巫)의 흥(興)을 돋운다](박경신, 『한국의 별신굿 무가』(제11권), 국학자료원, 1999, 318~319면. 주석은 삭제하고 실었다)

인용문은 동해안 별신굿의 마지막 거리인 〈거리굿〉의 한 대목이다. 이 〈거리굿〉은 독립적 제차를 받지 못했던 모든 잡귀·잡신을 한꺼번에 풀어먹이는 거리로, 남자 무당 한 사람이 서서 진행하는 것이 특징이다. 부분부분 상대역이 있어서 대화로 진행되는 부분이 전혀 없는 것은 아니나, 대부분의 장면들을 한 사람이 진행한다. 이렇게 한 사람이 진행하는 경우에는 극중 인물이 해설자의 역할을 겸하는 경우가 많고, 자연히 해설이 많이 들어간다고 했는데, 인용문을 통해서 이러한 양상을 확인할 수 있다.

(무(巫) : 바지저고리에 갓을 쓰고 60여 세 된 노인(老人)을 앞세워 지팡이 한 끝을 잡게 하고 자기는 눈을 감고 뒤따라 굿청에 등장한다.)
반주자 : 봉소 어디 가요.

봉　사 : 봉소 어디 가냐고. 내 어디 가는지 모르제. 내 저 생질 조카 앞세우고 평해 장에 간다. 에이 이 사람 다 왔거던 그만 놓게 지자리 가게 얼른. (앞에 섰던 노인 관중석으로 들어간다)

반주자 : 봉소 봉소.

봉　사 : 봉소 봉소.

반주자 : 봉소.

봉　사 : 봉소라캐.

반주자 : 봉소는 이끌고 다닌다고 봉소고 봉사는 패철을 갖다 차고 다닌다고 봉사다.

봉　사 : 옳지 낄낄낄낄 히히히히 그 사람 용킨 용하다.
내 어디 사는 봉산지 어디 가는냐고 물었지. 내 어디 사는 봉산고 하니 저 서울 넘어 너울 사는 봉산데 내가 일출 월출 해 달 돋는 구경하러 내려오는 봉사다.

반주자 : 아 눈 뜬 사람도 일출 월출 해 달 돋는 거 못 본다는데, 봉사가 그걸 우에 보노.

봉　사 : 아 이 사람아. 눈뜬 사람은 못 본다지만 그 사람 볼 여가가 없어 못봤지. 나는 그래 잘 본다고 용봉사지. (최정여 · 서대석 편저, 『동해안무가』, 형설출판사, 1974, 331~332면)

인용문은 동해안 별신굿의 〈거리굿〉 가운데 나오는 「봉사거리」의 시작 부분이다. 극중 인물이 봉사 한 사람뿐이기 때문에 극의 진행을 위해서는 대화 상대자가 필요한데, 이 상대자의 역할을 반주자가 겸하고 있음을 확인할 수 있다. 극중 인물이 한 사람뿐일 경우에는 극중 인물이 직접 해설자의 역할을 겸하는 경우도 있지만, 때에 따라서는 이렇게 반주자가 대화의 상대자가 되기도 한다.

…<전략(前略)>…

主巫 : 그담에 보모 소소한거 또 요런기 있다.

잽이 : 야 소소한거 다 한목에 믹에 주소.

[주무(主巫)는 그 자리에 주저앉아 바느질을 하는 시늉을 잠깐 내고는 일

어서서 장고잽이의 반주에 맞추어 한쪽 다리를 질질 끌면서 걷는 시늉을 한다<소요시간 : 4초>. 잽이가 재빨리 해설을 한다]

○ 말로
잽이 : 야 망건(網巾)지이 죽은 귀신.
主巫 : 이거.
잽이 : 야 (박경신, 『한국의 별신굿 무가』(제11권), 국학자료원, 1999, 462면. 주석은 삭제하고 실었다)

인용문은 동해안 별신굿의 〈거리굿〉 가운데 한 대목이다. 마을에서 소아마비 환자가 생기지 않게 해 달라는 뜻으로 하는 거리인데, 밑줄 친 부분을 통해서 반주자가 단순한 대화의 상대를 넘어 해설자의 역할을 하고 있음을 확인할 수 있다. 때에 따라 무극의 반주자는 단순한 대화 상대자의 역할을 뛰어넘어 해설자의 역할을 겸하는 수도 있다.

巫 : …… 야 마 이래 정해 놨다. 이래 정해 놨는데 마 이래 모셔 놨이니 내가 사촌을 떡 정해야 될께 아이가, 사촌을 내가 옳은 사촌을 정해야 되는데, 가만 있그라 사촌도 내초롬 해야 되제 가만 있거라 사촌 내가 보니 (다시 관중들을 살펴 보며 적당한 사람을 찾는다)
날보고 빼무는 사람이 사촌이다. 저 손톱 깎는 거 우리 사촌 됐다. (한 40세 가까이 된 마을 사람을 하나 지적한다) 어떡 오너라 어떡 오너라 보자. (사촌이 된 사람 슬슬 걸어서 굿청으로 가서 무당과 나란히 선다)
巫 : 사촌은 이렇게 점잖을 빼는게 아니라 오늘 이렇게 이 장소에서 거리회반하는데서 무지하게 잘 놀아야 모든 사업도 푸지게 걸차게 잘 된단다. 이러니까 오늘은 날과 사촌질 좀 해야될거다. 이걸 마치고는 위차를 하든둥 허게를 하든둥 하지마는 이 장소에서는 마 서로 막 놓는다. 내가 사촌아 하거드면 고함을 크게 대답을 해야 된데이 여 잘으로 오너라.
巫 : 사촌아.
사촌 : 야 (최정여 · 서대석 편저, 『동해안무가』, 형설출판사, 1974, 305~

306면)

인용문은 동해안 별신굿 〈거리굿〉 가운데 나오는 「관례(冠禮)거리」의 한 장면이다. 극중 인물이 극의 진행에 필요한 다른 배역을 관중들 가운데에서 선택하여 간단한 교육을 시킨 후 상대역으로 활용하는 양상을 확인할 수 있다. 가면극에서도 구경을 나왔다가 놀이판에 나오게 되었다는 설명과 함께 등장하는 인물들이 있지만, 〈거리굿〉 「관례거리」의 사촌과는 그 등장과정에 차이가 있다. 「미얄과장」의 미얄은 단순한 관중으로 참여했다가 놀이판에 나서는 것이 아니라, 이미 극중으로 개입할 것이 예정되어 있었던 인물이다. 미얄의 등장은 순수한 관중이 극중으로 개입하는 것이 아니라, 상당한 연습기간을 거친 배우가, 가면까지 쓰고, 관중인 척하면서 극중으로 개입하는 것이다. 미얄이 아무리 자신은 관중으로 구경하러 왔다가 놀이판에 끼어들게 되었다고 주장해도, 그는 이미 순수한 관중일 수는 없는, 엄연한 배우인 것이다. 그러나 「관례거리」의 사촌은 이러한 미얄과는 다르다. 그는 순수한 관중으로 굿판에 참여했다가 극중 인물의 요청에 의해 현장에서 배역을 받아 극중 인물로서의 역할을 수행하는 것이다.

3) 무극의 극적(劇的) 형식

무극의 극적 형식은 다른 민속극인 가면극, 인형극과 유사한 점이 많다. 그러나 어떤 측면에서는 가면극이나 인형극에 비해 더 원초적이라고 할 수 있다.

이미 언급한 바와 같이 무극에는 간략하나마 악기 반주가 있고, 악사가 극중 인물의 중요한 대화 상대가 된다는 점이 다른 민속극의 경우와 같다.

무극은 한 사람이 진행하는 경우가 많기 때문에 자연스럽게 일인다역(一人多役)이 많다. 그래서 극중 인물은 해설자의 역할까지 겸하는 경우도 생기게 된다.

무극에서는 장면과 상황 전환이 자유롭다. 특별한 무대 장치가 없기 때문에 극중 인물이 "야 배 잘 간다"라고 한마디만 하면 무대는 바다 위로 변하고, 땅바닥에 엎드려 허우적거리는 시늉을 하면 뱃사람이 물에 빠져 죽게 된 상황이 된다. 바가지만 하나 치마 속에 넣으면 금방 만삭(滿朔)의 여인네로 되고, 그 바가지가 치마 아래로 흘러내리면 출산(出産)한 것이 된다. 시간이나 공간의 비례관계가 성립되지 않는 것도 가면극과 유사하다.

무극에서 등장 인물이 극중으로 들어오는 방법도 가면극에서와 비슷하다. '떵꿍 하기에 굿만 여기고 한 거리 놀고 가려고' 놀이판으로 들어온 미얄처럼, 무극의 등장 인물도 악기 소리에 신명이 넘쳐서 굿판으로 들어왔다고 한다. 이것은 무극도 가면극에서와 마찬가지로 극중 공간과 공연 공간이 일치하는 경우가 있음을 의미하는데, 다음 인용문이 이러한 사정을 잘 보여주고 있다.

> 할매 : 대문짝 뜯어 꽃밭타령해. 내가 집이서 가만히 들어 보니 꽃밭타령 장난이드라 가만히 들어 보니 푸르락 딱딱 하는게, 가만 있그라 보자. 꽃밭타령을 해, …… 내가 집이서 가만히 들으니 그저 그 장단에 춤 못추면은 이건 귀신이 돼도 상사 귀신이 돼. 그래 내가 마 우줄우줄 우줄우줄 (팔을 들고 춤추는 모양을 한다) 야 이래 너부적거리다 보니 세상에 신명이 꾹 바쳤데이. 신명이 꾸 바쳐노니 세상에 어머이 젊을 때 다 쏟아버리고 뭐 물이 있드나, 고밑에 공알 찌그러미 좀 있던게 신명이 꾹 바쳐노니 쬐매 남았는 것까지 다 싸버리니, 엄머이 옆에 누웠던 영감이 동동 떠내려 가버렸데이. 영감이 떠내려가 어디 있는 줄 몰랐더니 여기 떠내려와 있네. (최정여·서대석 편저, 『동해안무가』, 형설출판사, 1974, 316~317면)

무극의 대사 가운데 노래가 들어가는 점도 가면극의 경우와 비슷하다. 춤이 삽입되는 것도 같다. 〈소놀이굿〉에서는 대부분의 내용이 타령으로 전개된다. 대화는 타령을 구연할 계기를 마련할 뿐이고, 이렇게 대화와 타령의 규칙적 반복으로 〈소놀이굿〉은 전개된다.[64] 동해안 〈거리굿〉에도 「

중타령」, 「아리랑」, 「천자뒷풀이」 등 여러 노래가 들어 있다.

무극은 관중의 참여가 가능한 극이라는 점에서도 가면극과 유사하다. 관중들은 극의 진행에 간섭할 뿐만 아니라, 경우에 따라서는 직접 배역을 맡아서 동참하기도 한다. 무는 관객과 대사를 주고받기도 하고, 의도적으로 그들을 극중으로 끌어들이려고 노력하기도 한다. 이렇게 무극은 무집단만의 극이 아니라 관객과 무집단이 호흡을 같이 하는 극이다. 관중들이 극의 진행에 간섭하기도 하고, 무와 대사를 주고받기도 하면서 극을 진행시키는 양상은 다음 인용문을 통해서 확인할 수 있다.

> (巫 치마 저고리에 수건을 쓰고 짚단에 프라스틱 바가지를 씌어 양다리 사이에 끼고 치마로 덮어 배를 불룩하게 한다. 그리고 배를 움켜 쥐고 신음을 하면서 등장)
>
> 아이구 배여 아이구 시끄러워라 아이구 배야 아이구 배야 아이구 배야 아이구 배야
>
> (얼굴은 아픔을 참느라고 모질게 찡그리고 있다)
>
> 아이유 아야 야— 어이구 배야 어이고 배야 어이구 배야 아이구 배야 어이구 어이구 배야—
>
> 아이야야야…… 윗지마라 윗지마 답답다.
>
> 아이구 야야야—
>
> 관중 : 배가 너무 튀어 나왔다.
>
> 巫 : 남이사 튀어 나온동 마던동 지랄하고 별 걱정 다 한다. 지는 이만치 안튀어 나왔든가베, 내 아래 보니 지사 이보다 더 튀 나왔데이
> 아 야야야야 어유 배야
> (이를 악문다)
>
> 관중 : 이 갈면 무씨지
>
> 巫 : 뭐라고 이 갈면 무씬다카나 엄머이 많이 적거 봤네. (최정여 · 서대석 편저, 『동해안무가』, 형설출판사, 1974, 346~347면)

---

64) 서대석, 앞의 논문, 앞의 책, 531면 참조.

4) 무극의 정서와 세계관

무극은 본래 모방주술로부터 발생했을 것으로 짐작된다. 그래서 초기 단계에서는 풍요와 다산을 기원하는 주술적 모방의례나, 신의 모습과 그 위업을 떠받드는 내용을 재현하는 형태가 중심이 되지 않았을까 한다. 전자의 가능성은 오늘날 제주도 무가인 〈세경본풀이〉 후반부에 나타나는「세경놀이」 등을 통해서 짐작할 수 있다. 후자의 가능성에 대해서는 남아있는 기록이 거의 없어서 확정지어 말하기는 어렵지만,『삼국유사(三國遺事)』「가락국기(駕洛國記)」에 실려 있는 다음 기록은 이른 시기의 무극의 모습을 미루어 짐작할 수 있는 실마리를 제공하고 있다. 이 기록은『삼국유사』가 씌어진 고려시대의 놀이에 대한 언급이지만, 문맥상으로 보아 이것이 김수로왕의 행적을 재현하는 가야의 나라굿에서 실연되었을 가능성을 배제할 수 없다.

> …… 건안(建安) 사년(四年) 기묘(己卯 : 199)에 처음 이 사당을 세운 때부터 지금 임금께서 즉위하신 지 삼십일 년만인 대강(大康) 이년(二年) 병진(丙辰 : 1078)까지 도합 팔백칠십팔 년이 되었으나 층계를 쌓아올린 아름다운 흙이 허물어지거나 무너지지 않았고, 심어놓은 아름다운 나무도 시들거나 죽지 않았으며, 더구나 거기에 벌여놓은 수많은 옥(玉)조각들도 부서진 것이 없다. 이것으로 본다면 신체부(辛替否)가 말한 "옛날로부터 지금에 이르기까지 어찌 망하지 않은 나라와 파괴되지 않은 무덤이 있겠느냐"고 한 말은, 오직 가락국(駕洛國)이 옛날에 일찌기 망한 것은 그 말이 맞았지만 수로왕(首露王)의 사당이 허물어지지 않은 것은 신체부(辛替否)의 말을 믿을 수 없다 하겠다.
>
> 이 중에 또 수로왕을 사모해서 하는 놀이가 있다. 매년 칠월 이십구일엔 이 지방 사람들과 서리(胥吏)・군졸(軍卒)들이 승점(乘岾)에 올라가서 장막을 치고 술과 음식을 먹으면서 즐겁게 논다. 이들은 동서쪽으로 서로 눈짓을 하면 건장한 인부(人夫)들은 좌우로 나누어서 망산도(望山島)에서 말발굽을 급히 육지를 향해 달리고 뱃머리를 둥둥 띄워 물 위로 서로 밀면서

> 북쪽 고포(古浦)를 향해서 다투어 달리니, 이것은 대개 옛날에 유천간(留天干)과 귀신간(鬼神干) 등이 왕후(王后)가 오는 것을 바라보고 급히 수로왕에게 아뢰던 옛자취다…….65)

이러한 무극의 본래적 성격은 오늘날 행해지는 무극 가운데 제의성이 강한 일부 대목에 남아 있다. 그러나 오늘날의 무극은 이러한 제의적 성격과는 거리가 먼 경우가 더 많다. 진행과정에서 주술성과의 관련을 거듭 언급하고 있기는 하지만, 오늘날 무극의 실제 장면은 제의성보다는 인간의 흥미 위주로 되어 있는 경우가 더 많은 것이 사실이다. 관중들도 이러한 성격 때문에 다른 어느 거리들보다도 극으로 진행되는 굿거리에 더 많은 흥미와 관심을 표하는 것을 쉽게 확인할 수 있다. 더구나 무극의 경우에는 관중들이 그 진행에 직접 개입할 수도 있기 때문에 관중들의 호응도가 다른 어느 굿거리보다 높은 편이다. 이렇게 흥미성과 오락성이 강조되어 있는 것이 오늘날 무극의 가장 큰 특징이라고 할 수 있다.

무극은 민중들이 일상생활 주변에서 부딪치는 다양한 문제를 중요한 소재로 삼는다. 특히 오락성이 강한 무극의 경우에는 일상생활의 재현이 주된 소재가 된다. 극중 인물은 일상생활 주변에서 일어나는 잡다한 일들을 과장(誇張)해 재현함으로써 웃음을 유발한다. 극을 통해서 재현되는 삶의 모습은 일상생활 중에서 쉽게 부딪치는 것들이기에 그만큼 친근하고 거기서 유발되는 웃음은 공허하지 않을 수 있다. 그러나 그것은 단순한 재현으로 끝나는 경우가 많고, 가면극처럼 강한 비판의식을 표출하지는 않는 것이 일반적이다. 동해안 별신굿의 〈원님놀이〉처럼 신분갈등이 나타나는 경우도 있지만, 모든 무극이 이러한 성격을 갖고 있는 것은 아니다. 그저 한 번 실컷 웃고 끝낼 수 있는 것이 무극에서의 일반적 웃음이라고 할 수 있다.

무극은 골계적(滑稽的) 성격이 강하다. 제의성이 강한 무극보다는 오락

65) 원문 및 번역문은 이민수 역, 『삼국유사』, 을유문화사, 1983, 178~179면, 186면 참조.

성이 강한 무극의 경우에 이러한 성격은 더 두드러진다. 무가의 사설 속에도 골계적 내용이 전혀 없는 것은 아니지만 무극만큼 골계성이 강한 것은 아니다. 이것은 무가가 무극보다는 상대적으로 더 신성하게 인식되기 때문이기도 하지만, 무극이 가지는 놀이적 분위기가 골계성을 더 강화시킨다고 할 수 있다.

무극에는 성적(性的) 노출이나 비속한 상소리가 많다. 상소리 가운데에는, 그렇지 않은 것도 물론 있지만, 성(性)과 관련된 상소리가 많기 때문에, 이 둘은 상당한 관련이 있다고 볼 수 있다. 이렇게 성적 노출이 심한 이유의 근원을 따진다면 그것은 물론 풍요(豊饒)와 다산(多産)을 위한 유감주술(類感呪術)이라는 제의적 성격과 연결될 것이다. 그러나 오늘날 무극에 나타나는 성적 노출의 대부분은 제의적 성격보다는 오락적 성격이 훨씬 더 강하다. 성의 노출을 금기시(禁忌視)하는 사회적·윤리적 억압에서 잠시나마 해방되는 즐거움이 과다한 성적(性的) 노출의 중요한 원인이 된다고 할 수 있다.

5) 무극의 현재적 양상

무극은 현재도 굿의 일부로 연행되면서 살아 있는 민속극이다. 가면극이나 인형극이 거의 박제화된 상태로 명맥을 유지하고 있다면, 무극은 현재도 민중들 사이에서 그 본래적 기능을 수행하면서 연행되고 있는 민속극이고, 이 점에서 매우 소중한 의의가 있다고 할 수 있다.

무극의 연행 기회는 가면극이나 인형극에 비해 아직은 상대적으로 많은 편이다. 많이 줄어들기는 했지만, 아직도 우리 주변에서는 많은 굿이 행해지고 있고, 무극 역시 이들 굿의 일부로서 연행되고 있다. 특별히 기획해서 간헐적으로 공연되는 가면극이나 인형극에 비하면, 무극은 오히려 그 연행의 기회가 상대적으로 많은 셈이다.

무극은 지금까지 그랬듯이 굿이 살아있는 한 그 생명력을 이어가리라고 본다. 그리고 이 과정에서 사회상의 변화와 이에 따른 민중들의 의식 변화를 반영하면서 부분적으로는 변모할 것이다. 그러나 무극은 그것이 가지는 굿과의 깊은 관련성 때문에 굿을 떠나서 독자적 영역을 확보하기는 어려울 것으로 판단된다.

▪ 참고문헌

<자료>

강이천, <남성관희자(南城觀戲子)>, 『重菴稿』.
박경신, 『한국의 별신굿 무가』(제11권), 국학자료원, 1999.
『신보수교집록(新補受敎輯錄)』.
유득공, 『경도잡지(京都雜志)』 권1 성기(聲伎)조.
이　색, <구나행(驅儺行)>, 『牧隱集』 21卷.
일　연, 『삼국유사(三國遺事)』, 「가락국기(駕洛國記)」조, 「처용랑(處容郎) 망해사(望海寺)」조.
임석재, 「봉산탈춤 대사」, 『국어국문학』 18, 국어국문학회, 1957.
전경욱 역주, 『민속극』 한국고전문학전집 8, 고려대 민족문화연구소, 1993.
최정여 · 서대석 편저, 『동해안무가』, 형설출판사, 1974.
최치원崔致遠), <향악잡영(鄕樂雜詠)>, 김부식, 『삼국사기(三國史記)』 잡지.
『太學志』.
현용준, 『제주도무속자료사전』, 신구문화사, 1980.

<논저>

강용권, 『야류 · 오광대』, 형설출판사, 1982.
김대행, 「민요의 율격체계」, 『이화어문논집』 제10집, 이화여대 국어국문학연구소, 1989.

김문환, 「한국의 전통가면극과 현대 연극 : 미학적 관점」, 1999년 11월 8일 교토의 국제일본문화연구센터 발표논문.
김욱동, 『탈춤의 미학』, 현암사, 1994.
김일출, 『조선민속탈놀이연구』, 평양 : 과학원출판사, 1958.
김재철, 『조선연극사』, 학예사, 1939.
김청자, 「한국전통인형극의 새로운 접근」, 『한국연극학』, 새문사, 1985.
_____, 「한국전통인형극 꼭두각시놀음 연구-어휘에 나타난 표상과 기호분석」, 『한국연극학』 제3호, 한국연극학회, 1989.
김학주, 『한・중 두 나라의 가무와 잡희』, 서울대학교출판부, 1994.
민족극연구회 엮음, 『민족극대본선』 1권, 풀빛, 1988, 2권(1988), 3권(1991), 4권(1991).
박진태, 「중국 인형극의 수용과 변이과정(1)」, 『역사민속학』 제9호, 한국역사민속학회, 1999.
_____, 『탈놀이의 기원과 구조』, 새문사, 1990.
사진실, 「소학지희의 공연방식과 희곡의 특성」, 『한국연극사』, 태학사, 1997.
서대석, 「무가」, 『한국민속대관 6』, 고려대학교 민족문화연구소, 1995.
서연호, 『서낭굿탈놀이』, 열화당, 1991.
_____, 『꼭두각시놀이』, 열화당, 1990.
송석하, 「오광대소고」, 『조선민속』 제1호, 조선민속학회, 1933.
심우성, 『남사당패연구』, 동문선, 1989.
安 廓, 「山臺戱と 處容舞と 儺」, 『朝鮮』 第210號, 朝鮮總督部, 1932.
양재연, 「산대도감극에 취하여」, 『중앙대 30주년기념논문집』, 중앙대, 1955.
유민영, 「한국인형극의 유래」, 『예술논문집』 14, 예술원, 1975.
윤광봉, 『한국연희사연구』(개정판), 박이정, 1997.
윤주필, 「조선전기 연희시에 나타난 문학사조상의 특징」, 『동양학』 제25집, 동양학연구소, 1995.
이두현, 『한국가면극』, 문화재 관리국, 1969.
_____, 『한국의 가면극』, 일지사, 1979.
이병옥, 『송파산대놀이연구』, 집문당, 1982.
이혜구, 「산대극과 기악」, 『한국음악연구』, 국민음악연구사, 1957.
_____, 「양주별산대놀이의 옴・먹중・연잎과장」, 『예술논문집』 8, 예술원, 1969.

임재해, 「꼭두각시놀음의 역사적 전개와 발전 양상」, 『구비문학연구』 제5집, 한국구비문학회, 1998.
______, 『꼭두각시놀음의 이해』, 홍성사, 1981.
임형택, 『이조시대 서사시(하)』, 창작과비평사, 1992.
장덕순 외, 『구비문학개설』, 일조각, 1971.
장정룡, 『강릉관노가면극연구』, 집문당, 1989.
전경욱, 『한국의 가면극』, 열화당, 2007.
______, 『한국의 전통연희』, 학고재, 2004.
______, 「새 자료를 통해서 본 연희자로서의 수척과 반인」, 『한국민속학』 60집, 한국민속학회, 2014.12
정병호, 「진도다시래기」, 『중요무형문화재해설(연극편)』, 문화재관리국, 1986.
정상박, 『오광대와 들놀음 연구』, 집문당, 1986.
조동일, 『구비문학의 세계』, 새문사, 1980.
______, 『탈춤의 역사와 원리』, 홍성사, 1979.
______, 『한국문학통사』(제3판) 2, 지식산업사, 1994.
조만호, 『전통희곡의 제식적 미학』, 태학사, 1995.
채희완·임진택 편, 『한국의 민중극』, 창작과비평사, 1985.
최상수, 『산대·성황신제가면극의 연구』, 성문각, 1988.
秋葉隆, 『조선민속지』, 東京 : 六三書院, 1954.
황루시, 「무당굿놀이연구」, 이화여대 박사학위논문, 1987.

제 7 장
속담 · 수수께끼의 이해

■ 속담의 세계

1. 속담이란 무엇인가

속담의 의미로 쓰이는 용례로 '옛말', '이언(俚言)', '속언(俗言)', '상언(常言)', '상담(常談)' 등이 있다. 속담은 말 그대로 민중 사이에서 전해 내려오는 옛말이다. '속(俗)'이란 '민속'이니 '습속'이니 하는 데서 알 수 있는 것처럼 민중의 일상생활 공간을 의미한다. 속담에서의 '속'은 이러한 일상생활 공간에서 얻어진 삶의 지혜나 예지가 응축된 것이라는 의미를 내포하고 있다. '담(談)'은 이야기이기는 하되 비교적 짤막한 길이로 되어 있으며 비유적 표현을 담고 있는 점이 특징이다. 이렇게 볼 때, 속담이란 민중의 일상생활 공간에서 체득된 삶의 지혜나 예지가 비유적으로 서술된 비교적 짤막한 길이의 이야기로서 교훈적 의미를 전달하기 위한 혹은 풍자의 효과를 나타내기 위한 관용적 표현물을 말한다.

그런데 속담의 속성상 개념의 대체적인 정의를 내릴 수 있다 하더라도 그 범위를 명확하게 확정하는 일은 쉽지 않다. 앞에서 말한 관용적 표현물의 성격을 지니고 있는 것으로, 고사, 명언, 격언, 금기어 등이 있다. 고사는 어떤 유래와 결부되어 전해 내려오는 규칙이나 정례(定例)를 지칭하는 말이며, 명언은 삶의 지침으로 삼을 만한 가치가 있어 길이 전해지는 말이다. 그리고 금기어는 민속신앙과 결부된 금기를 통해 일탈과 위험을 방지하려는 목적에서 비롯된 말이고, 격언은 삶의 올바른 이치, 도덕률, 행동규범 등을 강조하는 말이다. 넓은 의미에서의 속담은 이들을 모두 포괄하는 개념으로 쓰이나, 좁은 의미에서의 속담은 이들과 구별하여 일상생활에서 얻어진 통속적이면서도 진솔한 지혜나 예지를 간결하면서도 비유적으로 표현한 구비전승적 관용어만을 지칭한다. 속담은 민중들 사이에서 오랜 기간 구비전승되는 과정에서 유래가 망각되고 속된 표현도 망라되어 있다는 점에서도 발생유래나 출처가 비교적 분명하고 대체로 고상한 표현으로 되어 있는 격언과 다르다. 가령, "닭의 벼슬이 될지언정 용의 꼬리는 되지 말아라"는 격언이기도 하고 속담이기도 하나, "시어미 죽고 처음이다" 혹은 "영감 죽고 처음이다"는 속담일 뿐 격언은 아니다.

인간이 홀로 삶을 영위해 갈 수 없는 사회적 동물인 것처럼, 속담은 사회구성원의 공감 위에서만 존립이 가능한 사회적 산물이다. 그렇기 때문에 속담은 그것이 산출된 시대상을 반영한다. "중이 제 머리 못깎는다"라든가 "쇠귀에 경읽기"와 같이 중이나 소에 관련된 속담은 불교가 성행하고 농업이 주된 생업인 전통사회의 시대적 조건을 반영한다. 속담에는 생활현실에서 체득된 민중의 삶의 지혜가 집적되어 있다. "여럿이 가는 길로 가라"와 같은 속담은 처세의 교훈을 주고 있으며, "재떨이와 부자는 모일수록 더럽다"는 속담은 재물이 많을수록 인색한 인정세태를 꼬집은 말이다. 다른 사람의 입장을 고려하지 않고 자기중심적 사고를 하는 경우에 "상전이 배부르면 종 배고픈 줄 모른다"는 속담이 제격이다.

속담은 대화 가운데 수용되어 일정한 의미전달 기능을 수행할 뿐 그 자체가 독립적으로 존재하지는 않는다. 그렇기 때문에 속담의 기능은 화자의 언술적 필요, 다시 말하면 화용적 기능의 측면에서 설명될 필요가 있다.[1] 화자의 입장에서 볼 때, 속담은 상황을 집약시켜 압축적으로 표현함으로써 사태를 명료하게 드러내는 데 탁월한 효과를 발휘한다. 청자 또한 속담을 통해 화자의 의도를 명확하게 알아챌 수 있다. 이렇듯, 대화과정에 있어서 상황을 명료하게 집약시켜 드러냄으로써 화자와 청자의 의사소통을 원활하게 해주는 것이 속담의 가장 중요한 기능일 것이다.

교육, 교화 또한 속담의 중요한 기능이다. 깨닫지 못한 잘못을 일깨워 줄 때, 처세의 방향을 제시해 줄 때, 신념이나 올바른 주관을 강조할 때, 자만하지 말 것을 일깨워 줄 때 등, 속담은 인간의 잘못을 바로 잡고 교정하는 데 매우 효과적인 무기가 될 수 있다. 또한 교육, 교화의 기능을 수행하는 속담이 맥락에 따라서는 풍자의 기능을 수행하는 경우도 있다. "친구따라 강남간다"는 속담은 주견없이 행동하지 말라는 의미로 쓰일 때에는 교육적 효과를 기대한 것이지만, 자신의 소신에 따르지 않고 부화뇌동하는 사람에 대해 사용할 때에는 이미 행한 행위에 대해 풍자하는 의미를 지니게 되는 것이다. 사태판단을 제대로 하지 못한 데서 오는 미숙함, 성격적 결함에서 비롯된 오류, 윤리의식을 망각하고 행하는 반사회적 행위 등이 모두 풍자의 대상이다. 가령, 실속은 없고 겉만 그럴듯 할 때 "빛 좋은 개살구"라고 한다거나, 본질적인 변화나 차이가 없고 비슷비슷할 때, "그 나물에 그 밥"이라고 하는 경우에서 그러한 예를 확인할 수 있다.

속담은 인간관계를 부드럽게 해주는 윤활유로서의 기능을 수행하기도 한다. 자신이 말하고자 하는 바를 직설적인 방식이 아니라 에둘러 말하거나 비유적으로 표현하고자 할 때 속담이 자주 애용된다. 적재적소에 맞는 속담을 구사할 줄 아는 사람은 재치가 있고 삶의 지혜를 터득한 사람이다. 속담은 상대를 불쾌하게 하지 않으면서 진실을 일깨워 준다.

1) 강등학, 「속담의 유형과 기능」, 『구비문학연구』 6, 한국구비문학회, 1998, 443면 참조.

2. 속담의 형성과 변이

속담이라는 용례가 처음 보이는 문헌은 선조때 유몽인이 편찬한 〈어우야담〉이다. 이보다 이른 시기에 나온 〈삼국유사〉 권5 '욱면비염불서승조(郁面婢念佛西昇條)'에는 '이언(俚諺)'이라는 말이 쓰이고 있으며, "내 일 바빠 한댁(大家) 방아 서두른다"는 표현이 들어있다.[2] 그렇지만 이는 자료로 남아있는 사례일 뿐이며, 실제로 속담이 생성된 시기는 이보다 훨씬 이전으로 소급될 수 있다.

속담은 특정한 역사적 사례를 묘사하면서 형성되기도 하고, 일상생활에서 자주 발생하는 일반사례를 묘사하면서 형성되기도 한다. 대부분의 속담은 일반사례의 묘사로부터 형성된 것이지만, 이 경우도 특수 사례가 반복되어 나타난 결과라 할 수 있으므로 근원적으로는 특정한 역사적 사례와 관계가 없는 것은 아니다. 하는 일 없이 우두커니 앉아서 날을 보내는 사람을 일컬어 "강화 도련님인가 우두커니 앉았다"라고 한다. 여기서 강화 도련님은 조선조 25대 임금인 철종을 가리키는 바, 철종이 왕에 즉위하기 전 강화에서 지낼 때 하는 일 없이 그날 그날을 보낸 데서 비롯된 속담인 것이다. 이렇듯, 역사적 인물이나 사실, 문학작품에 나오는 인물, 벼슬명 등 구체적이고 특수한 사례에서 출발하여 형성된 속담이 보편적 의미를 지니게 되면서 일반 언중의 공감을 얻는 속담으로 정립된 사례는 상당히 많다.[3]

ㅇ 〈숙향전〉이 고담이라(작품이름)[4]

---

2) 俚言 已事之忙 大家之 舂促.

3) 이 글에서 예시한 속담의 출처는 다음과 같다.
이기문 편, 『개정판 속담사전』, 일조각, 1980.
김도환 편저, 『한국속담활용사전』, 한울아카데미, 1995.

4) 고전소설 〈숙향전〉에서처럼, 여자의 운명이 평탄치 못하여 무한히 고생하나 끝끝내 좋은 때를 만나지 못한다는 의미.

○고수관의 딴전피기(역사적 인물)[5]
○변학도 잔치에 이도령 밥상(작품 등장인물)
○평양감사도 저 싫으면 그만(직책)

한편 속담이 형성되는 과정에서 사회구성원의 승인은 필수적인 조건이다. 맨 처음 특정 개인이 어떤 사물이나 인물을 묘사했을 때, 혹은 상상력을 발휘하여 촌철살인의 기발한 비유적 표현을 사용했을 때, 그 말이 언중의 공감을 얻게 되고 그래서 다른 상황에서도 반복해서 적용되면서 비로소 속담으로 정립되는 것이다.

그런데 특정 상황에 대한 묘사나 삶의 이치를 드러내는 데 있어 하나의 속담만 존재하는 것이 아니라 매우 다양한 방식으로 표현된 속담이 공존하고 있다. 가령 다음의 속담은 모두 인간의 죽음과 관련된 의미를 지니고 있는데, 그 표현형태는 제각각이다.

○구만리장천이 지척
○때를 잃으면 복령도 말라 죽는다(복령 : 생명력이 매우 강한 식물)
○땡감도 떨어지고 익은감도 떨어진다
○변소길과 저승길은 대(代)로 못간다
○봄이 온다고 죽은 나무에서 꽃 필까
○날 받아놓고 죽는 사람 없다
○구멍에서 나서 구멍으로 들어간다

동일한 의미를 나타낼 수 있는 어휘의 대치를 통해 특정 속담의 변이가 발생하는 경우도 있다. 가령, "호랑이도 시장하면 가재를 잡아 먹는다"는 속담이 있다. 호의호식하던 사람도 굶주리게 되면 아무 음식이나 가리지 않고 먹는다는 의미인데, '가재' 대신 '나비'나 '왕개미'를 사용하는 경우도

5) 19세기 전기 팔명창 중의 한사람인 고수관은 임기응변에 능하여 즉흥적으로 소리판을 이끌어 나가는 데 일가견이 있었다.

있다. 이들 각각의 속담은 동일한 의미를 드러낸다는 점에서 일종의 각편적 존재로서의 속담인 셈이다.

또한 속담은 여타의 구비문학과 마찬가지로 구전되는 과정에서 어휘가 변화하거나 의미가 변용되는 일이 허다하다. 이러한 속담의 변이양상은 두 가지 측면에서 살펴 볼 수 있다.

첫째, 구비전승과정에서 기억의 오류로 혹은 민간어원과 관련되어 본래의 모습과는 다르게 변이되는 경우이다. 예컨대 '계란유골'은 본래 "계란이 곯았다"는 의미로 사용된 것인데, 후에 계란에 뼈가 있다는 의미로 변모되었다. 본래 스스로 자기 자신을 자랑한다는 뜻으로 출발했던 "굴원이 제몸 추듯"이라는 말이 "구렁이 제몸 추듯(굴원→구렁이)"을 거쳐 '우물쭈물 하는 듯 하면서 어느 틈에 일을 이루었다는 뜻'의 "구렁이 담 넘어가듯"으로 변이된 경우는 의미의 변모까지 동반한 사례이다. "바가지 긁는다"는 속담은 어휘는 그대로이면서 내포된 의미가 변한 경우이다. 전통사회에서는 아무리 가난하더라도 손님이 오면 정성껏 대접하는 것이 예의였는데, 공교롭게도 뒤주에 쌀이 없을 정도로 가난한 집안도 있었다. 이때 부인이 박으로 쌀 긁는 소리를 내어 남편에게 쌀이 떨어졌음을 알렸던 데서 "바가지 긁는다'는 속담이 유래된 것이다. 물론 아내가 남편에게 알리지 않고 다른 방법을 동원하여서라도 쌀을 마련하여 남편의 체면을 살려주었더라면 좋았을 텐데 그러지 않았으니 본래의 의미에도 남편을 원망하는 아내의 뜻이 담겨 있었다고 할 수 있겠다. 그러나 그것은 어디까지나 직접적인 방식이 아닌 간접적인 의사표현이었다. 그러던 것이 언제부터인가 아내가 남편에게 잔소리하는 것을 일컬을 때 이 속담이 쓰이게 된 것이다. 기왕에 시작한 일이면 머뭇거리지 말고 추진력을 발휘해야 한다는 의미로 "쇠뿔도 단김에 빼랬다"는 속담이 있다. 이 말은 오늘날에는 소의 뿔도 단번에 빼야 한다는 뜻으로 이해되고 있다. 그런데 소의 뿔을 빼야 할 경우도 거의 없거니와, 이 말은 원래 쇠가 달구어진 상태에 있을 때 벼리라는 의미로 출발한 것이다.

둘째, 역사적 조건이 달라지면서 생겨난 변이이다. 물론 일단 속담으로 정착되면 보편적 공감력 때문에 쉽사리 사라지지는 않는다. 그렇지만 거시적으로 보면 속담은 다른 구비문학과 마찬가지로 어떤 필요에 의해 생겨나 일정기간 전승되다가 시효가 다하면 소멸되는 과정을 거친다. 그래서 이미 있던 속담이 소멸되거나 시대적 조건에 맞게 변모되어 새로운 생명력을 얻기도 하며, 기존에 없던 새로운 속담이 생겨나기도 하는 것이다.

전통사회에서 생겨난 속담은 당대의 역사적 조건을 반영한다. 그 대표적인 예로 농업, 불교, 민간신앙, 여성 비하 등과 관련된 속담을 들 수 있다.

○ 제논에 물대기
○ 낫놓고 기역자 모른다
○ 부처 밑을 기울이면 삼거웃이 드러난다
○ 절이 싫으면 중이 떠나야지
○ 무당이 제 굿 못하고 소경이 저 죽을 날 모른다
○ 무당질 삼년에 목두기란 귀신 못보았다
○ 여자는 제 고을 장날을 몰라야 팔자가 좋다
○ 여자의 말은 잘들어도 패가하고 안들어도 패가한다

전통사회에서 생겨난 속담의 대부분이 오늘날에도 여전히 생명력을 지니며 유용하게 전승되고 있는 것이 사실이다. 그렇지만 시대적 조건이 달라지면서 삶의 방식이나 가치관에도 변화가 생기게 되고, 이에 따라 속담에도 일정한 변화가 생기는 것은 당연한 현상이다. 가령, "암탉이 울면 집안 망한다"는 속담은 여성을 천시하던 시대의 산물이다. 그러나 오늘날 "암탉이 울면 알을 낳는다"는 말로 바뀌고 있는 것은 여성의 사회적 지위가 높아져 가고 있는 오늘날의 시대적 조건이 반영된 결과인 것이다. 이미 지나간 일이어서 돌이킬 수 없는 상황이 되었을 때 "죽은 자식 불알 만지기"라거나 혹은 "몽치 깎자 도둑 뛴다"라고 한다. 그렇지만 오늘날에는 이 말 대신 "기차는 떠났다"거나 "지나간 버스에 손 흔드는 격"이라는 속담을 더 많이 사용한다. 기차나 버스가 일상생활에서 차지하는 비중이 높아지면서 생겨난 현상인 것이다. 전에는 매우 무식한 사람을 일컬어 "낫놓고 기역자도 모른다"고 하였다. 그런데 영어가 널리 쓰이게 된 오늘날에 와서는 "집게 놓고 에이(A)자도 모른다"고 한다. 이는 농경사회에서 쓰던 '낫'보다는 연탄이나 물건 등을 집는 데 쓰는 '집게'가 더 친숙하며, 영어를 익히는 것이 지식의 척도가 된 시대적 조건이 반영된 결과인 것이다.

3. 속담의 표현특질과 실제

속담은 간결하면서도 압축적인 표현으로 어떤 상황 혹은 사태의 본질을 간취해 내는데, 이는 오랜 세월 동안 전승되어 오는 과정에서 갈고 다듬어진 결과이다. 속담이 지니고 있는 외형구조의 특징으로 두운이나 각운 혹은 단어의 반복과 같은 압운의 기교를 들 수 있다.

ㅇ신첨지 신꼴을 보겠다[6]
ㅇ꿩 먹고 알 먹고
ㅇ바람 부는 대로 물결 치는 대로

다음으로 들 수 있는 특징은 일정한 율격적 기교로 되어 있는 속담이 많다는 점이다. "공든 탑이 / 무너지랴"나 "가는 말이 / 고와야 // 오는 말도 / 곱다" 등에서 볼 수 있는 바와 같이 2음보 혹은 4음보의 속담이 많다는 말인데, 이는 전통시가의 기본적인 율격과 맞닿아 있는 것이다.

이러한 외형구조와 함께 속담은 대구, 점층, 인과, 대조, 비교 등의 방식을 통해 말하고자 하는 바를 더욱 선명하고 효과적으로 강조한다. 각각에 해당하는 예를 제시해 보면 다음과 같다.

---

6) 하는 짓이 아니꼬와 차마 볼 수 없다는 말.

ㅇ대구 : 내 말은 남이 하고 남 말은 내가 한다. 고기는 씹어야 맛이요 말은 해야 맛이다.

ㅇ점층 : 불난 데 풀무질 하기. 빚 주고 뺨 맞기.

ㅇ인과 : 도둑 맞으면 어미 품도 들춰 본다. 말 한마디로 천냥 빚을 갚는다.

ㅇ대조 : 잘되면 제탓 못되면 조상탓.

ㅇ비교 : 먼 데 단 냉이보다 가까운 데 쓴 냉이. 먼 데 있는 사촌보다 가까이 있는 이웃이 낫다.

이렇듯 속담에는 외형구조상 몇가지 규칙적인 특징을 보여주고 있는 바, 이러한 특징은 오랜 세월 동안 구비전승되는 과정에서 정제된 결과로서 기억을 용이하게 하고 간결하면서도 생동감 있는 표현이 되도록 하는 데 매우 효과적인 역할을 수행하고 있다.

속담은 단문으로 된 경우와 복문으로 된 경우가 있으며, 문장의 성격에 있어서는 구체적인 표현을 통해 비유적으로 의미를 드러내는 문장과 주제의미를 직접적으로 드러내는 문장으로 나누어 볼 수 있다. 주제의미를 직접적으로 드러낸 부분을 의미항이라 하고, 주제의미가 직접 드러나지 않고 개별적, 구체적 표현으로 되어 있어 비유적 속성을 지닌 부분을 비유항이라 한다면, 속담은 비유항과 의미항으로 구성되어 있다. 예컨대 "고기는 씹어야 맛이고(ㄱ) 말은 해야 맛이다(ㄴ)"는 속담에서 (ㄱ)은 말을 해야 한다는 주제의미를 드러내기 위해 비유적으로 표현된 비유항이고, (ㄴ)은 그 자체로 주제의미를 드러내고 있는 의미항이다. 이렇게 속담을 구성하고 있는 문장의 성격을 의미항과 비유항으로 나누었을 때, 다음과 같이 다섯가지 형태를 설정할 수 있다.

(1) 의미항으로만 이루어진 경우 : 속담 그 자체가 주제의미를 드러내고 있는 경우이다. 속담은 대부분 비유적 표현으로 되어 있기 때문에 이 유형이 차지하는 비중은 그렇게 크지 않다. "고생 끝에 낙이 있다", "가난이 죄다", "가진 놈이 더 무섭다" 등.

(2) 의미항과 의미항이 결합된 경우 : 의미항이 중첩되어 있는 경우로,

두 문장이 각각 직접적으로 주제의미를 드러내고 있는 속담이 여기에 해당한다. (1)과 마찬가지로 이 유형이 차지하는 비중은 그렇게 크지 않다. "죄는 지은 대로, 도는 닦은 대로". "계집자랑 반 미치기, 자식자랑 온 미치기" 등.

(3) 비유항과 의미항이 결합된 경우 : 비유항이 먼저 나오고 이어서 의미항이 나온다. 비유항은 의미항의 주제를 명확하게 드러내는 데 일조하는 기능을 수행한다. 비유항과 의미항이 대조를 이루면서 주제의미를 효과적으로 나타내는 경우와, 비유항과 의미항이 대구의 방식으로 호응하면서 주제의미를 강조하는 경우가 있다. "가루는 칠수록 줄고 말은 할수록 는다", "열길 물속은 알아도 한길 사람 속은 모른다", "고기는 씹어야 맛이고 말은 해야 맛이다" 등.

(4) 비유항으로만 이루어진 경우 : 비유적 표현이 한 문장으로 되어 있는 경우이다. "천리길도 한걸음부터", "아니 땐 굴뚝에 연기 날까" 등.

(5) 비유항과 비유항이 결합된 경우 : 비유적 표현이 중첩되어 이루어진 속담을 말한다. 중첩된 비유항은 같은 의미를 반복한 셈이어서 결국 주제를 점층적으로 강조하는 효과를 자아낸다. "낮말은 새가 듣고 밤말은 쥐가 듣는다", "초록은 동색이요 가재는 게편이다" 등.

4. 속담의 문화적 의미

속담에는 민족의 역사와 삶이 투영되어 있으며, 생활현실에서 체득한 민중의 통찰력과 예지가 응축되어 있다. 그렇기 때문에 개별적 구체적 사실에서 출발한 속담일지라도 그것이 내포하고 있는 보편적 감응력 때문에 약방의 감초처럼 쓰이며 우리의 언어생활을 더욱 풍요롭게 해왔던 것이다. 전통사회에서 속담이 차지하는 비중은 결코 가볍지 않다. 속담이 들어가지 않는 대화는 상상하기 어려울 정도이다. 다음의 예를 보자.

> 세상 사람이 남은 것 하나씩은 다 있나니라. 왈짜가 망하여도 왼다리길 하나는 남고 종가가 망하여도 신주보와 향로 향합은 남고 노든 계집이 결단이 나도 엉덩이짓은 남고 남산골 생원이 망하여도 걸음 걷는 보수는 남는다 하니 경성서 생장한 내가 계집말 물을 줄 모르랴(고본 〈춘향전〉 중에서)

오래된 습관은 쉽게 고쳐지지 않는다는 의미로 혹은 어떤 것이 망해도 깡그리 없어지지는 않고 무언가 남는다는 의미로 여러 가지 표현이 동원되었는데, 그것이 모두 속담으로 이루어져 있다. 소설의 한 대목에서 인용한 것이지만 현실에서의 언어생활 또한 이와 크게 다르지 않았다.

속담은 현실을 명료하게 집약하여 비유 속에 담아낸다. 이는 곧 대상의 객관화를 의미하는 바, 속담을 통해 우리는 어떤 현실이나 상황 혹은 자기 자신에 대해 반성적으로 되돌아볼 수 있는 지혜를 얻게 되는 것이다. 이에 비한다면 오늘날 우리의 언어생활은 다소 밋밋하고 각박한 데가 있다. 물론 시대가 바뀌고 새로운 가치관이 요구되는 상황에서 더 이상 긍정적인 효과를 기대하기 어려운 속담도 있다. 가령, "여럿이 가는 길로 가라"라는 속담은 돌출된 언행을 경계하는 "모난 돌이 정맞는다"의 또 다른 표현으로, 무난하고 안정적인 처세를 강조하고 있다. 이는 더불어 사는 삶을 강조하고 있다는 점에서 긍정적으로 해석할 수도 있지만, 개성이 존중받는 오늘날의 상황에서 이 속담은 오히려 주체적 상상력을 억압하는 부정적 교육효과를 초래할 수 있다.

전통과 인습은 구별해야 하는 것처럼, 이 시대에 적합하지 않은 속담은 부정되어야 마땅하지만, 오랜 세월에 걸쳐 갈고 다듬어져 내려온 대부분의 속담은 삶의 진실을 밝혀주고 인간관계를 매끄럽게 이어주는 "어둔 밤의 등불"이요, "수레의 양 바퀴"요, "새벽 바람 사초롱"이요, "댕기 끝의 진주"인 것이다.

■ 수수께끼의 세계

1. 수수께끼란 무엇인가

수수께끼는 '수수적기'(강원도 강릉), '식끼저름'(경상도 동래), '숭키잽기'(전북 남원) 등 지역에 따라 부르는 명칭이 다양하다. 수수께끼의 어원적 의미가 무엇인지에 대해 정확하게 알기는 어려우나, '수수'는 숨은 것을 찾아낸다는 뜻으로서 숨바꼭질과 상통하는 의미로 이해되며, '겨루기'라는 의미의 '겻구기'가 변한 말인 '께끼'가 덧붙어 수수께끼라 일컬었던 것으로 추정된다.

수수께끼는 주어진 설문에 대해 답을 알아 맞추는 일종의 놀이이다. "사람이 개를 물으면 뉴스가 되지만 개가 사람을 물면 뉴스가 될 수 없다"는 말이 있다. 상식적이고 당연한 사실은 뉴스로서의 가치가 없다는 말이다. 이처럼 누구나 당연하게 알고 있는 객관적 사실을 설문으로 삼는다면 수수께끼 또한 존립하기 어렵다. 주어진 설문은 일정한 대상에 대한 정의로서 주로 은유적 표현으로 되어 있다. 설문과 응답 사이에는 어떤 점에서든 연관성이 있기 마련이지만, 설문이 주로 은유적 표현으로 되어 있기 때문에 상식적이고 사전적인 의미로 이해해서는 숨어있는 답을 찾기 어렵게 되어 있다. 그리고 은유가 지니고 있는 일반적 속성과 마찬가지로, 답은 하나가 아니라 여럿일 수도 있다. 마찬가지로 하나의 답을 두고 여러 형태의 설문이 존립할 수도 있다. "감은 감인데 못먹는 감은?"이라는 설문에 대해 답은 "영감, 교감, 상감" 등 여럿이 있다. 그렇지만 답이 지나치게 많으면 수수께끼로서의 묘미가 적어진다. "아침에는 네발이다가 점심때는 두발이고 저녁에는 세발인 것은?", "꾀벗고 나와서 꾀벗고 들어가는 것은?"이라는 수수께끼의 답은 모두 "사람"이다. 하나의 답에 여러 종류의 설문이 제시되었을 때, 대상이 지니고 있는 속성이나 특징을 다각적으로 이해할 수 있게 된다. 드물게는 물음에 대해 되물음으로 답해야 하는 경우도 있다. “이 발이 문지방을 넘겠는가? 넘지 않겠는가?”에 대해서는 “이 손을 내려놓을 것인가? 그대로 있을 것인가?” 하는 식으로 응수해야 한다.

이와 같이 수수께끼는 문제가 제시되면 그에 대한 답을 찾는 말놀이로서, 반드시 문제를 내는 화자와 문제를 맞추는 청자의 참여가 전제되어야 한다. 이런 점에서 수수께끼는 ‘내기’의 성격을 지닌 유일한 구비문학 장르라 할 수 있다. 화자는 가능하면 답을 쉽게 발견할 수 없도록 어떤 사물에 대하여 직선적으로 표현하지 않고 완곡하게 표현한다. 경우에 따라서는 청자의 관심을 다른 데로 돌리기 위해 고의적으로 오도성을 띠기도 하고 답과는 거리가 있는 부분에 강조점을 두기도 한다. 수수께끼 설문이 지니고 있는 이러한 속성을 인식하고 있는 청자는 화자가 설치해 놓은 함정을 피해 숨어있는 답을 찾아낸다. 답을 찾아가는 과정에서 수수께끼에 참여한 전승자들은 미지의 영역이나 사물에 대한 새로운 인식을 얻게 되며 지적 상상력을 키워 나가는 것이다.

수수께끼는 설문과 응답의 구조로 되어 있기 때문에 심심파적에 적격인 말놀이이다. 마치 숨바꼭질놀이에서 숨는 사람은 가능하면 쉽게 찾을 수 없는 곳에 숨으려 하고 술래는 숨을 만한 곳을 찾아다니며 긴장을 늦추지 않는 것처럼, 해답을 숨기려는 설문자와 이를 찾아내려는 응답자 사이에 팽팽한 긴장과 호기심이 충만한 언어유희의 놀이가 바로 수수께끼인 것이다. 이런 점에서 수수께끼가 갖는 기본적이면서 중요한 기능은 유희적, 오락적 기능이라 할 수 있다.

그렇지만 수수께끼가 단순히 유희적 기능만 수행하는 것은 아니다. 수수께끼는 일종의 지혜 겨루기의 성격을 지니고 있는 바, 수수께끼를 통해 얻을 수 있는 지혜의 범위는 매우 다양하다. 일상생활에서 접할 수 있는 사물—동물이나 식물, 의식주와 관련된 것 등—의 종류를 익히고 그 속성을 이해할 수 있는 지혜, 세시・지리・질병・인체 등에 관한 지혜, 그리고 인간과 우주의 근원적 의미를 탐색할 수 있는 지혜 등, 현실세계에서의 삶에서 필요한 구체적이고 개별적인 지혜뿐만 아니라 실존적인 고민에 대한 통찰력을 얻을 수 있는 추상적이고 보편적인 지혜가 수수께끼에 들어 있는 것이다.

수수께끼는 어른이나 아이를 막론하고 누구나 즐기며 공유하는 것이지만, 연령에 따라 그 즐기는 내용이나 성격에 차이가 있는 경우도 있다. 아이들에게 있어 수수께끼는 세상살이를 배우는 학습과정의 하나로 중요한 의미를 가진다. 요즘 수수께끼와 관련된 책자 가운데 아동 학습용으로 출판되는 일이 많다는 사실이 이를 잘 말해 준다. 아이들은 수수께끼를 통해 사고력과 지적 상상력을 키우며, 언어에 내재된 다양한 의미층위를 익혀 나간다. 가령, "깎을수록 커지는 것은?"이라는 수수께끼는 '깎다'와 '커진다'라고 하는 양립하기 어려워 보이는 두 개념을 연관지어 이에 해당하는 답을 요구하는 문제이다. 그런데 알다시피, '깎는다'는 말은 '물건 값을 깎다', '머리를 깎다' 등에서처럼 작아지거나 줄어드는 의미로만 쓰이는 것이 아니라 구멍이나 연필같은 경우에는 오히려 외연을 넓히고 크게 하는 의미로 쓰인다. 아이들은 수수께끼를 통해 같은 어휘라도 맥락에 따라 다른 의미로 쓰일 수 있다는 사실을 터득하는 것이다.

고정 관념 혹은 기존에 알고 있던 상식을 깨뜨리고 새로운 인식의 지평을 넓혀 주면서 삶의 활력과 역동적 사고를 일깨워 주는 수수께끼는 매우 소중한 자산이 아닐 수 없다.

2. 수수께끼의 형성과 변천

수수께끼가 언제부터 시작되었는지 정확하게 말할 수는 없지만, 미지의 영역에 대한 동경과 호기심을 가지고 있는 인간의 본래적 속성에 비추어 볼 때, 아주 이른 시기부터 존재했을 것으로 생각한다.

주몽신화에 보면, 주몽이 부인에게 "내가 일곱 고개 일곱 골짜기 돌 위

소나무에 물건을 감춘 것이 있으니 이것을 얻은 자라야 나의 아들이라"라는 말을 장차 자신을 찾아올 아들에게 전해주라는 내용이 있다. 아버지 주몽을 찾아나선 유리태자는 이 문제를 풀지 못하고 고심하다가, 집 기둥에서 슬픈 소리가 나는 것을 듣고 그 기둥이 돌 위에 있는 소나무였고 나무의 몸은 일곱 모라는 사실을 알게 된다. 유리태자가 이를 "일곱 고개 일곱 골은 일곱 모요 돌 위의 소나무는 곧 기둥"이라고 해석하고는 기둥 위 구멍에서 부러진 한조각 칼과 맞추어 보고 마침내 부자 상봉을 하게 되었다는 것이다. 주몽이 유리태자에게 낸 문제는 아들의 지혜를 시험하려는 목적으로 낸 수수께끼인 셈이다.

〈삼국유사〉 권1 '사금갑조(射琴匣條)'에 "열어보면 두 사람이 죽고 열어보지 않으면 한 사람이 죽는다"라는 까마귀의 봉서를 일관이 "두 사람이란 서민을 뜻하고 한 사람이란 임금을 뜻한다"고 해석하여 임금을 위기로부터 구해냈다는 기록이 나온다. 같은 책 '태종춘추공조(太宗春秋公條)'에는, 소정방이 의미를 분명하게 알 수 없는 그림을 신라에 보냈는데, 원효가 이를 반절로 풀어 '속환'의 뜻으로 해석하였다는 기록도 있다. 또한 권 2 '문무왕 법민조'에는 거득공이 안길의 후대를 받고 떠날 때, "나는 서울 사람이다. 우리집은 황룡사와 황성사의 두 절 사이에 있고, 내 이름은 단오다. 그대가 만일 서울에 올 기회가 있거든 우리집을 찾아주면 고맙겠다"라는 수수께끼를 남기고 떠났는데, 뒤에 안길이 서울에 '기인'으로 가게 되어 단오의 집을 찾던 중 길 가던 한 노인이 "두 절 사이에 있는 한 집이란 아마 대궐을 말하는 것이겠다. 단오란 거득공을 가리키는 것이다'라고 풀었다는 기록이 있다. 이러한 기록은 문헌으로 전해오는 것이지만, 서양에서 전하는 구약성서에 나오는 '삼손의 수수께끼'나 그리스 신화의 '스핑크스의 수수께끼'와 같은 사례를 통해 보건대, 인류 역사의 시작과 더불어 수수께끼도 시작되었다고 해도 과언이 아니다.

수수께끼는 여타의 구비문학 장르와 마찬가지로 그것이 산출된 시대적 조건을 반영하면서 생성, 전승, 소멸되는 과정을 거친다. 농업과 관련된 것, 불교와 관련이 있는 것, 한자를 이용한 파자놀이 등은 전통사회의 특징을 잘 보여준다.

○ 먼산 보고 절하는 것은? (방아)
○ 푸른 기둥에 흰 방울 꽂힌 것은? (파)
○ 북쪽에서 바람이 부는데 서산대사가 걸어가고 있다. 머리카락이 어느 쪽으로 날리는가? (서산대사는 머리카락이 없다)
○ 붉은 주머니에 금돈이 들어있는 것은? (고추)
○ 두들겨 맞는 것이 일인 것은? (다듬잇돌)
○ 여자가 건방지게 갓을 쓴 글자는? (安)

3. 수수께끼의 분류와 실제

수수께끼는 쌍방이 참여하여 묻고 답하는 놀이로 문항과 답항으로 이루어져 있기 때문에, 이 두 가지 요소를 고려하여 분류를 해야 한다. 문항과 답항의 긴밀한 연관성을 고려하면서 문항이 갖는 특징에 따라 분류해 보면 다음과 같다.

(1) **시늉(態)에 관한 수수께끼** : 사물의 두드러진 특징이나 외형, 동작, 성질 등을 묘사하여 대상을 정의하는 것으로, 수수께끼의 본질을 가장 잘 보여주고 있다. 묘사의 방식으로 주로 은유가 사용된다. 경우에 따라서는 중의, 대조, 열거, 점층의 수사법이 사용되기도 한다.

○ 마를수록 점점 무거워지는 것은? (늙은이 다리)
○ 맞아야 사는 것은? (팽이)

(2) **소리에 관한 수수께끼** : 동음이의어를 이용한 수수께끼이다.

ㅇ개는 개인데 물지 않는 개는? (안개)
ㅇ낮에 보아도 밤인 것은? (먹는 '밤')
ㅇ갓은 갓인데 쓰지 못하는 것은? (쑥갓)

(3) **문자에 관한 수수께끼** : 한자문화권의 배경에서 발전한 독특한 형태로서 이른바 '파자수수께끼'라 부르는 것이다. 한자를 주제로 한 수수께끼라는 점에서 향유층에 일정한 제한이 있을 것으로 보이나, 민간에서 구비전승되고 있는 형식이나 언술의 특징은 여타 수수께끼와 다르지 않다. 글자의 외형을 묘사한 것이 대부분이고 음의 상사를 이용한 말장난도 더러 나타난다.

ㅇ나무 위에서 나팔 부는 글자는? (桑-나무 위에 있는 又又又가 '또또또'이니까)
ㅇ사람이 감옥에 갇혀 있는 글자는? (囚)
ㅇ뻔할 뻔자는? (나무 木 사이에 사내 男과 계집 女가 있는 글자-실제는 없는 글자임)

(4) **슬기에 관한 수수께끼** : 시늉이나 소리에 관한 수수께끼가 비교적 은유적인 데 비해 이것은 비은유적이라는 점이 특징이다. 문항이 '무엇'에 관한 것이 아니라 '왜', '어떻게', '누구'에 관한 것이 대부분이기 때문에 응답에는 왜 그러한지에 대한 논리적 근거나 이유가 포함되어야 하는 경우가 대부분이다.

ㅇ개 6마리, 고양이 3마리, 쥐 2마리를 한 곳에 몰아놓으면 모두 몇마리가 될까? (9마리. 쥐는 고양이가 잡아먹을 테니까)
ㅇ나폴레옹이 부하들에게 "돌격"하고 명령했는데 부하들은 움직일 생각도 하지 않고 있었다. 어째서일까? (돌격이 한국어이기 때문에)
ㅇ숫자 9 네 개와 부호를 사용하여 100이 되게 하려면 어떻게 해야 할까? (99 + 9/9 = 100)

4. 오늘날의 수수께끼

시대가 바뀌면 새로운 세태를 반영하는 수수께끼가 생성되기 마련이어서 전시대에는 없던 사물이 수수께끼의 소재로 활용되는 현상을 확인할 수 있다. "아래층에서는 음악공부 위층에서는 산수공부를 하는 것은?"에 대한 답은 '괘종시계'이다. 이러한 류의 수수께끼는 근대가 시작되면서 생겨난 것으로, 괘종시계라는 사물의 속성을 이해하는 방편으로서도 의의가 있다고 할 수 있다. 근대 이후에 새롭게 생성된 수수께끼의 사례를 들어보면 다음과 같다.

ㅇ사람이 아니라 소가 다는 차는? (소나타)
ㅇ오르면 오를수록 나쁜 것은? (물가)
ㅇ고개 숙이고 눈물 흘리는 것은? (수도꼭지)
ㅇ세상에서 가장 재수없는 사람은? (소화제 먹고 체한 사람)
ㅇ목으로 먹고 배로 내는 것은? (우체통)
ㅇ가장 긴 영어 단어는? (smiles-s와 s사이가 1mile이니까)

그런데 위에서 든 예에서 알 수 있는 바와 같이, 동음이의어를 이용하는 방식, 사물의 두드러진 특징이나 외양, 동작, 성질 등의 묘사를 통해 정의하는 방식 그리고 문자를 이용하는 방식 등을 통하여 수수께끼가 생성되고 있다. 이러한 방식이야말로 전통적인 수수께끼 생성의 일반원리라 할 수 있다. 지하철역 이름을 이용한 다음과 같은 수수께끼는 동음이의어를 활용한 경우이다.

ㅇ아이들이 가장 좋아하는 역은? (방학)
ㅇ아이들이 가장 싫어하는 역은? (미아)
ㅇ대학도 아니면서 대학인 척 하는 역은? (낙성대)

한편 전통적으로 내려오는 이야기를 패로디화하여 수수께끼화하는 경우도 있다. '산신령과 나무꾼'의 이야기가 그 대표적인 예이다. 연못에 도끼를 빠뜨린 나무꾼이 낙담하고 있을 때, 산신령이 나타나 금도끼와 은도끼 그리고 쇠도끼를 차례로 보여주면서 나무꾼에게 자신의 도끼냐고 묻는다. 이에 나무꾼이 정직하게 대답하자, 모든 도끼를 나무꾼에게 주었다는 것이 원래의 이야기이다. 그런데 문답방식만을 차용한 채 패로디화한 새로운 수수께끼형 이야기가 파생되는데, 등장인물이나 잃어버린 물건은 가변적으로 설정된다. 다음의 예는 모방담의 구조를 취하면서 탐욕스러움에 대해 조롱하고 있다.

문 : 콩쥐가 연못에 브래지어를 빠뜨리고 울고 있었다. 산신령이 나타나 금으로 된 것을 보여주었다. 콩쥐는 자기 것이 아니라고 하였다. 은으로 된 것을 보여주어도 마찬가지로 대답하였다. 낡은 것을 보여주자 자기 것이라 하였다. 산신령은 콩쥐에게 세 개를 다 주었다. 이 사실을 안 팥쥐는 브래지어를 여러 개 묶어 연못에 빠뜨렸다. 산신령이 금으로 된 것을 보여주었다. 팥쥐는 아니라고 하였다. 은으로 된 것을 보여주어도 아니라고 하였다. 산신령이 마침내 여러 개가 묶인 것을 가지고 나와 보여주자 팥쥐가 자기 것이라 하였다. 이때 산신령이 뭐라고 말했는가?
답 : 네 젖은 개젖이냐?

그런데 요즘 전승되는 수수께끼 가운데 일종의 넌센스나 말장난에 가까운 농담성 수수께끼가 많아지고 있다는 점에서 이전과는 다른 양상을 띠고 있다. 가령, "들어갈 때는 뻣뻣하다가 나올 때는 흐물흐물한 것은?"이라는 수수께끼가 있다. 다소 야릇한 상상을 떠올리게 하지만, 답은 전혀 엉뚱한 데 있다. '껌'이 답이다. "매월 말일만 되면 찢어지는 아픔에 시달리는 여자는?" 답은 '캘린더 걸'이다. 사실은 기대와 어긋난 답이 마련되어 있지만, 본래 이런 종류의 수수께끼는 애초 기대한 대로의 상상을 불러 일으키는 데 목적이 있으며, 오히려 답이 기대와 어긋남으로 해서 그 효과는 더욱 증폭되는 것이다. "발도 눈도 없는데 세상 구경 다 하는 것은?"과 같은 수수께끼의 경우, '바람'이라고 해도 답이 된다. 그렇지만 자본의 위력이 더해가는 시대 분위기에 따라 '돈'이 더 설득력 있는 답이 될 수 있다. 돈만 있으면 못하는 것이 없다는 인식이 기저에 깔려 있기 때문이다.

〈참새씨리즈〉를 비롯하여 이른바 〈---씨리즈〉 유형에 속하는 이야기도 '설문－응답'의 구조로 되어 있기 때문에 수수께끼의 범주에 넣을 수 있다. 단답형으로 되어 있는 대부분의 수수께끼에 비해 〈---씨리즈〉 유형은 비교적 긴 이야기가 동반되어 있다는 점에서 '설화형 수수께끼'라 부를 수 있다. 1960년대 무렵부터 시작되어 1980년대 후반 무렵까지 활발하게 생성되고 전승된 〈참새 씨리즈〉, 〈드라큐라 씨리즈〉, 〈개구리 씨리즈〉, 〈식인종 씨리즈〉 등은 강자와 약자의 대결에서 약자가 지혜를 이용하여 강자를 골탕먹인다는 설화적 구조와 맞닿아 있다. 이들 이야기는 강자와 약자의 대결이라는 보편적 대립구조에 머무르지 않고 불의한 방식으로 권력을 장악하거나 남용하는 권력자와 나약하지만 세상에 대해 냉소적인 소시민 사이의 현실적 대립을 구체적으로 형상화하고 있다. 〈---씨리즈〉의 고전이라 할 수 있는 〈참새씨리즈〉의 첫 이야기는 "포수의 총에 맞은 참새가 아내 참새에게 무엇이라고 말했는가?"이다. 답은 "내몫까지 살아주"이다. 자신은 죽어가면서 가장 가까운 사람이 행복하기를 기원하는 이 문답에는 낭만이 있다. 그렇지만 경쟁이 치열해지는 현실세계에서 낭만이 설 자리는 점점 좁아져 간다. 그래서 참새는 죽어가면서 "나만 참샌가"하고 투덜대는 것으로 변모한다. 드라큐라나 식인종이 주인공으로 등장하는 것도 살벌한 세태와 무관하지 않다.

> 문 : 드라큐라가 어떤 사람의 피를 빨아먹으려고 했는데, 그 사람이 뭐라고 했나?
> 답 : 1-1. 내 그럴 줄 알고 목에 때 안 닦았지.
> 　　1-2. 내 그럴 줄 알고 십자가를 가져왔지.
> 문 : 그러자 드라큐라가 뭐라고 했나?
> 답 : 2-1. 내 그럴 줄 알고 빨대를 가져왔지.

2-2. 내 그럴 줄 알고 교회에 다니기 시작했지.

강자의 형상인 드라큐라는 약자의 피를 빨아먹으려 한다. 약자는 위기에서 벗어나기 위해 드라큐라의 약점을 공격한다. 그렇지만 드라큐라 또한 대응논리를 마련하여 약자를 핍박한다. 드라큐라의 반격은 현실의 무게가 만만하지 않음을 보여주는 것이다. 강자와 약자의 대결은 선과 악의 대결을 의미하며, 이는 곧 독재와 반독재, 민주와 반민주의 대결이라는 당대 현실의 구조와 조응관계를 이루고 있다.

그렇지만 90년대에 들어와 사회주의권이 몰락하고 전지구의 자본주의화가 촉진되는 세계사적 흐름 속에서 제한된 범위에서나마 민주화가 이루어지자, 선과 악의 대결구도는 더 이상 현실세계에서 통용되기 어렵게 된다. 대신 세계자본주의 질서 속으로 급격하게 편입되면서 공동선을 추구하는 대신 개인의 행복을 추구하는 것이 최고선이 되고, 현실변혁의 좌표를 어떻게 설정해야 하는가에 대해 근본적으로 고민하지 않으면 안될 시점에 이르렀다. 〈덩달이 씨리즈〉나 〈사오정 씨리즈〉류는 이러한 시대적 분위기 속에서 생성, 유통되고 있는 것이다. 이들 이야기에서는 최소한의 상상력도 용납되지 않는다. 언어의 심층의미에 대해서는 고민할 필요가 없다. 오로지 문면에 나타난 현상만이 중요할 따름이다.

문 : 학교에서 선생님이 "백제, 신라, 고구려"를 이용하여 작문하라고 하셨다. 덩달이는 어떻게 썼을까?

덩달이의 작문 : 고기를 잡아온 할아버지에게 할머니께서 이렇게 말씀하셨다. "영감, 배째실려고그려?"

'백제, 신라, 고구려'가 '배째실려고그려'로 읽히는 이러한 세태에서 상상력이 고갈되어 나타난 말장난의 극치를 확인할 수 있다. 상대가 한 말을 제대로 알아듣지 못하는 사오정은 객관적 사실과 관계없이 모든 것을 자기식으로 이해하는 인간형이라는 점에서 개인주의 내지는 자기중심적 인간의 극단적 모습을 보여주고 있다. 이러한 이야기에 언어 소통 자체가 단절된 고립된 인간관계가 역설적으로 반영된 것으로 이해할 수 있는 측면이 없는 것은 아니다. 그렇지만 본질적으로는 갈수록 심각하게 고민하는 것을 꺼리고 개인이 설정해 놓은 울타리에 머물며 타인과의 소통을 거부하는 세태가 반영된 결과라고 볼 수 있다.

▪ 참고문헌

<단행본>

고재환, 『제주도 속담연구』, 집문당, 1993.
김도환 편저, 『한국속담활용사전』, 한울아카데미, 1995.
김선풍, 리용득 편저, 『속담이야기』, 국학자료원, 1993.
박용순, 『수수께끼집』, 과학, 백과사전출판사, 1986.
서정범, 『수수께끼별곡』, 범조사, 1987.
이기문 편, 『개정판 속담사전』, 일조각, 1980.
이종출, 『한국의 수수께끼』, 형설출판사, 1965.
최창렬, 『우리속담연구』, 일지사, 1999.

<논문>

강등학, 「속담의 유형과 기능」, 『구비문학연구』 6, 한국구비문학회, 1998.
김선풍, 「속담」, 『한국민속대관』 6, 고려대학교 민족문화연구소, 1982.
서석연, 「속담의 비교연구」, 전남대 박사학위논문, 1975.
신현덕, 「한국 수수께기의 연구」, 『선청어문』 8, 서울대 국어교육과, 1977.
심재기, 「속담의 종합적 고찰을 위하여」, 『관악어문연구』 7, 서울대 국문학과, 1982.
이수자, 「속담과 수수께끼」, 『남도민속학개설』, 태학사, 1998.

이인자, 「한국속담에서 본 여성」, 『효성여대논문집』 15, 효성여대, 1964.
이재선, 「수수께끼와 그 시학적 성격」, 『창작과 비평』 통권 30호, 창작과비평사, 1973 겨울.
조남현, 「소설 속에서의 속담의 기능」, 『낙산어문』 2, 서울대 국문학과, 1970.
조재윤, 「한국속담의 구조분석 연구」, 고려대 박사학위논문, 1988.
조희웅, 「수수께끼 소고」, 『문화인류학』 4, 문화인류학회, 1971.
천혜숙, 「속담과 수수께끼」, 『한국민속학의 이해』, 문학아카데미, 1994.
최래옥, 「수수께끼의 구조와 의미」, 『구비문학』 4, 한국정신문화연구원, 1980.

제 8 장
현대의 삶과 구비문학

1. 구비문학의 현재성

지금까지 이 책에서는 영역 별로 우리 구비문학의 다양한 양상에 대하여 살펴보았다. 그것은 공동체 사회에 뿌리를 두고 있는 '지난 시절'의 구비문학에 초점을 맞춘 것이었다. 실로 그 시절에 구비문학은 민중의 생활의 일부로서, 우리 문학의 건실한 기층을 이루고 있었다.

그렇다면, 그 구비문학의 현재적 양상은 어떠한가? 오늘날에도 과연 구비문학이라 할 만한 것이 존재하며, 존재한다면 어떤 모습을 하고 있는가? 지금까지의 긴 논의의 연장선상에서 짚어나가야 할 문젯거리다.

세간에는 구비문학이 전통사회의 산물로서 현대사회와는 어울리지 않는 것이라는 인식이 널리 퍼져 있다. 구비문학의 시대는 이미 끝났다는 식의 말들을 하곤 한다. 이는 오해에서 비롯된 잘못된 생각이다.

총론에서 언급한 바와 같이, 구비문학은 '말로 된 문학'으로 규정된다. 그것은 '글로 된 문학'으로서의 기록문학과 짝을 이루는 문학의 기본 영역이다. 언어에 있어 글보다 말이 더 일상적·보편적인 것처럼, '언어예술'로서의 문학에 있어서도 구비문학은 기록문학보다 더 일상적이고 보편적이다. 글이 없어도 말은 있어야 하는 것처럼, 기록문학은 혹시 없을지 몰라도 구비문학은 없을 수 없다. 이는 옛날이나 지금이나 마찬가지다.

구비문학을 '과거적인 것'으로 치부하는 데는 하나의 그릇된 관념이 전제돼 있다. '옛날부터 전해 내려온 것'만을 구비문학으로 보는 관점이 그것이다. 오래 전부터 전해 오는 이야기나 노래 등이 구비문학의 아주 중요한 부분임은 두말할 것도 없다. 하지만 그것은 어디까지나 구비문학의 '부분'일 뿐이다. '글로 된 문학'이 그런 것처럼, '말로 된 문학'에는 전 시기부터 전해온 것과 현재적으로 창조·향유되는 것이 공존한다. 과거로부터 전승되는 '아기장수 전설'과 일시적·현재적으로 퍼지는 '진인출현설'의 공존은 그 좋은 예가 된다.[1)]

그 사정은 오늘날에도 다르지 않다. 과거로부터 구비문학 유산이 이어져 내려오는 한편으로 새로운 구비문학이 창조·향유되고 있다. 그 새로운 구비문학이란 일시적으로 존재하다 사라질 가능성이 커 보이지만, 꼭 그러리라고 장담할 수 없다. 그중 일부가 후세에까지 전해지지 말란 법이 없다. 더욱 중요한 것은, 후세에까지 전승되지 않는다고 해서 그 문학적 의의가 사라지는 것이 아니라는 사실이다. 현재적으로 존재하는 구비문학은 그것대로의 존재의의를 지닌다. '진인출현설'이 그러했었고, '최불암 시리즈'가 또한 그러하다.

구비문학의 현재성은 기록문학에 비하여 오히려 더 두드러진 것이라 할 수 있다. 텍스트로 남아 전승되는 기록문학과 달리 말의 문학으로서의 구비문학은 항상 '현재형'으로 실현되면서 의의를 발현한다. 백년 전의 이야기와 10년 전 이야기가, 어제의 이야기와 오늘의 이야기가 다른 것이, 심지어 10분 전의 이야기와 지금 이 순간의 이야기가 다른 것이 구비문학이다. 구비문학은 현재진행형의 문학이다.

오늘날 구비문학은 여전히 진행중이다. 엄연한 문학적 실체로서 우리 삶의 일부를 이루고 있다. 그럼에도 불구하고 그것은 지금까지 학문적 관

---

1) 현재적 이야기로서의 진인출현설에 대해서는 조동일, 「진인출현설의 구비문학적 이해」, 『고전산문연구』, 동화문화사, 1981 및 신동흔, 「아기장수 설화와 진인출현설의 관계」, 『고전문학연구』 제4집, 1989 참조.

심으로부터 소외돼 왔다. 고전문학 분야에서도, 현대문학 분야에서도 그것을 연구의 대상으로 삼지 않았다. 근래 들어서야 비로소 구비문학계 일각에서 그것을 연구대상으로 포용하여 새로운 논의를 펼치기 시작한 상황이다.[2] 이제 구비문학의 현재적 양상을 살펴보고 그 미래를 가늠해 봄으로써 구비문학 이해의 새로운 전망을 찾아보기로 한다.

2. 현대 구비문학의 양상

구비문학은 참으로 오랜 세월 동안 우리 삶의 일부를 이루어 왔다. 문자가 생겨나기 이전의 그 긴 세월 동안 사람들의 문학적 요구를 전담한 것이 바로 구비문학이었다. 기록문학이 생겨난 이후에도 구비문학은 생활의 문학으로서의 활력을 잃지 않고 발전을 거듭해 왔다. 조선후기는 기록문학이 크게 발흥한 시기인 동시에 구비문학의 전성기이기도 했다.

그러나 근·현대의 역사적 격동을 겪으면서 구비문학은 일대 전기를 맞았다. 구비문학의 오랜 기반이었던 농촌 공동체의 해체와 함께 전통적 구비문학 양식이 두루 약화 내지 해체의 길을 걸었다. 판소리나 가면극 등은 물론이고 설화와 민요, 무가처럼 오랜 역사적 연원을 지니고 있는 양식까지도 변화의 거센 물결을 비껴나지 못하였다. 전통적 구비문학의 해체는 이미 거스를 수 없는 대세가 된 상황이다.

---

2) 이 방면에 관심을 가지고 논의를 진행하고 있는 연구자로 임재해, 김헌선, 천혜숙, 신동흔 등을 들 수 있다. 임재해, 『민속문화론』, 문학과지성사, 1984; 임재해, 「우리 시대 육담들에 나타난 성의 형상화와 성문화의 양상」, 김선풍 외, 『한국 육담의 세계관』, 국학자료원, 1997; 신동흔, 「현대 구비문학과 전파매체」, 『구비문학연구』 제3집, 1996; 「PC통신 유머방을 통해 본 현대 이야기문화의 단면」, 『민족문학사연구』 제13호, 1998; 김헌선, 「21세기 구비문학의 문화사적 위상」, 『구비문학연구』 제6집, 1998; 천혜숙, 「이야기문화가 달라졌다」, 실천민속학회 편, 『민족문화의 새 전통을 구상한다』, 집문당, 1999.

하지만 이러한 변화에도 불구하고 구비문학의 해체나 소멸을 말하는 것은 적절치 않다. 구비문학은 오늘날에도 여러 형태로 존재하면서 사람들과 호흡을 함께하고 있다. 전통적 구비문학의 생명력이 아직 가시지 않았으며, 일상생활 속의 구비문학적 의사소통이 지속되고 있다. 그리고 현대 테크놀로지의 꽃이라고 하는 전파·정보매체의 세계에서 구비문학이 새롭게 피어나고 있다.

1) 전통 구비문학의 전승과 재창조

앞서도 말했듯이 전통적 구비문학 양식의 퇴조는 엄연한 현실이다. 그러나 그 전통이 아주 사라진 것은 아니다. 전통적 구비문학을 원형대로 보존하려는 노력이 이어지고 있으며, 그것을 현대의 상황에 맞게 탈바꿈시켜 새로운 생명력을 찾아낸 사례들이 있다. 앞서 각 장에서 양식 별로 그 양상을 살폈었거니와, 주요 사항을 간략하게 종합해 본다.

설화의 영역에 있어 전래 동화의 생명력이 만만치 않다. 그것은 계속 책으로 출간되면서 어린이들의 정신세계에 큰 영향을 미치고 있다. 책으로 씌어진다는 점에서 기록문학으로 변했다고 할 수 있지만, 흔히 구연의 형태로 전달된다는 점에서 구비적 성격이 사라진 것만도 아니다. 동화 구연 음반이 나오고, 어린이들 사이에서 동화 구연이 일반화되고 있다는 데까지 생각이 미치면 그 구비문학적 생명력이 만만치 않음을 알 수 있다. 이 외에 성인용의 전래설화집이 출간되거나 소설이나 드라마, 영화에서 설화가 차용되는 현상 또한 무시할 일이 아니다. 성인들의 이야기판에서 종종 전통 육담을 만날 수 있다는 사실도 특기할 만하다.

민요나 판소리 등 전통적인 노래 문화를 계승 내지 재창조하려는 노력도 폭넓게 이루어지고 있다. 음반에 실려서 판매되는 것이 적지 않으며 TV와 라디오, 인터넷 사이트에서도 민요나 판소리를 들을 수 있다. 지금은 기세가 많이 꺾였지만, 민요를 대중적으로 보급하려는 운동이 활발히 펼쳐

졌었으며, 대중가수들이 민요를 원용한 예들도 있었다. 아직도 만만치 않은 애호가를 가지고 있는 판소리의 경우 「오적」이나 「오월광주」와 같은 창작 판소리를 통해서, 또한 「서편제」나 「춘향뎐」 같은 영화화 작업을 통하여 생명력의 고양이 시도되고 있다. 비록 그 숫자가 많진 않지만, 전통의 소리를 열성껏 익히는 전수자들의 존재는 민요나 판소리의 명맥이 쉽사리 끊이지 않을 것임을 예고하고 있다.

민속연희·연극 영역에서도 전통의 재창조 운동이 활발하게 이루어졌다. 지금은 그 열기가 식은 상황이지만, 대학가를 중심으로 크게 힘을 떨쳤던 마당극·민족극 운동은 오늘날까지도 우리의 공연문화에 뚜렷한 여파를 남겨놓고 있다. 그 중 대중매체와 손잡은 '마당놀이' 같은 공연은 현대인의 기호에 부합함으로써 큰 인기를 누리고 있기도 하다. 문학과는 직접 관계가 없지만, 사물놀이에 대한 열광 또한 놀랄 만하다.

이와 같은 움직임을 역사의 대세를 거스르는 허튼 몸짓으로 치부하는 것은 바른 관점이 아니다. 역사란 전통과의 교호 속에서 진전되는 것이다. 창조적 전승이 이루어질 경우, 가장 전통적인 것이 가장 현대적인 것이 될 수 있다. 전통적 구비문학이 오늘날의 상황에 발맞추어 생명력을 크게 발휘할 가능성은, 활짝 열려있는 것은 아니지만 분명 닫혀 있지도 않다.

2) 일상적 구비문학의 세계

우리의 전통적 구비문학은 사람들의 일상 속에 뿌리박고 있는 '생활의 문학'으로서의 성격을 두드러지게 지니고 있었다. 사람들이 날마다 만나서 주고받는 이야기들이 곧 설화였고, 일을 하거나 놀이를 하면서, 의식을 거행하면서 자연스럽게 입에서 나오는 노래가 민요였다.

이러한 일상적·자생적 구비문학의 범위는 오늘날 많이 축소됐다고 할 수 있다. 생활 속에서 자연스레 노래를 지어 부르거나 연극적 연희를 거행하는 일을 찾아보기 어렵게 되었다. 노래나 극(劇)은 이제 전문가들의 작업을 통해 창조되어서 대중매체를 통해 유통·소비되는 것이 정형이다.

하지만, 생활 속의 자생적·일상적 구비문학이 사라진 것은 아니다. 그것은 특히 이야기의 영역에서 아직도 생생히 살아있다. 예전에 그랬듯이 오늘날에도 사람들은 한데 모이면 '이야기'를 나누거니와, 그 가운데 문학으로서의 의의를 지니는 것이 적지 않다. '~시리즈' 류의 우스개도 그렇지만, 특히 경험담의 존재를 주목할 만하다. 지난날 살아온 사연이나 나날의 일상적 경험을 이야기로 엮어서 주고받는 일은 오늘날의 일상 속에서도 여전히 폭넓게 이루어지고 있는 것이다. 삶이 복잡해지고 경험의 편폭이 넓어지면서 경험담의 세계는 오히려 더욱 다양해졌다고 할 수 있다. 갖가지의 추억담(예컨대, 군대 이야기)과 여행담, 직장생활 이야기, 술자리 경험담, 연애담과 성경험담 등등이 사람들의 일상적 담론에서 빼놓을 수 없는 자리를 차지하고 있다.[3)]

경험담 외에 '풍문(입소문)' 또한 여전히 살아 숨쉬고 있다. 학교나 직장 등 소집단에 한정된 것으로부터 국가 내지 지구촌 차원의 것까지 수많은 풍문이 명멸하고 있거니와, 그 가운데는 문학적 형상성을 갖춘 것이 포함돼 있다. 권력을 둘러싼 풍문 중에 그런 것이 많으며, 최근에는 대중 스타들을 주인공으로 하여 갖가지의 그럴싸한 소문이 퍼지고 있다. 비밀에 대한 호기심과 상상력의 결합으로서의 풍문의 생명력은, 앞으로도 웬만해서 잦아들지 않을 것이다.[4)]

다음은 설화다. 현대에 들어와 설화의 전통이 크게 약화된 것이 분명하지만, 설화 창조와 향유의 명맥이 끊긴 것은 아니다. 전통 설화와는 성격

---

3) 경험담에 대해서는 최근에 다음과 같은 논의가 있었다. 천혜숙, 「여성생애담의 구술사례와 그 의미분석」, 『구비문학연구』 제4집, 1997; 김현주, 「일상경험담과 민담의 구술성 연구」, 『구비문학연구』 제4집, 1997; 신동흔, 「경험담의 문학적 성격에 대한 고찰」, 『구비문학연구』 제4집, 1997.

4) 전통적 풍문에 대해서는 '진인출현설'에 대한 조동일의 논의 및 신동흔, 「구전 예언의 문학적 고찰」, 『어문연구』 제26집, 어문연구회, 1995 참조. 현대 풍문에 대한 문학적 연구는 아직 찾아보기 어렵다.

을 달리하는 새로운 형식과 내용의 '현대 설화'가 전통적 설화의 자리를 대신하고 있다. 먼저, 정치와 대중문화의 영역에서 끝없이 새로운 신화의 생성이 이어지고 있다. '박정희 신화'와 'DJ신화', 그리고 '조용필 신화'와 '서태지 신화', '타이거우즈 신화' 등등.[5] 전설(傳說)의 생성 작업 또한 정지된 것이 아니다. 종교적 이적(異蹟)에 관한 전언들이 떠돌고 있고, 청소년과 어린이 사이에서 갖가지의 '무서운 이야기'들이 널리 퍼지고 있다. 민담에 대해서는 이미 저 앞에서 자세히 살펴본 바 있다. '～시리즈'로 대표되는 수많은 우스개 이야기들이 세간에 널리 떠돌면서 이야기판의 감초 역할을 자임하고 있다. 소수이기는 하지만, 그리고 대개 수입품이기는 하지만, 스토리를 제대로 갖춘 이야기들도 없지 않다.[6]

한 가지 확인해 둘 것은 이러한 이야기들이 순전한 일상적・자생적 문학은 아니라는 점이다. 그것은 TV나 컴퓨터 같은 전파・정보매체와 깊은 관계를 맺고 있다. 매체와의 관련 속에서 유통되며 생산과 소비가 이루어진다. 이는 따지고 보면 아주 자연스러운 현상이라 할 수 있다. 전파・정보매체가 이미 사람들의 나날의 일상생활 속에 깊숙히 뿌리내리고 있는 것이 현대의 상황이기 때문이다.

'이야기'가 현대 매체와의 관련 속에서도 보통사람들에 의하여 나날의 삶 속에서 생산과 유통이 이루어지는 데 비하여, 노래나 극 쪽은 사정이 다르다. 앞서 언급했듯이, 그것은 전문가에 의하여 생산되고, 매체를 통하여 유통된다. 대중가요와 드라마, 코미디, 영화 등이 두루 그러하다. 한때 구비전승의 존재방식에 기댔던 '민중가요'가 대학가를 중심으로 널리 퍼지고 축제에서 '촌극 경연대회'가 펼쳐지기도 했었지만, 이제 그런 모습을 찾

5) 정치적・문화적 '스타'에 관한 담론을 '신화'로 규정할 수 있는가 하는 문제는 간단치 않다. 그것은 속성상 '유사신화'에 가까울지도 모르겠다. 하지만 그 스타를 믿고 숭배하는 사람들에게 있어 그것이 '신화'의 기능을 하고 있음을 부정할 수 없다. 현대신화에 관해서는 이 책 제2장 신화론 중 5절의 논의 참조.

6) 이에 대한 자세한 논의는 이 책 2장의 민담론 중 제6절 참조.

아보기 어렵게 되었다.

하지만 현대의 노래와 극(劇)의 '소비'가 일상생활 속에서 이루어진다는 사실을 무시할 일이 아니다. 비록 직접 지어낸 것은 아니라고 하더라도, 사람들은 나날의 일상생활 속에서 자신의 취향에 맞는 노래와 극을 골라서 폭넓게 향유하고 있다. 혹시라도 이들까지를 '일상적 구비문학'의 범주에 넣는 것이 가능하다면, 현대사회에서의 일상적 구비문학은 전통시대보다도 훨씬 그 폭이 넓어지고 형태가 다양해졌다고도 말할 수 있게 될 것이다.

현대 매체를 통하여 창조되고 향유되는 각종 이야기와 노래, 그리고 극들을 어떻게 볼 것인가 하는 것은 간단한 문제가 아니다. 다음 절의 논의 주제다.

3) 전파 · 정보매체와 구비문학

구비문학의 현재적 양상과 관련하여 관건이 되는 것이 라디오나 TV, 컴퓨터 같은 현대의 대중적 전파 · 정보매체다. 그것은 현대인의 삶에 폭넓고도 깊게 뿌리를 내리고 있다. TV나 컴퓨터를 배제한 삶을 거의 상상할 수 없는 상황이다.

현대의 전파매체는 언어문화의 영역에, 나아가 문학예술의 세계에 막대한 변화를 가져왔다. 라디오와 TV는 전에는 상상조차 하기 힘들었던 대량적 · 즉각적 전달을 실현해냈다. 수십, 수백만이 TV화면을 통하여 동시적으로 같은 장면, 같은 언어행위를 접하는 상황이다. 그 영향력에 대해서는 긴 설명이 필요 없을 것이다. 한편, 현대 전파매체는 '말'을 주된 소통수단으로 삼음으로써, 새로운 구술문화의 시대를 열었다. 1차적 구술문화와 문자문화에 이은 '2차적 구술문화'다.[7] 첨단 테크놀로지에 기초하여 문자문화의 요소를 흡수한 전파매체의 구술문화는 언어문화의 주역으로 부상하

---

7) Ong, W. J., 이기우 · 임명진 역, 『구술문화와 문자문화』, 문예출판사, 1995.

면서 문학예술의 지형도를 바꾸어놓고 있다.

TV를 비롯한 대중적 전파매체는 가히 구술 텍스트(또는, 구술행위)의 홍수를 쏟아내고 있다. 거기에는 뉴스나 생활정보, 다큐멘터리 등과 같은 분석적·논리적인 것들과 함께, 미적·정서적 감응을 지향하는 형상적·예술적인 것들이 중요한 한 축을 이루고 있다. 아마도 후자의 위상이 전자보다 더 클 것이다. 갖가지 이야기 잔치를 벌리는 토크쇼, 각종 가요 프로그램, 수많은 코미디와 드라마들이 TV 화면과 스피커에 넘쳐나고 있다. 특히 TV에서 드라마가 차지하는 위상은 막대하다.

대중가요나 드라마 등은 단순히 언어만을 매재(媒材)로 삼는 예술양식이 아니다. 그것은 음악과 미술, 연출과 연기 같은 요소를 폭넓게 아우르고 있다. 더불어, 테크놀로지가 중요한 역할을 하고 있기도 하다. 한마디로 이들은 복합예술 내지 종합예술의 존재형태를 취하고 있다. 하지만 이들이 '언어'를 중요한 표현수단으로 삼고 있다는 사실을 경시할 수 없다. 그것은 언어적 표현만의 예술은 아니지만, 그것을 통해서 존립 가능한 예술이다. 그런 면에서 그것을 일종의 언어예술로, 곧 문학으로 규정해 볼 수 있다. 예컨대 대중가요는 '음악'으로 규정되는 것과 똑같은 논리로써 '문학'으로 규정될 수 있다. 그것은, 지난날의 민요나 판소리가 그랬던 것처럼, 음악인 동시에 문학이다.[8] 문학이 음악이나 연기, 춤 따위와 어우러진 형태로 존재하는 것은 오랜 옛날부터의 본래적 전통이다.

첨단 전파매체를 통해 생산되고 유통·소비되는 이 새로운 형태의 예술이 행사하고 있는 영향력은 가히 압도적이다. 실상을 말하자면, 이제 일반인들의 일상적 삶에 있어서 이미 시(詩)나 소설(小說)은 대중가요나 드라마에 문학예술의 주도권을 내주었다고 해도 지나친 말이 아니다. 시나 소설을 읽는 사람을 찾아보기 어렵고, 드라마나 영화를 보지 않는 사람을 찾아보기 어렵다.

---

8) 신동흔, 「현대 구비문학과 전파매체」, 『구비문학연구』 제3집, 1996, 148면.

드라마나 코미디, 대중가요, 토크쇼 등을 문학의 일종으로 규정할 수 있다면 그것은 기록문학일까 아니면 구비문학일까? 이에 대하여 간단히 답하기는 어렵다. 그들은 어느 것이든 기술성(記述性)과 구술성(口述性)의 요소를 복합적으로 지니고 있다. 기록문학적으로 창작되어서 구비문학적으로 전달·향유되는 것이 기본적 존재형태다.[9] 그 기술성과 구술성의 비중은, 장르와 작품에 따라 일정하지 않다. 이야기판을 TV에 옮겨놓은 형태의 토크쇼에 구비문학적 성격이 농후하다면,[10] 정밀한 대본을 지니고 있는 드라마의 경우에는 상대적으로 기록문학적 요소의 비중이 크다. 어떻든 중요한 것은, 그들이 많든 적든 간에 구비문학적 면모를 내포하고 있다는 사실이다.

그렇지만, 새로운 구비문학으로서의 전파매체의 문학과 전통적 구비문학 사이에는, 구술문화의 주역이라는 공통점 외에 실로 커다란 간극이 있다. 양자는 서로 사회적·시대적 배경과 기반이 다르며, 창조와 향유의 주체가 질적으로 다르다. 텍스트의 존재방식과 형태, 내질(內質) 또한 큰 차이가 있다. 긴 설명을 생략하고 단순화해 본다면, 전통적 구비문학이 민중예술(民衆藝術)로서의 특성을 두드러지게 지니고 있었던 데 비하여 현대의 전파문학은 단연 대중문화(大衆文化)로서의 성격을 지니고 있다. 그것은 대량적이고, 일방적-수동적이며, 상업적이다. 둘을 '구술문화'라는 하나의 묶음으로 엮기에는 아무래도 끈이 약해 보인다. 자생적 민중성과 타자적 대중성. 그 사이에는 심연(深淵)이 가로놓여 있다.

하지만, 이것이 곧 전통 구비문학과 현대 구비문학의 단절적 관계를 대변하는 것은 아니다. 앞서 살폈듯이 일상생활 속에서 자생적 구비문학의 맥이 이어지고 있다. 그리고 TV로 대표되는 전파문화(또는 전자문화) 너머에, 그와는 또 다른 첨단 정보매체가 펼쳐내는 언어문화의 장이 있다. 컴퓨터 테크놀로지가 창조해낸 사이버(cyber)세계가 그것이다. '디지털문화'

9) 위의 글, 148~149면.
10) TV 토크쇼의 구비문학적 성격에 대해서는 신동흔, 앞의 글(「현대 구비문학과 구비매체」) 및 천혜숙, 앞의 글(「이야기문화가 달라졌다」) 참조.

로서의 사이버세계는 전파문화(또는 전자문화)와 존재방식을 달리하면서 새로운 차원의 문학적 소통을 구현해내고 있다. 구비문학의 전통과 긴밀히 통하는 방식으로.

이는 사이버문화가 대다수 사람들의 생활의 일부로 자리잡게 될 21세기의 삶 부분에서 다루는 것이 어울리겠다.

3. 21세기의 삶과 구비문학
-사이버 공동체를 중심으로-

21세기로의 전환을 겪으며 우리의 생활문화는 새로운 변화의 용트림을 하고 있다. PC통신과 인터넷의 사이버세상이 새로운 변혁의 흐름을 열어내고 있다.

1장 총설 부분 말미에서 언급한 바 있듯이, 사이버세계로 대표되는 디지털문화는 기존의 전파문화(전자문화)와 성격이 다르다. 그것은 모든 개인이 자유롭게 '주체'로서 참여할 수 있는 세계이며, 시간과 공간의 제한을 뛰어넘는 무제한의 쌍방적 의사소통이 가능한 세상이다. 대다수 개인을 수동적 존재로 소외시켰던 TV와는 질적으로 다른 특징이다.

얼마 전만 해도 PC통신이나 인터넷은 주로 필요한 지식과 정보를 찾는 수단이었다. 그러나 이제 사람들은 거기 그치지 않고, 다른 사람과 소통하고 교감하기 위해 네트워크에 접속하고 있다. 이메일(e-mail)과 게시판을 통하여, 그리고 대화방을 통하여 자신의 삶을 표현하고 다른 사람의 삶을 받아들인다. 네트워크 안에 '인간의 감정과 정서'가 흐르기 시작한 것이다. 그 소통의 기본 매재는 다름 아닌 '언어'다(이미지나 소리의 역할이 점차 커지고 있지만). 언어를 통한 인간적 감정과 정서의 소통. 바로 문학으로서의 특징이다.

흔히 사이버문학이라고 하면 사이버세계에 올라온 시나 소설, 특히 판타지소설을 떠올린다. 하지만 이는 사이버세계에서 이루어지는 문학적 소통의 극히 일부에 지나지 않는다. 사람들은 누구나, 의식하든 안 하든 간에, 수많은 게시판과 대화방을 통하여 문학적 소통에 참여하고 있다. 자신의 삶과 꿈을 형상으로서 엮어내는 언어적 표현 행위를 문학 아닌 무엇으로 칭하겠는가. 물론 그 형상화의 수준이란 개인에 따라 천차만별이다. 미적 감응은커녕 실소를 자아내는 것들이 수두룩하다.[11] 하지만 그 한편에는 말 그대로 '문학적인' 글들이 폭넓게 자리하고 있다. 마음을 열고 살펴보면, 사이버 게시판에 올라온 글 가운데 문학적 재미나 울림을 주는 것이 얼마나 많은지를 곧 깨닫게 될 것이다.

사이버세계에서 특히 주목할 것은 '공동체' 형태의 소통이다. 사이버세계의 중심은 익명의 불특정 다수가 혼재하는 공간으로부터 갖가지 소규모 공동체로 옮아가고 있다. PC통신의 동호회 단계를 지나 이미 인터넷에 이루 헤아릴 수 없이 많은 공동체(커뮤니티; community)가 자리잡았다. 사이버 공동체에 접속하여 마음이 통하는 지인들과 소통하는 것은 이제 수많은 젊은이들의 자연스러운 생활의 한 부분이 되었다. 그 소통에 있어 언어를 통한 정서적 교감이 본령을 이루고 있음은 물론이다.

누구나 자유롭게 주인으로 참여하여 자기를 표현하고 또한 남을 받아들이면서 문학적 교감을 얻는 사람들의 공동체. 여기에서 과거 구비문학 공동체의 모습을 떠올리는 것은 아주 자연스러운 일이다. 하나는 실제공간에서의 만남이고 하나는 가상공간에서의 만남이지만, 둘 다 사람들의 마음과 호흡이 쌍방적·집체적으로 통하는 공동체라는 데 차이가 없다. 그 속성을 비교하자면, 혈연이나 지역 중심으로 편성된 전통적 공동체에 비하여 관심과 취향에 의해 형성된 사이버 공동체가 오히려 더 자발적이고 민주적인 면이 있다. 시간과 공간의 차이는 물론이고, 연령이나 직업, 계층 등

---

11) 그러나 이는 어디까지나 주관적 판단일 뿐이다. 사람들은 각기 제 나름의 방식과 수준으로 교감을 추구하고 있는 것이다. 예컨대, 성인들에게는 유치하고 거칠게 보이는 텍스트를 두고서 청소년들은 깊은 교감을 나눌 수 있다.

의 현실적 조건이 모임을 제약하지 않는다. 이 새로운 공동체가 열어보이는 소통 가능성은 거의 무한하다고 해도 지나치지 않다.

과거의 구비문학 공동체와 달리 이 새로운 공동체의 소통이 말이 아닌 문자를 매재로 삼는 점을 지적할 수 있겠다. 실제로 사이버 세계의 소통은, 적어도 현재까지는, '글'을 통해 이루어지고 있다. 하지만 그렇다고 해서 그 구비문학적 성격이 부정되는 것은 아니다. 그 글 텍스트가 구어적 성격을 짙게 지니고 있다는 것, 머지 않아 말을 통한 소통의 길이 활짝 열리리라는 것을 들 수 있다. 하지만 더 중요한 것은 존재의 본질이다. 양자는 무엇보다 공동체의 구성 방식이나 텍스트의 창조와 소통, 향유의 방식에서 서로 긴밀히 통하고 있다. 말인가 글인가 하는 구분에 이제 너무 얽매이지 말자. 현대는 말과 글의 엄밀한 구분이 불가능해지고 있는 퓨전(fusion)의 시대다.

문제는 공동체 내에서 소통되는 텍스트의 형태와 내용이다. 표현 욕구와 교감의 충동은 넘쳐나고 있지만, 그것을 담아낼 '양식'이 아직 제대로 마련되지 못하고 있는 상황이다. 현재 사이버 세계 언어텍스트의 주종을 이루고 있는 것은, 게시판을 중심으로 볼 때, 자유로운 형식의 신변잡담 내지 경험담이다. 기존의 양식개념으로 보면 대부분 수필로 볼 수 있는 것들이다. 설화의 형태를 취한 것들이 가끔 있지만 그 대부분은, 앞서 2장에서 살핀 바 있듯이, 말장난 위주의 우스개 이야기들이다. 경이와 감동, 진진한 재미를 주면서 속 깊은 교감을 가능하게 하는 이야기들을 찾아보기가 쉽지 않다. 한마디로, 지난날에 비하여 담론의 형태가 파편화된 형국이다. 그 결과 사이버 게시판은, 삶과 꿈을 담아낸 무수히 많은 글에도 불구하고, 뭔가 산만하고 허전한 느낌을 주고 있다. 형식과 내용성을 함께 갖춘 다양한 담론 양식의 회복 내지 창조. 사이버세상이 감당해야 할 중요한 과제다.

사이버세계에 있어 이야기와 달리 노래나 극(劇)은 아직 자생적·주체적 소통의 단계에 본격 진입하지 못한 형국이다. 기성의 노래나 영화·드라마 등을 골라서 함께 듣고보는 가운데 재미와 의미를 소통하는 것이 대체적 수준이 아닌가 한다. 하지만 이 영역의 변화 또한 급속히 전개되고 있다. 이미 아마추어가 만든 노래나 영화가 인터넷에 공개되면서 인기작들이 속속 생겨나고 있는 상황이다. 소규모 인터넷 방송국을 통해 '극'이 구성되고 있기도 하다. 이러한 움직임은 말 그대로 하루가 다르게 확대돼 나가고 있다. 지난날 민요가 형성 유통되고 극과 연희가 흥겹게 베풀어졌던 그러한 방식의 노래문화와 극문화가 사이버세상에 펼쳐지는 것은 시간 문제라 할 수 있다.

이처럼 가능성이 큰 만큼, 사이버세계에는 큰 함정이 도사리고 있다. 그 세계는 누구나 주인으로 참여하여 삶을 발견하는 건강한 문화의 장이 될 수도 있지만, 그 정반대가 될 수도 있다. 그 중 어느 쪽이 될 것인가는 다름 아닌 우리 자신들에게 달려 있다.

끝으로 한 가지 확실히 해 둘 것은 21세기 구비문학이 곧 사이버 구비문학은 아니라는 사실이다. 현장에서 몸을 부대끼며 함께 누리는 육성(肉聲)의 구비문학이 지니는 중요성을 경시할 수 없다. 현장적 구비문학의 의의와 필요성은 정보매체가 발전하고 사이버세상이 열림으로써 사라지는 것이 아니다. 그것은 더욱 힘있게 살아날 필요가 있다.

온라인(on-line)의 구비문학과 오프라인(off-line)의 구비문학의 관계는 원래 모순적·하강적 관계가 아니다. 양자는 얼마든지 상보적·상승적 관계로 어울릴 수 있다. 사이버 공동체는 서로 얼굴을 맞대는 실제적 만남을 통하여 생동력과 함께 인간적 신뢰감을 쌓을 수 있다. 그리고 실제적 공동체는 온라인상으로 이어짐으로써 시·공간의 벽을 넘어 폭넓은 운동성과 지속성을 확보할 수 있다. 온라인과 오프라인이 상생적(相生的) 조화를 이루는 공동체 문화의 형성-21세기 구비문학이 온전히 자리잡기 위한 하나의 관건이다.

앞으로 테크놀로지가 어떤 방향으로 발전하고 사회적·문화적 환경이 어떻게 바뀔지 누구도 예측하기 힘든 상황이다. 미래의 구비문학을 전망하는 일 또한 어렵기는 마찬가지다. 그러나 한 가지 점만큼은 분명히 말할 수 있다. 인간이 존재하고 언어가 존재하는 한, 인간의 삶과 꿈을 담아내는 구비문학은 영원히 살아 움직이리라는 사실이 그것이다.

·참고문헌

강준만, 『대중문화의 겉과 속』, 한샘출판사, 1994.

강현두 편, 『한국의 대중문화』, 나남출판, 1987.

김만수, 『대중문화와 문학교육』, 『문학과교육』 제3호, 문학과교육연구회, 1998.

김헌선, 「21세기 구비문학의 문화사적 위상」, 『구비문학연구』 제6집, 한국구비문학회, 1998.

김현주, 「일상경험담과 민담의 구술성 연구」, 『구비문학연구』 제4집, 한국구비문학회, 1997.

신동흔, 「삶, 구비문학, 구비문학 연구」, 『구비문학연구』 제1집, 한국구비문학회, 1994.

______, 「구전예언의 문학적 고찰」, 『어문연구』 제26집, 어문연구회, 1995.

______, 「현대 구비문학과 전파매체」, 『구비문학연구』 제3집, 한국구비문학회, 1996.

______, 「경험담의 문학적 성격에 대한 고찰」, 『구비문학연구』 제4집, 한국구비문학회, 1997.

______, 「PC통신 유머방을 통해 본 현대 이야기문화의 단면」, 『민족문학사연구』 제13호, 민족문학사연구소, 1998

임재해, 『민속문화론』, 문학과지성사, 1984.

______, 「우리 시대 육담들에 나타난 성의 형상화와 성문화의 양상」, 김선풍 외, 『한국 육담의 세계관』, 국학자료원, 1997.

______, 「민속문화의 새 전통을 구상한다」, 실천민속학회 편, 『민속문화의 새 전통을 구상한다』, 집문당, 1999.

조동일, 「진인출현설의 구비문학적 이해」, 『고전산문연구』, 동화문화사, 1981.

______, 『구비문학의 세계』, 새문사, 1980.

천혜숙, 「여성생애담의 구술사례와 그 의미분석」, 『구비문학연구』 제4집, 한국구비문학회, 1997.

______, 「이야기문화가 달라졌다」, 실천민속학회 편, 『민속문화의 새 전통을 구상한다』, 집문당, 1999.

월터 옹, 이기우·임명진 역, 『구술문화와 문자문화』, 문예출판사, 1995.

한국구비문학의 이해(新修版)

신수판 1쇄 발행 2016년 2월 25일
신수판 4쇄 발행 2020년 9월 1일

지은이 강등학, 강진옥, 김기형, 김헌선, 박경신, 신동흔, 유영대, 전경욱, 천혜숙
펴낸이 박성복
펴낸곳 도서출판 월인
주소 01047 서울특별시 강북구 노해로25길 61
등록 1998년 5월 4일 제6-0364호
전화 (02) 912-5000
팩스 (02) 900-5036
홈페이지 www.worin.net
전자우편 worinnet@hanmail.net

ISBN 978-89-8477-611-1 93810

값은 뒤표지에 있습니다.